MIT ARBEITS HILFEN ONLINE

Exklusiv und kostenlos zum Steuerhandbuch

Ihre Arbeitshilfen online:

- ☞ Der Steuerkalkulator – so berechnen Sie Ihre voraussichtliche Einkommensteuerbelastung centgenau
- ☞ Weiterführende Informationen zu wichtigen steuerlichen Einzelthemen von Betriebliche Altersvorsorge bis Verlustausgleich
- ☞ Weitere Arbeitshilfen: Kopiervorlagen, eine Übersicht über anhängige Gerichtsverfahren sowie die wichtigsten Einkommensteuertipps auf einen Blick
- ☞ Aktualisierungsservice

Und so geht's:

- ☞ Einfach unter **http://mybook.haufe.de** den Buchcode eingeben
- ☞ Oder direkt über Ihr Smartphone bzw. Tablet per **QR-Code** auf die Website gehen

Buchcode: MJX-3431

Inhaltsübersicht zu den Arbeitshilfen online

Unter „Weiterführende steuerliche Informationen" ist auf unserem Online-Portal Interessantes zu finden zu den Themen:

- Betriebliche Altersvorsorge
- Einnahmenüberschussrechnung
- Fotovoltaikanlagen und Blockheizkraftwerke
- Grundsteuer-Reformgesetz – GrStRefG
- Nießbrauch
- Sonstige Einkünfte
- Steuerbescheid
- Steuererklärungsabgabepflicht
- Umsatzsteuervoranmeldung
- Unwetterschäden/Naturkatastrophen
- Verlustausgleich/Vor- und Rücktrag

Außerdem enthält das Online-Portal hilfreiche Kopiervorlagen zu den Themen:

- Arbeitszimmer
- Arbeitszimmer - Abschreibungsübersicht für Arbeitsmittel
- Doppelte Haushaltsführung
- Haushaltsnahe Dienstleistungen
- Investitionsabzugsbeträge
- Reisekosten
- Umzugskosten

Und zusätzlich „Der Steuerkalkulator" mit:

- Einkommensteuerrechner
- Lohn- und Gehaltsrechner
- wichtigen Berechnungsschemata bei
  - – Veräußerung von Immobilien
  - – Unterhaltszahlungen
  - – Schuldzinsen
  - – Sonderausgaben
  - – Umsatzsteuer bei Privatnutzung eines betrieblichen Pkw

Für Unternehmer, Selbstständige und Existenzgründer

Steuer 2022

Ihre Steuererklärungen 2021

von

Willi Dittmann

Dipl.-Finanzwirt (FH), Dozent bei der Oberfinanzdirektion Karlsruhe

Dieter Haderer

Dipl.-Finanzwirt (FH), Dozent bei der Oberfinanzdirektion Karlsruhe

Rüdiger Happe

Dipl.-Finanzwirt, Steuerberater

Haufe Group

Freiburg · München · Stuttgart

Vorwort

Auch dieses Jahr wurden alle wichtigen und wesentlichen einkommensteuerlichen Änderungen in den Vordrucken und den gesetzlichen Vorschriften, ergänzt um neue Urteile des Bundesfinanzhofs, zusammengestellt. Auf folgende Neuerungen möchten wir besonders hinweisen:

Formularänderungen

Die aus den Vorjahren bekannte Vorgehensweise, dass Steuerpflichtige vom Finanzamt abrufbare Daten grundsätzlich nicht mehr in die Vordrucke einzutragen brauchen, wurde beibehalten und erweitert. Die betroffenen Zeilen sind in den amtlichen Formularen mit einem **„e im Kreis"** markiert. Bei Unternehmern betrifft dies im Wesentlichen die Angaben zu den Kranken- und Pflegepflichtversicherungsbeiträgen (Anlage Vorsorgeaufwand).

In den bisherigen Vordrucken haben sich für Unternehmer kaum Änderungen ergeben. Im Zusammenhang mit der Erhöhung der Entfernungspauschale für Fahrten zur ersten Betriebsstätte kann eine Mobilitätsprämie auf der neu geschaffenen **Anlage Mobilitätsprämie** beantragt werden.

Wichtige Rechtsänderungen

Die wichtigsten materiellen Einkommensteueränderungen haben wir wieder im Teil 1 des Steuerratgebers (Kapitel 1.2) zusammengestellt. Besonders zu erwähnen:

Erstmals nach vielen Jahr wurde der **Freibetrag für den Betreuungs-, Erziehungs- und Ausbildungsbedarf eines Kindes** erhöht. Für **Alleinerziehende** wichtig: Die bisher zeitlich begrenzte Erhöhung des Entlastungsbetrags auf 4.008 € für das erste Kind bleibt dauerhaft bestehen.

Für **Menschen mit Behinderung** wurden die **Pauschbeträge** zur Berücksichtigung von behinderungsbedingten Aufwendungen deutlich erhöht. Gleichzeitig ist der Abzug von Fahrtkosten erstmals gesetzlich geregelt.

Die **persönliche Pflege** alter, kranker, pflegebedürftiger oder behinderter Menschen kann steuerlich künftig von einem wesentlich erweiterten Personenkreis und in größerem finanziellen Umfang steuerlich geltend gemacht werden (**Pflegepauschbetrag**).

Im **betrieblichen Bereich** wurde bei Selbstständigen die abzugsfähige Entfernungspauschale für Wege zwischen Wohnung und erster Betriebstätte sowie für Familienheimfahrten im Rahmen einer doppelten Haushaltsführung ab dem 21. Kilometer auf 0,35 € je Entfernungskilometer erhöht. Personen, die wegen zu geringen Einkommens davon nicht profitieren, können stattdessen eine **Mobilitätsprämie** beantragen.

Außerdem hat die Verwaltung die Nutzungsdauer von **Computerhardware** und **-software** auf ein Jahr heruntergestuft. Damit sind die Anschaffungskosten für betrieblich verwendete IT jetzt in voller Höhe im Anschaffungsjahr abzugsfähig.

Bereits rückwirkend ab 2020 wurden günstigere Regelungen zum **Investitionsabzugsbetrag** (§ 7g EStG) geschaffen. Die Betragsobergrenze wurde von 40 % auf 50 % der Anschaffungskosten erhöht.

Für **Vermieter** bedeutsam: Die Grenze, ab der von einer verbilligten Überlassung mit der Folge einer zwingenden Kürzung der Werbungskosten wurde von 66 % auf 50 % der ortsüblichen Warmmiete gesenkt. Mögliche Mieterhöhungen müssen so nicht unbedingt weitergeben werden.

Wir freuen uns, wenn wir mit unserem Steuerratgeber dazu beitragen können, dass unsere Leserinnen und Leser keinen Cent zu viel bezahlen, und hoffen auf ein Wiedersehen in unserem nächsten Steuerratgeber für das Steuerjahr 2022.

Freiburg, im September 2021 Das Autorenteam

Hinweise zur Arbeit mit diesem Buch

Zur **Schnellorientierung** haben wir eine Handling-Übersicht für die optimale Arbeit mit diesem Buch erstellt.

Das bietet das Buch

Teil I enthält die **Ausfüllanleitungen** für die Einkommensteuerformulare 2021. Hier führen wir die Leserinnen und Leser Zeile für Zeile durch die Steuererklärung. Ferner erläutern wir in einer komprimierten Übersicht die wesentlichen einkommensteuerlichen Gesetzes- und Vordruckänderungen gegenüber dem Vorjahr.

Wichtig zu wissen:
Da bestimmte Daten der Finanzverwaltung direkt elektronisch gemeldet werden, sind in den Steuerformularen **einige Eintragungen grundsätzlich nicht mehr erforderlich.** Die betroffenen Zeilen haben wir mit einem „e" gekennzeichnet. **Wenn die Steuererstattung mit einer Steuersoftware berechnet werden soll, müssen diese Daten allerdings weiterhin erfasst werden.**

Teil II gibt eine Kurzübersicht über die notwendigen Angaben für die **betrieblichen Steuererklärungen zu Gewerbe- und Umsatzsteuer.**

Das **Herzstück** dieses Buches ist unverändert das Steuerlexikon in **Teil II:** Hier erhalten die Leserinnen und Leser ausführliche **Hintergrundinformationen zu aktuellen Steuerthemen und viele geldwerte Tipps zum Steuernsparen**, die für Unternehmer besonders relevant sind: von Corona bis Umsatzsteuer. Zusätzliche Erläuterungen betreffen die wichtigen Bereiche Vermietung und Kapitalanlagen.

Das bietet das Online-Portal:

Unter http://mybook.haufe.de ist unser bewährtes Leistungsangebot zu finden.

Das Modul **„Der Steuerkalkulator"** bietet einen **Steuerrechner** und weitere **Arbeitshilfen** zur Ermittlung steuerrelevanter Rechengrößen.

Ferner besteht **Download-Zugriff** auf

- zusätzliche **Kopiervorlagen**,
- **„Die wichtigsten Einkommensteuertipps auf einen Blick"**,
- eine Übersicht zu wichtigen **anhängigen Gerichtsverfahren** sowie
- zahlreiche **weiterführende steuerliche Hintergrundinformationen:** z.B. zu „Betriebliche Altersvorsorge", zur „Umsatzsteuervoranmeldung" oder zum „Verlustausgleich".

Der erforderliche Zugangscode ist auf der ersten Seite dieses Buches, eine Auflistung der Inhalte ist auf der zweiten Seite zu finden.

Inhaltsübersicht

Inhaltsverzeichnis

Abkürzungsverzeichnis

35a	Anlage Haushaltsnahe Aufwendungen
Abs.	Absatz
Abschn.	Abschnitt
ADAC	Allgemeiner Deutscher Automobil-Club
AK	Anschaffungskosten
AfA	Absetzung für Abnutzung
AfS	Absetzung für Substanzverringerung
AG	Aktiengesellschaft
agB	Anlage Außergewöhnliche Belastungen
AltZertG	Gesetz über die Zertifizierung von Altersvorsorge- und Basisrenten-verträgen
Anm.	Anmerkung
AO	Abgabenordnung
a. o.	außerordentlich
ATE	Auslandstätigkeitserlass
Az.	Aktenzeichen
BA	Betriebsausgaben
BAföG	Bundesausbildungsförderungsgesetz
BdF	Bundesministerium für Finanzen
BE	Betriebseinnahmen
BFH	Bundesfinanzhof
BGB	Bürgerliches Gesetzbuch
BGBl	Bundesgesetzblatt
BGH	Bundesgerichtshof
BKGG	Bundeskindergeldgesetz
BMF	Bundesministerium für Finanzen
BStBl	Bundesgesetzblatt
BUKG	Gesetz über die Umzugskostenvergütung und das Trennungsgeld für die Bundes-beamten, Richter im Bundesdienst und Soldaten (Bundesumzugskostengesetz)
BZSt	Bundeszentralamt für Steuern
ca.	circa
DBA	Doppelbesteuerungsabkommen
dgl.	dergleichen
d. h.	das heißt
EDV	Elektronische Datenverwaltung
Ekm	Entfernungskilometer
ELStAM	Elektronische Lohnsteuerabzugsmerk-male
ELSTER	Elektronische Steuererklärung
ErbStG	Erbschaftsteuer- und Schenkungsteuer-gesetz
Erl.	Erläuterungen
ESt	Einkommensteuer
EStDV	Einkommensteuer-Durchführungsverord-nung
EStG	Einkommensteuergesetz
EStH	Hinweise zu den Einkommensteuer-Richtlinien
EStR	Einkommensteuer-Richtlinien
f./ff.	folgende Seite(n)
FG	Finanzgericht
FinV	Finanzverwaltung
FW	Förderung des Wohneigentums
GbR	Gesellschaft bürgerlichen Rechts
gem.	gemäß
GewStG	Gewerbesteuergesetz
ggf.	gegebenenfalls
GmbH	Gesellschaft mit beschränkter Haftung
GoB	Grundsätze ordnungsgemäßer Buchfüh-rung
GrS	Großer Senat
GrSt	Grundsteuer
H	Hinweisabschnitt zu den Einkommen-steuer-Richtlinien
HGB	Handelsgesetzbuch
HK	Herstellungskosten
hrsg.	herausgegeben
i. d. F.	in der Fassung
i. d. R.	in der Regel
i. Z. m.	im Zusammenhang mit
Kfz	Kraftfahrzeug
KG	Kommanditgesellschaft
KiSt	Kirchensteuer
km	Kilometer
LSt	Lohnsteuer
LStDV	Lohnsteuer-Durchführungsverordnung
LStR	Lohnsteuer-Richtlinien
lt.	laut
MwSt	Mehrwertsteuer
NV	Nichtveranlagungsbescheinigung
OFD	Oberfinanzdirektion
Pb	Pauschbetrag
Pkw	Personenkraftwagen
qm	Quadratmeter
R	Richtlinienabschnitt in der Einkommen-steuer-Richtlinie
Rspr.	Rechtsprechung
s.	siehe
S.	Seite
sog.	sogenannte
s. u.	siehe unten
u.	und
u. a.	unter anderem
u. Ä.	und Ähnliches
UStAE	Umsatzsteuer-Anwendungserlass
Verf.	Verfügung
VaSt	vorausgefüllte Steuererklärung
V+V	Einkünfte aus Vermietung und Verpachtung
Vz.	Veranlagungszeitraum
WK	Werbungskosten
ZASt	Zinsabschlagsteuer
z. B.	zum Beispiel
ZfA	Zentrale Zulagenstelle für Alters-vermögen
z. v. E.	zu versteuerndes Einkommen
zzt.	zurzeit

Teil I: Erläuterungen für die Einkommensteuererklärung 2021

1 Rund um die Einkommensteuererklärung

In diesem Kapitel finden Sie alles Wissenswerte zu den **Neuerungen für das Steuerjahr 2021** – alle für Steuerpflichtige relevanten Gesetzesänderungen im Bereich der Einkommensteuer und die wesentlichen Veränderungen in den Erklärungsvordrucken. Außerdem enthalten ist ein Formularwegweiser, aus dem Sie auf einen Blick erkennen können, welche Vordrucke Sie benötigen.

1.1 Digitalisierung – Finanzamt 4.0

Digitalisierung beim Finanzamt

Auch in der Finanzverwaltung spielt das Thema Digitalisierung eine immer größere Rolle. Die automationsgestützte Bearbeitung durch verstärkten IT-Einsatz mit dem Ziel der Kostenersparnis (weniger Personal) und gleichzeitig eine effizientere Bearbeitung, indem fehleranfällige Sachverhalte – insbesondere bei großer steuerlicher Auswirkung – ausgesteuert und durch die Finanzbeamten persönlich bearbeitet werden, stehen im Vordergrund. Die rechtlichen Rahmenbedingungen dazu wurden durch das Gesetz zur Modernisierung des Besteuerungsverfahrens v. 18.7.2016 (BGBl 2016 I S. 1679) geschaffen. Die einzelnen Bestimmungen treten nach und nach bis 2022 in Kraft. Entsprechend erfolgte die praktische Umsetzung durch die Finanzverwaltung in die tägliche Arbeit – auch abhängig von den technischen Fortschritten – schrittweise seit 2017. Dies wirkt sich auch auf die Gestaltung der Erklärungsvordrucke und die Beleganforderungen aus.

1.1.1 Belege und Nachweise

Belegvorhaltung

Es besteht **keine gesetzliche Pflicht mehr, Belege zusammen mit der Steuererklärung einzureichen.** Der Verzicht auf Belege wird von den Finanzämtern sogar gewünscht, denn damit entfallen Belegsichtung und Rücksendung – und das spart Kosten. Der Belegverzicht gilt auch für Steuerbescheinigungen zur Anrechnung von Kapitalertragsteuer (§ 36 Abs. 2 Nr. 2

Satz 3 EStG) oder für Nachweise über steuerbegünstigte Zuwendungen (Spenden und Mitgliedsbeiträge, § 50 Abs. 8 EStDV). Soweit Zuwendungsbestätigungen durch den begünstigten Empfänger elektronisch an die Finanzverwaltung übermittelt werden, müssen auch keine Belege in Papierform vorgehalten werden. Eine Sonderregelung gilt für den Nachweis einer Behinderung. Wird der Pauschbetrag wegen Behinderung erstmals geltend gemacht oder ändern sich die Verhältnisse (insbesondere der Grad der Behinderung oder Merkzeichen), ist die Vorlage einer Kopie des Schwerbehindertenausweises weiterhin vorgeschrieben (§ 65 Abs. 3 EStDV) – zumindest so lange, bis die erforderlichen Programmierarbeiten zur elektronischen Datenübermittlung der für die Feststellung des Grades der Behinderung bzw. der Merkzeichen zuständigen Stelle abgeschlossen sind (§ 65 Abs. 3a EStDV).

Die **Belege** müssen aber (zumindest bis zum Abschluss der Steuerveranlagung, d. h. bis zum Ablauf der Einspruchsfrist bzw. bis zum Abschluss eines Einspruchsverfahrens) **aufbewahrt** und auf Anforderung des Finanzamts eingereicht werden. Für bestimmte Belege (z. B. Spenden) ist die Aufbewahrung bis zum Ablauf eines Jahres nach Bekanntgabe der Steuerfestsetzung vorgeschrieben, für Handwerkerrechnungen gilt zivilrechtlich eine zweijährige, für Bankbelege eine dreijährige Aufbewahrungspflicht. Betriebliche Unterlagen sind zehn Jahre aufzubewahren (§ 147 Abs. 3 AO), andere Unterlagen sechs Jahre, wenn die Summe der nichtbetrieblichen Einkünfte (Überschusseinkünfte gem. § 2 Abs. 1 Nr. 4–7 EStG) mehr als 500.000 € beträgt (§ 147a AO).

Im Fall der Anforderung sollte man die Belege auch vorlegen können. Andernfalls ist damit zu rechnen, dass die Bearbeiter die Kosten nicht nur streichen, sondern auch einen entsprechenden Risikobearbeitungshinweis für die Folgejahre speichern, sodass künftig mit einer intensiveren Prüfung zu rechnen ist. Darüber hinaus können wissentlich und willentlich gemachte falsche Angaben in der Steuererklärung als versuchte bzw. ggf. vollendete Steuerhinterziehung gewertet werden.

1.1.2 Bearbeitungsgrundsätze/Datenabruf

Durch das o. a. Gesetz wurden in der Abgabenordnung (§ 88 AO) die rechtlichen Möglichkeiten geschaffen, die Fallbearbeitung automationsgestützt unter Einsatz von Risikomanagementsystemen (§ 88 Abs. 5 AO) durchzuführen. Damit soll zum einen die Bearbeitung risikoarmer Fälle beschleunigt und zum anderen sollen prüfungsrelevante Fälle mit ausreichender Sicherheit erkannt werden. Ziel ist vorrangig die – ohne jegliches Eingreifen des Finanzbeamten (§ 155 Abs. 4 AO) – vollautomatische Steuerfestsetzung einer möglichst über ELSTER eingegangenen Steuererklärung bis zur Erteilung des Steuerbescheids. Der Steuerbürger hat aber über „qualifizierte Freitextfelder" die Möglichkeit, eine persönliche Bearbeitung zu veranlassen (§ 150 Abs. 7 AO), z.B. wenn er eine nähere Prüfung eines bestimmten Sachverhalts wünscht bzw. eine besondere Rechtsfrage geklärt haben möchte oder in der Steuererklärung Angaben gemacht hat, die auf einer abweichenden Rechtsauffassung beruhen. Die technische Umsetzung der Freitexteingabe erfolgt für 2021 auf der Rückseite des Formulars Hauptvordruck in Zeile 45 durch Eintragung einer „1" in Kennzahl 175. Damit wird dem Bearbeiter angezeigt, dass weitere Angaben außerhalb der Steuererklärungsvordrucke auf einer eigenen Anlage zur Steuererklärung gemacht wurden.

Konsequent wurde ebenso gesetzlich geregelt, dass Verwaltungsakte (z. B. Steuerbescheide) künftig elektronisch **wirksam** bekannt gegeben werden können, indem sie (mit Einwilligung des Betroffenen) zum Datenabruf bereitgestellt werden (§ 122a AO). Als Datum der Bekanntgabe gilt der dritte Tag nach Absendung der Benachrichtigung, dass der Datenabruf möglich ist.

1.1.3 Elektronisch übermittelte Informationen

Datenübermittlung

Wesentliches Element der neuen Bearbeitungsgrundsätze ist, dass die Finanzverwaltung über die Identifikationsnummer des Steuerpflichtigen sehr viele Besteuerungsgrundlagen und Informationen auf elektronischem Weg übermittelt bekommt bzw. über einen Datenabruf darauf Zugriff hat und dies mit den erklärten Angaben automatisiert abgleichen kann. Zu diesen Daten zählen im Wesentlichen:

- sämtliche Angaben der LSt-Bescheinigung wie Bruttolohn, Steuerabzugsbeträge, Beiträge zur gesetzlichen Sozialversicherung, Zuschüsse des Arbeitgebers zum Kurzarbeitergeld, Arbeitgeberanteile zur gesetzlichen Sozialversicherung, steuerfrei geleisteter Arbeitgeberersatz für Reisekosten und doppelte Haushaltsführung oder für Wege zwischen Wohnung und erster Tätigkeitsstätte (Jobticket), Mahlzeitengestellung anlässlich von Auswärtstätigkeiten und bei doppelter Haushaltsführung, pauschal besteuerte Arbeitgeberleistungen (z. B. bei Überlassung von Firmenwagen für Wege von der Wohnung zur ersten Tätigkeitsstätte, Jobticket), vom Arbeitgeber ausgezahlte Lohnersatzleistungen sowie Zeiträume ohne Bezug von Arbeitslohn

- von anderen Stellen (z. B. Bundesagentur für Arbeit, Krankenversicherung) gezahlte Lohnersatzleistungen (z. B. Kranken-, Arbeitslosen-, Kurzarbeitergeld, Zuschuss zum Mutterschaftsgeld, Erziehungsgeld) und Insolvenzgeld
- von öffentlichen Einrichtungen (z. B. öffentlich-rechtliche Radio- und Fernsehanstalten, Volkshochschulen, Universitäten, IHK) gezahlte Honorare an freiberuflich dort Tätige (z. B. unterrichtende oder vortragende Dozenten)
- Beiträge zur Krankenversicherung und Pflegepflichtversicherung (sofern der Datenübermittlung zugestimmt wurde, was Abzugsvoraussetzung ist) und Beitragserstattungen
- gezahlte Beiträge in einen Riester- oder Rürup-Versicherungsvertrag
- von Rentenversicherungsträgern ausgezahlte Renten (einschließlich Riester- und Rürup-Renten) sowie Zuschüsse zur Krankenversicherung und aus der Rente abgeführte Kranken- und Pflegepflichtversicherungsbeiträge
- für und von berücksichtigungsfähigen Kindern geleistete Kranken- und Pflegepflichtversicherungsbeiträge
- Einkünfte und Bezüge von steuerlich berücksichtigungsfähigen Kindern, für die eine LSt-Bescheinigung ausgestellt wurde oder die eine Rente bezogen haben
- Einkommensverhältnisse von Angehörigen, für die Unterhaltsleistungen als außergewöhnliche Belastungen geltend gemacht werden
- von Banken vom Kapitalertragsteuerabzug freigestellte Zinsen, insbesondere wenn insgesamt höhere Zinsen freigestellt worden sind als in der Höhe des Sparer-Pauschbetrags von 801 €/1.602 € und bei einer erteilten Nichtveranlagungsbescheinigung
- ausgezahlte Lebensversicherungsleistungen
- elektronische Vermögensbildungsbescheinigung für vermögenswirksame Leistungen

Im Regelfall bekommt der Steuerpflichtige von der übermittelnden Stelle eine Information über die Weitergabe der Daten an die Finanzverwaltung oder er hat der Datenübermittlung gegenüber der meldenden Stelle ausdrücklich zugestimmt.

Weitere Datenübermittlungen (z. B. über Kapitalerträge aus dem Ausland) sind teilweise bereits rechtlich zulässig, bedürfen aber noch der technischen Umsetzung.

Auf Wunsch ist es für alle Steuerpflichtigen möglich, eine mit den dem Finanzamt elektronisch übermittelten für die Steuererklärung relevanten Daten vorausgefüllte Steuererklärung (VaSt) abzurufen, die nur noch um die fehlenden Angaben ergänzt werden muss. Dazu ist es aber notwendig, sich über das ELSTER-Online-Portal anzumelden und ein Authentifizierungsverfahren zu durchlaufen. Ist dies erfolgt, kann sowohl die Steuererklärung mit elektronischer Signatur über das Internet übermittelt als auch auf Verlangen als Vorabinformation eine Ausfertigung des Bescheids abgerufen werden, sobald die Steuerveranlagung durchgeführt wurde.

1.2 Einkommensteuerliche Rechtsänderungen und Vordruckänderungen 2021

Gesetzliche Änderungen

- **Kinder:**
  Das Kindergeld (§ 66 EStG), der Kinderfreibetrag und der Freibetrag für Betreuung, Erziehung und Ausbildung (§ 32 Abs. 6 EStG) wurden erhöht. Zusätzlich zum Kindergeld wurde im Jahr 2021 je Kind ein Corona-Bonus von 150 € ausgezahlt.
  Die Erhöhung des Entlastungsbetrags für Alleinerziehende auf 4.008 € für das erste Kind, die aufgrund der Corona-Pandemie ursprünglich nur für 2020 und 2021 vorgesehen war, bleibt dauerhaft bestehen (§ 24b EStG). Der erhöhte Betrag ist für den LSt-Abzug in die Steuerklasse II eingearbeitet.

- **Menschen mit Behinderung:**
  Die Pauschbeträge, mit denen der behinderungsbedingte Mehraufwand steuerlich berücksichtigt wird, wurden verdoppelt (§ 33b Abs. 3 EStG). Gleichzeitig wurde der Abzug von behinderungsbedingten Fahrtkosten erstmals gesetzlich geregelt, wobei sich gegenüber den bisherigen Regelungen in

den EStR inhaltlich keine Änderungen ergaben (§ 33 Abs. 2a EStG).

Die Änderungen gelten auch, wenn die einem behinderten Kind zustehenden Beträge auf die Eltern übertragen werden.

- **Pflege:**
  Entstehen durch die persönliche, unentgeltliche Pflege einer Person Aufwendungen, können diese (auch) über den Pflege-pauschbetrag als außergewöhnliche Belastungen berücksichtigt werden. Der Personenkreis, der den Pflegepauschbetrag in Anspruch nehmen kann, wurde wesentlich erweitert. Es genügt jetzt bereits, dass die gepflegte Person den Pflegegrad 2 hat. Die Abzugsbeträge wurden nach Pflegegraden gestaffelt und deutlich erhöht (§ 33b Abs. 6 EStG).
- **Unterhalt:**
  Der Höchstbetrag der abzugsfähigen Aufwendungen für den Unterhalt und die Berufsausbildung von nahestehenden Personen wurde erhöht (§ 33a Abs. 1 EStG).
- **Solidaritätszuschlag:**
  Der Solidaritätszuschlag wurde für den größten Teil der Steuerzahler abgeschafft.
- **Entfernungspauschale:**
  Die abzugsfähige Entfernungspauschale für Wege zwischen Wohnung und erster Tätigkeitsstätte bei Arbeitnehmern bzw. zwischen Wohnung und erster Betriebsstätte bei Unternehmern wurde ab dem 21. Entfernungskilometer auf 0,35 €/Ekm erhöht (§ 9 Abs. 1 Satz 3 Nr. 4 Satz 8 Buchst. a) EStG). Der erhöhte Satz gilt auch für Familienheimfahrten im Rahmen einer doppelten Haushaltsführung (§ 9 Abs. 1 Satz 3 Nr. 5 Satz 9 EStG).
- **Mobilitätsprämie:**
  Steuerpflichtige (Arbeitnehmer und Unternehmer), die Fahrten zu einer weiter als 20 Kilometer entfernten ersten Tätigkeits- oder Betriebsstätte oder Familienheimfahrten im Rahmen einer steuerlich berücksichtigungsfähigen doppelten Haushaltsführung hatten und die wegen eines z. v. E. unter dem Grundfreibetrag (9.744 € bzw. 19.488 € bei Zusammenveranlagung) nicht von der Erhöhung der Entfernungspauschale profitieren, können eine Mobilitätsprämie beantragen, die im Rahmen der ESt-Veranlagung berechnet und ausgezahlt wird. Der Antrag für 2021 kann bis zum Eintritt der Verjährung (31.12.2025) gestellt werden (§§ 101 ff. EStG).

- **Kapitalerträge:**
  Nachdem die Rspr. Verluste aus Kapitalvermögen auch außerhalb der Aktienbesteuerung berücksichtigt hat, wurde geregelt, dass derartige Verluste (z. B. durch vollständige oder teilweise Uneinbringlichkeit einer Kapitalforderung oder aus der Übertragung wertloser Kapitalanlagen) jährlich nur bis 20.000 € mit Kapitalerträgen ausgeglichen werden dürfen (§ 20 Abs. 6 Satz 6 EStG). Außerdem gelten geänderte Verlustverrechnungsmöglichkeiten für Verluste aus Stillhalterprämien und Termingeschäften (§ 20 Abs. 6 Satz 5 EStG).
- **Wohnungsvermietung:**
  Eine verbilligte Überlassung mit der Folge der Kürzung des Werbungskostenabzugs liegt ab 2021 zwingend erst dann vor, wenn die verlangte Warmmiete weniger als 50 % der ortsüblichen Miete beträgt (§ 21 Abs. 2 EStG). Beträgt die Miete mindestens 50 % aber weniger als 66 % der ortsüblichen Miete ist zur Prüfung des vollen Werbungskostenabzugs eine Überschussprognose durchzuführen.
- **Investitionsabzugsbetrag:**
  Bereits rückwirkend ab 2020 wurden günstigere Regelungen zum Investitionsabzugsbetrag (§ 7g EStG) geschaffen. Die Betragsobergrenze wurde von 40 % auf 50 % der Anschaffungskosten erhöht. Den Investitionsabzugsbetrag können Betriebe in Anspruch nehmen, deren Gewinn 200.000 € nicht übersteigt.
- **Computer und IT-Geräte:**
  Die Finanzverwaltung hat für Computerhardware (einschließlich Peripheriegeräte) und Standardsoftware ab 2021 die Nutzungsdauer neu auf ein Jahr festgelegt. Damit können die Anschaffungskosten, unabhängig von deren Höhe in vollem Umfang bereits im Jahr der Anschaffung steuerlich berücksichtigt werden.

Vordruckänderungen

In den Vordrucken für 2021 sind, auch bedingt durch die gesetzlichen Änderungen folgende Veränderungen wesentlich:

Hauptvordruck

In Zeile 3 des Hauptvordrucks kann die neu eingeführte Mobilitätsprämie beantragt werden. Zusätzlich ist die Anlage Mobilitätsprämie und bei Arbeitnehmern die Anlage N einzureichen.

Anlage N Für die 2020 neu eingeführte Homeoffice-Pauschale wurde auf Seite 2 bei den Werbungskosten eine neue Zeile eingefügt.

Anlage KAP Wegen der gesetzlichen Änderungen zur Verrechnung von Verlusten aus Kapitalanlagen (Termin-, Optionsgeschäfte, Verluste aus Forderungsausfällen, wertlosen Kapitalanlagen) wurden weitere Zeilen eingefügt, in denen die Verluste „verkennziffert" erklärt und damit von der Finanzverwaltung maschinell ausgewertet werden können.

Anlage Sonderausgaben Für Unterhaltszahlungen an einen getrennt lebenden oder geschiedenen Ehegatten wurden durch zusätzlich eingefügte Zeilen Eintragungsmöglichkeiten für einen zweiten Ex-Ehegatten geschaffen.

Anlage außergewöhnliche Belastungen Die gesetzlichen Änderungen bezüglich der Pauschbeträge für den behinderungsbedingten Mehraufwand behinderter Menschen wurden in den Vordruck eingearbeitet. Dabei wird neu das Merkmal „taubblind (TBl)" abgefragt. Zusätzliche Zeilen waren für die Berücksichtigung behinderungsbedingter Fahrten erforderlich.

Anlage Kind Auf die Verbesserungen des Kostenabzugs für behinderungsbedingte Mehraufwendungen und Fahrten haben auch die Eltern eines behinderten Kindes Anspruch, soweit die dem Kind zustehenden Vergünstigungen auf die Eltern übertragen wurden. Entsprechende Eintragungsmöglichkeiten wurden auf Seite 3 des Vordrucks neu eingefügt.

Anlage Mobilitätsprämie Die 2021 erstmals ausgegebene Anlage dient zur Berechnung der Mobilitätsprämie (s. o.).

TIPP

Vereinfachte Erklärungsvordrucke für Arbeitnehmer und Nur-Rentner

Für Steuerbürger, die ausschließlich Arbeitslohn bezogen haben, oder Personen, die nur Renten, Betriebsrenten bzw. eine Pension beziehen, hat die Finanzverwaltung in mehreren Bundesländern zwei vereinfachte Steuererklärungsvordrucke, die nur aus jeweils zwei Seiten bestehen, aufgelegt. Andere Bundesländer geben diese Vordrucke nicht mehr heraus, weil durch die Übernahme der elektronisch übermittelten Daten bereits das Ausfüllen der „normalen" Steuererklärungsvordrucke erleichtert worden ist (s. u.). Erkundigen Sie sich bei

Bedarf bei Ihrem Finanzamt nach den vereinfachten Vordrucken. Bedenken Sie dabei aber auch, dass Sie in den vereinfachten Vordrucken nicht alle bestehenden Steuervergünstigungen eintragen können.

1.3 Rund um die Steuererklärung

1.3.1 Abgabepflicht – Abgabefristen – Vordrucke

Die gesetzliche Frist zur Abgabe der Steuererklärung 2021 endet grundsätzlich mit dem 31.7.2022. Wenn Sie bis dahin abgegeben haben, sind Sie auf der sicheren Seite. Ob die Abgabefrist – coronabedingt wie 2020 – um drei Monate bis zum 31.10.2022 verlängert wird, stand zum Zeitpunkt des Redaktionsschlusses noch nicht fest. Sollte dies der Fall sein, werden wir Sie über unseren Aktualisierungsservice auf dem Portal informieren.

Hinweis: Wichtiges zu den Themen, wer eine Steuererklärung abgeben muss, bei wem die freiwillige Abgabe einer Steuererklärung (Steuerveranlagung auf Antrag) sinnvoll ist, welche Möglichkeiten es gibt, die Steuererklärung an das Finanzamt zu übermitteln und welche Fristen generell zu beachten sind, finden Sie auf http://mybook.haufe.de unter „Weiterführende steuerliche Informationen/Steuererklärungsabgabepflicht".

Generell gilt, dass steuerlich relevante, der Finanzverwaltung elektronisch übermittelte Daten nicht mehr in die Steuererklärung eingetragen werden müssen. Die entsprechenden Bereiche sind im Vordruck dunkelgrün unterlegt und mit einem **„e im Kreis"** gekennzeichnet. Der Steuerpflichtige ist für die Richtigkeit dieser **eDaten** nicht verantwortlich.

Sind richtig übermittelte **eDaten** falsch übernommen worden, kann der entsprechend falsche Steuerbescheid auch nach Ablauf der Einspruchsfrist bis zum Eintritt der Festsetzungsverjährung geändert werden (§ 175b Abs. 1 AO). Wurden falsche Daten übermittelt, dann kann eine Korrektur zugunsten des Steuerpflichtigen ebenfalls bis zum Eintritt der Festsetzungsverjährung erfolgen. Trotzdem ist es sinnvoll, die übermittelten eDaten am besten beim Ausfüllen der Steuererklärung bzw. spätestens nach Erhalt des Steuerbescheids zu prüfen, insbesondere wenn der Steuerbescheid deutlich von den Vorjahren abweicht.

Wenn Sie anhand Ihrer ausfüllten Steuererklärung eine Prüfberechnung mit einer gekauften Steuersoftware durchführen möchten, müssen Sie alle Daten erfassen.

1.3.2 Welche Vordrucke müssen Sie ausfüllen?

Formularwegweiser

Einen Überblick, welche Vordrucke Sie benötigen, können Sie sich anhand des folgenden Formularwegweisers verschaffen. Durch die Übernahme der eDaten ist bei **Rentnern** ohne weitere Einkünfte die Verpflichtung zur Abgabe einer Steuererklärung bereits erfüllt, wenn nur der unterschriebene **Hauptvordruck** abgegeben wird. Die Angaben zu Renten (**Anlage R**) sowie Basiskranken- und Pflegepflichtversicherungsbeiträgen (**Anlage Vorsorgeaufwand**) sind nicht erforderlich. Bei Arbeitnehmern ohne weitere Einkünfte reicht rechtlich ebenfalls die Abgabe des **Hauptvordrucks** (ohne **Anlage N** und **Anlage Vorsorgeaufwand**) aus. Dann werden aber außer den Sozialversicherungsbeiträgen keine Ausgaben (Werbungskosten, Sonderausgaben, außergewöhnliche Belastungen, Steuerermäßigungen z. B. für Handwerkerleistungen) steuerlich berücksichtigt.

Allgemeine Vordrucke

Hauptvordruck* (2 Seiten)	Persönliche Angaben (Name, Adresse, Familienstand, Bankverbindung) Unterschrift
Anlage **Sonderausgaben** (1 Seite) (übrige **Sonderausgaben**)	Kirchensteuer, Spenden/Mitgliedsbeiträge, Kosten der (ersten) eigenen Berufsausbildung, Unterhalt an Ex-Ehegatten
Anlage **Außergewöhnliche Belastungen (agB)** (1 Seite)	Pauschbeträge für behinderte Menschen, Pflegepauschbetrag, Krankheits-, Pflege-, behinderungsbedingte und Bestattungskosten
Anlage Haushaltsnahe Dienstleistungen (**35a**) (1 Seite) (Ermäßigung nach § **35a** EStG für Haushaltsaufwendungen)	Haushaltshilfen, haushaltsnahe Dienstleistungen, Pflege- und Betreuungskosten, Haushaltsleistungen im Heim, Handwerkerleistungen
Anlage **Energetische Maßnahmen** (2 Seiten) (§ **35c** EStG)	Wärmedämmung, Heizung, Lüftung in selbst bewohnten Gebäuden
Anlage **Sonstiges** (1 Seite)	Anträge zur Kostenverteilung bei Einzelveranlagung von Ehegatten
Anlage **Vorsorgeaufwand** (2 Seiten) (**Vorsorge**aufwendungen)	Beiträge zu Renten und berufsständigen sowie Rürup-Rentenversicherungsverträgen, Kranken-, Pflege-, Arbeitslosen-, Haftpflicht-, Berufsunfähigkeits-, Unfall-, Risikoversicherungen
Anlage **AV** (1 Seite) (**A**lters**V**orsorgeaufwendungen)	Einzahlungen in Riester-Rentenverträge
Anlage **Unterhalt** (4 Seiten) (**Unterhalt** an Angehörige)	Unterhaltsleistungen an Angehörige
Anlage **Kind** (3 Seiten) (Kinderberücksichtigung, Vergünstigungen für Kinder Anlage **K** notwendig zur Übertragung von Freibeträgen auf die Großeltern	Kinderfreibetrag, Betreuungsfreibetrag, Entlastungsbetrag Alleinerziehende, Freibetrag wegen auswärtiger Unterbringung, Schulgeld, Kinderbetreuungskosten

*Wenn die Mobilitätsprämie beantragt werden soll, ist zusätzlich die **Anlage Mobilitätsprämie** auszufüllen.

Vordrucke zu den Einkünften

Anlage **L** (4 Seiten) (**L**and- und Forstwirtschaft)	Bauernhof, Gärtnerei, Tierzucht Beteiligung an derartigen Betrieben
Anlage **G**** (2 Seiten) (**G**ewerbebetriebe) zusätzlich Gewinnermittlung (Bilanz, EÜR)	Handel, Handwerk, Dienstleistung, Produktion Beteiligung an derartigen Betrieben
Anlage **S**** (2 Seiten) (**S**elbstständige Arbeit)	Freiberufler Beteiligung an derartigen Unternehmen
Anlage **EÜR** (4 Seiten) (**E**innahme-**Ü**berschuss-**R**echnung)	Zusätzlich zu den Anlagen L, G und S, wenn Gewinnermittlung nach § 4 Abs. 3 EStG durch Einnahme-Überschuss-Rechnung
Anlage **34a** (1 Seite) Ermäßigte Besteuerung § **34a** EStG	Zusätzlich zu den Anlagen L, G und S für nicht entnommene Gewinne nur bei Buchführung (Bilanz)
Anlage **N*** (3 Seiten) (**N**ichtselbstständige Arbeit)	Arbeitnehmer (nicht Minijob), Pensionäre, Betriebsrentner (eventuell Anl. **N-GRE** für Grenzgänger bzw. **N-AUS** für Auslandslohn)
Anlage **KAP** (2 Seiten) (**KAP**italvermögen) Anlage **KAP-INV** (2 Seiten)	Zinsen, Dividenden, Gewinne aus Wertpapierverkäufen und Börsengeschäften Erträge aus Investmentfonds **(Anlage nur in Ausnahmefällen notwendig!)**
Anlage **V** (2 Seiten) (**V**ermietungseinkünfte)	Miete/Pacht aus Grundstücken (Häuser, Wohnungen, Zimmer, Garagen)
Anlage **R** (2 Seiten) (**R**enten) Anlage **R-V/bAV** (2 Seiten) (betriebliche Altersversorgung)	Inländische gesetzliche Renten, private Renten (einschließlich Rürup-Renten) (Pensionsfonds und -kassen, Direktversicherungen, Riester) **nicht Betriebsrenten**
Anlage **SO** (2 Seiten) (**S**onstige Einkünfte	z.B. erhaltene Unterhaltsleistungen von Ex-Ehegatten, Gewinne aus privaten Veräußerungsgeschäften
Anlage **AUS** (2 Seiten) (**AUS**ländische Einkünfte) Anlage **R-AUS** (1 Seite) (**aus**ländische Rente)	Anrechnung ausländischer Steuer bzw. Anwendung des Progressionsvorbehalts auf die inländischen Einkünfte (Anlage gilt nicht für Arbeitslohn) Renten ausländischer Versicherungen/Rentenversicherungen

*Wenn die Mobilitätsprämie beantragt werden soll, ist zusätzlich die **Anlage Mobilitätsprämie** auszufüllen.

Soweit betriebliche Corona-Hilfen bezogen wurden, ist zusätzlich die **Anlage Corona-Hilfen auszufüllen.

Eine Kurzübersicht über die auf dem jeweiligen Vordruck notwendigen Eintragungen finden Sie jeweils vor den ausführlichen Erläuterungen zum Ausfüllen des jeweiligen Vordrucks.

1.3.3 Wie werden die Vordrucke ausgefüllt?

Den maschinell lesbaren Vordrucken sind Ausfüllhinweise beigefügt. Eine maschinelle Erfassung und Bearbeitung der Steuererklärung ist nur möglich, wenn Sie diese Ausfüllhinweise beachten.

TIPP

Name und Steuernummer sind auf jeder Anlage sinnvoll

Tragen Sie unbedingt in der Kopfzeile jeder Anlage Ihren Namen und Ihre Steuernummer ein. Sie verhindern so, dass Anlagen nicht zugeordnet werden können und verloren gehen.

In den grünen Bereichen der Vordrucke sollten Sie keine Eintragungen oder Erläuterungen vornehmen. Soweit Sie Ihre Angaben erläutern wollen oder der in den Vordrucken vorgesehene Platz nicht ausreicht, verwenden Sie dafür ein gesondertes Blatt und weisen Sie durch eine entsprechende Eintragung in Zeile 45 (Kennzahl 175) auf der Rückseite des Hauptvordrucks darauf hin. Eine saubere Aufstellung Ihrer Kosten erleichtert und beschleunigt die Bearbeitung – insbesondere die Prüfung Ihrer Angaben auf Schlüssigkeit und rechnerische Richtigkeit.

1.4 Wie ordne ich meine Belege und welche Kosten kann ich wo eintragen?

Belegcheck

Die folgende, in alphabetischer Reihenfolge sortierte Tabelle mit häufig vorkommenden Kosten ermöglicht es Ihnen, Ihre Belege zu ordnen, und gibt an, wo in der Steuererklärung Sie die zugrunde liegenden Ausgaben eintragen können. Weitere Informationen zu den Kosten und dem steuerlichen Abzug finden Sie bei Bedarf in den Erläuterungen zu dem jeweiligen Vordruck.

Kostenbeleg	Steuererklärung	Abzug
Abflussrohrreinigung • selbst genutztes Haus/Wohnung • vermietetes Haus/Wohnung	Anlage Haushaltsnahe Aufwendungen Anlage V	Steuerermäßigung Werbungskosten
Arbeitsmittel/Fachliteratur	Anlage N, S. 2	Werbungskosten
Arbeitszimmer	Anlage N, S. 2	Werbungskosten
Ausbildungskosten • eigene Ausbildung/Ehegatte • eines Kindes	Anlage Sonderausgaben Anlage Kind, S. 2	Sonderausgaben außergewöhnliche Belastungen
Bestattungskosten	Anlage Außergewöhnliche Belastungen	außergewöhnliche Belastungen
Erhaltungsaufwendungen/Instandsetzung/Reparatur/energetische Maßnahmen • selbst genutztes Haus/Wohnung • vermietetes Haus/Wohnung	Anlage Haushaltsnahe Aufwendungen bzw. Anlage Energetische Maßnahmen Anlage V, S. 2	Steuerermäßigung Steuerermäßigung Werbungskosten
Fahrtkosten • beruflich • vermietetes Haus/Wohnung • Behinderung	Anlage N, S. 2, 3, 4 Anlage V, S. 2 Anlage Außergewöhnliche Belastungen	Werbungskosten Werbungskosten außergewöhnliche Belastungen
Fortbildungskosten (vgl. auch Reisekosten)	Anlage N, S. 3	Werbungskosten
Führerschein (behinderte Menschen)	Anlage Außergewöhnliche Belastungen	außergewöhnliche Belastungen
Gartengestaltung • selbst genutztes Haus/Wohnung • vermietetes Haus/Wohnung	Anlage Haushaltsnahe Aufwendungen Anlage V, S. 2	Steuerermäßigung Werbungskosten
Gartenpflege • selbst genutztes Haus/Wohnung • vermietetes Haus/Wohnung	Anlage Haushaltsnahe Aufwendungen Anlage V, S. 2	Steuerermäßigung Werbungskosten

Kostenbeleg	Steuererklärung	Abzug
Hausarbeit/Hausreinigung durch Fremdfirma (putzen, kochen, waschen, bügeln)	Anlage Haushaltsnahe Aufwendungen	Steuerermäßigung
Hausaufgabenbetreuung Kind	Anlage Kind, S. 3	Sonderausgaben
Haushaltshilfe/Haushälterin (angestellt/Minijob)	Anlage Haushaltsnahe Aufwendungen	Steuerermäßigung
Heimkosten	Anlage Haushaltsnahe Aufwendungen Anlage Außergewöhnliche Belastungen	Steuerermäßigung außergewöhnliche Belastungen
Kinderbetreuungskosten	Anlage Kind, S. 3	Sonderausgaben
Kindergartenbeitrag	Anlage Kind, S. 3	Sonderausgaben
Kontoführung • beruflich • vermietetes Haus/Wohnung	 Anlage N, S. 2 Anlage V, S. 2	 Werbungskosten Werbungskosten
Krankheitskosten (Eigenanteil Arznei, Brille, Hörgerät, Zahnersatz, Kur)	Anlage Außergewöhnliche Belastungen	außergewöhnliche Belastungen
Krankenversicherung • eigene bzw. Ehegatte • Kind • Ex-Ehegatten (bzw. getrennt) • andere unterstützte Personen	 Anlage Vorsorgeaufw. Anlage Kind, S. 2 Anlage Sonderausgaben Anlage Unterhalt, S. 1	 Sonderausgaben Sonderausgaben Sonderausgaben außergewöhnliche Belastungen
Mitgliedsbeiträge • Verein, Partei • Gewerkschaft, Berufsverband • Haus-/Grundbesitzerverein • Lohnsteuerhilfe	 Anlage Sonderausgaben Anlage N, S. 2 Anlage V, S. 2 Anlage N, S. 2	 Sonderausgaben Werbungskosten Werbungskosten Werbungskosten
Pflegekosten	Anlage Außergewöhnliche Belastungen Anlage Haushaltsnahe Aufwendungen	außergewöhnliche Belastungen Steuerermäßigung
Reisekosten (beruflich)	Anlage N, S. 3	Werbungskosten
Renovierung • selbst genutztes Haus/ Wohnung • vermietetes Haus/Wohnung • Arbeitszimmer	 Anlage Haushaltsnahe Aufwendungen Anlage V, S. 2 Anlage N, S. 2	 Steuerermäßigung Werbungskosten Werbungskosten

Kostenbeleg	Steuererklärung	Abzug
Reparatur • Haushaltsgeräte • Fahrzeug (berufliche Fahrt)	 Anlage Haushaltsnahe Aufwendungen Anlage N, S. 2	 Steuerermäßigung Werbungskosten
Riester-Versicherungsbeiträge	Anlage AV	Zulage/ Sonderausgaben
Rürup-Versicherungsbeiträge	Anlage Vorsorgeaufwand, S. 1	Sonderausgaben
Schulgeld • eigene Schulausbildung • für Kind	 Anlage Sonderausgaben Anlage Kind, S. 2	 Sonderausgaben Sonderausgaben
Spende	Anlage Sonderausgaben	Sonderausgaben
Steuerberatungskosten	Anlage N, R, V, S. 2	Werbungskosten
Steuerbescheinigung • Zinsen	 Anlage KAP, S. 2	 Steueranrechnung
Studiengebühr • eigenes Studium	 Anlage Sonderausgaben	 Sonderausgaben
Telefonkosten • berufliche Telefonate • Mieter	 Anlage N, S. 2 Anlage V, S. 2	 Werbungskosten Werbungskosten
Umzugskosten • privater Umzug • beruflich bedingter Umzug	 Anlage Haushaltsnahe Aufwendungen Anlage N, S. 2	 Steuerermäßigung Werbungskosten
Unfallkosten • berufliche Fahrt	 Anlage N, S. 2	 Werbungskosten
Unterhaltszahlungen • getrennt lebender/ geschiedener Ehegatte • nicht steuerlich berücksichtigungsfähige Kinder • andere Personen	 Anlage Sonderausgaben Anlage Unterhalt Anlage Unterhalt	 Sonderausgaben außergewöhnliche Belastungen außergewöhnliche Belastungen
Versicherungen • beruflich (z. B. Berufshaftpflicht) • vermietetes Haus/Wohnung • privat (außer Rechtsschutz und Sachversicherungen)	 Anlage N, S. 2 Anlage V, S. 2 Anlage Vorsorgeaufwand	 Werbungskosten Werbungskosten Sonderausgaben

Kostenbeleg	Steuererklärung	Abzug
Wartung (Heizung, Tankreinigung, Sanitäranlagen, Fahrstuhl, Feuerlöscher) • selbst genutztes Haus/ Wohnung • vermietetes Haus/Wohnung	 Anlage Haushaltsnahe Aufwendungen Anlage V	 Steuerermäßigung Werbungskosten
Zweiter Haushalt (beruflich)	Anlage N, S. 4	Werbungskosten

1.5 Praktische Tipps

Behalten Sie für sich von jedem ausgefüllten Formular, jeder eingereichten Kostenaufstellung und jedem Schreiben an Ihr Finanzamt ein Doppel zurück bzw. speichern Sie die gemachten Angaben auf Ihrem Rechner und drucken Sie sich die Steuererklärung ggf. aus.

Legen Sie die Unterlagen jahrgangsweise, am besten durch Trennblätter geordnet, in einem Ordner „Finanzamt" oder „Steuern" ab. Sie erleichtern sich so die Überprüfung Ihres Steuerbescheids und das Ausfüllen der Steuererklärung für die Folgejahre.

Falls das Finanzamt Belege anfordert: Vermeiden Sie zu Ihrer Sicherheit, sofern es nicht zwingend erforderlich ist (wie z. B. bei Steuerbescheinigungen von Banken), Verträge oder Schriftstücke im Original an das Finanzamt zu schicken. Eine Fotokopie genügt in den meisten Fällen als Nachweis.

1.6 Wie berechnet sich das zu versteuernde Einkommen?

Hinweis: Wichtiges zum Thema „Berechnung des zu versteuernden Einkommens" finden Sie auf http://mybook.haufe.de unter „Der Steuerkalkulator".

2 Hauptvordruck (ESt1A, Mantelbogen)

2.1 Allgemein

WICHTIG

Hauptvordruck muss immer ausgefüllt werden

Der **Hauptvordruck** mit den **persönlichen Daten** und der **Bankverbindung**, muss immer ausgefüllt werden. Außerdem ist die **eigenhändige Unterschrift** auf Seite 2 notwendig. Welche weiteren Formulare Sie außer dem Hauptvordruck noch benötigen, sehen Sie im **Formularwegweiser** auf einen Blick. Vertiefend siehe → Rund um die Einkommensteuererklärung.

Überblick

Im Bedarfsfall ausfüllen	
Seite 1	**Angaben zur Person (Zeilen 8–17), zum Familienstand (Zeile 18), zum Ehegatten bei Zusammenveranlagung (Zeilen 19–28) und zur Ehegattenveranlagung (Zeile 29)**
Seite 2	**Angaben zur Bankverbindung (Zeilen 31–34)**
	Einzelempfangsvollmacht (Zeilen 35–41) Hier sind die Angaben zu der Person zu machen, der der Einkommensteuerbescheid 2021 zugesandt werden soll.
	Sonstige Angaben und Anträge (Zeilen 42–45) Hier geht es im Wesentlichen um die Festsetzung der Arbeitnehmer-Sparzulage, um **Einkommensersatz** (z. B. Eltern-, Kranken-, Mutterschaftsgeld), der **nicht** i. Z. m. entgangenem Arbeitslohn (vgl. **Anlage N**) steht. Weitere Angaben über die Steuererklärungsvordrucke hinaus können über „Ergänzende Angaben zur Steuererklärung" gemacht werden (Zeile 45).

2.2 Grundangaben (Seite 1)

→ ZEILEN 1–2
Art der Erklärung

Kreuzen Sie in den Zeilen 1 und 2 an, ob Sie neben der Veranlagung zur Einkommensteuer weitere Anträge stellen (z. B. Erklärung zur Feststellung des verbleibenden Verlusts).

→ ZEILE 3
Festsetzung der Mobilitätsprämie

Für 2021 kann erstmals eine Mobilitätsprämie beantragt werden. Steuerpflichtige Personen, die mit ihrem z. v. E. innerhalb des Grundfreibetrags liegen (z. v. E. bis 9.744 €, bei Zusammenveranlagung verdoppelt), haben die Möglichkeit, statt der erhöhten Entfernungspauschale ab dem 21. Entfernungskilometer für die Fahrten zwischen Wohnung und erster Tätigkeits- oder Betriebsstätte eine Mobilitätsprämie i. H. v. 14 % dieser erhöhten Pauschalen zu wählen. Fügen Sie Ihrer Steuererklärung bitte die **„Anlage Mobilitätsprämie"** bei. Der Antrag auf Mobilitätsprämie gilt gleichzeitig als Antrag auf Einkommensteuerveranlagung.

→ ZEILEN 4, 8, 19
Steuernummer, Identifikationsnummer

Tragen Sie in Zeile 4 Ihre Steuernummer sowie in den Zeilen 8 und 19 Ihre steuerliche Identifikationsnummer ein. Die Steuernummer und Ihren Namen sollten Sie zur Sicherheit außerdem in der auf jeder Anlage vorhandenen Kopfzeile vermerken.

2.3 Persönliche Angaben

→ ZEILEN 7–28
Persönliche Angaben

Tragen Sie Ihre persönlichen Daten ein. Die Angaben zur Ehefrau haben Bedeutung für die Art der Steuerveranlagung und den anzuwendenden Steuertarif.

Bei **gleichgeschlechtlichen Ehen** (Ehe für alle) und bei **Lebenspartnerschaften,** die **nach dem Lebenspartnerschaftsgesetz** (LPartG) eine Lebenspartnerschaft begründet und nicht in eine Ehe umgewandelt haben, muss sich im Falle der Zusammenveranlagung in den Zeilen 7 bis 16 als **Person A** die Person eintragen, die nach alphabetischer Reihenfolge des Nachnamens an erster Stelle steht; bei Namensgleichheit nach alphabetischer Reihenfolge des Vornamens; bei Gleichheit des Vornamens nach dem Alter der Personen (ältere Person).

Das Geburtsdatum hat u. a. Bedeutung für die Gewährung des Altersentlastungsbetrags nach § 24a EStG. Dieser ist ein Freibetrag und kann berücksichtigt werden, wenn das 64. Lebensjahr vor Beginn des Vz. vollendet wurde. Die Höhe des Altersentlastungsbetrags ist abhängig vom Kalenderjahr, das dem Jahr der Vollendung des 64. Lebensjahres folgt, und von der Höhe der Einkünfte und wird vom Amts wegen berücksichtigt. Der Abzugsbetrag ergibt sich aus dem Arbeitslohn aus einem aktiven Dienstverhältnis und aus der positiven Summe anderer Einkünfte (z. B., Einkünfte aus V+V oder freiberuflicher Tätigkeit etc.). Versorgungsbezüge und Renten i. S. d. § 22 EStG, die nur teilweise besteuert werden, sind nicht zu berücksichtigen.

→ ZEILE 18
Familienstand

Ihre Angaben zum Familienstand bestimmen, ob eine Einzel- oder eine Ehegattenveranlagung zur Einkommensteuer durchgeführt wird und haben damit Bedeutung für den anzuwendenden Steuertarif. Wenn Ihr Ehegatte im Vorjahr (2020) ver storben ist, führt das Finanzamt für 2021 zwar eine Einzelveranlagung durch, berechnet aber die Steuer (letztmals) nach dem für Sie günstigeren Splittingtarif.

→ ZEILE 29
Veranlagungsarten

Ehegatten, die beide im Inland wohnen und nicht getrennt leben, können zwischen den genannten Ehegattenveranlagungsarten durch Ankreuzen wählen. Vertiefend siehe → Ehegattenveranlagung.

2.4 Bankverbindung (Seite 2)

→ ZEILEN 31–34
Bankverbindung

Die Finanzämter erstatten nur unbar. Bei fehlender oder unvollständiger Bankverbindung verzögert sich die Steuerrückzahlung. Bitte beachten Sie, dass der bargeldlose Zahlungsverkehr und damit die Erstattung nur möglich ist, wenn dem Finanzamt die IBAN und bei Auslandsüberweisung zusätzlich die BIC bekannt sind.

WICHTIG

Kontoänderung mitteilen

Teilen Sie dem Finanzamt unverzüglich, auch zwischen den Steuererklärungen, schriftlich mit, wenn sich die von Ihnen angegebene Bankverbindung geändert hat, damit eine Erstattung schnell durchgeführt werden kann.

2.5 Vollmacht

→ ZEILEN 35–41
Empfangsvollmacht

Hier können Sie z. B. Ihren Steuerberater zur Entgegennahme Ihres Steuerbescheids bevollmächtigen oder sich den Steuerbescheid an eine von den Eintragungen in den Zeilen 12–15 abweichende Anschrift (z. B. Zweitwohnsitz) schicken lassen. Beachten Sie, dass die Eintragungen nur für den Einkommensteuerbescheid und eventuelle Änderungsbescheide des Jahres 2021 gelten (Einmalvollmacht). Möchten Sie, dass Bescheide und andere Schreiben immer an Ihren Steuerberater gerichtet werden, benötigt das Finanzamt eine Dauerzustellungsvollmacht.

2.6 Sonstige Angaben und Anträge

→ ZEILE 42
Festsetzung der Arbeitnehmer-Sparzulage

Liegen eine oder mehrere vermögensbildende Anlagen vor, kann hier die Festsetzung der Arbeitnehmer-Sparzulage durch Eintragung einer „1" beantragt werden. Die notwendigen Daten werden von Ihrem Anbieter durch eine elektronische Vermögensbildungsbescheinigung (VL-Meldung) an das Finanzamt übermittelt. Anspruch auf Arbeitnehmer-Sparzulage für diese vermögenswirksamen Leistungen besteht aber nur, wenn bestimmte Einkommensgrenzen nicht überschritten sind.

→ eZEILE 43 UND ZEILE 44
Einkommensersatzleistungen

Die als Ersatz von Einkommen gezahlten Beträge (z. B. gezahltes Eltern-, Kranken-, Mutterschaftsgeld), die nicht durch den Arbeitgeber ausbezahlt wurden, sind zwar steuerfrei, bewirken jedoch, dass die steuerpflichtigen Einkünfte mit einem höheren Steuersatz (Progressionsvorbehalt) besteuert werden. In die eZeile 43 gehören steuerfreie Einkommensersatzleistungen aus dem Inland, in die Zeile 44 solche aus den EU-/EWR-Staaten oder der Schweiz. Haben Sie als **Arbeitnehmer** derartige Leistungen (z. B. Kurzarbeitergeld) durch den Arbeitgeber erhalten, müssen Sie deren Höhe nicht hier, sondern auf der **Anlage N**, Zeilen 22–28, eintragen.

→ ZEILE 45
Ergänzende Angaben zur Steuererklärung/ qualifiziertes Freitextfeld

Möchten Sie ergänzende Angaben zu anderen Vordrucken Ihrer Steuererklärung machen (z. B. Anlage Vorsorgeaufwand – eigene Versicherungsbeiträge für mehrere andere Personen), weil dort keine entsprechenden Eintragungsmöglichkeiten vorgesehen sind oder Sie ergänzende Angaben für den Bearbeiter für notwendig erachten, tragen Sie hier die „1" ein und fügen der Steuererklärung in Papierform eine formlose Anlage mit der Überschrift „Ergänzenden Angaben zur Steuererklärung" hinzu.

Bei elektronisch übermittelten Einkommensteuererklärungen (ELSTER) öffnet sich im Elster-Formular ein Textfeld, in das die entsprechenden abweichenden Angaben, Sachverhalte oder die von der Verwaltungsauffassung abweichende Rechtsauffassung eingetragen werden können.

Bitte beachten Sie: Wenn Sie ergänzende Angaben zur Steuererklärung abgeben, wird Ihre Steuererklärung auf jeden Fall persönlich von einem Finanzbeamten überprüft. Damit verbunden sind oft Rückfragen und eine längere Bearbeitungszeit.

Eine Überprüfung erfolgt sonst nur noch, soweit Ihre Steuererklärung mit einem Hinweis vom maschinellen Risikomanagementsystem zur personellen Bearbeitung ausgewählt wurde.

Anlage WA-ESt – Auslandswohnsitz und ausländische Einkünfte

Hatten Sie in 2021 zumindest zeitweise keinen Wohnsitz im Inland oder wohnt Ihr Ehegatte im EU-Ausland, müssen Sie die **Anlage WA-ESt** dem Hauptvordruck beifügen und ggf. ausländische Einkünfte erklären.

→ ZEILEN 46–47 Unterschrift und Mitwirkung Steuerberater

Die Einkommensteuererklärung muss eigenhändig unterschrieben werden; bei Zusammenveranlagung von Ehegatten müssen beide unterschreiben, bei Minderjährigen der gesetzliche Vertreter. Bei über das Internet versandten Erklärungen (ELSTER-Erklärung) wird die Unterschrift durch eine bereits durchgeführte Authentifizierung (digitale Unterschrift) ersetzt.

In Zeile 46 ist eine „1" einzutragen, wenn ein Steuerberater die Erklärung erstellt hat.

Checkliste Hauptvordruck

Folgende Abzugsmöglichkeit geprüft? Vgl. Ausfüllhinweise zur Zeile!	
Haben Sie Anspruch auf eine Mobilitätsprämie? (Zeile 3)	☐
Haben Sie Ihren Anspruch auf Arbeitnehmer-Sparzulage geprüft? (Zeile 42)	☐
Haben Sie von Dritten steuerfreie Zahlungen erhalten? (Zeilen 43–44)	☐

3 Anlage Sonderausgaben

3.1 Allgemein

WICHTIG

Andere Sonderausgaben

Sonderausgaben werden in Vorsorgeaufwendungen (Versicherungsaufwendungen) und andere Sonderausgaben unterteilt. Die als Sonderausgaben abziehbaren Versicherungsaufwendungen sind in der **Anlage Vorsorgeaufwand** einzutragen. Zu den Sonderausgaben, die keine Vorsorgeaufwendungen sind, gehören auch Kinderbetreuungskosten und Schulgeld für den Besuch von Privatschulen. Diese Aufwendungen tragen Sie bitte in die **Anlage(n) Kind** ein. Die anderen Sonderausgaben gehören hier in die **Anlage Sonderausgaben.** Vertiefend siehe → Sonderausgaben, → Versicherungen, → Altersvorsorgeaufwendungen und → Spenden.

Überblick

Im Bedarfsfall ausfüllen	
Seiten 1 und 2	**Sonderausgaben** Zu den abziehbaren Sonderausgaben – ohne Vorsorgeaufwendungen und ohne Kinderbetreuungskosten oder Schulgeld – gehören: • gezahlte Kirchensteuer • Zuwendungen (Mitgliedsbeiträge und Spenden) an politische Parteien, unabhängige Wählervereinigungen oder steuerbegünstigte Organisationen. Diese werden teilweise durch eine Steuerermäßigung steuerlich gefördert. • Kosten für die Berufsausbildung des Steuerpflichtigen oder des Ehegatten • gezahlte Versorgungsleistungen bei Vermögensübergabe und • Unterhaltsleistungen an den geschiedenen oder dauernd getrenntlebenden Ehegatten • Versorgungsausgleichszahlungen bei geschiedenen Ehegatten

3.2 Abziehbare Sonderausgaben

Sonderausgaben-Pauschbetrag

Haben Sie keine oder nur ganz geringe in der Anlage Sonderausgaben aufgeführten Aufwendungen, wird für diese Sonderausgaben ein Pauschbetrag von 36 €, bzw. 72 € bei Zusammenveranlagung von Ehegatten, berücksichtigt (§ 10c EStG).

→ ZEILE 4
Kirchensteuer, Kirchgeld

Hier tragen Sie alle im Veranlagungsjahr von Ihnen oder Ihrem Ehegatten tatsächlich gezahlten Kirchensteuern (siehe LSt-Bescheinigung, Vorauszahlungen, Nachzahlungen für Vorjahre) und das Kirchgeld ein. Die von Banken einbehaltene KiSt auf Kapitalerträge ist nicht als Sonderausgabe abzugsfähig, wenn die Kapitalerträge mit dem gesonderten Steuertarif nach §§ 32d, 43a EStG besteuert werden. Vertiefend siehe → Kapitalanlagen und → Sonderausgaben. Werden Kapitalerträge mit der tariflichen ESt (Steuersatz unter oder über 25 %) besteuert, gehört die bezahlte KiSt zu den Sonderausgaben. Freiwillig gezahlte Gelder an Kirchengemeinden gehören zu den abzugsfähigen Spenden (Anlage Sonderausgaben, Zeile 5).

→ ZEILEN 5–12
Zuwendungen, Spenden, Mitgliedsbeiträge

Der Vordruck unterscheidet zwischen vier Arten von Zuwendungen: Parteizuwendungen (Zeile 7), Zuwendungen an unabhängige Wählervereinigungen (Zeile 8), Spenden in den Vermögensstock einer Stiftung (Zeilen 9–12) und Zuwendungen für gemeinnützige, mildtätige und kirchliche Zwecke (Zeile 5). Begünstigt sind ggf. auch Zuwendungen an gemeinnützige Organisationen im EU-/EWR-Ausland (Zeile 6). Haben Sie mehrfach gespendet, listen Sie die Beträge mit Angabe des jeweiligen Empfängers auf einem gesonderten Blatt einzeln auf. Einzelheiten Vertiefend siehe → Spenden. Ein verbleibender Spendenvortrag aus dem Vorjahr kann in der **Anlage Sonstiges**, Zeile 6, geltend gemacht werden.

→ ZEILEN 7–8
Zuwendungen an Parteien und unabhängige Wählervereinigungen

Für Spenden und Mitgliedsbeiträge an politische Parteien oder unabhängige (freie) Wählervereinigungen wird eine Steuerermäßigung berechnet, die direkt von der Einkommensteuer abgezogen wird. Für hohe Parteispenden kann zusätzlich ein Sonderausgabenabzug in Betracht kommen. Vertiefend siehe → Spenden.

→ ZEILEN 9–12
Stiftungsspenden

Spenden in den Vermögensstock einer Stiftung können bis zu 1 Mio. Euro (bei Zusammenveranlagung bis 2 Mio. Euro) auf bis zu zehn Jahre beliebig verteilt als Sonderausgaben geltend gemacht werden. Die 2021 zugewendeten Beträge tragen Sie bitte in die Zeilen 9–10 ein. In Zeile 11 bestimmen Sie, welchen Anteil davon Sie im Jahr 2021 abziehen. In Zeile 12 können Sie den Abzug entsprechender noch nicht berücksichtigter Zuwendungen aus Vorjahren im Jahr 2021 geltend machen. Andere (nicht in den Vermögensstock eingebrachte) Stiftungsspenden gehören in die Zeile 5.

→ ZEILEN 13–14
Eigene Berufsausbildungskosten

Abzugsfähig sind alle Aufwendungen i. Z. m. der Erstausbildung oder dem Erststudium des Steuerpflichtigen oder seines Ehegatten bis maximal 6.000 € (pro Person). Einzelheiten zum Sonderausgabenabzug, insbesondere zur Abgrenzung gegenüber Betriebsausgaben und Werbungskosten: Vertiefend siehe → Ausbildung und Studium und → Fortbildung/Fachtagungen.

→ ZEILEN 15–37
Gezahlte Versorgungsleistungen, Renten, dauernde Lasten

Zahlen Sie eine Versorgungsleistung, z. B. Rente (Zeilen 15–21) oder eine sog. dauernde Last (Zeilen 31–37) (rentenähnliche Zahlungen) aufgrund einer vertraglichen Verpflichtung (im Regelfall als Gegenleistung für die Übertragung von (Betriebs-)Vermögen im Rahmen einer Vermögensübergabe oder vorweggenommenen Erbfolge), können Sie unter bestimmten Voraussetzungen die gezahlten Beträge als Sonderausgaben geltend machen. Vertiefend siehe → Renten. Voraussetzung für den Sonderausgabenabzug von als Versorgungsleistungen gezahlten Renten und dauernden Lasten ist, dass die Identifikationsnummer des Empfängers angegeben wird. In den Zeilen 18–20 bzw. 34–36 können jeweils die Angaben zu einer zweiten Person gemacht werden. Wenn Sie den Sonderausgabenabzug erstmals geltend machen, legen Sie Ihrer Steuererklärung eine Kopie des der Zahlung zugrunde liegenden Vertrags bei.

→ ZEILEN 38–45
Unterhalt an den geschiedenen oder dauernd getrennt lebenden Ehegatten/Lebenspartner

Unterhaltsleistungen an den geschiedenen oder dauernd getrennt lebenden Ehegatten sind für zwei Personen mit deren Zustimmung (amtlicher Vordruck **Anlage U**) und unter Angabe deren steuerlicher Identifikationsnummer bis zu 13.805 € als Sonderausgaben abzugsfähig. Vertiefend siehe → Unterhaltszahlungen. Wegen einer möglichen Erhöhung des Höchstbetrags sind die Beiträge zur (Basis-)Kranken- und Pflegeversicherung des unterhaltenen Ehegatten gesondert anzugeben, und zwar unabhängig davon, wer Versicherungsnehmer ist und wer die Beiträge zahlt. Stimmt der Empfänger der Unterhaltsleistungen dem Sonderausgabenabzug **nicht** zu, ist der Abzug der Unterhaltszahlungen als außergewöhnliche Belastungen (**Anlage Unterhalt**) zu prüfen. Der Abzug ist dabei nur bis zu einem jährlichen Höchstbetrag i. H. v. 9.744 € (Jahr 2021) zuzüglich Basiskranken- und Pflegepflichtversicherungsbeiträgen der unterhaltenen Person möglich. Dieser Höchstbetrag vermindert sich, wenn der unterstützte Ehegatte eigene Einkünfte und Bezüge hat.

→ ZEILEN 46–50 Versorgungsausgleich – Ausgleichszahlungen

Zum Versorgungsausgleich: Vertiefend siehe → Altersvorsorgeaufwendungen.

Name und steuerliche Identifikationsnummer der empfangsberechtigten Person sind zu benennen.

Nur bei Ausgleichsleistungen zur **Vermeidung** eines Versorgungsausgleichs muss eine von beiden Ehegatten unterschriebene **Anlage U** mit der Steuererklärung eingereicht werden.

Checkliste Anlage Sonderausgaben

Folgende Abzugsmöglichkeit geprüft? Vgl. Ausfüllhinweise zur Zeile!

Haben Sie alle Arten von Sonderausgaben geprüft? ☐
Abzugsfähig sind Aufwendungen für Unterhalt und den Versorgungsausgleich des Ehegatten, Kirchensteuer, Kinderbetreuung, Berufsausbildung, Schulgeld sowie Spenden und Mitgliedsbeiträge.

4 Anlage Außergewöhnliche Belastungen

4.1 Allgemein

WICHTIG

Außergewöhnliche Belastungen

Die **Anlage Außergewöhnliche Belastungen** benötigen Sie in folgenden Fällen:

Sie möchten

- Pauschbeträge als Mensch mit Behinderung oder Hinterbliebener
- Einen Pauschbetrag wegen unentgeltlicher persönlicher Pflege eines pflegebedürftigen Menschen
- Aufwendungen wegen Krankheit, Pflege, Behinderung, Verlust von Hausrat aufgrund einer Naturkatastrophe oder Gebäudesanierung wegen Schadstoffbelastung oder andere außergewöhnliche Belastungen, z. B. Bestattungskosten,

steuerlich geltend machen.

Überblick

Im Bedarfsfall ausfüllen	
Seite 1	**Pauschbetrag für Menschen mit Behinderung (Zeilen 4–9)** **Zusätzlich zum Pauschbetrag sind Fahrtkosten (s.u.) und behinderungsbedingte Hausumbaukosten, abhängig von Grad und Art der Behinderung abzugsfähig.** Vertiefend siehe → Menschen mit Behinderung. **Hinterbliebenenpauschbetrag (Zeile 10)** **Pflegepauschbetrag (Zeilen 11–16)** Begünstigt ist die unentgeltliche persönliche Pflege eines pflegebedürftigen Menschen (Pflegegrad 2–5 oder Merkzeichen H) **Behinderungsbedingte Fahrtkostenpauschale (Zeilen 17,18)** Private Fahrten können in Abhängigkeit vom Grad der Behinderung mit einem pauschalen Abzugsbetrag berücksichtigt werden.

Überblick

Im Bedarfsfall ausfüllen	
Seite 2	**Andere Aufwendungen (Zeilen 31–38)** Andere außergewöhnliche Belastungen allgemeiner Art sind z. B. Kur-, Krankheits-, Pflege- und Bestattungskosten, Ausgaben einer Heimunterbringung, Wiederbeschaffung von durch ein Unwetter und Naturkatastrophen verloren gegangenem Hausrat, Aufwendungen zur Sanierung eines schadstoffbelasteten selbstbewohnten Hauses oder behinderungsbedingte Hausumbaukosten. Vertiefend siehe → Außergewöhnliche Belastung, → Krankheitskosten und → Pflegekosten/Eltern.

4.2 Außergewöhnliche Belastungen

→ ZEILEN 4–38
Außergewöhnliche Belastungen

Außergewöhnliche Belastungen werden in zwei Gruppen unterteilt. Die **Aufwendungen allgemeiner Art** nach § 33 EStG (s. o.) z. B. Krankheitskosten werden im EStG nur mit den allgemeinen Abzugsvoraussetzungen und nicht einzeln benannt. Sie sind auf Seite 2 in die Zeilen 31–38 einzutragen. Derartige Aufwendungen sind nur abzugsfähig, soweit sie eine bestimmte Höhe (zumutbare Eigenbelastung) übersteigen und kein Anspruch auf eine Kostenerstattung besteht. Außerdem kennt das Gesetz sog. **typisierte Einzelfälle** nach den §§ 33a bis 33b EStG (z. B. Pauschbetrag für Menschen mit Behinderung, behinderungsbedingte Fahrtkosten oder Pflege-Pauschbetrag). Die Angaben dazu gehören auf Seite 1 in die Zeilen 4–18. Vertiefend siehe → Außergewöhnliche Belastung, → Krankheitskosten und → Pflegekosten/Eltern.

Zu den typisierten Einzelfällen zählen auch der Freibetrag wegen auswärtiger Unterbringung eines volljährigen Kindes in Berufsausbildung (Ausbildungsfreibetrag), zu beantragen auf Seite 3 der → Anlage Kind und die Zahlung von Unterhalt; siehe → Anlage Unterhalt.

Sämtliche außergewöhnliche Belastungen werden vom Finanzamt **nur auf Antrag** (d. h. mit Eintragung im Vordruck) berücksichtigt.

→ ZEILEN 4–9
Menschen mit Behinderung

Behinderte Menschen können auf Antrag neben einem Pauschbetrag zusätzliche steuerliche Vergünstigungen (z. B. bei den Fahrtkosten zwischen Wohnung und erster Tätigkeitsstätte; siehe Anlage N, Zeilen 35–38) oder Privatfahrten (s. Zeilen 17, 18) erhalten. Vertiefend siehe → Menschen mit Behinderung.

Die Steuervergünstigungen (Pauschbetrag, abzugsfähige Fahrtkosten) hängen vom Grad der Behinderung und den Merkzeichen im Schwerbehindertenausweis ab. Deshalb müssen Sie bei erstmaliger Antragstellung oder Änderung eine Kopie des Ausweises vorlegen. Vertiefend siehe → Menschen mit Behinderung.

Die behinderten Kindern zustehenden Vergünstigungen können auf die Eltern übertragen werden. Die Übertragung muss auf der **Anlage Kind** beantragt werden. Vertiefend siehe → Kinder.

Statt des Pauschbetrags können die tatsächlichen behinderungsbedingten Mehraufwendungen auch (auf Nachweis) als allgemeine außergewöhnliche Belastungen (Zeile 33) geltend gemacht werden.

→ ZEILE 10
Hinterbliebene

Als Hinterbliebener gelten Sie, wenn Sie laufende Hinterbliebenenbezüge (z. B. aufgrund des Bundesversorgungsgesetzes oder aus der gesetzlichen Unfallversicherung) erhalten.

→ ZEILEN 11, 12
Pflegepauschbetrag

Einen Pflegepauschbetrag können Sie hier beantragen, wenn Sie **persönlich** einen pflegebedürftigen Menschen (**Merkzeichen „H"** oder **Pflegegrade 2–5** erforderlich) unentgeltlich in Ihrer oder in dessen Wohnung im Inland oder im EU-/EWR-Ausland betreuen oder pflegen. Vertiefend siehe → Pflegekosten/Eltern und → Menschen mit Behinderung.

→ ZEILEN 17, 18
Behinderungsbedingte Fahrtkostenpauschale

Menschen mit einem Grad der Behinderung von mindestens 80 % oder 70 % und Gehbehinderung (Merkzeichen G) bzw. Menschen, die außergewöhnlich gehbehindert (Merkzeichen aG), hilflos (Merkzeichen H), blind (Merkzeichen Bl), taubblind (Merkzeichen TBl) sind oder den Pflegegrad 4 oder 5 haben, können ab 2021 Kosten für private Fahrten ohne Nachweis mit einer Pauschale geltend machen. Ein Abzug tatsächlicher Kosten für private Fahrten ist (nicht mehr) möglich.

→ ZEILEN 31–38
Andere Aufwendungen/außergewöhnliche Belastungen

Anders als bei den Sonderausgaben sind die außergewöhnlichen Belastungen im Hauptvordruck mit Krankheitskosten (Zeile 31), Pflegekosten (Zeile 32) behinderungsbedingte Aufwendungen (Zeile 33), Bestattungskosten (Zeile 34) nur beispielhaft aufgeführt. Die Rspr. hat in vielen Einzelentscheidungen weitere Kostenarten anerkannt. Infrage kommen z. B. auch Aufwendungen der Heimunterbringung, Sanierungskosten für die eigengenutzte Wohnung bzw. das selbst bewohnte Haus, wenn von ihm eine konkrete Gesundheitsgefährdung ausgeht, der krankheits- bzw. behinderungsbedingte Umbau des eigenen Heims oder auch die Wiederbeschaffung von Hausrat und Kleidung nach Unwettern und Naturkatastrophen wie z. B. Orkan oder Hochwasser (Zeile 35). Vertiefend siehe → Außergewöhnliche Belastung, → Krankheitskosten und → Pflegekosten/Eltern.

Bereits erhaltener oder zu erwartender Kostenersatz (auch wenn erst in späteren Jahren gezahlt) von dritter Seite (z. B. durch eine Versicherung) mindert die abzugsfähigen Kosten und wird deshalb in den Zeilen 31–38 entsprechend in der rechten Spalte abgefragt. Reicht die Vordruckzeile 38 nicht für alle Aufwendungen aus, stellen Sie die Kosten auf einem gesonderten Blatt zusammen.

Die Aufwendungen wirken sich steuerlich nur aus, soweit sie die sog. **zumutbare Eigenbelastung** übersteigen. Deren Höhe hängt vom Gesamtbetrag der Einkünfte und den persönlichen Verhältnissen (Familienstand, berücksichtigungsfähige Kinder) ab. Vertiefend siehe → Außergewöhnliche Belastung und → Krankheitskosten.

TIPP

Kosten beinhalten Pflegeleistungen und Handwerkerleistungen und haushaltsnahe Tätigkeiten

Soweit in den beantragten Kosten Aufwendungen für haushaltsnahe Beschäftigungsverhältnisse, Pflegeleistungen oder Handwerkerlohn (z. B. bei behindertengerechtem Wohnungsumbau) enthalten sind, können Sie für den wegen der zumutbaren Eigenbelastung nicht als außergewöhnliche Belastung abzugsfähigen Teil eine Steuerermäßigung nach § 35a EStG beantragen, indem Sie die entsprechenden Aufwendungen nochmals gesondert in den Zeilen 36–38 angeben. Die entsprechenden Beträge dürfen **nicht** zusätzlich in die **Anlage Haushaltsnahe Aufwendungen** eingetragen werden.

Checkliste Anlage Außergewöhnliche Belastungen

Folgende Abzugsmöglichkeit geprüft? Vgl. Ausfüllhinweise zur Zeile!	
Hatten Sie in größerem Umfang z. B. Krankheitskosten (Arztrechnungen, Medikamente, medizinische Hilfsmittel z. B. Brille, Zahnersatz oder Beerdigungskosten selbst getragen? (Zeilen 31, 34)	☐
Sind Sie pflegebedürftig oder leben Sie in einem Heim? Machen Sie Ihren Eigenanteil an den Pflegekosten steuerlich geltend (Zeile 32).	☐

5 Anlage Haushaltsnahe Aufwendungen

5.1 Allgemein

WICHTIG

§ 35a EStG

Steuerermäßigungen für haushaltsnahe Beschäftigungsverhältnisse, haushaltsnahe Dienstleistungen und Handwerkerleistungen gem. § 35a EStG können in der Anlage Haushaltsnahe Aufwendungen beantragt werden.

Überblick

Im Bedarfsfall ausfüllen	
Seite 1	**Geringfügige Beschäftigungsverhältnisse im Privathaushalt (Zeile 4)** Hier beantragen Sie die Steuerermäßigung für die Lohnaufwendungen, die für eine im Rahmen eines 450-Euro-Minijobs im Privathaushalt beschäftigte Person aufgewendet haben **Haushaltsnahe Beschäftigungsverhältnisse, Dienst-, Pflege- und Betreuungsleistungen (Zeile 5)** Beantragen Sie hier die Steuerermäßigung für ein voll sozialversicherungspflichtig angestellte Haushaltshilfe, Pflege- und Betreuungs- Leistungen, Haushaltsleistungen bei Heimunterbringung sowie von Firmen bzw. selbstständig Tätigen erbrachte Dienstleistungen (z. B. Pflege, Betreuung, Garten-, Reinigungsarbeiten) und Handwerkerleistungen (Zeilen 6–9) rund um Ihren Privathaushalt. Vertiefend siehe → Haushaltsnahe Tätigkeiten/Dienstleistungen/Handwerkerleistungen und → Pflegekosten/Eltern.

5.2 Haushaltsnahe Tätigkeiten

→ ZEILEN 4–9
Haushaltshilfen, Pflege, Heimkosten, Dienstleistungen, Handwerkerleistungen

Sie können eine Steuerermäßigung (direkter Abzug von der tariflichen ESt) beantragen, wenn die Tätigkeiten im **eigenen Haushalt ausgeführt wurden. Auch die Pflege in der eigenen Wohnung oder der Wohnung der zu pflegenden Person** und die Unterbringung in einem Heim zur dauernden Pflege oder aus Altersgründen sind begünstigt. Vertiefend siehe → Haushaltsnahe Tätigkeiten/Dienstleistungen/Handwerkerleistungen.

WICHTIG

Konkurrenzregelung bei der Betreuung von Kindern und bei Pflegekosten

Für die Betreuung von Kindern, die das 14. Lebensjahr noch nicht vollendet haben, im eigenen Haushalt gibt es keine Steuerermäßigung, sondern den Sonderausgabenabzug (**Anlage Kind**, Seite 3). Vertiefend siehe → Kinder.

Für **Pflegekosten** geht der Abzug als außergewöhnliche Belastungen nach § 33 EStG (**Anlage Außergewöhnliche Belastungen**) vor. Der wegen der zumutbaren Eigenbelastung nicht abziehbarer Teil der Aufwendungen kann zu einer Steuerermäßigung für haushaltsnahe Dienstleistungen oder für die Heimunterbringung führen. Vertiefend siehe → Pflegekosten/Eltern. Die Aufwendungen sind in der **Anlage Außergewöhnliche Belastungen** in den Zeilen 14–15 und 19–21 und **nicht** in der Anlage Haushaltsnahe Aufwendungen einzutragen.

→ **ZEILE 4**
Minijob im eigenen Haushalt

Sind Sie selbst Arbeitgeber und beschäftigen eine Haushaltshilfe im Rahmen eines **Minijobs** im eigenen Haushalt (Teilnahme am **Haushaltsscheckverfahren**), tragen Sie die Gesamtaufwendungen (ausgezahlter Lohn und alle an die Minijob-Zentrale abgeführten Beiträge) sowie die Art der Tätigkeit (z. B. Reinemachefrau, Küchen-, Haushaltshilfe, Kinderfrau) ein. Die am Jahresende von der Minijob-Zentrale erstellte Bescheinigung über die abgeführten Sozialabgaben ist aufzubewahren. Vertiefend siehe → Minijobs.

→ **ZEILE 5**
Reguläres Beschäftigungsverhältnis

Erfolgte die Anstellung im Rahmen eines regulären Arbeitsdienstverhältnisses, bei dem Pflichtbeiträge zur Sozialversicherung abgeführt werden, erfassen Sie hier die Art der Tätigkeit und die gesamten Lohnaufwendungen einschließlich Sozialversicherungsabgaben. Vertiefend siehe → Haushaltsnahe Tätigkeiten/Dienstleistungen/Handwerkerleistungen.

→ **ZEILE 5**
Haushaltsnahe Dienstleistungen

Wenn Sie hauswirtschaftliche Tätigkeiten, z. B. Hausmeisterservice, die Reinigung Ihrer Wohnung, Gartenpflegearbeiten, einen privat veranlassten Umzug etc. von einem externen Dienstleister (Fachbetrieb) erledigen lassen, können Sie hier die Kosten der reinen Dienstleistung **ohne Material** (Lohnanteil, Fahrt und Maschinenkosten und Umsatzsteuer) eintragen.

→ ZEILE 5
Pflegeleistungen, Betreuung, Heimkosten

Pflege- und Betreuungsleistungen (Grundpflege) können geltend gemacht werden, unabhängig davon, ob die Leistungen in einem Heim, bei Ihnen zu Hause oder im Haushalt der zu pflegenden Person erbracht werden. Leben Sie oder Ihr Angehöriger krankheits- oder behinderungsbedingt in einem Heim (z. B. mit Pflegegrad oder Merkzeichen „H", „TBL"), ist ein höherer Kostenabzug bei den außergewöhnlichen Belastungen (Anlage Außergewöhnliche Belastungen) möglich. Vertiefend siehe → Pflegekosten/Eltern, → Krankheitskosten und → Menschen mit Behinderung.

→ ZEILE 6–9
Handwerkerleistungen

Aufwendungen für Handwerkerleistungen (**ohne Materialkosten**; nur Arbeitslohn, Fahrt- und Maschinenkosten zzgl. Umsatzsteuer) i. Z. m. dem eigenen Haushalt (eigene oder gemietete Wohnung) sind begünstigt. Dazu zählen sämtliche Renovierungs-, Erhaltungs- und Modernisierungsmaßnahmen ebenso wie alle Wartungen und Reparaturen rund ums Haus, z. B. auch die Reparatur von Haushaltsgeräten vor Ort oder die Wartung der Heizung sowie die Kosten für den Schornsteinfeger. Auch Aufwendungen für einen Anbau oder den Dachgeschossausbau bei einem bereits vorhandenen Haushalt sind begünstigt. In der Summe (Zeile 9) dürfen keine Materialkosten enthalten sein. Wurde die Maßnahme öffentlich gefördert (z. B. steuerfreie Zuschüsse, zinsverbilligte Darlehen) ist keine Steuerermäßigung (auch nicht bezüglich des verbleibenden Eigenanteils) und damit auch keine Eintragung zulässig. Vertiefend siehe → Haushaltsnahe Tätigkeiten/Dienstleistungen/Handwerkerleistungen.

WICHTIG

Überweisung ist zwingend

Eine Steuerermäßigung für haushaltsnahe Dienst- und Handwerkerleistungen (Zeilen 5–8) ist nur möglich, wenn Sie eine **Rechnung** besitzen **und** der Rechnungsbetrag **nicht bar** (Zahlung durch Überweisung, Lastschrifteinzug, Kreditkarte etc.) bezahlt wurde. Eine Belegvorlage ist nur notwendig, wenn Sie vom Finanzamt dazu aufgefordert werden.

Unterschiedliche Höchstbeträge nebeneinander nutzen

Die richtige Zuordnung der unterschiedlichen Aufwendungen zu den Zeilen 4–8 ist wegen unterschiedlicher Höchstbeträge zu beachten. Allerdings können Sie die Höchstbeträge nebeneinander in Anspruch nehmen. Vertiefend siehe → Haushaltsnahe Tätigkeiten/Dienstleistungen/Handwerkerleistungen.

→ ZEILEN 10–16
Aufteilung der Höchstbeträge

Die Höchstbeträge sind haushaltsbezogen und ggf. auf mehrere Personen zu verteilen. Deshalb müssen Sie in Zeile 10–11 die Namen der Mitbewohner benennen.

Leben zwei Alleinstehende in einem gemeinsamen Haushalt, können sie für den von Ihnen getragenen Kostenanteil die Höchstbeträge des § 35a EStG insgesamt nur einmal (einer allein, jeweils hälftig oder auf gemeinsamen Antrag beliebig verteilt) in Anspruch nehmen (Zeilen 12–14).

→ ZEILE 15
Einzelveranlagung von Ehegatten/Lebenspartnern

Begründen zwei bisher alleinstehende Steuerpflichtige mit eigenem Haushalt im Laufe des Vz. einen gemeinsamen Haushalt oder wird der gemeinsame Haushalt im Vz. in zwei getrennte Haushalte aufgelöst, kann jede Person die Steuerermäßigung für die, von ihr tatsächlich getragenen Aufwendungen jeweils bis zur Höhe des vollen Höchstbetrags in Anspruch nehmen. Vertiefend siehe → Ehegattenveranlagung.

Checkliste Anlage Haushaltsnahe Aufwendungen

Folgende Abzugsmöglichkeit geprüft? Vgl. Ausfüllhinweise zur Zeile!

Haben Sie in Ihrem eigenen oder gemieteten Haus bzw. Haushalt (einschl. Garten) Arbeiten durch Beschäftigte, Dienstleister oder Handwerker ausführen lassen? ☐

6 Anlage Energetische Maßnahmen

6.1 Allgemein

WICHTIG

Energetische Maßnahmen im selbst bewohnten Gebäude

Für Aufwendungen für energetische Maßnahmen (z. B. **Aufwendungen für den Neueinbau oder die Optimierung der Heizung, für die Wärmedämmung von Wänden, Dachflächen oder Geschossdecken sowie für die Erneuerung von Außentüren und Fenstern oder den Einbau einer Lüftungsanlage)** i. Z. m. einem in der EU oder dem EWR belegenen und zu eigenen Wohnzwecken genutzten Gebäude(teil) kann eine Steuerermäßigung nach § 35c EStG beantragt werden. Voraussetzung für die Steuerermäßigung ist, dass das begünstigte Objekt mindestens zehn Jahre alt ist und Sie für die Maßnahmen eine **Bescheinigung nach amtlich vorgeschriebenem Muster** vom ausführenden Fachunternehmen erhalten haben. Die Bescheinigung ist unabdingbare Voraussetzung und muss zusammen mit der Einkommensteuererklärung beim Finanzamt eingereicht werden. Sie sind auch im Besitz einer Rechnung und die Zahlungen sind unbar erfolgt (§ 35c EStG).

Wurden energetische Maßnahmen an verschiedenen Objekten (Grundstücken) durchgeführt, ist für jedes Objekt eine eigene Anlage Energetische Maßnahmen einzureichen.

Überblick

Im Bedarfsfall ausfüllen	
Seite 1	**Begünstigtes Objekt** **Allgemeine Angaben zu Grundstück und Eigentümer (Zeilen 1–7)** **Abgrenzung gegenüber anderen Steuervergünstigungen und staatlichen Förderungen (Zeilen 8 und 9)** **Baubeginn der energetischen Maßnahme (Zeile 10)** **Aufwendungen für energetische Maßnahmen (Zeilen 11–20)** **Aufwendungen für einen staatlich anerkannten Energieberater (Zeile 22)** **Besondere Angabe bei Einbau eines Gasbrennwertkessels (Zeilen 23–24)**

Überblick

Im Bedarfsfall ausfüllen	
Seite 2	**Abgrenzung zu den außergewöhnlichen Belastungen (Zeilen 31–32)** **Beantragung der Steuerermäßigung in den Folgejahren (Zeile 33)** **Miteigentum (Zeilen 34-36)**

Objektbezogene Angaben

In Zeile 4 ist der Herstellungsbeginn des Gebäudes einzutragen, damit das mindestens zehnjährige Alter des Objekts bestimmt werden kann. In Zeile 5 ist der Auslandsstaat zu benennen, wenn das Gebäude nicht im Inland belegen ist. Nur Objekte in der EU/im EWR sind begünstigt.

→ ZEILE 8
Objektbezogener Höchstbetrag

Der Höchstbetrag der Steuerermäßigung beträgt je Objekt, unabhängig von der Anzahl der begünstigten energetischen Maßnahmen, 40.000 €.

Zur Vermeidung einer unzutreffenden Berücksichtigung des Höchstbetrags in den Fällen eines Steuernummernwechsels oder bei mehrfacher Geltendmachung der Steuerermäßigung nach § 35c EStG mit großem zeitlichem Abstand erfolgt die Abfrage nach bereits erfolgter Inanspruchnahme.

→ ZEILE 9
Abgrenzung zu anderen staatlichen Förderungen

Die Steuerermäßigung nach § 35c EStG ist ausgeschlossen, wenn es sich um eine öffentlich geförderte Maßnahme handelt, für die zinsverbilligte Darlehen oder steuerfreie Zuschüsse (z. B. KfW-Bank, BAFA, Gemeinde) oder die Steuerermäßigung für Handwerkerleistungen nach § 35a EStG in Anspruch genommen wurden.

→ ZEILE 10
Baubeginn

Begünstigt sind nur Maßnahmen, mit deren Durchführung nach dem 31.12.2019 begonnen wurde und die vor dem 1.1.2030 abgeschlossen sind.

→ ZEILEN 11–20
Aufwendungen für energetische Maßnahmen

Die Aufwendungen weisen Sie durch eine vom ausführenden **Fachunternehmen** oder einer **Person mit der Berechtigung zur Ausstellung von Energieausweisen** ausgestellten Bescheinigung nach. Nicht begünstigt sind Aufwendungen, die als Betriebsausgaben, Werbungskosten, Sonderausgaben oder außergewöhnliche Belastungen abgezogen wurden. Die Steuerermäßigung ist außerdem ausgeschlossen, wenn Sie für die Aufwendungen eine Steuerermäßigung nach § 35a EStG (haushaltsnahe Aufwendungen) oder eine öffentliche Förderung (zinsverbilligte Darlehen oder steuerfreie Zuschüsse – z. B. KfW-Bank, BAFA, landeseigene Bank) in Anspruch nehmen.

→ **ZEILE 22**
Aufwendungen für einen Energieberater

Begünstigt sind die Aufwendungen nur, wenn der Energieberater mit der planerischen Begleitung oder Beaufsichtigung der energetischen Maßnahme beauftragt wurde fachlich qualifiziert und zugelassen ist.

→ **ZEILEN 23, 24**
Nachweis der Hybridisierung von Gasbrennwertkesseln

Bei Einbau eines Gasbrennwertkessels mit Hybridisierung ist zu beachten, dass die Steuerermäßigung erst nach Abschluss der gesamten Maßnahme, Schlussrechnung und Nachweis der Hybridisierung (Zeile 24) möglich ist und die Aufwendungen auch in Zeile 17 enthalten sind.

→ **ZEILEN 31 UND 32**
Konkurrenzregelung

Sind energetische Maßnahmen (z. B. Fenstertausch) an dem zu eigenen Wohnzwecken genutzten Gebäude(teil) anlässlich eines unabwendbaren Ereignisses (z. B. Sturm, Hagel, Hochwasser usw.) oder beim behindertenbedingten Hausumbau angefallen, können Sie entweder einen Abzug als außergewöhnliche Belastung nach § 33 EStG geltend machen oder die Steuerermäßigung für energetische Maßnahmen nach § 35c EStG beantragen. Wenn Sie sich grundsätzlich für die Steuerermäßigung entschieden und die Aufwendungen in die Zeilen 11–20 eingetragen haben, tragen Sie die anteiligen Aufwendungen für die ein Abzug als außergewöhnliche Belastung beantragt wird, bitte nochmals in die Zeilen 31 und 32 ein. Diese Beträge dürfen dann nicht zusätzlich in den Zeilen 31–35 der Anlage Außergewöhnliche Belastungen enthalten sein.

→ **ZEILEN 34–36**
Miteigentum bei Wohnungseigentum

Bei Miteigentum des zu eigenen Wohnzwecken genutzten eigenen Gebäudeteils (begünstigtes Objekt) kann die Steuerermäßigung insgesamt nur einmal in Anspruch genommen werden. In Zeile 31 ist der auf die Ehegatten bzw. eingetragene Lebenspartner entfallende Miteigentumsanteil in Prozent einzutragen. In die Zeilen 32 und 33 gehören die Daten der weiteren Miteigentümer.

✔ Checkliste Anlage Energetische Maßnahmen

Folgende Abzugsmöglichkeit geprüft? Vgl. Ausfüllhinweise zur Zeile!	
Haben Sie in Ihrem zu eigenen Wohnzwecken genutzten Haus oder in Ihrer eigengenutzten Eigentumswohnung Arbeiten zur Energieeinsparung ausführen lassen? Sie können für die oben genannten Aufwendungen eine Steuerermäßigung beantragen.	☐

Folgende Abzugsmöglichkeit geprüft? Vgl. Ausfüllhinweise zur Zeile!	
Haben Sie vom ausführenden Fachunternehmen die erforderliche Bescheinigung erhalten? Ohne diesen Nachweis kann die Steuerermäßigung nicht berücksichtigt werden.	☐
Hat ein anerkannter Energieberater die Planung oder Bauausführung begleitet? Auch für diese Kosten gibt es die Steuerermäßigung.	☐

7 Anlage Sonstiges

7.1 Allgemein

WICHTIG

Anlage Sonstiges

Besondere Anträge zur Veranlagung für den Vz. 2021 können auf der Anlage Sonstiges gestellt werden.

Überblick

Im Bedarfsfall ausfüllen	
Seite 1	**Steuerermäßigung bei Belastung mit Erbschaftsteuer (Zeile 4)** **Steuerbegünstigung für schutzwürdige Kulturgüter (Zeile 5)** **Spendenvortrag (Zeile 6)** **Verlustabzug, Vorjahresverluste, Verlustrücktrag (Zeilen 7–8)** **Gesondert festgestellte negative Einkünfte nach § 2a EStG (Zeile 9)** **Freibetrag für bestandsgeschützte Altanteile an Investmentfonds (Zeile 10)** **Antrag zur Aufteilung der Abzugsbeträge bei Einzelveranlagung von Ehegatten/Lebenspartnern (Zeile 11)** **Antrag auf Zurückstellung der Einkommensteuerveranlagung bis zur Festsetzung einer beantragten Forschungszulage (Zeile 12)**

7.2 Sonstige Angaben und Anträge

→ ZEILE 4
Steuerermäßigung bei Belastung mit Erbschaftsteuer

Hier erfolgt nicht der Abzug der normalen Erbschaftsteuer. Die Steuerermäßigung kommt nur in **Ausnahmefällen** in Betracht, insbesondere bei:

- Forderungen des Rechtsvorgängers, die beim Erbfall der Erbschaftsteuer unterliegen und nach Übergang auf den Erben von diesem bei Zufluss als steuerpflichtige Einnahmen oder Betriebseinnahmen nochmals der Einkommensteuer unterliegen
- privaten Veräußerungsgeschäften i. S. d. § 23 EStG (z. B. Kauf und Verkauf privater Immobilien, die nicht eigenen Wohnzwecken gedient haben, innerhalb von 10 Jahren)

Die Steuerermäßigung kommt nur bei Erbschaft und nicht bei **Schenkung** in Betracht.

→ ZEILE 5
Steuerbegünstigung für schutzwürdige Kulturgüter

Aufwendungen für Herstellungs- und Erhaltungsmaßnahmen an eigenen schutzwürdigen Kulturgütern (z. B. Baudenkmäler, geschützte Gebäudegruppen, Gartenanlage sowie Sammlungen, die mindestens 20 Jahre im Eigentum der Familie stehen), die der wissenschaftlichen Forschung oder der Öffentlichkeit (ggf. auch entgeltlich) zugänglich gemacht werden, können nach § 10g EStG teilweise wie Sonderausgaben abgezogen werden. Die Steuerbegünstigung gilt nur für Kulturgüter, die **weder zur Einkünfteerzielung noch zu eigenen Wohnzwecken genutzt** werden und nur, soweit sie nicht durch öffentliche oder private Zuschüsse gedeckt sind. Die Voraussetzungen sind durch eine Bescheinigung der zuständigen Behörde nachzuweisen.

→ ZEILE 6
Spendenvortrag

Liegt Ihnen zum 31.12.2020 ein gesonderter Feststellungsbescheid über vortragsfähige Spenden vor, kreuzen Sie dies bitte hier getrennt für den Steuerpflichtigen bzw. den Ehegatten an. Die vortragsfähigen Spenden werden von Amts wegen im Rahmen der Höchstbeträge in der Veranlagung 2021 als Sonderausgaben abgezogen.

→ ZEILEN 7–8
Verlustabzug, Vorjahresverluste, Verlustrücktrag

Sind Ihnen in den Vorjahren Verluste entstanden, die bisher nicht ausgeglichen und vom Finanzamt in einem gesonderten Verlustfeststellungsbescheid ausgewiesen wurden, können Sie diese im aktuellen Jahr berücksichtigen.

Sind im aktuellen Jahr neu entstandene negative Einkünfte nicht oder nicht vollständig mit positiven Einkünften ausgeglichen worden, können Sie den negativen Gesamtbetrag ins Vorjahr zurück- oder in künftige Jahre vortragen lassen Bitte geben Sie in Zeile 8 an, ob und in welcher Höhe ein Rücktrag ins Jahr 2020 erfolgen soll. Die Höchstbetragsgrenzen beim Verlustrücktrag nach § 10d EStG wurden für Verluste der Vz. 2020 und 2021 von 1 Mio. Euro auf 10 Mio. Euro bei Einzelveranlagung und von 2 Mio. Euro auf 20 Mio. Euro bei Zusammenveranlagung **vorübergehend** angehoben.

TIPP

Jetzt noch Einkommensteuererklärung für Vz. 2018–2020 bei negativen Einkünften abgeben

Haben Sie für die Jahre 2018–2020 bisher keine Steuererklärung abgegeben und war die Summe Ihrer Einkünfte negativ (weil Sie z. B. arbeitslos waren und Ihnen nur Ausgaben i. Z. m. Bewerbungen oder Verluste aus Vermietung entstanden sind), dann beantragen Sie für 2018 (Abgabe bis 31.12.2022) bis 2020 (Abgabe bis 31.12.2024) noch die Veranlagung zur ESt bzw. die Feststellung eines Verlustvortrags, indem Sie eine Steuererklärung abgeben. Damit sichern Sie sich die Möglichkeit der Verlustverrechnung in den Folgejahren.

Negative Einkünfte mit Bezug zu Drittstaaten

Mit der Abfrage nach verbleibenden negativen Einkünften i. S. d. § 2a EStG wird die Berücksichtigung personell festgestellter Verluste sichergestellt.

→ **ZEILE 10**
Freibetrag für bestandsgeschützte Altanteile an Investmentfonds

Beinhaltet Ihr Steuerbescheid 2020 einen entsprechenden Freibetrag, müssen Sie dies hier durch Ankreuzen deutlich machen. Der Freibetrag wird nicht automatisch berücksichtigt.

→ **ZEILE 11**
Antrag zur Aufteilung der Abzugsbeträge bei Einzelveranlagung von Ehegatten/Lebenspartnern

Sonderausgaben, außergewöhnliche Belastungen und die Steuerermäßigungen nach §§ 35a, 35c EStG werden im Rahmen einer Einzelveranlagung von Ehegatten auf Antrag nach § 26a EStG demjenigen Ehegatten zugerechnet, der sie wirtschaftlich getragen hat.

Wollen Sie diese steuerlichen Vergünstigungen jeweils zur Hälfte abzuziehen, stellen Sie hier den übereinstimmenden Antrag dazu durch Eintragung einer „1". Vertiefend siehe → Ehegattenveranlagung. Eine abweichende Verteilung der Steuerermäßigung für haushaushaltsnahe Beschäftigung oder Dienstleistungen bzw. Handwerkerleistungen nach § 35a EStG können Sie auch auf der **Anlage Haushaltsnahe Aufwendungen** in den Zeilen 12–14 beantragen.

In einem anderen Verhältnis als je zur Hälfte kann der Ausbildungsfreibetrag und die Übertragung eines Pauschbetrags für behinderte Kinderund die damit verbundene Fahrtkostenpauschale beantragt werden. Der Antrag ist auf der Anlage Kind zu stellen.

→ ZEILE 12
Forschungszulage

Wurde ein Antrag auf Festsetzung einer Forschungszulage gestellt, wird diese nach Festsetzung nicht sofort ausgezahlt, sondern mit der nächsten Festsetzung der ESt durch Anrechnung auf die festgesetzte Einkommenstreuer berücksichtigt. Hier kann die die Festsetzung der Einkommensteuer bis zur Festsetzung der Forschungszulage beantragt werden.

Checkliste Anlage Sonstiges

Folgende Abzugsmöglichkeit geprüft? Vgl. Ausfüllhinweise zur Zeile!	
Haben Sie den Sonderausgabenabzug früherer Spenden geprüft? Liegt Ihnen zum 31.12.2020 ein Bescheid über die gesonderte Feststellung vortragsfähiger Spenden vor (Zeile 6)?	☐
Haben Sie den Verlustabzug negativer Einkünfte des Jahres 2021 geprüft? Konnten nicht alle negativen Einkünfte, die im Jahr 2021 entstanden sind, mit positiven Einkünften im Jahr 2021 ausgeglichen werden steht Ihnen ein Verlustrück- oder -vortrag in andere Jahre zu (Zeilen 7–8).	☐
Haben Sie in Ihrem eigenen oder gemieteten Haus bzw. Haushalt (einschl. Garten) Arbeiten durch Beschäftigte, Dienstleister oder Handwerker ausführen lassen und werden Sie und Ihr Ehegatte nach § 26a EStG jeweils einzeln zur Einkommensteuer veranlagt? (Zeile 11)	☐

8 Anlage Vorsorgeaufwand (Vorsorgeaufwendungen)

8.1 Allgemein

WICHTIG

Anlage Vorsorgeaufwand ist für bestimmte private Versicherungen erforderlich

Vorsorgeaufwendungen (Versicherungen) sind Teil der Sonderausgaben (siehe auch Anlage Sonderausgaben). Vertiefend siehe → Sonderausgaben und → Spenden.

Die **Anlage Vorsorgeaufwand** benötigen Sie, wenn Sie im Gesetz abschließend aufgezählte Vorsorgeaufwendungen (Versicherungsbeiträge) als Sonderausgaben steuermindernd geltend machen wollen. Ehegatten, die zusammen veranlagt werden, geben eine gemeinsame Anlage Vorsorgeaufwand ab.

Für Beiträge zu Riester-Verträgen benötigen Sie die **Anlage AV.**

Überblick

Im Bedarfsfall ausfüllen	
Seite 1	**(Alters-)Vorsorgeaufwendungen (Zeilen 4–10)** Hier sind alle Versicherungsbeiträge zu erfassen, aus denen sich ein späterer Rentenanspruch ergibt, z. B. der gesetzliche Arbeitnehmer- und Arbeitgeberanteil zur gesetzlichen Rentenversicherung oder Einzahlungen in private (Rürup-)Rentenversicherungen oder berufsständische Versorgungseinrichtungen.
Seiten 1 und 2	**Kranken- und Pflegeversicherungen (Zeilen 11–44)** Die Beiträge sind, je nachdem ob Sie in einer gesetzlichen Krankenversicherung pflicht- oder freiwillig versichert sind (z. B. Arbeitnehmer bzw. Selbstständige oder Rentner im Ausland) oder einer privaten Krankenversicherung (z. B. Beamte, Richter, Selbstständige) angehören, in unterschiedlichen Zeilen einzutragen. Hier können Sie auch die Krankenversicherungsbeiträge für andere Personen (z. B. nicht bei Ihnen berücksichtigungsfähige Kinder oder Eltern) eintragen, wenn Sie der Versicherungsnehmer sind.

Überblick

Im Bedarfsfall ausfüllen	
Seite 2	**Weitere sonstige Vorsorgeaufwendungen (Zeilen 45–50)** Tragen Sie hier alle anderen begünstigten Versicherungsbeiträge, z. B. für Wahlleistungen bei Krankheit, Arbeitslosen-, Haftpflicht-, Unfall-, Risiko- oder Berufsunfähigkeitsversicherungen ein. **Ergänzende Angaben (Zeilen 51–56)** Die Eintragungen haben Bedeutung für die Berechnung der abzugsfähigen Altersvorsorgeaufwendungen.

8.2 Vorsorgeaufwendungen

ACHTUNG

Elektronisch gemeldete Daten müssen nicht eingetragen werden

Daten, die elektronisch an die Finanzverwaltung gemeldet wurden, z. B. durch Versicherungen oder durch den Arbeitgeber, müssen nicht mehr in die Steuererklärung eingetragen werden. Nur bei abweichenden Werten ist eine Eintragung erforderlich. Achten Sie bitte auf die unterschiedliche Einfärbung der einzelnen Zeilen in der Steuererklärung.

Die Unterteilung der Vorsorgeaufwendungen in **Altersvorsorgeaufwendungen, Basiskranken- und Pflegepflichtversicherungsbeiträge sowie sonstige Vorsorgeaufwendungen** ist wegen der unterschiedlichen steuerlichen Berücksichtigung notwendig. Vertiefend siehe → Altersvorsorgeaufwendungen.

→ eZEILEN 4, 7–9, ZEILEN 5, 6, 10
Altersvorsorgeaufwendungen

Die Altersvorsorgeaufwendungen setzen sich aus mehreren Komponenten zusammen, die im Folgenden dargestellt werden.

→ eZEILEN 4, 9
Gesetzliche Rentenversicherung

Arbeitnehmer, die in der gesetzlichen Sozialversicherung versichert sind, tragen in eZeile 4 den Arbeitnehmeranteil zur gesetzlichen Rentenversicherung (ersichtlich aus Nr. 23a/b der LSt-Bescheinigung) ggf. getrennt für die Ehegatten ein. In eZeile 9 gehört der Arbeitgeberanteil bzw. dessen Zuschuss zur gesetzlichen Rentenversicherung (Nr. 22a/b der LSt-Bescheinigung). Haben Sie als Arbeitnehmer Beiträge zu einer landwirtschaftlichen Alterskasse oder einer berufsständischen Versorgungseinrichtung geleistet und sind die Beiträge auf der LSt-Bescheinigung ausgewiesen, tragen Sie bitte Arbeitnehmer- und Arbeitgeberanteil ebenfalls in die eZeilen 4 und 9 ein.

→ ZEILE 5
Landwirtschaftliche Alterskasse und berufsständische Versorgungseinrichtung

Sind Sie nicht Arbeitnehmer oder hat der Arbeitgeber entsprechende Beiträge nicht in der LSt-Bescheinigung ausgewiesen, tragen Sie die Beiträge zur landwirtschaftlichen Altersklasse und zur berufsständischen Versorgungseinrichtungen (Pflichtversicherung für Freiberufler und vergleichbare Personen, z.B. angestellte und selbstständig tätige Ärzte, Apotheker, Architekten etc.) hier ein, wenn die Einrichtung den gesetzlichen Rentenversicherungen vergleichbare Leistungen erbringt. Die entsprechenden steuerfreien Arbeitgeberzuschüsse (Nr. 22b der LSt-Bescheinigung) sind von den Gesamtaufwendungen abzuziehen, aber auch zusätzlich in Zeile 9 einzutragen.

→ ZEILE 6
Freiwillige gesetzliche Rentenversicherung, einschl. Minijob-Beiträge

Arbeitnehmer, die (z.B. wegen der Höhe des Arbeitslohns) von der gesetzlichen Rentenversicherungspflicht befreit sind, aber freiwillig versichert oder als Nichtarbeitnehmer (z.B. selbstständiger Handwerker) pflichtversichert sind, tragen ihre Beiträge in Zeile 6 ein. Dasselbe gilt für Arbeitnehmeranteile, die im Rahmen einer geringfügigen Beschäftigung (Minijob) vom Arbeitnehmer gezahlt wurden (sog. Aufstockungsbeträge; vgl. aber Erläuterungen zu Zeile 10).

→ eZEILE 7
Erstattete Beiträge und steuerfreie Zuschüsse

Hier sind die erstatteten Beiträge und/oder steuerfreien Zuschüsse zu den in den Zeilen 4 bis 6 zu erklärenden Beiträgen einzutragen. Ausgenommen sind die direkt von den Beiträgen laut Zeile 8 abzuziehenden Zuschüsse zu zertifizierten Basisrentenverträgen und Arbeitgeberanteile/-zuschüsse laut den Zeilen 9 und 10.

→ eZEILE 8
Rürup-Verträge (Basisrentenversicherung)

In eZeile 8 gehören Versicherungsbeiträge für eine private kapitalgedeckte Rentenversicherung, sog. Rürup-Verträge. Einzutragen sind die saldierten Beträge, d.h. Beiträge abzüglich erhaltener steuerfreier Zuschüsse/Erstattungen. Derartige Verträge werden nur anerkannt, wenn sie staatlich genehmigt (**zertifiziert**) sind. Vertiefend siehe → Altersvorsorgeaufwendungen.

→ ZEILE 10
Minijob

Haben Sie im Rahmen einer geringfügigen Beschäftigung (450-Euro-Minijob) gearbeitet, sind Sie im Regelfall rentenversicherungspflichtig und müssen pauschale Arbeitnehmerbeiträge zur Sozialversicherung entrichten. Ihr Arbeitgeber hat ebenfalls (pauschale) Arbeitgeberbeiträge gezahlt. Der Arbeitnehmerbeitrag ist in Zeile 6, der Arbeitgeberbeitrag in Zeile 10 einzutragen. Der Minijobber kann sich aber jederzeit von der Versicherungspflicht und der Zahlung des Eigenanteils befreien lassen, dann sind keine Eintragungen in den Zeilen 6 und 10 vorzunehmen. Vertiefend siehe → Minijobs.

→ ZEILEN 11–50
Sonstige Vorsorgeaufwendungen

Die sonstigen Vorsorgeaufwendungen werden in Kranken- und Pflegepflichtversicherungsbeiträge für eine Grundvorsorge (Basisabsicherung) und andere sonstige Vorsorgeaufwendungen unterteilt.

Basisabsicherung	Beitrag/Zusatzbeitrag/Zuschuss/Erstattung zur **gesetzlichen** inländischen Kranken- und Pflegepflichtversicherung durch • gesetzlich pflichtversicherte Arbeitnehmer • freiwillig versicherte Arbeitnehmer, bei denen der Arbeitgeber die Beiträge abführt (Firmenzahler)	→ Zeilen 11–15
	• freiwillig **gesetzlich** versicherte Arbeitnehmer und Selbstständige (Selbstzahler) • Rentner	→ Zeilen 16–21
	Beitrag/Zusatzbeitrag/Zuschuss/Erstattung zu einer **privaten** inländischen Kranken- und Pflegepflichtversicherung und Beiträge zu einer freiwilligen zusätzlichen Pflegeversicherung	→ Zeilen 23–26
	Beitrag/Zusatzbeitrag/Zuschuss/Erstattung zu einer **ausländischen** gesetzlichen oder privaten Krankenversicherung	→ Zeilen 31–36
	Als Versicherungsnehmer **für andere Personen** (z. B. einkommensteuerrechtlich nicht zu berücksichtigende Kinder oder die Eltern) übernommene Beiträge zur Basiskranken- und Pflegepflichtversicherung. Beiträge, die über die Basisversicherung hinausgehen, sind nicht als Sonderausgabe abziehbar.	→ Zeilen 40–44
Weitere sonstige Vorsorgeaufwendungen	Beitrag zur eigenen Kranken- und Pflegeversicherung, soweit nicht Basisabsicherung, Arbeitslosenversicherung, Erwerbs- oder Berufsunfähigkeitsversicherung, Unfall-, Haftpflicht-, Risikolebensversicherung, bestimmte Rentenversicherungen	→ Zeilen 22, 27, 36 → Zeilen 45–50

→ eZEILE 11, 13–15, ZEILE 12
Gesetzlich pflichtversicherte Arbeitnehmer und Firmenzahler

Die Zeilen 11 bis 15 sind für in der gesetzlichen Krankenversicherung pflicht- oder freiwillig versicherte Arbeitnehmer, bei denen der Arbeitgeber die Beiträge abführt (sog. Firmenzahler), vorgesehen. Die verlangten Angaben können i. d. R. der LSt-Bescheinigung (Nr. 25, 26) entnommen werden.

Mit den Beiträgen zur gesetzlichen Krankenversicherung (eZeile 11, Eintragung 100 %) erlangt der Steuerpflichtige grds. einen **Anspruch auf Krankengeld**. Dieser gehört nicht zur Basisabsicherung und führt zu einer pauschalen Kürzung der abziehbaren Beiträge i. H. v. 4 % im Rahmen der Veranlagung.

Soweit in den Krankenversicherungsbeiträgen Beitragsteile enthalten sind, die keinen Anspruch auf Krankengeld begründen (z. B. bei Bezug einer Betriebsrente, bei pflichtversicherten Praktikanten, Studenten, Erwerbslosen, Personen in Elternzeit oder die Elterngeld beziehen), müssen Sie diese entsprechenden Krankenversicherungsbeiträge ein zweites Mal angeben (Zeile 12), um eine Kürzung zu vermeiden.

Beitragsrückerstattungen mindern die abzugsfähigen Beträge des laufenden Jahres und werden gesondert abgefragt (eZeilen 14–15).

Einzelne Krankenkassen erheben von ihren Mitgliedern einen individuellen einkommensabhängigen **Zusatzbeitrag** zur gesetzlichen Krankenversicherung. Dieser gehört zu den begünstigten Aufwendungen der Basisvorsorge. Bei sozialversicherungspflichtigen Arbeitnehmern und Firmenzahlern wird der Zusatzbeitrag vom Arbeitgeber einbehalten und elektronisch der Finanzbehörde gemeldet. Er ist bereits in eZeile 11 enthalten.

Beiträge zu Wahlleistungen oder Zusatzversicherungen in der gesetzlichen Krankenversicherung gehören in die Zeile 22.

→ eZEILE 16, 18, 19, 21, ZEILEN 17, 20
Freiwillig gesetzlich versicherte Arbeitnehmer, Selbstständige, Rentner

In die Zeilen 16–21 tragen Rentner ihre selbst gezahlten Beiträge ein. Bei Rentnern sind die Beiträge zur Krankenversicherung (eZeile 16) und Pflegeversicherung (eZeile 18) regelmäßig im Rentenbescheid/in der Rentenbezugsmitteilung ausgewiesen.

Die Zeilen 16–21 sind auch für Arbeitnehmer vorgesehen, die sich freiwillig in der gesetzlichen Krankenversicherung versichert haben und die Beiträge in voller Höhe selbst überweisen und ggf. einen Zuschuss ihres Arbeitgebers auf ihr Konto erhalten (sog. Selbstzahler), sowie für Selbstständige, die in der gesetzlichen Krankenversicherung pflichtversichert sind bzw. sich freiwillig versichert haben, und für pflichtversicherte Künstler. In die eZeile 16 gehört ggf. auch der Zusatzbeitrag.

Beiträge, aus denen sich ein Anspruch auf Krankengeld ergibt, müssen in Zeile 17 nochmals eingetragen werden, weil daraus der Kürzungsbetrag von 4 % errechnet wird. Rentner mit ungekürzter Altersrente haben keinen Krankengeldanspruch; ihre Beiträge werden nicht um 4 % gekürzt.

Auch erstattete Beiträge sind auszuweisen (eZeile 19). Die Erstattungshöhe kann der Bescheinigung der Krankenkasse entnommen werden.

Achten Sie als betroffener **Arbeitnehmer** darauf, dass Sie in den eZeilen 16 und 18 den gesamten von Ihnen gezahlten Versicherungsbeitrag (100 % inkl. Teil, den Ihr Arbeitgeber Ihnen steuerfrei erstattet hat) eintragen. Der vom Arbeitgeber erstattete Teil der Kranken- oder Pflegeversicherung (Nr. 24 a/b/c der LSt-Bescheinigung) ist in den eZeilen 37–39 des Vordrucks anzugeben. Er mindert den abzugsfähigen Betrag (eZeile 16 bzw. 18).

→ ZEILE 22 Wahlleistungen

Sie sind in der gesetzlichen Krankenkasse pflicht- oder freiwillig versicherter Arbeitnehmer, Selbstständiger oder Rentner. Neben den Beiträgen zur Basisabsicherung (Zeilen 11–21) können Sie alle darüber hinaus gehenden Beitragsanteile für Wahl- oder Komfortleistungen sowie für andere zusätzliche Krankenversicherungen (z. B. Auslandsreise- und Krankenhaustagegeldversicherung) hier eintragen. Diese Beiträge sind nur begrenzt abzugsfähig (vgl. Anmerkungen zu den Zeilen 45–50).

→ eZEILEN 23–26, ZEILE 27 Private Kranken-/Pflegeversicherungen

Die Zeilen 23–28 sind für in einer privaten Krankenversicherungen Versicherte bestimmt. Das sind in erster Linie Selbstständige, Beamte, Richter, Berufssoldaten und Amtsträger. Kranken- und Pflegepflichtversicherungsbeiträge an private Krankenkassen sind im gleichen Umfang wie gesetzliche Beiträge abzugsfähig, d. h. soweit sie die Basisabsicherung ohne Wahlleistungen abdecken in voller Höhe, soweit sie Wahlleistungen oder einen Anspruch auf Krankengeld abdecken nur begrenzt. Der Bescheinigung Ihrer Krankenversicherungsgesellschaft können Sie die Beitragsteile, die jeweils auf Basis- bzw. auf Wahlleistungen entfallen, entnehmen. Rückerstattete Beiträge sind gesondert anzugeben, denn sie mindern den abzugsfähigen Betrag (eZeile 25). Steuerfreie Zuschüsse Dritter, z. B. der Rentenversicherungsanstalt bei pensionierten Beamten, die für eine frühere Tätigkeit auch in der gesetzlichen Rentenversicherung versichert waren, gehören in eZeile 26. In Zeile 27 sind die Beitragsteile der Krankenversicherung zu erfassen, die nicht der Basisabsicherung dienen (Krankengeldanspruch, Wahlleistungen).

→ ZEILEN 31–36
Ausländische Krankenversicherung

Haben Sie Beiträge in eine ausländische Krankenversicherung, die einer inländischen Pflichtversicherung vergleichbar ist (nicht Auslandsreisekrankenversicherungen), eingezahlt, können Sie die Beitragsanteile für die Basisabsicherung (ohne Beitragsteile für Krankengeldanspruch und Wahlleistungen) hier eintragen und wie inländische Beiträge geltend machen.

→ ZEILEN 40, 44, eZEILEN 41–43
Andere Personen, geschiedene oder dauernd getrennt lebende Ehegatten, Kinder

Kranken- und Pflegepflichtversicherungsbeiträge für andere Personen, z. B. für den nicht dauernd getrennt lebenden Ehegatten, wenn die Einzelveranlagung von Ehegatten beantragt wurde oder für Vater oder Mutter bzw. für Kinder, die keine Kinder i. S. d. EStG sind, können Sie hier eintragen. Voraussetzung ist, dass **Sie Versicherungsnehmer sind**, d. h. die Beiträge selbst schulden, und die Beiträge bezahlt haben. Bitte tragen Sie die Identifikationsnummer, Name, Vorname und Geburtsdatum der mitversicherten Person in die Zeile 40 und Beiträge zu Wahlleistungen und Zusatzversicherungen für die mitversicherte Person in die Zeile 44 ein. Haben Sie für mehr als eine Person als Versicherungsnehmer entsprechende Beiträge geleistet, machen Sie die Angaben bitte in einer formlosen Anlage mit der Überschrift „Ergänzende Angaben zur Steuererklärung" und tragen in **Zeile 45 des Hauptvordrucks** eine „1" ein.

Zahlen Sie Basiskranken- und Pflegeversicherungsbeiträge für ein bei Ihnen steuerlich nicht mehr berücksichtigungsfähiges Kind oder z. B. für einen Elternteil und **sind diese selbst Versicherungsnehmer**, erfolgt die Eintragung in der **Anlage Unterhalt.**

Beiträge für den dauernd getrennt lebenden oder geschiedenen Ehegatten/Lebenspartner sind hier nicht einzutragen, wenn die Unterhaltsleistungen als Sonderausgabe abgezogen werden können. Haben Sie die Beiträge zur Basisversicherung für Ihren unterhaltsberechtigten Ehegatten bezahlt, können Sie die Aufwendungen evtl. als Unterhaltsleistungen als Sonderausgaben (**Anlage Sonderausgaben**, **Zeile 20**) oder außergewöhnliche Belastungen (**Anlage Unterhalt**) steuerlich geltend machen. Vertiefend siehe → Unterhaltszahlungen.

TIPP

Eigene Kranken-/Pflegepflichtversicherungsbeiträge eines Kindes mit Anspruch auf Kindergeld

Basiskranken- und Pflegepflichtversicherungsbeiträge für Kinder, die bei Ihnen steuerlich berücksichtigt werden, können Sie auf der **Anlage Kind** (Zeilen 31–34) als Sonderausgaben geltend machen, wenn Sie Versicherungsnehmer sind. Ist das Kind Versicherungsnehmer und Sie ersetzen dem Kind die Beiträge (durch Leistungen in Form von Bar- oder Sachunterhalt).

→ **eZEILE 45, ZEILE 46**
Arbeitslosenversicherung

Die im Arbeitnehmeranteil zur gesetzlichen Sozialversicherung enthaltenen Beiträge zur Arbeitslosenversicherung (Nr. 27 der LSt-Bescheinigung) gehören in eZeile 45. Haben Sie eine freiwillige (private) Arbeitslosenversicherung abgeschlossen, tragen Sie die Beiträge in Zeile 46 ein.

→ **ZEILEN 47–48**
Berufs-/Erwerbsunfähigkeits-, Unfall-, Haftpflicht-, Risikoversicherungen

In Zeile 47 erfassen Sie Beiträge zu einer freiwilligen privaten Berufs- und Erwerbsunfähigkeitsversicherung (ohne Rürup-Versicherung). In die Zeile 48 gehören Beiträge zu allen Arten von privaten Unfallversicherungen (z. B. Kfz-Insassenunfallversicherung) und die Haftpflichtversicherungsbeiträge (Privathaftpflicht-, Kfz- oder Tierhalterhaftpflichtversicherung). Auch Beiträge zur Grundstückshaftpflichtversicherung des zu eigenen Wohnzwecken genutzten Grundstücks können Sie hier eintragen. Maßgebend sind die tatsächlichen Beitragszahlungen, also nach Kürzung um den Schadenfreiheitsrabatt und um Beitragsrückerstattungen. Haben Sie zur Absicherung für den Unterhalt von Kindern und Ehepartner eine Risikolebensversicherung abgeschlossen, so sind die Beiträge in Zeile 48 anzugeben.

TIPP

Bestimmte Versicherungsbeiträge sind Betriebsausgaben bzw. Werbungskosten

Stehen die vorgenannten Versicherungsbeiträge i. Z. m. der Erzielung von Einkünften (z. B. Berufshaftpflicht, Haftpflicht für das vermietete Grundstück), sind die Beiträge als Betriebsausgaben oder Werbungskosten und nicht als Sonderausgaben abziehbar. Beiträge zu Unfallversicherungen, die **auch** berufliche bzw. betriebliche Unfälle einbeziehen, können pauschal zur Hälfte als Werbungskosten (**Anlage N**) oder Betriebsausgaben abgezogen werden.

Zu den abzugsfähigen Risikolebensversicherungen können auch Beiträge zu Witwen-, Waisen- und Sterbekassen zählen.

Nicht begünstigt als Sonderausgabe sind Beiträge zu Sachversicherungen wie z. B. Kfz-Kaskoversicherungen, Versicherungen gegen Elementarschäden, Diebstahl-, Hausrat- sowie Rechtsschutzversicherungen. Der Anteil auf Arbeitsrechtsschutz gehört zu den Werbungskosten.

→ ZEILE 49
Rentenversicherungen mit Kapitalwahlrecht oder Einmalauszahlung

Hier tragen Sie Rentenversicherungsbeiträge (mit Laufzeitbeginn und erster Beitragszahlung vor 2005) ein, die für die Auszahlung der Versicherungsleistung in einem Betrag erfolgt oder die ein Kapitalwahlrecht (Einmalauszahlung oder regelmäßige Zahlungen) vorsehen. Die zugrunde liegenden Kapitallebensversicherungen müssen eine mindestens zwölfjährige Laufzeit vorweisen. Begünstigt sind auch Beiträge zu Ausbildungs-, Aussteuer- und Erbschaftsteuerversicherungen. Diese Beiträge sind zu 100 % einzutragen. Steuerlich werden sie aber nur i. H. v. 88 % in die Beurteilung des Sonderausgabenabzugs einbezogen.

→ ZEILE 50
Rentenversicherungen ohne Kapitalwahlrecht

Hierher gehören Beiträge zu **Renten- und Lebensversicherungen** (mit Laufzeitbeginn und erster Beitragszahlung vor 2005), bei denen die Auszahlung nicht in einem Betrag, sondern in Form einer regelmäßigen Zahlung („Rente") erfolgt.

8.3 Ergänzende Angaben zu Vorsorgeaufwendungen

→ ZEILE 51
Steuerfreie Zuschüsse oder Arbeitgeberbeiträge und Beihilfen

Für sämtliche sonstigen Vorsorgeaufwendungen (Basiskranken-, Pflegepflicht- und andere Versicherungen) gibt es insgesamt einen Höchstbetrag von 2.800 € oder 1.900 € je Person. Grundsätzlich wird im Standardfall vom **Höchstbetrag** von **1.900 €** ausgegangen.

Haben Sie Ihre Krankenversicherungsbeiträge insgesamt selbst bezahlt und **keine steuerfreie Zuschüsse** erhalten (z. B. steuerfreier Arbeitgeberzuschuss zur Sozialversicherung oder Zuschuss der gesetzlichen Rentenversicherung zur Krankenversicherung des Rentners) und haben Sie auch **keinen Anspruch auf Erstattung oder Übernahme von Krankheitskosten ohne** dafür **eigene Beiträge** entrichten zu müssen (z. B. Beihilfeanspruch von Beamten, Richtern, Berufssoldaten und Geistlichen) steht Ihnen der Höchstbetrag von 2.800 € zu. Bitte tragen Sie in diesem Fall in Zeile 51 eine „2" ein. Eine „2" tragen insbesondere Selbstständige, Gewerbetreibende und Freiberufler ein.

Bei **Ehegatten**, die zusammen veranlagt werden, ist die Beurteilung des Höchstbetrags getrennt vorzunehmen.

→ ZEILEN 52–56
Beamte, GmbH-Gesellschafter-Geschäftsführer

Die Angaben sind für die Berechnung von Altersvorsorgeaufwendungen (Zeilen 4–10) von Bedeutung. Eintragungen sind bei Beamten (Zeilen 52, 55) und bei beherrschenden Gesellschafter-Geschäftsführern (Beteiligung > 50 %) mit Anwartschaft auf eine Altersversorgung, die sozialversicherungsrechtlich als Selbstständige behandelt werden, erforderlich.

Checkliste Anlage Vorsorgeaufwand

Folgende Abzugsmöglichkeit geprüft? Vgl. Ausfüllhinweise zur Zeile!	
Haben Sie an alle Versicherungen gedacht? (Zusatzkranken-, Reisekranken-, Privat-, Kfz-, Tierhalterhaftpflicht-, Kfz-Insassenunfallversicherung) Abzugsfähig sind auch Abschlussgebühren und Versicherungssteuer (Zeilen 46–50). Tragen Sie (auch als Arbeitnehmer) zur Sicherheit alle Ihre Versicherungsbeiträge ein, denn es wird, anders als beim LSt-Abzug, bei der Steuerveranlagung keine Vorsorgepauschale berücksichtigt.	☐
Sie haben Krankenversicherungsbeiträge für Ihre Kinder, Ihren geschiedenen Ehegatten oder einen bedürftigen Angehörigen bezahlt bzw. deren Kosten ersetzt? Die entsprechenden Eintragungen sind, je nachdem wer Versicherungsnehmer ist und um welche Person es sich handelt, auf unterschiedlichen Formularen (Anlage Vorsorgeaufwand, Anlage Kind, Anlage Unterhalt, Hauptvordruck) zu machen.	☐

9 Anlage AV (Altersvorsorgebeiträge, Riester)

9.1 Allgemein

WICHTIG

Anlage AV bei Riester-Versicherung

Die **Anlage AV** benötigen Sie, um für Altersvorsorgebeiträge (= Beiträge zu Riester-Rentenversicherungen) einen **zusätzlichen Sonderausgabenabzug** zu beantragen.

Zusammen veranlagte Ehegatten geben eine gemeinsame Anlage AV ab, wenn jeder Ehegatte einen Altersvorsorgevertrag abgeschlossen hat.

Überblick

Im Bedarfsfall ausfüllen	
Seite 1	**Altersvorsorgebeiträge (Zeilen 4–15)** Einzutragen sind im Wesentlichen die Vorjahreseinkünfte und ob Sie eine unmittelbar (Zeile 5) oder mittelbar (Zeile 15) begünstigte Person sind. **Angabe zu Kindern (Zeilen 16–20)** Aus den Angaben wird die Kinderzulage berechnet.
Seite 2	**Verträge, für die kein Sonderausgabeabzug beantragt wird (Zeilen 31–40)**

Altersvorsorgebeiträge (Riester-Rentenversicherungsbeiträge)

Sonderausgabenabzug

Haben Sie Beiträge zu einem anerkannten (zertifizierten) **Riester-Vertrag** geleistet, können Sie die Versicherungsgesellschaft bevollmächtigen, eine Altersvorsorgezulage (Grundzulage und ggf. Kinderzulage) für Sie zu beantragen. Wenn Sie für die eingezahlten Beiträge und die gewährte Zulage (darüber hinaus) den Sonderausgabenabzug prüfen lassen wollen, müssen Sie die Anlage AV ausfüllen. Während Sie nur für bis zu zwei Verträge eine Zulage erhalten können, ist der Sonderausgabenabzug für alle Verträge möglich. Das Finanzamt prüft dann, ob ein Sonderausgabenabzug für Sie zu einem günstigeren Ergebnis führt als die Zulage allein. Ist das der Fall, wird eine zusätzliche Steuerminderung durch den Sonderausgabenabzug berücksichtigt und im Steuerbescheid gesondert ausgewiesen.

Begünstigt sind sowohl die eingezahlten Beiträge als auch die gewährte Altersvorsorgezulage. Vertiefend siehe → Altersvorsorgeaufwendungen.

Bei mehreren Verträgen ist ein zusätzlicher Sonderausgabenabzug grds. für alle Verträge bis zum Förderhöchstbetrag von insgesamt 2.100 € vorgesehen. Die zusätzliche Förderung durch den Sonderausgabenabzug entfällt auf alle Verträge verhältnismäßig.

Auf Seite 2 (Zeilen 31–40) kann für einzelne Verträge – getrennt für steuerpflichtige Person und Ehegatte – der Sonderausgabenabzug ausgeschlossen werden. Der Verzicht auf den Sonderausgabenabzug ergibt nur Sinn, wenn Sie für die hier genannten Verträge bewusst keinen Sonderausgabenabzug in Anspruch nehmen wollen, um für andere Verträge den Förderhöchstbetrag von 2.100 € auszuschöpfen. Der Vorteil des Verzichts auf jegliche staatliche Förderung besteht darin, dass die spätere Rente aus diesem Vertrag nicht in voller Höhe, sondern nur teilweise (mit dem Ertragsanteil) versteuert werden muss. Haben Sie gegenüber dem Anbieter des Vertrags auf den zusätzlichen Sonderausgabenabzug verzichtet, können Sie dies in den Zeilen 41–50 widerrufen und Sie erhalten den zusätzlichen Sonderausgabenabzug.

TIPP

Zulage und Sonderausgabenabzug immer geltend machen

Nehmen Sie so weit wie möglich für die Beiträge die gesamte staatliche Förderung, also Zulage und Sonderausgabenabzug, in Anspruch. Die später aus der Rente zu zahlende Steuer wird den finanziellen (Steuer-)Vorteil bis zur Rentenauszahlung im Regelfall nicht erreichen.

9.2 Notwendige Angaben

→ **ZEILEN 5–14**
Unmittelbar begünstigte Person

Zum unmittelbar begünstigten Personenkreis gehören im Wesentlichen Arbeitnehmer. Dies sind vor allem Personen, die in der gesetzlichen Rentenversicherung pflichtversichert oder Beamte (z. B. auch während der Zeit des Erziehungsurlaubs) sind, oder Personen, die Lohnersatzleistungen beziehen. Vertiefend siehe → Altersvorsorgeaufwendungen. Die Angaben dienen der Berechnung der Grundzulage. Um die volle Zulage von 175 € zu erhalten, muss ein Mindesteigenbeitrag eingezahlt werden. Maßgebend sind dabei immer die Vorjahreseinkünfte und -bezüge, also für den Sonderausgabenabzug 2021 die Werte aus dem Jahr **2020**. Lohnersatzleistungen (z. B. Arbeitslosengeld, Arbeitslosenhilfe, Kurzarbeitergeld) sind ebenfalls einzubeziehen (Zeile 8).

Ist das der inländischen Rentenversicherung zugrunde gelegte Entgelt höher als das tatsächlich erzielte Entgelt (z. B. bei Personen, die in Behindertenwerkstätten oder Blindenheimen arbeiten, oder die unentgeltlich andere Menschen pflegen), wird das tatsächliche Entgelt (ggf. 0 €) für die Berechnung der Grundzulage berücksichtigt (Zeile 9). Erfüllen beide Eheleute die Voraussetzung und haben sie jeweils einen eigenen Vorsorgevertrag abgeschlossen, sind beide unmittelbar begünstigt.

→ ZEILE 15
Mittelbar begünstigte Person

Gehört bei (nicht dauernd getrennt lebenden) Eheleuten/Lebenspartnern nur einer zum unmittelbar begünstigten Personenkreis, kann der andere trotzdem einen begünstigten eigenen Altersvorsorgevertrag auf seinen Namen abschließen. Er ist dann (über den Ehegatten) mittelbar begünstigt. Das gilt aber nur, wenn der unmittelbar begünstigte Ehegatte ebenfalls einen (eigenen) Vertrag abgeschlossen hat. Die mittelbar begünstigten Personen müssen **mindestens 60 € im Jahr** als eigene Beiträge auf ihren Vertrag einzahlen, wenn sie die Zulage bzw. den Sonderausgabenabzug beantragen möchten.

→ ZEILEN 16–20
Kinderzulage

Für jedes Kind, für das ein Anspruch auf Kindergeld besteht, erhalten Sie zusätzlich eine Kinderzulage von 185 €. Für Kinder, die nach 2007 geboren sind, erhöht sich die Kinderzulage auf 300 €. Deshalb sind unterschiedliche Spalten vorgesehen. Bei verheirateten Eltern, die nicht dauernd getrennt leben und ihren Wohnsitz in der EU/im EWR haben, wird die Kinderzulage für die steuerlich berücksichtigungsfähigen Kinder grds. der Mutter zugeordnet (Zeile 16). Auf gemeinsamen Antrag der Eltern (Zeilen 17–18, Unterscheidung nach Veranlagungsarten) wird die Zulage auf den Vater bzw. bei gleichgeschlechtlichen Eltern auf Person A übertragen.

Bei Eltern, die die Voraussetzungen für die Ehegattenveranlagung nicht erfüllen (nicht verheiratete oder dauernd getrennt lebende bzw. geschiedene Eltern), steht die Kinderzulage dem

Elternteil zu, dem das Kindergeld erstmals im Kalenderjahr (i. d. R. Januar oder späterer erster Anspruchsmonat) ausgezahlt wurde (Zeilen 19–20). Diese Kinder dürfen nicht in den Zeilen 16–18 enthalten sein.

Checkliste Anlage AV

Folgende Abzugsmöglichkeit geprüft? Vgl. Ausfüllhinweise zur Zeile!

Sie haben als Arbeitnehmer noch keinen Riester-Vertrag abgeschlossen? ☐
Aus steuerlicher Sicht ist der Abschluss, insbesondere, wenn bei Ihnen Kinder zu berücksichtigen sind, sehr interessant.

Sie sind im Erziehungsurlaub? ☐
Überlegen Sie den Abschluss eines Riester-Vertrags. Schon mit 60 € Eigenbeitrag im Jahr haben Sie Anspruch auf die fast dreimal so hohe volle Grundzulage und die volle Kinderzulage!

Sie haben als nicht verheirateter Mann (z. B. in nicht ehelicher Lebensgemeinschaft) mit Kind einen Riester-Vertrag abgeschlossen? ☐
Die Kinderzulage steht grds. der Mutter zu und geht verloren, wenn diese keinen Vertrag abschließt. Der Vater kann die Kinderzulage aber „retten", wenn an ihn im Januar des jeweiligen Jahres (für Monat Januar ausreichend) Kindergeld ausgezahlt wird. Dies muss bei der Kindergeldkasse (mit Zustimmung der Mutter) beantragt werden (Zeile 19).

10 Anlage Kind (Kinderberücksichtigung)

10.1 Allgemein

WICHTIG

Anlage Kind/steuerliche Vergünstigungen für Kinder

Die **Anlage Kind** ist in folgendem Fall auszufüllen:

Sie wollen Kinder bzw. damit zusammenhängende Vergünstigungen steuermindernd berücksichtigt bekommen.

Für jedes Kind ist eine eigene Anlage notwendig.

Überblick

Im Bedarfsfall ausfüllen	
Seite 1	**Angaben zum Kind (Zeilen 4–15)** Hier werden die persönlichen Angaben zum Kind, Verwandtschaftsverhältnis und Kindergeldanspruch eingetragen. **Volljähriges Kind (Zeilen 16–19)** Volljährige Kinder können nur in den im Vordruck aufgeführten Fällen berücksichtigt werden. **Angaben zur Erwerbstätigkeit bei volljährigen Kindern (Zeilen 20–24)** Die Angaben sind nur von Bedeutung, wenn das Kind bereits eine Berufsausbildung abgeschlossen hat.
Seite 2	**Übernommene Kranken- und Pflegeversicherungsbeiträge für Kinder (Zeilen 31–42)** Derartige Beiträge sind bei den Eltern abzugsfähig, wenn sie das Kind nicht geltend macht. **Übertragung des Kinderfreibetrags und Betreuungsfreibetrags (Zeilen 43–48)** Eine Übertragung auf einen Elternteil, Stiefelternteil oder Großeltern ist nur in Ausnahmefällen möglich. **Entlastungsbetrag für Alleinerziehende (Zeilen 49–54)** Hier beantragen Alleinerziehende den steuerlichen Entlastungsbetrag.

Überblick

Im Bedarfsfall ausfüllen	
Seite 3	**Sonderbedarf bei Berufsausbildung (Zeilen 61–64)** Der Freibetrag ist nur für auswärtig untergebrachte volljährige Kinder möglich. **Schulgeld (Zeile 65–67)** Der Abzug ist möglich, wenn das Kind eine Privatschule oder Schule in freier Trägerschaft mit anerkanntem Schulabschluss besucht. **Übertragung des Pauschbetrags für ein behindertes Kind (Zeilen 68–72)** Dieser kann hier auf die Eltern übertragen werden. **Übertragung der behinderungsbedingten Fahrtkostenpauschale (Zeilen 73–75)** Wird der dem Kind zustehende Pauschbetrag für Menschen mit Behinderung auf die Eltern übertragen, können diese auch die dem Kind zustehende Pauschale für private Fahrten in Anspruch nehmen. **Kinderbetreuungskosten (Zeilen 76–82)** Abziehbar sind die Kosten für im Haushalt lebende Kinder unter 14 Jahren oder behinderte Kinder.

10.2 Kinderberücksichtigung

Ob ein Kind steuerlich berücksichtigt werden kann, hängt im Wesentlichen vom Kindschaftsverhältnis und dem Alter des Kindes ab. Vertiefend siehe → Kinder.

10.3 Kindschaftsverhältnis und Alter (Seite 1)

→ **ZEILEN 4–9**
Persönliche Angaben

Für jedes Kind ist eine eigene Anlage Kind auszufüllen, unabhängig davon, ob das Kind bereits als Lohnsteuerabzugsmerkmal (ELStAM) beim LSt-Abzug berücksichtigt wurde. Die Angaben zum Kind (Identifikationsnummer, Name, Vorname, Geburtsdatum, Wohnort, Familienkasse, die das Kindergeld auszahlt) sind für jedes Kind, das berücksichtigt werden soll, notwendig.

→ **ZEILE 6**
Kindergeld

Einzutragen (in Kennzahl 15) ist die Höhe des Kindergeldanspruchs **einschließlich Corona-Bonus**, denn dieser (nicht das gezahlte Kindergeld!) wird in die Vergleichsberechnung mit den steuerlichen Freibeträgen einbezogen. Wegen Verjährung nicht ausgezahltes Kindergeld ist nicht zu berücksichtigen. Rechtlich hat jeder Elternteil, unabhängig von der Auszahlung, Anspruch auf das halbe Kindergeld. Tragen Sie den vollen Kindergeldanspruch ein, wenn Sie den verdoppelten Kinderfreibetrag beanspruchen (s. u.). Vertiefend siehe → Kinder.

→ ZEILE 9
Auslandskinder

Für Auslandskinder werden, abhängig vom Wohnsitzstaat, u.U. nur niedrigere Freibeträge berücksichtigt. Kinder, die nur zur Berufsausbildung im Ausland sind, aber weiterhin zum inländischen Haushalt der Eltern gehören oder im Inland einen eigenen Haushalt haben, gelten als im Inland wohnhaft.

→ ZEILEN 10–15
Kindschaftsverhältnis

Geben Sie bei gemeinsamer Veranlagung für jeden Ehegatten getrennt an, in welchem Kindschaftsverhältnis das Kind zu Ihnen bzw. Ihrem Ehegatten steht. Werden die Eltern nicht gemeinsam veranlagt, sind die Angaben in den Zeilen 11–15 zum anderen Elternteil notwendig. Lebt der andere Elternteil im Ausland, ist er verschollen oder verstorben, wird der verdoppelte Freibetrag berücksichtigt. Dasselbe gilt für die Mutter eines Kindes, wenn der Vater amtlich nicht feststellbar ist.

→ ZEILEN 16–19
Volljährige Kinder

Volljährige Kinder können ab dem Monat nach Vollendung des 18. Lebensjahres bis maximal zum Monat der Vollendung des 25. Lebensjahres für die Monate bei den Eltern berücksichtigt werden, in denen sie eine der im Vordruck (Zeilen 16–18) genannten Bedingungen (z. B. in Ausbildung, freiwilliges Jahr usw.) erfüllen. Geben Sie an, welcher Tatbestand für Ihr Kind in welchem Zeitraum erfüllt ist. Dabei werden angefangene Monate zu Ihren Gunsten mitberücksichtigt. Auch in den Zeiten zwischen zwei Ausbildungsabschnitten bzw. zwei Ausbildungen oder zwischen Freiwilligendiensten und Ausbildung kann das Kind berücksichtigt werden, wenn der Zeitraum vier Monate nicht überschreitet (Zeile 16). Bei der Bundesagentur für Arbeit als Arbeit suchend gemeldete Kinder können, solange sie nicht voll erwerbstätig sind, bis zum 21. Lebensjahr berücksichtigt werden (Zeile 18). Leistet das Kind einen der in Zeile 16 genannten Freiwilligendienste (z. B. auch Bundesfreiwilligendienst), wird es ebenfalls berücksichtigt. Ein Kind, das den freiwilligen Wehrdienst macht, ist für die ersten vier Monate in jedem Fall berücksichtigungsfähig, weil diese Zeit als Ausbildung gilt, danach normalerweise nicht mehr. Vertiefend siehe → Kinder.

→ ZEILE 19
Behinderte Kinder

Kinder, die infolge einer Behinderung außerstande sind, für ihren Unterhalt zu sorgen, können unabhängig vom Alter berücksichtigt werden. Voraussetzung ist, dass die Behinderung vor Vollendung des 25. bzw. u. U. 27. Lebensjahres eingetreten ist.

→ ZEILEN 20–24
Erwerbstätigkeit des Kindes

Ob ein Kind erwerbstätig ist oder nicht, spielt bis zum Abschluss der ersten Berufsausbildung keine Rolle. Deshalb sind Eintragungen in diesen Zeilen nur erforderlich, wenn das volljährige Kind bereits eine Berufsausbildung abgeschlossen hat (Zeile 20). Soweit ein Kind in diesem Fall (weiterhin) einen der oben genannten Berücksichtigungstatbestände erfüllt (z. B. zweite Ausbildung), kann es für Zeiträume, in denen es voll erwerbstätig (regelmäßige Arbeitszeit durchschnittlich mehr als 20 Stunden/Woche) ist, nicht mehr berücksichtigt werden (Zeilen 21, 23, 24).

Eine Vollerwerbstätigkeit im Rahmen eines Ausbildungsdienstverhältnisses, z. B. betriebliche Ausbildung, duales Studium an einer Berufsakademie (Zeile 21 „2") oder **ein** Minijob (Zeile 22), ist keine „schädliche" Tätigkeit. Vertiefend siehe → Kinder.

10.4 Steuerliche Vergünstigungen für Kinder (Seite 2)

Erfüllt ein Kind alle Voraussetzungen für eine steuerliche Berücksichtigung, erhalten die Eltern in jedem Fall **Kindergeld** oder einen **Kinderfreibetrag** und zusätzlich einen **Freibetrag für den Betreuungs- und Erziehungs- oder Ausbildungsbedarf** des Kindes. Weitere Vergünstigungen sind zusätzlich möglich. Vertiefend siehe → Kinder.

eZEILEN 31–33, ZEILEN 34–42
Kranken-/Pflegepflichtversicherung des Kindes

Der Abzug von Kranken- und Pflegepflichtversicherungsbeiträgen für berücksichtigungsfähige Kinder bei den Eltern setzt voraus, dass der Versicherungsgesellschaft erlaubt wurde, die Daten der Finanzverwaltung elektronisch zu übermitteln. Deshalb dürfen Sie hier auch nur in diesem Fall Eintragungen vornehmen.

Sind Sie im Versicherungsvertrag, durch den Ihr Kind versichert ist, als **Versicherungsnehmer** (Schuldner der Beiträge) aufgeführt, können Sie **alle** Kranken- und Pflegepflichtversicherungsbeiträge (Basisbeiträge – eZeilen 31, 32) – in voller Höhe, solche für Wahlleistungen oder Krankengeldanspruch in Zeile 34 nur bis zum Höchstbetrag), als eigene Sonderausgaben geltend machen. Wurden Kranken- und Pflegepflichtversicherungsbeiträge zurückerstattet, mindern diese den abzugsfähigen Betrag (eZeile 33).

War das **Kind Versicherungsnehmer,** kann es seine Versicherungsbeiträge, unabhängig davon, wer gezahlt hat, in seiner eigenen Steuererklärung angeben (**Anlage Vorsorgeaufwand**). Nur wenn das Kind auf den Sonderausgabenabzug für seine Basiskranken- und Pflegepflichtversicherungsbeiträge verzichtet, z. B. weil es nur geringe eigene Einkünfte hat, können die Eltern diese wie eigene Beiträge geltend machen. In Zeile 35 werden nur die Basiskrankenversicherungsbeiträge erfasst, in Zeile 37 die Pflegepflichtversicherungsbeiträge des Kindes. Soweit sich aus den Beiträgen zur Krankenversicherung ein Anspruch auf Krankengeld ergibt z. B. regelmäßig beim gesetzlichen Arbeitnehmeranteil zur Krankenversicherung ist dies in Zeile 36 zu erklären. Diese Beitragsteile kann nur das Kind als Vorsorgeaufwendungen geltend machen. Erstattete Beiträge oder Zuschüsse von Dritten mindern die abzugsfähigen Beträge (Zeilen 38, 40). Beiträge für eine vergleichbare ausländische Krankenversicherung für das Kind sind gesondert (Zeile 41) zu erfassen, weil hier kein elektronischer Datenaustausch erfolgt.

→ ZEILEN 43–48
Übertragung der Freibeträge

Die Übertragung des Kinderfreibetrags ist bei geschiedenen, dauernd getrennt lebenden Eltern oder Eltern nichtehelicher Kinder möglich, wenn ein Elternteil nicht unterhaltsverpflichtet ist (zu niedrige Einkünfte) oder seiner Unterhaltspflicht im Jahr nicht ausreichend (d. h. zu weniger als 75 % des festgelegten Betrags) nachkommt (Zeile 43). Eine Übertragung ist nicht möglich, wenn Unterhaltskosten nach dem Unterhaltsvorschussgesetz gezahlt worden sind (Zeile 44). Mit der Übertragung verliert der Elternteil ohne Freibetrag auch sämtliche anderen vom Kind abhängigen Steuervergünstigungen.

Sobald der verdoppelte Freibetrag beantragt wird, ist in Zeile 6 der volle Kindergeldanspruch einzutragen.

Die Übertragung des Freibetrags für Betreuung, Erziehung und Ausbildung auf einen Elternteil (Zeile 45) ist nur bei minderjährigen Kindern möglich, vorausgesetzt, das Kind ist **nur** bei diesem Elternteil gemeldet. Hat der andere Elternteil Betreuungskosten getragen oder das Kind zeitweise betreut, kann er der Übertragung seines Freibetrags widersprechen.

Die Zeilen 46–48 sind für die Fälle vorgesehen, in denen das Kind bei Stief- oder Großeltern berücksichtigt werden soll, weil das Kind in deren Haushalt lebt und ihnen bereits das Kindergeld ausgezahlt wurde. In diesen Fällen müssen Sie zusätzlich die **Anlage K** (erhältlich beim Finanzamt oder aus dem Internet abrufbar) ausfüllen und unterschreiben.

→ ZEILEN 49–54
Alleinerziehende

Alleinerziehende, die mit steuerlich berücksichtigungsfähigen Kindern eine Haushaltsgemeinschaft bilden, können hier den Abzug eines Entlastungsbetrags von 4.008 € im Jahr für das erste bzw. 240 € für jedes weitere Kind beantragen. Vertiefend siehe → Kinder.

Dazu geben Sie in Zeile 49 an, in welchem Zeitraum das Kind bei Ihnen mit Wohnsitz (Haupt- **oder** Nebenwohnsitz) gemeldet war, und ergänzen Sie in Zeile 50 die Aussage zum ausgezahlten Kindergeld. Lebte in Ihrem Haushalt eine weitere (volljährige) Person, für die kein Kindergeldanspruch bestand, mit Ihnen und Ihrem Kind in Haushaltsgemeinschaft (Zeilen 51–54), ist regelmäßig kein Entlastungsbetrag möglich.

→ ZEILEN 61–64
Ausbildungsfreibetrag/ Freibetrag zur Abgeltung eines Sonderbedarfs bei Berufsausbildung

Den Ausbildungsfreibetrag von 924 € jährlich können Sie nur für volljährige Kinder und für Zeiten erhalten, in denen das Kind in Ausbildung und auswärts untergebracht (Zeile 61) ist. Bei längerfristigen Auslandsaufenthalten (Zeile 62) gilt u. U. ein gekürzter Freibetrag.

Geschiedene, dauernd getrennt lebende Eltern oder Eltern nichtehelicher Kinder können einvernehmlich statt der üblichen hälftigen Berücksichtigung bei beiden, eine andere Verteilung des Freibetrags, z. B. der gesamte Betrag bei einem Elternteil, schriftlich beantragen (Zeile 64). Vertiefend siehe → Kinder.

TIPP

Unterstützungszahlungen an Kinder über 25 Jahre – Anlage Unterhalt ausfüllen

Hatten Sie Aufwendungen für den Unterhalt und/oder die Berufsausbildung eines Kindes, das nicht bei Ihnen berücksichtigt werden kann, z. B. weil es über 25 Jahre alt ist oder den freiwilligen Wehrdienst ableistet, dann können Sie Ihre Unterstützungsleistungen auf der **Anlage Unterhalt** geltend machen.

10.5 Schulgeld, Behinderung, Betreuungskosten (Seite 3)

→ ZEILEN 65–67
Schulgeld

Schulgeld ist abzugsfähig, wenn es sich um eine (Privat-)Schule oder eine Schule in freier Trägerschaft in Deutschland, im EU- bzw. EWR-Ausland (Island, Liechtenstein, Norwegen) oder eine deutsche Schule im Ausland handelt. Begünstigt sind nur Schulen, deren Schulabschluss in Deutschland anerkannt ist, sowie Einrichtungen, die auf einen anerkannten Schulabschluss vorbereiten. Nicht abzugsfähig sind die Kosten für die Unterbringung, Verpflegung und Betreuung. Vertiefend siehe → Sonderausgaben.

→ ZEILEN 68–72
Kinder mit Behinderung

Einzelheiten zu den Steuervergünstigungen für Menschen mit Behinderung siehe Erläuterungen zur **Anlage Außergewöhnliche Belastungen** (Zeilen 4–9). Vertiefend siehe → Menschen mit Behinderung.

Die Übertragung der einem behinderten oder hinterbliebenen Kind zustehenden steuerlichen Vergünstigungen auf die Eltern ist dann möglich, wenn sich beim Kind die Vergünstigungen nicht auswirken, weil es keine oder nur geringe Einkünfte hat. Geschiedene, getrennt lebende oder unverheiratete Eltern können (notwendig ist ein gemeinsamer formloser Antrag mit Unterschrift) statt der üblichen hälftigen eine andere Verteilung des Pauschbetrags angeben (Zeile 72). Wurde der gesamte Kinderfreibetrag auf einen Elternteil übertragen, kann auch nur dieser Elternteil den Behindertenpauschbetrag des Kindes übertragen bekommen (vgl. Erläuterungen zu den Zeilen 43, 47 der Anlage Kind).

→ ZEILEN 73–75
Behinderungsbedingte Fahrtkostenpauschale

Wird der Pauschabtrag für ein behindertes Kind übertragen, kann auch die dem Kind zustehende Pauschale für private Fahrten übertragen werden. Einzelheiten zu den Abzugsvoraussetzungen und zur Abzugshöhe. Vertiefend siehe → Menschen mit Behinderung.

→ ZEILEN 76–82
Kinderbetreuungskosten

Kosten für Betreuungsleistungen (Zeile 76, ohne Kosten für Unterkunft, Verpflegung, Unterricht) für bei Ihnen berücksichtigungsfähige und in Ihrem Haushalt lebende Kinder (Zeilen 78–80) unter 14 Jahren bzw. behinderte Kinder sind als Sonderausgaben abzugsfähig. Werden die Eltern des Kindes nicht als Ehegatten zusammen veranlagt, kann nur der Elternteil die Kosten geltend machen, der sie getragen hat (Zeile 81). Die Angaben zum Haushalt der Elternteile (Zeilen 78–80) und zur Aufteilung der Kosten (Zeile 82) haben Bedeutung für den beim jeweiligen Elternteil abzugsfähigen Höchstbetrag. Vertiefend siehe → Kinder.

Checkliste Anlage Kind

Folgende Abzugsmöglichkeit geprüft? Vgl. Ausfüllhinweise zur Zeile!	
Haben Sie für bei Ihnen berücksichtigungsfähige Kinder Kindergeld beantragt? Stellt sich erst bei der Steuerveranlagung heraus, dass die Berücksichtigung möglich ist, können Sie nachträglich Kindergeld erstmals oder erneut beantragen (Zeile 6).	☐
Ist Ihr volljähriges Kind erwerbstätig? Eine Erwerbstätigkeit schließt eine Kinderberücksichtigung bis zum Abschluss der ersten Berufsausbildung nicht aus. Aber auch danach ist eine Erwerbstätigkeit des Kindes nicht immer steuerlich „schädlich" (Zeilen 21–25).	☐
Kann Ihr Kind nicht mehr berücksichtigt werden? Kosten für Unterhalt und Berufsausbildung des Kindes können Sie u. U. als außergewöhnliche Belastungen geltend machen (Anlage Unterhalt, Zeile 37).	☐
Sind für Ihr Kind Basiskranken- oder Pflegepflichtversicherungsbeiträge angefallen? Diese können Sie als (eigene) Sonderausgaben abziehen (Zeilen 31–42), wenn Sie Versicherungsnehmer sind oder das Kind die Beiträge nicht steuerlich geltend macht. Der steuerliche Abzug bei den Eltern ist regelmäßig günstiger als beim Kind.	☐
Kann das Kind beim anderen Elternteil nicht berücksichtigt werden, weil dieser verstorben ist, im Ausland lebt oder seiner Unterhaltsverpflichtung nicht nachkommt? Ihnen stehen die verdoppelten Freibeträge zu (Zeilen 13, 14, 43).	☐
Sind Sie alleinerziehend? Haben Sie daran gedacht, den Entlastungsbetrag zu beantragen (Zeilen 49–54)?	☐
Ist Ihr volljähriges Kind während der Berufsausbildung auswärtig untergebracht? Beantragen Sie den Ausbildungsfreibetrag (Zeilen 61–64).	☐

Folgende Abzugsmöglichkeit geprüft? Vgl. Ausfüllhinweise zur Zeile!	
Hatten Sie Kosten für die Betreuung eines über 14 Jahre alten Kindes? Dafür kommt eine Steuerermäßigung infrage (Anlage Haushaltsnahe Aufwendungen, Zeile 5).	☐
Ihr Kind besucht eine Privatschule? Sie können Schulgeld (Zeile 65), Betreuungskosten (Zeilen 76 ff.) sowie Spenden (und Mitgliedsbeiträge) an die Schule oder den Schulförderverein (Anlage Sonderausgaben, Zeile 5) absetzen.	☐
Haben Sie ein Kind mit Behinderung? Sie können den Pauschbetrag des Kindes und seinen Pauschbetrag für private Fahrten übertragen bekommen (Zeilen 68–75). Zusätzlich sind eigene Pflege- und Betreuungskosten für das Kind abzugsfähig (Eintragung Anlage Außergewöhnliche Belastungen, Zeilen 31 ff.).	☐

11 Anlage Unterhalt

11.1 Allgemein

WICHTIG

Unterhaltszahlungen an Angehörige

Die **Anlage Unterhalt** benötigen Sie in folgenden Fällen: Sie haben z. B.

- einen Angehörigen (insbesondere Ihre Eltern oder erwachsenen Kinder),
- den Ex-Ehegatten oder Ex-Lebenspartner nach aufgelöster Lebenspartnerschaft,
- den Partner in einer eheähnlichen Gemeinschaft,
- die Mutter Ihres unehelichen Kindes oder
- Personen mit Aufenthalts-/Niederlassungserlaubnis nach § 23 AufenthG (Kriegsflüchtlinge)

finanziell unterstützt, weil die Person kein oder nur geringes eigenes Einkommen und Vermögen hat.

Haben Sie in **verschiedenen** Haushalten lebende Personen unterstützt, müssen Sie haushaltsbezogen jeweils eine eigene **Anlage Unterhalt** abgeben.

Für jede (im jeweiligen Haushalt) unterstützte Person muss auf der entsprechenden Anlage Unterhalt eine eigene Vordruckseite mit den verlangten Angaben zur Person ausgefüllt werden. Vertiefend siehe → Unterhaltszahlungen.

Überblick

Im Bedarfsfall ausfüllen	
Seite 1	**Angaben zum Haushalt der unterhaltenen Person und den Unterhaltsleistungen (Zeilen 4–16)** Die Angaben (Anschrift, Wohnsitzstaat, Personen im unterstützten Haushalt, Höhe des Unterhalts sowie der (Basis-)Kranken- und Pflegepflichtversicherungen der unterstützten Person) sind für die Berechnung des abzugsfähigen Betrags notwendig. **Auslandsunterhalt (Zeilen 17–26)** Für Unterstützungsleistungen ins Ausland gelten strenge Nachweisregelungen über die Zahlungen. Unter Umständen werden die abzugsfähigen Höchstbeträge je nach Wohnsitzstaat gekürzt.
Seite 2	**Angaben zur ersten im Haushalt lebenden Person (Zeilen 31–44)** Anhand der Angaben wird geprüft, ob die unterstützte Person die Abzugsvoraussetzungen erfüllt. **Angaben zum eigenen Einkommen der unterstützten Person (Zeilen 45–54)** Eigenes Einkommen und Bezüge der unterstützten Person bewirken eine Kürzung des abzugsfähigen Höchstbetrags.
Seiten 3, 4	**Angaben zu weiteren im Haushalt lebenden Personen** Die Seiten entsprechen inhaltlich der Seite 2.

11.2 Angaben zum Haushalt der unterstützten Person(en) (Seite 1)

→ ZEILEN 4–6 **Haushalt der unterstützten Person**

Tragen Sie ein, wo die unterstützte(n) Person(en) lebt bzw. leben (Zeile 4). Soweit sich der Haushalt im Ausland befindet (Zeile 5), gelten strengere Nachweisregelungen und je nach Land eventuell gekürzte abzugsfähige Höchstbeträge (vgl. Erläuterungen zu den Zeilen 17–26). Leben im Haushalt der unterstützten Person mehrere Personen (Angaben in Zeile 6), werden die Unterhaltszahlungen auf alle im Haushalt lebenden Personen gleichmäßig aufgeteilt. Für jede Person ist in diesem Fall eine eigene Seite auf der Anlage Unterhalt (Seite 2–4) auszufüllen. Für jede Person wird getrennt geprüft, ob der auf sie entfallende Unterhalt abzugsfähig ist.

→ ZEILEN 7–16 **Unterhaltsleistungen, Unterstützungszeitraum**

Leben im Haushalt mehrere Personen, sind sämtliche Zahlungen für den laufenden Lebensunterhalt (Wohnung, Kleidung, Nahrung), die an die Haushaltsmitglieder geleistet wurden, einzutragen. Der gesamte Betrag wird nach Köpfen gleichmäßig verteilt. Ein Abzug der Unterhaltsleistungen ist nur für Monate möglich, in denen eine Unterstützung (Zeilen 7, 9) stattgefunden hat, d. h. grds. ab dem Monat der **ersten Zahlung** (Zeilen 8, 10). Bei Ehegattenunterhalt wird unabhängig vom Zahlungszeitpunkt immer Unterhalt für das gesamte Jahr angenommen. Die Zahlungen müssen Sie grds. anhand geeigneter Unterlagen belegen. Lebte die unterstützte Person bei Ihnen im Haushalt, tragen Sie den Abzugshöchstbetrag, d.h. für 2021 9.744 € ein (Zeile 36). Erfolgte die Unterstützung nur für einen Teil des Jahres, wird ggf. der Jahreshöchstbetrag gekürzt. Die Höhe der (Basis-)Krankenversicherung oder Pflegepflichtversicherung der unterstützten Person, für die sie selbst Versicherungsnehmer ist, tragen Sie in die Zeilen 11, 13 bzw. 15 ein. Um diese Beiträge erhöht sich der bei Ihnen berücksichtigungsfähige Abzugshöchstbetrag. Nicht abzugsfähig ist der Beitragsanteil, aus dem sich ein Anspruch auf Krankengeld ergibt (ersichtlich aus der Bescheinigung der Krankenkasse). Deshalb sind – soweit zutreffend – die Eintragungen in den Zeilen 12, 14 bzw. 16 notwendig. Vertiefend siehe → Unterhaltszahlungen. Haben Sie als Versicherungsnehmer eine der genannten Versicherungen für eine unterstützte Person abgeschlossen, können Sie die Beiträge auf der Anlage Vorsorgeaufwand geltend machen.

→ ZEILEN 17–26
Unterstützte Person lebt im Ausland

Wenn die unterstützte Person im Ausland lebt, benötigen Sie zusätzlich aus dem Wohnsitzstaat eine in mehreren Sprachen (über die Formularverwaltung der Internetseiten des BMF abrufbar oder beim Finanzamt in Papierform erhältlich) sog. **Unterhaltserklärung** über die persönlichen Verhältnisse, das eigene Einkommen und das Vermögen der unterstützten Person (Eintragung in Zeilen 34, 64, 94). Diese müssen Sie auf Verlangen des Finanzamts vorweisen können. Ist die Person nicht Ihr Ehegatte und in erwerbsfähigem Alter (unter 65 Jahre), ist der Abzug von Unterhaltszahlungen im Regelfall nicht möglich (**Erwerbsobliegenheit**). Vertiefend siehe → Unterhaltszahlungen.

Bei Auslandssachverhalten gelten für den Nachweis der Unterhaltszahlungen erhöhte Anforderungen. Machen Sie die geforderten Angaben über den Zahlungsweg (Überweisung Zeile 17, Mitnahme anlässlich von Heimfahrten Zeilen 18–20). Die Bankbelege über die Abbuchung bzw. bei persönlicher Übergabe den Nachweis über die Geldabhebung, die Durchführung der Reise und eine detaillierte Bestätigung der unterstützten Person über die Übergabe für jeden einzelnen Betrag müssen Sie auf Anforderung des Finanzamts vorlegen können.

Erfolgte die Heimfahrt zum eigenen Haushalt im Ausland und lebte dort der Ehegatte, ist das eine Familienheimfahrt. Hier gelten Vereinfachungsregelungen. Für bis zu maximal vier Fahrten (Zeilen 21–25) im Kalenderjahr wird ein Nettomonatslohn (Zeile 26) als mitgenommener Betrag ohne Nachweis akzeptiert. Je nach Staat wird der abzugsfähige Höchstbetrag nach der Ländergruppeneinteilung halbiert oder geviertelt. Vertiefend siehe → Unterhaltszahlungen.

11.3 Angaben zur ersten unterstützten Person (Seite 2)

→ ZEILEN 31–44
Angaben zur (ersten) unterstützten Person

Anhand der **Angaben** wird geprüft, ob ein Abzug von Unterhaltszahlungen an die **unterstützte** Person möglich ist. Falls die Bedingungen nicht das ganze Jahr über vorlagen, müssen Sie den Zeitraum genau angeben. Der für das Jahr abzugsfähige Höchstbetrag wird dann nur zeitanteilig berücksichtigt.

Gesetzlich unterhaltsberechtigte Person/gleichgestellte Person

Voraussetzung für einen Kostenabzug ist grds., dass die unterhaltene Person Ihnen oder Ihrem Ehegatten gegenüber unterhaltsberechtigt ist (Ehegatte, geradlinig verwandte Personen, z. B. Eltern, Großeltern, Kinder, Enkel, anderer Elternteil eines gemeinsamen Kindes bis zu drei Jahren) oder einer solchen Person gleichgestellt ist (vgl. Erläuterungen zu Zeile 41). Unter den begünstigten Personenkreis fallen auch (Kriegs-)Flüchtlinge, die eine Aufenthalts- oder Niederlassungserlaubnis nach § 23 AufenthG haben. Dies trifft zzt. nur für Flüchtlinge aus Syrien zu. Vertiefend siehe → Unterhaltszahlungen.

→ ZEILE 36
Haushaltszugehörigkeit

Lebt die unterstützte Person bei Ihnen im Haushalt, wird – auch ohne nachgewiesene Zahlungen – vom Unterhalt in Höhe des gesetzlichen Höchstbetrags von 9.744 € (jährlich) ausgegangen. Außerdem ist die Haushaltszugehörigkeit für den Abzug von Unterhaltsleistungen an **gleichgestellte** Personen erforderlich (vgl. Erläuterungen zu Zeile 41).

→ ZEILE 37
Kindergeldanspruch

Für Zeiträume, in denen für die unterstützte Person Kindergeldanspruch bzw. Anspruch auf einen Kinderfreibetrag bestand, ist der Kindsunterhalt damit steuerlich berücksichtigt. Bei steuerlich nicht berücksichtigungsfähigen Kindern (Kinder, für die keine Anlage Kind ausgefüllt wird), z. B. arbeitslose Kinder über 21 Jahre oder über 25 Jahre alte Kinder in Berufsausbildung, ist der Abzug von Unterhalt über die Anlage Unterhalt möglich.

→ **ZEILE 41**
Eheähnliche Gemeinschaft/ Haushaltsgemeinschaft

Unterhaltszahlungen an nicht gesetzlich unterhaltsberechtigte Personen sind nur abzugsfähig, wenn die unterstützte Person eine **gleichgestellte Person** ist. Dies setzt zum einen voraus, dass die Person mit Ihnen in Hausgemeinschaft lebt, d. h. „ein Wirtschaften aus einem Topf" erfolgt (Zeile 36) und der Person wegen der Unterhaltsleistungen öffentliche Leistungen (Arbeitslosengeld II bzw. Hartz IV, Wohngeld etc.) gestrichen oder gekürzt werden. Infrage kommen z. B. der Partner in eheähnlicher Gemeinschaft (ohne gemeinsames Kind oder älterem gemeinsamen Kind) sowie Verwandte (Geschwister) bzw. Verschwägerte. Vertiefend siehe → Unterhaltszahlungen.

→ **ZEILE 42**
Vermögen

Hatte die unterstützte Person außer Hausrat und einem angemessenen Hausgrundstück weiteres Vermögen von über 15.500 €, gilt sie nicht mehr als bedürftig mit der Folge, dass Unterstützungsleistungen steuerlich nicht abzugsfähig sind.

→ **ZEILEN 43, 44**
Mehrere Zahlende

Wird die von Ihnen unterhaltene Person auch von anderen Personen unterstützt, vermerken Sie dies in Zeile 43 und geben in Zeile 44 den von anderen Personen geleisteten Unterhalt und den Unterhaltszeitraum an. In diesem Fall wird der abzugsfähige Betrag auf alle (im Inland lebenden) unterstützenden Personen aufgeteilt.

→ **ZEILEN 45–54**
Eigene Einkünfte und Bezüge der unterstützten Person

Der Abzug von Unterstützungsleistungen für im Inland lebende Personen ist auf einen Höchstbetrag von 9.744 € jährlich (bei Personen im Ausland eventuell weniger) je unterstützter Person, ggf. erhöht um die Basiskranken- und Pflegepflichtversicherungsbeiträge der unterstützten Person, begrenzt. Der Höchstbetrag wird jedoch um die eigenen Einkünfte und Bezüge, soweit sie 624 € jährlich überschreiten und öffentlichen Ausbildungshilfen (BAföG-Zuschüsse), die die unterstützte Person während des Unterhaltszeitraums (vgl. Erläuterungen zu den Zeilen 7–10) hatte, gekürzt. Angerechnet wird nur das Einkommen, das auf **volle** Unterstützungsmonate („innerhalb des Unterstützungszeitraums") entfällt, nicht dagegen Einkommen „außerhalb des Unterstützungszeitraums". Hatte die unterstützte Person Kapitalerträge (Zinsen), die dem Abgeltungsteuersatz (25 %) unterlegen haben, handelt es sich um Bezüge (Eintragung in den Zeilen 51, 52), ansonsten liegen Einkünfte vor (Zeilen 49, 50).

11.4 Angaben zu weiteren unterstützten Personen (Seiten 3 und 4)

Auf den Seiten 3 und 4 werden für weitere im Haushalt lebende Personen dieselben Angaben wie für die erste Person verlangt.

Checkliste Anlage Unterhalt

Folgende Abzugsmöglichkeit geprüft? Vgl. Ausfüllhinweise zur Zeile!

Sie haben eine der folgenden Personen unterstützt? ☐

- Eltern, Großeltern, Schwiegereltern
- erwachsene Kinder, für die Sie keine Anlage Kind ausgefüllt haben
- mit Ihnen in Haushaltsgemeinschaft lebende Geschwister (Zeile 41)
- den im Ausland lebenden Ehegatten oder den Partner einer eingetragenen Lebenspartnerschaft (Zeile 39)
- den geschiedenen oder von Ihnen getrennt lebenden Ehegatten oder Ex-Partner einer (aufgelösten) Lebenspartnerschaft (Zeile 38)
- Ihren Partner in eheähnlicher Gemeinschaft (Zeilen 40, 42)
- die Mutter Ihres nichtehelichen Kindes

Die Person lebte bei Ihnen im Haushalt? ☐

Das Finanzamt erkennt ohne Nachweis 9.744 € Unterhalt an (Zeile 36). Der Höchstbetrag erhöht sich um die Basiskranken- und Pflegepflichtversicherungsbeiträge der unterstützten Person, wenn diese Versicherungsnehmer ist (Zeilen 11–16).

Sie haben für die bedürftige Person (Basis-)Kranken- und Pflege(pflicht-)versicherungs beiträge als Versicherungsnehmer übernommen? ☐

Sie können die Beiträge als eigene Sonderausgaben berücksichtigen, indem Sie sie auf der Anlage Vorsorgeaufwand (Zeile 40 ff.) eintragen.

Sie haben eine im Ausland lebende Person unterstützt? ☐

Sie benötigen in diesem Fall eine **amtliche Unterhaltserklärung** und den **lückenlosen Nachweis des Geldflusses** (Zeilen 17–26, 34).

12 Anlage G (Einkünfte aus Gewerbebetrieb)

12.1 Allgemein

WICHTIG

Gewerbetreibende müssen Anlage G ausfüllen

Die **Anlage G** müssen Sie in folgenden Fällen ausfüllen:

- Sie waren im Veranlagungsjahr Inhaber eines Gewerbebetriebs.
- Sie haben bzw. hatten die Absicht, einen Gewerbebetrieb zu eröffnen. In diesem Zusammenhang sind Ihnen Aufwendungen entstanden.
- Sie sind an einer gewerblichen Personengesellschaft beteiligt.

Ehegatten geben jeweils eine eigene Anlage ab.

Überblick

Im Bedarfsfall ausfüllen	
Seite 1	**Gewinn (Zeilen 4–12)** An dieser Stelle ist der durch Buchführung oder Einnahmenüberschussrechnung (EÜR) ermittelte Gewinn zu erklären. Beteiligte an gewerblich tätigen Personengesellschaften müssen den auf sie entfallenden Gewinnanteil angeben. **Ermäßigte Besteuerung für im Betrieb verbleibende Gewinne (Zeile 16)** Die ermäßigte Besteuerung für „thesaurierte" Gewinne beantragen Sie durch Abgabe der **Anlage 34a.** **Steuerermäßigung nach § 35 EStG (Zeilen 17–23)** Hier beantragen Sie eine Steuerermäßigung für die Einkommensteuer, wenn Sie für den Betriebsgewinn auch Gewerbesteuer zahlen müssen.
Seite 2	**Veräußerungsgewinn/-verlust (Zeilen 31–46)** Wenn Sie Ihren Betrieb veräußert oder aufgegeben haben, ist der dadurch eingetretene Gewinn bzw. Verlust zu erklären. **Sonstiges (Zeilen 47–56)**

WICHTIG

Zusätzliche Anlagen

In jedem Fall müssen Sie die **Anlage Corona-Hilfen** mit übermitteln.

Wenn Sie Ihren Gewinn durch **Einnahmenüberschussrechnung** (§ 4 Abs. 3 EStG) ermitteln, müssen Sie dazu die amtliche **Anlage EÜR** verwenden. Ermitteln Sie Ihren Gewinn durch **Buchführung**, können Sie beantragen, den im Betrieb belassenen Gewinn (thesaurierter Gewinn) mit einem Steuersatz von nur 28,25 % zu besteuern. Dazu benötigen Sie die **Anlage 34a** (Eintrag in Zeile 16 der Anlage G). Wenn Sie ermäßigt besteuerte Gewinne allerdings in späteren Jahren aus dem Betrieb entnehmen, müssen Sie diese mit einem Steuersatz von 25 % nachversteuern.

→ ZEILEN 4–5
Gewinn/Verlust Einzelunternehmer

Der Gewinn aus Gewerbebetrieb ist entweder durch **Buchführung** (Betriebsvermögens- oder Bestandsvergleich) oder durch **Einnahmenüberschussrechnung** (Gewinnermittlung nach § 4 Abs. 3 EStG) zu ermitteln. Bei der Einnahmenüberschussrechnung müssen Sie Ihre Betriebseinnahmen und -ausgaben zusammenstellen. Aus der Differenz ergibt sich Ihr jährlicher Gewinn bzw. Verlust. Der durch die Aufgabe oder Veräußerung eines Betriebs entstandene Gewinn muss gesondert erklärt werden (vgl. Erläuterungen zu den Zeilen 31 ff.).

Die Unterlagen zur Gewinnermittlung (Bilanz mit der Gewinn- und-Verlust-Rechnung und Erläuterungen dazu) bzw. zur Einnahmenüberschussrechnung einschließlich Erläuterungen (**Anlage EÜR**) müssen Sie elektronisch übermitteln bzw. der **Anlage G** beifügen.

Verluste tragen Sie mit einem Minuszeichen versehen ein.

→ ZEILE 7
Gesonderte Gewinnfeststellung

Wenn sich der Betriebssitz im Zuständigkeitsbereich eines anderen Finanzamts befindet, dann müssen Sie alle Unterlagen für den Betrieb (zusätzlich die **Anlage G** und die Gewinnermittlung) zusammen mit einer **Erklärung zur gesonderten Feststellung der Einkünfte** (Vordruck ESt 1 B), beim Betriebsfinanzamt abgeben. Der Gewinn wird dann gesondert in einem verbindlichen Gewinnfeststellungsbescheid festgestellt.

→ ZEILEN 8–11
Beteiligungen

Sind Sie oder Ihr Ehegatte als Gesellschafter an einer Personengesellschaft (z. B. OHG, KG, GmbH & Co. KG, BGB-Gesellschaft oder eine atypisch stille Gesellschaft) beteiligt, wird Ihr Anteil am Gewinn, einschließlich aller Vergütungen, die Sie von der Gesellschaft erhalten haben, bei dem für die Gesellschaft zuständigen Betriebsfinanzamt **einheitlich und gesondert** festgestellt. Sie erhalten davon eine Mitteilung durch die Gesellschaft oder das Betriebsfinanzamt. Ausgenommen hiervon sind „Fälle von geringer Bedeutung" (siehe Zeile 12).

TIPP

Betriebsausgaben müssen der Beteiligungsgesellschaft mitgeteilt werden

Beachten Sie, dass Sie Ihre sämtlichen (Betriebs-)Ausgaben in der Gewinnfeststellungserklärung der Gesellschaft geltend machen müssen und nicht in Ihrer Einkommensteuererklärung.

→ ZEILE 12
Fälle von geringer Bedeutung

BGB-Gesellschaften, an denen nur die Ehegatten/Lebenspartner beteiligt sind, gelten neuerdings als „Fälle von geringer Bedeutung", für die die Notwendigkeit einer gesonderten und einheitlichen Feststellung von Besteuerungsgrundlagen entfallen ist. In Zeile 12 sind die anteiligen Einkünfte des Gesellschafters bzw. der Gesellschafter einzutragen. Unabhängig davon muss für die Gesellschaft aber eine EÜR bzw. Bilanz übermittelt werden.

→ ZEILE 14
Teileinkünfteverfahren

Wenn Sie im Betriebsvermögen Ihres Unternehmens Anteile an Kapitalgesellschaften (Aktiengesellschaft, GmbH) haben, sind die Gewinnanteile (z. B. Dividenden) sowie Veräußerungsgewinne bzw. -verluste nur zu 60 % zu versteuern. Der steuerpflichtige Teil ist in der Gewinnermittlung zu erfassen (Zeile 4), der steuerfreie Teil in Zeile 14. Einzutragen in Zeile 14 sind allerdings nur die Einkünfte, d. h. die Einnahmen sind um darauf entfallende Betriebsausgaben (z. B. Zinsen) zu kürzen.

→ ZEILEN 17–23
Steuerermäßigung wegen Gewerbesteuer

Wenn Sie für Ihren Betrieb Gewerbesteuer zahlen, erhalten Sie eine Steuerermäßigung. Dazu müssen Sie den Gewerbesteuermessbetrag (Zeile 17) und die tatsächlich für das Jahr zu zahlende Gewerbesteuer (Zeile 18) eintragen. Wenn Sie mehrere Betriebe haben bzw. an mehreren Betrieben beteiligt sind, müssen Sie die Angaben für jeden Betrieb getrennt machen (Zeilen 19–23).

WICHTIG

Erhöhung des Ermäßigungsfaktors

Der Ermäßigungsfaktor nach § 35 EStG wurde ab 2020 von 3,8 auf 4,0 erhöht. Bis zu einem Hebesatz von 420 Prozent werden Unternehmer damit durch die Steuerermäßigung nach § 35 EStG vollständig von der Gewerbesteuer entlastet. Vertiefend siehe → Gewerbesteuer.

12.2 Weitere Angaben

→ ZEILEN 31–46
Betriebsveräußerung/ Betriebsaufgabe

Der Gewinn, den Sie aus der Veräußerung eines Betriebs, eines Teilbetriebs, eines Anteils an einer Personengesellschaft oder einer Betriebsaufgabe erzielt haben, gehört ebenfalls zu den gewerblichen Einkünften. Sind Sie berufsunfähig oder mindestens 55 Jahre alt, steht Ihnen ein Freibetrag zu. Da dieser nur einmal im Leben gewährt wird, sollte die Entscheidung gut überlegt sein. Die Eintragungen müssen vor Abzug des Freibetrags in Zeile 31 oder 36 erfolgen. Die gleichen Voraussetzungen gelten für das Wahlrecht zur Anwendung des ermäßigten Steuersatzes (Zeilen 35 bzw. 40). Soweit das Teileinkünfteverfahren gilt (insbesondere Verkauf von Anteilen an Kapitalgesellschaften), ist der Gewinn in den Zeilen 32, 37 bzw. 41 zu erfassen. Ein Verlust ist in Zeile 42 und ergänzend in Zeile 43 einzutragen.

Soll für den Veräußerungsgewinn ganz oder teilweise die Reinvestitionsrücklage (§ 6b EStG) in Anspruch genommen werden, ist dieses in den Zeilen 33 bzw. 34 oder 38 bzw. 39 zu vermerken.

→ ZEILEN 44–46
Veräußerung von Anteilen an Kapitalgesellschaften

Haben Sie Anteile an einer Kapitalgesellschaft (AG, GmbH), an der Sie mindestens 1 % aller Anteile besitzen oder besessen haben, in Ihrem **Privatvermögen** gehalten und veräußern Sie diese oder Teile davon, dann unterliegt der Veräußerungsgewinn – eventuell nach Abzug eines Freibetrags – der ESt und ist in Zeile 44 zu erfassen. In Zeile 46 kreuzen Sie an, wenn die Veräußerung an eine Gesellschaft erfolgt ist, an der Sie oder ein Angehöriger von Ihnen beteiligt ist.

→ ZEILE 47
Außerordentliche Einkünfte

Sind in Ihrem Gewinn sog. außerordentliche Einkünfte enthalten wie z. B. Entschädigungen für entgangene oder entgehende Einnahmen, Vergütungen für mehrjährige Tätigkeiten oder Ausgleichszahlungen, die Sie als Handelsvertreter erhalten haben, dann tragen Sie diese in Zeile 47 ein. Das können auch Steuererstattungen aufgrund einer vorangegangenen rechtlichen Auseinandersetzung sein. Hier gilt eine günstigere ermäßigte Besteuerung (Fünftel-Regelung).

Verpflichtungen nach dem Geldwäschegesetz

Besondere Aufmerksamkeit sollten Gewerbetreibende – aber auch Selbstständige – den erweiterten Verpflichtungen schenken, die das Geldwäschegesetz fordert. Zum verpflichteten Kreis nach § 2 Geldwäschegesetz gehören u. a. auch Rechtsanwälte, Notare, Mietmakler (monatliche Miete ab 10.000 €) Güterhändler, Kunstvermittler.

Meldungen von Händlern sind u. a. erforderlich bei Barzahlungen von hochwertigen Gütern (z. B. Edelmetallen) ab 2.000 €, von sonstigen Gütern und Kunstgegenständen sowie Kunstvermittlern und Kunstlagerhaltern ab 10.000 €.

Checkliste Anlage G

Folgende Abzugsmöglichkeit geprüft? Vgl. Ausfüllhinweise zur Zeile!

Sie planen als Existenzgründer bzw. Inhaber eines Klein- oder mittleren Betriebs die Anschaffung neuer Wirtschaftsgüter? ☐
Sie können bereits in dem Jahr, in dem Sie die Anschaffung konkret beabsichtigen, einen Investitionsabzugsbetrag gem. § 7g Abs. 1 EStG geltend machen. Mithilfe des Investitionsabzugsbetrags können Sie auch erreichen, dass für Wirtschaftsgüter statt der allgemeinen Abschreibungsregelungen Sonderregelungen (GWG oder Wirtschaftsgüter im Sammelpool) gelten, die einen schnelleren Kostenabzug möglich machen.

Sie wollen Gewinne legal in spätere Jahre verlagern? ☐
Bilden Sie für geplante Investitionen einen Investitionsabzugsbetrag.

Folgende Abzugsmöglichkeit geprüft? Vgl. Ausfüllhinweise zur Zeile!

Sie haben 2021 neue Wirtschaftsgüter gekauft? ☐
Prüfen Sie die Sonderabschreibung gem. § 7g Abs. 5 EStG für Klein- und Mittelbetriebe. Sie ist unabhängig vom Investitionsabzugsbetrag möglich.

In Ihren Betriebsausgaben sind Bewirtungskosten enthalten? ☐
Kontrollieren Sie, ob die notwendigen Belege alle geforderten Angaben enthalten.

Sie haben Ihr privates Kfz auch für betriebliche Fahrten genutzt? ☐
Ohne Kostennachweis können Sie für jeden betrieblich gefahrenen Kilometer 0,30 € als Betriebsausgabe geltend machen.

Sie nutzen Ihr Fahrzeug nicht zu mehr als 50 % betrieblich? ☐
Führen Sie Aufzeichnungen über die betrieblich und die privat gefahrenen Kilometer, um den Privatanteil festzuhalten. Ohne derartige Aufzeichnungen wird das Finanzamt von einem 80%igen Privatanteil ausgehen.

Sie planen die Anschaffung eines Kfz? ☐
Beträgt die betriebliche Nutzung voraussichtlich mindestens 90 %, können Sie einen Investitionsabzugsbetrag erhalten.

Sie haben 2021 ein Kfz neu angeschafft? ☐
Bei einer betrieblichen Nutzung (gefahrene Kilometer) von mindestens 90 % erhalten Sie auf Antrag eine Sonderabschreibung (§ 7g Abs. 5 EStG).
Beträgt die betriebliche Nutzung des Kfz (nach den gefahrenen Kilometern) weniger als 50 %, ist es im Normalfall sinnvoll, das Kfz als Privatvermögen zu behandeln und nicht ins Anlageverzeichnis aufzunehmen. Die betrieblich verursachten Kosten bleiben abzugsfähige Betriebsausgaben (ohne Einzelkostennachweis 0,30 €/km), aber der beim Verkauf des Kfz anfallende Veräußerungserlös ist nicht zu versteuern.

Folgende Abzugsmöglichkeit geprüft? Vgl. Ausfüllhinweise zur Zeile!

Sie haben geringwertige Wirtschaftsgüter (Kosten ohne Umsatzsteuer nicht über 800 €) gekauft? ☐
Sie können die Kosten in voller Höhe sofort abziehen (keine AfA).

13 Anlage S (Einkünfte aus selbstständiger Arbeit)

13.1 Allgemein

WICHTIG

Anlage S gilt für Freiberufler

Die **Anlage S** benötigen Sie in folgenden Fällen:

- Sie waren im Veranlagungsjahr freiberuflich tätig.
- Sie haben bzw. hatten die Absicht, sich als Freiberufler selbstständig zu machen. In diesem Zusammenhang sind Ihnen Aufwendungen entstanden.
- Sie sind an einer freiberuflich tätigen Personengesellschaft beteiligt.

Ehegatten geben jeweils eine eigene Anlage ab.

Überblick

Im Bedarfsfall ausfüllen	
Seite 1	**Gewinn (Zeilen 4–16)** Hier ist der durch Buchführung oder Einnahmenüberschussrechnung ermittelte Gewinn zu erklären. Beteiligte an freiberuflich tätigen Personengesellschaften müssen ihren Gewinnanteil angeben.
Seite 2	**Veräußerungsgewinn (Zeilen 31–44)** Wenn Sie Ihren Betrieb veräußert oder aufgegeben haben, ist der dadurch eingetretene Gewinn zu erklären. **Nebenberufliche Tätigkeiten (Zeilen 45–47)** Waren Sie nebenberuflich für eine gemeinnützige Organisation oder öffentlich-rechtliche Körperschaft als Übungsleiter tätig, sind die erzielten Einnahmen bis zu 3.000 € steuerfrei. Andere Tätigkeiten für diese Organisationen sind bis zu 840 € befreit.

WICHTIG

Zusätzliche Anlagen nicht vergessen

Bei der Abgabe der Steuererklärung müssen Sie bei der Gewinnermittlung durch **Einnahmenüberschussrechnung** gem. § 4 Abs. 3 EStG zwingend die **Anlage EÜR** benutzen (s. u.).

Wenn Sie für durch **Buchführung** ermittelte und nicht entnommene Gewinne eine ermäßigte Besteuerung beantragen möchten, benötigen Sie zusätzlich die **Anlage 34a** (Eintragung in Zeile 16 der Anlage S).

Außerdem muss die Anlage Corona-Hilfen mit übermittelt werden.

→ ZEILEN 4, 5
Gewinn freiberufliche Tätigkeit

Tragen Sie in Zeile 4 den ermittelten Gewinn/Verlust aus der freiberuflichen Tätigkeit ein und fügen Sie Unterlagen zur Gewinnermittlung bei. Üben Sie mehrere freiberufliche Tätigkeiten aus, können Sie diese in Zeile 5 eintragen. Für bestimmte freiberufliche Tätigkeiten können Sie Betriebsausgaben auch über Pauschalen geltend machen. Vertiefend siehe → Einnahmenüberschussrechnung.

→ ZEILE 6
Gesonderte Feststellung

Die Ausführungen zur Zeile 7 der **Anlage G** gelten sinngemäß auch für freiberufliche Betriebe, wenn sich der Betrieb außerhalb der Zuständigkeit des Wohnsitzfinanzamts befindet.

→ ZEILEN 7, 8
Beteiligungen

Auf die Ausführungen zu den Zeilen 8–11 der **Anlage G** wird hingewiesen.

→ ZEILE 9
Verlustbeteiligungen

Sind Sie an freiberuflichen Abschreibungs- bzw. Verlustzuweisungsgesellschaften oder Steuerstundungsmodellen beteiligt, tragen Sie Ihren (Verlust-)Anteil ein (vgl. Erläuterungen **Anlage G** Zeile 13).

→ ZEILEN 10, 11
Andere selbstständige Arbeit

Hier tragen Sie unter Angabe Ihrer Tätigkeit Ihren Gewinn oder Verlust ein, wenn Sie keine freiberufliche, sondern eine andere selbstständige Tätigkeit (z. B. Lotterieeinnehmer, Nachlass-, Zwangs-, Insolvenz-, Vermögensverwalter, Aufsichtsrat, Testamentsvollstrecker) ausüben.

→ ZEILE 12
Teileinkünfteverfahren

Zeile 12 betrifft Sie nur, wenn Sie im Betriebsvermögen Anteile an Kapitalgesellschaften (Aktien, GmbH-Anteile) halten und die Gesellschaft Ihnen Gewinnanteile (z. B. Dividenden) ausgezahlt oder an Sie verdeckte Gewinnausschüttungen vorgenommen hat (vgl. Erläuterungen zu Zeile 14 der **Anlage G**).

→ ZEILE 16
Steuerermäßigung

Haben Sie den Gewinn durch Buchführung ermittelt, können Sie für die Teile des Gewinns, die im Betrieb bleiben und nicht entnommen worden sind, eine ermäßigte Besteuerung beantragen. Dazu benötigen Sie die **Anlage 34a** (vgl. Erläuterungen zu Zeile 16 der Anlage G und Hinweise zur Anlage 34a).

13.2 Weitere Angaben

→ ZEILEN 31–44
Betriebs-veräußerung/-aufgabe

Haben Sie Ihren freiberuflichen Betrieb veräußert oder aufgegeben, ist ein dadurch entstandener Gewinn steuerlich zu erfassen. Auf die Ausführungen zu den Zeilen 31–46 der **Anlage G** wird verwiesen.

→ ZEILE 45
Außerordentliche Erträge

Infrage kommen z. B. Entschädigungen für entgangene oder entgehende Einnahmen oder Vergütungen für mehrjährige Tätigkeiten. Diese werden ermäßigt besteuert (vgl. Erläuterungen zu Zeile 47 der **Anlage G**).

→ ZEILEN 46–47
Nebentätigkeiten

In den Zeilen 46 und 47 tragen Sie Vergütungen für **ehrenamtliche Tätigkeiten** z. B. als Stadt- oder Gemeinderat, ehrenamtlicher Bürgermeister oder ähnliche Nebentätigkeiten ein. Ebenso fallen darunter **Aufwandsentschädigungen** für nebenberufliche, selbstständige Übungsleiter und weitere Personen. (Anmerkung: Waren Sie als Arbeitnehmer tätig, gehören die Zahlungen in die **Anlage N**). Den steuerfreien Teil dieser Aufwandsentschädigungen (max. 3.000 €) müssen Sie gesondert in Zeile 46 bzw. 47 angeben, der steuerpflichtige Teil ist im Gewinn (Zeile 4) zu erfassen. Vertiefend siehe → Ehrenamt.

TIPP

Vordruck EÜR muss nicht immer ausgefüllt werden

Haben Sie (außer Arbeitslohn) nur Einkünfte aus ehrenamtlichen Tätigkeiten, die sich in den Grenzen (3.000 € bzw. 840 €) halten, brauchen Sie keine Anlage EÜR ausfüllen (vgl. Erläuterungen der Anlage EÜR).

Verpflichtungen nach dem Geldwäschegesetz

Auf die Ausführungen bei der Anlage G wird verwiesen.

Checkliste Anlage S

Folgende Abzugsmöglichkeit geprüft? Vgl. Ausfüllhinweise zur Zeile!	
Sie sind nebenberuflich schriftstellerisch, journalistisch, künstlerisch, wissenschaftlich oder unterrichtend (Lehrtätigkeit, Nachhilfe, Prüfungstätigkeit) tätig? Sie können pauschale Betriebsausgaben geltend machen (Zeile 4).	☐
Sie waren nebenberuflich als selbstständiger Übungsleiter, Vortragender, Ausbilder, Betreuer oder in einer vergleichbaren Tätigkeit als Künstler oder Pflegender für eine inländische Person des öffentlichen Rechts oder für eine gemeinnützige Organisation tätig? Prüfen Sie, ob Ihr Honorar (teilweise) steuerfrei gem. § 3 Nr. 26 EStG ist (Zeilen 46–47).	☐
Prüfen Sie auch die Checkliste zur Anlage G. Die dort genannten Tipps für gewerbliche Betriebe gelten auch für Freiberufler.	☐

14 Anlage EÜR (Einnahmenüberschussrechnung)

14.1 Allgemein

WICHTIG

Wer die Anlage EÜR abgeben muss

Die Anlage EÜR müssen Sie immer auf elektronischem Weg abgeben, wenn Sie nicht zu denjenigen Unternehmern gehören, die bilanzieren. Das gilt auch dann, wenn die eigentliche Einkommensteuer-Erklärung nicht elektronisch zu übermitteln ist (BFH, Urteil v. 28.10.2020, X R 36/19, BFH/NV 2021 S. 560).

Ausnahmen u. a. in Härtefällen

In Härtefällen kann die Finanzbehörde auf Antrag auf die elektronische Übermittlung verzichten. Für diese Fälle stellen die Finanzämter Papiervordrucke der Anlage EÜR zur Verfügung.

Weitere Ausnahmefälle hat die OFD Nordrhein-Westfalen in einer bundesweit abgestimmten Verfügung v. 20.4.2018, Kurzinfo ESt 03/2018, geregelt:

- Wenn der Gewinn unter 410 € liegt (§ 46 Abs. 2 Nr. 1 EStG) und ein Veranlagungsgrund nach § 46 Abs. 2 Nr. 2 bis 7 EStG vorliegt (Anlage EÜR in Papierform erlaubt)
- Bei einer Antragsveranlagung (§ 46 Abs. 2 Nr. 8 EStG), wenn ein weiterer Veranlagungsgrund nach § 46 Abs. 2 Nr. 2 bis 7 EStG gegeben ist (Anlage EÜR in Papierform zulässig)
- Ehrenamtlich Tätige, deren Einnahmen nach den §§ 3 Nr. 26, 26a oder 26b EStG insgesamt steuerfrei bleiben, müssen gar keine Anlage EÜR ausfüllen.

Für jeden Betrieb ist eine separate Einnahmenüberschussrechnung zu erstellen.

Die Anlage EÜR ist nach § 60 Abs. 4 EStDV zwingend elektronisch an die Finanzverwaltung zu übermitteln.

Bei Personengesellschaften (z. B. GbR oder KG) ist die Anlage EÜR für den gesamthänderischen Bereich elektronisch zu übermitteln. Daneben sind für jeden Beteiligten, für den entsprechende Angaben erforderlich sind, die Sonder- und Ergänzungsrechnungen für Personengesellschaften (Ermittlungen der Sonderbetriebseinnahmen - Anlage SE - und Sonderbetriebsausgaben sowie die Ergänzungsrechnungen - Anlage ER) und die Schuldzinsenermittlungen nach § 4 Abs. 4a EStG zusätzlich gesondert elektronisch einzureichen.

Überblick

Im Bedarfsfall ausfüllen	
Seite 1	**Betriebseinnahmen (Zeilen 11–22)** Hier sind die Betriebseinnahmen einzutragen, die im Wirtschaftsjahr zugeflossen sind. Beachten Sie die Besonderheiten bei der Umsatzsteuer und bei Entnahmen aus dem Betriebsvermögen.
Seiten 1, 2	**Betriebsausgaben (Zeilen 23–71)** Hier tragen Sie alle Betriebsausgaben ein, die den Gewinn des Wirtschaftsjahres mindern.
Seite 3	**Weitere Betriebsausgaben (Zeilen 81–88)** **Kfz- und andere Fahrtkosten** **Ermittlung des Gewinns (Zeilen 89–108)** In diese Zeilen müssen Sie Beträge eintragen, die zwar nicht als Betriebseinnahmen oder -ausgaben angesehen werden, aber doch Auswirkungen auf den Gewinn haben.
Seite 4	**Ergänzende Angaben (Zeilen 121–124)** **Rücklagen und stille Reserven (Zeilen 121–123)** Hier tragen Sie gewinnmindernde Rücklagen nach § 6b EStG, Ersatzbeschaffungen und Ausgleichsposten nach § 4g EStG ein. **Entnahmen und Einlagen (Zeilen 125–126)** Falls Sie Einlagen oder Entnahmen getätigt haben, führen Sie diese hier auf. Dazu gehören neben Wirtschaftsgütern und Leistungen, die Sie privat in Anspruch genommen haben, auch Geldentnahmen und -einlagen.
Anlagen	**Anlageverzeichnis/Ausweis des Umlaufvermögens, Ermittlung der nicht abziehbaren Schuldzinsen**

14.2 Notwendige Unterlagen

Allgemeine Kurzinformation

Unternehmer, die nicht bilanzieren, müssen den amtlich vorgeschriebenen Vordruck „Einnahmenüberschussrechnung – EÜR (Gewinnermittlung nach § 4 Abs. 3 EStG)" zusammen mit ihrer Einkommensteuererklärung einreichen. Vertiefend siehe → Einnahmenüberschussrechnung, → Bilanzierung/E-Bilanz und → Kleinunternehmer.

14.3 Betriebseinnahmen

→ ZEILEN 11–15
Betriebseinnahmen

In den Zeilen 11–15 sind die **Betriebseinnahmen** einzutragen. Diese sind grds. im Wirtschaftsjahr des Zuflusses zu erfassen.

WICHTIG

Corona-Soforthilfen

Die unter dem Begriff „Corona-Soforthilfe" ausgezahlten Beträge fallen als Zuschüsse regelmäßig unter keine bestehende Steuerbefreiung. Sie sind in Zeile 15 zu erfassen und wirken sich gewinnerhöhend aus. Die Anlage Corona-Hilfen ist in jedem Fall mit einzureichen, unabhängig davon, ob derartige Einnahmen erzielt wurden. Zurückgezahlte Hilfen gehören als Betriebsausgaben in die Zeile 66.

WICHTIG

Dividenden müssen in voller Höhe eingetragen werden

Dividenden, die unter das Teileinkünfteverfahren fallen, sind zwar nur zu 60 % steuerpflichtig, da 40 % nicht als Gewinn erfasst werden (§ 3 Nr. 40 EStG). Vertiefend siehe → Kapitalanlagen.

In die Beträge der Zeilen 14 und 15 sind sie allerdings in voller Höhe einzubeziehen. Eine Korrektur erfolgt in Zeile 106. Auf die Erläuterungen zu Zeile 106 wird verwiesen.

→ ZEILEN 16–17
Umsatzsteuer

Die vereinnahmten Umsatzsteuerbeträge auf die Betriebseinnahmen der Zeilen 14 und 18 gehören zum Zeitpunkt ihrer Vereinnahmung, die Umsatzsteuer auf unentgeltliche Wertabgaben der Zeilen 19 und 20 dagegen zum Zeitpunkt ihrer Entstehung zu den Betriebseinnahmen und sind in Zeile 16 einzutragen.

Hat das Finanzamt Ihnen Umsatzsteuer erstattet, gehört dieser Betrag in Zeile 17. Die erstatteten steuerlichen Nebenleistungen, wie z.B. ein Verspätungs- oder Säumniszuschlag, sind aber in Zeile 15, bei Kleinunternehmern (§ 19 UStG) in den Zeilen 11 und 12 zu erfassen.

→ ZEILE 18
Veräußerung oder Entnahme von Anlagevermögen

Haben Sie im Gewinnermittlungszeitraum Wirtschaftsgüter des Anlagevermögens (z. B. Maschinen, Kfz) veräußert oder entnommen, ist der Erlös bzw. der Entnahmewert ohne Umsatzsteuer in Zeile 18 einzutragen.

→ ZEILEN 19–20
Entnahmen

In den Zeilen 19 und 20 sind **die übrigen privaten Vorgänge ohne Umsatzsteuer** zu erfassen (**Entnahmen**). Die entsprechende Umsatzsteuer gehört in Zeile 16.

→ ZEILE 21
Rücklagenauflösung, Rücklagenbildung

In den ergänzenden Angaben (Zeilen 121–124) berechnen Sie den Gewinn aus der Auflösung von Rücklagen und Ausgleichsposten. Übertragen Sie den Betrag in Zeile 21.

14.4 Betriebsausgaben

Die Beträge sind grds. mit dem Nettobetrag auszuweisen. Die abziehbaren Vorsteuerbeträge sind in Zeile 63 auszuweisen. Kleinunternehmer und Steuerpflichtige, die den Vorsteuerabzug nach den §§ 23, 23a und 24 Abs. 1 UStG pauschal vornehmen, geben den Bruttobetrag an.

→ ZEILE 23
Betriebsausgabenpauschale

In den folgenden Zeilen 23–88 sind alle Betriebsausgaben aufzuschlüsseln. Diese sind grds. im Wirtschaftsjahr des Abflusses zu erfassen.

Bestimmte Berufsgruppen können den Betriebsausgabenabzug pauschalieren, d. h. sie ziehen einen bestimmten Prozentsatz ihrer Einnahmen als Betriebsausgaben ab. Eine weitergehende Berücksichtigung von einzelnen Kosten ist nicht mehr möglich. Vertiefend siehe → Einnahmenüberschussrechnung und → Werbungskosten, -pauschbeträge und -pauschalen.

Ist der pauschale Betriebsausgabenabzug für Sie günstiger, tragen Sie in Zeile 23 diesen Betrag ein. Damit ist für Sie der Teil „Betriebsausgaben" erledigt und Sie können zu Zeile 88 springen.

Die Freibeträge nach § 3 Nr. 26 EStG, § 3 Nr. 26a EStG bzw. § 3 Nr. 26b EStG sind nicht mehr in Zeile 23, sondern in den Zeilen 91 bis 93 einzutragen. Vertiefend siehe → Ehrenamt.

→ ZEILEN 29–44
Absetzung für Abnutzung (AfA)

Berechnen Sie die AfA-Beträge in der Anlage AVEÜR, die Sie zusammen mit Ihrer Gewinnermittlung einreichen. Vertiefend siehe → Abschreibungen/Anschaffungs- und Herstellungskosten, → Abschreibungen im Betrieb und → Abschreibungen/Gebäude.

→ ZEILE 45
Restbuchwert ausgeschiedener Anlagegüter

Nicht vergessen dürfen Sie die Eintragung des Restbuchwerts ausgeschiedener Anlagegüter in Zeile 45.

→ ZEILEN 46–48
Miete, Grundstücksaufwendungen

Kosten für das häusliche Arbeitszimmer sind ausschließlich in Zeile 70 einzutragen. Mietaufwendungen für eine doppelte Haushaltsführung gehören in die Zeile 47.

Betreiben Sie Ihr Gewerbe in eigenen Räumen bzw. auf eigenen Grundstücken, sind die hierfür anfallenden Kosten (ohne AfA Zeile 29 und Schuldzinsen Zeile 61 f.) in Zeile 48 einzutragen.

Sonstige unbeschränkt abzugsfähige Betriebsausgaben

→ ZEILE 53
Miete/Leasing

Nicht in Zeile 53 gehören Kfz-Leasingkosten (Zeile 81) oder Raummiete (Zeile 46).

→ ZEILE 61
Schuldzinsen zwecks Finanzierung von Wirtschaftsgütern

Die Schuldzinsen können u. U. nur eingeschränkt abzugsfähig sein. Vertiefend siehe → Schuldzinsen.

Tragen Sie in Zeile 61 zunächst die Schuldzinsen für **gesondert aufgenommene Darlehen** zur Finanzierung von Anschaffungs- oder Herstellungskosten von Wirtschaftsgütern des Anlagevermögens ein (z. B. Betriebsgebäude, Pkw, Maschinen etc.). Diese sind in jedem Fall und in vollem Umfang abzugsfähig. Schuldzinsen für das häusliche Arbeitszimmer sind in Zeile 70 zu erfassen.

→ ZEILE 62
Übrige Schuldzinsen

In die Zeile 62 tragen Sie die übrigen Schuldzinsen mit dem vollen Betrag ein.

Sind hier weniger als 2.050 € einzutragen, brauchen Sie sich keine weiteren Gedanken machen. Der Betrag ist voll abzugsfähig. In allen anderen Fällen muss die Anlage „Ermittlung der nicht abziehbaren Schuldzinsen – Anlage SZ" ausgefüllt und mit der Einnahmenüberschussrechnung eingereicht werden. Einen sich daraus ergebenden Korrekturbetrag müssen Sie in die Zeile 108 eintragen.

→ ZEILE 63
Gezahlte Vorsteuer

Die an andere Unternehmer (Lieferanten etc.) gezahlten abziehbaren Vorsteuerbeträge sind in Zeile 63 einzutragen. Vertiefend siehe → Umsatzsteuer.

→ ZEILE 64
Gezahlte und verrechnete Umsatzsteuer

Die an das Finanzamt im entsprechenden Jahr tatsächlich abgeführte Umsatzsteuerzahllast gehört in Zeile 64. Die gezahlten steuerlichen Nebenleistungen, wie z. B. ein Verspätungs- oder Säumniszuschlag, sind aber in Zeile 66 einzutragen.

→ ZEILE 65

Bildung von Rücklagen

In den ergänzenden Angaben (Zeilen 121–124) berechnen Sie die Summe der Gewinnminderungen aus der Bildung von Rücklagen und Ausgleichsposten. Übertragen Sie den Betrag in Zeile 65.

Beschränkt abzugsfähige Betriebsausgaben

→ ZEILEN 67–71

Geschenke, Bewirtungskosten, Verpflegungsmehraufwendungen, Arbeitszimmer

Im Folgenden sind die beschränkt abziehbaren Betriebsausgaben anzugeben. Hierzu gehören insbesondere Geschenke, Bewirtung, Reisekosten, Kosten der doppelten Haushaltsführung, das häusliche Arbeitszimmer etc.

Die Gesamtaufwendungen sind in „nicht abziehbare" und „abziehbare" aufzuteilen. Vertiefend siehe → Betriebsausgaben, → Geschenke, → Bewirtungskosten und → Doppelte Haushaltsführung.

→ ZEILEN 81–86

Kraftfahrzeugkosten

Zu unterscheiden sind die Aufwendungen für:

- Kfz-Leasing (Zeile 81)
- Steuern, Versicherungen und Maut (Zeile 82)
- sonstige Fahrtkosten (Zeile 83)

In Zeile 83 gehören alle übrigen festen und laufenden Kosten (z. B. Kraftstoffkosten, Reparaturkosten etc.), allerdings nicht die AfA und Zinsaufwendungen. Ferner sind Aufwendungen für öffentliche Verkehrsmittel, die für betriebliche Zwecke (z. B. Geschäftsreisen) genutzt wurden, hier zu berücksichtigen.

Wurden Privatfahrzeuge betrieblich genutzt, sind die Kosten in Zeile 84 einzutragen. Hier kann entweder die km-Pauschale von 0,30 € pro gefahrenen Kilometer angesetzt werden oder der tatsächliche km-Satz, der anhand von Einzelaufzeichnungen nachzuweisen ist. Vertiefend siehe → Firmenwagen, → Fahrtkosten und → Doppelte Haushaltsführung.

Da die Aufwendungen für **Fahrten zwischen Wohnung und Betrieb** sowie für die **Heimfahrten im Rahmen einer doppelten Haushaltsführung** nur beschränkt abzugsfähig sind, werden die anteiligen Gesamtkosten (anteilige Beträge, die in der vorigen Zeile erfasst wurden), zzgl. der anteiligen AfA für den betrieblichen Pkw (aus Zeile 31) und die Finanzierungskosten des Pkw) in der Zeile 85 eingetragen und mindern die Betriebsausgaben.

Die für Wege zwischen Wohnung und Betriebsstätte und für Familienheimfahrten im Rahmen der doppelten Haushaltsführung **abziehbaren** Pauschbeträge (z. B. Entfernungspauschale) werden unabhängig von der Art des genutzten Verkehrsmittels in Zeile 86 erfasst. Vertiefend siehe → Firmenwagen. Wird der Privatanteil nach der 1%-Regelung berechnet, beachten Sie die Kostendeckelung. Vertiefend siehe → Firmenwagen.

→ ZEILE 87
Nichtabziehbare Beträge

Sind in den Zeilen 26 bis 86 Beträge enthalten, die den Gewinn nicht mindern dürfen (z. B. unangemessene Aufwendungen nach § 4 Abs. 5 Satz 1 Nr. 7 EStG oder nicht abziehbare Restbuchwerte nach § 55 Abs. 6 EStG) müssen diese hier eingetragen werden. Dadurch werden diese Betriebsausgaben neutralisiert.

14.5 Gewinnermittlung

→ ZEILEN 91–93
Steuerfreie Einnahmen

In den Zeilen 91 bis 93 sind steuerfreie Einnahmen nach § 3 Nr. 26 EStG (max. 3.000 €), § 3 Nr. 26a EStG (max. 840 €) bzw. § 3 Nr. 26b EStG (max. 3.000 €) abzuziehen, soweit diese in den Betriebseinnahmen enthalten sind. Die nach § 3 Nr. 26 EStG und § 3 Nr. 26b EStG steuerfreien Einnahmen dürfen zusammen den Betrag von 3.000 € nicht überschreiten.

Sind in den Zeilen 23–87 Beträge enthalten, die im Zusammenhang mit steuerfreien Einnahmen nach § 3 EStG stehen, sind diese nicht abzugsfähig. Zur Korrektur sind in der Zeile 94 die im Zusammenhang mit steuerfreien Einnahmen nach § 3 Nr. 26, 26a und/oder 26b EStG stehenden Beträge einzutragen. Beträge, für die das Teileinkünfteverfahren (§ 3 Nr. 40 EStG) gilt. sind in Zeile 106 zu erfassen, die übrigen Korrekturbeträge in Zeile 95.

→ ZEILEN 96a–100
Hinzurechnungen

In die Zeilen 96a bis 99 sind Hinzurechnungsbeträge nach § 7g Abs. 2 EStG entsprechend den Regelungen zum Investitionsabzugsbetrag einzutragen. Diese berechnen Sie getrennt nach einzelnen Wirtschaftsgütern auf einer gesonderten Anlage. Vertiefend siehe → Investitionsabzugsbetrag.

WICHTIG

Rückgängigmachung von Investitionsabzugsbeträgen

Wurden in den Vorjahren Investitionsabzugsbeträge gebildet, bei denen die Investitionsabsicht aufgegeben oder die Investition innerhalb der dreijährigen Investitionsfrist nicht durchgeführt wurde, sind die Steuerfestsetzungen für das Jahr zu ändern, in dem der Investitionsabzugsbetrag abgezogen worden ist. Die Rückgängigmachung des Investitionsabzugsbetrags ist dem Finanzamt durch Übermittlung einer berichtigten Anlage EÜR für das Jahr anzuzeigen, in dem der Investitionsabzugsbetrag abgezogen worden ist. Sofern im Folgejahr der Anschaffung oder Herstellung gegen die Verwendungsvoraussetzung nach § 7g Abs. 4 EStG verstoßen wird, ist der im Wirtschaftsjahr der Anschaffung oder Herstellung berücksichtigte Hinzurechnungsbetrag rückgängig zu machen. Hierzu ist eine geänderte Anlage EÜR für das Wirtschaftsjahr der Anschaffung oder Herstellung zu übermitteln. In diesem Fall ist ggf. auch der Herabsetzungsbetrag nach § 7g Abs. 2 Satz 2 EStG zu korrigieren und die AfA neu zu berechnen.

Wird eine §-6b-Rücklage aufgelöst, ohne dass eine Übertragung auf ein Ersatzwirtschaftsgut stattgefunden hat, ist ein Gewinnzuschlag vorzunehmen (§ 6b Abs. 7 und Abs. 10 EStG). Dieser gehört in Zeile 100. Beachten Sie auch die Erläuterung zu Zeile 121.

Im Folgenden können Sie noch Aufwendungen geltend machen, die zwar nicht als Betriebsausgaben angesehen werden, aber doch den Gewinn mindern.

→ ZEILE 102
Wechsel der Gewinnermittlungsart

In Zeile 102 ist ein Übergangsgewinn oder -verlust einzutragen, der bei einem Wechsel von der Gewinnermittlungsart „Betriebsvermögensvergleich", d. h. Bilanzierung, zur Einnahmenüberschussrechnung entsteht. Bei Aufgabe oder Veräußerung des Betriebs ist eine Schlussbilanz zu erstellen. Der Übergangsgewinn/-verlust gehört ebenfalls in Zeile 102.

→ ZEILE 103
Ergebnis aus Beteiligung an Personengesellschaften

In der Zeile 103 sind die gesondert und einheitlich festgestellten Ergebnisanteile aus Beteiligungen an Personengesellschaften (Mitunternehmerschaften, Bürogemeinschaften) einzutragen. Die dort berücksichtigten Betriebseinnahmen und -ausgaben dürfen nicht zusätzlich in den Zeilen 11 bis 102 angesetzt werden.

Soweit Ergebnisanteile dem Teileinkünfteverfahren bzw. § 8b KStG unterliegen, sind sie hier in voller Höhe (einschließlich steuerfreier Anteile) einzutragen. Die entsprechende Korrektur erfolgt in Zeile 106.

→ ZEILE 105
Korrekturbetrag InvStG

Für bestimmte Investmentfonds gilt nach dem InvStG eine Teilfreistellung, gleichzeitig sind die damit im Zusammenhang stehenden Aufwendungen teilweise nicht abzugsfähig. Der Saldo aus den ungekürzten Erträgen und den ungekürzten Aufwendungen in der Spalte „Gesamtbetrag" einzutragen. In die Spalte „Korrekturbetrag" ist der anteilige, steuerfrei zu stellende Betrag mit umgekehrtem Vorzeichen einzutragen.

→ ZEILE 106
Korrekturbetrag bei Teileinkünfteverfahren

Dividenden im Betriebsvermögen, die unter das Teileinkünfteverfahren fallen, sind nur zu 60 % steuerpflichtig, 40 % bleiben steuerfrei (§ 3 Nr. 40 EStG). Vertiefend siehe → Kapitalanlagen.

In Zeile 15 waren diese Beträge in voller Höhe als Betriebseinnahme einzubeziehen. In Zeile 106 erfolgt die Korrektur um die steuerfreien Beträge. Allerdings ist zu beachten, dass auch Aufwendungen, die mit diesen Beträgen in Zusammenhang stehen, nur zu 60 % abzugsfähig sind.

BEISPIEL

Korrekturbetrag bei Dividenden ermitteln

Sie halten eine GmbH-Beteiligung im Betriebsvermögen. Die Dividende i. H. v. 20.000 € unterliegt dem Teileinkünfteverfahren, d. h. 8.000 € bleiben steuerfrei. Die Finanzierungskosten der Beteiligung i. H. v. 3.000 € sind allerdings auch nur zu 60 % abzugsfähig. Es sind folgende Eintragungen vorzunehmen:

Die Dividende ist mit 20.000 € in die Beträge der Zeile 15 einzubeziehen. Die Schuldzinsen stehen mit Anlagevermögen in Zusammenhang und sind mit 3.000 € in Zeile 61 zu erfassen.

Für die Zeile 106 ist der Korrekturbetrag wie folgt zu ermitteln:

Dividende 20.000 €, davon steuerfrei 8.000 €.

Zinsen 3.000 €, davon nicht abzugsfähig 1.200 €.

Der bisher ermittelte Gewinn ist somit um 6.800 € zu hoch ausgewiesen. In Zeile 106 ist in der Spalte „Gesamtbetrag" ein Betrag von 17.000 € und in der Korrekturspalte ein Betrag von 6.800 € einzutragen.

→ ZEILE 107
Steuerpflichtiger Gewinn/Verlust

Ein Korrekturbetrag vor Anwendung des § 4 Abs. 4a EStG, der in der Anlage SZ errechnet wird, ist hier einzutragen. Er erhöht den Gewinn. Vertiefend siehe → Schuldzinsen.

14.6 Ergänzende Angaben

Ergänzende Angaben

Zu den Themengebieten Rücklagen und Entnahmen/Einlagen sind noch ergänzende Angaben zu machen.

→ ZEILEN 121–123
Rücklagen und stille Reserven

Soweit Steuerpflichtige die Übertragung stiller Reserven nach § 6b EStG nicht durch Abzug des bei der Veräußerung entstandenen Gewinns bei den Anschaffungs- oder Herstellungskosten der in § 6b EStG genannten Wirtschaftsgüter vorgenommen haben, können sie im Wirtschaftsjahr der Veräußerung eine gewinnmindernde Rücklage bilden.

→ ZEILE 121
Rücklagen nach § 6b EStG oder Ersatzbeschaffung

Tragen Sie in Zeile 121 die gebildete Rücklage ein. Auch die Minderung der Anschaffungs-/Herstellungskosten bei der begünstigten Investition durch Übertragung der stillen Reserven ist unter „Bildung" als Betriebsausgabe in die linke Spalte einzutragen. Die Aufzeichnungspflichten nach § 6c Abs. 2 EStG sind zu beachten. Vorgenanntes gilt auch für die Rücklage für Ersatzbeschaffung nach R 6.6 EStR 2012.

→ ZEILE 122
Übertragung von stillen Reserven

In Zeile 122 sind die stillen Reserven einzutragen, die auf neu angeschaffte Wirtschaftsgüter übertragen wurden und die deren Herstellungs- bzw. Anschaffungskosten gemindert haben.

→ ZEILEN 125–126
Entnahmen und Einlagen

Hier sind die Entnahmen und Einlagen einzutragen, die nach § 4 Abs. 4a EStG gesondert aufzuzeichnen sind. Neben den durch die private Nutzung betrieblicher Wirtschaftsgüter oder Leistungen entstandenen Entnahmen – ggf. zuzüglich Umsatzsteuer – gehören auch die Geldeinnahmen und -einlagen dazu.

Hinweis: Wichtiges zu den verschiedenen Gewinnermittlungsarten, zu umsatzsteuerlichen Vorschriften sowie Tipps zur Verwendung des amtlichen Vordrucks finden Sie auch auf http://mybook.haufe.de unter „Weiterführende steuerliche Informationen".

14.7 Vordruck SZ (Ermittlung der nicht abziehbaren Schuldzinsen)

WICHTIG

Wer die Anlage SZ abgeben muss

Die **Anlage SZ** benötigen Sie in folgenden Fällen:

- Sie führen ein Einzelunternehmen.
- Die geltend gemachten Schuldzinsen betragen nach Abzug der Schuldzinsen für Darlehen zur Finanzierung von Anschaffungs- oder Herstellungskosten von Wirtschaftsgütern des Anlagevermögens 2.050 €.

Formularaufbau	
Seite 1	**Ermittlung des maßgeblichen Gewinns (Zeilen 4–9)** Der mittels der Einnahmenüberschussrechnung ermittelte Gewinn ist um einige Positionen wie z. B. steuerfreie Gewinne zu korrigieren. **Ermittlung der Über-/Unterentnahmen des laufenden Wirtschaftsjahres (Zeilen 10–15)** Aus den Entnahmen und den Einlagen sowie dem Gewinn/Verlust des Wirtschaftsjahres wird die Über- bzw. Unterentnahme berechnet. Die kumulierten Über-/Unterentnahmen ergeben sich durch Addition bzw. Subtraktion der Über- bzw. Unterentnahme der Vorjahre. **Ermittlung des Entnahmenüberschusses (Zeilen 16–22)** Der Entnahmenüberschuss ergibt sich aus den Entnahmen und den Einlagen des Wirtschaftsjahres sowie dem Entnahmenüberschuss des Vorjahres **Ermittlung der nicht abziehbaren Schuldzinsen (Zeilen 23–27)** Auf der Basis der kumulierten Über-/Unterentnahmen bzw. des Entnahmenüberschusses und unter Berücksichtigung eines Freibetrags werden die nicht abziehbaren Schuldzinsen berechnet.

Checkliste Anlage EÜR

Folgende Abzugsmöglichkeit geprüft? Vgl. Ausfüllhinweise zur Zeile!

Sie haben Dividenden (Teileinkünfteverfahren) oder Einkünfte, die unter das InvStG fallen, in Ihren Betriebseinnahmen erfasst? ☐
Denken Sie unbedingt daran, die Einkünfte in den Zeilen 105 bzw. 106 zu korrigieren.

Sie haben Anlagevermögen verkauft, verschrottet, oder es ist aus anderen Gründen ausgeschieden? ☐
Den Restbuchwert müssen Sie in Zeile 45 eintragen und so als Betriebsausgabe geltend machen.

Ihre Schuldzinsen betragen mehr als 2.050 €? ☐
Teilen Sie genau auf, in welchem Umfang diese auf Anlagevermögen und andere Bereiche entfallen. Prüfen Sie außerdem, welche Entnahmen Sie getätigt haben und ob diese in die Berechnung der nichtabzugsfähigen Zinsen einfließen müssen.

Sie planen in den kommenden Jahren Investitionen und möchten Ihren Gewinn jetzt schon mindern? ☐
Machen Sie sich mit dem Thema „Investitionsabzugsbetrag" vertraut und beziehen Sie diesen ggf. in Ihre Einnahmenüberschussrechnung ein.

15 Anlage 34a (Steuerbegünstigung für nicht entnommene Gewinne)

WICHTIG

Die **Anlage 34a** müssen Sie in folgendem Fall ausfüllen:

Sie wollen für freiberufliche oder gewerbliche Betriebsgewinne, die durch Buchführung ermittelt und im Betrieb belassen wurden (= thesaurierte Gewinne), eine **ermäßigte Besteuerung** beantragen.

Ehegatten geben für jeden Betrieb jeweils eine eigene Anlage 34a ab.

Überblick

Im Bedarfsfall ausfüllen	
Seite 1	**Einkunftsart, Betriebsbezeichnung, nachversteuerungspflichtiger Betrag (Zeilen 4–6)** Geben Sie an, zu welcher Einkunftsart der Betrieb gehört und für welchen Betrieb Sie die begünstigte Besteuerung möchten. Der zum 31.12.2020 festgestellte nachversteuerungspflichtige Betrag (Zeile 6)
	Begünstigungsbetrag (Zeilen 7–14) Die Zeilen dienen dazu, den begünstigt zu besteuernden Gewinn(anteil) zu ermitteln. In Zeile 7 erfassen Sie den Gesamtgewinn (einschließlich Veräußerungsgewinne) **ohne** steuerliche Gewinnkorrekturen (z. B. nichtabzugsfähige BA wie Gewerbesteuer). Gewinne aus der Veräußerung oder Aufgabe eines **Teilbetriebs** sind nur begünstigt, wenn dafür weder ein Freibetrag noch eine ermäßigte Besteuerung beantragt wurde (Zeilen 8, 9). Getätigte Entnahmen (Zeile 11) und Einlagen (Zeile 12) beeinflussen ebenfalls den begünstigten Gewinn(anteil). In Zeile 13 tragen Sie den nicht entnommenen (thesaurierten) Gewinn(anteil), für den Sie die ermäßigte Besteuerung beantragen wollen, in Zeile 14 den steuerpflichtigen Gewinn (nach den steuerlichen Gewinnkorrekturen) ein. **Nachversteuerung (Zeilen 15–28)** In früheren Jahren begünstigt besteuerter Gewinn wird bei Entnahme, spätestens bei Betriebsaufgabe nachversteuert. Die Zeilen dienen zur Prüfung, ob und in welcher Höhe eine Nachversteuerung erfolgen muss.

HINWEIS

Rechtliche Hinweise zur Thesaurierung

Für laufende gewerbliche und freiberufliche Gewinne (ebenso für Gewinne aus der Veräußerung oder Aufgabe eines Teilbetriebs, wenn dafür keine andere Steuervergünstigung beantragt wird), die im Betrieb verbleiben, kann durch Abgabe der **Anlage 34a** eine ermäßigte Besteuerung mit einem Steuersatz von 28,25 % beantragt werden. Voraussetzung ist, dass der Gewinn durch Buchführung ermittelt wird. Der Antrag auf die ermäßigte Besteuerung kann auch von einem Beteiligten an einer Personengesellschaft (OHG, KG) gestellt werden, wenn er zu mehr als 10 % beteiligt ist oder sein Gewinnanteil mehr als 10.000 € beträgt. Der ermäßigt besteuerte Gewinn wird vom Finanzamt mit einem gesonderten Bescheid festgestellt (Zeilen 6–13).

Wird der Gewinn (in späteren Jahren) aus dem Betrieb entnommen – spätestens bei Veräußerung oder Betriebsaufgabe –, muss eine Nachversteuerung erfolgen. Eine Nachversteuerung wird auch durchgeführt, sobald der Betriebsgewinn nicht mehr durch Buchführung, sondern durch Einnahmenüberschussrechnung (§ 4 Abs. 3 EStG) ermittelt wird. Der Steuersatz für den nachzuversteuernden Betrag beträgt dann 25 % (Zeilen 14–23).

16 Anlage KAP (Einkünfte aus Kapitalvermögen)

16.1 Allgemein

WICHTIG

Für den Vz. 2021 gibt es für die Erklärung von Kapitaleinkünften drei Vordrucke:

- Die Anlage KAP
- Die Anlage KAP-BET
- Die Anlage KAP-INV

Wann die Anlage KAP ausgefüllt werden muss

Durch die Einführung der Abgeltungsteuer (25 % Kapitalertragsteuer auf Kapitalerträge) ist die Besteuerung im Regelfall erledigt und die Abgabe der Anlage KAP nicht notwendig. Vertiefend siehe → Kapitalanlagen.

In folgenden (Ausnahme-)Fällen müssen bzw. sollten Sie die **Anlage KAP** aber ausfüllen:

- Ihr persönlicher (Spitzen-)Steuersatz liegt unter 25 % und Sie möchten die, von der Bank zu hoch einbehaltener Kapitalertragsteuer erstattet bekommen („Günstigerprüfung").
- Sie haben im Veranlagungsjahr weniger als 801 € (Ehegatten 1.602 €) Kapitalerträge erzielt, aber weil Sie keinen bzw. einen zu niedrigen Freistellungsauftrag erteilt hatten, wurde von der Bank Steuer einbehalten.
- Sie haben mit Ihren Freistellungsaufträgen den Sparer-Pauschbetrag nicht ausgenutzt, sodass Steuer einbehalten wurde.
- Sie haben Verluste aus Börsengeschäften (z. B. Aktienverkäufen) erlitten, die von der Bank intern nicht mit Gewinnen verrechnet werden konnten.
- Sie haben steuerpflichtige Kapitalerträge bekommen, die nicht der Abgeltungsteuer unterlegen haben (z. B. aus privaten Darlehen oder ausländischen Geldanlagen).

- Sie wollen bisher von der Bank nicht berücksichtigte, ausländische Quellensteuer auf die ESt anrechnen lassen.
- Sie haben, obwohl Sie kirchensteuerpflichtig sind, einen Sperrvermerk zur Mitteilung der KiSt-Merkmale eintragen lassen, sodass die Bank keine KiSt einbehalten hat.
- Sie wollen als Beteiligter an einer Kapitalgesellschaft (unternehmerische Beteiligung) die Erträge (freiwillig) nach dem Teileinkünfteverfahren mit der tariflichen ESt besteuern lassen, um gleichzeitig hohe Ausgaben (insbesondere Finanzierungskosten) als Werbungskosten geltend machen zu können.
- Ihre Bank hat beim Steuerabzug eine zu geringe Ersatzbemessungsgrundlage angewandt.
- Sie haben Kapitalerträge erzielt, die zu einer anderen Einkunftsart (z. B. Einkünfte aus Gewerbebetrieb) gehören und für die anrechenbare Steuern angefallen sind.
- Sie haben bestandsgeschützte Alt-Investmentfonds-Anteile i. S. d. § 56 Abs. 6 Satz 1 Nr. 2 InvStG veräußert.

Wann die Anlage KAP-BET ausgefüllt werden muss

- Die Anlage KAP-BET ist auszufüllen, wenn Sie aus Beteiligungen stammende Einkünfte aus Kapitalvermögen und anrechenbare Steuern haben, die gesondert und einheitlich festgestellt werden.

Wann die Anlage KAP-INV ausgefüllt werden muss

- Die Anlage KAP-INV ist auszufüllen, wenn Sie Investmenterträge erzielt haben, die nicht dem inländischen Steuerabzug unterlegen haben.

Jeder Ehegatte benötigt eine eigene Anlage KAP sowie bei Bedarf die Anlagen KAP-BET und/oder KAP-INV.

Überblick

Im Bedarfsfall ausfüllen	
Anlage KAP Seite 1	**Kapitalerträge mit einbehaltener Kapitalertragsteuer (Anlage KAP Zeilen 7–14)** Tragen Sie hier die inländischen Kapitalerträge sowie die Erlöse aus der Veräußerung von Wertpapieren und anderen Börsengeschäften auf dem Kapitalmarkt ein, für die von der Bank Steuer einbehalten worden ist. **Verluste aus z. B. der Uneinbringlichkeit einer Kapitalforderung (Anlage KAP Zeile 15)** **Angaben zum Sparer-Pauschbetrag (Anlage KAP Zeilen 16, 17)** **Kapitalerträge ohne Steuerabzug (Anlage KAP Zeilen 18–26)** Einzutragen sind alle Zinserträge, die mit dem Abgeltungsteuersatz von 25 % steuerpflichtig sind, bei denen aber keine Kapitalertragsteuer einbehalten wurde (z. B. Zinsen aus privaten Darlehen sowie Zinsen und Beteiligungserträge aus Geldanlagen bei ausländischen Banken). **Kapitalerträge mit persönlichem Steuersatz (Anlage KAP Zeilen 27-34)** Zinserträge aus stillen Gesellschaften und partiarischen Darlehen sowie auf Antrag Erträge aus der Beteiligung an einer Kapitalgesellschaft werden mit dem persönlichen Steuersatz bzw. dem Teileinkünfteverfahren besteuert.
Anlage KAP Seite 2	**Anzurechnende Steuern (Anlage KAP Zeilen 37–42)** Einzutragen sind von der Bank einbehaltene inländische und ausländische Steuern.
Anlage KAP-BET	**Erträge aus Beteiligungen (Anlage KAP-BET Zeilen 1–31) sowie dazugehörige Steuerabzugsbeträge (Anlage KAP-BET Zeilen 32–37)** Hierher gehören Kapitalerträge, die Ihnen als Beteiligter einer Gemeinschaft (z. B. Erbengemeinschaft) zugeflossen sind. Auch hier wird zwischen den oben genannten Gruppen unterschieden. Die Angaben sind dem Feststellungsbescheid der Gesellschaft zu entnehmen.
Anlage KAP-INV Seite 1	**Laufende Erträge aus Investmentanteilen, die nicht dem inländischen Steuerabzug unterlegen haben (Anlage KAP-INV Zeilen 4–13)** Die Angaben sind der Steuerbescheinigung der Depotbank zu entnehmen. **Gewinne aus der Veräußerung von Investmentanteilen, die nicht dem inländischen Steuerabzug unterlegen (Anlage Kap-INV Zeilen 14–28)** Die Ermittlung nehmen Sie auf Seite 2 vor. **Zwischengewinne nach dem Investmentsteuergesetz 2004 (Anlage KAP-INV Zeile 29)**
Anlage KAP-INV Seite 2	**Ermittlung der Vorabpauschalen (Anlage KAP-INV Zeilen 31–46)** **Ermittlung der Veräußerungsgewinne zu Zeilen 14–28 (Anlage KAP-INV Zeilen 47–57)**

Allgemeine Übersicht

Kapitalerträge sind Erträge aus der Überlassung von Kapital (z. B. Zinsen oder Dividende). Zu den Kapitalerträgen gehören auch Erlöse aus Börsengeschäften bzw. „Spekulationsgeschäften" (Wertpapierverkäufe, Optionen, Termingeschäfte, Futures etc.).

Als Einnahme auf der Anlage KAP ist im Normalfall die volle Höhe des Kapitalertrags einschließlich der eventuell einbehaltenen Steuern (Kapitalertrag-, Kirchen-, Quellensteuer) anzugeben. Bei einigen Eintragungen (z. B. Zeilen 28 und 29) sind dagegen nur die Einkünfte (Einnahmen abzüglich Ausgaben) zu erfassen. Die einbehaltenen Steuern sind in den Zeilen 37–45 einzutragen.

Auf den Zinsbescheinigungen der Banken sind im Normalfall die Zeilen der **Anlage KAP** angegeben, in denen der jeweilige Kapitalertrag zu erfassen ist.

Steueranrechnung, Steuerbescheinigung

Falls eine Anrechnung der einbehaltenen Steuern auf die ESt möglich ist, müssen Sie dazu die **Originalsteuerbescheinigungen** Ihrer Bank(en) beifügen.

→ ANLAGE KAP ZEILEN 4–6

Grund für die Abgabe der Anlage KAP

Sind Sie sich nicht sicher, ob Ihr Grenzsteuersatz niedriger als 25 % ist, dann füllen Sie die Anlage KAP aus, wenn die Bank bei Ihnen Steuer einbehalten hat. Das Finanzamt prüft, ohne dass Ihnen Nachteile entstehen. In diesem Fall (Eintrag „1" in Zeile 4), müssen Sie **sämtliche** Kapitalerträge angeben und auch insbesondere Angaben zum bisher in Anspruch genommenen Sparer-Pauschbetrag (= aufgrund eines Freistellungsauftrags freigestellte Zinsen) in Zeile 17 machen. Außerdem sind die bisher von der Bank einbehaltenen Steuern (Anlage KAP, Zeilen 37–42) anzugeben und die Steuerbescheinigungen beizufügen.

Die Anträge lt. den Zeilen 4, 5 und 31 können unabhängig voneinander gestellt werden. Der Antrag auf Günstigerprüfung (Zeile 4) ersetzt nicht den Antrag auf Anwendung der tariflichen ESt (Zeile 31).

TIPP

Von der Bank einbehaltene Kirchensteuer als Sonderausgaben

Machen Sie vorsorglich die von der Bank einbehaltene KiSt bei den Sonderausgaben geltend. Der Sonderausgabenabzug ist aber nur möglich, wenn die „Günstigerprüfung" erfolgreich war, d. h. die Steuer auf die Kapitalerträge nicht mit dem

Abgeltungsteuertsatz (25 %), sondern mit Ihrem individuellen Steuersatz versteuert wird (aus dem Steuerbescheid erkennbar daran, dass die Kapitalerträge in die Berechnung des zu versteuernden Einkommens einbezogen werden). Prüfen Sie Ihren Steuerbescheid entsprechend auf den korrekten Sonderausgabenabzug!

Den Antrag in Zeile 5 (Eintragung „1“) stellen Sie z. B., wenn Sie Ihre Freistellungsaufträge ungünstig verteilt haben und Ihnen infolgedessen zu viel Abgeltungsteuer (Kapitalertragsteuer) einbehalten worden ist oder wenn Sie Verluste aus Börsengeschäften erlitten haben, die bankintern nicht mit Gewinnen verrechnet werden konnten. In diesen Fällen reicht es aus, nur die „falsch“ besteuerten Erträge (Anlage **KAP** Zeilen 7–15; Spalte 1) und die von Ihnen korrigierten (z. B. um Verluste geminderten) Erträge (Spalte 2) anzugeben (Erläuterungen bitte auf einem separaten Blatt beifügen). In diesen Fällen sind Eintragungen bezüglich des bisher in Anspruch genommenen Sparer-Pauschbetrags (freigestellte Beträge) in den Zeilen 16 **und** 17 notwendig. Ebenso Eintragungen zu bisher einbehaltenen Steuern (Anlage **KAP** Zeilen 37–42). Treffen mehrere der genannten Gründe zu, sind entsprechend mehrere Eintragungen in den Zeilen 4–6 notwendig. In allen anderen Fällen reicht es aus, auf der Anlage KAP nur die Zeilen auszufüllen, die Kapitalerträge betreffen, bei denen durch die Kapitalertragsteuer (Abgeltungsteuer) die Besteuerung nicht erledigt ist.

→ ANLAGE KAP ZEILEN 7–15 **Kapitalerträge mit Steuerabzug**

In den Zeilen 7–15 erklären Sie, soweit notwendig (s. o.), Ihre Kapitalerträge, bei denen die Bank 25 % Kapitalertragsteuer (Abgeltungsteuer) sowie Solidaritätszuschlag und ggf. KiSt einbehalten hat. Die Beträge können Sie i. d. R. der Bescheinigung der Bank entnehmen. Dazu gehören auch Gewinne aus Börsengeschäften (Spekulationsgeschäfte) und die Verluste aus der Uneinbringlichkeit einer Kapitalforderung, Ausbuchung, Übertragung oder sonstigem Ausfall von Wirtschaftsgütern). Vertiefend siehe → Spekulationsgeschäfte.

Ebenfalls gehören die Erträge aus Investmentfonds dazu, soweit die Depotbank dafür Abzugsteuern einbehalten hat. Nur wenn Sie Erträge aus Investmentfonds erzielt haben, für die keine Abzugsteuern einbehalten wurden, benötigen Sie die Anlage KAP-INV.

Erträge aus Bausparverträgen (Zinsen, Bonus), die **nicht** i. Z. m. einem vermieteten Objekt stehen, sind ebenfalls hier zu erfassen. Dagegen gehören Bausparzinsen in Zusammenhang z. B. mit einem Mietshaus zu den Mieteinkünften (**Anlage V**).

Zu den Veräußerungsgewinnen zählen z. B. Gewinne aus Aktienverkäufen (zusätzlich zu erfassen in Zeile 8) und dem Verkauf von GmbH-Anteilen sowie der Veräußerung von Zertifikaten und Futures, ebenso wie erhaltene Stillhalterprämien bei Optionsgeschäften. Gezahlte Glattstellungsprämien mindern die Einnahmen. Dies gilt aber nur, sofern die Anschaffung der Papiere bzw. das Geschäft nach 2008 erfolgt ist. Ansonsten sind die (Spekulations-)Erträge nicht steuerpflichtig.

Verkäufe von Aktien oder GmbH-Anteilen sind auf der **Anlage G** zu erfassen, wenn Sie zu mindestens 1 % an der Gesellschaft beteiligt sind. Sie unterliegen dem Teileinkünfteverfahren.

Die Eintragungen in den Zeilen 9 und 14 sind für die Verlustverrechnungseinschränkung für Einkünfte aus Termingeschäften und Stillhalterprämien erforderlich.

→ ANLAGE KAP ZEILE 10
Veräußerung bestandsgeschützter Alt-Anteile

Soweit in den Erträgen (Anlage KAP Zeile 7) Veräußerungsgewinne/-verluste aus bestandsgeschützten Alt-Anteilen enthalten sind, sind diese hier einzutragen. Der Freibetrag von 100.000 € wird vom Finanzamt berücksichtigt. Wurden bereits in den Vorjahren Gewinne aus der Veräußerung von bestandsgeschützten Alt-Anteilen erzielt und der Freibetrag von 100.000 € (teilweise) in Anspruch genommen, ist auch die Zeile 10 der Anlage Sonstiges auszufüllen.

Für die Erfassung der Kapitalerträge spielt es keine Rolle, ob es sich um in- oder ausländische Kapitalerträge handelt. Die ausländische Quellensteuer kann direkt auf die deutsche Steuer angerechnet werden (Anlage **KAP** Zeilen 40–42). Die **Anlage AUS** wird für ausländische Kapitalerträge nicht benötigt.

→ ANLAGE KAP ZEILEN 12, 13
Veräußerungsverluste

Verluste aus der Veräußerung von Wertpapieren dürfen nur mit (zukünftigen) Gewinnen aus derartigen Geschäften verrechnet werden. Dabei ist zwischen Verlusten aus der Veräußerung von Aktien (Eintragung in Zeile 13) und Verlusten aus anderen Börsengeschäften (Eintragung in Zeile 12) zu unterscheiden.

→ ANLAGE KAP ZEILEN 18–26
Kapitalerträge ohne Steuerabzug

In diesen Zeilen sind Kapitalerträge zu erklären, bei denen keine Steuer einbehalten worden ist, die aber dem Abgeltungsteuersatz von 25 % unterliegen und deshalb im Rahmen der Einkommensteuerveranlagung nachversteuert werden müssen. Dazu zählen vor allem Zinsen, die Sie für privat gegebene Darlehen erhalten haben (Anlage KAP Zeile 18; vgl. aber auch Anmerkungen zu den Zeilen 27 ff. bei Darlehen an Angehörige), von ausländischen Banken direkt (ohne eine inländische Bank) ausgezahlte Zinsen oder „Spekulationsgeschäfte", die über ausländische Banken abgewickelt wurden. Aktienverkäufe sind zusätzlich in Zeile 20 zu erklären. Vom Finanzamt erhaltene Erstattungszinsen für Steuererstattungen aus früheren Jahren sind ebenfalls mit dem Abgeltungstarif (25 %) zu versteuern (Anlage KAP Zeile 26).

Nicht hier zu erfassen sind Erträge aus Investmentfonds, für die keine Abzugsteuern einbehalten wurden. Hierfür benötigen Sie die Anlage KAP-INV.

16.2 Weitere Angaben

→ ANLAGE KAP ZEILEN 27–34
Individueller Steuersatz, Darlehen an Angehörige, stille Gesellschaften, partiarische Darlehen

Für die wenigen Kapitalerträge, die nicht dem Abgeltungsteuersatz von 25 % unterliegen, sondern mit dem persönlichen (tariflichen) Steuersatz, eventuell unter Berücksichtigung des Teileinkünfteverfahrens, versteuert werden müssen, sind die Zeilen 27–34 vorgesehen. Ausgaben i. Z. m. derartigen Erträgen können Sie als Werbungskosten geltend machen, wenn diese den Sparer-Pauschbetrag übersteigen. Einzutragen sind im Vordruck deshalb nicht die Erträge, sondern die nach Abzug der Ausgaben verbleibenden **Einkünfte.**

Zu dieser Gruppe gehören private Darlehen an Angehörige oder „eigene" Gesellschaften, aber nur, wenn derjenige, der das Darlehen bekommen hat, die Schuldzinsen steuerlich als Werbungskosten oder Betriebsausgaben geltend machen kann (sonst Zeile 18).

Sind Sie entweder zu mindestens 25 % an einer Kapitalgesellschaft (GmbH, AG) beteiligt oder zu mindestens 1 % und können durch Ihre berufliche Tätigkeit für die Gesellschaft maßgeblichen unternehmerischen Einfluss auf deren wirtschaftliche Tätigkeit nehmen (= unternehmerische Beteiligung), können Sie beantragen, dass die Kapitaleinkünfte, die Sie aus der Beteiligung erzielen (Gewinnausschüttungen, Veräußerungsgewinne), nicht mit dem Abgeltungsteuersatz von 25 %, sondern nach dem Teileinkünfteverfahren (nur 60 % der Einkünfte steuerpflichtig) mit dem persönlichen Steuersatz besteuert werden (Anlage KAP Zeile 31). Dies kann vorteilhaft sein, weil Sie gleichzeitig Werbungskosten (z. B. Finanzierungskosten) über den Sparer-Pauschbetrag hinaus geltend machen können. Der Antrag gilt immer für alle Erträge aus der Beteiligung und, wenn er nicht widerrufen wird, für fünf Jahre. Ab dem Jahr, in dem der Antrag widerrufen wird, ist kein neuer Antrag für diese Beteiligung mehr möglich. Deshalb ist die Kapitalgesellschaft namentlich anzugeben (Anlage KAP Zeile 32). Einzutragen sind jeweils die Einkünfte, also die um die Werbungskosten geminderten Einnahmen.

→ ANLAGE KAP ZEILE 30
Erträge aus Lebensversicherungen

Kapitalerträge aus nach dem 31.12.2004 abgeschlossenen Lebensversicherungen, deren Leistung nach Vollendung des 60. Lebensjahres und nach Ablauf von zwölf Jahren seit Vertragsabschluss ausgezahlt wurde, sind zur Hälfte steuerfrei. Einzutragen sind die gesamten Kapitalerträge; die Berücksichtigung des steuerfreien Teils erfolgt durch das Finanzamt. Bei fondsgebundenen Lebensversicherungen ist allerdings für die Wertsteigerungen ab 1.1.2019 eine Steuerfreistellung i. H. v. 15 % abzuziehen.

→ ANLAGE KAP ZEILEN 31, 32
Antrag auf Anwendung der tariflichen Einkommensteuer

Der Antrag auf Anwendung der tariflichen ESt für die in Zeile 32 eingetragenen Beträge, muss in Zeile 31 durch Eintragung einer „1" explizit gestellt werden.

Der Antrag auf Günstigerprüfung (Zeile 4) ersetzt nicht den Antrag auf Anwendung der tariflichen ESt (Zeile 31).

→ ANLAGE KAP ZEILE 33
vGA

Einzutragen sind erzielte verdeckte Gewinnausschüttungen, die bei der Kapitalgesellschaft als Betriebsausgabe geltend gemacht wurden.

→ ANLAGE KAP ZEILE 34
Spezialfonds

Soweit Sie Einkünfte aus Spezial-Investmentfonds bezogen haben, ist hier eine „1" einzutragen.

→ ANLAGE KAP ZEILEN 35–36
Ermäßigte Besteuerung nach § 34 Abs. 1 EStG

Hier sind Kapitaleinkünfte zu erfassen, die bei der tariflichen Besteuerung nach § 34 EStG begünstigt sind. Dazu gehören z. B. Nachzahlungen für einen längeren Zeitraum. Kapitalerträge, die dem Teileinkünfteverfahren unterliegen, sind in voller Höhe, d. h. zu 100 %, einzutragen.

→ ANLAGE KAP ZEILEN 37–42
Einbehaltene Steuern

Tragen Sie hier die Höhe der Steuern ein, die von der Bank einbehalten und an das Finanzamt abgeführt wurden. Dazu gehört auch die ausländische Quellensteuer, die für ausländische Kapitalerträge einbehalten wurde. Sie kann direkt auf die deutsche Kapitalertragsteuer angerechnet werden. Ebenfalls einzurechnen sind die Abzugsteuern auf Erträge, die in der Anlage KAP-INV erklärt werden, nicht aber solche auf Erträge aus der Anlage KAP-BET. Die zu viel einbehaltene Abgeltungsteuer (z. B. aufgrund ungünstig erteilter Freistellungsaufträge) wird erstattet. Die einbehaltenen Steuern werden wie Steuervorauszahlungen angerechnet, aber nur sofern der Abgeltungsteuertarif nicht zur Anwendung kommt (z. B. erfolgreiche Günstigerprüfung).

→ ANLAGE KAP ZEILEN 43–45
Steueranrechnung

Gehören die Zinserträge zu einer anderen Einkunftsart (z. B. Zinsen für Mietkonto zur Einkunftsart Vermietung, betriebliche Zinserträge), sind die Zinsen auf der jeweiligen Anlage (z. B. Anlage V) zu erfassen. Sie werden nicht mit dem Abgeltungsteuersatz von 25 %, sondern mit dem persönlichen Steuersatz versteuert. Die von der Bank einbehaltenen Abgeltung-, KiSt und Solidaritätszuschlag (Anlage KAP Zeile 43–45) werden bei Vorlage der Originalsteuerbescheinigung angerechnet.

→ ANLAGE KAP ZEILE 46
Beschränkung des Kapitalertragsteuerabzugs

Nur drei Fünftel der Kapitalertragsteuer können angerechnet werden, wenn die Voraussetzungen des § 36a EStG bzw. § 31 Abs. 3 InvStG (Spezial-Investmentfonds) nicht erfüllt sind. § 36a EStG verlangt u. a., dass die Wertpapiere mindestens 45 Tage gehalten wurden und der Eigentümer nicht verpflichtet ist, die Kapitalerträge ganz oder überwiegend an andere Personen weiterzuleiten. Liegen diese Voraussetzungen nicht vor, ist in Zeile 46 eine 1 einzutragen.

Außerdem muss die entsprechende Kapitalertragsteuer in Zeile 37 bzw. 43 abgezogen werden, allerdings kann die nicht anrechenbare Kapitalertragsteuer auf Antrag bei der Ermittlung der Einkünfte abgezogen werden. Die jeweilige Ermittlung ist in einer gesonderten Aufstellung zu erläutern.

16.3 Anlage KAP-BET

→ ANLAGE KAP-BET ZEILEN 1–38
Erträge aus Beteiligungen

Sind Ihnen aus einer Beteiligung (z. B. Erbengemeinschaft) Kapitalerträge zuzurechnen, wurden diese Einkünfte vom Finanzamt für alle Beteiligten einheitlich und gesondert festgestellt. Die auf Sie entfallenden Erträge sowie die anrechenbaren Steuern können Sie diesem Feststellungsbescheid entnehmen.

16.4 Anlage KAP-INV

In der Anlage KAP-INV sind Eintragungen für Investmenterträge vorzunehmen, die nicht dem inländischen Steuerabzug unterlegen haben. Diese sind nicht aus den Steuerbescheinigungen der (deutschen) Depotbanken ersichtlich.

→ ANLAGE KAP-INV ZEILEN 4–13
Laufende Investmenterträge

Anzugeben sind die Ausschüttungen nach § 2 Abs. 11 InvStG, getrennt nach Art des Fonds (Assetklasse) vor Anwendung der jeweiligen Teilfreistellung.

Die Vorabpauschalen für 2020 gelten im Jahr 2021 als zugeflossen. Sie sind in den Zeilen 31–46 zu berechnen und das Ergebnis getrennt nach den verschiedenen Fondsarten in die Zeilen 9–13 zu übernehmen (vor Anwendung der jeweiligen Teilfreistellung). Die Zeilen 31–46 müssen nicht ausgefüllt werden, wenn die Werte einer Bescheinigung der Bank entnommen werden können.

→ ANLAGE KAP-INV ZEILEN 14–28
Veräußerung von Investmentanteilen

Für jede Fondsart sind ggf. drei Werte einzutragen: Der laufende Gewinn aus der Veräußerung von Investmentanteilen, die nicht dem inländischen Steuerabzug unterlegen haben, der darin enthaltene Teil, der auf bestandsgeschützte Alt-Anteile entfällt, sowie Gewinne oder Verluste aus der fiktiven Veräußerung der Bestände zum 31.12.2017.

→ ANLAGE KAP-INV ZEILEN 14, 17, 20, 23, 26
Veräußerungsgewinne/-verluste

Soweit Gewinne bzw. Verluste aus der Veräußerung von Investmentanteilen, die nicht dem inländischen Steuerabzug unterlegen haben, angefallen sind, sind diese vor Anwendung der jeweiligen Teilfreistellung und getrennt nach Fondsarten zu erfassen. Die Berechnung der Gewinne soll auf Seite 2 der Anlage KAP-INV (Zeilen 47 bis 57) erfolgen.

→ ZEILEN 15, 18, 21, 24, 27
Bestandsgeschützte Alt-Anteile

Soweit in der jeweiligen Vorzeile Veräußerungsgewinne aus bestandsgeschützten Alt-Anteilen i.S.d. § 56 Abs. 6 Satz 1 Nr. 2 InvStG enthalten sind, sind diese hier zu vermerken, damit der personenbezogene Freibetrag von 100.000 € abgezogen und fortgeschrieben werden kann.

→ ANLAGE KAP-INV ZEILEN 16, 19, 22, 25, 28
Fiktive Veräußerungsgewinne zum 31.12.2017

Steuerlich gilt der Fondsbestand zum 31.12.2017 als verkauft und zum 1.1.2018 als wieder angeschafft. Der dabei entstehende Gewinn oder Verlust aus der fiktiven Veräußerung der Anteile wurde zum 31.12.2017 gesondert festgestellt, ist aber erst in dem Zeitpunkt zu versteuern, in dem die Alt-Anteile tatsächlich veräußert werden. Ist der Verkauf erfolgt, sind die festgestellten Gewinne und Verluste aus dieser fiktiven Veräußerung von Alt-Anteilen (§ 56 Abs. 2 i.V.m. Abs. 3 Satz 1

InvStG) gesondert einzutragen. Sie wirken sich im Jahr des tatsächlichen Verkaufs auf die Besteuerung aus. Für die Einkünfte aus der fiktiven Veräußerung von Alt-Anteilen wird keine Teilfreistellung berücksichtigt. Auch wird kein Freibetrag wie bei der Veräußerung der bestandsgeschützten Alt-Anteile gewährt.

→ ANLAGE KAP-INV ZEILE 29

Zwischengewinn nach dem Investmentsteuergesetz 2004

Bei Alt-Anteilen (vor dem 31.12.2017 erworben) ist der zum 31.12.2017 ermittelte Zwischengewinn im Zeitpunkt der tatsächlichen Veräußerung zu versteuern, unabhängig davon, ob es sich um bestandsgeschützte oder nicht bestandsgeschützte Alt-Anteile handelt. Der Zwischengewinn zum 31.12.2017 war vom Investmentfonds zu ermitteln und zu veröffentlichen. Diese Zwischengewinne sind in Zeile 29 zu erklären.

→ ANLAGE KAP-INV ZEILEN 47–57

Berechnung der Veräußerungsgewinne und -verluste

Die Ermittlung des Veräußerungsgewinns bzw. -verlustes ist für jeden Fonds getrennt vorzunehmen. Sollten Fondsanteile von mehr als 3 Fonds veräußert worden sein, so sind entsprechend viele Anlagen KAP-INV einzureichen. Hierzu ist in Anlage KAP-INV Zeile 3 eine laufende Nummer der jeweiligen Anlage zu vergeben.

In der Zeile 47 ist die internationale Wertpapierkennnummer ISIN („International Securities Identification Number") und in der Zeile 48 die Fondsbezeichnung anzugeben.

In der Zeile 49 ist die Art des Investmentfonds (Assetklasse) einzugeben:

1 = Aktienfonds

2 = Mischfonds

3 = Immobilienfonds

4 = (besonderer) Immobilienfonds

5 = sonstiger Investmentfonds

Die Eingabe ist erforderlich, um die Teilfreistellungssätze ermitteln zu können.

In der Zeile 50 ist die Anzahl der veräußerten Anteile des entsprechenden Investmentfonds einzutragen.

Die Zeilen 51 bis 55 dienen der Ermittlung des Gewinns. Besonders zu beachten ist, dass zur Vermeidung einer doppelten Besteuerung in Zeile 54 die seit 2019 bereits versteuerten Vorabpauschalen vom Veräußerungsgewinn abzuziehen sind. Ggf. muss nachgewiesen werden, dass die Vorabpauschale in der Steuererklärung angegeben wurde oder die gesamten Kapitaleinkünfte in den betreffenden Veranlagungszeiträumen den Sparer-Pauschbetrag nicht überschritten haben.

Die Zeilen 55–57 müssen nicht ausgefüllt werden, wenn die Werte einer Bescheinigung der Bank entnommen werden können.

Die sich für jede Fondsart ergebende Summe der Veräußerungsgewinne/-verluste ist in die Zeilen **14, 17, 20, 23 und 26** der ersten Anlage KAP-INV zu übertragen.

Für Investmentanteile, die vor dem 1.1.2009 angeschafft wurden, ist der in der Zeile 55 ermittelte Betrag in die Zeile 56 zu übertragen. Die sich für jede Fondsart ergebende Summe ist dann in die Zeilen **15, 18, 21, 24 und 27** der ersten Anlage KAP-INV einzutragen.

Für Investmentanteile, die nach dem 31.12.2008 aber vor dem 1.1.2018, angeschafft wurden ist der zum 31.12.2017 ermittelte Gewinn oder Verlust aus der fiktiven Veräußerung für jeden Fonds getrennt in der Zeile 57 zu erfassen. Die Summe der Veräußerungsgewinne aus der fiktiven Veräußerung von Alt-Anteilen ist in die Zeilen 16, 19, 22, 25 und 28 der ersten Anlage KAP-INV zu übertragen.

✔ Checkliste Anlage KAP

Folgende Abzugsmöglichkeit geprüft? Vgl. Ausfüllhinweise zur Zeile!	
Ihre Zinserträge betragen weniger als 801 € bzw. bei Ehegatten 1.602 €? Prüfen Sie, ob bei Zinsgutschrift von der Bank Kapitalertragsteuer einbehalten wurde. Füllen Sie die Anlage KAP aus und holen Sie sich die einbehaltenen Steuern zurück (Anlage KAP Zeile 5).	☐
Sie haben Ihren Freistellungsauftrag ungünstig erteilt? Sie können den unrichtigen Steuerabzug der Banken durch Abgabe der Anlage KAP im Veranlagungsverfahren korrigieren lassen (Anlage KAP Zeile 5).	☐

Folgende Abzugsmöglichkeit geprüft? Vgl. Ausfüllhinweise zur Zeile!	
Ihr persönlicher Grenzeinkommensteuersatz liegt möglicherweise unter 25 %? Soweit Kapitalertragsteuer einbehalten wurde, geben Sie auf jeden Fall eine Anlage KAP ab und tragen Sie Ihre Zinserträge ein (Anlage KAP Zeile 4).	☐
Sie sind an einer GmbH oder AG zu mindestens 25 % beteiligt oder zu mindestens 1 % und dort auch in leitender Funktion tätig und haben die Beteiligung mit Kredit finanziert? Prüfen Sie, ob es sinnvoll ist, die Erträge nach dem Teileinkünfteverfahren zu versteuern. Dann müssen Sie zwar 60 % der Einkünfte mit dem tariflichen Steuersatz versteuern, können aber auch 60 % der Werbungskosten (insbesondere Finanzierungskosten) steuerlich geltend machen (Anlage KAP Zeilen 31 und 32).	☐
Sie haben ausländische Kapitalerträge erzielt, für die bisher nur ausländische Quellensteuer einbehalten wurde? Die Zinsen unterliegen der deutschen Einkommensteuer im Regelfall mit dem Abgeltungsteuersatz von 25 %. Die ausländische Steuer können Sie aber auf die deutsche Steuer anrechnen lassen (Anlage KAP Zeilen 40–42).	☐
Sie wollen einbehaltene Steuern anrechnen lassen? Dazu benötigen Sie stets die Originalsteuerbescheinigungen (Anlage KAP Zeilen 37–45).	☐

17 Anlage V (Einkünfte aus Vermietung und Verpachtung)

17.1 Allgemein

WICHTIG

Vermietungseinkünfte richtig erfassen

Die **Anlage V** benötigen Sie in folgenden Fällen:

- Sie haben Grundbesitz oder Teile davon (z. B. Haus, Wohnung, Zimmer, Garage etc.) vermietet.
- Sie sind Haus-/Wohnungseigentümer und haben vergeblich versucht, einen Mieter zu finden.
- Sie wollen ein Haus oder eine Wohnung bauen oder kaufen und beabsichtigen zu vermieten.
- Wenn Sie mehrere Objekte (Häuser, Eigentumswohnungen) haben, müssen Sie für jedes Objekt eine eigene Anlage V ausfüllen.

Überblick

Im Bedarfsfall ausfüllen	
Seite 1	**Allgemeine Angaben** zu Grundstück und Eigentümer **(Zeilen 1–8)** **Einnahmen aus bebauten Grundstücken (Zeilen 9–21)** Hier sind die Mieteinnahmen und Umlagen einzutragen. **Anteile an Vermietungseinkünften (Zeilen 25–29)** Eintragungen sind erforderlich bei Beteiligung an einer oder mehreren Grundstücksgemeinschaft(en) (eine Anlage V genügt), einer Erbengemeinschaft mit Grundbesitz oder einem Immobilienfonds.
Seite 2	**Andere Vermietungseinkünfte (Zeilen 31, 32)** Hierher gehört die Untervermietung von selbst angemieteten Räumen und Vermietung von unbebauten Grundstücken und (möblierten) Zimmern. **Werbungskosten (Zeilen 33–53)** Die Aufwendungen (z. B. Abschreibungen, Finanzierungskosten, Reparaturen, laufende Kosten) für das vermietete Objekt tragen Sie hier ein.

Eigengenutzte Wohnung

Die **Anlage V** ist nur für vermietete Objekte vorgesehen.

TIPP

Steuerermäßigung für haushaltsnahe Tätigkeiten i. Z. m. eigengenutztem Wohnraum

Sie können für bestimmte Aufwendungen (z. B. Gartenarbeiten, haushaltsnahe Dienstleistungen und Handwerkerleistungen) im eigengenutzten Haus bzw. Ihrer eigengenutzten Wohnung evtl. eine **Steuerermäßigung** nach § 35a EStG in Anspruch nehmen (**Anlage Haushaltsnahe Aufwendungen**). Vertiefend siehe → Haushaltsnahe Tätigkeiten/Dienstleistungen/Handwerkerleistungen.

Für energetische Maßnahmen an einem zu eigenen Wohnzwecken genutzten eigenen Gebäude(teil) kann auch die Steuerermäßigung nach § 35c EStG beantragt werden. Vertiefend siehe → Energetische Maßnahmen.

17.2 Einnahmen

→ ZEILEN 4–6
Einkünfte aus dem bebauten Grundstück

Tragen Sie die Lage des Grundstücks, den Anschaffungszeitpunkt (= Zeitpunkt des Übergangs von Nutzen, Lasten und der Gefahr des zufälligen Untergangs) und/oder den Zeitpunkt der **Fertigstellung** (= Bezugsfertigkeit) ein. Die Angaben haben Bedeutung für die Berechnung der Absetzung für Abnutzung (Zeile 33). Außerdem übertragen Sie bitte aus dem Einheitswertbescheid für das Grundstück das Einheitswert-Aktenzeichen mit max. 17 Stellen (Zeile 6).

→ ZEILEN 7–8 UND ZEILE 12
Ferienwohnung, kurzfristige Vermietung, Angehörigenvermietung, Gesamtwohnfläche

Bei Ferienwohnungen wird das Finanzamt, insbesondere wenn Sie diese auch selbst nutzen, genau prüfen, ob tatsächlich die Absicht besteht, Mietüberschüsse zu erzielen. Nur dann sind die Ausgaben steuerlich abzugsfähig.

Liegt eine kurzfristige Vermietung von Wohnraum, z. B. über eine Internetplattform vor, ist dies in Zeile 7 zu vermerken.

Bei der Vermietung an Angehörige wird das Mietverhältnis daraufhin geprüft, ob es wie unter Fremden vereinbart und durchgeführt worden ist. Außerdem wird die verbilligte Überlassung (tatsächliche Miete < 50 % der ortsüblichen Miete) geprüft. Beträgt die tatsächliche Miete mindestens 50 %, aber weniger als 66 % der ortüblichen Marktmiete ist eine Totalüberschussprognose durchzuführen.

Soweit keine Mieteinnahmen vorliegen und auch nicht erkennbar sind oder es sich um eine verbilligte Überlassung handelt, können die Aufwendungen nicht oder nur teilweise als Werbungskosten geltend gemacht werden. Vertiefend siehe → Vermietung/Immobilien.

→ ZEILEN 9–14
Mieteinnahmen

Geben Sie hier die Anzahl der Wohnungen, aufgeteilt auf die einzelnen Geschosse, die Wohnungsgrößen und die Ihnen tatsächlich zugeflossenen (Kalt-)**Mieten** an. Die vereinnahmten Umlagen für Nebenkosten wie Strom, Wasser, Heizung etc. (laufende und Nachzahlungen für Vorjahre) erfassen Sie in Zeile 13. Soweit Sie Umlagen (aus Vorjahren) an Mieter zurückgezahlt haben, kürzen Sie den Umlagebetrag entsprechend. Die Einnahmen aus der Vermietung von Wohnraum an Angehörige müssen gesondert in Zeile 12, die von Angehörigen gezahlten Umlagen in Zeile 14 eingetragen werden (s. a. Zeile 8).

→ ZEILE 15
Mietnachzahlung

Mietnach- oder -vorauszahlungen sind in dem Jahr zu versteuern, in dem sie zugeflossen sind.

→ ZEILE 16
Garagen

Hier tragen Sie die erhaltenen Garagenmieten und Entgelte z. B. für das Aufstellen von Reklameträgern, Automaten, Kiosken, Mobilfunkantennen oder Solaranlagen ein.

→ ZEILEN 17–18
Umsatzsteuer

Wenn Sie Ihr Grundstück umsatzsteuerpflichtig vermietet haben, gehören auch die vom Mieter zusätzlich zur Miete gezahlte Umsatzsteuer und die vom Finanzamt erstattete Vorsteuer i. Z. m. dem Grundstück zu den Einnahmen.

→ ZEILE 19
Bausparzinsen, Zuschüsse

In die Zeile 19 sind Guthabenzinsen aus Bausparverträgen einzutragen, wenn der Vertrag durch Zwischenfinanzierung in einem direkten Zusammenhang mit der Anschaffung, Herstellung oder Reparatur des (vermieteten) Gebäudes steht. Eventuell von der Bank abgezogene Kapitalertragsteuer (Abgeltungsteuer) können Sie auf die ESt anrechnen lassen (**Anlage KAP**).

Andere Bausparzinsen gehören zu den Kapitaleinnahmen. Öffentliche Zuschüsse zur Instandhaltung (z. B. für Wärmedämmung, Solaranlagen etc.) sind auch als Einnahmen zu erfassen. Die Kosten für derartige Maßnahmen sind Erhaltungsaufwendungen und damit abziehbare Werbungskosten (Zeilen 40–42).

→ ZEILEN 21–24
Einkunftsermittlung

Bei einem „Verlust" versehen Sie den Betrag mit einem Minuszeichen. Gehört das Grundstück beiden Ehegatten, sind die ermittelten Einkünfte in Zeile 24 entsprechend den Eigentumsverhältnissen auf die Ehegatten zu verteilen.

→ ZEILEN 25–29
Beteiligungen an Grundstücksgesellschaften

Sind Sie an einer Grundstücks-, Erbengemeinschaft mit Vermietungseinkünften, Bauherren- oder Erwerbergemeinschaft oder einem geschlossenen Immobilienfonds beteiligt, dann haben Sie von der Gesellschaft eine Mitteilung über die Höhe Ihres Anteils und darüber, bei welchem Finanzamt und unter welcher Steuernummer die Gesellschaft erfasst ist, erhalten. Tragen Sie diese Angaben – je nach Art der Gesellschaft – in die Zeilen 25–29 ein. Die Einkünfte der Gesellschaft bzw. Gemeinschaft sowie die Verteilung auf die einzelnen Beteiligten werden aufgrund der eingereichten Steuererklärung der Gesellschaft (Feststellungserklärung mit eigener Anlage V) vom dafür zuständigen Finanzamt gesondert und einheitlich festgestellt und den Finanzämtern der Beteiligten mitgeteilt.

ACHTUNG

Einzelaufwendungen eines Beteiligten

Sollten Ihnen i. Z. m. den Beteiligungen Aufwendungen entstanden sein, müssen Sie diese der Gesellschaft mitteilen, da die Ausgaben nur im Rahmen der gesonderten und einheitlichen Feststellung, nicht aber in Ihrer Einkommensteuererklärung berücksichtigt werden können.

→ ZEILEN 31–32
Sonstige Vermietungen

In die Zeilen 31 und 32 gehören die Einkünfte aus der Untervermietung von Räumen oder der Vermietung von unbebauten Grundstücken (z. B. Lager-, Kfz-Stellplatz ohne Wohnungsvermietung) oder von möblierten Zimmern oder erhaltene Erbbauzinsen. Stellen Sie Ihre Einnahmen und Ausgaben (Werbungskosten) auf einem gesonderten Blatt zusammen und übertragen Sie die Einkünfte (Einnahmen – Werbungskosten = Einkünfte) in den Vordruck.

17.3 Werbungskosten

→ ZEILEN 33–53
Werbungskosten

Wenn bzw. soweit Sie ein Grundstück oder einen Teil davon unentgeltlich überlassen, zu eigenen Wohnzwecken oder zu eigenen beruflichen oder betrieblichen Zwecken nutzen, können Sie keine Werbungskosten aus V+V geltend machen. Vertiefend siehe → Vermietung/Immobilien.

Nur bei entgeltlicher Vermietung sind die Aufwendungen als Werbungskosten (Anlage V) abziehbar.

Gemischt genutzte Grundstücke

Bei gemischt genutzten Gebäuden müssen die Ausgaben erst insgesamt ermittelt werden (Spalte 1) und anschließend, soweit möglich, den einzelnen Nutzungen direkt zugeordnet (Spalten 2 und 4) oder flächenmäßig aufgeteilt (Spalten 3 und 4) werden. In Spalte 4 erscheint der **abzugsfähige Teil** der Aufwendungen.

Ausgaben i. Z. m. beruflich genutzten Räumen (häusliches Arbeitszimmer, Praxis, Kanzlei, Lagerraum, Büro ...) werden grds. bei der jeweiligen Einkunftsart berücksichtigt (**Anlage N**, Seite 2: Werbungskosten; **Anlagen G** und **S:** Betriebsausgaben in der Gewinnermittlung). Ist das gesamte Objekt vermietet, reicht es aus, die Eintragungen in Spalte 4 vorzunehmen.

→ ZEILEN 33–36
Absetzung für Abnutzung (AfA)/Abschreibung

Die Zeilen sind für die AfA vorgesehen, die sich aus den Anschaffungs- bzw. Herstellungskosten des Gebäudes und anderer Wirtschaftsgüter ermittelt. Soweit Sie erstmals AfA geltend machen, müssen Sie eine Aufstellung der entstandenen Anschaffungs- oder Herstellungskosten (Art und Betrag) sowie die von Ihnen vorgenommene AfA-Berechnung auf einem gesonderten Blatt beifügen. Das Finanzamt wird in vielen Fällen auf die Vorlage der Einzelbelege (Bauordner) verzichten.

→ ZEILE 33
Normale Gebäude-AfA

In Zeile 33 tragen Sie die „normale" lineare oder degressive Gebäude-AfA ein. Bei umsatzsteuerpflichtiger Vermietung mit Vorsteuerabzug gehört die gezahlte Umsatzsteuer nicht zu den Anschaffungs- oder Herstellungskosten. Vertiefend siehe → Abschreibungen/Gebäude.

→ ZEILE 34
Sonderabschreibung für Mietwohnungsneubau

Die Sonderabschreibung nach § 7b EStG kann für Baumaßnahmen zur Herstellung einer neuen, bisher nicht vorhandenen Wohnung in Anspruch genommen werden. Die Wohnung muss aufgrund eines nach dem 31.8.2018 gestellten Bauantrags oder einer entsprechenden Bauanzeige geschaffen und nach der Fertigstellung zehn Jahre entgeltlich zu Wohnzwecken überlassen werden. Wegen weiterer Voraussetzungen siehe. Vertiefend siehe → Abschreibungen/Gebäude.

→ ZEILE 35
Baudenkmäler/Gebäude in Sanierungsgebieten

Für Baudenkmäler und Häuser in Sanierungsgebieten oder städtebaulichen Entwicklungsbereichen sind erhöhte Abschreibungen möglich. Vertiefend siehe → Abschreibungen/Gebäude.

→ ZEILE 36
AfA für andere Wirtschaftsgüter

Haben Sie zusammen mit einem Haus oder einer Wohnung andere Wirtschaftsgüter (z.B. Einbauküche/Möbel, Rasenmäher, Mülltonnen oder Gartengeräte) mitvermietet, können Sie die Brutto-Anschaffungskosten dieser Wirtschaftsgüter (netto höchstens 800 €) im Jahr der Anschaffung sofort als Werbungskosten abziehen. Betragen die Anschaffungskosten einschließlich Umsatzsteuer mehr als 952 € je Wirtschaftsgut, ist der Kostenabzug aber nur im Wege der AfA, verteilt auf die individuelle Nutzungsdauer, möglich.

→ ZEILEN 37, 38
Schuldzinsen Geldbeschaffungskosten

Zu den **Schuldzinsen** gehören auch von der Bank einbehaltene Zinsvorauszahlungen (Damnum, Disagio) und zu zahlende Erbbauzinsen, nicht jedoch von Ihnen geleistete Darlehensrückzahlungen (Tilgung). Stellen Sie die einzelnen Beträge auf einem gesonderten Blatt zusammen.

Geldbeschaffungskosten sind z. B. Bankgebühren, Fahrtkosten, Porto i. Z. m. der Kreditaufnahme, Notar- und Grundbuchgebühren i. Z. m. der Bestellung und Eintragung einer Grundschuld oder Hypothek. Vertiefend siehe → Vermietung/Immobilien.

→ ZEILE 39
Renten/dauernde Lasten

Haben Sie das vermietete Grundstück gegen Zahlung einer Rente oder dauernden Last erworben, ist der Rentenbetrag zum Teil (Barwert der Verpflichtung) als Anschaffungskosten des Grundstücks und zum Teil (Zinsanteil) als Werbungskosten zu behandeln. Wenn Sie erstmals derartige Aufwendungen geltend machen, benötigt das Finanzamt zur Prüfung/Ermittlung des Zinsanteils den Übergabevertrag.

→ ZEILEN 40–41
Reparaturen/ Erhaltungsaufwendungen

Reparaturkosten (auch Erhaltungsaufwendungen oder Instandhaltungskosten genannt) stellen Sie auf einem gesonderten Blatt mit Angabe der durchgeführten Maßnahme, des Namens des Zahlungsempfängers und der Höhe des gezahlten Betrags zusammen. Beiträge zur Instandhaltungsrücklage bei Eigentumswohnungen (enthalten in den Hausgeldzahlungen) sind erst abziehbar, wenn damit konkret durchgeführte Reparaturen bezahlt worden sind.

Bei gemischt genutzten Gebäuden müssen Sie zwischen den dem vermieteten Teil direkt zuordenbaren Reparaturen (Zeile 40) und den das gesamte Gebäude betreffenden Kosten (Zeile 41), die nur anteilig abziehbar sind, unterscheiden. Vertiefend siehe → Reparaturen.

→ ZEILEN 42–46
Verteilung größerer Reparaturaufwendungen

Bei (größeren) Reparaturaufwendungen an zu Wohnzwecken vermieteten Objekten können Sie die Kosten anstelle des vollständigen Abzugs im Jahr der Bezahlung auf Antrag gleichmäßig auf zwei bis fünf Jahre verteilen. Das ist einerseits sinnvoll, wenn Ihre Einkünfte eher niedrig sind und sich die Kosten wegen des niedrigen Steuersatzes steuerlich wenig oder gar nicht auswirken. Bei einem hohen persönlichen Grenzsteuersatz kann eine Verteilung der Aufwendungen auf mehrere Jahre zu insgesamt höheren Erstattungen führen. Die Kostenverteilung beantragen Sie, indem Sie die Aufwendungen nicht in den Zeilen 40 oder 41, sondern in Zeile 42 (Gesamtaufwand und der im Jahr 2021 abzuziehende Betrag) eintragen. Vertiefend siehe → Vermietung/Immobilien. Haben Sie bereits für Reparaturaufwendungen der Jahre 2017–2020 die Verteilung beantragt, schreiben Sie den für 2021 abzugsfähigen Teil der Kosten in die Zeilen 43–46.

→ ZEILEN 47–50
Weitere Werbungskosten

Im Vordruck sind einige typische Aufwendungen benannt. Die Kosten für Heizung und Warmwasser, Müllabfuhr und andere Umlagen können Sie geltend machen, wenn Sie die von den Mietern dafür bezahlten Beträge in den Einnahmen (Zeilen 13, 14) erfasst haben. Zu den Hausversicherungen (Zeile 47) gehören neben der Gebäudehaftpflicht- auch die Gebäudebrand- und Elementarschadenversicherung, eine Glasbruch- und die Leitungswasserschadenversicherung. Verwaltungskosten (Zeile 48) sind insbesondere Zahlungen an den Hausverwalter, Porto, Telefon und Reisekosten (Fahrtkosten, Verpflegungsmehraufwendungen und Übernachtungskosten i. Z. m. Reparaturen, Behördengängen, Handwerkerbesprechungen oder Grundstückskontrollen).

Zu „Sonstiges" (Zeile 50) gehören z. B. Mitgliedsbeiträge zum Haus- und Grundbesitzerverein, Kosten für die Mietersuche (Makler, Zeitungsanzeigen), Anwalts-, Mahn-, Gerichtskosten, Kontoführungsgebühren (pauschal 16 €) und Steuerberatungskosten. Vertiefend siehe → Steuerberatungskosten und → Vermietung/Immobilien.

→ ZEILEN 50, 52
Bezahlte Umsatzsteuer

Haben Sie umsatzsteuerpflichtig vermietet, gehört die von Ihnen bezahlte **Umsatzsteuer** aus den Handwerkerrechnungen zu den sofort abziehbaren Werbungskosten. Der Abzug erfolgt über die Bruttobeträge in den Zeilen 33–49. In Zeile 52 sind die gesamten **abziehbaren Vorsteuerbeträge** nochmals einzutragen. Die an das Finanzamt abgeführten Umsatzsteuerzahlungen gehören in Zeile 50.

→ ZEILE 53
Zuschüsse

Haben Sie zu den Baukosten (Herstellungskosten) oder dem Kaufpreis (Anschaffungskosten) öffentliche Zuschüsse erhalten, mindern diese die Abschreibungsbemessungsgrundlage.

Checkliste Anlage V

Folgende Abzugsmöglichkeit geprüft? Vgl. Ausfüllhinweise zur Zeile!

Leer stehende Mietwohnung? ☐
Sie können auch die während des Leerstehens angefallenen Kosten (z. B. AfA, Reparaturen, Grundsteuer, Versicherungen) als Werbungskosten geltend machen, wenn Sie die Absicht der Vermietung gegenüber dem Finanzamt (z. B. durch Zeitungsannoncen, Maklerbeauftragung) glaubhaft darlegen.

Haben Sie an den Abzug folgender Kosten gedacht? ☐

- **Schornsteinfegergebühren**, Wartungsverträge (Zeile 47)
- alle **Versicherungen** und **Kosten für die Verwaltung** (Zeilen 47, 48)
- **Kleinreparaturen** (Material, Fahrtkosten bei Reparatur in Eigenregie) (Zeilen 40, 48)

Ist größerer Erhaltungsaufwand (Reparaturen) angefallen? ☐
Eine Verteilung der Kosten auf mehrere Jahre kann zu einer insgesamt höheren Steuererstattung führen (Zeilen 42 ff.).

Reparaturen, Wartungskosten, Gartenarbeiten rund um die selbst bewohnte Wohnung? ☐
Dafür können Sie eine Steuerermäßigung nach § 35a EStG (Anlage Haushaltsnahe Aufwendungen) oder nach § 35c EStG (Anlage Energetische Maßnahmen) erhalten.

18 Anlage R (Renten), R-AV/bAV, R-AUS

18.1 Allgemein

WICHTIG

Erklärungsvordrucke für Renten

Für die Erklärung von Renten stehen drei Anlagen zur Verfügung.

Anlage R für Renten aus dem Inland und **Anlage R-AV/bAV** für Leistungen aus Altersvorsorgeverträgen und aus der betrieblichen Altersversorgung.

Wird eine Rente aus einer ausländischen Versicherung oder einem ausländischen Rentenvertrag gezahlt liegen der Finanzverwaltung keine elektronischen Daten vor. Die Angaben zur Rente müssen Sie in die neue **Anlage R-AUS** eingetragen werden.

Beamtenpensionen und **Versorgungsbezüge** nach beamtenrechtlichen Vorschriften (einschl. Witwen- und Waisenbezüge) sowie **Betriebsrenten**, die der frühere Arbeitgeber zahlt, gehören nicht in die Anlage R, sondern stellen Arbeitslohn dar (**Anlage N**).

Die **Anlage R** ist auch nicht auszufüllen, wenn im Vz. eine Rente i. Z. m. Übertragung von Vermögen bei vorweggenommener Erbfolge gezahlt wird (**Anlage SO, Zeile 4**).

Jeder Ehegatte mit Rentenleistungen gibt eigene **Anlagen** ab.

18.2 Anlage R – Leibrenten aus dem Inland

Renten aus dem Inland (ohne Riester-Renten und Renten aus der betrieblichen Altersvorsorge), die nicht der Arbeitgeber bezahlt, gehören grds. zu den sonstigen Einkünften und werden in der Anlage R erklärt. Je nach Rentenart bzw. der steuerlichen Behandlung der Einzahlungen (Beiträge) in die jeweilige Versicherung wird die daraus folgende Rente unterschiedlich besteuert. Vertiefend siehe → Renten.

Elektronisch gemeldete Daten müssen nicht eingetragen werden

Daten, die elektronisch an die Finanzverwaltung gemeldet wurden, z. B. durch Versicherungen oder durch den Arbeitgeber, müssen nicht mehr in die Steuererklärung eingetragen werden. Nur bei abweichenden Werten ist eine Eintragung erforderlich. Achten Sie bitte auf die unterschiedliche Einfärbung der einzelnen Zeilen in der Steuererklärung.

Laufende Nummer der Anlage

Die **Anlage R** sieht nur noch die Eintragung von zwei gleichartigen Renten auf einer Anlage vor. Sollten Angaben zu mehr als zwei Renten erforderlich werden, sind diese auf weiteren Anlagen R zu erklären und die Anlagen sind in der Zeile 3 fortlaufend zu nummerieren.

Überblick

Im Bedarfsfall ausfüllen	
Seite 1	Gesetzliche **Leibrenten/Leistungen und Rürup-Rente (Zeilen 4–12)** (ohne Riester-Rente und Renten aus der betrieblichen Altersvorsorge) • Renten (z. B. Alters-, Erwerbsunfähigkeits-, Witwenrente) aus der **gesetzlichen** Rentenversicherung • Altersrenten aus landwirtschaftlichen Alterskassen • Renten aus berufsständischen Versorgungswerken • Rürup-Renten (aus **privaten, kapitalgedeckten**, nach 2004 abgeschlossenen Rentenversicherungsverträgen). **Private Leibrenten (Zeilen 13–18)** • Altersrenten aus **privaten** Versicherungsverträgen (ohne Rürup- u. Riester-Renten) • Renten aus privaten Versicherungen, die nur befristet gezahlt werden (z. B. private Erwerbsunfähigkeits- und Hinterbliebenenrenten)
Seite 2	**Leibrenten aus sonstigen Verpflichtungsgründen (Zeilen 31–36)** (z. B. Renten i. Z. m. Vermögensveräußerungen) **Werbungskosten (Zeilen 37–38)** Für (alle) Renten erhalten Sie insgesamt einen Werbungskostenpauschbetrag i. H. v. 102 €, wenn Sie keine höheren Kosten eintragen.

TIPP

Leistungsmitteilung vom Versorgungsträger beim Ausfüllen der Anlage R beachten

Ihr Versorgungsträger ist **auf Anforderung** verpflichtet, Ihnen jährlich eine Leistungsmitteilung über die Rente (Rentenbezugsmitteilung) zu übersenden. Dort werden insbesondere bei privaten Renten (**Anlage R**, Seite 1, Zeilen 13–18) sowie Renten aus der betrieblichen Altersversorgung und Riester-Renten (**Anlage R-AV/bAV**) alle für die Steuererklärung notwendigen Angaben aufgeführt. Häufig ist dort jeweils vermerkt, in welcher Zeile bzw. unter welcher Kennzahl der Anlagen die Rente einzutragen ist. Bitte beachten Sie, dass auf der Anlage R-AV/bAV, im Text auf die Nummer der Leistungsmitteilung (1–11) verwiesen wird.

18.2.1 Gesetzliche Renten aus dem Inland (Seite 1)

→ **eZEILEN 4–9, ZEILEN 10–12**
Leibrenten/ Leistungen

Unter Leibrenten fallen alle Renten aus der gesetzlichen Rentenversicherung sowie aus landwirtschaftlichen Alterskassen und aus berufsständischen Versorgungseinrichtungen und Renten aus privaten kapitalgedeckten Versicherungen (Rürup-Renten). Bei diesen Renten wird ein Teil der Rente steuerfrei gestellt, der restliche sog. **Besteuerungsanteil** ist steuerpflichtig. Vertiefend siehe → Renten.

→ **eZEILEN 4–5**
Rentenbetrag, Rentenanpassungsbetrag

Einzutragen ist der Jahresbetrag der **Brutto**rente (eZeile 4). Dies ist nicht der ausgezahlte Betrag, sondern die zugesagte Rente, d. h. der Rentenbetrag ohne den (steuerfreien) Zuschuss der Rentenversicherung zur Krankenversicherung und vor Abzug der Kranken- und Pflegepflichtversicherungsbeiträge. Zu erfassen sind im **Jahr der Rentenauszahlung** auch Nachzahlungen für ein Vorjahr und Einmalzahlungen (z. B. Sterbegeld).

Der eingetragene Betrag (ohne den enthaltenen Rentenanpassungsbetrag laut eZeile 5) wird – abhängig vom Jahr des Rentenbeginns – nur zum Teil besteuert.

Der Rentenanpassungsbetrag (eZeile 5, in eZeile 4 zusätzlich enthalten), den Sie ebenfalls Ihrer Rentenbezugsmitteilung entnehmen können, ist die Summe aller Rentenerhöhungen ab dem dritten Rentenjahr (frühestens ab 2006) und ist in voller Höhe steuerpflichtig. Vertiefend siehe → Renten.

Kranken-/Pflegeversicherung

Die gezahlten Kranken- und Pflegeversicherungsbeiträge können Sie als Sonderausgabe (**Anlage Vorsorgeaufwand**, Zeilen 16–22) geltend machen.

→ eZEILE 6
Beginn der Rente

In eZeile 6 ist der versicherungsrechtliche Beginn der Rente einzutragen. Nicht maßgebend ist der Zeitpunkt des Rentenantrags oder der erstmaligen Rentenauszahlung. Der Rentenbeginn bestimmt den Besteuerungsanteil, also die Höhe des steuerpflichtigen Teils der Rente in den ersten beiden Jahren. Bei Rentenbeginn vor 2006 sind 50 % der Rente des Jahres 2006 steuerpflichtig. Der Prozentsatz erhöht sich für jeden neuen Rentnerjahrgang um 2 %, ab 2021 um 1 %. Bei Neurentnern, die erstmals 2021 eine Rente beziehen, sind 81 % der Rente steuerpflichtig.

→ eZEILEN 7–8
Vorhergehende Rente, Folgerente

Eine Rente (z. B. Witwenrente), eingetragen in den eZeilen 4–6, ist eine Folgerente, wenn ihr eine andere Rente aus derselben Versicherung (z. B. Altersrente des verstorbenen Ehegatten aus gesetzlicher Rentenversicherung) vorausgegangen ist (vorhergehende Rente). Der maßgebende Prozentsatz der Besteuerung für die neue Folgerente hängt dann auch von der Dauer der Vorgängerrente ab. Dies führt i. d. R. zu einer niedrigeren Besteuerung. Tragen Sie deshalb Beginn und Ende der Vorgängerrente in die eZeilen 7 und 8 ein.

→ eZEILE 9
Rentennachzahlung/Kapitalauszahlung

Haben Sie Rentennachzahlungen für **mehrere** (mindestens zwei) vorangegangene Jahre erhalten, geben Sie den in den Rentenzahlungen (eZeile 4) enthaltenen Nachzahlungsbetrag hier nochmals zusätzlich an. Das Finanzamt prüft, ob derartige Nachzahlungen im Rahmen der „Fünftel-Regelung" ermäßigt besteuert werden können. Eine ermäßigte Besteuerung kann auch für Teilkapitalauszahlungen gewährt werden. Erfolgt eine Nachzahlung nur für ein Jahr (z. B. bei verspäteter Rentenantragstellung), ist der Nachzahlungsbetrag nur in eZeile 4 und nicht in eZeile 9 einzutragen.

→ ZEILEN 10–12
Öffnungsklausel

In der gesetzlichen Rentenversicherung und den berufsständischen Versorgungseinrichtungen werden Beiträge nur bis zu einer Beitrags(bemessungs)grenze berechnet. Auf freiwilliger Basis ist es möglich, höhere Rentenversicherungsbeiträge einzuzahlen, um einen höheren Rentenanspruch zu erwerben. Wurden bis zum Jahr 2004 in bzw. für **mindestens zehn Jahre Beiträge über der Beitragsbemessungsgrenze** gezahlt, kann für einen Teil der Rente in den Zeilen 10–12 eine niedrigere Besteuerung beantragt werden. Ihr Versicherungsträger stellt eine Bescheinigung aus, die aussagt, welcher Prozentanteil der Rente auf diese Beiträge entfällt. Tragen Sie den Prozentsatz in Zeile 10 ein und fügen Sie die Bescheinigung Ihrer Steuererklärung bei.

In dem Nachweis sind auch **Einmalzahlungen**, z. B. einmaliges Sterbegeld i. Z. m. einer monatlichen Witwenrente, bescheinigt. Der Teil der Einmalzahlung, der unter die Öffnungsklausel fällt, wird **nicht** besteuert. Tragen Sie deshalb, soweit zutreffend, die Einmalzahlung in Zeile 12 ein.

18.2.2 Rürup-Rente (Seite 1)

Die Rürup-Rente ist eine Leistung aus einem privaten, kapitalgedeckten, **zertifizierten Basisrentenversicherungsvertrag.** Sie wird steuerrechtlich wie eine inländische gesetzliche Rente behandelt. Vertiefend siehe → Renten und → Altersvorsorgeaufwendungen.

18.2.3 Private Renten aus dem Inland (Seite 1)

→ ZEILEN 15–16, eZEILEN 13–14, 17–18
Leibrenten

Leibrenten aus einer privaten Rentenversicherung (ohne Riester-Renten, ohne Renten aus der betrieblichen Altersversorgung und ohne Rürup-Renten) sind nur mit dem sog. **Ertragsanteil** steuerpflichtig.

→ eZEILE 13
Rentenbetrag

Den Rentenbetrag können Sie der Rentenmitteilung bzw. dem maßgebenden Vertrag entnehmen. Einzutragen ist der Jahresbetrag. Wurden Kranken- und Pflegepflichtversicherungsbeiträge einbehalten, ist der Rentenbetrag vor Abzug dieser Leistungen maßgeblich.

→ eZEILEN 14, ZEILEN 15–17
Angaben zwecks Ermittlung des Ertragsanteils

Die Angaben sind entscheidend für die Ermittlung des steuerpflichtigen Ertragsanteils der Rente. Handelt es sich um eine Leibrente auf Lebenszeit, ist für den Ertragsanteil der **versicherungsrechtliche** Beginn der Rente maßgebend (Eintragung in eZeile 14). Tragen Sie in Zeile 16 ein, an wessen Leben die Rentenzahlung anknüpft.

Handelt es sich um eine abgekürzte Leibrente (Höchstzeitrente), ist für die Höhe des Ertragsanteils die Höchstlaufzeit mit maßgebend. Tragen Sie in eZeile 17 ein, wann die Rente voraussichtlich enden (z. B. bei privaten Berufsunfähigkeitsrenten durch Erreichen des Pensionsalters) oder in eine andere Rente (z. B. gesetzliche Altersrente) umgewandelt wird. Vertiefend siehe → Renten.

→ eZEILE 18 Rentennachzahlungen

Rentennachzahlungen für **mehrere** (mindestens zwei) Vorjahre gehören zusätzlich in eZeile 18. Sie beantragen damit eine ermäßigte Besteuerung (vgl. Erläuterungen zu eZeile 9).

18.2.4 Rente aus dem Inland bei Wohnsitz im Ausland

Werden Renten aus Deutschland ins Ausland gezahlt, unterliegen die Renten grds. der Besteuerung zur beschränkten Einkommensteuerpflicht (§ 49 Abs. 1 Nr. 7 EStG).

Besteht zwischen dem Wohnsitzstaat und der BRD ein DBA, kann Deutschland an der Besteuerung der Rente gehindert sein.

Dürfen beide Staaten Steuern erheben, regelt das DBA auch, wie der Wohnsitzstaat eine doppelte Besteuerung zu vermeiden hat. Für die Vermeidung einer doppelten Besteuerung gibt es, je nachdem, welches DBA anzuwenden ist, zwei Methoden: Entweder ist die deutsche Rente im Wohnsitzstaat steuerfrei zu stellen, oder der Wohnsitzstaat muss einen Anrechnungsbetrag der deutschen Steuer auf die im Ausland zu zahlende Steuer gewähren.

Bei Wohnsitz in bestimmten Staaten (z. B. Frankreich, Griechenland, USA), hat der Wohnsitzstaat das alleinige Besteuerungsrecht.

Weitere Informationen zur Besteuerung der Renten bei Wohnsitz im Ausland stellt das Finanzamt Neubrandenburg unter „www.finanzamt-rente-im-ausland.de" zur Verfügung.

18.3 Anlage R-AV/bAV – Riester-Renten und Renten aus betrieblicher Altersversorgung

Seite 1	**Leistungen aus zertifizierten Altersvorsorgeverträgen (Riester) und aus der betrieblichen Altersversorgung (Zeilen 4–26)** • staatlich geförderte Riester-Renten • Renten aus einer staatlich geförderten **betrieblichen** Altersversorgung (Pensionsfonds, Pensionskasse, Direktversicherung) • Renten aus Zusatzversorgungseinrichtungen des Bundes, der Länder, Kommunen und Kirchen (z. B. VBL- und ZVK-Renten) **Werbungskosten (Zeilen 31–37)** • Für (alle) Renten erhalten Sie insgesamt einen Werbungskostenpauschbetrag i. H. v. 102 €, wenn Sie keine höheren Kosten eintragen.

Altersvorsorgevertragsrenten (Riester-Renten), betriebliche Altersvorsorge und VBL-/ZVK-Renten

Die entsprechenden Daten wurden vom Auszahlenden elektronisch an die Finanzverwaltung übermittelt.

Vom Arbeitgeber selbst gezahlte Betriebsrenten, die zum Arbeitslohn gehören, werden in die **Anlage N, eZeilen 5–16,** eingetragen. Vertiefend siehe → Renten.

In der Anlage **R-AV/bAV** sind die Renten aus einem privaten zertifizierten (inländischen und ausländischen) Altersvorsorgevertrag (**Riester-Rente**) zu erklären. Soweit die eingezahlten Beiträge mit der Altersvorsorgezulage oder einem Sonderausgabenabzug staatlich gefördert worden sind, wird der entsprechende Teil der Rente in voller Höhe versteuert, im Übrigen mit dem Ertragsanteil. In die Anlage R gehören auch Renten aus der inländischen **betrieblichen Altersversorgung** (Pensionsfonds, Pensionskassen, Direktversicherungen) und **Renten aus dem umlagefinanzierten Teil einer Zusatzversorgung**, z. B. aus den Versorgungsanstalten des Bundes und der Länder (VBL-Renten) für Angestellte und Arbeiter im öffentlichen Dienst oder aus Zusatzversorgungskassen kirchlicher oder kommunaler Träger (ZVK-Renten). Je nachdem, wie die Beiträge bei der Einzahlung steuerlich gefördert wurden (z. B. steuerfrei oder pauschal besteuert), ist die Besteuerung der Rente unterschiedlich. Sie kann in voller Höhe steuerpflichtig sein oder (teilweise) nur mit dem Ertragsanteil besteuert werden. Die richtige Zeile des Eintrags entnehmen Sie bitte der **Leistungsmitteilung Ihres Anlageinstituts.**

Hinweis: Wichtiges zum Thema „Betriebliche Altersvorsorge" finden Sie auch auf http://mybook.haufe.de unter „Weiterführende steuerliche Informationen".

→ eZEILE 26
Nachzahlungen für Vorjahre

Haben Sie Rentennachzahlungen für **mehrere** (mindestens zwei) Vorjahre erhalten, geben Sie den Nachzahlungsbetrag **gesondert** an und beantragen damit für diese Beträge die ermäßigte Besteuerung („Fünftel-Regelung").

18.4 Anlage R-AUS – Renten aus dem Ausland

Leibrenten und Leistungen aus gesetzlichen Rentenversicherungen, landwirtschaftlicher Alterskasse und berufsständischen Versorgungseinrichtungen, aus privaten Rentenversicherungen (auf Lebenszeit/mit zeitlich befristeter Laufzeit), und auf sonstigen Verpflichtungsgründen (z. B. Renten aus Veräußerungsgeschäften) sowie Renten aus der betrieblichen Altersversorgung sind in die **Anlage R-AUS** einzutragen, wenn die **Auszahlung der Rente im Ausland** erfolgt.

Die ausländische Rente ist nach dem Welteinkommensprinzip grds. in Deutschland zu versteuern. Ausnahme: Ein DBA zwischen Deutschland und dem ausländischen Staat sieht eine andere Besteuerung vor. Hier sind je nach DBA drei unterschiedliche Fälle möglich.

Steuerpflicht im Wohnsitzstaat des Rentners

Hat Deutschland das Besteuerungsrecht und wurde bereits eine Steuer im Ausland bezahlt, kann bei der ausländischen Finanzbehörde die Erstattung beantragt werden.

Steuerpflicht im Quellenstaat der Rente

Sieht das DBA eine Besteuerung im Quellenstaat der Rente vor, sind die ausländischen Renten in Deutschland grds. steuerfrei, unterliegen allerdings dem Progressionsvorbehalt. Die ausländische Rente bleibt zwar steuerfrei, wird aber bei der Ermittlung des Steuersatzes für die anderen steuerpflichtigen Einkünfte berücksichtigt (Erhöhter persönlicher Steuersatz)

Steuerpflicht in beiden Staaten

Ist die Rente sowohl im Wohnsitzstaat als auch im Quellenstaat steuerpflichtig, kann in Deutschland zur Vermeidung einer doppelten Besteuerung die nachgewiesene und keinem Ermäßigungsanspruch unterliegende ausländische Steuer auf die deutsche Steuer angerechnet werden.

Ohne Nachweis von Einzelaufwendungen berücksichtigt das Finanzamt bei allen Renten (Anlagen R und R-AV/bAV) und Unterhaltsleistungen (Zeile 6 der **Anlage SO**) den gesetzlichen Werbungskostenpauschbetrag i. H. v. insgesamt 102 € (bei Ehegatten personenbezogen für jeden Ehegatten mit entsprechenden Einkünften).

Liegen höhere tatsächliche Werbungskosten (z. B. für einen Rentenratgeber, Rechtsstreitigkeiten, Steuerberatungskosten) vor, sind diese in der Anlage R einzutragen. Werbungskosten zu den auf der Anlage R dargestellten Renten sind in dieser Anlage in den Zeilen 37 und 38 einzutragen, während Werbungskosten zu den auf der Anlage R-AV/bAV vorliegenden

Altersvorsorgeverträgen und der betrieblichen Altersversorgung in der betreffenden Anlage in die Zeilen 31–37 gehören.

Checkliste Anlagen R, R-AV/bAV, R-AUS

Folgende Abzugsmöglichkeit geprüft? Vgl. Ausfüllhinweise zur Zeile!	
Sie haben von Ihrer Versicherungsgesellschaft eine Leistungsmitteilung (Rentenbezugsmitteilung) erhalten? Übertragen Sie die Werte in die in der Leistungsmitteilung genannten Anlagen der Steuererklärung unter der genannten Zeile oder Kennzahl.	☐
Sie haben eine gesetzliche oder private Rente bezogen? Für die bei Rentenauszahlung einbehaltenen Kranken- und Pflegeversicherungsbeiträge (Eigenanteil) können Sie den Sonderausgabenabzug beantragen (Anlage Vorsorgeaufwand).	☐
Sie haben Rentennachzahlungen für mehrere (mindestens zwei) Vorjahre bekommen? Beantragen Sie die ermäßigte Besteuerung.	☐
Sie sind sich hinsichtlich der Besteuerung Ihrer Rente unsicher? Fügen Sie, insbesondere im ersten Jahr des Rentenbezugs, der Steuererklärung den Rentenbescheid bei.	☐
Sie haben mit Ihrem Rententräger über die Rente gestritten? Alle Aufwendungen im Zusammenhang damit (Anwaltskosten, Gerichtskosten, Fachliteratur, Fahrtkosten, Porto) sind Werbungskosten.	☐

19 Anlage SO (Sonstige Einkünfte)

19.1 Allgemein

WICHTIG

Sonstige Einkünfte sind erhaltene Unterhaltszahlungen und Spekulationsgewinne

Die **Anlage SO** ist für folgende Fälle gedacht:

- Sie haben vom geschiedenen oder dauernd getrennt lebenden Ehegatten/Lebenspartner Unterhalt erhalten bzw. er hat Ihre Kranken- oder Pflegeversicherungsbeiträge gezahlt und Sie haben der Versteuerung zugestimmt. Vertiefend siehe → Unterhaltszahlungen.
- Sie haben Einkünfte aus sonstigen Leistungen (z. B. gelegentliche Vermittlung von Versicherungen oder Bausparverträgen oder Vermietung von beweglichen Gegenständen, wie z. B. Fahrzeugen) von über 255 € im Jahr erzielt.
- Sie haben private Wirtschaftsgüter (z. B. Grundstücke, Wertgegenstände, Oldtimer etc.), die nur kurze Zeit in Ihrem Eigentum waren, verkauft und einen Gewinn von über 599 € (je Ehegatte) erzielt. Vertiefend siehe → Spekulationsgeschäfte.

Veräußerungserlöse aus dem Verkauf von Wertpapieren (Aktien, Optionen, Futures, Warentermingeschäfte) gehören zu den Einkünften aus Kapitalvermögen und unterliegen der Abgeltungsteuer (Anlage KAP). Ehegatten geben eine gemeinsame Anlage SO ab.

Überblick

Im Bedarfsfall ausfüllen	
Seite 1	**Wiederkehrende Bezüge/Unterhalt (Zeilen 4–9)** Dieser Abschnitt betrifft in erster Linie Personen, die vom geschiedenen oder dauernd getrennt lebenden Ehegatten Unterhaltszahlungen erhalten haben. **Leistungen (Zeilen 10–15)** Einkünfte aus gelegentlichen Vermittlungsgeschäften oder Vermietung beweglicher Güter unterliegen nur der Besteuerung, wenn sie die Freigrenze von 255 € übersteigen. Auch Verluste sind berücksichtigungsfähig.

Überblick

Im Bedarfsfall ausfüllen	
Seite 2	**Private Veräußerungsgeschäfte (Zeilen 31–52)** Zu erfassen sind Verkäufe von privaten Wirtschaftsgütern (Grundstücke, private Wertgegenstände wie Münzen, Schmuck, Oldtimer etc.), wenn diese nur kurze Zeit in Ihrem Eigentum waren. Beträgt der Gewinn nicht mehr als 599 € im Jahr, ist nichts zu versteuern. Auch Verluste aus solchen Geschäften können Sie geltend machen.

19.2 Wiederkehrende Bezüge, Unterhalt, Leistungen (Seite 1)

→ ZEILE 4
Wiederkehrende Bezüge

In Zeile 4 sind im Wesentlichen Versorgungsleistungen aufgrund von Vermögensübertragungen, Altenleistungen in der Land- und Forstwirtschaft oder Aufwendungen aufgrund eines schuldrechtlichen Versorgungsausgleichs, wenn der Zahlende die Zahlungen als Sonderausgaben abziehen will, einzutragen. Soweit die Einkünfte dem Teileinkünfteverfahren unterliegen, sind die Einnahmen in Zeile 8, darauf entfallende Werbungskosten in Zeile 9 einzutragen.

→ ZEILE 5
Ausgleichszahlungen

Einzutragen sind **erhaltene** Ausgleichsleistungen zur Vermeidung des Versorgungsausgleichs, soweit der Zahlungspflichtige (geschiedener Ehegatte/Lebenspartner) die Ausgleichsleistungen zur Vermeidung des Versorgungsausgleichs mit Zustimmung als Sonderausgaben abzieht.

→ ZEILE 6
Ehegattenunterhalt

Zeile 6 betrifft Unterhaltszahlungen bzw. „Basis"-Kranken- bzw. Pflegepflichtversicherungsbeiträge, die ein Geschiedener/dauernd getrennt Lebender von seinem (ehemaligen) **Ehegatten/Lebenspartner** bekommen hat. Wenn der Unterhaltsempfänger auf der **Anlage U** zugestimmt hat, dass der Leistende die Zahlungen als Sonderausgaben abziehen kann, ist er damit gleichzeitig einverstanden, dass er die Zahlungen als sonstige Einkünfte versteuert. Vertiefend siehe → Unterhaltszahlungen. Soweit die Einkünfte dem Teileinkünfteverfahren unterliegen, sind die Einnahmen in Zeile 8, darauf entfallende Werbungskosten in Zeile 9 einzutragen

→ ZEILEN 10–15
Andere Leistungen, Werbungskosten, Freigrenze, Verluste

Andere Einnahmen, die unter die sonstigen Einkünfte fallen, sind z. B. die gelegentliche Vermittlung von Kauf- und Tauschgeschäften sowie die gelegentliche Vermietung einzelner beweglicher Gegenstände (z. B. Fahrzeug, Motorjacht, Wohnmobil, Klavier, einzelne Maschinen), aber auch im Rahmen einer Fahrgemeinschaft für die Mitnahme von Kollegen erhaltene Fahrtgelder. Zu den abzugsfähigen Werbungskosten (Zeile 13) gehören z. B. Aufwendungen für Zeitungsanzeigen, Werbung, Fahrtkosten oder die Abschreibung. Sind die in Zeile 14 ermittelten Einkünfte (Unterschiedsbetrag aus Einnahmen und Werbungskosten) nicht höher als 255 € (bei Ehegatten gilt die Grenze bei jedem für seine Einkünfte), bleiben sie steuerfrei. Liegen sie über dieser Freigrenze, muss der gesamte Gewinn versteuert werden.

Verluste aus solchen Geschäften können nur mit Gewinnen aus gleichartigen Leistungen im selben Jahr, im Vorjahr (Verlustrücktrag) oder in folgenden Jahren (Verlustvortrag) verrechnet werden.

19.3 Private Veräußerungsgeschäfte (Seite 2)

→ ZEILEN 31–52
Private Veräußerungsgeschäfte

In den Zeilen 31 bis 52 sind Gewinne bzw. Verluste aus sog. „Spekulationsgeschäften" zu erfassen. Vertiefend siehe → Spekulationsgeschäfte.

Gewinne aus derartigen Verkäufen bleiben steuerfrei, wenn sie im Jahr nicht mehr als 599 € betragen. Dieser Betrag gilt bei Eheleuten getrennt für die Geschäfte des jeweiligen Ehegatten.

→ ZEILEN 31–41
Grundstücke

Die Zeilen 31 bis 41 betreffen Grundstücke, die Sie **innerhalb von zehn Jahren** (Datum der Kaufverträge maßgebend!) angeschafft und veräußert haben. Dies kann auch für geerbte oder geschenkte Grundstücke infrage kommen.

Wurde das gesamte Grundstück bis zum Verkauf bzw. im Veräußerungsjahr und in den letzten beiden Jahren davor nur zu eigenen Wohnzwecken genutzt (Zeile 33), liegt kein steuerpflichtiges Veräußerungsgeschäft vor. Weitere Angaben sind dann nicht mehr erforderlich. Anderes gilt jedoch für ein im selbst genutzten Haus befindliches Arbeitszimmer oder einen vermieteten Gebäudeteil. Veräußerungsgewinne aus solchen Gebäudeteilen (Angaben in Zeile 34) sind genauso (anteilig) steuerpflichtig wie der Verkauf von vermieteten Häusern und Wohnungen. Machen Sie die gefragten Angaben in den folgenden Zeilen 34–41. Bei einem gemischt genutzten Gebäude sind nur die Angaben bezüglich des steuerpflichtig veräußerten Grundstückteils notwendig.

→ ZEILEN 35–39
Gewinnermittlung

Zu versteuern ist grds. der Unterschiedsbetrag zwischen dem Veräußerungspreis (Zeile 35) und den Anschaffungskosten zzgl. Nebenkosten (Zeile 36) des Grundstücks. Sofern Sie auf dem

Grundstück Gebäude oder Außenanlagen errichtet, ausgebaut oder erweitert haben, erhöhen die dabei angefallenen Aufwendungen Ihre Anschaffungskosten. Soweit Sie eine Abschreibung (AfA) für das Grundstück bei einer Einkunftsart (z. B. Vermietung) steuerlich geltend gemacht haben (Eintragung in Zeile 37), werden Ihre Anschaffungskosten um diese AfA-Beträge gekürzt. Zu den abzugsfähigen Werbungskosten (Zeile 38) gehören alle Kosten i. Z. m. der Veräußerung wie z. B. Inserate, Fahrtkosten, Maklergebühren. Der ermittelte Gewinn (Zeile 39) muss wegen der Freigrenze dem Eigentümer-Ehegatten zugeordnet werden (Zeile 40). Vertiefend siehe → Spekulationsgeschäfte.

→ ZEILEN 42–49
Andere Wirtschaftsgüter

Die Veräußerung von anderen Wirtschaftsgütern des Privatvermögens (Zeile 42) ist steuerpflichtig, wenn Anschaffung und Veräußerung **innerhalb eines Jahres** (Zeile 43) erfolgt sind. Hierzu gehören auch Gewinne bzw. Verluste aus dem Verkauf von Fremd-, Kryptowährungen. Bei Wirtschaftsgütern, mit denen steuerpflichtige Einnahmen erzielt wurden (z. B. Vermietung von beweglichen Wirtschaftsgütern), gilt ein Zehnjahreszeitraum. Nicht steuerpflichtig ist der Verkauf von Gegenständen des täglichen Bedarfs (z. B. Pkw). Der ermittelte Gewinn ist bei Ehegatten wegen der Freigrenze dem zutreffenden Ehegatten zuzuordnen.

→ ZEILEN 50, 51
Gemeinschaften

Waren Sie an einer Gemeinschaft, z. B. Erbengemeinschaft, beteiligt, die Veräußerungsgeschäfte getätigt hat, musste die Gemeinschaft eine eigene Steuererklärung abgeben, aufgrund derer das Finanzamt die Gewinne ermittelt und auf alle Beteiligten aufgeteilt hat. Ihren Anteil am Gewinn erfassen Sie, soweit er Ihnen bekannt ist, in den Zeilen 50 und 51.

→ ZEILE 52
Verluste

Verluste, die Sie aus privaten Veräußerungsgeschäften erlitten haben, können nur mit gleichartigen Gewinnen des Vorjahres oder in Folgejahren verrechnet werden. Auch eine Begrenzung des Verlustrücktrags zugunsten eines Vortrags auf künftige Gewinne ist möglich. Tragen Sie hier ein, wenn Sie Verluste aus 2021 nicht bzw. nur begrenzt mit Gewinnen im Jahr 2020 verrechnen lassen wollen.

Checkliste Anlage SO

Folgende Abzugsmöglichkeit geprüft? Vgl. Ausfüllhinweise zur Zeile!

Ausgleichszahlungen zur Vermeidung des Versorgungsausgleichs (Zeile 5) bzw. Ehegattenunterhalt (Zeile 6) versteuern? ☐
Machen Sie Ihre notwendige Zustimmung am besten von vornherein davon abhängig, dass Ihr geschiedener Ehepartner/Lebenspartner die bei Ihnen zu zahlende Steuer übernimmt. Sie können die Zustimmung zur Versteuerung des Unterhalts für künftige Jahre widerrufen bzw. betragsmäßig auch so begrenzen, dass bei Ihnen keine Mehrsteuer anfällt.

Spekulationsverluste aus Vorjahren? ☐
Sie können die Verluste eventuell auch mit Veräußerungsgewinnen aus Kapitaleinkünften verrechnen (**Anlage KAP**).

20 Anlage N (Einkünfte aus nichtselbstständiger Arbeit)

20.1 Allgemein

WICHTIG

Die **Anlage N** benötigen Sie in folgenden Fällen:

- Sie haben als Arbeitnehmer gearbeitet (kein Minijob).
- Sie waren arbeitslos, hatten aber Aufwendungen für die Jobsuche.
- Sie sind (auch Arbeitnehmer) und wollen für Wege zur ersten Tätigkeitsstätte die Mobilitätspauschale beantragen, weil bei Ihnen wegen zu geringer Einkünfte keine Steuer anfällt.
- Sie haben eine Beamtenpension oder Betriebsrente bezogen.

Ehegatten müssen jeweils eine eigene Anlage N ausfüllen.

Eintragungen in den dunkelgrün unterlegten und mit einem „e im Kreis" gekennzeichneten Zeilen (Seite 1) sind nur nötig, wenn die der Finanzverwaltung vom Arbeitgeber übermittelten Daten fehlerhaft sind.

Überblick

Im Bedarfsfall ausfüllen	
Seite 1	**Angaben zu Arbeitslohn, Versorgungsbezügen, Lohnersatzleistungen (eZeilen 5–20, 28, Zeilen 21–27)** Die meisten Angaben können Sie der Lohnsteuerbescheinigung entnehmen.

Überblick

Im Bedarfsfall ausfüllen	
Seiten 2, 3, 4	**Werbungskosten zum „normalen Arbeitslohn" (Zeilen 31–72)** Hier können Sie Ihre beruflich verursachten Aufwendungen geltend machen. Ohne Eintragungen wird automatisch der Arbeitnehmerpauschbetrag von 1.000 € berücksichtigt. Im Vordruck sind beispielhaft Aufwendungen aufgeführt: • **Wege zur ersten Tätigkeitsstätte (Zeilen 31–40)** • **Beiträge zu Berufsverbänden, Gewerkschaften (Zeile 41)** • **Arbeitsmittel (Zeilen 42–43)** • **häusliches Arbeitszimmer (Zeile 44)** • **Homeoffice-Pauschale (Zeile 45)** • **Fortbildungskosten (Zeile 46)** • **weitere Werbungskosten (Zeilen 47–49)** • **Reisekosten bei Auswärtstätigkeiten (Tätigkeiten außerhalb einer ortsgebundenen Arbeitsstätte) (Zeilen 61–72)**
Seite 3	**Werbungskosten in Sonderfällen (Zeilen 73–78)** Tragen Sie hier Ihre Ausgaben in Zusammenhang mit begünstigt besteuertem Arbeitslohn (Versorgungsbezüge, Entschädigungen, Lohn für mehrere Jahre) ein. Automatisch bekommen Sie bei Versorgungsbezügen einen Werbungskostenpauschbetrag von 102 €.
Seite 4	**Werbungskosten zum „normalen Arbeitslohn" (Zeilen 91–117)** **Mehraufwand für doppelte Haushaltsführung**

20.2 Angaben zum Arbeitslohn (Seite 1)

→ ZEILE 4
eTIN

Die Angabe der **e**lectronic **T**axpayer **I**dentification **N**umber (eTIN), u.U. ausgewiesen auf der Lohnsteuerbescheinigung, ist nur erforderlich, wenn keine Identifikationsnummer (Hauptvordruck Zeilen 7, 16) vorhanden ist.

→ eZEILEN 5–20
Angaben zum Arbeitslohn

Die geforderten Angaben werden von Ihrem Arbeitgeber elektronisch an die Finanzverwaltung übermittelt und vom Finanzamt übernommen. Gleichzeitig bekommen Sie von Ihrem Arbeitgeber eine Lohnbescheinigung über die übermittelten Daten. Eintragungen müssen Sie nur noch vornehmen, wenn die übermittelten Angaben nicht zutreffend sind.

→ eZEILEN 5–10
Normaler Arbeitslohn

Die geforderten Angaben zu Steuerklasse, Bruttoarbeitslohn, Lohnsteuer, Solidaritätszuschlag und Kirchensteuer können Sie der Lohnsteuerbescheinigung (Nr. 3–7) entnehmen. Alle Angaben außer dem Bruttolohn sind mit Centbeträgen einzutragen. Haben Sie mehrere Lohnsteuerbescheinigungen, fassen Sie die

Eintragungen der zweiten und aller weiteren (jeweils mit Steuerklasse VI) zusammen.

→ **eZEILEN 11–16**
Versorgungsbezüge

Versorgungsbezüge, erkennbar aus der Lohnsteuerbescheinigung (Nr. 8 ff.), sind Zahlungen und Vorteile, die aufgrund eines früheren Dienstverhältnisses vom früheren Arbeitgeber gezahlt werden (z. B. Beamtenpensionen oder bestimmte Betriebsrenten). Sie sind teilweise steuerfrei. Die abgefragten Angaben im Vordruck werden für die Berechnung des steuerfreien Teils benötigt.

Dieser wird aus dem auf das Jahr hochgerechneten Versorgungsbezug, ausgehend vom Versorgungsbezug des ersten Monats, berechnet. Deshalb sind die Bemessungsgrundlage (eZeile 12; siehe Nr. 29 der Lohnsteuerbescheinigung), das Jahr (eZeile 13), in dem der Versorgungsbezug erstmals gezahlt wurde (Nr. 30 der Lohnsteuerbescheinigung), und, wenn der Versorgungsbezug nicht das ganze Jahr gezahlt wurde (eZeile 14), der Monat des ersten bzw. letzten Versorgungsbezugs (Nr. 31 der Lohnsteuerbescheinigung) erforderlich. Ihnen ausgezahlte Sonderzahlungen (z. B. Sterbegeld) oder Nachzahlungen für Vorjahre (vgl. Lohnsteuerbescheinigung Nr. 32) sind nochmals aufzuführen (eZeile 15). Nachzahlungen, die **mehrere** Jahre betreffen (Nr. 9 der Lohnsteuerbescheinigung), werden im Zuge der sog. Fünftel-Regelung ermäßigt besteuert (eZeile 16).

→ **eZEILEN 17–20**
Lohn für mehrere Jahre/ Entschädigungen

Steuerpflichtige Jubiläumszuwendungen, Entschädigungen oder Lohnnachzahlungen, die mehrere Jahre betreffen (vgl. Lohnsteuerbescheinigung Nr. 10, daraus abgeführte Steuern Nr. 11), sind ebenfalls steuerlich begünstigt (Fünftel-Regelung). Bei Entschädigungen (z. B. Abfindungen bei Auflösung des Dienstverhältnisses) müssen Sie die Vertragsunterlagen über Art, Höhe und Zeitpunkt der Zahlung beifügen.

→ **ZEILE 21**
Arbeitslohn ohne Steuerabzug

Zum steuerpflichtigen Arbeitslohn, bei dem keine Lohnsteuer einbehalten wurde, gehören z. B. von einem ausländischen Arbeitgeber oder einem Dritten gezahlter Arbeitslohn, nicht jedoch (steuerfreie) Trinkgelder. Die Eintragungen sollten Sie gesondert erläutern.

→ **ZEILEN 22–25**
Auslandstätigkeit

Haben Sie Arbeitslohn für eine Auslandstätigkeit bekommen, können Sie die notwendigen Eintragungen aus Nr. 16 Ihrer Lohnsteuer- oder Gehaltsbescheinigung für den entsprechenden Tätigkeitszeitraum entnehmen; ebenso, ob die Steuerfreiheit aufgrund eines Doppelbesteuerungsabkommens (Zeile 22) oder über den Auslandstätigkeitserlass (Zeile 23) erfolgt ist. Zusätzlich müssen Sie die **Anlage N-AUS** ausfüllen.

→ **ZEILE 26**
Grenzgänger

Grenzgänger, also Personen, die ihren Arbeitsplatz in Frankreich, Österreich oder der Schweiz haben, aber täglich zu ihrem inländischen Wohnsitz zurückkehren, geben ihr Beschäftigungsland und den Arbeitslohn in ausländischer Währung an. Soweit Sie bei einem Finanzamt in Baden-Württemberg veranlagt werden, reicht es aus, die dort erhältliche **Anlage N-Gre** auszufüllen. Ausgaben im Zusammenhang mit dieser Tätigkeit stellen Sie auf einem gesonderten Blatt zusammen. Wenn Sie in der Schweiz arbeiten und Ihnen dort Schweizer Abzugsteuer einbehalten wurde, kann diese direkt auf die deutsche Steuer angerechnet werden (Zeile 26).

→ **ZEILE 27**
Aufwandsentschädigung/ Übungsleiterpauschale/Ehrenamtsfreibetrag

Waren Sie nebenberuflich (Arbeitszeit weniger als 1/3 einer Vollerwerbstätigkeit) in einem Arbeitsverhältnis bei einer staatlichen Stelle oder einem gemeinnützigen Verein als Übungsleiter, Ausbilder, Betreuer, Erzieher oder in vergleichbarer Tätigkeit, als Künstler oder in der Pflege alter, kranker oder behinderter Menschen tätig, ist der dafür erhaltene Lohn (Aufwandsentschädigung) bis zu 2.400 € jährlich steuerfrei (**Übungsleiterpauschale**). Wenn Sie kein weiteres Arbeitsverhältnis haben, erhalten Sie zusätzlich den Arbeitnehmerpauschbetrag von 1.000 €. Ausgaben im Zusammenhang mit der Tätigkeit können Sie allerdings nur geltend machen, soweit sie 2.400 € bzw. 3.400 € (2.400 € + 1.000 €) überschreiten. Vertiefend siehe → Ehrenamt.

Waren Sie ehrenamtlich und nebenberuflich (s. o.) in anderer als o. a. Funktion, z. B. als Vorstand, Vereinsmitglied, Platzwart, Hausmeister oder sonstiger Helfer in einem gemeinnützigen Verein bzw. Verband oder im mildtätigen bzw. kirchlichen Bereich als Arbeitnehmer tätig, ist die dafür gezahlte Aufwandsentschädigung (Lohn) bis zu 720 € im Jahr steuerfrei (**Ehrenamtsfreibetrag**).

→ **eZEILE 28**
Lohnersatzleistungen

Die im Vordruck genannten Lohnersatzleistungen (z. B. Zuschuss zum Kurzarbeitergeld) werden regelmäßig über den Arbeitgeber ausgezahlt (Nr. 15 der Lohnsteuerbescheinigung) und dem Finanzamt elektronisch übermittelt, sodass Eintragungen nur bei unrichtig übermittelten Daten vorzunehmen sind. Andere Lohnersatzleistungen, z. B. Insolvenz-, Kurzarbeiter-, Arbeitslosengeld von der Bundesagentur für Arbeit, Kranken- und Mutterschaftsgeld von Ihrer Krankenkasse oder Elterngeld, gehören in Zeile 36 des Hauptvordrucks. Lohnersatzleistungen sind zwar steuerfrei, erhöhen jedoch den Steuersatz für die steuerpflichtigen Einkünfte (Progressionsvorbehalt).

20.3 Werbungskosten

→ ZEILEN 31–72
Werbungskosten

Werbungskosten sind beruflich verursachte Ausgaben, die den Bruttoarbeitslohn und damit die Steuer mindern. Im Vordruck sind lediglich die am häufigsten vorkommenden Werbungskostenarten genannt (vgl. Erläuterungen zu den Zeilen 46–48), es handelt sich also nicht um eine vollständige Aufzählung. Werbungskosten sind auch möglich, wenn Sie noch nicht oder nicht mehr in einem Arbeitsverhältnis stehen (z. B. Bewerbungskosten, Berufsausbildungskosten). Vertiefend siehe → Werbungskosten, -pauschbeträge und -pauschalen.

Arbeitnehmer-pauschbetrag

Bei jedem Arbeitnehmer, der in einem aktiven Dienstverhältnis steht, wird automatisch ein Betrag von 1.000 € (Arbeitnehmerpauschbetrag) berücksichtigt, wenn er keine höheren Ausgaben geltend macht. Empfängern von Versorgungsbezügen (vgl. Nr. 8 und 9 der Lohnsteuerbescheinigung und Erläuterungen zu den Zeilen 11–16) steht lediglich ein Arbeitnehmerpauschbetrag von 102 € zu. Waren Sie (einen Teil des Kalenderjahrs) noch berufstätig und haben Sie (für den anderen Teil) auch Versorgungsbezüge erhalten, bekommen Sie beide Pauschbeträge.

Eintragungen auf den Seiten 2, 3 und 4 sind nur notwendig, wenn Sie höhere Kosten als die Pauschbeträge geltend machen können.

TIPP

Kein Geld verschenken!

Prüfen Sie Ihre Werbungskosten sorgfältig, damit Sie kein Geld verschenken. Der Pauschbetrag ist z. B. bereits dann überschritten, wenn Ihre Arbeitsstätte bei einer Fünftagewoche mindestens 15 km von Ihrer Wohnung entfernt ist.

→ ZEILEN 31–40
Wege zur ersten Tätigkeitsstätte,

Sie können für Wege zu Ihrer (ortsfesten) ersten Tätigkeitsstätte (bisher „regelmäßige Arbeitsstätte“), unabhängig vom benutzten Verkehrsmittel, für jeden **vollen Entfernungskilometer (Ekm)** eine Pauschale von 0,30 € bzw. 0,35 € ab dem 21. Kilometer geltend machen (**Entfernungspauschale**).

Entfernungspauschale

Die Regelung gilt (teilweise) auch für Arbeitnehmer, die in einem weiträumigen Arbeitsgebiet tätig sind, arbeitstäglich zu einem (betrieblichen) Sammeltreffpunkt fahren oder die Fahrt zur Arbeitsstätte (unentgeltlich) als Mitfahrer oder ganz bzw. teilweise mit einem zur Nutzung überlassenen privaten Pkw oder einem Firmenwagen durchführen. Soweit Sie kein eigenes oder Ihnen zur Nutzung überlassenes Kfz (z. B. Firmenwagen) benutzen, ist der Gesamtabzug über die Entfernungspauschale auf maximal 4.500 € jährlich begrenzt (= Deckelung).

Zusätzlich zur Entfernungspauschale sind **nur** Kosten, die durch einen Unfall auf einer Fahrt zur bzw. von der Arbeitsstätte entstanden sind, absetzbar (vgl. Zeilen 48, 49).

Öffentliche Verkehrsmittel

Bei Benutzung öffentlicher Verkehrsmittel sind die die Jahresentfernungspauschale übersteigenden höheren Jahreskosten abzugsfähig (Kennzahlen 114, 134, 154, 174). Sie können die tatsächlich aufgewendeten Kosten für eine Monats- oder Jahresfahrkarte auch dann in voller Höhe eintragen, wenn Sie – coronabedingt – nur am einigen Tagen tatsächlich gefahren sind. Auch behinderte Menschen können ab einem bestimmten Grad der Behinderung höhere tatsächliche Kosten geltend machen (Kennzahlen 115, 135, 155, 175). Für mit einer Fähre oder einem Flugzeug zurückgelegte Strecken sind nur die tatsächlichen Kosten abzugsfähig (Eintragung in Zeile 47).

Tragen Sie entsprechend das benutzte Verkehrsmittel und die damit zurückgelegte Strecke ein. Vertiefend siehe → Firmenwagen.

TIPP

Wechselnde Einsatzorte

Sind Sie keiner ortsgebundenen betrieblichen Einrichtung (Ihres Arbeitgebers) fest zugeordnet und Ihr Tätigkeitsschwerpunkt befindet sich auch nicht dort (Tätigkeit dort weniger als 1/3 der Arbeitszeit und weniger als zwei volle Tage/Woche), sondern im Wesentlichen z. B. an ständig wechselnden Einsatzorten, auf einem Fahrzeug oder bei Kunden des Arbeitgebers, können Sie im Regelfall höhere (Reise-)Kosten abziehen (vgl. Erläuterungen zu den Zeilen 31–34 und 61 ff.).

→ ZEILEN 31–34
Erste Tätigkeitsstätte

In die Zeilen 31–34 tragen Sie die Angaben zu Ihrer ersten Tätigkeitsstätte, zur Anzahl der Arbeitstage je Woche sowie zu Ihren Urlaubs- und Krankheitstagen ein. Haben Sie Ihre regelmäßige Arbeitsstätte gewechselt, müssen Sie für jede Arbeitsstätte eine eigene Zeile ausfüllen. Für Arbeitnehmer, die stets zum selben Sammelpunkt (i. d. R. ortsfeste Arbeitgebereinrichtung) fahren und von dort aus ihre Tätigkeit beginnen (z. B. Fahrtätigkeit ab Busdepot) oder ihren Tätigkeitsort aufsuchen (z. B. Baustelle), sind die Fahrten zum Sammelpunkt (Zeilen 33, 34) als Wege zur ersten Tätigkeitsstätte zu erfassen. Keine Sammelpunkte sind privat organisierte Treffpunkte (z. B. Park-and-ride-Parkplätze). Die Zeilen 33 und 34 gelten daneben auch für Arbeitnehmer mit einem weiträumigen Arbeitsgebiet (z. B. Waldgebiet, Hafengelände) bezüglich der Entfernung aus dem der Wohnung am nächsten liegenden Zugang zum Arbeitsgebiet. Die Zeilen gelten nicht für Arbeitnehmer, die keiner festen betrieblichen Einrichtung zugeordnet sind, sondern direkt von zu Hause aus zum auswärtigen Tätigkeitsort (z. B. Baustelle, Fortbildungsort, Dienstreiseort) fahren (vgl. Auswärtstätigkeit, Zeilen 61 ff). Vertiefend siehe → Reisekosten.

→ ZEILEN 35–38
Arbeitstage, maßgebende Entfernung

Ohne nähere Prüfung erkennt das Finanzamt bei einer Fünftagewoche 220, bei einer Sechstagewoche 270 Tage an (Kennzahl 110). In Kennzahl 111 tragen Sie grundsätzlich die kürzeste einfache Entfernung der Straßenverbindung zu Ihrer Arbeitsstätte, die mit einem Fahrzeug, das 60 km/h fährt, benutzbar ist, abgerundet auf volle Kilometer, ein. Eine längere Wegstrecke wird anerkannt, wenn sie verkehrsgünstiger ist, weil sich Fahrzeit einsparen lässt, oder z. B. wegen geringerer Verkehrsdichte oder günstigeren Ampelschaltungen eine entspanntere Fahrt ermöglicht und von Ihnen regelmäßig benutzt wird. In den nächsten beiden Spalten geben Sie an, wie viele Ekm Sie mit Ihrem Pkw, mit anderen Verkehrsmitteln oder, falls dies der Fall ist, mittels (lohnsteuerfreier) Sammelbeförderung (mit betrieblichen Fahrzeugen) durch den oder im Auftrag des Arbeitgeber(s) zurückgelegt haben. Soweit eine Sammelbeförderung stattfand (Lohnsteuerbescheinigung Nr. 2, eingetragener Großbuchstabe F), entfällt die Entfernungspauschale. Tragen Sie die tatsächlichen Kosten ein, wenn bzw. soweit Sie öffentliche Verkehrsmittel genutzt haben. Die insgesamt im Jahr dafür bezahlten Aufwendungen sind abzugsfähig, soweit sie die gesamte Jahresentfernungspauschale übersteigen. Die Deckelung (4.500 € jährlich) gilt nur für die Entfernungspauschale, nicht für die tatsächlichen Kosten.

Haben Sie einige Monate im Jahr ein Kfz und die restliche Zeit ein anderes Verkehrsmittel benutzt, dann machen Sie die Angaben jeweils in getrennten Zeilen. Für die Tage mit der Kfz-Benutzung gilt die Deckelung nicht.

Fahrgemeinschaften Sind Sie an einer **Fahrgemeinschaft** beteiligt, füllen Sie für die Tage, an denen Sie selbst gefahren sind, eine Zeile aus und getrennt eine weitere Zeile für die Tage, an denen Sie mitgenommen wurden. Für die Mitfahrtage gilt die Deckelung (4.500 €).

Ehegattenfahrgemeinschaften Ehegatten, die gemeinsam zur Arbeit fahren, können – auch bei gleicher Arbeitsstätte – beide jeweils die volle Entfernungspauschale (ggf. begrenzt auf 4.500 € bei dem, der mitfährt) geltend machen.

Behinderte Menschen Behinderte Menschen (Grad der Behinderung 70 % oder 50 % und eine Gehbehinderung bzw. außergewöhnliche Gehbehinderung, Merkzeichen „G" oder „aG" im Behindertenausweis – letzte Spalte Eintragung „1") können die tatsächlichen Kosten bzw. ohne Nachweis bei Kfz-Nutzung 0,30 €, bei Nutzung eines anderen privaten motorisierten Verkehrsmittels 0,20 € für jeden gefahrenen Kilometer abziehen. Vertiefend siehe → Menschen mit Behinderung.

→ ZEILE 39
Arbeitgeberersatz Hat der Arbeitgeber ein kostenloses oder verbilligtes Jobticket (steuerfrei) überlassen oder Fahrtkosten für Wege zur ersten Tätigkeitsstätte steuerfrei ersetzt oder den Kostenersatz pauschal versteuert (Nr. 17 oder 18 der Lohnsteuerbescheinigung), werden die Werbungskosten entsprechend gekürzt.

→ ZEILE 41
Berufsverbände, Gewerkschaften Abzugsfähig sind z. B. Mitgliedsbeiträge, Aufnahmegebühren und Umlagen an Berufsverbände wie Gewerkschaften, Beamtenverbände, Referendarverbände, Anwaltskammern, den Verein Deutscher Ingenieure (VDI), den Marburger Bund oder den Bundesverband des Schornsteinfegerhandwerks.

→ ZEILEN 42, 43
Arbeitsmittel Zu den Arbeitsmitteln gehören z. B. Aufwendungen für Fachbücher, Fachzeitschriften, beruflich verwendete Literatur, typische Berufskleidung oder Werkzeuge sowie Büromöbel für einen häuslichen Arbeitsplatz. Arbeitsmittel, die einschließlich Umsatzsteuer (brutto) nicht mehr als 952 € gekostet haben, sind in voller Höhe sofort im Anschaffungsjahr absetzbar, höhere AK (nur) über die jährliche Abschreibung. Computerhardware und -software kann ab 2021 im Anschaffungsjahr in voller Höhe

abgezogen werden. Vertiefend siehe → Abschreibungen im Betrieb und → Notebook, Smartphone & Co.

Führen Sie im Erklärungsvordruck oder auf einem gesonderten Blatt Arbeitsmittel und deren Kosten einzeln an. Aufwendungen bis zu 110 € werden i. d. R. ohne nähere Prüfung akzeptiert.

→ ZEILE 44
Arbeitszimmer

Aufwendungen für ein häusliches Arbeitszimmer sind steuerlich entweder in voller Höhe, begrenzt auf 1.250 € jährlich oder gar nicht abzugsfähig. Im Lexikon können Sie sich über den Kostenabzug von Arbeitsecken in einem sonst privat genutzten Zimmer oder bei sowohl beruflich und als auch privat genutzten Zimmern informieren. Vertiefend siehe → Arbeitszimmer.

TIPP

Arbeitsmittel immer abziehbar

Unabhängig von der Beurteilung der Kosten des Arbeitszimmers sind die Aufwendungen für im Arbeitszimmer befindliche **Arbeitsmittel**, z. B. Schreibtisch oder Regale, bei beruflicher Nutzung abziehbar (Zeilen 42, 43).

Aufwendungen für ein außerhäusliches Arbeitszimmer oder andere beruflich genutzte Räume (z. B. Lagerraum) sind in voller Höhe abzugsfähig.

→ ZEILE 45
Homeoffice-Pauschale

Für Tage an denen Sie ausschließlich zu Hause gearbeitet haben, können Sie, auch wenn Sie kein ausschließlich beruflich genutztes Zimmer haben, eine Pauschale von 5 € täglich, max. 600 €, geltend machen. Vertiefend siehe → Arbeitszimmer.

→ ZEILE 46
Fortbildungskosten

Zu den Fortbildungskosten gehören Aufwendungen für die Weiterbildung im ausgeübten Beruf (Lehrgänge, Fachtagungen, Studienreisen, Fortbildungen), Umschulungskosten, Kosten einer zweiten Ausbildung bzw. eines Zweitstudiums oder eines Erststudiums nach abgeschlossener (erster) Berufsausbildung sowie die Kosten in Zusammenhang mit einer ersten Berufsausbildung, wenn diese im Rahmen eines Dienstverhältnisses stattfindet (z. B. betriebliche Ausbildung, Berufsakademie). Oft fallen hier Reisekosten (vgl. Zeilen 61 ff.) an. Vertiefend siehe → Fortbildung/Fachtagungen und → Sonderausgaben.

Als Werbungskosten abzugsfähig sind z. B. die tatsächlichen Kosten für die Benutzung einer Fähre, Flugkosten oder Unfall-

→ ZEILEN 47–49
Weitere Werbungskosten

kosten in Zusammenhang mit Fahrten zur ersten Tätigkeitsstätte (Zeile 47). Häufig vorkommende Werbungskosten (Eintragung ab Zeile 47 ff.) sind z. B. Bewerbungskosten, Bewirtungskosten, Kontoführungsgebühren, Steuerberatungskosten, Telekommunikationskosten (Telefon/Internet), Umzugskosten oder berufliche Versicherungen (Unfall-, Haftpflicht-, Reisegepäckversicherungen).

TIPP

Private Umzugskosten

Für privat veranlasste Umzugskosten ist eine Steuerermäßigung für haushaltsnahe Dienstleistungen (Anlage Haushaltsnahe Aufwendungen) möglich.

→ ZEILEN 61–72
Reisekosten, Auswärtstätigkeiten

Arbeitnehmer, die keine erste Tätigkeitsstätte haben (keine dauerhafte Zuordnung und weniger als 1/3 der Arbeitszeit bzw. wöchentlich weniger als zwei volle Tage an einer ortsfesten Einrichtung des Arbeitgebers bzw. eines vom Arbeitgeber bestimmten Dritten tätig), üben eine Auswärtstätigkeit (wechselnde Einsatzstellen, Fahrtätigkeit) aus und können Reisekosten als Werbungskosten abrechnen. Dasselbe gilt für Arbeitnehmer, die sich aus beruflichen Gründen vorübergehend außerhalb der Wohnung und der ersten Tätigkeitsstätte aufhalten (z. B. Dienstreise). Vertiefend siehe → Reisekosten.

Die abzugsfähigen Reisekosten sind in vier Kostenarten eingeteilt: Fahrtkosten, Übernachtungskosten, Reisenebenkosten und Mehraufwendungen für Verpflegung.

→ ZEILE 61
Firmenwagen, Sammelbeförderung

Wird für die Fahrten ein Firmenwagen benutzt oder erfolgt die Beförderung zum Einsatzort durch den Arbeitgeber (mittels Sammelbeförderung), können mangels tatsächlicher Aufwendungen keine Fahrtkosten abgesetzt werden.

→ ZEILEN 62–64
Fahrtkosten, Übernachtung, Reisenebenkosten

Fahrtkosten, Übernachtungskosten und Reisenebenkosten sind in tatsächlicher Höhe abzugsfähig. Wenn Sie ein privates Verkehrsmittel nutzen, können Sie entweder die tatsächlichen Kosten je Kilometer nachweisen (→ Fahrtkosten) oder ohne Kostennachweis bei Kfz-Nutzung 0,30 €/km, bei Nutzung eines anderen motorbetriebenen privaten Verkehrsmittels 0,20 €/km absetzen (Zeile 62). Ist in den Übernachtungskosten (Zeile 63) Frühstück enthalten, sind die Kosten um die Kosten des Frühstücks zu kürzen. Zu den Reisenebenkosten (Zeile 64) gehören im Wesentlichen Parkgebühren, Kosten eines Verkehrsunfalls sowie Reiseversicherungen und der (Rest-)Wert von bei der Auswärtstätigkeit gestohlener Reiseausrüstung. Stellen Sie Ihre Kosten am besten auf einem gesonderten Blatt zusammen.

→ ZEILE 65
Pauschbeträge für Berufskraftfahrer

Berufskraftfahrer können für Kosten in Zusammenhang mit der Übernachtung im Fahrzeug (z. B. Nutzung von Sanitäranlagen, Parkgebühren, Reinigung der Schlafkabine) pauschal je Übernachtung 8 € zusätzlich zu den Verpflegungspauschalen geltend machen. Vertiefend siehe → Reisekosten.

→ ZEILEN 67–72
Verpflegungsmehraufwand

Als Verpflegungskosten sind nur die beruflich veranlassten Mehraufwendungen pauschal abzugsfähig. Der Pauschbetrag beträgt bei mehrtägigen Auswärtstätigkeiten mit Übernachtung für Anreise- und Abreisetage jeweils 14 €, für die Zwischentage (24-stündige Abwesenheit) 28 € (Zeilen 68, 69), bei eintägigen Auswärtstätigkeiten bzw. mehrtägigen ohne Übernachtung (über Mitternacht hinaus) 14 €, wenn Sie insgesamt mehr als acht Stunden abwesend waren (Zeile 67). Hat Ihr Arbeitgeber Mahlzeiten gestellt, sind die Pauschalen (bis max. 0 €) zu kürzen (Zeile 70). Haben Sie Zuzahlungen leisten müssen, verringert sich der Kürzungsbetrag (konkret auf jede Mahlzeit bezogen). Ihr Arbeitgeber wird die Mahlzeitengestellung in der Lohnsteuerbescheinigung mit dem Buchstaben „M" ausweisen. Für Tätigkeiten im Ausland gelten je Land unterschiedlich hohe Pauschbeträge (Zeile 71).

→ ZEILEN 66, 72
Arbeitgeberersatz

Hat Ihr Arbeitgeber Ihnen Reisekosten steuerfrei ersetzt (Nr. 20 der Lohnsteuerbescheinigung), mindert der Kostenersatz die abziehbaren Werbungskosten.

→ ZEILEN 73–78
Werbungskosten in Sonderfällen

Haben Sie im Zusammenhang mit Versorgungsbezügen (Betriebsrente, Pension) höhere Aufwendungen als der Werbungskostenpauschbetrag von 102 € (z. B. für Rentenberatung), können Sie diese in den Zeilen 73 und 74 erfassen. Ebenso können Werbungskosten im Zusammenhang mit ermäßigt besteuerten Entschädigungszahlungen, z. B. im Zusammenhang mit der Auflösung des Dienstverhältnisses oder mit Arbeitslohn für mehrere Jahre (Zeile75) oder steuerfreiem Auslandslohn (Zeile 76) erfasst werden. Diese Kosten dürfen nicht auf den Seiten 2, 3 (Zeilen 61–72) und 4 eingetragen werden.

→ ZEILEN 91–117
Doppelte Haushaltsführung

Eine steuerlich berücksichtigungsfähige **doppelte Haushaltsführung** liegt vor, wenn Sie einen eigenen Hausstand führen und aus beruflichem Anlass (z. B. Versetzung, Arbeitgeberwechsel) einen zweiten Haushalt (Zweitunterkunft) in der Nähe Ihrer ersten Tätigkeitsstätte unterhalten müssen.

> **WICHTIG**
>
> **Abgrenzung zu Reisekosten**
>
> Während eine doppelte Haushaltsführung stets eine berufliche Tätigkeit **an der ersten Tätigkeitsstätte** erfordert, führt jede vorübergehende berufliche Tätigkeit **außerhalb** der ersten Tätigkeitsstätte zum (höheren) Reisekostenabzug.

Eine berufliche Veranlassung ist auch gegeben, wenn der Familienhausstand (aus privaten Gründen) vom Arbeitsort wegverlegt wird (Wegverlegungsfälle). Zu den Voraussetzungen für eine steuerlich anzuerkennende doppelte Haushaltsführung und die Höhe der abzugsfähigen Mehraufwendungen siehe → Doppelte Haushaltsführung. Die dortigen Erläuterungen zu Selbstständigen gelten sinngemäß auch für Arbeitnehmer.

→ ZEILEN 91–99
Notwendige Voraussetzungen

In den Zeilen 91 bis 99 müssen Sie Angaben zum Grund der doppelten Haushaltsführung, zum auswärtigen Beschäftigungsort und zum Zeitpunkt der Gründung des zweiten Hausstandes machen sowie darüber, ob Sie an Ihrem Hauptwohnsitz einen eigenen Hausstand unterhalten. Anhand dieser Angaben prüft das Finanzamt die steuerliche Abzugsfähigkeit der doppelten Haushaltsführung. Liegt der Zweithaushalt im Ausland (Zeile 95), gelten für die abzugsfähigen Kosten Sonderregeln. Ist der doppelten Haushaltsführung eine Auswärtstätigkeit von mehr als drei Monaten Dauer am gleichen Ort unmittelbar vorausgegangen, ist kein Verpflegungsmehraufwand mehr abzugsfähig (Zeile 98).

→ ZEILE 99
Wahlrecht

Sind Sie mehr als einmal wöchentlich zum eigenen Hausstand gefahren, kann es steuerlich günstiger sein, auf den Kostenabzug wegen doppelter Haushaltsführung zu verzichten und stattdessen alle tatsächlich durchgeführten Fahrten als Wege zwischen Wohnung und regelmäßiger Arbeitsstätte (Zeilen 31–39) zu erklären.

→ ZEILEN 100–117
Abzugsfähige Kosten

Die Zeilen betreffen die im Rahmen einer doppelten Haushaltsführung abzugsfähigen Kosten. Vertiefend siehe → Doppelte Haushaltsführung.

→ ZEILEN 100–108
Fahrtkosten

In den Zeilen 101 bis 108 erfassen Sie die Ihnen entstandenen Aufwendungen für Fahrten zwischen Ihrem Hauptwohnsitz (eigener Hausstand) und Ihrer ersten Tätigkeitsstätte (Tätigkeitsort). Für mit einem Firmenwagen durchgeführte Fahrten oder bei Beförderung durch den Arbeitgeber im Rahmen einer unentgeltlichen Sammelbeförderung (Zeile 100) sind keine Fahrtkosten abzugsfähig.

Die Kosten der **ersten Fahrt** zu Beginn und (soweit zutreffend) der letzten Fahrt am Ende der doppelten Haushaltsführung sind grundsätzlich in tatsächlicher Höhe abziehbar. Kosten für öffentliche Verkehrsmittel gehören in Zeile 103, für Kfz-Nutzung (ohne Nachweis 0,30 € je gefahrenen km) in Zeile 101, für die Nutzung anderer privater motorgetriebener Verkehrsmittel (ohne Nachweis 0,20 € je km) in Zeile 102. Ein höherer km-Satz ist auf Nachweis möglich.

In den Zeilen 104 bis 108 erfassen Sie die Kosten für eine **Familienheimfahrt** (= Fahrt zum eigenen Hausstand) wöchentlich, soweit Sie diese tatsächlich durchgeführt haben. Wenn Sie nicht behindert sind, erhalten Sie, unabhängig vom benutzten Verkehrsmittel, eine Entfernungspauschale von 0,30 € bzw. ab dem 21. Kilometer 0,35 € je **Ekm** (Zeile 104). Die Pauschale steht Ihnen auch zu, wenn Sie keine Kosten hatten (Ausnahme: Sammelbeförderung oder Firmenwagennutzung, Zeile 100). Haben Sie öffentliche Verkehrsmittel benutzt, können Sie stattdessen höhere tatsächliche Kosten (Zeile 105) absetzen. Menschen mit Behinderung können bei Kfz-Nutzung eine Entfernungspauschale von 0,60 € je Ekm oder die tatsächlichen Kosten (Zeile 106) geltend machen. Sind Sie geflogen, sind stets nur die tatsächlichen Kosten absetzbar (Zeile 108).

Zusätzlich sind Kosten eines Unfalls auf einer Familienheimfahrt berücksichtigungsfähig (Zeile 115).

Die Angaben für die Fahrten zwischen Ihrer Zweitwohnung und Ihrer ersten Tätigkeitsstätte gehören in die Zeilen 31 bis 39.

→ ZEILEN 109, 110
Unterkunft am Beschäftigungsort

Der Abzug der tatsächlichen Kosten für die zweite Unterkunft (Miete, Nebenkosten, Garagen-, Stellplatzmiete) ist – unabhängig von der Wohnungsgröße – auf einen monatlichen Höchstbetrag von 1.000 € bzw. 12.000 € jährlich begrenzt, wenn sie im Inland liegt (Zeile 109). Zusätzlich sind Maklergebühren und die notwendige Wohnungseinrichtung und Küchenausstattung (bis zu 5.000 €) abzugsfähig (Zeile 115). Liegt die Zweitunterkunft im Ausland, gelten Sonderregelungen (Zeile 110).

→ ZEILEN 111–114
Verpflegung

Die Pauschalen für Verpflegungsmehraufwendungen sind nur für die ersten drei Monate ab Bezug der Zweitunterkunft abzugsfähig. Maßgebend für die Höhe der Pauschbeträge ist jeweils die tägliche Abwesenheit von der Lebensmittelpunktwohnung (Hauptwohnung). An den An- und Abreisetagen (am Wochenende) sind jeweils 14 € abzugsfähig, an Tagen mit ganztägiger Abwesenheit 28 €. Liegt die Zweitunterkunft im Ausland, gelten je nach Land andere Pauschbeträge (Zeile 114).

→ ZEILE 115
Umzugskosten, Telefonate, Einrichtung

In Zeile 115 können Sie weitere durch die doppelte Haushaltsführung entstandene Kosten geltend machen. Dazu gehören im Wesentlichen Telefongebühren für Gespräche mit der Familie (Gebühren bis zur Höhe eines 15-minütigen Gesprächs wöchentlich) für alle Wochen, in denen keine Familienheimfahrt stattgefunden hat. Abzugsfähig sind auch tatsächlich angefallene Umzugskosten sowie Renovierungskosten bei Bezug bzw. Aufgabe der Zweitunterkunft mit dem Rückumzug zur Hauptwohnung. In Wegverlegungsfällen sind die Umzugskosten privat veranlasst. Eventuell können Sie dafür eine Steuerermäßigung bekommen (siehe Hauptvordruck, S. 3).

Ebenfalls abzugsfähig – ggf. über die AfA – sind die Kosten für die notwendige Einrichtung der Zweitwohnung (Möbel, Ausstattungsgegenstände).

→ ZEILE 117
Kostenersatz

Hat Ihnen Ihr Arbeitgeber Aufwendungen (steuerfrei) ersetzt (vgl. Nr. 21 der Lohnsteuerbescheinigung), ist der Kostenersatz bis zur Höhe eines möglichen Werbungskostenabzugs steuerfrei. Entsprechend verringern sich die abzugsfähigen Aufwendungen.

Checkliste Anlage N

Folgende Abzugsmöglichkeit geprüft? Vgl. Ausfüllhinweise zur Zeile!

Ohne Einzelnachweis können Sie geltend machen: ☐

- für **Arbeitsmittel** (Arbeitskleidung): 110 € (Zeilen 42, 43)
- für berufliche **Kontoführungsgebühren:** 16 € (Zeile 47)
- Beiträge zu **Gewerkschaften** bzw. Berufsverbänden, wenn Sie den Berufsverband namentlich nennen (Zeile 41)
- **Telekommunikationskosten** (Telefon, Internet): pauschal 20 % der Kosten, max. 20 € monatlich, wenn bei Ihnen erfahrungsgemäß derartige Aufwendungen anfallen (Zeilen 48, 49)

Beruflich veranlasste Versicherungen ☐

„Gemischte" Versicherungen (z. B. Privathaftpflicht-, Unfallversicherung, die auch berufliche Bereiche abdeckt) sind ggf. teilweise abzugsfähig (Zeilen 48, 49).

Fahrten zwischen Wohnung und erster Tätigkeitsstätte ☐

Die Entfernungspauschale erhalten Sie auch dann, wenn Sie keine Aufwendungen hatten (Ausnahme: Sammelbeförderung durch den Arbeitgeber) (Zeilen 31–39).
Kosten für öffentliche Verkehrsmittel sind in tatsächlicher Höhe abzugsfähig, wenn sie die Entfernungspauschale übersteigen (Zeilen 35–38, vorletzte Spalte).
Unfallkosten sind zusätzlich zur Entfernungspauschale abzugsfähig (Zeile 47).
Sind Sie **behindert**, steht Ihnen für die Fahrten zur Arbeitsstätte möglicherweise ein höherer Kostenabzug zu (Zeilen 35–38, letzte Spalte).

Sie machen nach Abschluss einer ersten Ausbildung eine Umschulung, eine zweite Berufsausbildung oder haben ein Studium begonnen oder studieren? ☐

Die Kosten sind als (vorweggenommene) Werbungskosten abzugsfähig (Zeile 46).

Folgende Abzugsmöglichkeit geprüft? Vgl. Ausfüllhinweise zur Zeile!	
Sie üben eine Auswärtstätigkeit (z. B. Dienstreise, Tätigkeit auf einem Fahrzeug, Beschäftigung an wechselnden Einsatzstellen) bzw. eine Tätigkeit außerhalb der ersten Tätigkeitsstätte aus? Prüfen Sie, ob Sie den Reisekostenabzug geltend machen können (Zeilen 61–72).	☐
Sie unterhalten zwei Haushalte? Prüfen Sie, ob die Kosten des zweiten Haushalts steuerlich abzugsfähig sind (Zeilen 91–117). Prüfen Sie unabhängig davon, ob Sie die Fahrten von der weiter entfernt liegenden Wohnung als Wege zur Arbeitsstätte geltend machen können (Zeilen 31–39).	☐
Sie haben zu Hause gearbeitet? Prüfen Sie den Kostenabzug für ein häusliches Arbeitszimmer (Zeile 44). In jedem Fall ist die Homeoffice-Pauschale abzugsfähig (Zeile 45). Aufwendungen für im Arbeitszimmer befindliche Arbeitsmittel können Sie in jedem Fall absetzen (Zeilen 42, 43).	☐

21 Anlage AUS (Ausländische Einkünfte)

21.1 Allgemein

WICHTIG

Im Inland steuerpflichtige ausländische Einkünfte

Die **Anlage AUS** benötigen Sie in folgenden Fällen:

Sie haben Einkünfte (**außer Kapitalerträge**) aus dem Ausland bezogen, die

- auch im Inland **steuerpflichtig** sind und wollen die ausländische Steuer auf Ihre ESt anrechnen lassen;
- in Deutschland **steuerfrei sind**, aber den Steuersatz der inländischen Einkünfte verändern (Progressionsvorbehalt).

Liegen Einkünfte aus Kapitalvermögen vor, kommt eine Eintragung in der Anlage AUS nur in Betracht, wenn die tarifliche ESt Anwendung findet (Eintragungen in den Zeilen 27 bis 34 und 60 der Anlage KAP bzw. in den Zeilen 27 bis 31 der Anlage KAP-BET).

Jeder Ehegatte mit ausländischen Einkünften benötigt eine eigene Anlage AUS. Die Angaben müssen für jeden Staat und jede Einkunftsart getrennt vorgenommen werden.

Überblick

Im Bedarfsfall ausfüllen	
Seite 1	**Steuerpflichtige ausländische Einkünfte (Zeilen 4–11)** Im Inland steuerpflichtige Einkünfte sind auf den Anlagen der entsprechenden Einkunftsart (z. B. Anlage V) einzutragen. Durch die Eintragung der ausländischen Einkünfte auf der Anlage AUS **(Zeilen 12–13)** beantragen Sie die Anrechnung der ausländischen Steuer auf die deutsche Einkommensteuer.

Überblick

Im Bedarfsfall ausfüllen	
Seite 2	**Nicht nach DBA steuerfreie negative Einkünfte i.S.d. § 2a Abs. 1 EStG (Zeilen 31–35)** Durch eine Eintragung erreichen Sie eine Verrechnung ausländischer Verluste mit positiven gleichartigen Einkünften aus demselben Land in Vor- oder Folgejahren. **Nach DBA steuerfreie Einkünfte/Progressionsvorbehalt (Zeilen 36–44)** Diese Einkünfte sind nur auf der Anlage AUS einzutragen. Sie beeinflussen den Steuersatz der in Deutschland steuerpflichtigen Einkünfte (Progressionsvorbehalt). **Einkünfte i.S.d. § 32b EStG i.V.m. privaten Veräußerungsgeschäften nach § 23 EStG (Zeilen 45–47)** Eintragungen sind notwendig, wenn ausländisches unbewegliches Vermögen innerhalb von 10 Jahren nach dem Erwerb wieder veräußert wird und diese Einkünfte nach dem DBA steuerfrei sind. Sie unterliegen dann dem Progressionsvorbehalt. Falls ein Verlustrücktrag in das Vorjahr der Höhe nach begrenzt werden soll, ist der gewünschten Betrag in Zeile 47 einzutragen. **Nach DBA steuerfreie negative Einkünfte i.S.d. § 2a Abs. 1 EStG (Zeilen 47–51)** Hier beantragen Sie die Verrechnung von ausländischen Verlusten mit entsprechenden positiven Vorjahreseinkünften.

21.2 Kurzinformation zu ausländischen Einkünften

Ausländische Einkünfte sind im Inland grds. steuerpflichtig, und zwar unabhängig davon, ob mit dem ausländischen Staat ein Abkommen zur Vermeidung einer Doppelbesteuerung (DBA) besteht oder nicht. Deshalb müssen die steuerpflichtigen ausländischen Einkünfte bei der jeweiligen Einkunftsart (z.B. Mieteinkünfte auf der **Anlage V**) erfasst werden.

Bei den Einkünften aus Kapitalvermögen ist die ESt grds. durch den Steuerabzug abgegolten. Deshalb kommt eine Eintragung in den Zeilen 4 bis 14 nur in den Fällen des § 32d Abs. 2 EStG in Betracht. Vertiefend siehe → Kapitalanlagen.

Soweit die ausländischen Einkünfte dem Teileinkünfteverfahren unterliegen (Gewinnanteile und Veräußerungsgewinne aus Beteiligungen), sind sie außer in Zeile 7 noch in Zeile 8 einzutragen. Ggf. sind in Zeile 9 die Teilfreistellungsbeträge nach §§ 20, 21 InvStG einzutragen. Die ausländische Steuer kann, soweit sie auf die im Inland zu versteuernden Einkünfte entfällt, und wenn sie der deutschen ESt entspricht, in bestimmtem Umfang steuerlich berücksichtigt werden. Der Umfang der Berücksichtigung muss für jeden ausländischen Staat gesondert ermittelt werden. Deshalb müssen Sie die Einnahmen nach

Staaten getrennt angeben. Infrage kommt für die ausländische Steuer zum einen die direkte Anrechnung auf die deutsche ESt (Eintragung Anlage AUS, Zeile 12, Eintragungen in Zeile 13, wenn nicht die tatsächlich gezahlte, sondern nur eine fiktive, im DBA bestimmte ausländische Steuer angerechnet wird) oder der Abzug der Steuer wie Betriebsausgaben oder Werbungskosten (Berücksichtigung bei der Ermittlung der Einkünfte in Zeile 7).

Erträge aus einem Investmentfonds im Betriebsvermögen sind für jeden einzelnen Fonds getrennt in voller Höhe aufzuführen. Gleiches gilt für die darauf entfallenden Steuern. Kommt das Teileinkünfteverfahren zur Anwendung, wird die ausländische Steuer nur zu 60 % berücksichtigt.

Fügen Sie Ihrer Anlage AUS die **ausländischen Steuerbescheinigungen** bei. Besteht mit dem ausländischen Staat ein DBA, dann kann dort außerdem geregelt sein, dass die ausländischen Einkünfte im Inland steuerfrei sind. Dann sind sie nur auf der Anlage AUS (Zeilen 36–43) einzutragen. In diesem Fall bewirken sie jedoch eine Veränderung des Steuersatzes für die im Inland steuerpflichtigen Einkünfte (Progressionsvorbehalt).

Die **Anlage AUS** dient also im Wesentlichen dazu, die Anrechnung der ausländischen Steuer zu beantragen bzw. die Veränderung des inländischen Steuersatzes im Wege des Progressionsvorbehalts sicherzustellen.

Arbeitslohn

Ausländische Einkünfte aus nichtselbstständiger Arbeit sind grds. nur in den Anlagen N und N-AUS anzugeben, es sei denn, es wird die Anrechnung im Ausland gezahlter Steuern gewünscht. In diesem Fall sind die ausländischen Einkünfte und die darauf entfallende ausländische Steuer zusätzlich in der Anlage AUS zu erklären (Ausnahme: schweizerische Abzugsteuer, vgl. Anlage N).

Soweit ausländische **Lohneinkünfte** im Inland steuerfrei sind, ist eine Eintragung auf der **Anlage N** und auf der Anlage N-AUS vorzunehmen.

→ ZEILEN 21–22

Sondervergütungen von ausländischen Personengesellschaften

§ 50d Abs. 10 EStG regelt die Besteuerung grenzüberschreitend gezahlter Sondervergütungen bei Personengesellschaften (Darlehenszinsen, Miet- und Pachtzinsen, Tätigkeitsvergütungen etc.). Diese Einkünfte sind in Zeile 21 einzutragen, die darauf entfallenden anrechenbaren Steuern in Zeile 22. Die Steuern sind durch Vorlage der Steuerbescheinigungen bzw. des ausländischen Steuerbescheids mit Zahlungsnachweis zu belegen.

Checkliste Anlage AUS

Folgende Abzugsmöglichkeit geprüft? Vgl. Ausfüllhinweise zur Zeile!

Sie möchten ausländische Steuer anrechnen lassen? ☐

Dazu benötigen Sie stets die ausländische Steuerbescheinigung. Regelmäßig ist die direkte Anrechnung (Zeilen 12–13) günstiger als der Abzug als Werbungskosten bzw. Betriebsausgaben (Zeile 10).

22 Anlage Corona-Hilfen

22.1 Verwendung der Anlage Corona-Hilfen

Die Anlage Corona-Hilfen ergänzt die Anlagen G, L und/oder S der Einkommensteuererklärung. Unabhängig davon, ob in diesen und in den jeweiligen Gewinnermittlungen Corona-Soforthilfen, Überbrückungshilfen oder vergleichbare Zuschüsse als steuerpflichtige Betriebseinnahmen bzw. Rückzahlungen als Betriebsausgaben enthalten sind, muss die Anlage Corona-Hilfen abgegeben werden.

WICHTIG

Corona-Soforthilfe

Corona-Soforthilfen stellen grundsätzlich Betriebseinnahmen, Rückzahlungen Betriebsausgaben dar. Sie sind nur dann steuerfrei, soweit das EStG ausdrücklich eine entsprechende Befreiung vorsieht. Hinsichtlich der Corona-Soforthilfeleistungen ist dies nicht der Fall. Vertiefend siehe → Einnahmenüberschussrechnung. Zu beachten ist auch, dass die Bewilligungsbehörde das Finanzamt über den Zuschuss informieren muss.

→ ZEILE 4
Grundangaben

Hat der Steuerpflichtige bzw. sein Ehegatte 2021 derartige Einnahmen gehabt bzw. Rückzahlungen geleistet, ist dies durch Eintragung einer „1" unter der Kennziffer 850 bzw. 851 zu erklären. War dies nicht der Fall, ist eine „2" einzutragen.

→ ZEILEN 5–11
Höhe der Corona-Hilfen

In den folgenden Zeilen 5–10 ist der Saldo zwischen den erhaltenen und den im selben Kalenderjahr zurückgezahlten Corona-Hilfen für jeden Betrieb unter Angabe der Betriebsbezeichnung und -steuernummer anzugeben.

WICHTIG

Zusätzliche Eingabe

Die betreffenden Einnahmen müssen in der Gewinnermittlung 2021 (Bilanz und GuV bzw. Einnahmenüberschussrechnung) enthalten sein und dementsprechend auch im Gewinn bzw.

Verlust, der in den Anlagen G, L und/oder S der Einkommensteuererklärung einzutragen ist.

In Zeile 11 ist die Summe der Corona-Hilfen, getrennt nach den Steuerpflichtigen, einzutragen.

→ ZEILE 12
Bilanzierende Steuerpflichtige

Sofern im Jahr 2021 Corona-Soforthilfen, Überbrückungshilfen und/oder vergleichbare Zuschüsse ausgezahlt wurden, die bereits in der Bilanz des vorangegangenen Wirtschaftsjahres (i. d. R. zum 31.12.2020 als Forderung/sonstiger Vermögensgegenstand) enthalten waren und in der Anlage Corona-Hilfen 2020 erklärt wurden, muss hier eine „1" eingetragen werden.

Teil II: Erläuterungen für die betrieblichen Steuererklärungen 2021/2022

1 Gewerbesteuererklärung 2021

1.1 Wer muss eine Gewerbesteuererklärung abgeben?

Die Abgabe einer Gewerbesteuererklärung setzt voraus, dass Sie Einkünfte aus einem Gewerbebetrieb beziehen. Dies betrifft insbesondere Handwerks-, Fertigungs-, Handels- und Dienstleistungsbetriebe. Prüfen Sie deshalb vorsorglich, ob Sie nicht eine freiberufliche Tätigkeit ausüben. In diesem Fall werden Sie nicht zur Gewerbesteuer herangezogen. **Hinweis:** Wichtiges zur Einordnung und Abgrenzung finden Sie im Lexikon unter → Gewerbetreibende/Steuerermäßigung.

<table>
<tr><td colspan="2">Sie erzielen Einkünfte aus Gewerbebetrieb.</td><td></td></tr>
<tr><td rowspan="3">Rechtsform der Firma</td><td>GmbH</td><td>Es muss eine Steuererklärung abgegeben werden.</td></tr>
<tr><td>Einzelunternehmen</td><td rowspan="2">Es muss nur dann eine Steuererklärung abgegeben werden, wenn der Gewinn zuzüglich der Hinzurechnungen und abzüglich der Kürzungen mehr als 24.500 € beträgt.</td></tr>
<tr><td>Personengesellschaft</td></tr>
</table>

Abgabefrist

Die Gewerbesteuererklärung 2021 muss bis zum 31.7.2022 beim zuständigen Finanzamt (= Finanzamt, in dessen Bezirk sich die Geschäftsleitung befindet) per Datenübertragung abgegeben werden. Wenn Sie einen Steuerberater haben, gilt eine (verlängerte) Abgabefrist bis zum 29.2.2023. Weitere Fristverlängerungen müssen Sie beim Finanzamt beantragen. Falls dies versäumt wird, müssen Sie mit der Festsetzung eines obligatorischen Zwangsgelds rechnen. In Ausnahmefällen wird das Finanzamt die Besteuerungsgrundlagen auch schätzen.

Berechnung der Gewerbesteuer Ein Berechnungsschema für die Gewerbesteuer und Tipps zur Steuer reduzierung finden Sie im Lexikonteil unter → Gewerbesteuer.

1.2 Formulare

1.2.1 Auszufüllende Formulare

In vielen Fällen muss nur das Formular „Gewerbesteuererklärung" (GewSt 1 A) ausgefüllt werden. Liegt jedoch eine Beteiligung (oder mehrere) an einer Körperschaft vor, muss für jede Beteiligung die Anlage BEG ausgefüllt werden.

Gewerbesteuerzerlegung In folgenden Fällen wird das Steueraufkommen auf verschiedene Gemeinden verteilt (Gewerbesteuerzerlegung):

- Der Betrieb erstreckt sich auf das Gebiet mehrerer Gemeinden oder
- das Unternehmen hat im Jahr 2021 gleichzeitig in mehreren Gemeinden eine Betriebsstätte unterhalten bzw.
- das Unternehmen hat seinen Betrieb im Jahr 2021 in eine andere Gemeinde verlegt.

In diesen Fällen muss zusätzlich noch der Vordruck „Erklärung für die Zerlegung des einheitlichen Gewerbesteuermessbetrags" (GewSt 1 D) abgegeben werden.

Betriebsstätten Betriebsstätten können bspw. sein: Sitz der Geschäftsleitung, Zweigniederlassungen, Werkstätten, Lagerplätze, feste Standplätze eines Wochenmarkthändlers. Soweit Bau- und Montageunternehmen mehr als sechs Monate in einer Gemeinde tätig sind (z. B. Großbaustelle in Stuttgart v. 1.3. bis 15.12.), unterhalten sie dort eine Betriebsstätte. Es ist nicht erforderlich, dass der Zeitraum in einem Kalenderjahr liegt.

Personengesellschaften Bei Personengesellschaften sind zusätzlich die Anlagen EMU-G und EMU-B einzureichen. Während die Anlage EMU-G für die Daten der Gesellschaft nur einmal abgegeben wird, muss die Anlage EMU-B für die Daten jedes einzelnen Beteiligten eingereicht werden.

1.2.2 Das Formular „Gewerbesteuererklärung"

1.2.2.1 Wie ist das Formular aufgebaut?

Das Formular „Gewerbesteuererklärung" besteht aus folgenden fünf Teilen:

a) Allgemeine Angaben	**(Seiten 1 bis 2)**
b) Gewinn	**(Seite 2, Zeile 39)**
c) Hinzurechnungen	**(Seite 3 und 4, Zeilen 50–82)**
d) Kürzungen	**(Seiten 4 und 5, Zeilen 83–99)**
e) Weitere Angaben	**(Seiten 5 bis 9, Zeilen 100–210)**

Schnellübersicht Anhand der nachfolgenden Übersicht können Sie schnell feststellen, welche Teile der Gewerbesteuererklärung in Ihrem speziellen Fall einer Eintragung bedürfen.

I. Vorschriften für sämtliche Betriebe	
• allgemeine Angaben	(Zeilen 1–38)
• Gewinn	(Zeile 39)
• Entgelte für Schulden (Zinsen u. a.)	(Zeile 50)
• Renten und dauernde Lasten	(Zeile 51)
• typisch stille Gesellschaften	(Zeile 52)
• gepachtete und gemietete Wirtschaftsgüter	(Zeilen 53–55)
• Aufwendungen für Rechte	(Zeilen 56–57)
• betriebliche Grundstücke	(Zeilen 83–87)
• Spenden und Mitgliedsbeiträge sowie Zuwendungen an Stiftungen	(Zeilen 92–99)
• Gewerbeverluste	(Zeilen 123–142)
II. Sie halten eine Beteiligung	
• an einer Personengesellschaft	(Zeilen 67 und 89)
• an einer Kapitalgesellschaft	(Zeilen 70–82)
III. Sie haben Betriebsstätten im Ausland	(Zeilen 91)
IV. Sonderfälle	
• Fälle mit bestehender Organschaft	(Zeilen 105–119)
• Betriebe in der Rechtsform einer KGaA	(Zeilen 68, 90)

1.2.2.2 Erläuterungen

a) Allgemeine Angaben

→ ZEILEN 1–4
Allgemeines

Tragen Sie in den Zeilen 1–4 das zuständige Finanzamt, Ihre Steuernummer, den Firmennamen und den Gegenstand des Unternehmens ein. Für die Identifikation des Steuerpflichtigen sind diese Daten nicht mehr erforderlich.

→ ZEILEN 10–19
Rechtsform/Art der Tätigkeit

Betreiben Sie das Unternehmen als Einzelunternehmen, tragen Sie in Zeile 10 eine „1" ein.

Sofern es im Laufe des Jahres 2021 einen Rechtsformwechsel gegeben hat, z. B. wenn eine Personengesellschaft in ein Einzelunternehmen (oder umgekehrt) umgewandelt wurde, müssen Sie in Zeile 16 das Umwandlungsdatum und in Zeile 17 die Steuernummer des bisherigen Unternehmens angeben.

→ ZEILE 11
Hausgewerbetreibende

Bei Hausgewerbetreibenden werden nur 56 % der Steuermesszahl beim Gewerbeertrag angesetzt. Dies führt zu einer deutlichen Reduzierung der Steuerbelastung. Treffen die Voraussetzungen auf Ihren Betrieb zu, ist in Zeile 11 eine „1" einzutragen. Beachten Sie: Falls Sie nicht sicher sind, ob die Vergünstigung ggf. für Sie in Betracht kommt, sollten Sie beim Finanzamt nachfragen.

→ ZEILEN 12–13
Reisegewerbetreibende

Das Gewerbesteuergesetz unterscheidet zwischen stehenden Gewerbebetrieben (= Betriebe mit einer oder mehreren Betriebsstätten) und Reisegewerbebetrieben (= Betriebe, für deren Ausübung eine Reisegewerbekarte benötigt wird). Bei stehenden Gewerbebetrieben erhält die Gemeinde, in der eine Betriebsstätte unterhalten wird, die Gewerbesteuer. Eine Zerlegung des Gewerbesteuermessbetrags ist durchzuführen, wenn Sie an mehreren Orten Betriebsstätten (z. B. Zweigniederlassungen, Werkstätten) unterhalten, sich eine Betriebsstätte flächenmäßig auf das Gebiet mehrerer Gemeinden erstreckt oder eine Betriebsstätte im Laufe des Jahres in eine andere Gemeinde verlegt worden ist (Zeilen 12 und 13). Dann wird der Gewerbesteuermessbetrag auf die beteiligten Gemeinden verteilt. In diesem Fall muss zusätzlich noch eine Erklärung für die Zerlegung des einheitlichen Steuermessbetrags (GewSt 1 D) abgegeben werden.

Bei Hausgewerbetreibenden werden nur 56 % der Steuermesszahl beim Gewerbeertrag angesetzt. Dies führt zu einer deutlichen Reduzierung der Steuerbelastung. Treffen die Voraussetzungen auf Ihren Betrieb zu, ist in Zeile 11 eine „1" einzutragen. Beachten Sie: Falls Sie nicht sicher sind, ob die Vergünstigung ggf. für Sie in Betracht kommt, sollten Sie beim Finanzamt nachfragen.

→ ZEILEN 26–32
Betriebsstätte

Hier sind Angaben zu machen, wenn Betriebsstätten in mehreren Gemeinden bestanden oder Betriebsstätten von einer Gemeinde in eine andere verlegt wurde.

→ ZEILE 33
Hebenummer

In Zeile 33 ist die Hebenummer/Steuernummer einzutragen, unter der die Firma bei der zuständigen Gemeinde geführt wird.

→ ZEILEN 34, 35
Betriebseröffnung bzw. -beendigung

Wurde der Betrieb eröffnet bzw. eingestellt, sind die entsprechenden Daten einzutragen. Zeiträume, in denen die Eröffnung vorbereitet bzw. der Betrieb abgewickelt wurde, bleiben außer Betracht.

→ ZEILEN 36, 37
Organgesellschaften

Liegt zwischen zwei Gesellschaften ein Organschaftsverhältnis vor, müssen sowohl die Organgesellschaft als auch die Organträgergesellschaft eine Gewerbesteuererklärung abgeben. Die Gewerbesteuer wird jedoch letztlich für die Organgesellschaft gemeinsam festgesetzt, wobei der Betrieb der Organgesellschaft als Betriebsstätte der Organträgergesellschaft anzusehen ist, sodass es ggf. zu einer Zerlegung kommt.

1.2.3 Besteuerungsgrundlagen

1.2.3.1 Gewinn

→ ZEILE 39
Gewinn

Einzelunternehmen und Personengesellschaften können i. d. R. den für die Einkommensbesteuerung ermittelten Gewinn für das Jahr 2021 (bzw. das abweichende Wirtschaftsjahr 2020/2021) übernehmen. Bei Kapitalgesellschaften ist i. d. R. das Einkommen laut Körperschaftsteuererklärung maßgebend.

Bei Einzelunternehmen und Personengesellschaften bleibt der im Zusammenhang mit der Veräußerung bzw. Aufgabe des gesamten Betriebs oder eines Teilbetriebs entstehende Gewinn außer Betracht. Gleiches gilt für Veräußerungsgewinne durch den Verkauf einer Beteiligung an einer Personengesellschaft (auch für Kapitalgesellschaften). Bei Kapitalgesellschaften darf der anzusetzende Gewinn nicht um den Verlustabzug nach § 10d EStG gekürzt sein.

→ ZEILE 45
Aufwendungen

Wurden Aufwendungen (z. B. Finanzierungskosten) in einem Vorjahr hinzugerechnet, aber im maßgeblichen Wirtschaftsjahr erstattet, sind die Beträge in diese Zeile einzutragen.

→ ZEILE 48
Auswirkung der Investmentsteuerreform

In Zeile 48 sind die bei der Einkommensermittlung eines Fonds vorgenommenen Teilfreistellungen (§ 20 Abs. 5 InvStG – ggf. in Verbindung mit § 45 Abs. 3 InvStG) in voller Höhe zu erfassen.

1.2.3.2 Hinzurechnungen

→ ZEILEN 50–65
Finanzierungsanteile

Für die Hinzurechnungen sind die Zahlenwerte des maßgeblichen Wirtschaftsjahres (z. B. 1.1.2021 bis 31.12.2021 oder 1.7.2020 bis 30.6.2021) maßgebend.

Alle Beträge sind **in voller Höhe einzutragen**. Anteilige Hinzurechnungsbeträge oder Freibeträge werden durch das Finanzamt ermittelt und berücksichtigt.

Im Lexikonstichwort → Gewerbesteuer finden Sie vertiefende Hinweise sowie ein Berechnungsschema, mit dem Sie die Auswirkung auf den Gewerbesteuermessbetrag berechnen können.

→ ZEILE 50
Entgelte für Schulden

Die mit Schulden zusammenhängenden Entgelte (Zinsaufwendungen, Damnum, Disagio, Darlehensprovisionen, Vergütungen für ein partiarisches Darlehen usw., nicht aber Bereitstellungsprovisionen und -zinsen) werden **zu 1/4** hinzugerechnet. In der Steuererklärung müssen Sie jedoch den vollen Betrag anführen (§ 8 Nr. 1a GewStG).

Die Entgelte für Schulden sind auch dann in voller Höhe einzutragen, wenn diese im Zusammenhang z. B. mit steuerfreien Dividenden stehen und damit nicht abzugsfähig sind.

→ ZEILE 51
Renten und dauernde Lasten

Eine Hinzurechnung kommt nur dann in Betracht, wenn eine Rente oder dauernde Last zum Betriebsausgabenabzug geführt hat (§ 8 Nr. 1b GewStG). Hauptanwendungsfälle: betriebliche Veräußerungs- und Versorgungsrenten, Abfindungsrenten an lästige bzw. ausscheidende Gesellschafter. Ausdrücklich nicht hinzuzurechnen sind Pensionszahlungen aufgrund einer unmittelbar vom Arbeitgeber erteilten Versorgungszusage. Einzutragen ist auch hier der Betrag, der als Betriebsausgabe abgezogen wurde.

→ ZEILE 52
Stiller Gesellschafter

Die Hinzurechnung erfolgt für die Gewinnanteile des stillen Gesellschafters auch dann, wenn die Leistungen beim Empfänger der Gewerbesteuer unterliegen. Ein Anteil am Verlust ist mit einem Minuszeichen (= Kürzung) einzutragen (§ 8 Nr. 1c GewStG).

→ ZEILEN 54–55

Miet- und Pachtzinsen

Einzutragen sind alle Miet- und Pachtzinsen (einschließlich Leasingraten) oder vergleichbare Aufwendungen (§ 8 Nr. 1d, e, f GewStG)

- für die Nutzung von **beweglichen Wirtschaftsgütern** des Anlagevermögens, die im Eigentum eines anderen stehen (z. B. Maschinen, Werkzeuge, Büroeinrichtung, Fuhrpark, Geschäftswert). Zu beachten ist, dass die Angaben für Miet- und Pachtzinsen für Elektrofahrzeuge in Zeile 55 getrennt von denen anderer Wirtschaftsgüter zu machen sind.
- für die Nutzung von **unbeweglichen Wirtschaftsgütern** des Anlagevermögens, die im Eigentum eines anderen stehen (insbesondere Grund und Boden sowie Gebäude);

→ ZEILEN 56–57

Rechteüberlassung

- für die zeitlich befristete Überlassung von **Rechten** (insbesondere von Konzessionen und Lizenzen). Nicht darunter fallen Aufwendungen, die Bemessungsgrundlage für die Künstlersozialabgabe sind (= Honorare, die mit Lohnzahlungen an Arbeitnehmer vergleichbar sind). Zahlungen an beschränkt steuerpflichtige Empfänger sind zusätzlich in Zeile 57 zu vermerken.

Hinzurechnungsfreibetrag

Für alle Hinzurechnungstatbestände nach § 8 Nr. 1 letzter Halbsatz GewStG gibt es einen Hinzurechnungsfreibetrag in Höhe von 200.000 € (bis 2020: 100.000 €).

ACHTUNG

Die Berücksichtigung erfolgt durch das Finanzamt. Bei der Eintragung in die Gewerbesteuererklärung ziehen Sie diesen Freibetrag bitte nicht selbst ab. Sie nehmen deshalb auch Beträge in die Erklärung auf, die unter diesem Freibetrag liegen.

→ ZEILEN 58–65

Mehrere Wirtschaftsjahre

Enden 2021 ausnahmsweise im Erhebungszeitraum (= Kalenderjahr) zwei Wirtschaftsjahre, sind die Eintragungen zu den Finanzierungsanteilen für das zweite Wirtschaftsjahr in den Zeilen 58–65 vorzunehmen.

→ ZEILEN 68, 90

KGaA

Die Zurechnungs- bzw. Kürzungsvorschrift betrifft die Rechtsform einer KGaA.

→ ZEILE 67

Verlustanteile an

Sofern Sie an einer in- oder ausländischen, gewerblich tätigen Personengesellschaft (OHG, KG, GbR usw.) beteiligt sind und der auf Sie entfallende Verlustanteil zu einer Gewinnminderung

Personengesellschaften

geführt hat, wird dieser durch eine Hinzurechnung neutralisiert. Zu beachten sind auch die Erläuterungen zu Zeile 89.

→ ZEILE 68
Ausschüttungsbedingte Gewinnminderungen

Eine Hinzurechnung ist vorzunehmen, wenn die nachfolgenden Voraussetzungen vorliegen:

- In Ihrem Betriebsvermögen befindet sich eine mindestens 15%ige Beteiligung an einer in- oder ausländischen Körperschaft (z. B. GmbH-Beteiligung).
- Der Gewinn Ihres Betriebs wurde durch eine Teilwertabschreibung im Zusammenhang mit der Beteiligung, durch eine Veräußerung (bzw. Entnahme), durch eine Auflösung oder Kapitalherabsetzung der Körperschaft gemindert.
- Die Gewinnminderung beruht ausschließlich auf einer Gewinnausschüttung der Kapitalgesellschaft.

→ ZEILE 60
Ausländische Steuern

Anzugeben sind ausländische Steuern, die bei der Einkünfteermittlung abgezogen wurden. Dies gilt allerdings nur dann, wenn sie auf Gewinne oder Gewinnanteile entfallen, die bei der Ermittlung des Gewerbeertrags außer Ansatz gelassen oder nach § 9 GewStG gekürzt werden.

1.2.3.3 Kürzungen

WICHTIG

Für die Kürzungen sind die Zahlenwerte des jeweiligen Wirtschaftsjahrs (z. B. 1.1.2021 bis 31.12.2021 oder 1.7.2020 bis 30.6.2021) maßgebend.

→ ZEILEN 83–87
Grundbesitz

Für Betriebsgrundstücke, die am 1.1.2021 zum Betriebsvermögen gehörten, wird ein Kürzungsbetrag gewährt. Dazu muss der Einheitswert des Grundstücks eingetragen werden (Zeile 83). Ferner ist in Zeile 84 das Einheitswert-Aktenzeichen einzutragen und in Zeile 85 eine Kennziffer, die sich aus der folgenden Tabelle ergibt. Schließlich gehört in Zeile 86 der mit dem Ansatzwert lt. Tabelle multiplizierte Einheitswert.

Werden im Betriebsvermögen mehrere Grundstücke gehalten, sind die Ansätze nach gleichem Schema zu erläutern. In Zeile 87 ist dann die Summe aller maßgeblichen Einheitswerte einzutragen.

Mit welchem Prozentsatz der Einheitswert bei der Berechnung anzusetzen und welche Kennziffer einzutragen ist, ersehen Sie aus folgender Übersicht:

	Ansatz mit	Kennziffer
Das Grundstück liegt in den neuen Bundesländern:		
• bei Mietwohngrundstücken	100 %	1
• bei Geschäftsgrundstücken	400 %	2
• bei gemischt genutzten Grundstücken, Einfamilienhäusern und sonstigen bebauten Grundstücken	250 %	3
• bei unbebauten Grundstücken	600 %	4
• bei land- und forstwirtschaftlich genutzten Grundstücken	100 %	6
Das Grundstück liegt in den alten Bundesländern:		
• bei land- und forstwirtschaftlich genutzten Grundstücken	100 %	6
• bei sonstigen Grundstücken	140 %	5

Berücksichtigt werden nur in Deutschland gelegene Grundstücke. Gehört ein Grundstück nur teilweise zum (ertragsteuerlichen) Betriebsvermögen, ist nur der entsprechende Anteil am Einheitswert einzutragen.

BEISPIEL

Das Grundstück ist in Münster belegen, hat einen Einheitswert von 40.000 € und wird am 1.1.2021 zu 40 % betrieblich genutzt. Der entsprechende Wert ist in der Bilanz ausgewiesen. Im April 2021 wird das Grundstück veräußert.

Sie müssen in Zeile 83 den Einheitswert von 10.000 € eintragen, in Zeile 84 das Einheitswert-Aktenzeichen, in Zeile 85 eine 5. Schließlich gehören in Zeile 86 140 % des Einheitswerts, somit 16.000 €.

Für die Kürzung ist der Stichtag 1.1.2021 maßgebend. Wird ein Grundstück nach diesem Zeitpunkt veräußert, erworben oder in verändertem Umfang betrieblich genutzt, bleibt dies unberücksichtigt. Sofern Ihr Betrieb zum 1.1. noch gar nicht bestand (z. B. Gründung am 1.9.2021), kann es erst im Rahmen der Gewerbesteuererklärung im Folgejahr zu einer Kürzung kommen. Die Kürzung beträgt 1,2 % des maßgebenden Betrags und wird vom Finanzamt berechnet.

→ ZEILE 88
Grundstücksverwaltung

Unternehmen, die ausschließlich eigenen Grundbesitz und eigenes Kapitalvermögen verwalten und nutzen oder daneben Wohnungsbauten betreuen oder Ein- bzw. Zweifamilienhäuser und Eigentumswohnungen errichten und veräußern, erhalten auf Antrag eine erweiterte Kürzung. Gekürzt werden kann der Teil des Gewerbeertrags (anteiliger Gewinn + Hinzurechnungen – Kürzungen), der auf die Verwaltung und Nutzung eigenen Grundbesitzes entfällt. Dieser Ertrag ist in der Buchführung gesondert zu ermitteln. Die Grundstücksverwaltung und die Nutzung und Verwaltung des eigenen Kapitalvermögens darf nicht über den Rahmen einer Vermögensverwaltung hinausgehen. Ein gelegentlicher Grundstücksverkauf ist unschädlich. Der daraus erzielte Gewinn kann ebenfalls gekürzt werden.

Dient der Grundbesitz ganz oder zum Teil dem Gewerbebetrieb eines Gesellschafters oder eines Genossen, kommt eine erweiterte Kürzung nicht in Betracht. Gleiches gilt für Fälle einer Betriebsaufspaltung. Handelt es sich bei der Besitzgesellschaft um eine Kapitalgesellschaft, deren Tätigkeit sich auf die Vermietung von Grundbesitz beschränkt, kann die erweiterte Kürzung in Anspruch genommen werden.

→ ZEILE 89
Gewinnanteile an Personengesellschaften

Gehört zu Ihrem Betriebsvermögen eine Beteiligung an einer in- oder ausländischen Personengesellschaft (z. B. OHG, KG), die einen Gewerbebetrieb unterhält? Dann ist der auf Sie entfallende Gewinnanteil hier einzutragen und führt zu einer Kürzung.

Sind in Verlust- bzw. Gewinnanteilen aus Mitunternehmerschaften Beträge im Sinne des § 8b KStG oder des § 3 Nr. 40 EStG in Verbindung mit § 3c Abs. 2 EStG enthalten, ist darauf zu achten, dass diese Beträge im Rahmen der Hinzurechnung nach § 8 Nr. 8 GewStG bzw. der Kürzung nach § 9 Nr. 2 GewStG nur in der Höhe berücksichtigt werden, in der sie – nach Anwendung des § 3 Nr. 40 in Verbindung mit § 3c Abs. 2 EStG oder § 8b KStG bei der Ermittlung des einkommensteuerlichen Gewinns oder des körperschaftsteuerlichen Einkommens – im Betrag laut Zeile 39 noch enthalten sind. Siehe dazu auch die Erläuterungen zu Zeile 39.

→ ZEILE 90
KGaA

Die Kürzungsvorschrift betrifft die in der Rechtsform einer KG auf Aktien betriebenen Unternehmen. Vergleichen Sie hierzu die Ausführungen zu Zeile 66.

→ ZEILE 91
Betriebsstätte im Ausland

Betriebsstätten, die Sie außerhalb Deutschlands unterhalten, unterliegen nicht der Gewerbesteuer. Dabei ist zunächst der auf die ausländische Betriebsstätte entfallende Gewinn- bzw. Verlustanteil festzustellen. Kann dieser nicht der Buchführung entnommen werden, ist er zu schätzen. Bei vergleichbarem Lohn- und Preisniveau ist es möglich, den Gesamtgewinn des Unternehmens nach dem Verhältnis der im In- und Ausland aufgewendeten Löhne auf die jeweiligen Betriebsstätten zu verteilen. Bei der Ermittlung und Aufteilung der Kürzungsbeträge ist entsprechend vorzugehen. Ist eine direkte Zuordnung nicht möglich, erfolgt ersatzweise eine geschätzte Zuordnung. Soweit auf die ausländische Betriebsstätte ein positiver Gewerbeertrag entfällt, ist dieser zu kürzen, ein Betriebsstättenverlust ist durch eine negative Kürzung hinzuzurechnen. Die Eintragung erfolgt in Zeile 91, bei Verlusten mit negativem Vorzeichen.

→ ZEILEN 92–99
Zuwendungen (Spenden u. Ä.)

Ausgaben zur Förderung mildtätiger, kirchlicher, religiöser, wissenschaftlicher und als besonders förderungswürdig anerkannter gemeinnütziger Zwecke sind gewerbesteuerlich innerhalb bestimmter Höchstbeträge abzugsfähig. Voraussetzung hierfür ist, dass die Spenden im Laufe des Wirtschaftsjahres **aus Mitteln des Betriebs geleistet** worden sind (z. B. durch Überweisung vom betrieblichen Bankkonto). Parteispenden und Spenden an freie Wählervereinigungen sind nicht absetzbar.

Höchstbeträge

Der Abzug von Zuwendungen (Mitgliedsbeiträge und Spenden) ist begrenzt auf 20 % des Gewinns (Zeile 39). Alternativ sind die Spenden bis maximal 2 ‰ der Summe der gesamten Umsätze und der im Wirtschaftsjahr aufgewendeten Löhne und Gehälter abzugsfähig (Eintragungen hierzu sind in Zeile 95 vorzunehmen). Zuwendungen an Stiftungen (Vermögensstockspenden) (Zeilen 96 bis 99) können mit höchstens einer Million Euro berücksichtigt werden. Der Höchstbetrag kann auf bis zu zehn Jahre verteilt werden.

1.2.3.4 Weitere Angaben

→ ZEILE 105
Organschaft

Bei einem Organschaftsverhältnis wird der Gewerbeertrag für jede Gesellschaft gesondert ermittelt. Die Organträgergesellschaft muss an dieser Stelle den (positiven oder negativen) Gewerbeertrag der Organgesellschaft(en) angeben.

→ ZEILEN 105–109

Ist Ihr Unternehmen Organträger, tragen Sie die entsprechende Summe der Gewerbeerträge aller Organgesellschaften hier ein.

Angaben des Organträgers

In den folgenden Zeilen sind weitere Werte einzutragen, die für die Besteuerung des Organträgers von Bedeutung sind. Das betrifft in Zeile 109 insbesondere im Ertrag der Organgesellschaft (Zeile 108) enthaltene Beträge, die nach § 8b KStG, § 3 Nr. 40 EStG, § 3c Abs. 2 EStG steuerfrei sind (steuerfreier Teil der Dividenden) und in Zeile 110 und 111 die Korrekturbeträge nach dem InvStG.

→ ZEILEN 112–119
Angaben einer Organgesellschaft

In den Zeilen 112 bis 119 sind Korrekturbeträge einzutragen, die bei der Organgesellschaft angefallen sind, aber beim Organträger erfasst werden (z. B. nach § 8b KStG, § 3 Nr. 40 EStG, § 3c Abs. 2 EStG oder nach dem InvStG).

→ ZEILEN 123–142
Gewerbeverluste

Wenn sich bei der Berechnung des Gewerbeertrags ein negatives Ergebnis ergibt (= Gewerbeverlust), wird dieses in den nachfolgenden Jahren bei der Berechnung des Gewerbeertrags gekürzt. Die Höhe des anrechenbaren Gewerbeverlusts wird vom Finanzamt in einem gesonderten Bescheid festgestellt, gegen den Sie innerhalb von einem Monat Einspruch einlegen können.

Anlage EMU bei Personengesellschaften

Bei einer Personengesellschaft ist u. U. die Anlage EMU auszufüllen. In diesem Fall kann auf die Eintragungen im Hauptvordruck verzichtet werden. Die Anlage EMU dient der Zurechnung der sich für die Mitunternehmerschaft insgesamt ergebenden Fehlbeträge und des maßgebenden Gewerbeertrags auf die einzelnen Mitunternehmer, wenn sich für 2021 ein Gewerbeverlust ergibt oder zum 31.12.2020 ein vortragsfähiger Gewerbeverlust festgestellt wurde. Sind der Gesellschafterbestand und die Beteiligungsquote identisch zum Vorjahr, ist die Abgabe der Anlage EMU nicht erforderlich, außer wenn bei einzelnen Mitunternehmern Verlustkürzungen nach § 10a GewStG in Verbindung mit § 8c KStG vorzunehmen sind.

Voraussetzungen

Die Anrechnung von Gewerbeverlusten ist vom Vorliegen folgender Voraussetzungen abhängig:

- Der Verlust muss in dem Unternehmen entstanden sein, in dem er angerechnet werden soll (Unternehmensgleichheit).
- Sie haben den zur Anrechnung anstehenden Verlust auch selbst erlitten (Unternehmergleichheit). Geht der Betrieb

auf eine andere Person über, kann der Erwerber, Erbe bzw. unentgeltliche Erwerber den Verlust nicht anrechnen.

- Bei Kapitalgesellschaften ist eine Verlustanrechnung nur zulässig, wenn die Kapitalgesellschaft, die den Verlust anrechnen will, rechtlich und wirtschaftlich mit der Kapitalgesellschaft identisch ist, die den Verlust erlitten hat. Im Falle eines Mantelkaufs (= mehr als 25 % der Anteile werden innerhalb von fünf Jahren veräußert) geht die wirtschaftliche Identität und damit verbunden ein entsprechender Anteil der Verlustvorträge verloren.

Verluste aus Vorjahren

Die Höhe des vortragsfähigen Gewerbeverlusts hat das Finanzamt mit einem gesonderten Bescheid zum 31.12.2020 festgestellt. Dieser führt zu einer Minderung der Gewerbesteuer 2021. Allerdings ist der abzugsfähige Verlustvortrag auf einen Betrag von einer Million Euro beschränkt. Der danach verbleibende Gewerbeertrag ist in Höhe von 60 % der nicht berücksichtigten Fehlbeträge der vorangegangenen Jahre zu kürzen.

Änderung der Rechtsform

Auch wenn sich im Jahr 2021 die Rechtsform Ihres Unternehmens geändert hat, können Sie ggf. die beim früheren Unternehmen erlittenen Gewerbeverluste bei der neu gegründeten Firma anrechnen. Voraussetzung hierfür ist, dass das Unternehmen im Wesentlichen unverändert fortgeführt wird und kein vollständiger Unternehmerwechsel eingetreten ist. Betroffen sind folgende Fälle:

- Einbringung eines Einzelunternehmens (mit Gewerbeverlust) in eine Personengesellschaft oder
- Umwandlung einer Personengesellschaft (mit Gewerbeverlust) in ein Einzelunternehmen.

Eine Anrechnung ist insoweit möglich, als der Verlust auf Personen entfällt, die nach dem Wechsel der Rechtsform weiterhin Mitunternehmer oder Unternehmer des Gewerbebetriebs sind. Wenn Sie eine GmbH oder anstelle der bisher existierenden GmbH ein Einzelunternehmen oder eine Personengesellschaft gegründet haben, geht der Gewerbeverlust verloren.

Umwandlung

Haben Sie im Jahr 2021 eine Umwandlung nach dem Umwandlungsteuergesetz durchgeführt und hat das bisherige Unternehmen einen nicht verbrauchten Gewerbeverlust, kann dieser ggf. auf die neu entstandene Körperschaft übertragen werden. Begünstigt sind Umwandlungen/Verschmelzungen oder Spaltungen im Sinne der §§ 18 und 19 UmwStG. Im Fall einer Abspaltung muss die übertragende Körperschaft den wegfallenden Gewerbeverlust erklären.

→ ZEILEN 136–139
Personengesellschaften

Gewerbeverluste können nur bei der Person angerechnet werden, die den Verlust erlitten hat (Unternehmergleichheit). Bei Personengesellschaften wird der Verlust den beteiligten Personen nach dem Beteiligungsverhältnis zugeordnet. Haben sich die Beteiligungsverhältnisse im Vergleich zum Verlustjahr geändert (z. B. Verkauf des Anteils an andere Beteiligte oder an einen Außenstehenden, Tod eines Mitunternehmers), liegt die Unternehmergleichheit nicht mehr in vollem Umfang vor, sodass der auf die ausgeschiedenen Altgesellschafter entfallende Teil des Gewerbeverlusts nicht mehr angerechnet werden kann. Verkauft ein Mitunternehmer nur einen Teil seiner Beteiligung, geht der auf ihn entfallende Verlustanteil nicht verloren. Vertiefend siehe → Gewerbesteuer.

→ ZEILE 143
Gewerbesteueranrechnungsbetrag

Für die Berechnung des Gewerbesteueranrechnungsbetrags bei der Einkommensteuer bleiben Veräußerungs- bzw. Auflösungsgewinne nach § 18 Abs. 4 UmwStG außer Betracht (BMF, Schreiben v. 3.11.2016, IV C 6 – S 2296 – a/08/10002 :003, BStBl I 2016 S. 1187; BMF, Schreiben v. 17.4.2019, IV C 6 – S 2296 – a/17/10004, BStBl I 2019 S. 459). Daher wird die Eintragung in Zeile 143 benötigt. Vertiefend siehe → Gewerbetreibende/Steuerermäßigung.

2 Umsatzsteuerjahreserklärung 2021

2.1 Hauptvordruck (USt 2 A)

Überblick In jedem Fall müssen Sie die Angaben zu Ihrem Unternehmen (Zeilen 8–15) machen und die Erklärung i. d. R. in elektronischer Form beim Finanzamt einreichen.

Seite 1	**Angaben zur Besteuerung der Kleinunternehmer (Zeilen 33, 34)** Die Zeilen 33 und 34 müssen Sie mit der Höhe Ihres Jahres- und Vorjahresumsatzes ausfüllen, wenn Sie als Kleinunternehmer (§ 19 Abs. 1 UStG) behandelt werden wollen. Die Umsatzgrenze liegt ab 2020 bei 22.000 €. Vertiefend siehe → Umsatzsteuer. In diesem Fall sind keine weiteren Eintragungen auf dem Vordruck notwendig.
Seite 2	**Steuerpflichtige Lieferungen und sonstige Leistungen (Zeilen 36–53)** In den Zeilen 36–45 tragen Sie die Bemessungsgrundlage der gesamten von Ihrem Unternehmen erbrachten Leistungen und die darauf entfallende Umsatzsteuer ein. Die Einteilung erfolgt nach den unterschiedlichen Steuersätzen und Umsatzarten (Lieferungen, unentgeltliche Wertabgaben, Eigenverbrauch). Die Zeilen 46 bis 53 betreffen nur Land- und Forstwirte, die nach Durchschnittssätzen (§ 24 UStG) versteuern bzw. von dieser oder zu dieser Besteuerungsform übergehen.
Seite 3	**Steuerfreie Lieferungen, sonstige Leistungen und unentgeltliche Wertabgaben (Zeilen 62–77)** Die steuerfreien Umsätze müssen auf Seite 3 eingetragen werden. Zu unterscheiden sind solche mit Vorsteuerabzug (Zeilen 62–71) und solche ohne (Zeilen 72–77). **Innergemeinschaftliche Erwerbe (Zeilen 78–86)**
Seite 4	**Innergemeinschaftliche Dreiecksgeschäfte (Zeilen 91–97)** **Leistungsempfänger als Steuerschuldner (Zeilen 99–103)** **Ergänzende Angaben zu Umsätzen (Zeilen 104–115)**
Seite 5	**Abziehbare Vorsteuerbeträge (Zeilen 121–131)** Hier erfassen Sie die Ihrem Unternehmen in Rechnung gestellten Umsatzsteuerbeträge, die Sie als sog. Vorsteuer vom Finanzamt wieder ausgezahlt bekommen. Vertiefend siehe → Umsatzsteuer. **Berichtigung des Vorsteuerabzugs (§ 15a UStG) (Zeilen 133–150)** Die Berichtigung des Vorsteuerabzugs muss erfolgen, wenn sich der Verwendungszweck eines Wirtschaftsguts (Grundstück, Kfz, Maschine) hinsichtlich seiner Verwendung zur Ausführung von steuerpflichtigen bzw. steuerfreien Umsätzen innerhalb eines bestimmten Berichtigungszeitraums (fünf Jahre, bei Grundstücken zehn Jahre) geändert hat.

Seite 6	**Berechnung der zu entrichtenden Umsatzsteuer (Zeilen 167–169)** Auf dieser Seite berechnen Sie Ihre festzusetzende Umsatzsteuer aus dem Unterschiedsbetrag von Umsatzsteuer und Vorsteuer selbst und übertragen den Betrag in Zeile 167, die in jedem Fall ausgefüllt werden muss. Außerdem ist der (nach Anrechnung von bereits vorausbezahlter Umsatzsteuer) noch zu zahlende Betrag bzw. der Erstattungsbetrag in Zeile 169 zu erfassen.

2.2 Rund um die Umsatzsteuererklärung

Erklärungspflicht Eine Umsatzsteuererklärung muss jeder abgeben, der vom Finanzamt dazu aufgefordert wird, und derjenige Unternehmer, der steuerpflichtige Umsätze ausführt. Dies gilt insbesondere dann, wenn in den Rechnungen, die den Kunden ausgestellt werden, Umsatzsteuer gesondert ausgewiesen wird. Die Abgabe einer Umsatzsteuererklärung ist auch dann erforderlich, wenn Sie für an Ihr Unternehmen erbrachte Leistungen an Ihre Lieferanten Umsatzsteuer bezahlt haben und sich diese Steuer vom Finanzamt als sog. Vorsteuer wieder erstatten lassen wollen. Näheres zur Steuerpflicht, zur Abgabe von Voranmeldungen im Laufe des Jahres und zum System der Besteuerung finden Sie im Lexikonteil unter → Umsatzsteuer (→ Punkt 2 „Regelbesteuerung").

Existenzgründer Im Lexikonteil finden Sie auch eine Checkliste, in der alle für Sie wichtigen und notwendigen Vorüberlegungen bei einer Betriebseröffnung bzgl. der Umsatzsteuer aufgeführt sind. Vertiefend siehe → Umsatzsteuer.

Abgabetermin Die Umsatzsteuerjahreserklärung 2021 ist grundsätzlich bis zum 31.7.2022 abzugeben. Werden Sie durch einen Steuerberater vertreten, erhalten Sie ohne Antrag eine Fristverlängerung bis zum 29.2.2023. Zum Abgabetermin für Voranmeldungen lesen Sie bitte im Lexikonteil unter → Umsatzsteuer nach (→ Punkt 2 „Regelbesteuerung – muss ich eine Umsatzsteuervoranmeldung abgeben?").

Zuständiges Finanzamt Für die Bearbeitung Ihrer Umsatzsteuererklärung ist das Finanzamt zuständig, in dessen Bezirk sich der Unternehmenssitz befindet.

Abrunden Soweit im Vordruck keine Angabe von Cent verlangt wird, dürfen Sie zu Ihren Gunsten auf volle Euro runden.

Besteuerungsverfahren

Die Umsatzsteuer ist eine sog. Anmeldesteuer. Das bedeutet, dass Sie die Steuer durch die Abgabe einer Steuererklärung selbst berechnen. Nur bei Erstattungen bzw. Vergütungen wird die Steuer erst mit Zustimmung des Finanzamts (i. d. R. durch Überweisung des Geldes) festgesetzt.

Automatische Fälligkeit

Die Umsatzsteuer wird automatisch fällig. Das bedeutet, dass Sie über die Umsatzsteuer vom Finanzamt im Regelfall keinen Steuerbescheid bekommen (vgl. Zeile 23 des Erklärungsvordrucks). Beachten Sie, dass die Nachzahlung, die Sie sich errechnen (Betrag in Zeile 169, Kennzahl 820) deshalb ohne weitere Aufforderung des Finanzamts einen Monat nach Eingang der Steuererklärung fällig wird. Wenn Sie nicht bzw. nicht rechtzeitig zahlen, fallen sofort Säumniszuschläge in Höhe von 1 % des nach unten auf volle 50 € abgerundeten fälligen Betrags je angefangenen Säumnismonat an. Die Umsatzsteuerfestsetzung aufgrund der von Ihnen berechneten Steuer erfolgt automatisch unter dem Vorbehalt der Nachprüfung (§ 164 AO). Damit kann die Festsetzung jederzeit, auch nach Ablauf der Einspruchsfrist, zu Ihren Gunsten oder Ungunsten geändert werden. Ebenso können Sie jederzeit eine Änderung beantragen.

Wenn das Finanzamt von Ihrer Steuererklärung abweicht, muss es einen Umsatzsteuerbescheid erlassen. Für die sich daraus ergebenden Erstattungen bzw. Nachzahlungen gilt eine neue Fälligkeit von einem Monat nach Bekanntgabe des Bescheids. Beachten Sie, dass die Steuerfestsetzung aufgrund eines Umsatzsteuerbescheids nicht zwingend unter dem Vorbehalt der Nachprüfung steht. In einem solchen Fall ist damit die Einspruchsfrist wieder von Bedeutung.

2.3 Angaben zum Unternehmen (Hauptvordruck Seite 1)

→ ZEILEN 1–15 Persönliche Angaben

In Zeile 1 tragen Sie das für Sie zuständige Finanzamt und in Zeile 3 (soweit bekannt) Ihre Steuernummer ein. Die Steuernummer entspricht i. d. R. der Einkommensteuernummer. Eine abweichende Steuernummer für die Umsatzsteuer haben Sie nur, wenn der Betrieb dem Ehegatten oder Lebenspartner gehört oder wenn sich Ihr Unternehmen außerhalb des Zuständigkeitsbereichs Ihres Wohnsitzfinanzamts befindet. Wenn Sie bereits eine Umsatzsteuererklärung abgegeben haben und jetzt eine berichtigte nachreichen, müssen Sie dies in Zeile 6 durch Eintragen einer 1 bei Kennzahl 110 kenntlich machen. Die

Zeilen 9 bis 14 sind für Ihren Namen und ggf. einen abweichenden Firmennamen, die Unternehmensart sowie den Unternehmenssitz vorgesehen.

In Zeile 15 können Sie Ihre E-Mail-Adresse eintragen.

→ ZEILEN 19–21
Betriebsdauer

Die Zeilen 19 bis 21 müssen Sie nur ausfüllen, wenn Ihr Betrieb nicht das ganze Jahr über bestand (z. B. Neueröffnung, Betriebsaufgabe, Betriebsveräußerung, Saisonbetrieb). Geben Sie in diesem Fall den Zeitraum an, in dem Ihr Betrieb bestand.

→ ZEILE 25
Verrechnung

In Zeile 25 können Sie durch Eintragen einer 1 in Kästchen 129 veranlassen, dass ein Ihnen durch die Umsatzsteuerjahreserklärung zustehendes Guthaben mit anderen Steuerschulden verrechnet oder der Entlastungsbetrag an jemand anderen ausgezahlt wird. Ihren Verrechnungswunsch sollten Sie auf einem gesonderten Blatt beifügen.

→ ZEILEN 31–35
Kleinunternehmer

Die Betragsgrenze des Vorjahresumsatzes wurde mit Wirkung zum 1. Januar 2020 auf 22.000 € angehoben. Hat der Unternehmer nicht auf die Anwendung der Kleinunternehmerregelung verzichtet, muss er die Zeilen 33 und 34 ausfüllen, wenn der Bruttoumsatz im Jahr 2020 nicht mehr als 22.000 € betragen hat und zu Beginn des Jahres 2021 nicht von einer Überschreitung der Betragsgrenze von 50.000 € im Jahr 2021 auszugehen war.

2.4 Umsätze (Hauptvordruck Seite 2)

→ ZEILEN 31–45
Steuerpflichtige Umsätze

In den Zeilen 31 bis 45 sind alle der Umsatzsteuer unterliegenden (= steuerpflichtigen) Umsätze für das Jahr 2021 zu erfassen. Beachten Sie, dass Sie jeweils den Nettobetrag (ohne USt) zu Ihren Gunsten auf volle Euro nach unten gerundet eintragen und die darauf entfallende Umsatzsteuer (mit Centbeträgen) in der rechten Spalte ausweisen müssen. Ausführungen über die steuerpflichtigen und steuerfreien Umsätze finden Sie im Lexikonteil unter → Umsatzsteuer („Welche Umsätze unterliegen der USt?").

Welche Umsätze im Jahr 2021 zu erfassen sind, hängt davon ab, ob die Soll- oder die Ist-Besteuerung anzuwenden ist. Näheres dazu finden Sie im Steuerlexikon unter → Umsatzsteuer („Wann ist die USt an das Finanzamt abzuführen?").

→ ZEILEN 38–40
Umsätze mit 19 % USt

In Zeile 38 tragen Sie alle von Ihnen mit 19 % zu versteuernden Leistungen (Bemessungsgrundlage und darauf entfallende USt) ein.

In Zeile 39 müssen Sie alle unentgeltlichen Wertabgaben von betrieblichen Gegenständen, in Zeile 40 alle Leistungsentnahmen des Jahres erfassen. Weitere Informationen zur Rechtslage bei diesen Vorgängen finden Sie im Lexikonteil unter → Umsatzsteuer (Entnahme bzw. Verwendung betr. Wirtschaftsgüter). Ebenfalls zu erfassen sind hier unentgeltliche Sachzuwendungen (Zeile 39) und sonstige Leistungen (Zeile 40) an Arbeitnehmer.

→ ZEILEN 41–43
Umsätze mit 7 % USt

In den Zeilen 41 bis 43 müssen Sie die in den Erläuterungen zu den Zeilen 38 bis 40 angegebenen Eintragungen vornehmen, wenn es sich um Umsätze bzw. unentgeltliche Wertabgaben oder Sachzuwendungen bzw. sonstige Leistungen an Arbeitnehmer handelt, die dem ermäßigten Umsatzsteuersatz unterliegen.

→ ZEILE 45
Andere USt-Sätze

Die Zeile 45 betrifft nur die Fälle, in denen noch Umsätze zu anderen Steuersätzen (z. B. 16 % für Umsätze, die vor dem 31.12.2006 ausgeführt worden sind) abgerechnet werden.

WICHTIG

Befristete Absenkung des Umsatzsteuersatzes 2020

Die Umsätze zu den Steuersätzen 16 % und 5 % sowie der darauf entfallende, selbst berechnete Steuerbetrag sind insgesamt in der Zeile 45 der Umsatzsteuererklärung für das Kalenderjahr 2021 einzutragen. Das gilt auch für nachträgliche Umsatzkorrekturen auf derartige Umsätze.

→ ZEILEN 47–53
Landwirte

Eintragungen in den Zeilen 47 bis 53 müssen nur Land- und Forstwirte, die nach **Durchschnittssätzen** (§ 24 UStG) versteuern, vornehmen. Der Durchschnittssatz beträgt seit 2007 8,3 %.

→ZEILE 60
USt-Summe

In Zeile 60 tragen Sie die Summe der von Ihnen errechneten Umsatzsteuer ein und übertragen den Betrag in Zeile 152 auf Seite 6.

2.5 Steuerfreie Umsätze, innergemeinschaftliche Vorgänge (Hauptvordruck Seiten 3 und 4)

Bei den steuerfreien Umsätzen und innergemeinschaftlichen Vorgängen geht es im Wesentlichen um bestimmte steuerfreie Umsätze sowie Umsätze (Ein- und Verkäufe) im Zusammenhang mit ausländischen Unternehmen wie z. B. um

- steuerfreie Ausfuhren ins Nicht-EU-Ausland oder Grundstücksvermietungen (Zeilen 62–77),
- innergemeinschaftliche Erwerbe aus dem EU-Ausland (Zeilen 79–86),
- innergemeinschaftliche Dreiecksgeschäfte (Reihenlieferungen) (Zeilen 91–97) oder
- Übernahme der Steuerschuldnerschaft als Leistungsempfänger (§ 13b UStG, Zeilen 98–102).

HINWEIS

Umsätze nach dem 30.6.2020

Die Steuersatzänderungen zum 1.7.2020 gelten auch für diese Umsätze. Die betreffenden innergemeinschaftlichen Erwerbe und die darauf entfallenden Steuerbeträge sind in Zeile 84, die innergemeinschaftlichen Dreiecksgeschäfte in Zeile 96 einzutragen.

Bei den unter § 13b Abs. 1–3 UStG aufgeführten Umsätzen schuldet nicht der Leistende, sondern der Leistungsempfänger die Steuer, wenn er ein Unternehmer ist.

Die Beträge aus den Zeilen 99 bis 101 sind in Zeile 102 zu summieren und, soweit die weiteren Voraussetzungen dafür vorliegen, gleichzeitig als Steuerbeträge in Zeile 156 und als Vorsteuerbeträge in Zeile 126 des Hauptvordrucks einzutragen.

2.6 Vorsteuerabzug (Hauptvordruck Seite 5)

→ **ZEILEN 121–131 Vorsteuer**

Bei Lieferungen (z. B. Wareneinkauf, Kauf von Vorräten) und Leistungen (Reparaturen, Vermittlungen, laufende Kosten) an Ihr Unternehmen mussten Sie an den leistenden Unternehmer auch Umsatzsteuer bezahlen. Diese Umsatzsteuer auf Ihre Eingangsrechnungen nennt man „Vorsteuer". Diese Vorsteuern können Sie sich vom Finanzamt erstatten lassen, wenn Sie u.a. eine ordnungsgemäße Rechnung darüber besitzen. Ausführliche Informationen über den Vorsteuerabzug und die dafür notwendigen Voraussetzungen, insbesondere die Anforderungen, die eine ordnungsgemäße Rechnung erfüllen muss, finden Sie im Lexikon unter → Umsatzsteuer (Vorsteuer).

In Zeile 122 tragen Sie Ihre abzugsfähigen Vorsteuern (mit Centbeträgen) ein. Zeile 123 betrifft innergemeinschaftliche Erwerbe, Zeile 124 Einfuhren aus Nicht-EU-Ländern. Informationen dazu finden Sie im Lexikon unter → Umsatzsteuer (innergemeinschaftlicher Erwerb).

Zeile 126 betrifft das sog. Umsatzsteuerabzugsverfahren. Wenn ein ausländischer Unternehmer für Sie eine sonstige Leistung (z.B. Reparaturen, Vermittlungen etc.) erbracht oder eine Werklieferung ausgeführt hat, sind Sie gesetzlich verpflichtet, die dabei angefallene Umsatzsteuer als Leistungsempfänger an das Finanzamt abzuführen. Gleichzeitig haben Sie aus diesen Leistungen den Vorsteuerabzug in gleicher Höhe (Eintragung in Zeile 126). In Zeile 131 berechnen Sie die Summe aller Vorsteuerbeträge und übertragen den Wert in Zeile 158 auf Seite 6.

→ ZEILEN 133–150
Vorsteuerberichtigung § 15a UStG

Eine Vorsteuerberichtigung muss erfolgen, wenn sich bei Wirtschaftsgütern, die mehrere Jahre zur Ausführung von Umsätzen verwendet werden, der Verwendungszweck innerhalb eines bestimmten Berichtigungszeitraums (fünf Jahre, bei Gebäuden zehn Jahre) ändert. Dies ist bspw. der Fall, wenn das Wirtschaftsgut bisher nur für umsatzsteuerpflichtige Ausgangsumsätze verwendet wurde (voller Vorsteuerabzug) und später innerhalb des Berichtigungszeitraums nur für umsatzsteuerfreie Leistungen (eventuell kein Vorsteuerabzug) verwendet wird. Weitere Einzelheiten mit Beispielen finden Sie im Lexikonteil unter → Umsatzsteuer (Vorsteuerberichtigung nach § 15a UStG).

WICHTIG

Vorsteuerabzug bei Gebäuden und Grundstücken

Insbesondere für Gebäude und Grundstücke ist wichtig: Besteht die Möglichkeit, dass der unternehmerisch genutzte Teil später ausgeweitet wird, ist eine Vorsteuerberichtigung nur möglich, wenn dieser Teil von Anfang an dem Unternehmensvermögen zugeordnet wurde. Dieses muss dem Finanzamt spätestens bis zum gesetzlichen Abgabetermin der USt-Jahreserklärung (31.7.) angezeigt werden. **Achtung:** Hier gibt es keine Fristverlängerung!

Klein-unternehmer Haben Sie als Kleinunternehmer Wirtschaftsgüter angeschafft, hatten Sie keinen Vorsteuerabzug. Wechseln Sie zur Regelbesteuerung und sind diese Wirtschaftsgüter bei Ihnen noch vorhanden, können Sie die (ggf. anteilige) Vorsteuer nachträglich geltend machen.

→ ZEILEN 133–136, 147 **Grundstücke** Betrifft die Vorsteuerberichtigung ein Grundstück, dann müssen Sie bei erstmaliger Verwendung des Grundstücks zu Umsätzen in Zeile 134 (Kennzahl 370) eine 1 eintragen. Hat sich an der Verwendung des Grundstücks zu Umsätzen etwas verändert, ist eine 1 in Zeile 137 (Kennzahl 371) einzutragen. In den Zeilen 141 bis 145 können Sie die Art der Änderung ankreuzen bzw. angeben. In Zeile 147 tragen Sie ein, wie viel Vorsteuer nachträglich abziehbar wird bzw. an das Finanzamt zurückzuzahlen ist.

Sie müssen dem Finanzamt für jedes Grundstück/Gebäude auf einem gesonderten Blatt die geforderten Informationen als Anlage zur Erklärung mitteilen.

→ ZEILEN 138–145, 148 **Andere Wirtschaftsgüter** In Zeile 138 (Kennzahl 372) tragen Sie eine 1 ein, wenn es sich um ein anderes Wirtschaftsgut (außer Grundstücke, Gebäude etc.) handelt und dieses nicht nur einmalig verwendet wird. Bei nur einmaliger Verwendung erfolgt die Markierung in Zeile 139 (Kennzahl 369). Die zu berichtigenden Vorsteuerbeträge sind in Zeile 148 bzw. 149 auszuweisen.

2.7 Berechnung der Umsatzsteuer (Hauptvordruck Seite 6)

→ ZEILEN 152–169 **Berechnung der USt** In den Zeilen 152 bis 169 berechnen Sie die für Sie festgesetzte Umsatzsteuer. Dazu ermitteln Sie die Summe Ihrer Ausgangsumsatzsteuer (Zeilen 152–156). Die Vorsteuerberichtigungen nach § 15a UStG tragen Sie in Zeile 159 bzw. 161 ein. Danach ermitteln Sie den Unterschiedsbetrag zwischen Umsatzsteuer und Vorsteuer (bei einem negativen Betrag mit Minuszeichen). Dieser Betrag ist i. d. R. zuerst in Zeile 165 und dann in Zeile 167 (muss unbedingt und in jedem Fall ausgefüllt werden) als Zahllast bzw. Vergütung (Vorsteuerüberschuss) zu übernehmen (negativer Betrag mit Minuszeichen, nicht in Rot). In Zeile 168 erfassen Sie – soweit zutreffend – die im Laufe des Jahres 2021 bezahlten Umsatzsteuervorauszahlungen aufgrund der Voranmeldungen und in Zeile 169 den danach verbleibenden Betrag. Handelt es sich um eine Nachzahlung, müssen Sie den errechneten Betrag innerhalb eines Monats nach Erklärungseingang bezahlen.

3 Umsatzsteuervoranmeldung 2022

3.1 Überblick

Abgabepflicht, Abgabetermin, Fälligkeit der Zahlungen

Ob Sie Umsatzsteuervoranmeldungen abgeben müssen und, wenn ja, ob monatlich oder vierteljährlich, hängt von der Höhe Ihrer Umsatzsteuer des Vorjahres und der voraussichtlichen Umsatzsteuer für das laufende Jahr ab. Die Grenzen können Sie im Lexikonteil nachlesen. Dort finden Sie auch Informationen über die Abgabezeitpunkte, mögliche Fristverlängerungen und darüber, wann die angemeldete Steuer fällig ist – unter → Umsatzsteuer (→ Punkt 2 „Regelbesteuerung").

Ihre Umsatzsteuervoranmeldung müssen Sie auf elektronischem Weg abgeben.

3.2 Vordruck

Hinweis: Wichtiges zum Thema „Umsatzsteuervoranmeldung 2022" und wie Sie den Vordruck ausfüllen, finden Sie unter http://mybook.haufe.de unter „Weiterführende steuerliche Informationen".

Teil III: Das aktuelle Steuerlexikon Wegweiser zur schnellen Orientierung

Anhand des Wegweisers können Sie sich auf einen Blick informieren, an welcher Stelle des Buches Sie nützliche Tipps und Hinweise zu bestimmten Problemkreisen finden.

Betrieb

Haus- und Grundbesitz

Andere Einkünfte

Sonstiges

Abgeltungsteuer

Die Abgeltungsteuer wird nicht nur auf Zins- und Dividendeneinnahmen, sondern u.a. auch auf Spekulationsgewinne angewandt. Dafür werden diese Erträge regelmäßig nicht im Einkommensteuerbescheid erfasst.

§ 43, 43a EStG, § 32d EStG

Alle wichtigen Informationen haben wir für Sie im Stichwort → Kapitalanlagen zusammengefasst.

Abschreibungen/Anschaffungs- und Herstellungskosten

Bemessungsgrundlage für die Berechnung der Abschreibungen sind die Anschaffungs- oder Herstellungskosten (AK/HK) des Wirtschaftsguts.

§§ 7, 9 EStG

1 Anschaffungs- und Herstellungskosten

Begriff „Anschaffungskosten"

Zu den AK eines Wirtschaftsguts zählen alle Aufwendungen, die geleistet werden, um es zu erwerben (Kaufpreis + Nebenkosten) und in einen dem angestrebten Zweck entsprechenden betriebsbereiten Zustand zu versetzen (z.B. Montagekosten).

Begriff „Herstellungskosten"

Zu den HK eines Wirtschaftsguts zählen sämtliche Material- und Lohnkosten (z.B. Architekt, Handwerker), die bei der Herstellung eines Wirtschaftsguts entstehen. Skonti, Boni und evtl. Zuschüsse reduzieren die AK und HK.

> **ACHTUNG**
>
> **Umsatzsteuer**
>
> Die in der Rechnung ausgewiesene Umsatzsteuer gehört nicht zu den AK oder HK, wenn diese als Vorsteuer vom Finanzamt erstattet wird. Vertiefend siehe → Umsatzsteuer.

2 Herstellung von Waren, Maschinen etc.

Werden Waren oder andere Wirtschaftsgüter produziert und führt der Betrieb Bücher, müssen die am Bilanzstichtag vorrätigen Bestände mit den HK bzw. mit dem niedrigeren Teilwert (= Wiederherstellungskosten am Bilanzstichtag) ausgewiesen werden.

Die HK setzen sich aus folgenden Teilen zusammen:

Art der Aufwendungen	Ansatz in der Steuerbilanz
Einzelkosten • Materialeinzelkosten (auch Materiallager, Transport) • Fertigungseinzelkosten (auch Kontrolle) • Sonderkosten der Fertigung (Werkzeuglager) **Gemeinkosten (soweit durch die Herstellung veranlasst)** • Materialgemeinkosten (auch Raumkosten, Versicherung) • Fertigungsgemeinkosten (auch Betriebsleitung) • Wertverzehr für das Anlagevermögen (AfA)	Die Aufwendungen gehören zwingend zu den HK = Mindestansatz
• Kosten der allgemeinen Verwaltung (auch Lohnbüro) • Aufwendungen für soziale Einrichtungen des Betriebs • Aufwendungen für freiwillige soziale Leistungen • Aufwendungen für betriebliche Altersversorgung • Zinsen für Fremdkapital	Diese Aufwendungen sind als HK zu behandeln, wenn sie auch handelsrechtlich aktiviert werden.

In die Herstellungskosten eines Wirtschaftsguts sind auch angemessene Teile der notwendigen **Material- und Fertigungsgemeinkosten** (Raumkosten, Lagerhaltung, Transport, Sachversicherungen, Betriebsleitung, Unfallstation, Lohnbüro anteilig), der angemessenen **Kosten der allgemeinen Verwaltung** (Aufwendungen für Geschäftsleitung, Einkauf, Personalabteilung, Ausbildung, Buchhaltung), der angemessenen **Aufwendungen für soziale Einrichtungen** des Betriebs (Kantine) und Aufwendungen für die **betriebliche Altersversorgung** sowie der **Wertverzehr von Anlagevermögen**, soweit er durch die Herstellung des Wirtschaftsguts veranlasst ist (Abschreibungen, ohne GWG- und Sammelposten und ohne Teilwertabschreibungen), einzubeziehen.

Vertriebskosten dürfen nicht als HK behandelt werden.

3 Grundstücke und Gebäude

Anschaffungskosten und Aufteilung

- Kaufpreis
- Nebenkosten (Maklergebühren, Grunderwerbsteuer, Vermessungskosten)
- Notar- oder Rechtspflegerkosten (Beurkundung des Kaufvertrags, Eintragung einer Auflassungsvormerkung, Auflassung, Eintragung des Erwerbers ins Grundbuch)
- Zahlungen an den Grundstücksnachbarn für dessen Zustimmung zur Grenzbebauung (sofern das Recht auch bei einem Abbruch des Gebäudes erhalten bleibt)
- Zahlungen an den Nachbarn für eine Zufahrtsbaulast
- Straßenanliegerbeiträge nach dem Baugesetzbuch

- erstmalige Erschließungsbeiträge nach dem Bundesbaugesetz (Kanalbaubeiträge, Kanalanschlussgebühren für den erstmaligen Anschluss an die Abwasseranlagen, Beiträge für außerhalb des Grundstücks befindliche Anlagen zur Versorgung mit Elektrizität, Gas, Wasser und Wärme)

Werden Beiträge als Ersatz für bereits vorhandene Anlagen geleistet, können diese im Einzelfall als Werbungskosten sofort abzugsfähig sein, auch wenn sie im zeitlichen Zusammenhang mit der Anschaffung geleistet werden.

Das Gebäude und der Grund und Boden sind aus steuerlicher Sicht verschiedene Wirtschaftsgüter und deshalb getrennt zu beurteilen. Nur die AK des Gebäudes können in Zusammenhang mit der Ermittlung von Einkünften über die Abschreibung (AfA) als Betriebsausgaben oder Werbungskosten abgezogen werden. Vertiefend siehe → Abschreibungen/Gebäude. Die AK des Grund und Bodens sind nicht absetzbar. Dies erfordert beim Kauf eines bebauten Grundstücks, dass die AK (inkl. Nebenkosten) im Verhältnis der Verkehrswerte aufgeteilt werden.

HINWEIS

Kaufpreisaufteilung

Das Bundesfinanzministerium hat eine **Arbeitshilfe zur Aufteilung der AK für ein bebautes Grundstück (Kaufpreisaufteilung)** veröffentlicht. Mithilfe einer Exceldatei kann in einem typisierten Verfahren die Aufteilung des Gesamtkaufpreises eines Wohn- oder Geschäftsgebäudes nach dem Verhältnis der Verkehrswerte vorgenommen werden (BFH, Urteil v. 10.10.2000, IX R 86/97). Der Kaufpreisaufteilung liegen die Vorschriften der Verkehrswertermittlung auf der Grundlage des Baugesetzbuchs (Sachwertverfahren nach der Immobilienwertermittlungsverordnung) zugrunde.

Die Summe der ermittelten Einzelwerte weist ohne Marktanpassung nicht den Verkehrswert aus. Es handelt sich um eine qualifizierte Schätzung, die sachverständig begründet widerlegbar ist.

Die Arbeitshilfe kann unter www.bundesfinanzministerium.de unter der Steuerart „Einkommensteuer" heruntergeladen werden. Die Arbeitshilfe wird wertmäßig jährlich angepasst.

TIPP

Kaufpreisaufteilung im Kaufvertrag

Im notariellen Kaufvertrag kann der jeweilige Kaufpreisanteil des Gebäudes und des Grund und Bodens auch betragsmäßig gesondert ausgewiesen werden. Soweit die Aufteilung angemessen ist, wird sie anerkannt.

Die vereinbarten Anschaffungskosten werden grundsätzlich der Besteuerung zugrunde gelegt. Das Finanzamt ist an diese Werte nicht gebunden, wenn Anhaltspunkte für einen Gestaltungsmissbrauch vorliegen.

Bei einem wesentlichen Unterschied der im Kaufvertrag ausgewiesenen AK zu den Werten der vorgenannten Kaufpreisaufteilung muss anhand der Gesamtumstände geklärt werden, ob besondere Aspekte (Ausstattungsmerkmale, ursprüngliche Baukosten, Renovierungen, eingeschränkte Nutzbarkeit wegen bestehender Mietverträge, Straßenlärm, Zugang zum Grundstück) eine Abweichung rechtfertigen. Eine Korrektur der von den Vertragsparteien getroffenen Aufteilung ist aber nur geboten, wenn sie die realen Wertverhältnisse in grundsätzlicher Weise verfehlt und wirtschaftlich nicht haltbar erscheint (BFH, Urteil v. 21.07.2020, IX R 26/19).

Nach Ansicht des BFH kann eine vertragliche Kaufpreisaufteilung, die unreale Wertverhältnisse beinhaltet, nicht durch eine Berechnung mittels der Arbeitshilfe des BMF ersetzt werden. Die Arbeitshilfe gewährleistet nicht die Aufteilung nach den realen Verkehrswerten von Grund und Gebäude, weil sie nur auf das vereinfachte Sachwertverfahren zurückgreift und die Berücksichtigung eines sog. Orts- oder Regionalisierungsfaktors bei der Ermittlung des Gebäudewerts außer Acht lässt (BFH, Urteil v. 21.7.2020 – IX R 26/19). In solchen Fällen muss die vertragliche Kaufpreisaufteilung durch ein Gutachten ersetzt werden.

Aufwendungen für die Bestellung und Eintragung einer Grundschuld und andere Geldbeschaffungskosten zählen zu den Finanzierungskosten und stellen keine AK/HK dar. Vertiefend siehe → Finanzierungskosten.

Wird beim Kauf einer betrieblich genutzten Eigentumswohnung die anteilige **Instandhaltungsrücklage** ohne eine gesonderte Zuzahlung übernommen, muss darauf geachtet werden, dass diese nicht zu den AK des Grundstücks gehört.

Häufig wird auch vorhandenes **Inventar** (z. B. Einbaumöbel) übernommen. Wird im Kaufvertrag der darauf entfallende Teil des Kaufpreises genannt, handelt es sich um Anschaffungskosten für ein eigenständiges Wirtschaftsgut, das ggf. gesondert abgeschrieben wird.

Gebäudeherstellungskosten

Aus der nachfolgenden Übersicht ersehen Sie, welche Aufwendungen insbesondere zu den HK eines Gebäudes gehören.

Planung/Herstellung

Baugenehmigungsgebühren, Architektenhonorar, Aufwendungen für den Statiker, Aushub der Baugrube, Erddeponiegebühren, Kosten des Rohbaus sowie der Sanitär-, Elektro- und Heizungsinstallation, Hausanschlusskosten an die Strom-, Gas-, Elektrizitäts-, Fernwärme-, Wasser- und Abwasserversorgung, Aufwendungen für Fenster, Türen, Dach, Fliesen, Verputzarbeiten, Tapeten, Böden, Aufwendungen für die Erstellung der Garage(n) etc.

Eigenleistungen

Aufwendungen für Baumaschinen (Betonmischer, Bohrmaschine, Kreissäge ...) und Werkzeuge (Wasserwaage, Hammer ...) etc. sind HK, soweit die Geräte in der Bauzeit verbraucht oder abgenutzt werden. Der Wert der eigenen Arbeitsleistung gehört nicht zu den HK.

Sonstiges

HK sind auch die Kosten des Richtfests oder des Breitbandkabelanschlusses, → Fahrtkosten zur Baustelle, zu den Handwerkern und zum Architekten, Anwalts- und Prozesskosten im Zusammenhang mit Baueinwendungen und bei Streitigkeiten mit den Bauhandwerkern, Kosten des Einbaus einer Alarmanlage, Aufwendungen für eine Markise, Baukosten einer Hochwasserschutzmauer, Verpflegung der Handwerker, Stromanschluss für einen zum Gebäude gehörenden Elektrofahrzeugstellplatz etc.

Finanzierungskosten (Zinsen, Damnum, Notargebühren für die Bestellung und Eintragung einer Grundschuld) zählen nicht zu den HK. Vertiefend siehe → Finanzierungskosten.

Sonstige Gebühren

Ablösezahlungen an die Gemeinde im Zusammenhang mit der Verpflichtung zum Bau von Garagen oder Kfz-Stellplätzen etc.

Abbruchkosten

Wird ein Gebäude innerhalb von drei Jahren nach dem Erwerb abgebrochen, unterstellt das Finanzamt einen Erwerb mit Abbruchabsicht. Dies hat zur Folge, dass der noch nicht abgeschriebene Teil der Gebäudeanschaffungskosten (+ Abbruchkosten) als HK des Neubaus gilt.

Wird ein Grundstück mit einem wertlosen Gebäude (Bauruine) angeschafft, stellen die gesamten Aufwendungen AK des Grund und Bodens dar.

Baumaßnahmen nach Erwerb/Fertigstellung

Wird angebaut, aufgestockt, das Dachgeschoss ausgebaut oder eine sonstige Substanzmehrung vorgenommen, liegen i. d. R. **nachträgliche HK** vor. Diese führen bei vermieteten Objekten zu einer Erhöhung der Abschreibungsbeträge. Vertiefend siehe → Abschreibungen/Gebäude.

Soweit Erhaltungsaufwendungen vorliegen, sind sie im Jahr der Zahlung in voller Höhe abzugsfähig. Der Abgrenzung von Reparaturkosten (Erhaltungsaufwendungen) und nachträglichen Herstellungskosten (HK) kommt deshalb besonders große Bedeutung zu. Vertiefend siehe → Reparaturen.

Vergebliche Aufwendungen

Vergebliche Aufwendungen im Zusammenhang mit Grundstücken und Gebäuden sind in einigen Fällen im Jahr der Ausgabe sofort als Betriebsausgaben bzw. Werbungskosten abzugsfähig. Das trifft z. B. zu auf

- Baupläne für ein Objekt, das nicht verwirklicht worden ist,
- verlorene Zahlungen (wegen Insolvenz) ohne Gegenleistung,
- Aufwendungen für die Beseitigung von Baumängeln, die nach Fertigstellung festgestellt wurden, und
- Besichtigungsfahrten zu nicht erworbenen Objekten.

4 Sonstige Wirtschaftsgüter

AK oder HK für Wirtschaftsgüter, die länger als ein Jahr zur Erzielung von Einkünften genutzt werden, sind nur im Wege der Abschreibung (AfA) nach § 7 Abs. 1 EStG als Betriebsausgabe oder Werbungskosten abziehbar. So kann der Unternehmer die Aufwendungen für eine Maschine, die Geschäftsausstattung oder einen geschäftlich genutzten Pkw steuerlich gleichmäßig auf die (betriebs-)gewöhnliche Nutzungsdauer verteilt absetzen. Vertiefend siehe → Notebook, Smartphone & Co.

Betragen die AK/HK (Rechnungsbetrag ohne Umsatzsteuer) für das einzelne Wirtschaftsgut nicht mehr als 800 €, können sie im Jahr der Anschaffung oder Fertigstellung in voller Höhe (netto, wenn Vorsteuer abziehbar; brutto bei fehlendem Vorsteuerabzug) als Betriebsausgaben oder Werbungskosten abgezogen werden.

Wegen zusätzlicher (Sonder-)Abschreibungsmöglichkeiten für Wirtschaftsgüter im Betriebsvermögen siehe → Abschreibungen im Betrieb. Nicht alle Aufwendungen im Zusammenhang mit einem Wirtschaftsgut gehören zu dessen AK.

TIPP

Werbeaufwand

Aufwendungen für die erstmalige Beschriftung von Fahrzeugen und Maschinen des Anlagevermögens zu Werbezwecken sind sofort abzugsfähig. Sie zählen auch dann nicht zu den aktivierungspflichtigen AK oder HK, wenn der Unternehmer diese Aufwendungen einheitlich bei allen seinen Maschinen und Fahrzeugen vornimmt, bevor er sie für die betrieblichen Zwecke zum Einsatz bringt (FG München, Urteil v. 10.5.2006, 1 K 5521/04).

5 Betriebliche und private Nutzung

Für die steuerliche Beurteilung der AK/HK kann es von Bedeutung sein, ob Privat- oder Betriebsvermögen vorliegt und in welchem Umfang eine betriebliche oder private Nutzung erfolgt.

- Gebäude: siehe → Betriebsgrundstücke
- sonstige Wirtschaftsgüter: siehe → Einnahmenüberschussrechnung, → Bilanzierung/E-Bilanz

6 Erbschaft/Schenkung

Für die Höhe der Abschreibung, aber auch für die Behandlung des Gewinns aus einem privaten Veräußerungsgeschäft ist von Bedeutung, ob eine Übertragung entgeltlich oder unentgeltlich erfolgt ist. Vertiefend siehe → Spekulationsgeschäfte.

Unentgeltliche Übertragung

Wird ein Gebäude im Privatvermögen unentgeltlich erworben (Schenkung, vorweggenommene Erbfolge oder Erbschaft), ist wie folgt zu verfahren:

- Der Übernehmer (Beschenkter/Erbe) vermietet das Objekt privat: Er führt die AK/HK und die Abschreibungen des Schenkers/Erblassers fort.

- Der Übernehmer nutzt das Objekt zu eigenen Wohnzwecken: Abschreibungen sind nicht abziehbar.
- Der Übernehmer nutzt das Objekt für sein Unternehmen: Handelt es sich um ein Einzelunternehmen oder um eine Personengesellschaft, ist das Grundstück mit dem aktuellen Zeitwert (steuerlicher Begriff: Teilwert) in das Betriebsvermögen einzulegen. Zur Abschreibung siehe vertiefend → Abschreibungen/Gebäude. Wird das Unternehmen in der Rechtsform einer GmbH geführt, kann mit dieser ein Mietvertrag abgeschlossen werden. Der Grundstückseigentümer erzielt dann Einkünfte aus V+V und führt die Abschreibungen des bisherigen Eigentümers fort. Vertiefend siehe → Betriebsgrundstücke.
- Wird ein Betrieb unentgeltlich als Ganzes übertragen, entsteht beim Übergeber kein Veräußerungsgewinn und der Erwerber setzt die Gewinnermittlung mit den bisherigen Werten fort.

TIPP

Erbaufwendungen als AK

Kosten für die **Auseinandersetzung eines Nachlasses** (z. B. Notar- und Grundbuchkosten) können, soweit sie auf das Gebäude entfallen, bei zum Nachlass gehörenden vermieteten Grundstücken zu Anschaffungsnebenkosten führen, die im Rahmen von Absetzungen für Abnutzung (AfA) abziehbar sind (BFH, Urteil v. 9.7.2013, IX R 43/11).

Teilentgeltliche Übertragung

Zu einem teilentgeltlichen Erwerb kommt es häufig im Zusammenhang mit einer Übertragung im Wege der vorweggenommenen Erbfolge, wenn zwar eine Gegenleistung gezahlt wird, diese aber den Wert des übertragenen Objekts nicht erreicht. Eine Teilentgeltlichkeit liegt vor, wenn der Übernehmende zur Zahlung von Gleichstellungsgeldern (z. B. an andere Angehörige) verpflichtet ist oder an den Übergebenden eine Abstandszahlung zu leisten hat oder dessen Schulden übernimmt. Hierbei ist der Erwerb in einen entgeltlichen und einen unentgeltlichen Teil aufzuteilen. Dabei berechnen sich der entgeltlich und der unentgeltlich erworbene Teil des Wirtschaftsguts nach dem Verhältnis des Entgelts (ohne Anschaffungsnebenkosten) zum Verkehrswert des Wirtschaftsguts. Für den entgeltlich erworbenen Teil wird die AfA neu berechnet, bzgl. des unentgeltlich erworbenen Anteils wird die Abschreibung des Rechtsvorgängers fortgesetzt.

7 Investitionszulage

Falls Sie im Zusammenhang mit dem Erwerb oder der Herstellung eines Wirtschaftsguts eine Investitionszulage erhalten, führt diese nicht zu einer Reduzierung der AK/HK. Der entsprechende Betrag ist steuerfrei.

Abschreibungen/Gebäude

Nutzen Sie ein Gebäude, eine Eigentumswohnung oder einen im Teileigentum stehenden Gebäudeteil zur Erzielung von Einkünften, können Sie die AK bzw. HK im Wege der Absetzungen für Abnutzung (AfA) auf einen bestimmten Zeitraum steuermindernd verteilen.

§§ 7 Abs. 4 bis 5a, 7b EStG

Vertiefend siehe → Vermietung/Immobilien, → Abschreibungen/Anschaffungs- und Herstellungskosten und → Reparaturen.

1 Allgemeines

Die Absetzungen für Abnutzung (kurz: Abschreibungen oder AfA) beschränken sich bei einem Grundstück nur auf das Gebäude. Die AK für Grund und Boden sind nicht absetzbar.

Absetzungsberechtigt ist im Allgemeinen der bürgerlich-rechtliche oder der wirtschaftliche Eigentümer. Das ist regelmäßig derjenige, der die AK oder HK getragen hat und den Tatbestand der Einkünfteerzielungsabsicht erfüllt.

Wurde das Gebäude bereits vor 2021 erworben bzw. fertiggestellt und wurden mindestens im Vorjahr 2020 Abschreibungen vorgenommen, ist die lineare oder degressive AfA fortzuführen.

2 Erwerb/Fertigstellung 2021

Wurde das Objekt neu hergestellt oder angeschafft, kann der Bauherr/Käufer die **lineare Gebäude-AfA nach § 7 Abs. 4 EStG** und in bestimmten Fällen eine Sonderabschreibung nach § 7b EStG in Anspruch nehmen.

Ein Bauherr kann mit der Abschreibung des Gebäudes ab dem Zeitpunkt der Fertigstellung (= Bezugsfertigkeit) beginnen. Für den Erwerber beginnt die Abschreibung mit dem Zeitpunkt der Anschaffung. Das ist der im Kaufvertrag vereinbarte Zeitpunkt des Übergangs von Besitz, Nutzen, Lasten und Gefahr (Erwerb des wirtschaftlichen Eigentums). Im ersten Jahr wird die lineare AfA zeitanteilig nach Monaten berechnet.

Soweit das Gebäude unentgeltlich durch Schenkung oder Erbschaft erworben wurde, bleiben die AK oder HK des Rechtsvorgängers (Schenker, Erblasser) maßgebend. Der Rechtsnachfolger (Beschenkter, Erbe) setzt die durch den Vorgänger begonnene Abschreibung fort. Anders kann es sein, wenn das Gebäude bisher zum Privatvermögen und nun zum Betriebsvermögen gehört (siehe Punkt 4).

Gegenstand der Abschreibung

Besteht ein Gebäude aus **mehreren selbstständigen Gebäudeteilen**, ist jeder Gebäudeteil für sich abzuschreiben. Dabei können unterschiedliche Abschreibungssätze in Betracht kommen.

Mehrere selbstständige Gebäudeteile liegen immer dann vor, wenn ein Gebäude unterschiedlich genutzt wird. So kann ein Gebäude teils **eigenbetrieblich**, teils **fremdbetrieblich**, teils für **fremde** oder teils für **eigene Wohnzwecke** genutzt werden. Jede dieser Nutzungen führt zu einem selbstständigen Gebäudeteil.

Für zu eigenen Wohnzwecken genutzte oder unentgeltlich an andere überlassene Gebäude(teile) ist der Abzug einer AfA als Werbungskosten mangels Einnahmen nicht möglich. Wegen der AfA bei späterer Vermietung siehe Punkt 4.

3 Abschreibungen im Einzelnen

Wirtschaftsgebäude und andere Gebäude

Innerhalb der linearen AfA sind zwei Arten von Gebäuden zu unterscheiden:

- **Wirtschaftsgebäude** sind Gebäude(teile),
  - die zum Betriebsvermögen gehören,
  - die nicht Wohnzwecken dienen und
  - für die der Bauantrag nach März 1985 gestellt wurde.
- **Andere Gebäude** sind Gebäude(teile), die die Voraussetzungen für Wirtschaftsgebäude nicht erfüllen.

Lineare Gebäudeabschreibung

Bei der Inanspruchnahme der linearen AfA werden die AK oder HK gleichmäßig auf die vom Gesetz vorgesehene Nutzungsdauer (ND) verteilt. Die lineare AfA ist grundsätzlich bei allen Arten von Gebäuden im Inland oder Ausland anwendbar (§ 7 Abs. 4 EStG).

Wirtschaftsgebäude(teile)

Personenkreis	Bauherr oder Erwerber
Bauantrag/Kaufvertrag	a) nach März 1985 und vor 2001 b) nach 2000
AfA-Satz (unterstellte Nutzungsdauer)	a) **4 %** (ND 25 Jahre) b) **3 %** (ND 33,3 Jahre)
Bemessungsgrundlage	AK/HK
AfA im Erstjahr	zeitanteilig

Gebäude(teile), die keine Wirtschaftsgebäude sind

Personenkreis		Bauherr oder Erwerber
AfA-Satz (auch bei Erwerb)	**Fertigstellung** a) vor 1.1.1925	**2,5 %**
	b) nach 31.12.1924	**2 %**
Bemessungsgrundlage		AK/HK
AfA im Erstjahr		zeitanteilig

Sonderabschreibungen beim Mietwohnungsneubau

Für die Anschaffung (spätestens bis zum Ende des Jahres der Fertigstellung) oder Herstellung neuer Wohnungen kann nach § 7b EStG unter folgenden **Voraussetzungen** eine Sonderabschreibung **zusätzlich** zur linearen AfA nach § 7 Abs. 4 EStG als BA oder WK geltend gemacht werden:

- Bauantrag oder Bauanzeige nach dem 31.8.2018 und vor dem 1.1.2022.
- Eine bisher nicht vorhandene Wohnung – auch in einem bereits beste-

henden Gebäude – wird im Inland oder einem Mitgliedsstaat der EU neu geschaffen.

- Die AK/HK für die Wohnung einschließlich der Nebenräume überschreiten die Baukostenobergrenze in Höhe von 3.000 € je Quadratmeter Wohnfläche nicht. Unter die Baukostenobergrenze fallen auch nachträgliche AK/HK innerhalb von drei Jahren nach Anschaffung/Herstellung der Wohnung. Wird die Grenze überschritten, ist eine Sonder-AfA nicht möglich bzw. muss durch Änderung bereits ergangener Bescheide rückgängig gemacht werden.
- Die Wohnung wird im Jahr der Anschaffung/Herstellung und in den folgenden neun Jahren entgeltlich zu Wohnzwecken vermietet und stellt keine Ferienwohnung dar. Bei beruflicher und privater Nutzung erfolgt eine ausschließliche Zuordnung zur überwiegenden Nutzungsart. Das häusliche Arbeitszimmer des Mieters ist als Wohnzwecken dienend anzusehen.
- Die Voraussetzungen der De-minimis-Beihilfen-Verordnung der EU sind eingehalten (Zuschüsse und Steuervergünstigungen betragen je Steuerpflichtigen höchstens 200.000 € in drei Jahren).

Bemessungsgrundlage für die Sonder-AfA sind die tatsächlichen AK/HK, höchstens 2.000 € je Quadratmeter Wohnfläche.

Die **Sonderabschreibung** beträgt im Jahr der Anschaffung/Herstellung und in den drei Folgejahren jeweils bis zu 5 % der Bemessungsgrundlage und kann neben der linearen Gebäude-AfA steuerlich geltend gemacht werden. In Anschaffungsfällen kann die Sonder-AfA nur vom Erwerber in Anspruch genommen werden.

Entfallen die Voraussetzungen nachträglich oder wird die Wohnung innerhalb von zehn Jahren steuerfrei veräußert, entfällt die Sonderabschreibung rückwirkend; bereits ergangene Steuerfestsetzungen sind rückgängig zu machen.

BEISPIEL

Sonderabschreibung nach § 7b EStG

V ist Eigentümerin eines Mietshauses.

Maßnahme 1: An die bestehende Wohnung im Erdgeschoss wird eine neue zusätzliche Wohnung in einem Anbau mit 70 m² Wohnfläche errichtet. Baukosten: 205.000 €. **Maßnahme 2:** Die Wohnung im 1. OG wird um ein Zimmer mit 20 m² Wohnfläche erweitert. Baukosten: 35.000 €. **Maßnahme 3:** Das Treppenhaus wird renoviert. Baukosten: 15.000 €. **Maßnahme 4:** Das bisher nicht genutzte Dachgeschoss wird zu einer Wohnung mit 50 m² Wohnfläche ausgebaut. Baukosten: 155.000 €.

- **Maßnahme 1:** Kosten je m² (= 205.000 € : 70 m²) 2.929 €/m². Die Sonderabschreibung nach § 7b EStG kann in Anspruch genommen werden, da die Höchstgrenze von 3.000 € pro Quadratmeter nicht überschritten wird. Vier Jahre 5 % aus den tatsächlichen HK (205.000 €), max. 2.000 € × 70 m² (140.000 €) = 7.000 €. Die lineare AfA nach § 7 Abs. 4 EStG beträgt 2 % von 205.000 € = 4.100 € (zeitanteilig im ersten Jahr).

- **Maßnahme 2:** Die Erweiterung im 1. OG führt nicht zur Herstellung einer neuen, bisher nicht vorhandenen Wohnung. Die Sonderabschreibung nach § 7b EStG kann nicht in Anspruch genommen werden.
- **Maßnahme 3:** Der Renovierungsaufwand (Treppenhaus) kann in voller Höhe im Jahr der Zahlung als Instandhaltungsaufwand berücksichtigt werden.
- **Maßnahme 4:** Kosten je m^2 (= 155.000 € : 50 m^2) 3.100 €/m^2. Die Sonderabschreibung nach § 7b EStG kann nicht in Anspruch genommen werden, da die Höchstgrenze von 3.000 € pro Quadratmeter überschritten wird. Die lineare AfA nach § 7 Abs. 4 EStG beträgt 2 % von 155.000 € = 3.100 € (zeitanteilig im ersten Jahr). **Hinweis:** Bei den Gesamtkosten der Maßnahme 4 (Ausbau Dachgeschoss) sollte geprüft werden, ob darin Aufwand enthalten ist, der als Instandhaltungsaufwand herausgerechnet werden kann. Damit lägen die HK pro Quadratmeter unter der Grenze von 3.000 €.

Degressive Gebäudeabschreibung

Eine degressive AfA ist seit 2006 (Bauantrag oder Kaufvertrag) in Neufällen nicht mehr möglich. Degressive Abschreibungen aus früheren Jahren werden aber mit den bei Beginn der Abschreibung jeweils vorgesehenen Abschreibungssätzen fortgeführt (§ 7 Abs. 5 EStG). Auf eine Darstellung der zahlreichen Abschreibungsvarianten wird hier verzichtet.

Abschreibung von Gebäuden in Sanierungsgebieten und von Baudenkmalen

Für Gebäude in Sanierungsgebieten und städtebaulichen Entwicklungsbereichen sowie für denkmalgeschützte Gebäude gelten besondere Vorschriften (§§ 7h, 7i, 10f EStG). Bitte erkundigen Sie sich ggf. bei Ihrem Finanzamt.

4 Wechsel der Abschreibungsmethoden und Nutzungsänderungen

Ein Übergang von der linearen zur degressiven Gebäude-AfA oder umgekehrt bzw. ein Wechsel des AfA-Satzes innerhalb der degressiven AfA ist grundsätzlich unzulässig.

Bei Gebäuden sind die Abschreibungsmethoden nur zu wechseln, wenn der Eigentümer

- ein zu einem Betriebsvermögen gehörendes Gebäude ins Privatvermögen überführt und vermietet (**Entnahme**)

bisherige Bemessungsgrundlage	AK/HK
bisherige AfA	linear oder degressiv
Entnahmewert	Teilwert
künftige Bemessungsgrundlage	Teilwert
künftige AfA	linear 2 %
Summe der weiteren AfA	bis zum Teilwert

- oder ein zum Privatvermögen gehörendes bisher vermietetes Gebäude in einem späteren Jahr zu eigenbetrieblichen Zwecken nutzt (**Einlage**).

bisherige Bemessungsgrundlage	AK/HK
bisherige AfA	linear oder degressiv
Einlagewert	Teilwert
künftige Bemessungsgrundlage § 7 Abs. 1 Satz 5 EStG	1. Einlagewert > AK/HK: Einlagewert abzgl. bereits in Anspruch genommene AfA 2. Einlagewert < AK/HK und > fortgeführte AK/HK: fortgeführte AK/HK 3. Einlagewert (Teilwert) < fortgeführte AK/HK: Einlagewert
künftige AfA	linear 3 %, wenn Bauantrag des Gebäudes nach März 1985, sonst 2 %
Summe der weiteren AfA	bis zum Einlagewert

Wird ein Gebäude zunächst vom Eigentümer selbst zu eigenen Wohnzwecken genutzt oder unentgeltlich an andere zu Wohnzwecken überlassen und erfolgt zu einem späteren Zeitpunkt eine Vermietung, bemisst sich die Abschreibung nach den ursprünglichen AK/HK und dem für das Gebäude maßgebenden AfA-Satz. In der Folgezeit kann die AfA aber nur bis zur Höhe des Restwerts abgezogen werden, der von den AK oder HK verbleibt, nachdem die fiktive AfA, die auf die Zeit der Selbstnutzung oder unentgeltlichen Überlassung entfällt, abgezogen wurde.

5 Anschaffungs- oder Herstellungskosten

Anschaffungs- und Herstellungskosten

Bemessungsgrundlage für die Gebäude-AfA sind die AK oder HK des Gebäudes. Wird ein bebautes Grundstück angeschafft, müssen die AK auf Grund und Boden einerseits sowie das Gebäude andererseits aufgeteilt werden. Das BMF hat dazu eine **Arbeitshilfe zur Aufteilung der AK für ein bebautes Grundstück (Kaufpreisaufteilung)** veröffentlicht. Vertiefend siehe → Abschreibungen/Anschaffungs- und Herstellungskosten.

Nachträgliche Anschaffungs- und Herstellungskosten

Nachträgliche AK oder HK erhöhen die bisherige Bemessungsgrundlage des Gebäudes für die AfA. Sie sind von den Erhaltungsaufwendungen abzugrenzen. Nachträgliche HK liegen vor, wenn an einem bestehenden Gebäude Aufwendungen für dessen **Erweiterung (Anbau, Aufstockung, Vergrößerung der Wohn- oder Nutzfläche, Substanzmehrung) oder eine über den ursprünglichen Zustand hinausgehende wesentliche Verbesserung** anfallen.

Vertiefend siehe → Reparaturen und → Vermietung/Immobilien.

Bei Nettoaufwendungen bis 4.000 € je Baumaßnahme kann aus Vereinfachungsgründen sofort abziehbarer Erhaltungsaufwand angenommen werden, außer es handelt sich um eine Maßnahme, die der endgültigen erstmaligen Fertigstellung des Gebäudes dient. Vertiefend siehe → Reparaturen und → Vermietung/Immobilien.

Nachträgliche AK oder HK sind im Entstehungsjahr so zu behandeln, als ob sie schon zu Beginn des Kalenderjahres vorgelegen hätten. Es ist **keine zeitanteilige Berechnung** der Abschreibung vorzunehmen. Der Abschreibungszeitraum verlängert sich und endet erst mit der vollen Absetzung der gesamten AK oder HK.

Keine nachträglichen HK, sondern HK für ein anderes Wirtschaftsgut entstehen, wenn das bisherige Gebäude im Wesen geändert und so tiefgreifend umgestaltet oder in einem solchen Ausmaß erweitert wird, dass die eingefügten neuen Teile dem neuen Gebäude das Gepräge geben und die verwendeten Altteile bedeutungs- und wertmäßig untergeordnet erscheinen.

Ebenfalls keine nachträglichen HK, sondern die Herstellung eines neuen, selbstständigen Gebäudeteils liegt vor, wenn durch Erweiterung des Gebäudes zu einer vorhandenen Nutzung eine andere Nutzung hinzukommt.

BEISPIEL

Neuer Gebäudeteil

Der Steuerpflichtige besitzt ein Gebäude, das bisher ausschließlich zu betrieblichen Zwecken vermietet wird. Durch eine Aufstockung des Gebäudes wird eine Wohnung eingebaut, die (auch evtl. an den Mieter der Betriebsräume) vermietet wird.

Die Aufwendungen für die Wohnung sind keine nachträglichen HK des bisherigen Gebäudes, sondern stellen erstmalige HK für einen neuen, selbstständigen Gebäudeteil (siehe Punkt 2) dar, der unabhängig vom bisherigen Gebäude abgeschrieben wird. Im Jahr der Fertigstellung der Wohnung ist die AfA zeitanteilig nach Monaten zu berechnen.

6 Abschreibung anderer Wirtschaftsgüter

Solaranlagen/Fotovoltaikanlagen

Vertiefend siehe → Fotovoltaikanlagen und Blockheizkraftwerke und → Vermietung/Immobilien.

Gartenanlagen

Vertiefend siehe → Abschreibungen/Anschaffungs- und Herstellungskosten.

Abschreibungen im Betrieb

Soweit Sie für Ihren Betrieb Anlagegüter erwerben bzw. herstellen, sind deren AK/HK auf die voraussichtliche Nutzungsdauer des Anlageguts zu verteilen.

§ 7 EStG, R 7.1–7.5 EStR, § 11 EStDV

1 Allgemeines

Übersicht

Anhand der Übersicht können Sie ersehen, in welchen Fällen eine planmäßige Abschreibung vorzunehmen ist.

Maßgebende Faktoren für eine planmäßige Abschreibung

Die Abschreibung von abnutzbaren Anlagegütern ist abhängig von

- der Höhe der AK/HK (bzw. vom Einlagewert),
- der voraussichtlichen Nutzungsdauer,
- der Abschreibungsmethode.

Ein Wirtschaftsgut (= WG) wird für den Betrieb angeschafft/hergestellt bzw. es wird aus dem Privatvermögen in das Betriebsvermögen eingelegt.		
Das WG rechnet zum **Anlagevermögen** (= das WG soll längerfristig betrieblich genutzt werden).		Das Wirtschaftsgut zählt zum **Umlaufvermögen** (= WG ist zum Verkauf bestimmt).
nicht abnutzbares WG (z. B. Grund und Boden)	**abnutzbares WG** (z. B. Pkw, Maschinen, Autotelefon)	
Die AK/HK wirken sich erst im Zeitpunkt der Veräußerung bzw. Entnahme des WG als Betriebsausgabe (= BA) aus.	• Die Nutzungsdauer beträgt nicht mehr als ein Jahr: Die AK/HK sind sofort als BA abzugsfähig. • Die Nutzungsdauer beträgt mehr als ein Jahr: Die Vorschriften über die Abschreibung finden Anwendung.	Die AK/HK zählen zu den BA: • bei der Gewinnermittlung durch eine → Einnahmenüberschussrechnung zum Zeitpunkt der Bezahlung (bzw. Einlage); • bei der Gewinnermittlung durch Buchführung im Jahr des Verkaufs durch den Betrieb.

Bei sämtlichen Wirtschaftsgütern (abnutzbare und nicht abnutzbare Anlagegüter, Wirtschaftsgüter des Umlaufvermögens) kommt ggf. eine außerplanmäßige Abschreibung (vgl. → Punkt 3 dieses Stichworts) in Betracht.

Bemessungsgrundlage

Bemessungsgrundlage für die Abschreibung sind die AK bzw. HK, bei einer Einlage der Einlage- bzw. Restwert. Vertiefend siehe → Abschreibungen/Anschaffungs- und Herstellungskosten.

Soweit eine Investitionszulage gezahlt wurde, bleibt diese steuerfrei und führt zu keiner Minderung der AK/HK.

BEISPIEL

Einlage

Ein Unternehmer besitzt eine private Eigentumswohnung, die er ursprünglich für 100.000 € gekauft und vermietet hat. Hierfür hat er in den vergangenen Jahren bei den Einkünften aus V+V Abschreibungen von 55.000 € in Anspruch genommen. Ab dem 1.1.2021 nutzt er die Wohnung für seinen Gewerbebetrieb. Der Teilwert am 1.1.2021 beträgt 200.000 €.

Die weitere Abschreibung bemisst sich nach einer Einlage mit dem Teilwert abzüglich der bei den Überschusseinkünften vorgenommenen Abschreibungen, also 145.000 € im Beispielsfall (FG Rheinland-Pfalz, Urteil v. 10.9.2008, 2 K 1712/08).

Voraussichtliche Nutzungsdauer

Je kürzer die voraussichtliche betriebsgewöhnliche Nutzungsdauer (= Zeitraum der Abschreibung) ist, desto schneller können Ihre Aufwendungen steuerlich abgezogen werden.

Am einfachsten ist es, wenn zur Bestimmung der Nutzungsdauer auf die amtlichen AfA-Tabellen zurückgegriffen wird. Lesen Sie hierzu unter → Punkt 4 weiter. Gebraucht erworbene Wirtschaftsgüter sind auf deren voraussichtliche Restnutzungsdauer abzuschreiben. Bei der Schätzung kommt es neben dem Zustand des Wirtschaftsguts im Zeitpunkt des Erwerbs auf die Art und den Umfang der voraussichtlichen jährlichen Nutzung im Betrieb an.

Hat ein Unternehmer einen Betrieb gekauft, müssen die auf den Geschäfts- bzw. Firmenwert entfallenden Aufwendungen gleichmäßig auf 15 Jahre verteilt werden (§ 7 Abs. 1 EStG). Hat er eine freiberufliche Praxis übernommen, sind die auf den Praxiswert entfallenden Aufwendungen i. d. R. auf drei bis fünf Jahre zu verteilen.

Problematisch sind Fälle, in denen ein Erwerb teilentgeltlich erfolgt (z. B. im Rahmen einer Erbauseinandersetzung oder bei einer vorweggenommenen Erbfolge). Hier ist noch nicht endgültig geklärt, wie die AK bzw. steuerpflichtige Veräußerungserlöse zu berechnen sind (s. hierzu u. a. BFH, Urteil v. 11.12.2001, VIII R 58/9; BFH, Urteil v. 19.9.2012, IV R 11/12; BMF, Schreiben v. 12.9.2013, IV C 6 - S 2241/10/ 10002).

Wegen der Behandlung von AK eines Gesellschafters für den Geschäftsanteil bei einer Einnahmenüberschussrechnung: siehe → Einnahmenüberschussrechnung.

Beginn/Ende der Abschreibung

Bei gekauften Wirtschaftsgütern beginnt die Abschreibung mit der Anschaffung, bei selbst hergestellten Wirtschaftsgütern mit dem Zeitpunkt der Fertigstellung. Dies führt dazu, dass im Jahr des Erwerbs bzw. der Fertigstellung nur der zeitanteilige Jahresabschreibungsbetrag zu berücksichtigen ist (Erwerb im Januar = voller Jahresbetrag, im Februar = 11/12 des Jahresbetrags, im März = 10/12 des

Jahresbetrags usw.). Der Zeitpunkt der Zahlung ist für den AfA-Beginn ohne Bedeutung.

Die Abschreibung eines Wirtschaftsguts endet, wenn dessen AK/HK vollständig abgesetzt sind, also mit Ablauf der zugrunde gelegten Nutzungsdauer. Scheidet das Wirtschaftsgut schon vor diesem Zeitpunkt aus (z. B. durch Zerstörung, Verkauf oder Entnahme), endet die planmäßige Abschreibung schon vorher. In jedem Fall ist im Jahr des Ausscheidens ebenfalls nur eine zeitanteilige AfA zu berücksichtigen (s. o.).

WICHTIG

Abschreibung ist Pflicht

Eine Abschreibung ist zwingend vorzunehmen, auch wenn der Buchwert einen (Rest-)Wert des Wirtschaftsguts unterschreitet (BFH, Urteil v. 8.4.2008, VIII R 64/06). Das gilt auch für die Gewinnermittlung durch Einnahmenüberschussrechnung. Wird ein Wirtschaftsgut aber zunächst nicht als Betriebsvermögen behandelt, obwohl die Voraussetzungen vorlagen, darf die versäumte AfA in späteren Jahren nicht nachgeholt werden (BFH, Urteil v. 22.6.2010, VIII R 3/08).

2 Abschreibungsmethoden

Abhängig von den AK bzw. HK bestehen für alle Wirtschaftsgüter, die nach dem 31.12.2017 erworben bzw. hergestellt wurden, folgende Möglichkeiten:

bis zu 250,00 €	Sofortabschreibung (alternativ: Abschreibung nach Nutzungsdauer)
von 250,01 € bis max. 1.000,00 €	→ Geringwertige Wirtschaftsgüter (alternativ: Abschreibung nach Nutzungsdauer)
ab 1.000,01 €	lineare Abschreibung nach Nutzungsdauer

Vertiefend siehe → Geringwertige Wirtschaftsgüter.

Lineare Abschreibung

Die lineare Abschreibung gilt grundsätzlich für alle Wirtschaftsgüter, es sei denn, es wird die Regelung für geringwertige Wirtschaftsgüter (GWG oder Sammelposten) in Anspruch genommen.

Hierbei werden die AK/HK gleichmäßig auf die voraussichtliche Nutzungsdauer verteilt.

BEISPIEL

Linearer Abschreibungssatz

Sie haben im Mai eine Maschine (betriebsgewöhnliche Nutzungsdauer = fünf Jahre) für 60.000 € zzgl. 11.400 € Umsatzsteuer erworben.

Die AK betragen 60.000 € (bzw. 71.400 €, soweit keine Vorsteuerabzugsberechtigung besteht). Der lineare Abschreibungssatz beträgt 20 % (100 % : voraussichtliche Nutzungsdauer), sodass sich ein rechnerischer Jahresabschreibungsbetrag i. H. v. 12.000 € ergibt. Im Anschaffungsjahr können Sie nur eine zeitanteilige Abschreibung i. H. v. 8/12 des Jahresbetrags von 12.000 €, also 8.000 €, berücksichtigen.

Degressive Abschreibung

Bei beweglichen Wirtschaftsgütern des Anlagevermögens, die nach dem 31.12.2019 und vor dem 1.1.2022 angeschafft oder hergestellt worden sind, kann eine degressive Abschreibung in Anspruch genommen werden. Der Abschreibungssatz darf höchstens das Zweieinhalbfache der linearen Abschreibung, max. 25 %, betragen. Der Prozentsatz bleibt dabei gleich, die Abschreibung wird jeweils vom Restwert des Vorjahres berechnet. Absetzungen für außergewöhnliche technische oder wirtschaftliche Abnutzung sind hier nicht zulässig. Zur linearen Abschreibung kann jedoch jederzeit gewechselt werden.

BEISPIEL

Degressive Abschreibung

Ein Wirtschaftsgut wird im Januar 2021 angeschafft und soll degressiv abgeschrieben werden:

Anschaffungskosten	10.000 €	
Nutzungsdauer	8 Jahre	
lineare AfA	12,5 %	
degressive AfA max.	25,0 %	
Abschreibung 2021	−2.500 €	
31.12.2021	7.500 €	
Abschreibung 2022	−1.875 €	(25 % von 7.500 €)
31.12.2022	5.625 €	
Abschreibung 2023	−1.406 €	(25 % von 5.625 €)
31.12.2023	4.219 €	
Abschreibung 2024	−1.055 €	(25 % von 4.219 €)
31.12.2024	3.164 €	

§-7g-Sonderabschreibung

§ 7g Abs. 5 EStG räumt dem Unternehmer ein Wahlrecht zur Sonderabschreibung ein. Vertiefend siehe → Investitionsabzugsbetrag.

Sonderabschreibung für Elektronutzfahrzeuge und elektrisch betriebene Lastenfahrräder (§ 7c EStG)

Von 2020 bis 2030 gibt es eine zeitlich befristete Sonderabschreibung für kleine und mittelgroße elektrische Nutz- oder Lieferfahrzeuge. Der Abschreibungssatz nach § 7c EStG beträgt 50 % der Anschaffungskosten und kann nur im Jahr der Anschaffung einmalig in Anspruch genommen werden.

3 Außerplanmäßige Abschreibungen

Teilwertabschreibung

Liegt der tatsächliche Wert des Wirtschaftsguts voraussichtlich **dauerhaft** unter dessen AK/HK (bei abnutzbaren Wirtschaftsgütern wie z. B. Gebäuden und Maschinen unter dem Restbuchwert), können nur bilanzierende Unternehmer eine Teilwertabschreibung vornehmen.

BEISPIEL

Teilwertabschreibung

Sie haben im Vorjahr ein Grundstück für 300.000 € erworben. Im Jahr 2020 stellt sich heraus, dass das Grundstück wegen diverser Bauauflagen nicht für die vorgesehene Bebauung geeignet ist. Der tatsächliche Wert des überteuert eingekauften Grundstücks liegt bei 250.000 €.

Soweit man von einer **dauerhaften** Wertminderung ausgehen kann und der Gewinn durch Buchführung (Bilanz + Gewinn-und-Verlust-Rechnung) ermittelt wird, kann eine den Gewinn mindernde Teilwertabschreibung i. H. v. 50.000 € vorgenommen werden. Wenn Sie Ihren Gewinn durch eine Einnahmenüberschussrechnung ermitteln, ist eine Teilwertabschreibung nicht zulässig.

Das BMF geht von einer **voraussichtlich dauerhaften Wertminderung** (v. d. W.) nur in folgenden Fällen aus (BMF, Schreiben v. 2.9.2016, IV C 6 – S 2171-b/09/10002 :002):

- Bei Wirtschaftsgütern des abnutzbaren Anlagevermögens (Maschinen, Betriebsgebäude etc.) liegt eine v. d. W. vor, wenn der Wert des jeweiligen Wirtschaftsguts am Bilanzstichtag mindestens für die halbe Restnutzungsdauer unter dem planmäßigen Restbuchwert liegt.
- Bei Wirtschaftsgütern, die nicht zum abnutzbaren Anlagevermögen gehören (Grund und Boden, Beteiligungen etc.), ist darauf abzustellen, ob die Gründe für die Wertminderung voraussichtlich anhalten werden. Preisschwankungen im Immobilienbereich sowie Kursschwankungen von börsennotierten Wertpapieren werden als „vorübergehend" eingestuft.
- Bei börsennotierten Aktien des Anlagevermögens ist eine Teilwertabschreibung immer dann möglich, wenn der Kursverlust am Bilanzstichtag größer als 5 % ist.

BEISPIEL

Aktien

U hat Aktien zum Kurs von 100 €/Stück gekauft und als Anlagevermögen bilanziert. Zum 31.12.2021 ist der Wert auf 60 €/Stück gesunken. U stellt seine Bilanz am 30.3.2020 auf. Zu diesem Zeitpunkt haben die Aktien einen Kurs von 60 € bzw. 80 € bzw. 110 €. In allen Fällen ist eine Teilwertabschreibung auf 60 € nach Auffassung des BFH zulässig.

- Bei Wirtschaftsgütern des Umlaufvermögens (Waren etc.) liegt eine dauerhafte Wertminderung vor, wenn diese bis zur Bilanzaufstellung oder dem vorangegangenen Verkaufs- oder Verbrauchszeitpunkt anhält. Zusätzliche Erkenntnisse (z. B. Preisentwicklung nach dem Bilanzstichtag) bis zu diesen Zeitpunkten sind zu berücksichtigen.

TIPP

Warenbestände

Eine Teilwertabschreibung kommt vor allem bei Warenbeständen in Betracht. Bei den Warenvorräten kommt es darauf an, ob der Wiederbeschaffungspreis am Bilanzstichtag unter ihrem Einkaufspreis liegt und ob dieser Umstand bis zur Bilanzerstellung (bzw. zum vorherigen Verkauf) anhält.

Bei Anlagevermögen wird eine Teilwertabschreibung nur in Ausnahmefällen möglich sein. Wenn im Zusammenhang mit abnutzbaren Anlagegütern im Vorjahr eine Teilwertabschreibung vorgenommen wurde, muss im laufenden Jahr eine Neuberechnung der planmäßigen Abschreibung erfolgen. Dazu ist der Restbuchwert durch die Restnutzungsdauer zu teilen. Auch ist in jedem der Folgejahre jeweils zu prüfen, ob der Teilwert gestiegen ist. Ist dies der Fall, muss eine (gewinnerhöhende) Wertaufholung vorgenommen werden (Wertobergrenze sind die ursprünglichen AK/HK abzüglich Normal-AfA). Einzelheiten sind dem BMF, Schreiben v. 2.9.2016, IV C 6 – S 2171-b/09/10002 :002 zu entnehmen.

Absetzung für außergewöhnliche wirtschaftliche und technische Abnutzung (AfaA)

Eine AfaA kann zusätzlich zur linearen Abschreibung von Anlagegütern in Betracht kommen. Diese kann auch in Anspruch genommen werden, wenn Sie Ihren Gewinn durch eine Einnahmenüberschussrechnung ermitteln. Voraussetzung für die AfaA ist, dass das Anlagegut aufgrund einer Beschädigung nur noch eingeschränkt oder überhaupt nicht mehr nutzbar ist. Wird ein Anlagegut z. B. vor Ablauf der betriebsgewöhnlichen Nutzungsdauer zerstört (Totalschaden des Betriebs-Pkw o. Ä.), ist der Restbuchwert sofort in vollem Umfang als Betriebsausgabe zu behandeln. Eine AfaA kann auch bei einer Gewinnermittlung nach § 4 Abs. 3 EStG in Anspruch genommen werden.

Soll die AfaA bei einem Wirtschaftsgut vorgenommen werden, das bisher degressiv abgeschrieben wurde, muss ein Wechsel zur linearen AfA erfolgen.

4 AfA-Tabelle für allgemein verwendbare Anlagegüter

WICHTIG

Nutzungsdauer von Computern und Software

Die Finanzverwaltung hat die Nutzungsdauer von Computern und Software ab 1.1.2021 geändert. Die bisher in der AfA-Tabelle für allgemeine Anlagegüter enthaltene Nutzungsdauer für Computer wurde von drei Jahren auf ein Jahr herabgesetzt. Ab 2021 können neu angeschaffte Computer und Software somit im Jahr der Anschaffung in voller Höhe abgeschrieben werden. Aber auch die Restwerte entsprechender Wirtschaftsgüter, die in früheren Wirtschaftsjahren angeschafft oder hergestellt wurden und bei denen eine andere als die einjährige Nutzungsdauer zugrunde gelegt wurde, können 2021 in voller Höhe abgeschrieben werden (BMF, Schreiben v. 26.2.2021, IV C 3 – S 2190/21/10002 :013).

Für nach dem 31.12.2000 angeschaffte/hergestellte Wirtschaftsgüter ist die AfA-Tabelle für allgemein verwendbare

Anlagegüter (BStBl 2000 I, 1532) anzuwenden. Diese können Sie sich auf der Internetseite des Bundesfinanzministeriums herunterladen (http://www.bundesfinanzministerium.de, Suchstichwort „AfA-Tabelle"). Außerdem gibt es noch branchenspezifische AfA-Tabellen, die Sie beim Finanzamt oder bei Ihrem Steuerberater einsehen können.

Die in den AfA-Tabellen aufgeführten Nutzungsdauern berücksichtigen die technische Abnutzung eines unter üblichen Bedingungen arbeitenden Betriebs (auch branchenüblicher Schichtbetrieb). Eine mit wirtschaftlicher Abnutzung begründete kürzere Nutzungsdauer kann nur zugrunde gelegt werden, wenn das Wirtschaftsgut vor Ablauf der technischen Nutzbarkeit objektiv wirtschaftlich verbraucht ist. Ein wirtschaftlicher Verbrauch ist nur anzunehmen, wenn die Möglichkeit einer wirtschaftlich sinnvollen anderweitigen Nutzung oder Verwertung endgültig entfällt.

Die in der Tabelle ausgewiesene Nutzungsdauer beruht auf Erfahrungen der steuerlichen Betriebsprüfung. Es handelt sich um eine Schätzung. In der Mehrzahl der Fälle werden Sie Ihre Abschreibungen entsprechend dieser Tabelle vornehmen. Soweit Sie in Ihrem Betrieb andere Erfahrungen gesammelt haben (z. B. ein bestimmter Maschinentyp nutzt sich schneller ab), gehen die eigenen Erkenntnisse vor.

In einer Anlage, die aus mehreren Wirtschaftsgütern besteht, sieht der BFH ein zusammenhängendes Wirtschaftsgut. Daraus folgt, dass die Wirtschaftsgüter zwar einzeln zu bewerten sind; die betriebsgewöhnliche Nutzungsdauer wird allerdings einheitlich bestimmt (BFH, Urteil v. 14.4.2011, IV R 46/09; Windkraftanlage mit Verkabelung und Zuwegung).

5 Checkliste

Im Jahr 2021 erworbene/hergestellte abnutzbare Anlagegüter

- Beträgt die voraussichtliche Nutzungsdauer mehr als zwölf Monate?
- Kommt eine Sofortabschreibung (AK/HK bis 250 € netto) in Betracht?
- Soll das Wahlrecht der Sofortabschreibung bei AK bis 800 € genutzt werden?
- Sollen die AK/HK in einen Sammelposten aufgenommen werden (AK/HK von 250 € bis 1.000 € netto)?
- Kommt die degressive Abschreibung in Betracht?
- Ist eine Sonderabschreibung nach § 7g bzw. § 7c EStG möglich?
- Kommt eine Teilwertabschreibung oder eine AfaA in Betracht?

In Vorjahren erworbene/hergestellte abnutzbare Anlagegüter

- Ist eine §-7g-Sonderabschreibung möglich?
- Liegen die Voraussetzungen für eine Teilwertabschreibung oder eine AfaA vor?
- Muss eine Teilwertabschreibung rückgängig gemacht werden, weil eine Wertminderung ganz oder teilweise entfallen ist?

Nicht abnutzbare Anlagegüter und Warenbestand

- Liegen die Voraussetzungen für eine Teilwertabschreibung vor?
- Muss eine Teilwertabschreibung rückgängig gemacht werden, weil eine Wertminderung ganz oder teilweise entfallen ist?

Altersvorsorgeaufwendungen

Der Begriff der „Altersvorsorge" umfasst die Summe aller Möglichkeiten, die frühzeitig wahrgenommen werden können, um nach Beendigung der aktiven Erwerbstätigkeit seinen Lebensunterhalt ohne größere Einschränkungen bestreiten zu können.

Vertiefend siehe → Sonderausgaben und → Renten.

1 Allgemeines zum Aufbau der Altersvorsorge

Die Altersvorsorge kann aus drei Bausteinen bestehen:

gesetzl. Vorsorge | betriebl. Vorsorge | private Vorsorge

Die **gesetzliche Altersvorsorge** besteht aus der gesetzlichen Rentenversicherung, der Alterssicherung der Landwirte, der berufsständischen Versorgung und der Beamtenversorgung.

Die **betriebliche Altersvorsorge** kann in Form einer Direktzusage durch den Arbeitgeber, einer Direktversicherung, einer Pensionskasse, eines Pensionsfonds oder einer Unterstützungskasse vorliegen.

Die **private Altersvorsorge** kann aus einer staatlich geförderten Vorsorge als Riester-Rente oder als Rürup-Rente bestehen. Möglich ist auch eine staatlich nicht geförderte Vorsorge als allgemeine (klassische) Lebensversicherung, Fondssparplan oder Immobilienbesitz.

2 Gesetzliche Altersvorsorge

Beiträge zur gesetzlichen Altersvorsorge

Zur steuerlichen Abziehbarkeit der Beiträge zur gesetzlichen Rentenversicherung: Vertiefend siehe → Versicherungen.

Besteuerung der Renten aus der gesetzlichen Altersvorsorge

Zur Besteuerung von Renten aus der gesetzlichen Rentenversicherung, der Renten von Landwirten und der Renten aus berufsständischen Versorgungseinrichtungen und Rürup-Renten: Vertiefend siehe → Renten.

Die Beamtenversorgung führt zu Versorgungsbezügen.

3 Betriebliche Altersvorsorge

Hinweis: Wichtiges zum Thema „Betriebliche Altersvorsorge" finden Sie auf http://mybook.haufe.de unter „Weiterführende steuerliche Informationen".

4 Private Altersvorsorge

Riester-Rente

§§ 10a, 22, 79 ff. EStG

Begünstigte Aufwendungen

Die Riester-Rente dient dem Aufbau einer kapitalgedeckten privaten oder betrieblichen Altersvorsorge auf freiwilliger Basis. Sie kann als Alters-, Hinterbliebenen- oder Erwerbsminderungsrente ausgestaltet sein und ist nur möglich bei Sparformen, die durch die Bundesanstalt für Finanzdienstleistungsaufsicht **zertifiziert** (= geprüft und genehmigt) wurden.

Eine Liste der zertifizierten Verträge kann eingesehen werden unter:

https://www.bzst.de/DE/Unternehmen/RenteVorsorge/ZertifizierungAltersvorsorgeprodukte/AltersvorsorgeBasisrentenvertraege/altersvorsorgebasisrentenvertraege_node.html#js-toc-entry2

Begünstigter Personenkreis

Begünstigt sind Personen, die Pflichtversicherte in der inländischen gesetzlichen Rentenversicherung oder die Empfänger von inländischer Besoldung sind, oder diesen gleichgestellte Personen. Auch Personen, die ihren Wohnsitz in der EU haben, sind zulageberechtigt.

Zum Kreis der **unmittelbar** Anspruchsberechtigten gehören insbesondere im Inland:

- rentenversicherungspflichtige Arbeitnehmer (auch in Elternzeit oder Grenzgänger)
- rentenversicherungspflichtige Selbstständige (z. B. Handwerker, versicherte Künstler) und Landwirte
- Beamte, Richter, Soldaten, beurlaubte Beamte
- Besoldungsempfänger
- Kindererziehende bis zur Vollendung des 3. Lebensjahres des Kindes
- Bezieher von Arbeitslosengeld I oder II (Hartz IV) und Arbeitslose, die wegen höherer Einkünfte oder Vermögen keine Leistungen nach dem SGB erhalten
- Erwerbsunfähigkeitsrentner
- Auszubildende
- Personen, die einen Freiwilligendienst ableisten, Helfer im sozialen Jahr
- geringfügig Beschäftigte, die den pauschalen Arbeitgeberbeitrag aufstocken

Ausgenommen sind:

- geringfügig Beschäftigte, die **nicht** aufstocken
- geringfügig selbstständig Tätige ohne Rentenversicherungspflicht (z. B. Studenten)
- selbstständige Freiberufler (auch Pflichtversicherte in einer berufs-

ständischen Versorgungseinrichtung) und Gewerbetreibende

Zusammenlebende Ehegatten/Lebenspartner, die selbst nicht zum begünstigten Personenkreis gehören, können in die **mittelbare Zulagenförderung** einbezogen werden, wenn sie einen eigenen Altersvorsorgevertrag abschließen (auch bei Ehegatten/Lebenspartnern im EU-Ausland).

Art der Förderung

Das Gesetz sieht bei einem begünstigten Riester-Vertrag die **Altersvorsorgezulage** (§§ 79 ff. EStG) oder den **Sonderausgabenabzug** (§ 10a EStG) vor.

Altersvorsorgezulage

Die staatliche Förderung erfolgt durch Grundzulage und Kinderzulage. Die **Grundzulage** beträgt seit 1.1.2018 jährlich 175 €. Förderberechtigte, die zu Beginn des Beitragsjahres das 25. Lebensjahr noch nicht vollendet haben, erhalten eine **einmalige**, um 200 € erhöhte Grundzulage **(Berufseinsteigerbonus)**.

Im Fall der Zusammenveranlagung von Ehegatten/Lebenspartnern steht die Grundzulage jedem gesondert zu, wenn beide Ehegatten/Lebenspartner einen eigenen Vertrag haben.

Die Zulage wird durch eine **Kinderzulage** erhöht. Sie beträgt 185 € je Kind.

Für ein ab 2008 geborenes Kind (mind. ein Monat) erhöht sich die Kinderzulage auf 300 €.

Die Altersvorsorgezulage wird nicht ausgezahlt, sondern dem Altersvorsorgevertrag gutgeschrieben. Für die Beantragung der Kinderzulage ist die Angabe der steuerlichen Identifikationsnummer des Kindes erforderlich.

Mindesteigenbeitrag

Die Zulage wird gekürzt, wenn der Zulageberechtigte nicht den Mindesteigenbeitrag leistet.

Dieser beträgt 4 % der im Vorjahr erzielten sozialversicherungspflichtigen oder diesen gleichgestellten Einnahmen, max. 2.100 €. Von diesem Betrag ist noch der volle Zulagenanspruch abzuziehen.

Damit setzt sich der Altersvorsorgeaufwand aus Eigenbeiträgen und Zulagen zusammen. Das Elterngeld ist bei der Mindesteigenbeitragsberechnung nicht zu berücksichtigen.

Erforderlich sind eigene Beiträge des Versicherungsnehmers. Werden dem Vertrag nur Zinsen gutgeschrieben, entfällt die Altersvorsorgezulage (BFH, Urteil v. 8.7.2015, X R 41/13).

Der Mindesteigenbeitrag darf nicht unter den **Sockelbetrag von 60 € pro Jahr** fallen.

Mittelbar zulageberechtigte Personen müssen auch einen Mindesteigenbeitrag von 60 € zahlen. Damit wird sichergestellt, dass bei einem schleichenden Übergang von der mittelbaren zur unmittelbaren Berechtigung (z. B. Rentenversicherungspflicht wegen Kindererziehung in den ersten drei Lebensjahren) die Rückforderung von Zulagen vermieden wird.

BEISPIEL

Berechnungsbeispiel

Peter Frey ist Beamter, seine Frau ist Hausfrau, sie haben zwei Kinder, eines davon wurde vor 2008 geboren. Er beantragt die Altersvorsorgezulage für 2021. Sein Jahreseinkommen betrug im Vorjahr (2020) 50.000 €.

Die Ehefrau hat einen eigenen Altersvorsorgevertrag abgeschlossen. Die Beiträge zahlt der Ehemann. Um die volle Altersvorsorgezulage zu erhalten, müssen mindestens gezahlt werden:

Mindesteigenbeitrag Ehemann:	
50.000 € × 4 % =	2.000 €
– Grundzulage Ehemann	175 €
– Grundzulage Ehefrau	175 €
– Kinderzulage 1	185 €
– Kinderzulage 2	300 €
	1.165 €
Mindesteigenbeitrag Ehefrau:	**60 €**

Antrag auf Altersvorsorgezulage

Der Antrag ist über den Anbieter (schriftliche Vollmacht – bis auf Widerruf – für alle Jahre) auf einem amtlich vorgeschriebenen Vordruck bei der Zentralstelle für Altersvorsorge (ZfA) zu stellen.

Sonderausgaben

Statt der Altersvorsorgezulage kann für die geleisteten Beiträge zzgl. der dafür zustehenden Zulage ein Sonderausgabenabzug von bis zu 2.100 € geltend gemacht werden, wenn dieser günstiger ist. Dazu muss der Steuererklärung die **Anlage AV** (Altersvorsorge) beigefügt werden. Die Bescheinigung des Anbieters muss nicht beigefügt werden, da die Versicherungsunternehmen zu einer **elektronischen Datenübermittlung** an die Finanzverwaltung verpflichtet sind.

Bei der **Zusammenveranlagung** von Ehegatten/Lebenspartnern, die beide zum unmittelbar begünstigten Personenkreis gehören, steht der Sonderausgabenabzug jedem Ehegatten/Lebenspartner gesondert zu. Für den nur mittelbar begünstigten Ehegatten/Lebenspartner können dessen Beiträge insoweit berücksichtigt werden, als der Sonderausgaben-Höchstbetrag durch den unmittelbar begünstigten Ehegatten/Lebenspartner noch nicht ausgeschöpft ist.

Führt die maschinell durchgeführte **Günstigerprüfung** beim Finanzamt zu dem Ergebnis, dass der Sonderausgabenabzug günstiger ist, wird die über den Zulageanspruch hinausgehende Steuerermäßigung dem Steuerpflichtigen im Rahmen des Einkommensteuerbescheids ausbezahlt. Das Finanzamt stellt diese Steuerermäßigung im Einkommensteuerbescheid gesondert fest und teilt sie der ZfA mit.

Vertiefend zur Altersvorsorgezulage und zum Sonderausgabenabzug siehe BMF, Schreiben v. 21.12.2017, IV C 3 – S 2015/17/10001:005, Rn. 1–125.

Einwilligung in die elektronische Datenübermittlung

Voraussetzung für die Zahlung der Altersvorsorgezulage und den Sonderausgabenabzug ist, dass der elektronischen

Datenübermittlung an die ZfA zugestimmt wurde.

Wird nachträglich festgestellt, dass die Einwilligung in die Datenübermittlung nicht erteilt wurde, wird die zu Unrecht gutgeschriebene Zulage zurückgefordert und der Steuerbescheid ist zu ändern, soweit ein entsprechender Sonderausgabenabzug berücksichtigt wurde.

Besteuerung der Riester-Rente

Die Riester-Rente wird bei Auszahlung, soweit sie aus geförderten Beiträgen gezahlt wird, im Rahmen der nachgelagerten Besteuerung **in voller Höhe** als sonstige Einkünfte nach § 22 Nr. 5 EStG erfasst. Dies gilt auch bei schädlicher Verwendung. Rentenanteile, die auf nicht geförderten Beiträgen beruhen, werden mit dem **Ertragsanteil** nach § 22 Nr. 1 S. 3, Buchst. a), Doppelbuchst. bb) EStG besteuert.

Vertiefend zur nachgelagerten Besteuerung siehe BMF, Schreiben v. 21.12.2017, IV C 3 – S 2015/17/10001:005, Rn. 126–194.

Freibetrag bei Grundsicherung im Alter

Durch einen Freibetrag werden Riester-Renten, Betriebs- und Basisrenten, sonstige private Renten sowie eine gesetzliche Rente, die auf freiwilligen Beiträgen beruhen, bei der Berechnung der Leistungen aus der gesetzlichen Grundsicherung nicht mehr voll angerechnet. Es wird ein **Grundfreibetrag in Höhe von mindestens 100 € monatlich** für die Bezieher dieser Leistungen gewährt (§ 82 Abs. 4 und 5 SGB XII). Ist die Rente höher als 100 €, ist der übersteigende Betrag zu 30 % anrechnungsfrei. Insgesamt ist der Freibetrag auf 50 % der Regelbedarfsstufe 1 (dies entspricht 2021 einem Betrag von 223 €) begrenzt (Anlage 1 SGB XII).

Steuerfreie Übertragung

Übertragungen von Altersvorsorgevermögen (Riester-Vertrag) auf einen anderen, auf den Namen des Steuerpflichtigen lautenden Altersvorsorgevertrag sind nach § 3 Nr. 55c EStG steuerfrei.

Entsprechendes gilt, wenn Anwartschaften der betrieblichen Altersversorgung dadurch abgefunden werden, dass das Altersvorsorgevermögen auf einen auf den Namen des Steuerpflichtigen lautenden Altersvorsorgevertrag übertragen wird. Auch die Übertragung im Fall des Todes auf einen auf den Namen des Ehegatten lautenden Altersvorsorgevertrag ist steuerfrei.

Schädliche Verwendung von Riester-Vermögen

Eine steuerschädliche Verwendung des Riester-Vermögens liegt vor, wenn das angesparte Altersvorsorgevermögen an den Zulageberechtigten nicht als Leibrente, im Rahmen eines Auszahlungsplans oder zur Verwendung für eine selbst genutzte Wohnung, sondern beispielsweise in einem Einmalbetrag ausgezahlt wird. Steuerschädlich ist außerdem der Wegzug des Berechtigten ins Ausland außerhalb der EU-/EWR-Staaten.

Im Fall einer schädlichen Verwendung werden die Altersvorsorgezulagen sowie die gesondert festgestellten Steuervorteile aus dem Sonderausgabenabzug zurückgefordert. Außerdem sind die im ausgezahlten Kapital enthaltenen Erträge und Wertsteigerungen zu versteuern.

Unschädlich ist allerdings eine Teilauszahlung bis max. 30 % bei Rentenbeginn oder die Zusammenfassung von zwölf Monatsbeträgen (§ 1 AltZertG). Auch eine Auszahlung zur Abfindung einer **Kleinbetragsrente** kann steuerunschädlich vereinbart werden. Um eine Kleinbetragsrente handelt es sich, wenn die monatliche Rente geringer ausfällt als 1 % der Bezugsgröße nach § 18 SGB IV, also 2021 weniger als 1 % von 3.290 € = 32,90 € pro Monat (West). Diese Einmalzahlung wird nach § 22 Nr. 5 EStG i. V. m. § 34 EStG ermäßigt besteuert (entsprechende Anwendung der sog. Fünftelregelung).

Die Übertragung von gefördertem Altersvorsorgevermögen im Rahmen einer internen Teilung nach § 10 bzw. einer externen Teilung nach § 14 des Versorgungsausgleichsgesetzes nach Scheidung auf einen anderen begünstigten und zertifizierten Altersvorsorgevertrag oder eine begünstigte betriebliche Altersversorgung ist steuerunschädlich.

Vertiefend zur schädlichen Verwendung siehe BMF, Schreiben v. 21.12.2017, IV C 3 – S 2015/17/10001:005, Rn. 195–239.

Einbeziehung von Wohneigentum (Wohnriester)

Eine Riester-Förderung gibt es auch für die Entnahme von angespartem Kapital aus einem Riester-Vertrag während der Ansparphase zur unmittelbaren Anschaffung oder Herstellung bzw. Umschuldung einer eigengenutzten Wohnung bzw. für Tilgungsleistungen bzgl. eines zertifizierten Darlehens, das der Anleger unmittelbar für die Anschaffung oder Herstellung einer zu eigenen Wohnzwecken genutzten Wohnung aufgenommen hat. Eine vertiefende Darstellung erfolgt hier nicht.

Rürup-Rente

Bei der Rürup-Rente handelt es sich um eine kapitalgedeckte private Basisrente mit staatlicher Förderung in Form eines erhöhten Sonderausgabenabzugs (§ 10 Abs. 1 Nr. 2 Buchst. b EStG).

Vorrangig **selbstständig Tätige** mit hoher steuerlicher Belastung können mit dieser Rente eine Altersvorsorge aufbauen und den steuerlichen Vorteil nutzen. Auch Beamte haben die Möglichkeit, für Beiträge zu einer Rürup-Rentenversicherung einen zusätzlichen Sonderausgabenabzug in Anspruch zu nehmen.

Voraussetzungen für Rürup-Renten

Es gelten ähnliche Einschränkungen wie bei der Riester-Rente: **Zertifizierung** des Vertrags; Auszahlung nach Vollendung des 62. Lebensjahres (für Vertragsabschlüsse vor 2012: 60. Lebensjahr); lebenslange Rentenzahlungen (kein Kapitalwahlrecht); Ansprüche nicht vererblich und nicht übertragbar

(Ausnahmen: Scheidungsfolgen; Übertragung auf andere Versicherung), nicht beleihbar, nicht veräußerbar; kein Rückkaufswert. Die Absicherung der Berufsunfähigkeit, der Erwerbsminderung oder von Hinterbliebenen ist möglich.

Der elektronischen Datenübermittlung an die ZfA muss zugestimmt werden. Wird nachträglich festgestellt, dass die Einwilligung in die Datenübermittlung nicht erteilt wurde, ist der Steuerbescheid zu ändern.

Wie bei der Riester-Rente können bis zu zwölf Monatsleistungen in einer Auszahlung zusammengefasst oder eine Kleinbetragsrente zu Beginn der Auszahlungsphase abgefunden werden. Bei Wegzug ins EU-Ausland erfolgt keine Nachversteuerung. Im Todesfall verfällt das angesparte Kapital. Eine Rentengarantiezeit wie bei normalen Lebensversicherungen besteht nicht, außer bei vereinbarter Hinterbliebenenversicherung zugunsten des Ehegatten oder kindergeldberechtigter Kinder. Die Übertragung von Anrechten aus einem zertifizierten Rürup-Vertrag auf einen anderen Rürup-Vertrag des Steuerpflichtigen ist nach § 3 Nr. 55d EStG steuerfrei.

Sonderausgaben

Die Beiträge zur Rürup-Rente sind Altersvorsorgeaufwendungen (Basisrente), die im Jahr 2021 mit bis zu 92 % als Sonderausgaben abziehbar sind. Vertiefend siehe → Versicherungen.

Besteuerung der Rentenbezüge

Rürup-Renten werden vergleichbar mit den Renten aus der gesetzlichen Rentenversicherung nach § 22 Nr. 1, Buchst. a, aa EStG besteuert. Der **Besteuerungsanteil** hängt vom Jahr des Rentenbeginns ab. Er beträgt bei erstmaligem Rentenbezug im Jahr 2021 81 % und steigert sich bei Renteneintritt bis zum Jahr 2040 auf 100 %. Vertiefend siehe → Renten.

Abgrenzung Riester- und Rürup-Rente

Hinweis: Eine Übersicht zur Abgrenzung der Riester- und Rürup-Rente finden Sie auf http://mybook.haufe.de unter „Weiterführende steuerliche Informationen".

5 Versorgungsausgleich nach Scheidung

Nach dem Versorgungsausgleichsgesetz gilt für alle ausgleichsreifen Anrechte auf Altersversorgung (gesetzliche Rentenversicherung sowie alle Systeme der betrieblichen Altersversorgung) der **Grundsatz der internen Teilung** (öffentlich-rechtliches Rentensplitting). Wurden während der Ehe/eingetragenen Lebenspartnerschaft Rentenanwartschaftsrechte erworben, werden diese zum Zeitpunkt der Scheidung innerhalb des jeweiligen Rentensystems geteilt und für den ausgleichsberechtigten Ehegatten/Lebenspartner **eigenständige Versorgungsanrechte** geschaffen. Die Übertragung der Anrechte ist steuerfrei (§ 3 Nr. 55 a EStG).

Die **Besteuerung erfolgt erst während der Auszahlungsphase.** Ausgleichsverpflichtete und ausgleichsberechtigte Personen versteuern beide die ihnen jeweils zufließenden Leistungen im Rahmen der gleichen Einkunftsart (so, als ob die Teilung nicht stattgefunden hätte). Für die Ermittlung der steuerpflichtigen Versorgungsbezüge und des Besteuerungsanteils/Ertragsanteils bei Renten ist auf den Versorgungsbeginn, den Rentenbeginn bzw. das Lebensalter des jeweiligen Ehegatten abzustellen.

Sind **Rentenanwartschaftsrechte noch nicht endgültig**, erfolgt keine Aufteilung der Anwartschaftsrechte auf die Ehegatten. In diesen Fällen wird ein **schuldrechtlicher** Versorgungsausgleich durchgeführt, indem sich ein Ehegatte verpflichtet, dem anderen selbst eine Ausgleichsrente zu zahlen. Der zur Zahlung Verpflichtete erhält zunächst die Rente in voller Höhe und versteuert diese nach den allgemeinen Grundsätzen. Er leitet die Rente teilweise an den anderen Ehegatten weiter und erhält dafür einen **Sonderausgabenabzug** (§ 10 Abs. 1a Nr. 4 EStG) in Höhe des steuerpflichtigen Teils der weitergeleiteten Rente.

Der Empfänger der Ausgleichsleistungen versteuert seinen Zufluss nach § 22 Nr. 1a EStG als „sonstige Einkünfte". Auch Ausgleichsleistungen zur **Vermeidung eines Versorgungsausgleichs** sind als Sonderausgaben abziehbar (§ 10 Abs. 1a Nr. 3 EStG), soweit der Verpflichtete dies mit Zustimmung des Berechtigten beantragt. Der Berechtigte versteuert die Zahlungen nach § 22 Nr. 1a EStG als „sonstige Einkünfte".

Arbeitslohn/geldwerter Vorteil

Der Arbeitgeber kann Arbeitslohn in Geld oder als geldwerten Vorteil (Sachbezug) zahlen. In Betracht kommen dabei z.B. die Überlassung von Firmenwägen, Fahrrädern, Smartphones, Jobtickets, Weiterbildungsleistungen, Maßnahmen zur Gesundheitsförderung, Mahlzeitengestellung, Kinderbetreuung sowie Zuwendungen in Form von Geschenkkarten und Gutscheinen. Diese Sachbezüge sind ganz oder teilweise bzw. bis zu bestimmten Höchstbeträgen steuerfrei oder können vom Arbeitgeber pauschal versteuert werden.

1 Allgemeines

Regelmäßig ist Bedingung für die Steuerfreiheit bzw. die Pauschalversteuerung, dass es sich **nicht** um eine Geldzahlung, sondern um einen Sachbezug handelt und dieser **zusätzlich** zum ohnehin geschuldeten Arbeitslohn geleistet wird.

Sachbezug

Zu den Einnahmen in Geld gehören auch zweckgebundene Geldleistungen, nachträgliche Kostenerstattungen, Geldsurrogate und andere Vorteile, die auf einen Geldbetrag lauten. Ein Sachbezug setzt bei Gutscheinen und Geldkarten voraus, dass diese ausschließlich zum Bezug von **Waren** oder **Dienstleistungen** berechtigen und die Kriterien des § 2 Abs. 1 Nr. 10 des Zahlungsdienstaufsichtsgesetzes erfüllen (§ 8 Abs. 1 EStG). Der Gutschein oder die Geldkarte muss einem bestimmten Verwendungszweck unterliegen und die Einlösung muss vor Ort erfolgen. Der Kauf im Internetshop des Händlers ist zulässig, sofern dort nur die physisch vor Ort angebotenen Waren oder Dienstleistungen erworben werden können (Closed-Loop-Karten). Die Auszahlung des Guthabens in bar muss (technisch) ausgeschlossen und in den entsprechenden vertraglichen Abreden sichergestellt sein.

Gutscheine für reine Online-Händler sind nicht begünstigt, ebenso Karten, die nicht nur beim Aussteller, sondern auch bei einem begrenzten Kreis von Akzeptanzstellen einlösbar sind (Controlled-Loop-Karten). Auch Geldkarten, die über eine Barauszahlungsfunktion oder eine eigene IBAN verfügen, für Überweisungen (z. B. PayPal) oder für den Erwerb von Devisen (z. B. Dollar) verwendet oder als generelles Zahlungsinstrument hinterlegt werden können, gelten als Barlohn. Dasselbe gilt für sog. Prepaid-Geldkarten.

Zusätzlich geschuldeter Arbeitslohn

Zusätzlich geschuldeter Arbeitslohn liegt nach § 8 Abs. 4 EStG vor, wenn dieser nicht auf den Anspruch auf Arbeitslohn angerechnet, der Anspruch auf Arbeitslohn nicht entsprechend herabgesetzt, nicht anstelle einer bereits vereinbarten künftigen Lohnerhöhung gezahlt wird und bei Wegfall des zusätzlichen Lohns der „normale" Lohn nicht erhöht wird. Damit sind Gehaltsumwandlungen nicht (mehr) begünstigt. Ob Arbeitnehmerinnen und Arbeitnehmer auf den zusätzlichen Arbeitslohn einen arbeitsrechtlichen Anspruch haben oder nicht, ist ohne Bedeutung.

Im Gegensatz zum Barlohn gilt für Sachbezüge eine monatliche Freigrenze von 44 €. Das heißt, der Sachbezug bleibt steuerfrei, wenn er 44 € im Monat nicht überschreitet (§ 8 Abs. 2 EStG).

Ist der Sachbezug steuerpflichtig, kann er im Regelfall vom Arbeitgeber pauschal mit einem Steuersatz von 15 %, 20 % oder 30 % versteuert werden (§§ 37b Abs. 2, 40 Abs. 2 EStG).

2 Einzelfälle

Gutscheine

Übergibt der Arbeitgeber Gutscheine, Guthabenkarten, Prepaidkarten, Tankkarten o. Ä., die die o. a. Kriterien erfüllen, bleibt der Arbeitslohn steuerfrei, wenn er im Monat 44 € nicht übersteigt. Höhere Beträge können vom Arbeitgeber regelmäßig mit 30 % pauschal versteuert werden (§ 37b Abs. 2 EStG).

BEISPIEL

Gutscheine

Fall 1

Arbeitnehmer A erhält von seinem Arbeitgeber jeden Monat zusätzlich zum geschuldeten Arbeitslohn eine Guthabenkarte für ein regionales Einkaufszentrum im Wert von 44 €. Der Arbeitnehmer kann die Karte in den verschiedenen Geschäften des Einkaufszentrums oder im Internetshop der jeweiligen Geschäfte einlösen. Eine Barauszahlung ist technisch ausgeschlossen.

Bei der Guthabenkarte handelt es sich um einen Sachbezug, der im Rahmen der 44-Euro-Grenze steuerfrei ist.

Fall 2

Arbeitnehmer B darf jeden Monat bei einer Tankstelle seiner Wahl Treibstoff im Wert von max. 44 € tanken und erhält die Kosten nach Vorlage des Tankbelegs vom Arbeitgeber erstattet.

Es handelt sich ab 2020 nicht um einen Sachbezug, sondern um eine Geldleistung, die voll steuerpflichtig ist. Übergibt der Arbeitgeber stattdessen monatlich einen Tankgutschein im Wert von 44 € für eine bestimmte Tankstelle oder Mineralölgesellschaft, greift die Steuerfreiheit.

Mahlzeitengestellung

Die Gewährung von Papieressensmarken (Essensgutscheine, Restaurantschecks und arbeitstägliche Zuschüsse zu Mahlzeiten (digitale Essensmarken) sind (weiterhin) Sachbezüge.

Stellt der Arbeitgeber Frühstück, Mittag- oder Abendessen, sind die Mahlzeiten mit den amtlichen Sachbezugswerten (Frühstück 1,80 €, Mittagessen 3,40 €, Abendessen 3,40 €) als Arbeitslohn anzusetzen, wenn der Wert der Mahlzeit 60 € nicht übersteigt. Der Sachbezug kann vom Arbeitgeber pauschal mit 25 % versteuert werden (§ 40 Abs. 2 Nr. 1 EStG). Stellt der Arbeitgeber unbelegte Backwaren wie Brötchen (ohne Aufstrich oder Belag) oder Rosinenbrot mit Heißgetränken, liegt kein Frühstück, sondern eine nicht zu versteuernde Aufmerksamkeit (s. u.) vor (BFH, Urteil v. 3.7.2019, VI R 36/17).

Zur Mahlzeitengestellung bei Auswärtstätigkeiten: Vertiefend siehe → Reisekosten.

Überlassung von Fahrzeugen, Fahrrädern, E-Scootern

Einzelheiten zur Überlassung für private Fahrten und Wege zwischen Wohnung und erster Tätigkeitsstätte: Vertiefend siehe → Firmenwagen und → Elektromobilität.

Jobticket und Fahrtkostenzuschüsse

Arbeitgeberleistungen (Zuschüsse/Jobtickets) für Fahrten des Arbeitnehmers zwischen Wohnung und erster Tätigkeitsstätte mit **öffentlichen** Verkehrsmitteln im Linienverkehr sind steuerfrei (§ 3 Nr. 15 EStG). Der steuerfreie Arbeitslohn mindert grundsätzlich die als Werbungskosten abzugsfähige Entfernungspauschale.

Betriebliche Gesundheitsförderung

Übernimmt der Arbeitgeber zusätzlich zum ohnehin geschuldeten Arbeitslohn die Kosten für gesundheitsfördernde Maßnahmen, die den vom Spitzenverband der Krankenkassen nach § 20 SGB V festgelegten Kriterien entsprechen, und Maßnahmen zur verhaltensbezogenen Prävention, die nach § 20 SGB V zertifiziert sind, handelt es sich um Arbeitslohn, der beim Arbeitnehmer bis zur Höhe von 600 € jährlich steuerfrei ist (§ 3 Nr. 34 EStG). Darunter fallen zum einen Leistungsangebote zur verhaltensbezogenen Prävention, die von den Krankenkassen oder der „Zentrale Prüfstelle Prävention" zertifiziert sind (Präventionskurse), zum anderen sonstige nicht zertifizierungspflichtige verhaltensbezogene Maßnahmen des Arbeitgebers im Zusammenhang mit einem betrieblichen Gesundheitsförderungsprozess, welche den Vorgaben des Leitfadens Prävention genügen wie z. B. Präventions- und Fördermaßnahmen in den Bereichen arbeitsbedingte körperliche Belastungen (Massagen, Rückengymnastik), psychosoziale Belastungen (Stressbewältigung) oder Suchtmittelprävention.

Nicht unter die Steuerbefreiung fallen Mitgliedsbeiträge für Sportvereine, Maßnahmen zum Erlernen einer Sportart, Massagen, physiotherapeutische Behandlungen sowie Leistungen des Arbeitgebers im Rahmen von Firmenfitness-Mitgliedschaftsmodellen, die z. B. den teilnehmenden Arbeitnehmern die Nutzung bestimmter Fitnesseinrichtungen ermöglichen. Derartige Leistungen sind laufender Arbeitslohn, für den die monatliche 44-Euro-Freigrenze des § 8 Abs. 2 Satz 11 EStG gilt (BFH, Urteil v. 7.7.2020; VI R 14/18).

Kinderbetreuungsleistungen

Nach § 3 Nr. 33 EStG sind zusätzlich zum ohnehin geschuldeten Arbeitslohn erbrachte Leistungen des Arbeitgebers für die Unterbringung und Betreuung von nicht schulpflichtigen Kindern der Arbeitnehmer in Kindergärten, Schulkindergärten, Kindertagesstätten, Kinderkrippen, bei Tagesmüttern oder Ganztagspflegestellen steuerfrei. Die Steuerfreiheit tritt nicht ein bei einer Betreuung im eigenen Haushalt des Arbeitnehmers durch z. B. eine Haushaltshilfe oder ein Au-pair.

Zu den begünstigten Leistungen gehören die Kosten für die Unterbringung des Kindes einschließlich Unterkunft und Verpflegung sowie Betreuung, nicht jedoch Unterricht oder Fahrtkosten zum Kindergarten.

Übernimmt der Arbeitgeber die Kosten zur kurzfristigen Betreuung von Arbeitnehmerkindern, die das 14. Lebensjahr noch nicht vollendet haben oder schwerbehindert sind, sind die Zahlungen bis zu 600 € jährlich steuerfrei. Ein übersteigender Betrag ist steuerpflichtig. Die Steuerfreiheit gilt auch für die Betreuung im Haushalt des Arbeitnehmers. Voraussetzung ist stets, dass die Betreuung aus zwingenden und beruflich veranlassten Gründen (z. B. berufliche Sondersituation, Sonderschichten, zwingende Einsätze zu außergewöhnlichen Dienstzeiten) notwendig ist. Die Steuerbefreiung gilt auch für die Betreuung von pflegebedürftigen Angehörigen (§ 3 Nr. 34a EStG).

Weiterbildungsmaßnahmen

Maßnahmen zur Weiterbildungsförderung sind ohne Prüfung, ob sie überwiegend im eigenbetrieblichen Interesse des Arbeitgebers erfolgen, steuerbefreit (§ 3 Nr. 19 EStG). Darunter fallen Maßnahmen nach § 82 SGB III, d. h. Kurse, in denen Fertigkeiten, Kenntnisse und Fähigkeiten vermittelt werden, die über eine arbeitsplatzbezogene Fortbildung hinausgehen und bei denen die Bundesagentur für Arbeit (teilweise) die Kosten übernimmt. Begünstigt sind auch nicht unter § 82 SGB III fallende Weiterbildungsmaßnahmen, die der Verbesserung der Beschäftigungsfähigkeit des Arbeitnehmers dienen (z. B. Studienzuschüsse) und seine beruflichen Kompetenzen fortentwickeln (z. B. Sprach- oder Computerkurse). Die Steuerfreiheit ist ausgeschlossen, wenn die Weiterbildung überwiegend Belohnungscharakter hat.

Smartphones und Co.

In den folgenden vier Fällen sind die geldwerten Vorteile aus der privaten Nutzung steuerfrei (§ 3 Nr. 45 EStG):

- Betriebliche Datenverarbeitungsgeräte (PC, Notebook, Netbook, Smartphone, Tablet) und Zubehör (Monitor, Scanner, Drucker, Beamer). Nicht begünstigt sind SmartTV, Konsolen, iPod, MP3-Player, E-Book-Reader, Digitalkameras). Voraussetzung für die Steuerfreiheit ist, dass das Gerät dem Arbeitnehmer vom Arbeitgeber leihweise überlassen wird und nicht in das Eigentum des Arbeitnehmers übergeht.
- Betriebliche Telekommunikationsgeräte und Zubehör, z. B. Headsets oder Adapter. Auch hier gilt, dass der Arbeitgeber die Geräte leihweise dem Arbeitnehmer überlässt.
- System- und Anwendungsprogramme, die der Arbeitgeber auch im Betrieb einsetzt, auch wenn die Programme (Betriebssystem, Virenscanner, Browser, System- und Anwendungsprogramme) auf privaten Endgeräten installiert werden. Die Regelung gilt insbesondere für sogenannte Home-Use-Programme (HUP), bei denen der Arbeitgeber mit einem Softwareanbieter einen entsprechenden Volumenlizenzvertrag abschließt.
- Erbrachte Dienstleistungen zu den genannten Punkten (z. B. Installation, technische Hilfestellung, Reparatur, Service).

Aufmerksamkeiten

Sachzuwendungen des Arbeitgebers, die zu keiner ins Gewicht fallenden Bereicherung beim Arbeitnehmer führen – Wert bis zu 60 € –, sind kein steuerpflichtiger Arbeitslohn. Darunter fallen z. B. Blumen, Genussmittel, Bücher oder Tonträger, die aus Anlass eines besonderen persönlichen Ereignisses (z. B. Geburtstag, Hochzeit ...) zugewendet werden, sowie Getränke und Genussmittel, die zum Verzehr im Betrieb unentgeltlich bereitgestellt werden.

Arbeitszeitmodelle

Zur flexibleren Gestaltung der Arbeitszeiten gibt es zwischenzeitlich verschiedene Arbeitszeitmodelle. Die steuerlichen Folgen solcher Wertguthabenkonten werden im Folgenden dargestellt.

1 Allgemeines

Um älteren Arbeitnehmerinnen und Arbeitnehmern den gleitenden Übergang in den Ruhestand zu ermöglichen, aber auch dem Wunsch nach einer flexibleren Arbeitszeit zu entsprechen, gibt es zwischenzeitlich die verschiedensten Arbeitszeitmodelle. So ist es z. B. im Schuldienst möglich, sich unter bestimmten Voraussetzungen für ein Freizeitjahr (Sabbatjahr) zu melden. Dabei erhalten die Lehrkräfte fünf Jahre lang nur 80 % der regulären Bezüge, wobei sie vier Jahre lang mit vollem Stundendeputat arbeiten und im fünften Jahr beurlaubt sind. Eine andere Möglichkeit besteht darin, Mehrarbeit nicht zusätzlich zu vergüten, sondern in einem festgelegten Umfang gegen Freizeit zu tauschen (Jahresarbeitszeitkonto). Weitere Modelle sehen vor, Teile des Arbeitslohns (z. B. Mehrarbeitszuschläge, Sonderleistungen wie Urlaubs- oder Weihnachtsgeld) nicht sofort auszuzahlen, sondern den Betrag auf einem Lebensarbeitszeitkonto anzusparen. Die Auszahlung erfolgt erst im Zusammenhang mit einer vollen oder teilweisen Arbeitsfreistellung. Solche Konten werden entweder bei Geldguthaben als Geldkonto oder bei Zeitguthaben als Zeitkonto geführt. Die Gutschrift auf dem Konto erfolgt zu dem Zeitpunkt, zu dem die ursprünglichen Beträge fällig geworden wären.

2 Steuerliche Behandlung

Die Gutschriften auf dem Arbeitszeitkonto führen zu einer Veränderung (Verringerung) der laufenden (steuerpflichtigen) Bezüge. Die Wertgutschrift bzw. Ansammlung auf dem Arbeitszeitkonto löst noch keinen Zufluss von Arbeitslohn aus (BFH, Urteil v. 22.2.2018, VI R 17/16), weil der Arbeitnehmer zu diesem Zeitpunkt noch nicht darüber verfügen kann. Erst mit Auszahlung des Guthabens während der Freistellung fließt Arbeitslohn zu mit der Folge, dass erst zu diesem Zeitpunkt Lohnsteuer abzuführen ist. Bei der Berechnung der Lohnsteuer bzw. beim Lohnsteuerabzug gelten die üblichen Regelungen ohne Besonderheiten.

ACHTUNG

Flexi-/Gleitzeit-/Vorsorgekonten

Ist nicht die Freistellung von Arbeitsleistung das vorrangige Ziel der Vereinbarung, sondern geht es – wie z. B. bei Flexi- oder Gleitzeitkonten – um die flexiblere Gestaltung der werktäglichen oder wöchentlichen Arbeitszeit oder sollen betriebliche Produktions- und Arbeitszyklen ausgeglichen werden, gilt die normale Besteuerung.

Auch die Gutschrift auf einem Vorsorgekonto (Zukunftskonto) führt nach Auffassung der Finanzverwaltung zum Zufluss von steuerpflichtigem Arbeitslohn. Dasselbe gilt für die Kostenübernahme der treuhänderischen Verwaltung dieses Kontos durch den Arbeitgeber. Während der Anlagezeit erwirtschaftete Erträge sind Kapitaleinkünfte.

Ein Zeitwertkonto mit der Folge des Hinausschiebens der Besteuerung kann für alle Arbeitnehmer im Rahmen eines aktuellen (unbefristeten) Dienstverhältnisses eingerichtet werden. Infrage kommen auch geringfügige Beschäftigungsverhältnisse. Bei befristeten Arbeitsverhältnissen werden Zeitwertkonten steuerlich nur anerkannt, wenn der Ausgleich des Zeitwertkontos (Auszahlung) innerhalb der vertraglich vereinbarten Befristung erfolgt.

In ein Zeitwertkonto können keine weiteren Gutschriften unversteuert eingestellt werden, sobald feststeht, dass das vorhandene Guthaben durch Freistellung vor dem Ruhestand nicht mehr aufgebraucht werden kann.

Außerdem muss gewährleistet sein (Insolvenzschutz nach § 7e SGB IV oder arbeitsrechtliche Garantie des Arbeitgebers), dass zum Zeitpunkt der planmäßigen Inanspruchnahme des Guthabens mindestens ein Rückfluss der dem Zeitwertkonto zugeführten Beträge gesichert ist.

3 Sonderfälle

Vorzeitige Auszahlung bei weiter bestehendem Dienstverhältnis

Die vertragliche Möglichkeit der Auszahlung des Wertguthabens bei **fortbestehendem** Beschäftigungsverhältnis bei schwerer Erkrankung oder Vermögensschäden aufgrund von Naturkatastrophen ist unschädlich.

Wird das Guthaben entgegen der Vereinbarung aus anderen Gründen ganz oder teilweise ausgezahlt, ist das **gesamte** Guthaben im Zeitpunkt der planwidrigen Verwendung als Arbeitslohn zu versteuern. Sofern die angesparten Beträge aus mehreren Jahren stammen, wird auf Antrag eine ermäßigte Besteuerung nach der sogenannten Fünftelregelung angewendet.

Beendigung des Dienstverhältnisses vor oder während der Freistellungsphase

Mit (vorzeitiger) Auszahlung des Guthabens an den Arbeitnehmer oder im Todesfall an die Erben erfolgt ebenfalls die Versteuerung des gesamten Guthabens als sonstiger Bezug. Auch hier kommt u. U. die ermäßigte Besteuerung (Fünftelregelung) zur Anwendung.

Bei einem **Arbeitgeberwechsel** kann der Arbeitnehmer die Auszahlung und (vorzeitige) Versteuerung vermeiden, indem er vom bisherigen Arbeitgeber schriftlich verlangt, das Guthaben auf den neuen Arbeitgeber zu übertragen. Weitere Voraussetzung ist, dass der neue Arbeitgeber mit dem Arbeitnehmer eine Wertguthabenvereinbarung nach § 7b SGB IV abgeschlossen hat und der Übertragung zustimmt.

Der Arbeitnehmer kann alternativ durch schriftliche Erklärung gegenüber dem bisherigen Arbeitgeber verlangen, dass das Guthaben auf die Deutsche Rentenversicherung übertragen wird. Dies setzt allerdings voraus, dass das Guthaben einschließlich des Gesamtsozialversicherungsbeitrags einen Betrag in Höhe des Sechsfachen der monatlichen Bezugsgröße (2021: West 19.740 €, Ost 18.690 €; § 7f Abs. 1 Nr. 2 SGB IV) übersteigt. Die Übertragung ist steuerfrei (§ 3 Nr. 53 EStG). Die spätere Auszahlung durch die Rentenversicherung führt zu Arbeitslohn, für den die Rentenversicherung Lohnsteuer abzuführen hat (§ 38 Abs. 3 Satz 3 EStG).

Arbeitszimmer

Aufwendungen für ein häusliches Arbeitszimmer können auch bei ausschließlich beruflicher Nutzung grundsätzlich steuerlich nicht berücksichtigt werden. Es gibt jedoch Ausnahmen. Bei Selbstständigen ist darüber hinaus zwischen einem Arbeitszimmer und einer Betriebsstätte im Haus zu unterscheiden.

§§ 4 Abs. 4 i.V.m. Abs. 5 Nr. 6b, 9 Abs. 5 EStG

1 Allgemeines

Arbeitszimmer

Der Begriff des häuslichen Arbeitszimmers wird von der Rspr. als ein nach Funktion und Ausstattung betrieblich oder beruflich genutzter Arbeitsraum definiert, der seiner Lage nach in die häusliche Sphäre des Steuerpflichtigen eingebunden ist. Der Raum wird vorwiegend zur Erledigung **büromäßiger** Arbeiten, wie z. B. gedankliche, schriftliche, verwaltungstechnische, verwaltungsorganisatorische Tätigkeiten (Büros von selbstständigen Handelsvertretern, Übersetzern oder Schriftstellern), oder künstlerisch genutzt (z. B. Proberaum einer Musikerin oder eines Schauspielers, Atelier einer Malerin) und ist nicht für den Publikumsverkehr oder die Beschäftigung von (fremden) Arbeitnehmerinnen und Arbeitnehmern vorgesehen. Als Arbeitszimmer gelten auch häusliche Telearbeitsplätze (BFH, Urteil v. 26.2.2014, VI R 40/12). Vertiefend siehe → Homeoffice.

Betriebsstätte

Kosten für eine Betriebsstätte sind in voller Höhe abziehbar. Die **Abgrenzung zum Arbeitszimmer** erfolgt anhand folgender Indizien:

- Hat das Haus bereits äußerlich den Charakter eines Wohnhauses verloren?
- Wurde es vom Finanzamt als gemischt genutztes Grundstück bewertet?
- Sind dort nicht zur Familie gehörende Personen beschäftigt?
- Ist der Raum für einen intensiven und dauerhaften Publikumsverkehr geöffnet?
- Befinden sich dort spezielle, über die reine Büroeinrichtung hinausgehende Arbeits- bzw. Produktionsmittel?

In diesen Fällen wird die Einbindung in die häusliche Sphäre aufgehoben bzw. überlagert.

Betriebsstätten sind insbesondere Werkstatt-, Lager- und Ausstellungsräume, Praxisräume von Rechtsanwälten, Steuerberatern oder Ärzten einschließlich ärztlicher Notfallpraxen.

Häusliche Sphäre

Ein Arbeitszimmer gehört dann zur häuslichen Sphäre, wenn eine unmittelbare Nähe und eine innere häusliche Verbindung zu den privaten Wohnräumen bestehen. Dies ist bei Zimmern in ausschließlich selbst bewohnten Ein- oder Zweifamilienhäusern stets der Fall. Ist ein Teil des Hauses fremdvermietet, gehört nur ein Zimmer in unmittelbarer räumlicher Nähe zur Privatwohnung (z.B. dieselbe Etage) zur häuslichen Sphäre. Bei einer gemieteten Wohnung kommt es (auch) darauf an, ob das Arbeitszimmer in einem einheitlichen Mietvertrag zusammen mit der Wohnung angemietet wurde. Gehört das beruflich genutzte Arbeitszimmer nach diesen Kriterien nicht zur häuslichen Sphäre, sind die Kosten dafür voll abzugsfähig.

2 Betriebsvermögen

Bei Gewerbetreibenden oder Freiberuflern bildet das Arbeitszimmer ein eigenes Wirtschaftsgut, das zusammen mit dem anteiligen Grund und Boden grundsätzlich zum Betriebsvermögen gehört. Für den Gebäudeteil wird eine eigene Abschreibung aus dem Teil der AK/HK des Gebäudes, der anteilig auf das Arbeitszimmer entfällt, berechnet. Unabhängig davon, ob die Kosten/AfA steuerlich abzugsfähig sind (s. u.), müssen im Zeitpunkt der Veräußerung oder Entnahme die stillen Reserven (Differenz zwischen Buch- und Verkehrswert) aus dem Zimmer versteuert werden.

TIPP

Kein Betriebsvermögen

Beträgt der Verkehrswert des beruflich genutzten Gebäudeteils nicht mehr als 20 % des gesamten Grundstücks und nicht mehr als 20.500 €, kann der Teil als Privatvermögen behandelt werden. Damit fällt bei Veräußerung/Entnahme des Gebäudeteils ein steuerpflichtiger Gewinn nur in Ausnahmefällen an. Vertiefend siehe → Spekulationsgeschäfte.

3 Berufliche Nutzung zu 90 %

Der steuerliche Kostenabzug für ein Arbeitszimmer setzt stets ein Zimmer, also einen von vier Wänden umgebenen, abgeschlossenen, von den Privaträumen getrennten Raum voraus, der so gut wie ausschließlich (> 90 %) beruflich genutzt wird. Die berufliche Nutzung wird anhand von äußeren Umständen (z. B. Wohnungsgröße und Anzahl der Bewohner, Lage und Einrichtung des Zimmers) geprüft. Je Bewohner muss im Regelfall neben dem Arbeitszimmer ein privat genutztes Zimmer zur Verfügung stehen. Es darf auch kein Raum sein, der häufig durchquert werden muss, um dahinter liegende private Räume (z. B. Wohnzimmer, Kinderzimmer) zu erreichen. Wird der Raum nicht nur untergeordnet privat mitbenutzt, sind die Aufwendungen insgesamt nicht abzugsfähig.

ACHTUNG

Gemischt genutztes Zimmer

Eine Kostenaufteilung ist weder in den Fällen möglich, in denen das (ganze) Zimmer zeitweise auch privat genutzt wird, noch in den Fällen, in denen nur ein Teil eines Zimmers (Arbeitsecke) beruflich genutzt wird (GrS, Beschluss v. 27.7.2015, 1/14).

4 Abzugshöhe

Auch bei ausschließlich beruflicher Nutzung sind die Kosten für häusliche Arbeitszimmer grundsätzlich vom Abzug ausgeschlossen. Entgegen diesem generellen gesetzlichen Abzugsverbot ist der Abzug in bestimmten Fällen und in bestimmtem Umfang als Betriebsausgabe oder Werbungskosten zulässig. Von entscheidender Bedeutung ist, ob das Arbeitszimmer den Mittelpunkt der gesamten beruflichen Tätigkeit bildet und ob außerhalb des Arbeitszimmers ein anderer Arbeitsplatz für die Tätigkeit zur Verfügung steht.

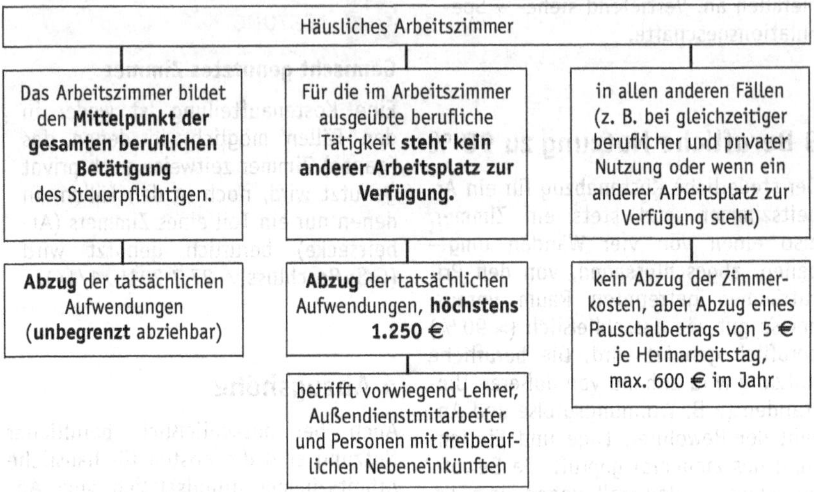

Mittelpunkt der Tätigkeit

Der Mittelpunkt bestimmt sich nach dem inhaltlichen **(qualitativen)** Schwerpunkt **aller** betrieblichen und beruflichen Betätigungen des Steuerpflichtigen. Übt der Steuerpflichtige lediglich eine einzige berufliche Tätigkeit (teilweise zu Hause und teilweise auswärts) aus, liegt im Arbeitszimmer der Mittelpunkt seiner gesamten Betätigung, wenn er dort diejenigen Leistungen erbringt, die für den konkret ausgeübten Beruf wesentlich und prägend sind. Ein möglicher alternativer Arbeitsplatz ist dann unschädlich. Das gilt auch, wenn die Arbeitszeit außerhalb des Arbeitszimmers überwiegt. Wenn die im und außerhalb des Zimmers durchgeführten Tätigkeiten qualitativ gleichwertig sind, ist die Tätigkeitsdauer entscheidend. Überwiegt die Tätigkeitsdauer im Arbeitszimmer, ist es Tätigkeitsmittelpunkt. Andernfalls ist nur der begrenzte Abzug bis 1.250 € (s. u.) möglich, vorausgesetzt, an den Heimarbeitstagen steht im Betrieb kein Arbeitsplatz zur Verfügung.

BEISPIEL

Tätigkeitsmittelpunkt

Bei einem Handelsvertreter liegt der Tätigkeitsschwerpunkt im Außendienst (Kundenbesuch), bei einem Musiker am Auftrittsort. Dies gilt unabhängig vom zeitlichen Umfang. Ein Schriftsteller wird dagegen den Mittelpunkt seiner Tätigkeit (Schreiben) im Arbeitszimmer haben.

Auch bei einem Arbeitnehmer, der seine berufliche Tätigkeit im Wesentlichen an seinem Heimarbeitsplatz im Arbeitszimmer ausübt, ist das Arbeitszimmer qualitativer Mittelpunkt der Tätigkeit.

Ein Rentner/Pensionär, der im Ruhestand in einem Arbeitszimmer eine (nebenberufliche) Tätigkeit ausübt, hat ebenfalls dort seinen Arbeitsmittelpunkt (BFH, Urteil v. 11.11.2014, VIII R 3/12).

Bei einem Lehrer besteht der qualitative Schwerpunkt der Tätigkeit im Unterrichten, das regelmäßig in der Schule und nicht im Arbeitszimmer stattfindet, bei einem Richter liegt der Schwerpunkt seiner Tätigkeit beim Gericht.

Übt ein Steuerpflichtiger **mehrere betriebliche oder berufliche Erwerbstätigkeiten** nebeneinander aus, muss das häusliche Arbeitszimmer den Betätigungsmittelpunkt **aller** Erwerbstätigkeiten (Gesamtheit) bilden. Die einzelnen Tätigkeiten werden nicht getrennt beurteilt. Maßgebende Beurteilungskriterien sind dabei unter anderem Zeitaufwand, Bedeutung und die Höhe der aus der jeweiligen Tätigkeit erzielten Einkünfte (BFH, Urteil v. 9.6.2015, VIII R 8/13). Dabei ist es unerheblich, ob für einzelne Tätigkeiten ein anderer Arbeitsplatz zur Verfügung steht (BFH, Urteil v. 16.7.2014, X R 49/11).

TIPP

Homeoffice wegen Corona

Haben Sie anlässlich der Corona-Pandemie ausschließlich zu Hause gearbeitet, weil Ihr betrieblicher Arbeitsplatz nicht nutzbar war, können Sie – eine so gut wie ausschließliche berufliche Nutzung des Zimmers vorausgesetzt – die Zimmerkosten für diesen Zeitraum in voller Höhe geltend machen.

Kein anderer Arbeitsplatz

Ein begrenzter Kostenabzug bis zu 1.250 €/Jahr setzt voraus, dass das Zimmer für bestimmte berufliche Arbeiten benötigt wird, weil im Betrieb bzw. beim Arbeitgeber für diesen Aufgabenbereich im konkret erforderlichen Umfang und in der konkret erforderlichen Art und Weise kein Arbeitsplatz zur Verfügung steht. Anhaltspunkte dafür können sich sowohl aus der Beschaffenheit des Arbeitsplatzes im Betrieb selbst (Größe, Lage, Ausstattung ...) als auch aus den Rahmenbedingungen der Nutzung, z. B. Ausgestaltung der Nutzung, Verfügbarkeit, zumutbare Möglichkeit der Einrichtung eines außerhäuslichen Arbeitsplatzes, ergeben (BFH, Urteil v. 22.2.2017, III R 9/16). Ein anderer Arbeitsplatz ist nicht vorhanden, wenn der zugewiesene Raum aus arbeitsrechtlichen Gründen oder wegen Gesundheitsgefährdung nicht nutzbar ist (BFH, Urteil v. 26.2.2014, R 11/12). Als ausreichender Arbeitsplatz gilt auch ein Poolarbeitsplatz, vorausgesetzt, es ist durch eine ausreichende Anzahl von Arbeitsplätzen sichergestellt, dass die Nutzung im erforderlichen Umfang möglich ist (BFH, Urteil v. 26.2.2014, VI R 37/13).

Der begrenzte Kostenabzug gilt z. B. für Selbstständige, die im Betrieb keinen Raum zur Erledigung der Büroarbeiten haben oder den Raum in der Praxis wegen der Angestellten nur eingeschränkt nutzen können, für Lehrer oder Erzieher, die in der Schule bzw. im Kindergarten im Regelfall keinen eigenen Arbeitsplatz zur Vor- und Nachbereitung oder für Korrekturen haben, sowie für Steuerbürger, die neben der eigentlichen Berufstätigkeit eine zusätzliche (z. B. freiberufliche) Nebentätigkeit ausüben und dafür ein Arbeitszimmer benötigen. Der Höchstbetrag von 1.250 € gilt auch für mehrere Arbeitszimmer in verschiedenen Haushalten (BFH, Urteil v. 9.5.2017, VIII R 15/15).

5 Sonderfälle

Nutzung durch mehrere Personen

Wird ein Arbeitszimmer von mehreren Personen gemeinsam jeweils ausschließlich beruflich genutzt, kann jeder Nutzende die von ihm getragenen Aufwendungen, sofern die Abzugsvoraussetzungen in seiner Person vorliegen (unbegrenzter Kostenabzug, begrenzter Abzug), absetzen. Dabei genügt es, dass jeder Nutzende seine Tätigkeit im Arbeitszimmer im notwendigen Umfang tatsächlich verrichten kann. Das ist auch bei nur einem vorhandenen Arbeitsplatz z. B. zeitversetzt möglich. Der Höchstbetrag von 1.250 € gilt für jede Person getrennt (BFH, Urteil v. 15.12.2016, VI R 53/12) und ist für ein Arbeitszimmer mehrfach (personenbezogen) möglich. Die Gebäudeabschreibung ist dabei nur entsprechend dem Eigentumsanteil des Nutzenden zu berücksichtigen. Schuldzinsen werden nur einbezogen, soweit der Nutzende verpflichtet ist, die Kosten zu tragen.

Nutzung zur Aus- oder Fortbildung

Die Abzugsmöglichkeiten für ein häusliches Arbeitszimmer gelten auch, wenn das Arbeitszimmer für eine erstmalige oder weitere Berufsausbildung (→ Sonderausgaben) oder für Fortbildungen (z. B. Umschulung, Weiterbildung) genutzt wird. Wird das Zimmer bei Arbeitslosigkeit, im Erziehungsurlaub oder während der Elternzeit beruflich (z. B. für Weiterbildungszwecke) genutzt, sind die Kosten des Zimmers nach den zu erwartenden Umständen der späteren Tätigkeit abzugsfähig. Vertiefend siehe → Fortbildung/Fachtagungen.

Verkauf

Wird eine zu eigenen Wohnzwecken genutzte Wohnung mit einem häuslichen Arbeitszimmer innerhalb von zehn Jahren nach Anschaffung verkauft, unterliegt ein auf das Arbeitszimmer entfallender Teil des Veräußerungsgewinns der Besteuerung auch dann, wenn der Kostenabzug des Arbeitszimmers auf 1.250 € jährlich begrenzt war (BFH, Urteil v. 16.6.2020, VIII R 15/17). Vertiefend siehe → Spekulationsgeschäfte.

6 Abziehbare Aufwendungen

Kosten des Zimmers

Soweit einzelne Kosten ausschließlich auf das häusliche Arbeitszimmer entfallen (z. B. Renovierung des Raums, Tapeten, Gardinen, Deckenlampe), sind sie diesem in vollem Umfang zuzurechnen. Gegenstände zur Ausschmückung (Kunstgegenstände, Bilder) sind nicht abziehbar.

Die auf die gesamte Wohnung entfallenden Kosten können anteilig (Verhältnis der Fläche des Arbeitszimmers zur gesamten Wohnfläche einschließlich Arbeitszimmer) ermittelt werden. Ein im Keller befindliches Arbeitszimmer, das den Standard eines Wohnraums hat, zählt dabei zur Wohnfläche.

Kosten für Flur, Bad und WC können dem Arbeitszimmer nicht anteilig zugerechnet werden.

Zu den aufteilbaren Kosten gehören die Gebäudeabschreibung oder Miete, Schuldzinsen, Reparaturaufwendungen, Energiekosten (Strom, Wasser, Abwasser, Heizung), Beiträge zu Hausversicherungen (insbesondere Gebäudebrand-, Haftpflicht-, Wasserschaden-, Glasbruch- und Hausratversicherungen), Müllabfuhr, Schornsteinfegergebühren und Grundsteuer. Statt der Einzelkostenaufstellung kann auch die Homeoffice-Pauschale (s. u.) in Anspruch genommen werden.

Arbeitsmittel (Einrichtungsgegenstände)

Die im Arbeitszimmer beruflich genutzten Wirtschaftsgüter gehören beim Selbstständigen zum Betriebsvermögen. Aufwendungen für Einrichtungsgegenstände, die ausschließlich beruflich genutzt werden (z. B. Schreibtisch, Bürostuhl, Regal, Schreibtischlampe, Papierkorb, Computer), sind ggf. über die Abschreibung (AfA) als Betriebsausgaben bzw. beim Arbeitnehmer als Werbungskosten abzugsfähig. Dies gilt selbst dann, wenn die Kosten für den Raum selbst steuerlich nicht abziehbar sind. Vertiefend siehe → Notebook, Smartphone und Co. und → Reparaturen.

Weitere Infos zu Arbeitszimmer vgl. BMF, Schreiben v. 6.7.2017, IV C 6 – S 2145/07/10002 :019 – 2017/0224975

7 Homeoffice-Pauschale

Liegen die Voraussetzungen für ein steuerlich abzugsfähiges Arbeitszimmer, insbesondere wegen fehlender Abgeschlossenheit oder mangelnder räumlicher Trennung oder nicht ausschließlich beruflicher Zimmernutzung, nicht vor, können Arbeitnehmer, die – coronabedingt – zu Hause arbeiten müssen, für die Jahre 2020 und 2021 jeweils eine Nutzungspauschale von 5 € je Kalendertag geltend machen. Die Pauschale ist nur für Tage möglich, an denen ausschließlich zu Hause gearbeitet wurde. Entsprechend entfallen für diese Tage die Fahrten zur ersten Tätigkeitsstätte. Der Kostenabzug ist auf jährlich maximal 600 € begrenzt und kann auch von einem Arbeitnehmer mit einem steuerlich abzugsfähigen Arbeitszimmer statt der tatsächlichen Kosten beansprucht werden.

Neben der Pauschale sind zusätzlich Kosten für Arbeitsmittel (s. o.) abzugsfähig.

Ausbildung und Studium

Kosten einer Ausbildung oder eines Studiums sind je nachdem, ob es sich um eine erste oder weitere Ausbildung handelt und ob die Ausbildung im Rahmen eines Arbeitsverhältnisses erfolgt oder nicht, als Sonderausgaben oder vorweggenommene Werbungskosten bzw. Betriebsausgaben abzugsfähig.

§§ 9 Abs. 6, 4 Abs. 9, 10 Abs. 1 Nr. 7 EStG

1 Werbungskosten oder Sonderausgaben

Ausbildungsdienstverhältnis

Erfolgt die Ausbildung im Rahmen eines **Dienstverhältnisses** (Berufsausbildungsvertrag mit Arbeitslohn), sind die Ausbildungskosten, egal ob es sich um eine Erstausbildung bzw. ein Erststudium (duales Studium mit Wechsel zwischen Theoriephasen an der Berufsakademie und berufspraktischen Phasen in einem Unternehmen oder einer sozialen Einrichtung bei Bezug von Gehalt) oder eine andere Ausbildung (z. B. betriebliche Ausbildung) handelt, der Höhe nach unbegrenzt (vorweggenommene) **Werbungskosten**. Wirken sich die Kosten in einem Jahr mangels Einkünften steuerlich nicht aus, wird der Verlust festgestellt (Verlustfeststellung) und kann mit Einkünften späterer Jahre verrechnet werden.

Erstmalige Berufsausbildung (ohne Dienstverhältnis)

Aufwendungen für die eigene erstmalige Berufsausbildung bzw. ein Erststudium an einer Hochschule (Universität, pädagogische Hochschule, Kunsthochschule, Fachhochschule, andere Bildungseinrichtungen, die nach Landesrecht einer staatlichen Hochschule entsprechen, einschließlich entsprechender kirchlicher und privater Bildungseinrichtungen) **außerhalb** eines Dienstverhältnisses sind aufgrund gesetzlicher Regelung keine Werbungskosten bzw. Betriebsausgaben, sondern (nur) als **Sonderausgaben**, begrenzt auf maximal 6.000 € jährlich, abzugsfähig. Sonderausgaben sind nicht in spätere Jahre übertragbar, sodass die Kosten in vielen Fällen ohne steuerliche Auswirkung bleiben. Das gesetzliche Abzugsverbot ist verfassungsgemäß (BverfG, Beschluss v. 19.11.2019, BvL 22/14).

ACHTUNG

„Erste Berufsausbildung"

Der Begriff „Berufsausbildung" ist gesetzlich definiert als eine auf der Grundlage von Rechts- oder Verwaltungsvorschriften geordnete Ausbildung mit einer vorgesehenen Mindestdauer von zwölf Monaten bei vollzeitiger Ausbildung und mit einer durchgeführten Abschlussprüfung. Ist eine Abschlussprüfung nach dem Ausbildungsplan nicht vorgesehen, gilt die Ausbildung mit der tatsächlichen planmäßigen Beendigung als abgeschlossen. Sofern nur eine Prüfung abgelegt wird, ohne dass jemand zuvor die Berufsausbildung durchlaufen hat, ist dies ebenfalls als abgeschlossene Ausbildung anzusehen. Sind die dargestellten Anforderungen nicht erfüllt, ist die Bildungsmaßnahme als „Anlernphase" und Bestandteil der ersten Ausbildung anzusehen.

Ein **Erststudium** liegt vor, wenn weder ein anderes durch einen berufsqualifizierenden Abschluss beendetes Studium noch eine andere abgeschlossene nichtakademische Berufsausbildung vorangegangen ist.

Zweite Berufsausbildung

Aufwendungen für eine zweite Berufsausbildung (z. B. Erststudium oder Umschulung nach einer abgeschlossenen Ausbildung, Ergänzungsstudium und Aufbaustudium, wenn das vorhergehende Studium zu einem berufsqualifizierenden Abschluss geführt hat, Masterstudiengang nach Bachelorabschluss, Zweitstudium) sind **Betriebsausgaben oder Werbungskosten**, wenn ein konkreter Zusammenhang mit der Erzielung künftiger steuerpflichtiger Einnahmen besteht, was normalerweise der Fall ist. Dabei spielt es keine Rolle, ob die Ausbildung innerhalb oder außerhalb eines Ausbildungsarbeitsverhältnisses erfolgt.

Ein Rentner/Pensionär, der im Ruhestand ein Studium beginnt, kann die Ausbildungskosten nur steuerlich geltend machen, wenn er nicht nur die beabsichtigte Einkunftserzielungsabsicht glaubhaft macht, sondern auch darlegen kann, dass er voraussichtlich insgesamt höhere Einnahmen erzielen wird, als Kosten angefallen sind bzw. anfallen (Überschussprognose).

Kosten für den Besuch allgemeinbildender Schulen (Abendrealschule, Abendgymnasium) sind auch nach einer abgeschlossenen ersten Berufsausbildung nicht als Werbungskosten, sondern nur als Sonderausgaben, begrenzt auf 6.000 €, abziehbar.

TIPP

Werbungskostenabzug sichern

Überlegen Sie, ob vor Beginn eines langen und kostenträchtigen Studiums eine zwölfmonatige Vollzeitausbildung mit einer Abschlussprüfung absolviert werden kann (z. B. vor dem Medizinstudium eine Ausbildung zum Rettungssanitäter). Dadurch wird das Studium zur Zweitausbildung, und die möglichen Werbungskosten (Verlustvortrag) können mit späteren positiven Einkünften verrechnet werden und führen zu nicht unerheblichen Steuererstattungen.

Praktika

Kosten in Zusammenhang mit Praktika **während** eines Studiums werden entsprechend den Kosten des zugrunde liegenden Studiums als Werbungskosten oder Sonderausgaben eingeordnet. Im Grundsatz ist dabei die Universität als erste Tätigkeitsstätte anzusehen, sodass für die Praktika der Reisekostenabzug gilt. Vertiefend siehe → Reisekosten.

Vor- und Nachpraktika (Student noch nicht oder nicht mehr immatrikuliert) begründen ein eigenständiges Beschäftigungsverhältnis, sodass der Ort des Praktikums regelmäßig eine erste Tätigkeitsstätte (ohne Reisekostenabzug) ist. Bei auswärtiger Unterbringung ist u. U. der Kostenabzug für eine doppelte Haushaltsführung möglich. Vertiefend siehe → Doppelte Haushaltsführung.

Prüfschema

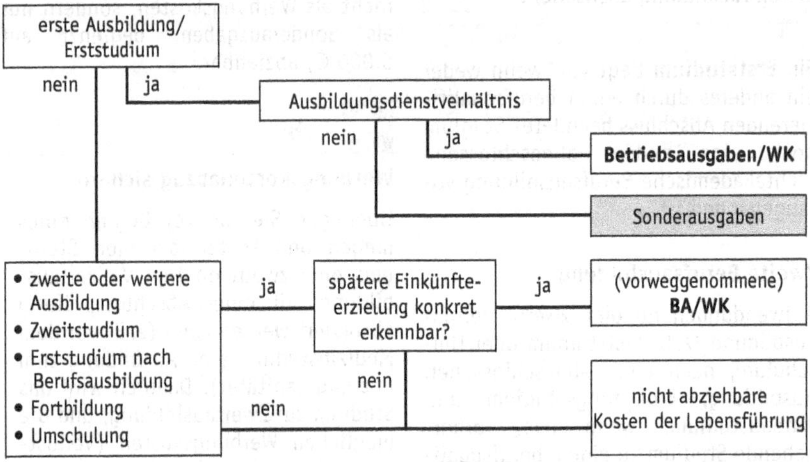

2 Abzugsfähige Kosten

Abziehbar sind insbesondere Schul-, Kurs- und Studiengebühren, Kosten für Fachliteratur und Lernmaterial, Kosten eines Arbeitszimmers, Abschreibungen für z. B. Schreibtisch, Computer und Software, Druck- und Kopierkosten, Zulassungs- und Prüfungsgebühren sowie Zinsen für ein Studiendarlehen (nicht für BAföG-Darlehen). Vertiefend siehe → Arbeitszimmer und → Notebook, Smartphone & Co.

Die Ermittlung der Kosten ist beim Abzug als Werbungskosten und Sonderausgaben identisch. Wesentliche Unterschiede bestehen dagegen beim Abzug von Fahrtkosten, Übernachtungskosten und Verpflegungsmehraufwendungen.

Erfolgt die Ausbildung im Rahmen eines Ausbildungsdienstverhältnisses, besteht im Regelfall am Betriebssitz des Arbeitgebers eine erste Tätigkeitsstätte.

Der Besuch einer auswärtigen Bildungseinrichtung im Rahmen des Ausbildungsdienstverhältnisses ist eine Auswärtstätigkeit mit Reisekostenabzug. Vertiefend siehe → Reisekosten. Dasselbe gilt, wenn eine (zweite) Ausbildung neben der Berufstätigkeit (am Abend, am Wochenende, Fernstudium, berufsbegleitend) erfolgt.

Auch bei einem Auslandssemester oder einem Teil des Studiums, das an einer anderen Hochschule absolviert wird, handelt es sich insoweit um eine Auswärtstätigkeit mit der Möglichkeit des Reisekostenabzugs (BFH, Urteil v. 14.5.2020, VI R 3/18).

Wird die Bildungseinrichtung (z. B. Universität) **außerhalb** eines Dienstverhältnisses in **Vollzeit** (dies unterstellt die Verwaltung, wenn neben der Ausbildung keine oder nur eine regelmäßige Beschäftigung von wöchentlich maximal 20 Stunden oder ein Minijob ausgeübt wird) aufgesucht, gilt die Bildungseinrichtung als erste Tätigkeitsstätte mit der Folge, dass grundsätzlich nur die Fahrten zur Bildungseinrichtung mit der einfachen Entfernung, nicht aber Reisekosten abzugsfähig sind. Bei auswärtiger Unterbringung ist u. U. der Kostenabzug für eine doppelte Haushaltsführung möglich, wenn der Auszubildende neben der Studienunterkunft einen eigenen Hausstand führt. Vertiefend siehe → Doppelte Haushaltsführung.

Außergewöhnliche Belastung

Aufwendungen wegen außergewöhnlicher Belastung allgemeiner Art sind abziehbar, wenn sie die zumutbare Eigenbelastung übersteigen. In typisierten Einzelfällen ist der Abzug von Höchst-, Pausch- oder Freibeträgen ohne Anrechnung einer zumutbaren Belastung möglich.

§§ 33, 33a und 33b EStG

1 Allgemeines

Soweit die Aufwendungen zu den Betriebsausgaben, Werbungskosten (z. B. berufsbedingte Krankheit) oder Sonderausgaben gehören, werden sie dort (vorrangig) berücksichtigt.

Außergewöhnliche Belastungen teilen sich in zwei große Gruppen auf:

2 Typisierte Einzelfälle

Unterhalt

Aufwendungen für den **Unterhalt**/die Berufsausbildung einer Ihnen oder Ihrem Ehegatten gegenüber gesetzlich unterhaltsberechtigten Person, für die niemand einen Anspruch auf Kindergeld oder Kinderfreibetrag hat. Vertiefend siehe → Unterhaltszahlungen.

Ausbildungsfreibetrag

Aufwendungen für die **Berufsausbildung** eines **auswärtig untergebrachten volljährigen Kindes**, für das Sie einen Kinderfreibetrag oder Kindergeld erhalten. Vertiefend siehe → Kinder.

Behinderte Menschen/ Pflegepauschbetrag

Vertiefend siehe → Menschen mit Behinderung.

3 Allgemeine Vorschrift

Abzugsvoraussetzungen

Haben Sie **zwangsläufig** höhere Aufwendungen als die überwiegende Mehrzahl der Personen gleicher Einkommensverhältnisse, gleicher Vermögensverhältnisse und gleichen Familienstandes **(= außergewöhnlich)**, liegen außergewöhnliche Belastungen nach § 33 EStG vor. Abzugsfähig sind die Aufwendungen nur, soweit sie eine zumutbare Eigenbelastung (s. u.) übersteigen. Zu den außergewöhnlichen Belastungen gehören vor allem Krankheitskosten, Pflegeaufwendungen, Bestattungskosten, behinderungsbedingte Ausgaben, Sanierungskosten schadstoffbelasteter Gebäude, Wiederbeschaffung von Hausrat nach Unwetter, Überflutung oder Sturm (Einzelfälle s. u.).

Bei Ehegatten mit Zusammenveranlagung erfolgt der Abzug gemeinsam. Es kommt nicht darauf an, welcher Ehegatte gezahlt hat.

Belastung

Eine Belastung liegt vor, wenn Sie ein Ereignis in der persönlichen Lebenssphäre zu Ausgaben zwingt, die Sie selbst endgültig zu tragen haben. Deshalb werden die Aufwendungen um Ersatzleistungen von dritter Seite (z. B. dem Arbeitgeber, Beihilfe bei Beamten, Versicherungsersatz) unabhängig vom Erstattungszeitpunkt gemindert. Werden mögliche Ersatzansprüche gegen Dritte nicht geltend gemacht (z. B. Kostenbelege werden bei der Versicherung nicht eingereicht, um eine Beitragsrückerstattung zu erhalten oder höhere Beiträge zu vermeiden), ist kein Abzug möglich.

Zwangsläufigkeit

Zwangsläufig entstehen Aufwendungen, wenn sie notwendig sind, man sich ihnen also aus **rechtlichen, tatsächlichen oder sittlichen Gründen** nicht entziehen kann und soweit sie der Höhe nach angemessen sind. Damit sind regelmäßig nur Kosten abzugsfähig, die die eigene Person, den Ehegatten oder nahe Angehörige betreffen.

Zumutbare Belastung

Die Aufwendungen wirken sich steuerlich nur aus, soweit sie die Grenze der zumutbaren Belastung übersteigen. Die Höhe der zumutbaren Belastung errechnet sich nach einem bestimmten Prozentsatz, abhängig vom Gesamtbetrag der Einkünfte.

Die zumutbare Belastung beträgt für einen Gesamtbetrag der Einkünfte	Steuerbürger ohne Kinder		Steuerbürger mit Kindern	
	unverheiratet	verheiratet	1 oder 2 Kinder	3 oder mehr Kinder
bis 15.340 €	5 %	4 %	2 %	1 %
von 15.341 € bis 51.130 €	6 %	5 %	3 %	1 %
über 51.130 €	7 %	6 %	4 %	2 %
	des Gesamtbetrags der Einkünfte			

Als Kinder zählen berücksichtigungsfähige Kinder, also solche, für die Sie Freibeträge oder Kindergeld erhalten. Vertiefend siehe → Kinder.

BEISPIEL

Berechnung der Eigenbelastung

Eheleute ohne Kinder haben einen gemeinsamen Gesamtbetrag der Einkünfte von 60.000 €.

Die zumutbare Eigenbelastung berechnet sich stufenweise:

Gesamtbetrag		
1 bis 15.340 €	4 % von 15.340 €	= 613 €
15.340 € bis 51.130 €	5 % von 35.790 €	= 1.789 €
51.131 € bis 60.000 €	6 % von 8.869 €	= 532 €
zumutbare Eigenbelastung		2.934 €

Nur soweit die geltend gemachten Kosten höher sind, wirken sie sich steuerlich aus.

Abzugszeitpunkt

Die Aufwendungen sind im Kalenderjahr der Zahlung zu berücksichtigen (Abflussprinzip). Auch wenn sich bei hohen Kosten wegen geringer Einkünfte keine volle steuerliche Auswirkung ergibt, ist eine Verteilung der Aufwendungen auf mehrere Jahre – im Wege der Billigkeit – nicht zulässig (BFH, Urteil v. 12.7.2017, VI R 36/15).

4 Einzelfälle

Adoption: keine außergewöhnlichen Belastungen (BFH, Urteil v. 10.3.2015, VI R 60/11)

Allergie: → Krankheitskosten

Behinderungsbedingte Ausgaben: Vertiefend siehe → Krankheitskosten und → Menschen mit Behinderung.

Bestattungskosten/Grabbesuch/Grabinstandhaltung: Beerdigungskosten für Angehörige sind abziehbar, soweit sie nicht aus dem Nachlass bezahlbar sind. Anzurechnen sind Versicherungsleistungen (Sterbegeld, Lebensversicherung). Abziehbar sind die Kosten für die Grabstätte, den Sarg, Blumen und Kränze, Trauerkarten, Todesanzeigen, Überführung und Aufbahrung, nicht dagegen Aufwendungen für die Bewirtung der Trauergäste, Fahrtkosten zur Beerdigung, Aufwendungen für Trauerkleidung, Grabbesuch sowie Kosten für Grabinstandsetzung (BFH, Urteil v. 22.10.19, VI R 48/17) und Grabpflege.

Diätverpflegung: Vertiefend siehe → Krankheitskosten.

Elektrosmog: Aufwendungen für Schutzmaßnahmen gegen z. B. Mobilfunkwellen sind nur abziehbar, wenn die von den Gegenständen ausgehende konkrete Gesundheitsgefährdung durch ein technisches Gutachten nachgewiesen wird. Vertiefend siehe → Krankheitskosten.

Eltern-Kind-Verhältnis: Aufwendungen des nicht sorgeberechtigten Elternteils zur Kontaktpflege sind nicht außergewöhnlich.

Flutschaden/Hochwasser/Katastrophenschäden: Aufwendungen wie z. B. die Reparatur eines selbst genutzten Hauses oder die Ersatzbeschaffung von Hausrat anlässlich von unabwendbaren Ereignissen (Erdbeben, Überschwemmungen, Sturm, Brand, Hagel) sind berücksichtigungsfähig. Soweit durch die Erneuerung eine Wertsteigerung des Gebäudes eingetreten ist, werden die abzugsfähigen Kosten entsprechend gemindert. Vertiefend siehe → Unwetterschäden/Naturkatastrophen.

Hausumbau/Sanierung: Die Sanierungskosten des selbst bewohnten Hauses sind abzugsfähig, wenn vom

Gebäude eine akute Gesundheitsgefährdung (d.h. gesetzliche Schadstoffgrenzwerte sind überschritten) ausgeht (z.B. Gefahr durch Holzschutzmittel, Formaldehyd, Dioxin, Asbest, Elektrosmog, Mobilfunkwellen) oder wenn die Sanierung durch ein unausweichliches Ereignis (z.B. bei Hochwasser, Sturm etc.) oder wegen konkreter Einsturzgefahr durch Hausschwamm notwendig geworden ist. Eine rein vorsorgliche Sanierung ist nicht begünstigt. Dasselbe gilt für Aufwendungen zur Beseitigung von Baumängeln, selbst wenn dabei auch konkrete Gesundheitsgefährdungen beseitigt werden (BFH, Beschluss v. 29.3.2018, VI B 106/17). Weitere Voraussetzungen für eine Berücksichtigung der Sanierungskosten sind, dass der Grund für die Sanierung beim Kauf des Hauses noch nicht erkennbar war, es sich nicht um übliche, alterstypische Reparaturen handelt, den Steuerpflichtigen kein eigenes Verschulden trifft (z.B. Schimmelbildung wegen unsachgemäßen Lüftens) und Schadensersatzansprüche gegenüber Dritten nicht durchsetzbar sind. Erfährt das Haus durch die Maßnahmen eine Wertsteigerung, weil Bausubstanz erneuert wurde, ist die Wertsteigerung bei der Berechnung der abzugsfähigen Kosten zu kürzen. In allen Fällen reicht der einfache Nachweis aus, also z.B. ein Gutachten durch einen Fachmann (BFH, Urteil v. 29.3.2012, VI R 21/11; BFH, Urteil v. 29.3.2012, VI R 47/10; BFH, Urteil v. 29.3.2012, VI R 70/10).

Zu behinderungsbedingten Umbaukosten → Menschen mit Behinderung.

Heimunterbringung: Vertiefend siehe → Pflegekosten/Eltern.

Bei krankheitsbedingter Unterbringung → Krankheitskosten.

Künstliche Befruchtung: → Krankheitskosten

Kurkosten: → Krankheitskosten

Pflegeaufwendungen: Vertiefend siehe → Pflegekosten/Eltern.

Prozesskosten/Scheidung: Kosten für Strafprozesse sind keine außergewöhnlichen Belastungen. Zivilprozesskosten sind aufgrund gesetzlicher Regelung ebenfalls nicht als außergewöhnliche Belastungen abzugsfähig. Die gesetzliche Ausnahme für Fälle, in denen der Steuerpflichtige ohne den Rechtsstreit Gefahr liefe, seine Existenzgrundlage zu verlieren und seine lebensnotwendigen Bedürfnisse im üblichen Rahmen nicht mehr befriedigen zu können, betrifft nur die materielle Lebensgrundlage des Steuerpflichtigen. Damit sind auch Kosten in Zusammenhang mit einer Scheidung nicht abzugsfähig (BFH, Urteile v. 18.5.2017, u.a. VI R 9/16, VI R 19/15). Dasselbe gilt für Prozesskosten bei Streitigkeiten über das Umgangsrecht von Eltern mit ihren Kindern (BFH, Urteile v. 13.8.2020, VI R 27/18 und VI R 15/18).

Vermögensverluste: Wertverluste, die infolge von Diebstahl oder Zerstörung an Gegenständen des privaten Vermögens eingetreten sind, können nicht als außergewöhnliche Belastungen abgezogen werden. Aufwendungen für deren Wiederbeschaffung sind i.d.R. wegen des vorhandenen Gegenwerts auch nicht abziehbar. Ausnahme:

Wiederbeschaffung von Hausrat und Kleidung: Derartige Aufwendungen sind eine außergewöhnliche Belastung, wenn Hausrat oder Kleidung durch ein unabwendbares Ereignis wie Brand, Hochwasser, Unwetter, Kriegseinwirkung, Vertreibung oder politische Verfolgung verloren gegangen ist und wiederbeschafft werden muss. Vertiefend siehe → Unwetterschäden/Naturkatastrophen.

Die Aufwendungen sind nur in Höhe der notwendigen und angemessenen Kosten abzugsfähig und werden nur berücksichtigt, soweit sie den (Rest-)Wert des Gegenstands vor dem Schadenseintritt nicht übersteigen.

Weitere Voraussetzung für den Kostenabzug ist, dass der Geschädigte eine allgemein übliche und zumutbare Versicherung (z. B. Hausratversicherung, Elementarversicherung für ein Gebäude) abgeschlossen hat.

TIPP

Abzug ohne Versicherung

Aus Billigkeit lässt, wenn durch ein Naturereignis (z. B. Überflutung, Unwetter) viele Menschen betroffen sind, die Finanzverwaltung den Abzug aber auch zu, wenn keine Versicherung abgeschlossen wurde.

Wildtierschaden: Mit Wildtierschäden (Biber, Wildschweine) in Zusammenhang stehende Aufwendungen zur Schadensbeseitigung sind nicht unüblich und deshalb nicht als außergewöhnliche Belastungen abzugsfähig (BFH, Urteil v. 1.10.2020, VI R 42/18).

Betriebsausgaben/Übersicht

Betriebsausgaben sind Aufwendungen, die durch den Betrieb veranlasst sind. Sie mindern den Gewinn bei den Einkünften aus Land- und Forstwirtschaft, Gewerbebetrieb und selbstständiger Arbeit. Bestimmte Betriebsausgaben sind nicht oder nur begrenzt abziehbar.

§ 4 Abs. 4 bis 8 und §§ 4a bis 4h EStG

1 Allgemeines

Betrieblich veranlasst sind alle Aufwendungen, die in tatsächlichem, sachlichem oder wirtschaftlichem Zusammenhang mit dem Betrieb stehen. Ob die Aufwendungen notwendig, üblich, angemessen oder zweckmäßig sind, ist für den Abzug von Aufwendungen ohne Bedeutung.

Durchlaufende Posten (Beträge, die in fremdem Namen und auf fremde Rechnung vereinnahmt und verausgabt werden) werden bei der Gewinnermittlung weder als Betriebseinnahmen noch als Betriebsausgaben erfasst.

Grundsätzlich entscheidet der Betriebsinhaber, ob Aufwendungen betrieblich notwendig sind. Einschränkungen ergeben sich nur durch gesetzliche Abzugsbeschränkungen und wenn die Aufwendungen in den Bereich der privaten Lebensführung fallen. Trägt ein Dritter Kosten, die durch die Einkünfteerzielung eines Unternehmers veranlasst sind, sind diese als sog. **Drittaufwand** grundsätzlich **keine Betriebsausgaben**. Aufwendungen des Dritten können aber im Wege des sog. abgekürzten Zahlungswegs beim Unternehmer zu Betriebsausgaben führen, wenn der Dritte ihm etwas schuldet und, statt an ihn zu zahlen, mit seinem Einverständnis und in seinem Namen an seinen Gläubiger leistet.

Zurückgezahlte Einnahmen sind Betriebsausgaben, soweit die Betriebseinnahmen steuerpflichtig waren.

2 Abgrenzung zwischen abziehbaren und nicht abziehbaren Betriebsausgaben

Betriebsausgaben sind im Allgemeinen uneingeschränkt abziehbar. Hiervon abzugrenzen sind **nicht oder beschränkt abziehbare Betriebsausgaben**. Obwohl sie in den Bereich der Betriebsausgaben gehören, wird ihre Abzugsfähigkeit durch gesetzliche Vorschriften (insbesondere § 4 Abs. 5 und § 12 EStG) eingeschränkt. Sie gehören aber nicht zu den Privatentnahmen. Zum Beispiel:

- Aufwendungen für → Geschenke an andere Personen als Arbeitnehmer, wenn die AK oder HK je Empfänger im Wirtschaftsjahr insgesamt 35 € übersteigen;
- → Bewirtungskosten, soweit sie unangemessen sind oder 70 % der angemessenen Bewirtungskosten übersteigen;
- Mehraufwendungen für Verpflegung, soweit sie die gesetzlich festgelegten Pauschbeträge für Geschäftsreisen übersteigen (siehe auch → Reisekosten);
- Aufwendungen für Fahrten zwischen Wohnung und Betrieb, soweit die Aufwendungen die Entfernungspauschale übersteigen, siehe auch → Firmenwagen;
- Aufwendungen für ein häusliches → Arbeitszimmer bzw. → Homeoffice;
- Mehraufwendungen wegen einer aus betrieblichem Anlass begründeten → doppelten Haushaltsführung;
- unangemessene Aufwendungen, die die Lebensführung berühren;
- Aufwendungen für die geschäftliche Repräsentation, wie z. B. besonders teure Kraftfahrzeuge oder eine übermäßig luxuriöse Ausstattung der Geschäftsräume. Das Abzugsverbot gilt hierbei für den Teil der Aufwendungen, der nach der allgemeinen Verkehrsauffassung als unangemessen anzusehen ist (BFH, Urteil v. 29.4.2014, VIII R 20/12);
- Zinsen auf hinterzogene Steuern;
- Schuldzinsen, die auf Überentnahmen beruhen (siehe → Schuldzinsen);
- Geldbußen, Ordnungsgelder, Verwarnungsgelder, Geldstrafen
  Beachte: Verfahrenskosten (Gerichts- und Anwaltskosten) sind aber abziehbar, wenn die zugrunde liegende „Tat" betrieblich veranlasst war. Ein betrieblicher Zusammenhang besteht aber nur, wenn die dem Steuerpflichtigen zur Last gelegte Tat ausschließ-

lich und unmittelbar aus seiner betrieblichen oder beruflichen Tätigkeit heraus erklärbar ist (BFH, Urteil v. 20.9.1989, X R 43/86). Nach Einleitung eines Steuerstrafverfahrens anfallende Steuerberatungskosten sind auch dann in vollem Umfang als Betriebsausgaben bzw. Sonderausgaben abziehbar, wenn die geltend gemachten Aufwendungen nachweislich die Steuerberatung betreffen und nicht die Strafverteidigung (FG Münster, Urteil v. 27.11.2012, 1 K 4121/09 E);

- Schmier- und Bestechungsgelder;
- Kosten für die Inanspruchnahme spiritueller Dienstleistungen zur Umsatzförderung (FG Münster, Urteil v. 22.1.2014, 12 K 759/13 G, F);
- → Gewerbesteuer für Jahre seit 2008;
- Aufwendungen zur Förderung staatspolitischer Zwecke; sie sind ggf. als Spenden abziehbar.

Vorweggenommene Betriebsausgaben

Vorweggenommene Betriebsausgaben entstehen vor der Eröffnung eines Betriebs. Sie sind als Anlauf-/Gründungskosten zu verstehen (z. B. Planungs-, Finanzierungs-, Reisekosten oder Behördengebühren). Ihr Abzug setzt einen ausreichenden Zusammenhang mit der Gewinnerzielung voraus. Kommt es nicht zur Betriebsgründung, liegen vergebliche Betriebsausgaben vor. Ihr Abzug hängt davon ab, ob der Nachweis der betrieblichen Veranlassung erbracht werden kann. Vertiefend siehe → Existenzgründer.

Nachträgliche Betriebsausgaben

Nach Beendigung der gewerblichen Tätigkeit können nachträgliche Betriebsausgaben anfallen, die zu negativen Einkünften aus Gewerbebetrieb führen, z. B. Zinszahlungen für Verbindlichkeiten, die aus betrieblichem Anlass entstanden sind und bis zur Veräußerung oder Aufgabe des Gewerbebetriebs trotz Verwertung des vorhandenen Vermögens nicht getilgt werden konnten.

3 Aufzeichnungspflicht

Der Steuerpflichtige trägt die Beweislast für die Richtigkeit seiner Angaben. Kommt er dieser nicht nach, können die Voraussetzungen für eine Schätzung nach § 162 Abs. 1 AO erfüllt sein (BFH, Beschluss v. 13.3.2013, X B 16/12). Während Betriebsausgaben geschätzt werden können, wenn Belege verloren gegangen sind, trifft das auf Vorsteuerbeträge nur eingeschränkt zu (Näheres dazu: BFH, Urteil v. 23.10.2014, V R 23/13). Aufwendungen u.a. für Geschenke, Bewirtungskosten, Kosten für ein häusliches Arbeitszimmer und Aufwendungen, die die Lebensführung berühren, sind von den sonstigen Betriebsausgaben getrennt und einzeln aufzuzeichnen.

4 Aufteilungsgebot und -verbot

Aufwendungen, die **ausschließlich** der **privaten Lebensführung** dienen, sind als Betriebsausgaben nicht abziehbar, und zwar auch dann nicht, wenn sie durch die wirtschaftliche oder gesellschaftliche Stellung des Unternehmers ausgelöst werden. Das gilt selbst dann, wenn sie zur Förderung seines Berufs oder seiner Tätigkeit erfolgen. Liegt bei Aufwendungen eine berufliche oder private **Mitveranlassung von untergeordneter Bedeutung** (jeweils unter 10 %) vor, ist diese nicht zu beachten.

Andere **gemischte Aufwendungen** sind in Betriebsausgaben und nicht abziehbare Kosten der privaten Lebensführung aufzuteilen, wenn die **Aufteilung nach objektiven Merkmalen** (Zeit, Menge, Fläche, nach Köpfen) **leicht und einwandfrei** vorgenommen werden kann. Der Teil der Aufwendungen, der als Betriebsausgaben zu berücksichtigen ist, kann ggf. geschätzt werden. Ist bei gemischten Aufwendungen eine leicht und einwandfrei nachprüfbare Trennung zwischen betrieblicher und privater Veranlassung nicht möglich, sind die Kosten **insgesamt** nicht abziehbar. **Aufteilbare Kosten** sind insbesondere

- Kraftfahrzeugkosten (gefahrene Kilometer),
- Telefongebühren und
- Reisekosten.

Aufwendungen für die Hin- und Rückfahrt bei einer **betrieblich und privat** veranlassten Reise können nach einem Beschluss des Großen Senats des BFH in abziehbare Betriebsausgaben und nicht abziehbare Aufwendungen für die private Lebensführung nach Maßgabe der betrieblich und privat veranlassten **Zeitanteile** aufgeteilt werden (BFH, Beschluss v. 21.9.2009, GrS 1/06). Kosten für eine Reise in einen ausländischen Ferienort, die gleichzeitig zur Erholung und z. B. der Aktualisierung von Lehrbüchern dient, sind allerdings nicht aufteilbar und somit keine Betriebsausgaben (BFH, Urteil v. 7.5.2013, VIII R 51/10).

Die Grundsätze lassen sich auch auf andere gemischte Aufwendungen übertragen:

- PC- und Internetkosten (Zeitanteil)
- beruflich genutzte Räume im ansonsten privat bewohnten Haus (Fläche); siehe → Arbeitszimmer
- allgemeinbildende Literatur (BFH, Urteil v. 20.5.2010, VI R 53/09)

5 ABC weiterer wichtiger Betriebsausgaben

WICHTIG

Homeoffice-Pauschale

Neu eingeführt wurde für die Jahre 2020 und 2021 eine Homeoffice-Pauschale.

Diese beträgt 5 € für jeden Kalendertag (max. 600 €/Jahr), an dem die gesamte betriebliche oder berufliche Tätigkeit ausschließlich in der häuslichen Wohnung ausgeübt wurde. Ein häusliches Arbeitszimmer muss dabei nicht vorliegen. Steuerpflichtige, die ein (anzuerkennendes) häusliches Arbeitszimmer haben, können aus Vereinfachungsgründen den Abzug des Pauschalbetrags anstelle des Abzugs der tatsächlichen Aufwendungen wählen. Vertiefend siehe → Homeoffice.

- Abschreibungen (AfA), auch wenn die AK noch nicht bezahlt sind.

Vertiefend siehe → Abschreibungen/Anschaffungs- und Herstellungskosten, → Abschreibungen im Betrieb und → Abschreibungen/Gebäude.

- Anwaltskosten
- Beiträge an Berufsverbände
- Beratungskosten (Wirtschafts-, Rechts-, Steuerberatungskosten)
- Betriebsteuern (z. B. Grund-, Kfz- und Umsatzsteuer)
- Bürokosten (Miete, Reinigung, Telefon, Büromaterial)
- Diebstahlsverluste, wenn der Verlust der betrieblichen Sphäre zugeordnet werden kann (insbesondere Gelddiebstahl)
- Erhaltungsaufwendungen für Wirtschaftsgüter des Betriebsvermögens
- Fachbücher und Fachzeitschriften
- Finanzierungskosten (Zinsen einschl. Kontokorrentzinsen, Disagio, Notargebühren für Grundschuld) zur Beschaffung von Darlehen
- Fortbildungskosten
- Geschäfts- und Informationsreisen
- Incentive-Reisen
- Kraftfahrzeugkosten, soweit beruflich veranlasst (einschl. Unfallkosten)
- Pensionszahlungen
- Personalkosten (einschl. solcher an Ehegatten und Kinder)
- Provisionen
- Prozesskosten
- Schadenersatzleistungen, soweit sie betrieblich bedingt sind
- Sponsoring zur Förderung von Personen oder Organisationen in sportlichen, kulturellen oder ähnlichen gesellschaftlichen Bereichen
- Steuerberatungskosten für den Betrieb (Jahresabschluss und Buchführung), auch Fahrtkosten zum Steuerberater einschließlich etwaiger Unfallkosten auf der Fahrt, Steuerfachliteratur (z. B. vorliegendes Buch)
- Strafverteidigungskosten, wenn die zugrunde liegende „Tat" beruflich veranlasst war (nicht abziehbar sind Geldbußen und Geldstrafen). Strafverteidigungskosten sind aber nicht abzugsfähig, wenn sie nicht abzugsfähige Betriebsausgaben betreffen (z. B. Bestechungsgelder; BFH, Urteil v. 14.5.2014, X R 23/12).
- Trinkgelder für geschäftliche Zwecke
- Umzugskosten
- Versicherungsbeiträge (nicht aber Praxisausfall-, Lebens-, Berufsunfallversicherung für den Unternehmer)
- Werbeaufwendungen

Betriebsgrundstücke

Ein ganz oder teilweise betrieblich genutztes Grundstück gehört i. d. R. zum Betriebsvermögen. Dies kann Vor-, aber auch erhebliche Nachteile haben.

§§ 4, 5, 6 EStG; R 4.2 EStR

1 Betriebs-/Privatvermögen

Das Steuerrecht unterscheidet zwischen Betriebs- und Privatvermögen. Beim Betriebsvermögen wird notwendiges und gewillkürtes Betriebsvermögen unterschieden:

Betriebsvermögen (BV)

Notwendiges BV:

- Nutzung des Grundstücks für den eigenen Betrieb, z. B. als Laden, Büro, Abstell- oder Produktionsraum

Gewillkürtes BV: nur möglich, wenn das Grundstück

- nicht eigenbetrieblich oder zu eigenen Wohnzwecken genutzt bzw. unentgeltlich überlassen wird,
- in einem gewissen objektiven Zusammenhang mit dem Betrieb steht und
- der Förderung des Unternehmenszwecks dient.

Beispiele: Mietwohnungen (insbes. Arbeitnehmer), vermietete Geschäftsräume, Vorratsgrundstücke etc. Wichtig: Ausweis im Anlagenverzeichnis notwendig.

Privatvermögen

Ein Grundstück ist immer Privatvermögen, wenn die Voraussetzungen für den Ausweis als BV nicht erfüllt sind, z. B. Nutzung für eigene oder fremde Wohnzwecke oder bei unentgeltlicher Nutzung durch die Ehefrau für deren Betrieb.

Unter steuerlichen Gesichtspunkten wird hinsichtlich einer Grundstücksnutzung zwischen vier verschiedenen Nutzungsarten unterschieden. Ein **Gebäude** kann für

- eigene Wohnzwecke,
- fremde Wohnzwecke,
- eigene betriebliche Zwecke und
- fremde betriebliche Zwecke

genutzt werden. Bzgl. jeder Nutzung liegt ein **selbstständiger Gebäudeteil** (Wirtschaftsgut) vor.

Der **Grund und Boden** ist vergleichbar dem Gebäude auf verschiedene selbstständige Wirtschaftsgüter zu verteilen. Die Zuordnung zum Betriebs- oder Privatvermögen erfolgt für jedes selbstständige Wirtschaftsgut gesondert.

BEISPIEL

Aufteilung eines Gebäudes

Herr Klein ist Inhaber eines Lebensmittelladens. Ihm gehört ein bebautes Grundstück, das wie folgt genutzt wird:

EG: Lebensmittelladen

I. OG: vermietet an einen Arzt

II. OG: vermietete Wohnung

III. OG: Privatwohnung Klein

Sämtliche Geschosse sind gleich groß. Das Grundstück hat eine Fläche von 400 m^2.

Im vorliegenden Fall ist das Gebäude entsprechend den Nutzungen in vier selbstständige Gebäudeteile zu unterteilen. Der Grund und Boden wird nach dem Verhältnis der Nutzflächen den einzelnen Wirtschaftsgütern rechnerisch zugeteilt. Bei einer Grundstücksgröße von 400 m^2 gehört zu jedem Wirtschaftsgut ein Anteil von 100 m^2. Das Erdgeschoss (Lebensmittelladen) wird zu 100 % zu eigenen betrieblichen Zwecken genutzt und stellt deshalb notwendiges Betriebsvermögen dar. Der dazugehörende Bodenanteil (200 m^2) ist auch notwendiges Betriebsvermögen.

Die selbst genutzte Wohnung sowie der zugehörige Anteil am Grund und Boden gehören eindeutig zum Privatvermögen. Die beiden fremdvermieteten Geschosse mit anteiligem Grund und Boden stellen Privatvermögen dar. Sie können u. U. auch als gewillkürtes Betriebsvermögen behandelt werden, wenn eine ausdrückliche Zuordnung zum Betriebsvermögen vorgenommen wird, die Grundstücksteile in einem gewissen objektiven Zusammenhang mit dem Betrieb stehen und der Förderung des Unternehmenszwecks dienen. Der Unternehmer übt insoweit sein Wahlrecht durch Ausweis der entsprechenden Gebäudeteile und des dazugehörenden Anteils des Grund und Bodens in der Buchführung oder im Anlagenverzeichnis der Einnahmenüberschussrechnung nach § 4 Abs. 3 EStG aus.

2 Folgerungen

Vor- und Nachteile

Soweit ein Wirtschaftsgut (z. B. Grund und Boden/Gebäude oder Teile davon) betrieblich genutzt wird, gehören die Abschreibungen des Gebäudes oder Gebäudeteils und die weiteren mit diesem Grundstück(steil) zusammenhängenden Aufwendungen (z. B. Grundsteuer, Reparaturen, Finanzierungskosten etc.) unabhängig von der Zuordnung zum Betriebs- oder Privatvermögen zu den Betriebsausgaben. Vertiefend siehe → Abschreibungen/Gebäude.

Wird das Grundstück veräußert, hat die Zuordnung zum Betriebs- oder Privatvermögen Bedeutung. Die Veräußerung von Betriebsvermögen stellt einen betrieblichen Vorgang dar. Der Erlös aus dem Verkauf von Grund und Boden sowie Gebäuden ist insoweit immer zwingend als Betriebseinnahme zu versteuern. Die AK des Grund und Bodens sowie die AK/HK des Gebäudes, soweit diese noch nicht im Wege der AfA verbraucht sind, sind Betriebsausgaben. Ein Veräußerungsverlust mindert den betrieblichen Gewinn.

BEISPIEL

Veräußerungsgewinn

Ein seit Jahren zum Betriebsvermögen gehörendes Grundstück wird für 1 Mio. € veräußert. Von den AK/HK des Gebäudes wurden bisher 650.000 € noch nicht abgeschrieben (Restbuchwert). Die AK des Grund und Bodens haben 200.000 € (= Buchwert) betragen.

Dem Veräußerungserlös (1 Mio. €) werden der Restbuchwert des Gebäudes (650.000 €) und der Buchwert des Grund und Bodens (200.000 €) gegenübergestellt. Es verbleibt ein steuerpflichtiger Veräußerungsgewinn i. H. v. 150.000 €.

Liegt kein Betriebsvermögen, sondern Privatvermögen vor, ist der Veräußerungserlös grundsätzlich in voller Höhe steuerfrei, wenn zwischen den Verträgen bei Kauf und Verkauf mehr als zehn Jahre liegen. Vertiefend siehe → Spekulationsgeschäfte.

3 Nutzungsänderung

Entnahme

Wird ein bisher zum Betriebsvermögen zählendes Grundstück künftig privat genutzt, liegt eine Entnahme ins Privatvermögen vor. Diese hat die gleichen steuerlichen Auswirkungen wie ein Verkauf.

BEISPIEL

Entnahme zu privaten Zwecken

Das Gebäude (siehe vorstehendes Beispiel) wird zu einem Wohnhaus umgebaut und anschließend zu eigenen Wohnzwecken genutzt. Die Nutzungsänderung (bisher betrieblich, nun privat) führt zu einer Entnahme von Gebäude und Grund und Boden. Hierdurch entsteht ein Entnahmegewinn. Der **Teilwert** (Entnahmewert; vergleichbar dem Zeitwert) ist dabei, wie im Fall der Veräußerung, als Betriebseinnahme und der Restbuchwert des entnommenen Gebäudes sowie der Buchwert des entnommenen Grund und Bodens als Betriebsausgabe anzusetzen.

Gewillkürtes Betriebsvermögen

Wird ein zunächst eigenbetrieblich genutzter Gebäudeteil **zu fremden Wohnzwecken** vermietet, führt dies nicht zur Zwangsentnahme. Der Gebäudeteil und der dazugehörende Grund und Boden kann als gewillkürtes Betriebsvermögen behandelt werden (BFH, Urteil v. 10.11.2004, XI R 31/03).

Einlage

Wird ein bisher zum Privatvermögen gehörendes Grundstück vollständig oder teilweise eigenbetrieblich genutzt, ist der Grund und Boden und ggf. das Gebäude bzw. der betrieblich genutzte Teil zwingend als notwendiges Betriebsvermögen einzulegen. Die Einlage erfolgt mit dem **Teilwert, höchstens mit den um die AfA geminderten AK oder HK**, wenn das Grundstück innerhalb der letzten drei Jahre angeschafft oder hergestellt wurde.

ACHTUNG

Ansatz von Anschaffungsnebenkosten bei der Teilwertermittlung

Sämtliche Kosten, die bei einem Kauf des eingelegten Wirtschaftsguts anfallen würden, sind Bestandteil des Teilwerts (BFH, Urteil v. 29.4.1999, IV R 63/97). Deshalb ist der „Zeitwert" um rund 6 bis 8 % zu erhöhen. Dies entspricht der Grunderwerbsteuer (je nach Steuersatz im jeweiligen

Bundesland) sowie den Notariats- und Grundbuchkosten, die bei einem Kauf anfallen würden.

Wegen der Abschreibung eines Gebäudes nach einer Einlage oder Entnahme wird auf → Abschreibungen/Gebäude verwiesen.

4 Grundstücke von untergeordneter Bedeutung

Grundstück wird nur teilweise betrieblich genutzt

Eigenbetrieblich genutzte Grundstücksteile brauchen nicht als notwendiges Betriebsvermögen behandelt zu werden, wenn die betriebliche Nutzung von untergeordneter Bedeutung ist. Das ist der Fall, wenn der Wert des eigenbetrieblich genutzten Grundstücksteils nicht mehr als 20 % des gemeinen Werts des gesamten Grundstücks und nicht mehr als 20.500 € beträgt.

Ist ein betrieblich genutzter Grundstücksteil von untergeordneter Bedeutung, stellen die anfallenden Aufwendungen trotzdem Betriebsausgaben dar.

WICHTIG

Wertsteigerung

Wenn das bebaute Grundstück an Wert gewinnt, kann es sein, dass die Wertgrenze i. H. v. 20.500 € überschritten wird. Ist dies der Fall (z. B. Wert Gebäude + Grund und Boden beträgt nun 210.000 €, betriebliche Nutzung 10 %), liegt ab dem Zeitpunkt der Wertüberschreitung notwendiges Betriebsvermögen vor. Der Grundstücksteil ist mit dem aktuellen Wert einzulegen.

Das häusliche Arbeitszimmer

Auch bei einem häuslichen Arbeitszimmer, das im Zusammenhang mit Gewinneinkünften genutzt wird, gehört der anteilige Gebäude- und Grund-und-Boden-Anteil zum notwendigen Betriebsvermögen, es sei denn, er ist von untergeordneter Bedeutung oder das Grundstück steht im Alleineigentum des Ehegatten. Die Aufwendungen für ein häusliches Arbeitszimmer sind nur in Ausnahmefällen steuerlich abziehbar. Vertiefend siehe → Arbeitszimmer.

Ist das Arbeitszimmer in der Vergangenheit bereits als Betriebsvermögen behandelt worden, führt eine Nutzungsänderung (z. B. bisheriges Büro wird als Kinderzimmer genutzt) zu einer Entnahme. Dabei wird wie bei einer Veräußerung der tatsächliche Wert im Zeitpunkt der Nutzungsänderung dem Restbuchwert gegenübergestellt.

5 Betriebliche Nutzung des Ehegattengrundstücks

Vermietung

Nutzt ein Ehegatte ein dem anderen Ehegatten gehörendes Grundstück für seinen Betrieb, kann zwischen den Ehegatten ein Mietvertrag abgeschlossen und steuerlich anerkannt werden, wenn er wie unter Fremden vereinbart und auch tatsächlich durchgeführt wird (Fremdvergleich). Dabei ist insbesondere darauf zu achten, dass die Miete pünktlich auf ein Konto des Grundstückseigentümers bezahlt wird. Beim Betriebsinhaber sind die entsprechenden Mietbeträge als Betriebsausgaben abzugsfähig. Der Grundstückseigentümer hat Einkünfte aus V+V (Anlage V). Die mit dem vermieteten Grundstück zusammenhängenden Kosten (einschl. AfA) sind bei ihm als Werbungskosten absetzbar.

Unentgeltliche Überlassung

Wird das dem Ehegatten gehörende Grundstück (bzw. dessen Grundstücksanteil) unentgeltlich überlassen, können der Betriebsinhaber und dessen Ehegatte keine grundstücksbezogenen Aufwendungen absetzen. Als Betriebsausgaben dürfen lediglich die durch die Nutzung verursachten und vom Betriebsinhaber bezahlten laufenden Betriebskosten (z. B. Energiekosten) abgesetzt werden.

6 Grundstücke im gemeinsamen Eigentum der Ehegatten

BEISPIEL

Gemeinsames Grundstück

Die Ehegatten A und B haben für 200.000 € ein unbebautes Grundstück erworben (Miteigentumsanteil jeweils 50 %). Sie errichten gemeinsam darauf ein Gebäude für 600.000 €. A nutzt die Hälfte des Gebäudes betrieblich.

Der betrieblich genutzte Grundstücksanteil gehört zivilrechtlich A und B zu je 50 %. Der Anteil des A (25 %) ist bei diesem als Betriebsvermögen (Grund und Boden 50.000 € und Gebäude 150.000 €) auszuweisen.

A wird jedoch so behandelt, als ob er die Hälfte der Kosten für den von ihm betrieblich genutzten **Gebäudeteil** aufgewendet hätte. Aus diesem Grund sind nach der BFH-Rspr. weitere 25 % des Gebäudes (= 150.000 €) – nicht aber des Grund und Bodens – als Nutzungsrecht (Aufwandsverteilungsposten; kein Wirtschaftsgut) zu aktivieren. Das Nutzungsrecht ist wie ein Gebäude abzuschreiben (BFH, Urteil v. 19.12.2012, IV R 29/09). Endet die betriebliche Nutzung des Gebäudes durch den Steuerpflichtigen, ergibt sich daraus keine Auswirkung auf seinen Gewinn. Ein noch nicht abgeschriebener Restbetrag der Aufwendungen wird erfolgsneutral ausgebucht und dem Nichtunternehmer-Ehegatten als AK/HK des Wirtschaftsguts zugerechnet (BMF, Schreiben v. 16.12.2016, IV C 6 – S 2134/15/10003).

7 Optimale Gestaltung

Welche Möglichkeiten gibt es, ein Grundstück im Privatvermögen zu halten und trotzdem Aufwendungen als Betriebsausgaben geltend zu machen? Dies kann auf verschiedene Weise erreicht werden, z. B.:

- Ein Ehegatte erstellt auf einem von ihm erworbenen Grundstück ein Gebäude und vermietet es an das Einzelunternehmen des anderen Ehegatten.

- Der Steuerpflichtige hat seinen Betrieb in der Rechtsform einer GmbH gegründet. Er als natürliche Person (Gesellschafter) erwirbt ein Grundstück und bebaut dieses. Nach der Fertigstellung erfolgt eine Vermietung an die GmbH.

In beiden Fällen gehört das Grundstück zum Privatvermögen. Durch die Vermietung erzielt der Ehegatte bzw. der Gesellschafter Einkünfte aus V+V. Im Einzelunternehmen bzw. in der GmbH ist die gezahlte Miete als Betriebsausgabe absetzbar.

Kommt es später zu einer Veräußerung, bleibt diese steuerfrei, soweit es sich nicht um ein privates Veräußerungsgeschäft handelt. Vertiefend siehe → Spekulationsgeschäfte.

WICHTIG

Betriebsaufspaltung durch Vermietung

Wird ein dem Gesellschafter gehörendes Grundstück an die GmbH vermietet, an der er zu mehr als 50 % beteiligt ist, liegt eine **Betriebsaufspaltung** vor, wenn das Grundstück eine wesentliche Betriebsgrundlage für die GmbH darstellt. Bei einer Betriebsaufspaltung wird die Vermietung als Gewerbebetrieb angesehen, sodass wiederum Betriebsvermögen vorläge.

Um eine Betriebsaufspaltung zu vermeiden, bieten sich folgende Möglichkeiten an:

- Das Grundstück gehört ausschließlich dem Gesellschafter. Der Grundstückseigentümer ist an der GmbH mit maximal 50 % beteiligt. Die restlichen Anteile entfallen beispielsweise auf die Ehefrau/den Ehemann oder auf Kinder.
- Das Grundstück gehört den Ehegatten gemeinsam je zur Hälfte. An der GmbH ist nur der Ehemann/die Ehefrau (und ggf. fremde Dritte) beteiligt.

8 Umsatzsteuer

Wegen der umsatzsteuerlichen Besonderheiten im Zusammenhang mit der betrieblichen Nutzung eines Grundstücks siehe → Umsatzsteuer.

Bewirtungskosten

Aufwendungen, die dem Unternehmer anlässlich der geschäftlichen Bewirtung von Geschäftspartnern und anderen Personen entstehen, sind i. H. v. 70 % als Betriebsausgaben abziehbar, soweit sie durch den Betrieb veranlasst und angemessen sind. Aufwendungen für die Bewirtung von Arbeitnehmern sind dagegen in voller Höhe als Betriebsausgaben abziehbar. Die in Rechnung gestellte Umsatzsteuer ist in beiden Fällen zu 100 % als Vorsteuer abziehbar.

§ 4 Abs. 5 Nr. 2 und § 12 Nr. 1 Satz 2 EStG sowie § 15 Abs. 1a Nr. 1 UStG

1 Allgemeines

Aufwendungen für **Produkt- oder Warenverkostungen** (z. B. Kundschaftsprobetrinken) sind keine Bewirtungskosten, sondern Werbeaufwendungen und damit in voller Höhe abziehbar. Auch Aufwendungen für Aufmerksamkeiten in geringem Umfang (wie Kaffee, Tee, Gebäck) anlässlich geschäftlicher oder betrieblicher Besprechungen fallen nicht unter die Beschränkung und sind in voller Höhe abziehbar. Das gilt nicht für alkoholische Getränke (FG Münster, Urteil v. 28.11.2014, 14 K 2477/12 E, U).

2 Arbeitnehmerbewirtung

Einkommensteuer

Erhalten Arbeitnehmer in der Kantine (oder von einem Dritten) unentgeltliche oder verbilligte Mahlzeiten (Vollverpflegung oder einzelne Mahlzeiten), sind die Aufwendungen **in voller Höhe** als Betriebsausgaben abziehbar, weil die Bewirtung **betrieblich** und nicht geschäftlich veranlasst ist.

Beim Arbeitnehmer liegt Arbeitslohn in Form eines Sachbezugs vor und ist von diesem zu versteuern. Als Lohn wird nicht der tatsächliche Wert der Mahlzeit, sondern ein amtlicher Sachbezugswert angesetzt. Dieser beträgt im Jahr 2021 bei Vollverpflegung 8,77 € je Tag. Ein einzelnes Frühstück ist mit 1,83 € und eine einzelne Hauptmahlzeit mit 3,47 € zu bewerten. Zuzahlungen des Arbeitnehmers mindern den als Sachbezug anzusetzenden Wert.

BEISPIEL

Kantine

Sie geben an Ihre Arbeitnehmer ein verbilligtes Mittagessen pro Arbeitstag aus. Die Arbeitnehmer zahlen einen Eigenbeitrag von 2 € je Essen.

Arbeitslohn ist der Sachbezugswert von 3,47 € je Mahlzeit abzgl. 2 € Zuzahlung = 1,47 € je Mittagessen.

Die einzubehaltende Lohnsteuer kann vom Arbeitgeber pauschal mit 25 % abgeführt werden, wenn er diese übernimmt. Andernfalls ist eine individuelle Berechnung nach den persönlichen Merkmalen des Arbeitnehmers vorzunehmen.

Umsatzsteuer

Die unentgeltliche oder verbilligte Abgabe von Mahlzeiten ist steuerbar und steuerpflichtig.

Unternehmenseigene Kantine

Das Unternehmen ist zum vollen Vorsteuerabzug berechtigt. Bei unentgeltlicher Abgabe ist als Bemessungsgrundlage für die Umsatzsteuer auch der amtliche Sachbezugswert anzusetzen. Dieser ist ein Bruttowert, d. h. die Umsatzsteuer ist herauszurechnen (Nettowert 2,92 € je Hauptmahlzeit).

Zahlt der Arbeitnehmer für das Essen und übersteigt die Zuzahlung nicht den Sachbezugswert, bleibt es für die Umsatzsteuer bei der Bemessungsgrundlage in Höhe des Nettosachbezugs. Ist die Zuzahlung des Arbeitnehmers höher, stellt die tatsächliche Zahlung des Arbeitnehmers abzgl. Umsatzsteuer das Entgelt dar.

Nicht selbst betriebene Kantine/Gastwirtschaft

Wird mit einem Gastwirt oder Kantinenbetreiber die Abgabe von Mahlzeiten an die Arbeitnehmer vereinbart, erbringt der Betriebsinhaber an seine Arbeitnehmer eine Leistung. Entgelt ist, was der Arbeitnehmer zahlt, abzgl. Umsatzsteuer. Die Vorsteuer aus der Rechnung des Gastwirts ist voll abzugsfähig.

Wird mit dem Gastwirt vereinbart, dass die Arbeitnehmer nach der Speisekarte bestellen können, stellt der Essenszuschuss an den Gastwirt keine umsatzsteuerpflichtige Leistung an die Arbeitnehmer dar. Allerdings ist auch kein Vorsteuerabzug für die Zahlung möglich, da kein Leistungsaustausch zwischen Gastwirt und Unternehmer stattfindet. Gleiches gilt, wenn eine Kantine in den Betriebsräumen von einem Dritten betrieben wird und dieser vom Unternehmer einen Zuschuss erhält.

3 Betriebsveranstaltungen

Aufwendungen im Zusammenhang mit Betriebsveranstaltungen (z. B. Weihnachtsfeier, Betriebsausflug) können immer **in voller Höhe als Betriebsausgaben** abgezogen werden. Betragen die Aufwendungen (alle Kosten einschl. solcher für gesellige, kulturelle und sportliche Veranstaltungen) einschl. Umsatzsteuer mehr als 110 € je Arbeitnehmer und Veranstaltung, ist der darüber hinausgehende Betrag lohnsteuerpflichtig. Dabei sind Aufwendungen für einen Angehörigen dem jeweiligen Arbeitnehmer zuzurechnen.

Werden im Jahr zwei Veranstaltungen durchgeführt, sind die Kosten zusammenzurechnen und um den Freibetrag von 110 € zu kürzen. Die Kosten für weitere Veranstaltungen stellen immer Arbeitslohn dar.

Umsatzsteuer

Bei Aufwendungen bis 110 € je Arbeitnehmer und Veranstaltung können die Vorsteuerbeträge abgezogen werden. Umsatzsteuer entsteht nicht, weil es sich bei den Zuwendungen um eine Aufmerksamkeit handelt.

Übersteigen die Aufwendungen den Freibetrag von 110 € je Arbeitnehmer, ist von einer privaten Mitveranlassung der Arbeitnehmer auszugehen. Der Unternehmer hat dann keinen Vorsteuerabzug (BMF, Schreiben v. 14.10.2015, IV C 5 – S 2332/15/ 10001).

4 Bewirtung von anderen Personen aus geschäftlichem Anlass

Wenn Personen aus **geschäftlichem Anlass** bewirtet werden, dürfen nur 70 % der angemessenen und nachgewiesenen Bewirtungskosten als Betriebsausgaben abgezogen werden. Ein geschäftlicher Anlass besteht insbesondere bei der Bewirtung von Personen, mit denen Geschäfte gemacht werden.

Das gilt nicht, wenn die Bewirtungsaufwendungen Gegenstand eines Leistungsaustauschs sind (z. B. Zuführung von Kunden durch einen Busfahrer; BFH, Urteil v. 26.4.2018, X R 24/17).

Nehmen an der Bewirtung nicht nur die Geschäftsfreunde, sondern auch der Unternehmer und/oder dessen Arbeitnehmer teil, sind sämtliche Bewirtungskosten nur i. H. v. 70 % abziehbar. Soweit Aufwendungen nach der allgemeinen Verkehrsauffassung unangemessen hoch sind (z. B. Nachtklubbesuch), sind sie nicht abziehbar. Bei privaten Anlässen (z. B. Hochzeit) können auch die Kosten für Gäste, die aus beruflichen Gründen eingeladen wurden, nicht abgezogen werden (FG Köln, Gerichtsbescheid v. 11.11.2014, 2 K 1706/11).

Ort der Bewirtung

Für den Bewirtungskostenabzug spielt es keine Rolle, ob die Bewirtung in einer Gaststätte, einem Hotel, einer Bar, einem Biergarten usw. oder in der unternehmenseigenen Kantine stattgefunden hat. Bewirtungen in der eigenen Wohnung sind nicht abzugsfähig.

Nachweis

Die Höhe und die geschäftliche Veranlassung sind nachzuweisen durch Ort und Tag der Bewirtung, Namen der Teilnehmer (ohne Anschrift), Anlass der Bewirtung und Höhe der Aufwendungen. Die Angaben über den Anlass der Bewirtung müssen den Zusammenhang mit einem geschäftlichen Vorgang oder einer Geschäftsbeziehung erkennen lassen. Angaben wie „Arbeitsgespräch", „Infogespräch", „Kontaktpflege", „Mandantengespräch", „Akquisition" oder „Kundenpflege" reichen hierzu nicht aus.

Bewirtung in einer Gaststätte

Bei einer Bewirtung in einem Bewirtungsbetrieb ist zum Nachweis die Rechnung über die Bewirtung erforderlich. Diese muss nach R 4.10 Abs. 8 Satz 8 EStR den Anforderungen des § 14 UStG genügen, maschinell erstellt und elektronisch aufgezeichnet sein. Ferner ist ein zeitnah erstellter, schriftlicher Nachweis über Ort, Tag, Teilnehmer und Anlass der Bewirtung sowie die Höhe der Aufwendungen nötig. Ein formloser, vom Bewirtenden unterschriebener Eigenbeleg reicht regelmäßig aus. Zu Einzelheiten siehe BMF, Schreiben vom 30.6.2021, IV C 6 – S 2145/19/10003:003. Aus der Rechnung müssen sich Name und Anschrift der Gaststätte sowie der Tag der Bewirtung ergeben. Die Rechnung muss auf den Namen des bewirtenden Unternehmers ausgestellt werden. Dies ist bei Kleinbetragsrechnungen bis 250 € nicht erforderlich. Die in Anspruch genommenen Leistungen sind nach Art, Umfang, Entgelt und Tag der Bewirtung in der Rechnung gesondert zu bezeichnen. Es genügt nicht, wenn „Speisen und Getränke" und die in Rechnung gestellte Gesamtsumme angegeben werden. Die Finanzverwaltung erkennt nur Rechnungen an, die maschinell erstellt und registriert wurden.

Aufzeichnungspflichten

Sie können die Bewirtungskosten nur dann abziehen, wenn sie einzeln und getrennt von den übrigen Betriebsausgaben aufgezeichnet werden.

Umsatzsteuer

Die in Rechnung gestellte Umsatzsteuer kann **in voller Höhe** als Vorsteuer abgezogen werden, auch wenn die Bewirtungsrechnungen formell den einkommensteuerlichen Anforderungen nicht entsprechen (FG Berlin-Brandenburg, Urteil v. 9.4.2019, 5 K 5119/18).

Bilanzierung/E-Bilanz

Bei der Gewinnermittlung durch Buchführung sind zum Ende eines Wirtschaftsjahres eine Bilanz und eine Gewinn-und-Verlust-Rechnung aufzustellen. Aus dem Geschäftsabschluss sollen das Vermögen, die Schulden sowie der Gewinn des Unternehmens ersichtlich sein.

§§ 4–6 EStG, §§ 140 ff. AO, §§ 1 ff. HGB, §§ 238 ff. HGB

1 Buchführungspflicht

Bücher müssen führen:

- Kaufleute, die nach HGB dazu verpflichtet sind
- Gewerbetreibende, deren Gewinn 60.000 € **oder** deren Umsatz 600.000 € übersteigt **und** die das Finanzamt zur Buchführung auffordert

2 E-Bilanz

Alle Gewerbetreibenden, die buchführungspflichtig sind oder freiwillig bilanzieren, müssen den Jahresabschluss (Bilanz und GuV) elektronisch übertragen (§ 5b Abs. 1 EStG). Grundlage hierfür ist eine Taxonomie, die durch das BMF bekannt gegeben wird.

Die elektronische Datenübermittlung muss für den Steuerpflichtigen wirtschaftlich oder persönlich zumutbar sein (§ 5b Abs. 2 EStG). Dieses ist bei Kleinstbetrieben nicht der Fall, wenn hierdurch ein erheblicher finanzieller Aufwand verursacht wird (FG Münster, Urteil v. 28.1.2021, 5 K 436/20 AO).

3 Aufbewahrungspflichten

Das müssen Sie als Unternehmer aufbewahren (§ 257 HGB, § 147 AO):

Aufbewahrungspflichten

10 Jahre

Handelsbücher, Buchungsbelege, Inventare, Eröffnungsbilanzen, Jahresabschlüsse, Lageberichte sowie die zu ihrem Verständnis erforderlichen Arbeitsanweisungen und sonstigen Organisationsunterlagen

6 Jahre

Empfangene Handelsbriefe, Kopien der abgesandten Handelsbriefe, sonstige Unterlagen

Lieferscheine, die nicht als Buchungsbelege benötigt werden, brauchen nach Versand bzw. Erhalt der Rechnung nicht mehr aufbewahrt zu werden.

Von der Aufbewahrungspflicht sind auch Daten betroffen, die digital erstellt wurden (z. B. durch eine Buchhaltungssoftware o. Ä.).

Die Aufbewahrungsfrist beginnt mit dem Schluss des Kalenderjahres, in dem die letzte Eintragung in das Handelsbuch erfolgt, das Inventar aufgestellt, die Eröffnungsbilanz oder der Jahresabschluss festgestellt, der Konzernabschluss aufgestellt, der Handelsbrief empfangen oder abgesandt worden oder der Buchungsbeleg entstanden ist.

Corona/steuerliche Aspekte

Zur Unterstützung der von der Corona-Krise betroffenen Menschen und der wirtschaftlichen Erholung wurden auch eine Reihe steuerlicher Maßnahmen getroffen. Im Folgenden ein Überblick über die steuerlichen Maßnahmen, die für die Jahresveranlagung 2021 relevant sind.

1 Familienförderung

Kinder

Für jedes kindergeldberechtigtes Kind wird zusätzlich zum Kindergeld 2021 einmalig ein Kinderbonus von 150 € ausbezahlt. Dieser wird in die Vergleichsberechnung mit den Freibeträgen für Kinder einbezogen. Vertiefend siehe → Kinder.

Alleinerziehende

Der Entlastungsbetrag für Alleinerziehende beträgt für das erste Kind 4.008 €. Vertiefend siehe → Kinder.

Elterngeld

Elterngeld ist steuerfrei, erhöht aber den Steuersatz für die steuerpflichtigen Einkünfte (Progressionsvorbehalt). Übersteigt das Elterngeld 410 € im Jahr, besteht eine gesetzliche Pflicht zur Abgabe einer Steuererklärung. Es kann sich eine Steuernachzahlung ergeben.

2 Arbeitnehmer

Corona-Sonderzahlungen

Arbeitgeber können ihren Arbeitnehmerinnen und Arbeitnehmern in der Zeit vom 1.3.2020 bis zum 31.3.2022 Beihilfen und Unterstützungen bis zu einem Betrag von 1.500 € in Form von Zuschüssen und Sachbezügen steuerfrei gewähren (§ 3 Nr. 11a EStG). Diese unterliegen auch nicht dem Progressionsvorbehalt. Voraussetzung ist, dass es sich um zusätzlich zum ohnehin geschuldeten Arbeitslohn zugewendeten Arbeitslohn handelt. Vertiefend siehe → Arbeitslohn/geldwerter Vorteil. Eine Gehaltsumwandlung ist nicht begünstigt.

Aufgestocktes Kurzarbeitergeld

Das gezahlte Kurzarbeitergeld und der Zuschuss des Arbeitgebers zum Kurzarbeitergeld ist wie auch das Arbeitslosengeld steuerfrei, unterliegt aber dem Progressionsvorbehalt (s. o. Elterngeld). Damit kann sich, insbesondere wegen der Aufstockung des Kurzarbeitergelds, unter Umständen eine deutliche Steuernachzahlung ergeben.

Arbeitslohnspende

Verzichtet der Arbeitnehmer auf Auszahlung von Teilen des Arbeitslohns zugunsten einer Zahlung des Arbeitgebers auf ein Spendenkonto, sind die Lohnanteile kein steuerpflichtiger Arbeitslohn.

Corona-Test, Schutzmasken, Impfung

Vom Arbeitgeber übernommene Kosten für Schnelltests und Gesichtsmasken sowie die Kosten der Corona-Impfung durch den Betriebsarzt sind kein Arbeitslohn.

Homeoffice-Pauschale

Für Arbeitnehmer, die zu Hause arbeiten, aber kein Arbeitszimmer steuerlich geltend machen können, wurde eine pauschale Abzugsmöglichkeit geschaffen. Vertiefend siehe → Arbeitszimmer.

3 Unternehmer

Corona-Soforthilfen

Die Soforthilfen für Soloselbstständige, Freiberufler und Unternehmen zählen als Zuschüsse zu den Betriebseinnahmen und unterliegen der Einkommen- und ggf. der Gewerbesteuer. Die Soforthilfen sind – wie Überbrückungshilfen und vergleichbare Zuschüsse – in der neuen Anlage Corona-Hilfen zu erklären. Umsatzsteuer fällt dagegen nicht an, weil es am Leistungsaustausch fehlt.

Zuwendungen aus dem Betrieb

Zuwendungen im Rahmen der Corona-Hilfe (Sponsoring-Maßnahme) sind geeignet, das unternehmerische Ansehen zu sichern bzw. zu steigern. Es handelt sich deshalb um abzugsfähige Betriebsausgaben. Dasselbe gilt für Zuwendungen, die direkt an von der Corona-Krise unmittelbar betroffene Geschäftspartner oder an mit der Bewältigung der Corona-Krise befasste Unternehmen oder Einrichtungen (z. B. Krankenhäuser) geleistet wurden.

Degressive Abschreibung

Unternehmer können für in den Jahren 2020 und 2021 angeschaffte bewegliche Wirtschaftsgüter des Anlagevermögens (z. B. Fuhrpark, Maschinen, Geschäftsausstattung) bis zum 2,5-Fachen der linearen AfA (gleichmäße Verteilung der Anschaffungskosten auf die Nutzungsdauer), maximal aber 25 % der Anschaffungskosten als jährliche Betriebsausgabe geltend machen.

Investitionsabzugsbetrag

Der Investitionszeitraum, innerhalb dessen der gebildete Investitionsabzugsbetrag durch eine Investition aufgelöst werden muss, beträgt für vor 1.1.2018 gebildete Investitionsabzugsbeträge vier Jahre. Vertiefend siehe → Investitionsabzugsbetrag.

Gewerbesteuer

Dem einkommensteuerlichen Gewinn werden für Zwecke der Gewerbesteuer bestimmte als Betriebsausgaben abgezogene Aufwendungen, z. B. Schuldzinsen, Miete und Pacht, Aufwendungen für Konzessionen und Lizenzen, teilweise wieder gewinnerhöhend hinzugerechnet, soweit sie einen Freibetrag übersteigen. Der Freibetrag, bis zu dem keine Gewinnerhöhung erfolgt, wurde von 100.000 € auf 200.000 € verdoppelt.

Umsatzsteuer

Umsatzsteuersatz

Für nach dem 30.6.2020 und vor dem 1.1.2023 erbrachte Restaurant- und Verpflegungsdienstleistungen gilt mit Ausnahme von Getränken der ermäßigte Umsatzsteuersatz. Dies gilt auch für Cateringunternehmen, den Lebensmitteleinzelhandel, Bäckereien und Metzgereien, soweit sie mit der Abgabe fertig zubereiteter Speisen entsprechende Dienstleistungen erbringen.

Einfuhrumsatzsteuer

Die Fälligkeit der Einfuhrumsatzsteuer wird vom 10. auf den 26. des Folgemonats verschoben.

4 Sonstiges

Verlustrücktrag

In den Jahren 2020 und 2021 erwirtschaftete Verluste (negativer Gesamtbetrag der Einkünfte) können bis zu einem Betrag von 10 Mio. € bzw. bei Zusammenveranlagung 20 Mio. € ins Vorjahr zurückgetragen und mit dort erzielten Einkünften verrechnet werden. Soweit die Vorauszahlungen für 2021 auf 0 € herabgesetzt wurden, kann bereits bei der Veranlagung für 2020 ein vorläufiger Verlustrücktrag aus 2021 berücksichtigt werden.

Spenden

Für in Zusammenhang mit Corona geleistete Spenden auf ein Sonderkonto einer inländischen juristischen Person des öffentlichen Rechts, einer öffentlichen Dienststelle oder eines Verbands der freien Wohlfahrtspflege genügt als Nachweis der Kontoauszug, Lastschrifteinzugsbeleg oder PC-Ausdruck beim Online-Banking.

Übungsleiterpauschale/ Ehrenamtsfreibetrag

Werden die Zahlungen an Übungsleiter oder ehrenamtlich Tätige weiter bezahlt, obwohl die Ausübung aufgrund der Corona-Krise zumindest zeitweise nicht möglich war, bleiben die Zahlungen bis zu 3.000 € bzw. 840 € im Jahr steuerfrei. Der Freibetrag gilt auch für freiwillige Helfer in Impf- oder Testzentren, wenn sie für eine juristische Person des öffentlichen Rechts oder eine gemeinnützige Körperschaft tätig sind. Dasselbe gilt für Ärzte und Pfleger im Ruhestand, die für das Gesundheitsamt oder in einem staatlichen oder gemeinnützigen Krankenhaus arbeiten. Vertiefend siehe → Ehrenamt.

Ansteckung mit dem Virus

Erfolgte die Ansteckung mit dem Corona-Virus im Rahmen der Berufsausübung (z. B. Krankenhauspersonal, Mitarbeit in einem Testzentrum) sind selbst getragene Behandlungskosten in voller Höhe Werbungskosten bzw. Betriebsausgaben. In allen anderen Fällen handelt es sich um als außergewöhnliche Belastungen abzugsfähige Krankheitskosten.

Doppelte Haushaltsführung

Wenn Sie aus beruflichen/betrieblichen Gründen am Ort der ersten Tätigkeitsstätte bzw. am Betriebssitz eine zweite Wohnung unterhalten, sind die Aufwendungen in Zusammenhang damit als Werbungskosten bzw. Betriebsausgaben abzugsfähig.

§§ 4 Abs. 5 Nr. 6a, 9 Abs. 1 Nr. 5 EStG; R 9.11 LStR 2015; BMF, Schreiben v. 25.11.2020, IV C 5 – S 2353/19/10011 :006 – 2020/1229128

1 Doppelte Haushaltsführung

Eine doppelte Haushaltsführung ist sowohl bei Arbeitnehmern und Arbeitnehmerinnen als auch bei Selbstständigen möglich. Sie kann nur vorliegen, wenn der Arbeitnehmer an seiner ersten Tätigkeitsstätte (regelmäßige Arbeitsstätte) bzw. der Selbstständige an seinem Betriebssitz tätig wird. Bei einer beruflichen Beschäftigung außerhalb handelt es sich um eine Auswärtstätigkeit, für die der Reisekostenabzug möglich ist. Vertiefend siehe → Reisekosten.

BEISPIEL

Auswärtstätigkeit

Sie wohnen mit Ihrer Familie in Stuttgart. Anlässlich des Besuchs eines vom Arbeitgeber angeordneten siebenmonatigen Lehrgangs in Köln nehmen Sie sich dort ein Zimmer und fahren jedes Wochenende nach Hause.

Der Lehrgangsort ist keine erste Tätigkeitsstätte. Folglich liegt keine doppelte Haushaltsführung, sondern eine Auswärtstätigkeit (mit Reisekostenabzug) vor.

2 Abzugsvoraussetzungen

Der Kostenabzug setzt voraus:

- einen eigenen Hausstand
- eine Zweitunterkunft am Beschäftigungsort/Betriebssitz
- die berufliche Veranlassung für das Führen zweier Haushalte

Eigener Hausstand

Voraussetzungen für einen eigenen Hausstand sind:

- eine den Lebensbedürfnissen des Steuerpflichtigen entsprechend eingerichtete komplette Wohnung
- ein Nutzungsrecht als Eigentümer, Mieter, Untermieter (auch bei Anmietung durch Ehegatten oder Lebensgefährten) und Kostentragung für die Haushaltsführung

- eine eigenständige Haushaltsführung
- dass die Wohnung den Lebensmittelpunkt des Arbeitnehmers/Betriebsinhabers darstellt

Die Hauptwohnung darf sich nicht am bzw. in der Nähe des Orts der ersten Tätigkeitsstätte befinden. Während der BFH dafür verlangt, dass die Wohnung so weit von der ersten Tätigkeitsstätte entfernt liegt, dass der Steuerpflichtige sie nicht in zumutbarer Weise arbeitstäglich erreichen kann (Fahrtzeit für die einfache Strecke mehr als eine Stunde; BFH, Urteil v. 16.11.2017, VI R 31/16), reicht es der Finanzverwaltung aus, dass der Hausstand mehr als 50 km von der ersten Tätigkeitsstätte entfernt ist (vgl. o.a. BMF-Schreiben, Rn. 102).

Eigenständiger Haushalt

Entscheidend ist, dass der Steuerpflichtige in der Wohnung einen selbstständigen, unabhängigen eigenen Haushalt führt. Dazu gehört eine ausreichende finanzielle Beteiligung an den Haushaltskosten.

WICHTIG

Kostenbeteiligung

Die notwendige finanzielle Beteiligung an den laufenden Kosten der Haushaltsführung liegt vor, wenn die Barleistungen mehr als 10 % der monatlich regelmäßig anfallenden Kosten der Haushaltsführung (Miete, Mietnebenkosten, Lebensmittel) betragen. Ist dies nicht der Fall, muss die finanzielle Beteiligung auf andere Weise (z.B. Übernahme der Heizölrechnung) dargelegt werden. Dies kann bei gemeinsamer Haushaltsführung von Ehegatten oder in Partnerschaft lebenden Personen für jeden der beiden Personen auch ohne Nachweis unterstellt werden.

Bei Verheirateten kann im Regelfall davon ausgegangen werden, dass am Familienwohnsitz ein eigenständiger Haushalt geführt wird, bei Ledigen sind zur Beurteilung stets die tatsächlichen Gesamtumstände zu prüfen. Jemand, der zuvor in einer Beziehung, Ehe oder außerhalb des elterlichen Hauses gelebt hat, wird eher einen eigenen Hausstand führen, auch wenn er diesen in das Haus seiner Eltern (zurück-)verlegt. Ein junger Mensch dagegen, der nach seinem Schulabschluss eine Ausbildung begonnen hat, wird regelmäßig noch in den Haushalt seiner Eltern eingegliedert sein, selbst wenn ihm im elterlichen Haus eigene Räume zur Verfügung stehen (BFH, Beschluss v. 1.3.2017, VI B 74/16). Aber auch hier ist eine eigenständige Haushaltsführung denkbar, selbst wenn bestimmte Räume – wie bei einer Wohngemeinschaft – gemeinschaftlich genutzt werden (FG Münster, Urteil v. 12.3.2014, 6 K 3093/11 E). Ein eigener Hausstand wird (von einem Kind) entsprechend auch unterhalten, wenn die Wohnung im Rahmen eines Mehrgenerationenhaushalts (z.B. Eltern und erwachsene berufstätige Kinder gemeinsam) geführt wird (BFH, Urteil v. 26.7.2012, VI R 10/12). Es kann in solchen Fällen sogar passieren, dass die Eltern z.B. wegen Alter, Krankheit oder Pflegebedürftigkeit in den Haushalt des Kindes aufgenommen sind.

Kein eigener Hausstand wird geführt, wenn eine Wohnung nur gelegentlich zu Besuchszwecken oder für Urlaubsaufenthalte bereitgehalten wird.

Liegt der Hausstand im Ausland, ist zusätzlich erforderlich, dass in der Wohnung auch während der Abwesenheit des Arbeitnehmers hauswirtschaftliches Leben herrscht, die Wohnung also (z. B. durch Angehörige) bewohnt wird.

TIPP

Nachweise sammeln

Sie sollten dem Finanzamt das Bestehen des eigenen Hausstands und insbesondere die Kostentragung durch geeignete Beweismittel nachweisen können, z. B. durch einen Mietvertrag, eine länger zurückliegende Ummeldung bei der Stadtverwaltung, den Nachweis über Möbelkäufe, die Überweisung der Nebenkosten etc.

Lebensmittelpunkt

Maßgebende Prüfkriterien sind z. B. Vergleich von Größe und Ausstattung von Zweitunterkunft und eigenem Hausstand sowie Dauer und Häufigkeit der Aufenthalte. Verheiratete haben ihren Lebensmittelpunkt regelmäßig am Wohnort der Familie. Dies wird ohne weitere Prüfung angenommen, wenn die Familienwohnung mindestens sechsmal pro Jahr aufgesucht wird. Bei einer geringeren Anzahl an Fahrten muss genauer geprüft werden, wo sich der Lebensmittelpunkt befindet. Maßgebliche Kriterien sind die Entfernung und damit verbundene lange Reisezeiten zwischen (ausländischer) Wohnung und (inländischer) Arbeitsstätte, die Höhe der Fahrtkosten, wie der Kontakt zur Familie gehalten wird oder berufliche Erfordernisse, die einer Heimfahrt im Wege stehen. Bei Alleinstehenden befindet sich der Lebensmittelpunkt an dem Wohnort, zu dem die engeren persönlichen Beziehungen (Eltern, Verlobte, Freundes-, Bekanntenkreis, Vereinsaktivitäten) bestehen. Solange die Wohnung durchschnittlich mindestens zweimal pro Monat aufgesucht wird, unterstellt die Finanzverwaltung im Regelfall, dass sich dort auch der Lebensmittelpunkt befindet. Bei einer alleinstehenden Person, die ihre sozialen Kontakte im Wesentlichen auf ihre Familie beschränkt, kann sich auch nach Jahren des auswärtigen Aufenthalts der Lebensmittelpunkt nach wie vor am Wohnort der Familie befinden.

Der Lebensmittelpunkt verlagert sich dagegen an den Beschäftigungsort, wenn der Steuerpflichtige dort mit seinem/seiner Lebensgefährten/Lebenspartnerin oder Ehefrau und ggf. Kindern in eine familiengerechte Wohnung einzieht, auch wenn die frühere Lebensmittelpunktwohnung beibehalten und zeitweise noch genutzt wird (= Regelvermutung). Dies kann der Steuerbürger aber im Einzelfall widerlegen, indem er die Umstände darlegt, warum sein Lebensmittelpunkt nicht am Beschäftigungsort ist (BFH, Urteil v. 1.10.2019, VIII R 29/16).

Auswärtige Zweitunterkunft

Als Zweitunterkunft am bzw. in der Nähe des Beschäftigungsorts (erste Tätigkeitsstätte bzw. Betriebssitz) anerkannt wird jede entgeltlich oder unentgeltlich überlassene Unterkunft bzw. Schlafgelegenheit (z. B. Wohnung, Hotelzimmer, Kaserne bei Soldaten, Gemeinschaftsunterkunft, Gleisbauzug, in dem Arbeitnehmer übernachten, Unterkunft an Bord bei Seeleuten und Binnenschiffern). Denkbar ist auch, dass sich die Unterkunft im Eigentum des Arbeitnehmers/Betriebsinhabers befindet. Wie oft er dort übernachtet, ist unerheblich.

TIPP

Zweitunterkunft über den Ehegatten

Auch die Anmietung einer Wohnung vom Ehegatten im Rahmen einer doppelten Haushaltsführung wird steuerlich anerkannt, wenn das Mietverhältnis tatsächlich wie vereinbart durchgeführt wird (BFH, Urteil v. 11.3.2003, IX R 55/01). Hier ergibt sich ein doppelter steuerlicher Vorteil: Der eine Ehegatte kann die Kosten der Wohnung als Werbungskosten zu den Lohneinkünften geltend machen, der andere Ehegatte erreicht über den Kostenabzug, z. B. durch eine verbilligte Überlassung, einen steuerlichen Verlust aus V+V. Vertiefend siehe → Vermietung/Immobilien.

Die Zweitunterkunft befindet sich noch in der Nähe des Beschäftigungsorts, wenn die Entfernung zwischen Zweitunterkunft und erster Tätigkeitsstätte maximal 50 km beträgt. Bei größeren Entfernungen muss geprüft werden, ob die erste Tätigkeitsstätte noch in zumutbarer Weise arbeitstäglich erreicht werden kann. Fahrzeiten je Wegstrecke bis zu einer Stunde werden akzeptiert (BFH, Urteile v. 19.4.2012, VI R 59/11 und v. 16.1.2018, VI R 2/16).

Berufliche Veranlassung

Das Beziehen einer Zweitunterkunft am auswärtigen Beschäftigungsort ist bei Arbeitnehmern z. B. in folgenden Fällen beruflich veranlasst:

- Versetzung an einen neuen Beschäftigungsort
- Wechsel zu einem neuen Arbeitgeber
- erstmalige Aufnahme einer Beschäftigung, z. B. nach einem Studium oder einer Umschulung außerhalb des Wohnorts
- Wiederaufnahme einer Berufstätigkeit nach längerer Unterbrechung

Bei Selbstständigen ist eine betriebliche Veranlassung z. B. anzunehmen, wenn

- ein auswärtiger Betrieb neu gegründet oder
- der Betriebssitz verlegt wird.

Weitere Voraussetzung für die Annahme einer beruflichen Veranlassung ist, dass durch die Zweitunterkunft die Fahrtstrecke oder die Fahrzeit zu ersten Tätigkeitsstätte wesentlich verkürzt wird. Dies wird von der Verwaltung angenommen, wenn die Fahrzeit bzw. die Fahrtstrecke von der Zweitwohnung zur Tätigkeitsstätte gegenüber der Fahrzeit vom eigenen Hausstand halbiert wird. Ist dies nicht der Fall, muss die berufliche Veranlassung auf andere Weise anhand der konkreten Umstände dargelegt werden (vgl. BMF-Schreiben am Anfang, Rn. 104).

BEISPIEL

Beruflich veranlasste doppelte Haushaltsführung

Arbeitnehmer A hat seine Hauptwohnung in B-Dorf und seine erste Tätigkeitsstätte in C-Stadt. A bezieht eine Zweitwohnung in Z-Stadt. Die Entfernungen betragen von B-Dorf nach C-Stadt 100 km (Fahrzeit mit dem Zug: 50 Minuten) und von Z-Stadt nach C-Stadt 30 km.

Da die Hauptwohnung mehr als 50 km von der Tätigkeitsstätte entfernt ist, liegt sie nicht am Ort der ersten Tätigkeitsstätte. Da die Zweitwohnung nicht mehr als 50 km vom Tätigkeitsort entfernt ist, liegt sie noch „am" Ort der ersten Tätigkeitsstätte. Da die Entfernung von der Zweitunterkunft zur ersten Tätigkeitsstätte (30 km) weniger als die Hälfte der Entfernung von der Hauptwohnung aus (100 km) beträgt, kann von einer beruflichen Veranlassung ausgegangen werden. Die doppelte Haushaltsführung ist steuerlich anzuerkennen.

Es spielt keine Rolle, ob die Zweitwohnung sofort (z. B. zum Zeitpunkt der Versetzung oder Betriebsgründung) oder nachträglich (z. B. ein Jahr nach der Versetzung) bezogen wird.

Wenn die auswärtige Zweitwohnung zu einem späteren Zeitpunkt nicht mehr aus beruflichen, sondern aus privaten Gründen beibehalten wird, ist dies unschädlich. Auch wenn der Haupthausstand aus privaten Gründen vom Beschäftigungsort/Betriebssitz wegverlegt und in einer Wohnung am Beschäftigungsort ein Zweithaushalt begründet wird, um von dort aus der (bisherigen) beruflichen Tätigkeit weiter nachgehen zu können, liegt eine abzugsfähige doppelte Haushaltsführung vor (Wegzugsfälle). Dies gilt auch, wenn die bisherige Wohnung am Arbeitsort beibehalten wird.

BEISPIEL

Familienhausstand wegverlegt

Die Ehegatten A und E haben ihren Hauptwohnsitz in S-Stadt, wo A auch berufstätig ist. Nach der Geburt des Kindes verlegen sie den Familienwohnsitz aus privaten Gründen nach P-Dorf. A arbeitet weiterhin in S-Stadt und

a) bezieht dort eine kleinere Wohnung,

b) behält die bisherige Familienwohnung als Zweitwohnung bei.

Auch wenn der Wegzug vom Arbeitsort aus privaten Gründen erfolgte, wird in beiden Fällen die Wohnung in S-Stadt wegen der Berufstätigkeit und damit beruflich bedingt unterhalten.

Heirat

Auch wenn die doppelte Haushaltsführung in Zusammenhang mit einer Heirat erfolgt, ist eine berufliche Veranlassung möglich.

BEISPIEL

Andere Wohnsituation nach Heirat

A und B waren vor der Heirat an verschiedenen Orten tätig (A in X-Stadt, B in Y-Dorf) und haben dort gewohnt. Nach der Hochzeit

a) machen die Eheleute die Wohnung in X-Stadt zur Familienwohnung und B behält die Wohnung in Y-Dorf bei.

b) behalten beide ihre Wohnungen am jeweiligen Arbeitsort und gründen in Z-Stadt einen neuen gemeinsamen Hausstand.

Im Fall a) hat B eine beruflich veranlasste doppelte Haushaltsführung. Dasselbe gilt auch, wenn einer der beiden Ehegatten nicht berufstätig ist, solange sich nicht der eigene Hausstand, sondern die Zweitwohnung am Ort der Tätigkeit befindet.

Im Fall b) haben beide Ehegatten eine eigene Zweitwohnung am jeweiligen Beschäftigungsort und können jeweils getrennt die Kosten einer beruflich veranlassten doppelten Haushaltsführung geltend machen.

Trennung vom Ehegatten

Wenn nach einer Trennung die bisherige Zweitwohnung die einzige Wohnung des Steuerpflichtigen wird, endet die doppelte Haushaltsführung, denn es fehlt am zweiten Haushalt. Auch wenn der Steuerpflichtige anlässlich der Trennung eine in der Nähe des Beschäftigungsorts befindliche Wohnung bezieht, liegt von Anfang an keine doppelte Haushaltsführung vor. Mit der Trennung wird der bisherige Familienhaushalt in zwei Einzelhaushalte aufgesplittet.

3 Abzugsfähige Kosten

Folgende Kosten können im Rahmen der doppelten Haushaltsführung steuerlich abgesetzt werden:

- Fahrtkosten für die erste und letzte Fahrt sowie eine wöchentliche Heimfahrt
- Verpflegungspauschale (maximal für drei Monate)
- Kosten der auswärtigen (Zweit-)Unterkunft
- Umzugskosten

Fahrtkosten/Telefonkosten

Für die erste Fahrt zu Beginn der doppelten Haushaltsführung und die letzte Fahrt bei Beendigung der doppelten Haushaltsführung sind die tatsächlichen Kosten (bei Kfz-Nutzung ohne Nachweis 0,30 € je gefahrenen km) abzugsfähig. Für **eine** tatsächlich durchgeführte Fahrt wöchentlich zwischen dem eigenen Hausstand und der auswärtigen Unterkunft (Familienheimfahrt) kann je Ekm die Entfernungspauschale von 0,30 € bzw. 0,35 € ab dem 21. Entfernungskilometer abgesetzt werden.

- Konnten Sie aus beruflichen Gründen keine Heimfahrt unternehmen und hat Sie stattdessen Ihr Ehepartner besucht, sind dessen Fahrtkosten als Werbungskosten abzugsfähig. Das gilt jedoch nicht, wenn Sie die Heimfahrt aus privaten Gründen unterlassen (BFH, Urteil v. 2.2.2011, VI R 15/10).

- Ereignet sich auf der wöchentlichen Heimfahrt ein Unfall, sind die entstandenen Aufwendungen (zusätzlich) abzugsfähig. Dasselbe gilt, wenn Sie Ihr Ehepartner mit dem Pkw zum Bahnhof gebracht hat und auf der Heimfahrt ein Unfall passiert.

Kein Abzug von Fahrtkosten ist möglich, wenn ein Arbeitnehmer die Familienheimfahrten mit einem vom Arbeitgeber unentgeltlich überlassenen Fahrzeug (Firmenwagen) durchführt.

Selbstständige

Nutzen Sie als **Selbstständiger** für die Familienheimfahrten einen Betriebs-Pkw, sind die angefallenen Kosten bereits in voller Höhe in den Betriebsausgaben enthalten. Da für Familienheimfahrten nur die Entfernungspauschale abzugsfähig ist, die tatsächlichen Kosten aber im Regelfall höher waren, muss der nicht abzugsfähige übersteigende Teil als Betriebseinnahme erfasst werden. Je nachdem, ob Sie die tatsächlichen Kosten je Kilometer mittels Fahrtenbuch ermittelt haben oder eine pauschale Berechnung erfolgen muss, berechnet sich der nicht abzugsfähige Betrag wie folgt:

Pauschale Berechnung (ohne Fahrtenbuch)			
Anzahl Familienheimfahrten (max. 1 Fahrt wöchentlich)	× 0,002 % des Bruttolistenpreises	× Entfernung Wohnung-Zweitwohnung	=
– Anzahl Familienheimfahrten (max. 1 Fahrt wöchentlich)	× 0,30 € bzw. 0,35 €	× Entfernung Wohnung-Zweitwohnung	=
= nicht abzugsfähiger Teil (Betriebseinnahme)			
Berechnung mittels Fahrtenbuch			
Anzahl Familienheimfahrten (max. 1 Fahrt wöchentlich)	× tats. Kosten je km × 2	× Entfernung Wohnung-Zweitwohnung	=
– Anzahl Familienheimfahrten (max. 1 Fahrt wöchentlich)	× 0,30 € bzw. 0,35 €	× Entfernung Wohnung-Zweitwohnung	=
= nicht abzugsfähiger Teil (Betriebseinnahme)			

Die Kosten für zusätzliche Heimfahrten (2. Fahrt in der Woche) sind privat veranlasst und im Rahmen der privaten Nutzung des Kfz zu versteuern. Vertiefend siehe → Firmenwagen.

Nutzen Sie für die Fahrten ein privates Kfz, sind die Kosten in gleicher Höhe wie beim Arbeitnehmer (s.o.) als Betriebsausgabe abzugsfähig.

Telefonkosten

Haben Sie keine Familienheimfahrt durchgeführt, können Sie stattdessen die Kosten für tatsächlich geführte Telefonate (Gebühren für insgesamt bis zu

15 Minuten wöchentlich) geltend machen.

Verpflegungspauschale

Für die ersten drei Monate ab Beginn der doppelten Haushaltsführung (Bezug der Zweitwohnung) können Sie für jeden vollen Tag, an dem Sie vom eigenen Hausstand (24 Stunden) abwesend sind, einen Pauschbetrag von 28 € ansetzen. Für An- und Abreisetage zum eigenen Hausstand sind 14 € absetzbar.

BEISPIEL

Verpflegungsaufwand

Sie haben am 1.11.2020 auswärts eine Arbeitsstelle angetreten bzw. haben dort einen neuen Betrieb gegründet und im Zusammenhang damit eine Zweitwohnung bezogen. Im Januar 2021 sind Sie vier Wochen an der auswärtigen Betriebsstätte beschäftigt. Sie verlassen die Familienwohnung (eigener Hausstand) jeweils montags um 06:00 Uhr und kehren freitags um 18:00 Uhr zurück.

Der Dreimonatszeitraum endet am 31.1.2021, sodass die Verpflegungspauschale nur noch für den Januar möglich ist. Für die Montage und Freitage beträgt sie jeweils 14 € (Ab-/Anreisetag), für Dienstag bis Donnerstag jeweils 28 € (Abwesenheit je 24 Stunden), sodass insgesamt 448 € (4 × 2 Tage × 14 € + 4 × 3 Tage × 28 €) abziehbar sind.

Auch in Wegzugsfällen (Verlegung des Familienhausstands weg vom Arbeitsort) können Verpflegungsmehraufwendungen geltend gemacht werden, selbst wenn die Familie zuvor länger als drei Monate am Arbeitsort gewohnt hat (BFH, Beschluss v. 8.10.2014, VI R 7/13).

Wird die berufliche Tätigkeit an derselben Tätigkeitsstätte für mindestens vier Wochen unterbrochen (egal aus welchem Grund), beginnt ein neuer Dreimonatszeitraum.

Geht der doppelten Haushaltsführung eine Auswärtstätigkeit (mit Reisekostenabzug) am selben Ort unmittelbar voraus, wird die Dauer der Auswärtstätigkeit auf die Dreimonatsfrist der doppelten Haushaltsführung angerechnet.

Kosten der Zweitunterkunft

Abzugsfähig sind die tatsächlich angefallenen und nachgewiesenen Aufwendungen für die auswärtige Unterkunft, begrenzt auf maximal 1.000 € im Monat. Die Begrenzung gilt auch, wenn die Unterkunft im Eigentum des Steuerpflichtigen steht. Der Höchstbetrag umfasst z. B. Miete, Nebenkosten/Betriebskosten, Reinigung, Zweitwohnungsteuer, Kfz-Stellplatz- oder Garagenmiete bzw. bei einer Wohnung im Eigentum des Arbeitnehmers Gebäude-AfA, Schuldzinsen, Reparaturen, Grundsteuer und Hausversicherungen. Soweit der Höchstbetrag in einem Kalendermonat nicht voll ausgeschöpft wird, kann er auf andere Monate desselben Jahres übertragen werden, sodass bei ganzjähriger doppelter Haushaltsführung Kosten von bis zu 12.000 €/Jahr abzugsfähig sind.

BEISPIEL

1.000-Euro-Grenze

Die Aufwendungen für die Nutzung der Unterkunft betrugen bis März monatlich 970 €, ab April durch die zusätzliche Anmietung einer Garage 1.030 €.

Für Januar bis März sind 970 € monatlich zu berücksichtigen, ab April max. 1.000 € im Monat. Die für Januar bis März bis zum Höchstbetrag nicht ausgeschöpften Kosten von 90 € (3 × 30 €) können in den Folgemonaten zusätzlich berücksichtigt werden (bis zum Jahresbetrag von 12.000 €).

WICHTIG

Haushaltsartikel und Einrichtung

Kosten für Haushaltsartikel (z. B. Reinigungsmittel) und Einrichtungsgegenstände, die für die Führung eines geordneten Haushalts erforderlich sind, können **zusätzlich** geltend gemacht werden (BFH, Urteil v. 6.6.2019, VI R 18/17).

Zur zusätzlich abzugsfähigen notwendigen Einrichtung gehören z. B. eine Schlafgelegenheit mit Bettwäsche, ein Kleiderschrank, Schränke für Hausrat, notwendige Sitzmöbel und ein Tisch, die Kücheneinrichtung (Herd, Spüle, Kühlschrank, nicht Spülmaschine), sonstige der Haushaltsführung dienende Gegenstände (Geschirr, Töpfe, sonstige Küchen-/Haushaltsgeräte, z. B. Staubsauger), Radio oder Fernseher sowie die Badezimmereinrichtung. Dabei sind nur Aufwendungen im Rahmen des Notwendigen und Üblichen abziehbar. Der Abzug erfolgt im Wege der AfA, wenn die Kosten für das jeweilige Möbelstück ohne Umsatzsteuer mehr als 800 € betragen.

TIPP

Kostenhöhe der Einrichtung

Aufwendungen für Einrichtung und Ausstattung (ohne Arbeitsmittel) der Zweitwohnung bis zu 5.000 € (einschließlich USt) werden von der Verwaltung noch als notwendig akzeptiert (o. a. BMF-Schreiben, Rn. 108).

Befindet sich in der (Zweit-)Wohnung ein häusliches Arbeitszimmer, ist der Kostenabzug für das Zimmer gesondert vom privaten Wohnraum nach den allgemeinen Regelungen für Arbeitszimmer zu prüfen (BFH, Urteil v. 9.8.2007, VI R 10/06). Vertiefend siehe → Arbeitszimmer.

In der Wohnung befindliche Arbeitsmittel (Schreibtisch, PC) führen bei beruflicher Nutzung zu allgemeinen Werbungskosten.

Umzugskosten

Zu den notwendigen abzugsfähigen Kosten gehören die durch das Beziehen oder die Aufgabe der Zweitwohnung verursachten Umzugskosten. Die Kosten sind nur auf Nachweis abziehbar. Anders als bei „normalen" beruflich veranlassten Umzugskosten sind Pauschalen, z. B. für die sonstigen Umzugskosten (Umzugskostenpauschale), hier nicht zulässig. Abzugsfähig sind auch die Kosten in Zusammenhang mit der Wohnungssuche (Abzug wie Reisekosten), Maklerkosten sowie die Kosten der Renovierung der Zweitwohnung. Wird die Zweitwohnung mit Beendigung der doppelten Haushaltsführung aufgelöst, zählen die anfallenden Aufwendungen für den Rückumzug einschließlich Renovierung der Zweitwohnung ebenfalls zu den Werbungskosten.

In Wegzugsfällen (Verlegung des Familienhausstands bzw. Lebensmittelpunkts weg vom Arbeitsort) können keine Umzugskosten geltend gemacht werden, weil der Umzug hier privat veranlasst ist.

Wahlrecht

Wenn Sie häufiger als einmal wöchentlich zum eigenen Hausstand fahren, besteht ein Wahlrecht: Sie können die Kosten für doppelte Haushaltsführung geltend machen (Abzug einer wöchentlichen Heimfahrt/Telefonkosten, Verpflegungspauschale, Unterkunfts- und Umzugskosten) oder statt Unterkunfts- und Verpflegungskosten die Kosten für sämtliche Heimfahrten mit der Entfernungspauschale von 0,30 € je Entfernungskilometer (als Fahrten zwischen Wohnung und erster Tätigkeitsstätte) abrechnen. Im zweiten Fall sind aber keine weiteren Aufwendungen (Kosten der Unterkunft usw.) abzugsfähig.

Die Fahrten von der auswärtigen Unterkunft zur Arbeitsstätte (erste Tätigkeitsstätte bzw. Betrieb) sind in beiden Fällen zusätzlich mit der Entfernungspauschale abzugsfähig.

Kostenersatz durch Arbeitgeber

Der Arbeitgeber kann dem Arbeitnehmer die Mehraufwendungen aufgrund der doppelten Haushaltsführung bis zur Höhe eines möglichen Werbungskostenabzugs steuerfrei ersetzen. Dabei darf er für den Kostenersatz alle Kostenarten zusammenfassen. Soweit die Kosten steuerfrei ersetzt werden, entfällt beim Arbeitnehmer der Werbungskostenabzug.

4 Kein eigener Hausstand

Eine doppelte Haushaltsführung liegt nur vor, wenn zwei Haushalte unterhalten (doppelte Kosten) werden. Deshalb können Personen ohne eigenen Hausstand keine Aufwendungen für eine doppelte Haushaltsführung geltend machen.

TIPP

Heimfahrten

Alle Heimfahrten zum bisherigen Wohnort sind jedoch als Fahrten zwischen Wohnung und erster Tätigkeitsstätte bzw. Betrieb mit 0,30 €/Ekm (Entfernungspauschale) steuerlich abzugsfähig, wenn sich am bisherigen Wohnort weiterhin der Lebensmittelpunkt befindet.

Ehegattenveranlagung

Bei Ehegatten ist zu prüfen, in welcher Form die Einkommensteuerveranlagung durchzuführen ist.

1 Allgemeines

Die Ausführungen in diesem Buch zu Ehegatten und Ehen gelten auch für eingetragene Lebenspartner und eingetragene Lebenspartnerschaften.

Grundsätzlich ist jeder Steuerpflichtige nach § 25 EStG einzeln zur Einkommensteuer zu veranlagen. Die tarifliche Einkommensteuer berechnet sich nach dem **Grundtarif.**

Eine Ausnahme von der Einzelveranlagung ist die Ehegattenveranlagung nach § 26 Abs. 1 EStG. Diese liegt vor, wenn

- eine rechtsgültige Ehe vorliegt,
- beide Ehegatten unbeschränkt einkommensteuerpflichtig sind,
- nicht dauernd getrennt leben und
- diese Voraussetzungen an mindestens einem Tag im Jahr vorliegen.

Die Ehegattenveranlagung unterscheidet zwischen der

- **Zusammenveranlagung** von Ehegatten (§ 26b EStG) mit Splittingtarif und der
- **Einzelveranlagung von Ehegatten auf Antrag** (§ 26a EStG) mit Grundtarif.

Erfüllen die Ehegatten die Voraussetzungen für die Ehegattenveranlagung nicht, ist eine (normale) Einzelveranlagung (§ 25 EStG) mit dem Grundtarif durchzuführen.

In besonderen Fällen kann noch eine Einzelveranlagung mit Splittingtarif für das Jahr der Auflösung der Ehe durch Tod in Betracht kommen.

2 Veranlagung von Ehegatten

Das Wahlrecht zwischen Zusammenveranlagung und Einzelveranlagung nach § 26a EStG besteht, wenn alle vorgenannten Voraussetzungen an mindestens einem Tag im Jahr erfüllt sind. Es reicht also aus, wenn die Ehe spätestens am 31. Dezember zivilrechtlich geschlossen wurde. Ist ein Ehegatte im Laufe des Jahres verstorben, kann das Wahlrecht durch den überlebenden Ehegatten und die Erben ausgeübt werden.

Nicht dauerndes Getrenntleben

Wenn sich Ehegatten im Laufe des Jahres auf Dauer trennen, ist eine Ehegattenveranlagung für das Jahr der Trennung noch möglich, weil sie zu Beginn des Jahres noch nicht dauernd getrennt gelebt haben. Ab dem folgenden Jahr kommt die Ehegattenveranlagung nicht mehr in Betracht, da die Ehegatten das gesamte Jahr dauernd getrennt gelebt haben. Es ist eine Einzelveranlagung nach § 25 EStG mit Anwendung des **Grundtarifs** durchzuführen.

Eine nur **vorübergehende** räumliche **Trennung** (z. B. ein Ehegatte ist vorübergehend im Ausland beschäftigt, längere Zeit im Krankenhaus oder verbüßt eine mehrjährige Haftstrafe) ist kein dauerndes Getrenntleben, wenn zumindest eine Wirtschaftsgemeinschaft (wirtschaftliche Fragen werden gemeinsam erledigt; über die Verwendung des Familieneinkommens wird gemeinsam entschieden) bestehen bleibt und die Wiederherstellung der häuslichen Lebensgemeinschaft angestrebt wird. Hier liegen die Voraussetzungen für eine Ehegattenveranlagung noch vor.

Wie wird das Ehegattenwahlrecht ausgeübt?

Ehegatten werden zusammen veranlagt, wenn beide die Zusammenveranlagung wählen. Wird das Wahlrecht nicht oder bzgl. einer Einzelveranlagung auf Antrag nicht wirksam ausgeübt, unterstellt das Gesetz die Zusammenveranlagung. Die zur Ausübung des Wahlrechts erforderliche Erklärung kann grundsätzlich noch bis zur Unanfechtbarkeit des Steuerbescheids, d.h. auch noch im Rechtsbehelfs- und Klageverfahren, nicht aber im Revisionsverfahren, abgegeben werden.

Zusammenveranlagung

Bei Zusammenveranlagung geben die Ehegatten eine gemeinsame Steuererklärung ab, die von beiden eigenhändig zu unterschreiben ist. Die Zusammenveranlagung ist auch dann möglich, wenn nur eine Person Einkünfte bezogen hat. Das Finanzamt berechnet die Einkünfte der Eheleute zunächst getrennt, errechnet dann aber eine gemeinsame Summe und einen gemeinsamen Gesamtbetrag der Einkünfte und ein gemeinsames z. v. E. Die Steuer wird nach dem **Splittingverfahren** (§ 32a Abs. 5 EStG) festgelegt. Dabei wird unterstellt, dass beide gleich hohe Einkünfte erzielt haben. Deshalb wird das gemeinsame z. v. E. je zur Hälfte auf die Ehegatten verteilt. Die Steuer wird für jede Hälfte des z. v. E. nach dem Grundtarif ermittelt und die beiden Steuerbeträge werden zur gemeinsamen tariflichen Einkommensteuer aufaddiert. Bei unterschiedlich hohen Einkünften der Personen wird dadurch sichergestellt, dass jeder Ehegatte seinen Grundfreibetrag (2021: 9.744 €) und die niedrigen Steuersätze voll ausnutzen kann.

BEISPIEL

Grundfall: nicht verheiratetes Paar

A, Freiberufler, z. v. E. 50.000 €, und B, Studentin, keine Einkünfte, leben 2021 als nicht verheiratetes Paar zusammen.

Für A ist eine Einzelveranlagung (§ 25 EStG) durchzuführen. Die Steuer beträgt nach dem Grundtarif 11.994 €. B wird nicht zur Einkommensteuer veranlagt.

Abwandlung 1: A und B heiraten

Heiraten A und B im Jahr 2021, können sie im Wege der Ehegattenveranlagung die Zusammenveranlagung wählen. Unterstellt, das gemeinsame z. v. E. beträgt ebenfalls 50.000 €, wird die Steuer für jede Person aus dem hälftigen Anteil des z. v. E. (25.000 €) über den Grundtarif mit 3.626 € ermittelt. Die gemeinsame tarifliche Einkommensteuer beträgt deshalb in der Summe 7.252 €. Dies hat im Vergleich zum nicht verheirateten Paar eine Ersparnis von 4.742 € zur Folge.

Abwandlung 2: A und B haben gleich hohe Einkünfte

Die nicht verheirateten Steuerpflichtigen A und B haben jeweils ein z. v. E. i. H. v. 25.000 €. Für jeden wird eine Einzelveranlagung mit Grundtarif durchgeführt. Die tarifliche Steuer der jeweiligen Person beträgt 3.626 €.

Durch eine Heirat würden A und B zwar zusammen zur Einkommensteuer veranlagt. Ein Steuervorteil ergibt sich hier aber nicht, weil die gemeinsame Steuer nach dem Splittingverfahren in der Summe ebenfalls 7.252 € betragen würde.

Das bei der Zusammenveranlagung anzuwendende Splittingverfahren bringt also nur dann einen Vorteil, wenn die Eheleute unterschiedlich hohe Einkünfte haben und der zu versteuernde Anteil mindestens einer Person unter dem Spitzensteuersatz versteuert wird.

Einzelveranlagung auf Antrag von Ehegatten

Eine Einzelveranlagung auf Antrag nach § 26a EStG kommt in Betracht, wenn

- mindestens ein Ehegatte den Antrag auf Einzelveranlagung stellt und
- jeder eine eigenhändig unterschriebene Steuererklärung mit seinen Einkünften abgibt.

Jeder erhält seinen Steuerbescheid. Die Steuer wird nach der Grundtabelle festgesetzt.

Bei der Einzelveranlagung von Ehegatten auf Antrag werden

- → Sonderausgaben,
- → Außergewöhnliche Belastung und
- die Steuerermäßigungen nach § 35a EStG (→ Haushaltsnahe Tätigkeiten/Dienstleistungen/Handwerkerleistungen) und § 35c EStG (→ Energetische Maßnahmen)

grundsätzlich demjenigen zugerechnet, der die Aufwendungen wirtschaftlich getragen hat. Insoweit unterscheidet sich die Einzelveranlagung von Ehegatten auf Antrag (§ 26a EStG) nicht von der Einzelveranlagung unverheirateter Personen (§ 25 EStG).

Auf **übereinstimmenden Antrag** der Ehegatten werden die vorgenannten Aufwendungen und die Steuerermäßigungen nach § 35a EStG bzw. § 35c EStG **jeweils zur Hälfte** bei den Ehegatten abgezogen. Der Antrag wird in der Anlage Sonstiges gestellt. Eine von der Hälfte abweichende Verteilung der Aufwendungen ist nicht möglich. Für die Aufteilung sind die jeweiligen Aufwendungen zu halbieren. Anschließend sind die Sonderausgabenhöchstbetragsrechnung, die Berechnung der abziehbaren außergewöhnlichen Belastungen und die abziehbaren Steuerermäßigungen individuell für jeden Ehegatten zu berechnen (BFH, Urteil v. 28.11.2019, III R 11/18).

Hat nur ein Ehegatte die Aufwendungen wirtschaftlich getragen, reicht sein Antrag in begründeten Einzelfällen allein aus. Ein solcher begründeter Einzelfall ist anzunehmen, wenn der andere Ehegatte z. B. krank oder verstorben ist oder der andere Ehegatte sich wegen Meinungsverschiedenheiten nicht zu einer gemeinsamen Erklärung bewegen lässt. Liegen außergewöhnliche Belastungen i.S.d. § 33 EStG vor, wird die zumutbare Belastung nach dem Gesamtbetrag der Einkünfte des jeweiligen Ehegatten bestimmt.

In welchen Fällen bietet die Einzelveranlagung auf Antrag Vorteile?

Die Einzelveranlagung kann Vorteile bieten, wenn ein Ehegatte z. B

- nur oder hohe steuerfreie Lohnersatzleistungen (z.B. Arbeitslosengeld, Kurzarbeitergeld, Mutterschaftsgeld, Elterngeld) oder andere steuerfreie (z.B. nach DBA steuerfreie ausländische) Einkünfte bezieht, die dem Progressionsvorbehalt unterliegen,
- die sog. Fünftelregelung nach § 34 EStG (evtl. bei Arbeitnehmerabfindung) oder einen anderen ermäßigten Steuersatz anwenden kann,
- Verluste erzielt hat und durch den Verlustausgleich Freibeträge des anderen wegfallen würden,
- selbstständig ist und der andere Arbeitnehmer; die Arbeitgeberleistungen zur gesetzlichen Rentenversicherung des Arbeitnehmerehegatten kürzen ggf. den Höchstbetrag der Altersvorsorgeaufwendungen;
- Nebeneinkünfte bezieht, für die der Härteausgleich nach § 46 Abs. 3 EStG möglich wäre,
- einen Anspruch auf den Entlastungsbetrag für Alleinerziehende für einen Teil des Veranlagungszeitraums hat.

In den meisten Fällen wird eine Zusammenveranlagung mit dem Splittingtarif aber günstiger sein.

Sonderfall: Einzelveranlagung mit Splittingtarif

Eine Einzelveranlagung bedeutet normalerweise immer Besteuerung nach dem Grundtarif. Nur in zwei Ausnahmefällen wird die Einzelveranlagung mit dem Splittingtarif durchgeführt:

Tod eines Ehegatten

Eine Ehegattenveranlagung wird noch für das Jahr durchgeführt, in dem der Ehegatte verstorben ist. Im Folgejahr (Kalenderjahr **nach** dem Tod) wird das Einkommen des Überlebenden im Rahmen einer Einzelveranlagung nach § 25 EStG noch ein weiteres Mal mit dem **Splittingtarif** nach § 32a Abs. 6 Nr. 1 EStG versteuert, wenn der Steuerpflichtige und sein verstorbener Ehegatte im Zeitpunkt seines Todes die Voraussetzungen für die Ehegattenveranlagung nach § 26 Abs. 1 EStG erfüllt haben. Sämtliche Freibeträge (z.B. Sparerfreibetrag) und die abzugsfähigen Sonderausgaben werden jedoch einfach in Abzug gebracht. In den Folgejahren ist der Grundtarif anzuwenden.

Trennung/Scheidung

Wird eine Ehe im Laufe des Jahres geschieden, ist wegen des im Scheidungsrecht geltenden Scheiterungsprinzips (mindestens ein Jahr getrennt lebend) davon auszugehen, dass die Eheleute während des ganzen Jahres dauernd getrennt gelebt haben. Sie werden einzeln mit Grundtarif veranlagt.

Kann das Paar glaubhaft machen, dass es zu Beginn des Jahres noch nicht dauernd getrennt gelebt hat (eher selten), liegen die Voraussetzungen für das Ehegattenwahlrecht grundsätzlich vor. Heiratet einer der beiden im selben Jahr wieder und erfüllt mit seinem neuen Partner ebenfalls die Voraussetzungen für die Ehegattenveranlagung, darf das Wahlrecht nur für die neue Ehe ausgeübt werden. Der andere, nicht wieder Verheiratete wird einzeln veranlagt mit **Splittingtarif** nach § 32a Abs. 6 Nr. 2 EStG.

3 Steuerklassenwahl

Ehegatten, die beide Einkünfte aus nichtselbstständiger Arbeit erzielen, können wählen, ob beide nach Steuerklasse IV (Grundsatz) besteuert werden wollen oder der Besserverdienende nach Steuerklasse III und der andere nach Steuerklasse V. Seit dem Steuerjahr 2020 ist es möglich, die Steuerklassen auch mehrmals im Jahr zu wechseln (§ 39 Abs. 6 EStG). Die Steuerklassenkombination III/V bietet sich an, wenn der besser verdienende Ehegatte (III) ca. 60 %, der andere (V) ca. 40 % des Gesamtarbeitslohns erzielt. In diesem Fall besteht aber die Verpflichtung, nach Ablauf des Jahres eine Einkommensteuererklärung abzugeben.

Für Doppelverdienerpaare gibt es auch die Möglichkeit, ein „optionales Faktorverfahren“ in Anspruch zu nehmen. Ehepaare können auf Antrag jeweils nach Steuerklasse IV unter Berücksichtigung eines Faktors, den das Finanzamt berechnet und der Unterschiede in den Einkünften ausgleichen soll, besteuert werden. Dieses Faktorverfahren bietet sich bei sehr unterschiedlich hohen Arbeitslöhnen an. Es kann gegenüber III/V hohe Nachzahlungen und gegenüber IV/IV einen zu hohen Lohnsteuereinbehalt vermeiden.

Ehrenamt

Viele Steuerpflichtige sind ehrenamtlich z. B. als Übungsleiter, Vereinsvorstand oder im Stadtrat tätig und erhalten hierfür eine kleine Vergütung. Wir zeigen Ihnen, wie Sie hier steuerlich am günstigsten fahren.

§§ 4, 9, 15, 18, 19 EStG

1 Steuerbefreiung für Übungsleiter, Ausbilder, Erzieher

Nebenberufliche Tätigkeiten bleiben bis zu 3.000 € pro Jahr steuerfrei, wenn folgende Voraussetzungen erfüllt sind (§ 3 Nr. 26 EStG):

- **Art der Tätigkeit**
  Insbesondere Übungsleiter, Ausbilder, Erzieher oder Ausübende künstlerischer Tätigkeiten sind begünstigt.
- **Für wen erfolgt die Tätigkeit?**
  Die Tätigkeit muss im Dienst bzw. Auftrag einer inländischen juristischen Person des öffentlichen Rechts oder einer gemeinnützigen, mildtätigen oder kirchlichen Zwecken

dienenden Einrichtung erfolgen. Es handelt sich somit insbesondere um Tätigkeiten z.B. für die IHK, die Steuerberaterkammer, Sparkassenverbände, Kirchen, Universitäten, Volkshochschulen, gemeinnützige Vereine oder Wohlfahrtsverbände.
Auch für die Tätigkeit bei einer vergleichbaren Organisation im Ausland gilt der Steuerfreibetrag (BFH, Urteil v. 22.7.2008, VIII R 101/02).

Die Vorschriften zum Mindestlohn sind bei ehrenamtlich Tätigen nicht zu beachten.

Nachfolgend einige Beispiele aus der Praxis:

Ärzte im Behinderten- und Koronarsport, Ausbilder

Chorleiter

Dirigenten

Erste-Hilfe-Ausbilder

Fahrer und Beifahrer im Behindertenfahrdienst (OFD Koblenz, Verfügung v. 8.5.2008, S 2121 A – St 32 2)

Feuerwehrangehörige, die andere ausbilden

Fortbildungstätigkeit für die Anwalts- oder Ärztekammer

Jugendwarte

Kinderbetreuer, Kirchenmusiker

Lehrtätigkeit

Mannschaftsbetreuer

Prüfungsausschussmitglieder

Sanitäts- und Rettungsdienst, Schwimmlehrer, Sportwarte

Stadtführer

Telefonseelsorger

Trainer (allerdings nicht Tiertrainer)

Unterrichtstätigkeit (z.B. IHK)

Vortragstätigkeit (z.B. an Volkshochschulen)

Weitere Beispiele und Hinweise siehe z.B. Bayerisches Landesamt für Steuern, Verfügung v. 8.9.2011, S. 2121.1.1 – 1/33 St32.

TIPP

Freiwillige Helfer in Impfzentren

Alle, die direkt an der Impfung beteiligt sind (Aufklärungsgespräche oder Impfen), können für die Jahre 2020 und 2021 die Übungsleiterpauschale geltend machen. Wer in der Verwaltung und Organisation von Impfzentren engagiert ist, kann die Ehrenamtspauschale in Anspruch nehmen.

Nicht begünstigt sind z.B. Tätigkeiten als Büttenredner, Hausmeister, Hallen-, Geräte- und Platzwart, Reinigungskraft, Vorstandsmitglied, Verbandsfunktionär, Helfer bei Wohlfahrtsorganisationen, Helfer beim Mahlzeitendienst karitativer Verbände sowie Tätigkeiten für Gewerkschaften, Arbeitgeberverbände und Parteien. Auch müssen die Themen eines Vortragenden noch der Fortbildung dienen, sie dürfen nicht allgemeiner Art sein (FG Köln, Urteil v. 19.10.2017, 15 K 2006/16).

Erhalten Feuerwehrleute eine Entschädigung für ihre ehrenamtliche Tätigkeit, ist 1/3 (mind. 200 €) nach § 3 Nr. 12 EStG steuerfrei, zusätzlich kommt für Ausbilder noch die Steuerbefreiung nach § 3 Nr. 26 EStG in Betracht. Der Umfang der Steuerfreiheit ist davon abhängig, ob die Vergütung auch einen Ausbildungsanteil enthält. Für Zug- und Gruppenführer beträgt dieser z. B. 80 %, für Jugendfeuerwehrwarte und Sicherheitsbeauftragte 100 % (FinMin Mecklenburg-Vorpommern, Erlass v. 27.9.2017, IV 301 – S 2337 – 10/96 – 004, FinMin Nordrhein-Westfalen, Erlass v. 3.12.2013, S 2337 – 32 – V B 3). Personen, die nebenberuflich für eine Einrichtung der teilstationären Tagespflege im Fahrdienst tätig sind, können die Steuerbefreiung ebenfalls geltend machen (FG Baden-Württemberg, Urteil v. 8.3.2018, 3 K 888/16).

Weitere Einzelheiten zu diversen Tätigkeiten ergeben sich aus R 3.26 LStR sowie der Verfügung der OFD Frankfurt/M. v. 22.3.2018, S 2245 A – 2 – St 213.

TIPP

Tätigkeitsumfang

Eine **nebenberufliche Tätigkeit** liegt vor, wenn diese nicht mehr als 1/3 der Arbeitszeit eines vergleichbaren Vollzeiterwerbs in Anspruch nimmt. Auf die Höhe der Vergütung kommt es hierbei nicht an. Es ist nicht erforderlich, dass noch eine andere (Haupt-)Tätigkeit ausgeübt wird, sodass z. B. auch Rentner, Studierende, Hausfrauen, Arbeitslose oder Vermieter eine nebenberufliche Tätigkeit ausüben können.

TIPP

Tätigkeit als Arbeitnehmer

Noch günstiger ist es, wenn Sie die Tätigkeit als Arbeitnehmer oder Arbeitnehmerin auf Lohnsteuerkarte ausüben. Dann bleiben weitere 1.000 € (Arbeitnehmerfreibetrag) steuerfrei, wenn Sie nicht noch anderweitig nichtselbstständig tätig sind. Die nach § 3 Nr. 26 EStG steuerfreien Einnahmen sind auch sozialversicherungsfrei (§ 14 SGB IV). Erhalten Sie den Freibetrag nach § 3 Nr. 26 EStG nicht, sollten Sie prüfen, ob Sie die Voraussetzung für den Freibetrag nach § 3 Nr. 26a EStG erfüllen.

Wenn Sie mehrere begünstigte Nebentätigkeiten ausüben, erhalten Sie den Freibetrag nur einmal pro Jahr.

BEISPIEL

Entgelt übersteigt den Freibetrag

Sie trainieren die A-Jugend des örtlichen Fußballvereins und erhalten dafür im Jahr pauschal 3.400 €.

Von den 3.400 € bleiben 3.000 € steuerfrei. Die übersteigenden 400 € müssen versteuert werden. Ein Abzug von Aufwendungen ist nicht möglich, da diese mit dem Abzug des steuerfreien Betrags abgegolten sind. Wenn Ihre Aufwendungen mehr als 3.000 € betragen, können Sie diese anstelle des Freibetrags abziehen.

TIPP

Verlustberücksichtigung

Auch ein Verlust kann steuerlich geltend gemacht werden, sofern die Tätigkeit mit Einkünfteerzielungsabsicht ausgeübt wird. Unabhängig von den Motiven, aus denen der Einzelne einer Beschäftigung nachgeht, ist eine Gewinn-/Überschusserzielungsabsicht dann anzunehmen, wenn tatsächlich in der Regel Überschüsse aus der Beschäftigung erzielt werden. Umgekehrt ist von dem Fehlen einer Gewinn-/Überschusserzielungsabsicht auszugehen, wenn die Einnahmen in Geld oder Geldeswert lediglich dazu dienen, in pauschalierender Weise die Selbstkosten zu decken (BFH, Urteil v. 20.12.2017, III R 23/15). Das gilt auch dann, wenn die Einnahmen den Freibetrag nach § 3 Nr. 26 EStG jährlich nicht übersteigen (BFH, Urteil v. 20.11.2018, VIII R 17/16).

Das gilt auch für Tätigkeiten, für die andere Freibeträge (z. B. Freibetrag für Einnahmen aus sonstigen nebenberuflichen Tätigkeiten oder für ehrenamtliche Vormünder, Pfleger oder Betreuer) gewährt werden.

Tätigkeit für denselben Arbeitgeber

Keine begünstigte Nebentätigkeit liegt vor, wenn diese und die Haupttätigkeit für denselben Arbeitgeber in einem sachlichen und wirtschaftlichen Zusammenhang stehen. Das ist der Fall, wenn die zu erfüllenden Aufgaben beider Tätigkeiten sich entsprechen, die Tätigkeiten für denselben Dienstherrn ausgeübt werden oder die Nebentätigkeit eine faktische oder rechtliche Verpflichtung aus der Haupttätigkeit darstellt (BFH, Beschluss v. 11.12.2017, VI B 75/17). Das gilt selbst dann, wenn die Tätigkeit Ausfluss der hauptberuflichen Fähigkeiten ist, auch wenn keine Verpflichtung dazu vorlag und eine Anzeigepflicht für „Nebentätigkeiten" bestand (FG Köln, Urteil v. 19.10.2017, 15 K 2006/16).

2 Freibetrag für Einnahmen aus nebenberuflichen Tätigkeiten

Der Freibetrag des § 3 Nr. 26a EStG begünstigt Einnahmen aus nebenberuflichen Tätigkeiten im gemeinnützigen, mildtätigen oder kirchlichen Bereich von bis zu 840 € im Jahr. Das gilt auch für die Sozialversicherung.

TIPP

Begünstigte Tätigkeiten

Die **„Ehrenamtspauschale"** können z. B. geltend machen:

- Vorstandsmitglieder
- Eltern, die Fahrdienste im Sportverein verrichten
- Reinigungspersonal oder Platzwarte
- ehrenamtliche Schiedsrichter im Amateursport

Zahlungen von pauschalen Vergütungen für Arbeits- oder Zeitaufwand (Tätigkeitsvergütungen) an den Vorstand sind nur dann zulässig, wenn dies durch die Satzung ausdrücklich zugelassen ist. Ein Verein, der nicht ausdrücklich die Bezahlung des Vorstands regelt und dennoch Tätigkeitsvergütungen zahlt, verstößt gegen das Gebot der Selbstlosigkeit. Der Ersatz tatsächlich entstandener Aufwendungen ist unkritisch. Weitere Einzelheiten siehe BMF, Schreiben v. 21.11.2014, IV C 4 – S 2121/07/0010 032.

Zahlungen an Mitglieder dürfen nicht unangemessen hoch sein, d.h. höchstens den Zahlungen an Nichtmitglieder entsprechen.

Sollen höhere tatsächliche Betriebsausgaben oder Werbungskosten geltend gemacht werden, müssen diese nachgewiesen werden.

Die Inanspruchnahme der Aufwandspauschale schließt die Aufwandsentschädigung aus öffentlichen Kassen und auch den Übungsleiterfreibetrag aus.

TIPP

Inanspruchnahme verschiedener Freibeträge

Allerdings können Sie sowohl den Freibetrag für nebenberufliche Tätigkeiten im gemeinnützigen, mildtätigen oder kirchlichen Bereich als auch den Übungsleiterfreibetrag für zwei verschiedene Tätigkeiten erhalten.

BEISPIEL

Unterschiedliche Tätigkeiten

A ist als Jugendtrainerin für den örtlichen Sportverein tätig. Hierfür erhält sie 2.000 € jährlich. Für ihre Tätigkeit als Buchhalterin der Kirchengemeinde erhält sie 400 € Aufwandsentschädigung jährlich.

Für die Jugendtrainertätigkeit kann A die Regelung des § 3 Nr. 26 EStG (Übungsleiterfreibetrag) in Anspruch nehmen. Die andere Tätigkeit ist nach § 3 Nr. 26a EStG begünstigt.

3 Freibetrag ehrenamtlicher Vormünder, Pfleger oder Betreuer

Für Personen, die ehrenamtlich als Vormund, Pfleger oder Betreuer tätig sind und eine Aufwandsentschädigung nach § 1835a BGB erhalten, gibt es einen Freibetrag von bis zu 3.000 € (§ 3 Nr. 26b EStG). Allerdings gibt es für alle in § 3 Nr. 26 und Nr. 26b genannten Tätigkeiten insgesamt nur einmal einen Freibetrag von 3.000 €. Die Steuerbefreiung nach § 3 Nr. 12 EStG kommt nicht zur Anwendung (FG Baden-Württemberg, Urteil v. 6.3.2019, 2 K 317/17; Rev. beim BFH, Az. VIII R 20/19).

4 Zahlungen ohne Leistung – Corona

Es wird gemeinnützigkeitsrechtlich nicht beanstandet, wenn die Ehrenamts- oder Übungsleiterpauschalen weiterhin geleistet werden, obwohl eine Ausübung der Tätigkeit aufgrund der Corona-Krise (zumindest zeitweise) nicht mehr möglich ist. Vertiefend siehe → Corona/steuerliche Aspekte.

Einnahmenüberschussrechnung

Die Einnahmenüberschussrechnung ist eine vereinfachte und damit kostengünstige Art der Gewinnermittlung. Sie kann von Freiberuflern und Inhabern kleiner Gewerbebetriebe angewendet werden.

§ 4 Abs. 3 EStG, R 4.5, 4.6 EStR7

1 Grundsätzliches

Grundsätzlich muss eine Gewinnermittlung durch Bilanzierung (§ 4 Abs. 1 EStG) erfolgen.

Steuerpflichtige können den Gewinn unter bestimmten Voraussetzungen auch durch eine Einnahmenüberschussrechnung ermitteln. Beide Gewinn ermittlungsmethoden sind grundsätzlich gleichwertig.

Will der nicht buchführungspflichtige Unternehmer sein Wahlrecht auf Gewinn ermittlung durch Bilanzierung ausüben, muss er eine Eröffnungsbilanz aufstellen, eine kaufmännische Buchführung einrichten und einen Abschluss machen.

An die Dokumentation der Wahl zugunsten der Einnahmenüberschussrechnung sind keine hohen Anforderungen zu stellen. Schon das Erstellen und Sammeln der Einnahmen- und Ausgabenbelege reicht aus (BFH, Urteil v. 19.3.2009, IV R 57/07).

2 Voraussetzungen

Freiberufler

Freiberuflich Tätige (z. B. Ärzte, Rechtsanwälte) können ihren Gewinn immer durch eine Einnahmenüberschussrechnung ermitteln. Dies gilt unabhängig von der Höhe des Gewinns und des Umsatzes.

Gewerbebetrieb

Ob Sie als Inhaber eines Gewerbebetriebs buchführungspflichtig sind oder Ihren Gewinn durch eine Einnahmenüberschussrechnung ermitteln können, erfahren Sie in unserem Stichwort → Bilanzierung/E-Bilanz.

„Nebentätigkeiten"

Wer regelmäßig Kfz über das Internet verkauft, unterhält einen gewerblichen Kfz-Handel, aber auch durch intensive und auf Langfristigkeit angelegte Privatverkäufe (z. B. bei einer Internetplattform) können gewerbliche Einkünfte anfallen (FG Münster, Urteil v. 19.6.2015, 14 K 3865/12 E, U; BFH, Urteil v. 26.4.2012, V R 2/11 zur umsatzsteuerlichen Unternehmereigenschaft). Zur Abgrenzung wird auf das BFH, Urteil v. 17.6.2020, X R 18/19 verwiesen.

Ähnliche Steuerfallen lauern z. B. auf einen Pokerspieler, der regelmäßig über Jahre hinweg erfolgreich an namhaften, mit hohen Preisen dotierten Turnieren teilnimmt. Die Gewinne unterliegen der Einkommensteuer (BFH, Urteil v. 16.9.2015, X R 43/12). Auch ein Pflegevertrag, der als Gegenleistung die Übertragung eines Wohnhauses vorsieht, kann zu einer steuerpflichtigen gewerblichen Tätigkeit führen, wenn die Gründe nicht in familiären Beziehungen zu suchen sind (BFH, Urteil v. 20.3.2013, X R 15/11). Selbst eine Hausfrau, die Schmuckstücke und andere Gegenstände über das Internet bzw. über Zeitungsanzeigen verkauft, wird sowohl unternehmerisch als auch gewerblich tätig (FG Köln, Urteil v. 27.8.2014, 7 K 3561/10). Umsätze aus Verkäufen über eBay sind der Person zuzurechnen, unter deren Nutzernamen die Verkäufe ausgeführt worden sind (FG Baden-Württemberg, Urteil v. 26.10.2017, 1 K 2431/17).

Einkünfte aus Gewerbebetrieb oder Einkünfte aus selbstständiger Arbeit

Durch die Anrechnung der Gewerbesteuer auf die Einkommensteuer kann es dazu kommen, dass die Einstufung einer Tätigkeit als Gewerbebetrieb günstiger ist als die Erfassung als Einkünfte aus selbstständiger Arbeit.

3 Betriebseinnahmen

In der Gewinnermittlung sind zunächst die Betriebseinnahmen aufzuführen. Dazu gehören sämtliche im Jahr 2021 gutgeschriebenen bzw. bar vereinnahmten Beträge im Zusammenhang mit betrieblichen Lieferungen/Leistungen sowie aus Hilfs- und Nebengeschäften (Zuflussprinzip).

TIPP

Corona-Soforthilfe

Corona-Soforthilfen stellen Betriebseinnahmen dar. Sie sind nur dann steuerfrei, soweit das EStG ausdrücklich eine entsprechende Befreiung vorsieht. Hinsichtlich der Corona-Soforthilfeleistungen ist dies bisher nicht der Fall. Es wird aber vereinzelt die Auffassung vertreten, dass ein privater Zuschuss vorliegt, wenn und soweit mit dem Geld private Lebenshaltungskosten bestritten werden können (Seifert, NWB Nr. 24 vom 13.6.2020 S. 1744). Auch könnte es sich bei den Corona-Soforthilfen um außerordentliche Einkünfte nach § 34 Abs. 2 Nr. 2 EStG handeln, die zur Anwendung des ermäßigten Steuersatzes nach § 34 Abs. 1 EStG, sog. Fünftel-Regelung, führen (Dellner, NWB Nr. 21 vom 28.5.2021 S. 1514).

Zu beachten ist in jedem Fall, dass die Bewilligungsbehörde das Finanzamt über den Zuschuss informieren muss.

4 Betriebsausgaben

Die mit dem Betrieb zusammenhängenden Aufwendungen stellen → Betriebsausgaben dar.

Bei den Betriebsausgaben werden drei Gruppen unterschieden:

Betriebsausgabe durch Verteilung auf die Nutzungsdauer

Die AK/HK für abnutzbare Anlagegüter (z. B. Gebäude, Pkw, Büro- und Geschäftseinrichtung, Maschinen, Computer) sind über die Nutzungsdauer zu verteilen. Vertiefend siehe → Abschreibungen im Betrieb und → Geringwertige Wirtschaftsgüter.

Nicht abnutzbare Wirtschaftsgüter

Die AK/HK nicht abnutzbarer Anlagegüter (Grund und Boden, Wertpapiere, Aktien, Geschäftsanteile) sind erst im Jahr der Veräußerung bzw. der Entnahme Betriebsausgaben. Das gilt auch für bestimmte Wirtschaftsgüter des Umlaufvermögens: Anteile an Kapitalgesellschaften, Wertpapiere, Grund und Boden, Gebäude.

Sofort abzugsfähige Betriebsausgaben

Sämtliche sonstigen betrieblichen Aufwendungen sind bei der Einnahmenüberschussrechnung des Jahres 2021 dann absetzbar, wenn sie in diesem Jahr auch bezahlt worden sind. Allerdings gibt es für bestimmte Ausgaben (Geschenke, Bewirtungskosten, Arbeitszimmer etc.) Beschränkungen in der Höhe.

Unterbleibt der Abzug im Jahr des Kaufs der Waren, dann kann dieser in späteren Jahren nicht mehr nachgeholt werden, auch wenn der Unternehmer von Privatvermögen ausgeht. Die nicht geltend gemachten AK oder HK mindern jedoch einen später anfallenden Gewinn aus der Veräußerung oder Entnahme des Wirtschaftsguts.

5 ABC der Behandlung von Aufwendungen und Erträgen

Abschreibungen

Die auf das Jahr 2021 entfallenden Abschreibungsbeträge gehören zu den Betriebsausgaben. Vertiefend siehe → Abschreibungen im Betrieb und → Investitionsabzugsbetrag.

Anzahlungen/Abschlagszahlungen/Honorarvorschüsse

Die im Jahr 2021 **vereinnahmten** Anzahlungen oder Vorschüsse gehören zu den Betriebseinnahmen. Dies gilt selbst dann, wenn noch keine Leistung erbracht wurde oder später eine Verrechnung stattfindet (BFH, Urteil v. 2.8.2016, VIII R 4/14).

Gezahlte Anzahlungen für sofort abzugsfähige Betriebsausgaben (z. B. Mietvorauszahlung) stellen im Zeitpunkt der Bezahlung Betriebsausgaben dar. Anzahlungen für Anlagegüter (z. B. Pkw) führen zu keinem Abzug. Die Abschreibungen beginnen nach der Lieferung/Fertigstellung.

Arbeitszimmer

Siehe auch → Arbeitszimmer und hier im ABC unter „Homeoffice" und „Nofallpraxis". In die Berechnung des Aufgabegewinns eines Freiberuflers ist der Buchwert des häuslichen Arbeitszimmers auch dann einzubeziehen, wenn die Aufwendungen gem. § 4 Abs. 5 Satz 1 Nr. 6b EStG nur beschränkt abzugsfähig waren (BFH, Urteil v. 16.6.2020, VIII R 15/17).

Ausbildungskosten

Kosten für z. B. Auszubildende sind wie Personalkosten in voller Höhe abzugsfähig. Ausbildungskosten für die eigenen Kinder, die als Nachfolger in den Betrieb eintreten sollen (z. B. Facharztausbildung), sind aber keine Betriebsausgaben, wenn eine solche Ausbildung einem fremden Dritten nicht gewährt worden wäre (BFH, Urteil v. 6.11.2012, VIII R 49/10). Ein Betriebsausgabenabzug ist selbst dann ausgeschlossen, wenn sich die Kinder verpflichten, nach Abschluss des Studiums für eine gewisse Zeit im elterlichen Unternehmen zu arbeiten (FG Münster, Urteil v. 15.1.2016, 4 K 2091/13 E).

Bewirtungskosten

Bewirtungskosten sind nur i. H. v. 70 % als Betriebsausgaben absetzbar. Vertiefend siehe → Bewirtungskosten.

Darlehen

Die Darlehensauszahlung sowie die Tilgung bleiben bei der Gewinnermittlung unberücksichtigt. Zinsen und andere Kosten (z. B. Schätzgebühren, Kosten der Eintragung einer Grundschuld, Provisionen) sind Betriebsausgaben im Jahr der Zahlung. Ein einbehaltenes Damnum/Disagio (z. B. Darlehensbetrag 100.000 €, Auszahlungsbetrag 95.000 €) stellt eine Betriebsausgabe dar. Übersteigt die Summe der Schuldzinsen den Betrag von 2.050 €, muss geprüft werden, ob ein Teil davon nicht abzugsfähig ist. Vertiefend siehe → Schuldzinsen.

Diebstahl

Wenn Ihnen etwas gestohlen wurde, hat dies folgende Auswirkungen bei

- abnutzbaren Anlagegütern (z. B. Computer, Maschinen, Pkw): Der noch nicht abgeschriebene Teil der AK/HK (Restbuchwert) gehört zu den Betriebsausgaben;
- Waren: Die AK/HK der Waren sind zum Zeitpunkt der Bezahlung Betriebsausgaben. Ein nochmaliger Abzug bei einem Diebstahl ist nicht möglich.

Aber Vorsicht: Wird ein Geschäftswagen während einer Privatfahrt (auch bei einem Abstecher) gestohlen, kann dies ein privater Vorgang sein, der sich nicht gewinnmindernd, sondern ge winn erhöhend (Entnahme) auswirkt (BFH, Urteil v. 18.4.2007, XI R 60/04). Die EStR sehen in der Leistung der Kaskoversicherung trotzdem in voller Höhe eine Betriebseinnahme (R 4.7 Abs. 1, 6 EStR).

Einlage von Wirtschaftsgütern (Privateinlage)

Werden privat angeschaffte Güter (z. B. Pkw) zu mehr als 50 % betrieblich genutzt, stellen diese notwendiges Betriebsvermögen dar und müssen in den Betrieb eingelegt werden. Genaueres können Sie unter → Punkt 7 (Betriebsvermögen) dieses Stichworts nachlesen. Der Einlagewert (Teilwert) entspricht dem tatsächlichen Wert des Wirtschaftsguts zum Zeitpunkt der Einlage (je höher, desto besser!). Die Abschreibungsbeträge (= Betriebsausgabe) werden i. d. R. vom Einlagewert berechnet.

Der Einlagewert eines nicht abnutzbaren Wirtschaftsguts (z. B. Grund und Boden) wirkt sich erst zum Zeitpunkt eines Verkaufs (oder einer Entnahme) als Betriebsausgaben aus.

TIPP

Dokumentation

Dokumentieren Sie Datum, Zustand und Wert eingelegter Wirtschaftsgüter zur Vermeidung späterer Missverständnisse.

Einlage von Geld (Privateinlage)

Die Einlage von privatem Geld bleibt ohne Auswirkung. Bezahlen Sie mit privatem Geld betriebliche Aufwendungen, kommt es nach den unter → Punkt 4 dargestellten Grundsätzen zu einem Betriebsausgabenabzug.

Geld- und Sacheinlagen müssen aufgezeichnet werden (vgl. hierzu → Punkt 6 dieses Stichworts).

Einnahmen aus ehrenamtlicher Tätigkeit

Einnahmen aus ehrenamtlicher Tätigkeit (z. B. Berufsorganisationen) sind als Betriebseinnahmen zu erfassen. Ausnahmen können für Aufwandsentschädigungen aus öffentlichen Kassen gelten (OFD Rheinland, Verfügung v. 3.4.2007). Vertiefend siehe → Ehrenamt.

Einnahmen aus Kinderbetreuung

Einnahmen aus der **Kindertagespflege** sind unabhängig von der Anzahl der betreuten Kinder und von der Herkunft der vereinnahmten Mittel steuerpflichtige Einnahmen aus freiberuflicher Tätigkeit. Betreut die Tagespflegeperson ein Kind jedoch in dessen Familie, ist sie i. d. R. Arbeitnehmerin.

Die Steuerbefreiungsvorschriften des § 3 Nr. 11 und Nr. 26 EStG sind nicht anwendbar (s. a. FG Münster, Urteil v. 10.10.2019, 6 K 3334/17 E).

Anstelle der tatsächlichen **Betriebsausgaben** können bei einer Betreuungszeit von acht Stunden und mehr pro Kind und Tag aus Vereinfachungsgründen 300 € je Kind und Monat pauschal als Betriebsausgaben abgezogen werden. Die Pauschale ist bei geringerer Betreuungszeit anteilig zu kürzen.

Findet die Betreuung im Haushalt der Sorgeberechtigten oder in unentgeltlich zur Verfügung gestellten Räumlichkeiten als selbstständige Tätigkeit statt, kann die Betriebsausgabenpauschale nicht abgezogen werden. Die Betriebsausgabenpauschale darf nur bis zur Höhe der Betriebseinnahmen abgezogen werden. Soweit tatsächlich höhere Aufwendungen nachgewiesen werden, können diese angesetzt werden (BMF, Schreiben v. 11.11.2016, IV C 6 – S 2246/07/10002 :005). Gebäudekosten sind jedoch nicht anteilig als Betriebsausgaben abzugsfähig (FG Baden-Württemberg, Urteil v. 7.5.2019, 8 K 751/17).

Steuerfrei nach § 3 Nr. 11 EStG sind dagegen

- Pflegegeld und Beihilfe bei einer Vollzeitpflege nach § 33 SGB VIII (BFH, Urteil v. 5.11.2014, VIII R 29/11; Ausnahme: Es werden mehr als sechs Kinder gleichzeitig im Haushalt aufgenommen),
- Geldleistungen der Jugendämter für die spezialisierte Tagespflege nach § 32 SGB VIII

Das BMF, Schreiben v. 22.10.2018, Z IV C 3 – S 2342/07/001 :138, regelt die Einzelheiten.

Geldleistungen für die sozialpädagogische nachmittägliche Kinderbetreuung sind nicht nach § 3 Nr. 11 EStG befreit, allerdings ist ggf. die Übungsleiterpauschale (§ 3 Nr. 26 EStG) zu gewähren (→ Ehrenamt) (Niedersächsisches FG, Urteil v. 14.4.2020, 9 K 21/19). § 3 Nr. 11 EStG ist dagegen anzuwenden, wenn ein Kind zeitlich unbefristet in den Haushalt des Betreuers aufgenommen und dort umfassend betreut wird (BFH, Urteil v. 14.7.2020, VIII R 27/18).

Entnahme von Waren/Anlagegütern (Privatentnahme)

Die Schenkung des Betriebs-Pkw an den Sohn oder der private Verbrauch von Waren sind Entnahmen. Diese müssen mit dem Teilwert (= tatsächlicher Wert) angesetzt werden. I. d. R. fällt auch Umsatzsteuer an.

Entnahme von Waren/Anlagegütern

- **Entnahme von Waren**
  In Höhe des Entnahmewerts (zzgl. Umsatzsteuer) liegen Betriebseinnahmen vor.
- **Entnahme von (abnutzbaren bzw. nicht abnutzbaren) Anlagegütern**
  In Höhe des Entnahmewerts (i. d. R. zzgl. Umsatzsteuer) liegen Betriebseinnahmen vor. Bei abnutzbaren Anlagegütern liegen in Höhe des Restbuchwerts, bei nicht abnutzbaren Anlagegütern in Höhe der AK Betriebsausgaben vor.

Entnahme von Geld

Geldentnahmen (auch private Zahlungen vom betrieblichen Konto) wirken sich nicht auf den Gewinn aus.

WICHTIG

Aufzeichnungspflicht

Geld- und Sachentnahmen müssen aufgezeichnet werden (vgl. hierzu → Punkt 6 in diesem Stichwort).

Fahrtkosten

Fahrten zwischen Wohnung und Betrieb oder Praxis sind nur mit der Entfernungspauschale (0,30 €/Ekm) anzusetzen. Vertiefend siehe → Firmenwagen.

Fortbildungskosten

Anteilige Kosten von Reisen zu beruflichen Veranstaltungen, die auf die begleitende Ehefrau entfallen, sind ebenso wenig abzugsfähig wie Kosten, die auf die private Verlängerung der Reisen entfallen (FG Münster, Urteil v. 14.5.2019, 2 K 2355/18 E, EFG 2019, S. 1525, Nichtzulassungsbeschwerde eingelegt, Az. beim BFH VIII B 127/19).

Forderungsverluste

Bleibt eine Kundenzahlung aus, wird dieser Betrag (mangels Zufluss) nicht bei den Betriebseinnahmen erfasst.

Gewerbesteuer

Die Berücksichtigung der Gewerbesteuer als Betriebsausgabe ist seit 2008 entfallen. Nachzahlungen für Jahre vor 2008 sind aber weiterhin abzugsfähig.

Homeoffice

Für jeden Kalendertag, an dem die gesamte betriebliche oder berufliche Tätigkeit ausschließlich in der häuslichen Wohnung ausgeübt wurde, können pauschal 5 Euro, max. 600 € im Kalenderjahr als Betriebsausgabe geltend gemacht werden.

Mit der Tagespauschale sind alle Kosten für die Nutzung der häuslichen Wohnung abgegolten. Der pauschale Abzugsbetrag und die Entfernungspauschale oder ein Abzug von Reisekosten schließen sich aus.

Steuerpflichtige, die ein (anzuerkennendes) häusliches Arbeitszimmer haben, können aus Vereinfachungsgründen den Abzug des Pauschalbetrags anstelle des Abzugs der tatsächlichen Aufwendungen wählen.

Die Regelung ist auf die Jahre 2020 und 2021 begrenzt (§ 52 Abs. 6 Satz 13 EStG).

Investitionsabzugsbetrag

Wenn Sie im Jahr 2021 einen Investitionsabzugsbetrag bilden, liegt in entsprechender Höhe eine Betriebsausgabe vor. Wird ein Investitionsabzugsbetrag oder eine Ansparrücklage aufgelöst, führt dies zum Ansatz von Betriebseinnahmen.

Investitionszuschüsse

Investitionszuschüsse für die Anschaffung oder Herstellung bestimmter Wirtschaftsgüter mindern die AK oder HK bereits im Jahr der Bewilligung und nicht erst im Jahr der Auszahlung. Der Empfänger kann den Zuschuss aber auch bei Zufluss in voller Höhe als Gewinn ansetzen. So bleibt ihm in den Folgejahren eine höhere Abschreibung. In diesem Fall muss er das entsprechende Wahlrecht ebenfalls im Jahr der Zusage ausüben (BFH, Urteil v. 29.11.2007, IV R 81/05).

Leasingsonderzahlung

Eine Leasingsonderzahlung kann im Zeitpunkt der Zahlung als Betriebsausgabe abgesetzt werden. Nur bei einer Leasingdauer von mehr als fünf Jahren ist diese auf die Vertragsdauer zu verteilen. Bei einer Nutzungsänderung in einem Folgejahr soll der Bescheid für das Jahr der Zahlung geändert und die anteilige Leasingsonderzahlung für die Restlaufzeit gewinnerhöhend berücksichtigt werden (OFD Nordrhein-Westfalen, Kurzinfo ESt 17/2016 vom 1.9.2016).

Lohn-/Gehaltszahlungen

Die Lohn- und Gehaltszahlungen (Nettolohn, Lohn-/Kirchensteuer, Arbeitnehmer- und Arbeitgeberbeiträge zur Sozialversicherung) gehören zum Zeitpunkt der Zahlung zu den Betriebsausgaben.

Notfallpraxis

Eine Notfallpraxis ist kein häusliches Arbeitszimmer und unterliegt daher nicht der Abzugsbeschränkung (BFH, Urteil v. 29.1.2020, VIII R 11/17).

Pauschaler Betriebsausgabenabzug

Bestimmte Berufsgruppen können anstelle der tatsächlichen Aufwendungen pauschal Betriebsausgaben geltend machen. Ein weiterer Abzug von Kosten ist jedoch ausgeschlossen, sodass sich die Inanspruchnahme der Pauschale nur dann lohnt, wenn die tatsächlichen Aufwendungen geringer sind.

Höhe des pauschalen Betriebsausgabenabzugs

- **Hauptberufliche** selbstständige schriftstellerische oder journalistische Tätigkeit: 30 % der Einnahmen, höchstens 2.455 €.
- Wissenschaftliche, künstlerische oder schriftstellerische Nebentätigkeit: 25 % der Einnahmen, höchstens 614 €, soweit es sich nicht um eine Tätigkeit im Sinne des § 3 Nr. 26 EStG handelt.
- Nebenberufliche Ausübung einer erzieherischen, einer Vortrags-, Lehr- oder Prüfungstätigkeit: 25 % der Einnahmen, höchstens 614 €.
- Tätigkeit als Hebamme: 25 % der Einnahmen, höchstens 1.533 €.
- Entschädigungen für nebenberufliche Kirchenmusiker können bis zur Höhe von 3.000 € nach § 3 Nr. 26 EStG steuerfrei bleiben. Vertiefend siehe → Ehrenamt.

Pkw

Die Aufwendungen für den betrieblich eingesetzten Pkw gehören zu den Betriebsausgaben. Vertiefend siehe → Fahrtkosten. Für den Anteil der Privatnutzung ist eine Einnahme zu erfassen. Vertiefend siehe → Punkt 7 Betriebsvermögen.

Praxisausfallversicherung

Beiträge für eine Praxisausfallversicherung wegen krankheitsbedingter Arbeitsunfähigkeit sind keine Betriebsausgaben, eine Versicherungsleistung aber auch keine Einnahme. Wird daneben das betriebliche Risiko einer ordnungsbehördlich verfügten Schließung der Praxis versichert, so sind die anteiligen Versicherungsbeiträge als Betriebsausgaben abzugsfähig (BFH, Urteil v. 19.5.2009, VIII R 6/07).

Preisgelder

Preisgelder, z. B. eines Architekten oder Künstlers, sind Betriebseinnahmen (FG Münster, Urteil v. 16.9.2009, 10 K 4647/07 F).

Professorentitel

Aufwendungen eines Arztes zur Erlangung eines Professorentitels können als Betriebsausgaben anerkannt werden, wenn der Titel eine sehr hohe erwerbswirtschaftliche Bedeutung für den Steuerpflichtigen hat (Schleswig-Holsteinisches FG, Urteil v. 6.3.2019, 4 K 48/18).

Strafverteidigungskosten

Der Betriebsausgabenabzug von Strafverteidigungskosten setzt voraus, dass die dem Steuerpflichtigen vorgeworfene Tat ausschließlich und unmittelbar aus seiner betrieblichen oder beruflichen Tätigkeit heraus erklärbar ist. Das ist nicht der Fall, wenn sich der Unternehmer persönlich bereichern und sein Privatvermögen mehren wollte (FG Rheinland-Pfalz, Urteil v. 20.10.2020, 5 K 1613/17).

Telefon

Im Regelfall gehören die angefallenen Telefonkosten abzüglich eines privaten Anteils (ca. 200–360 €) zu den Betriebsausgaben.

Umsatzsteuer

Die Umsatzsteuerzahlungen können sich wie folgt auswirken:

Auswirkungen der Umsatzsteuerzahlungen

- Ausgangsrechnungen
  Wird die in Rechnung gestellte Umsatzsteuer vereinnahmt, liegt eine Betriebseinnahme vor.
- Eingangsrechnungen
  - Bei Vorsteuerabzugsberechtigung: Zum Zeitpunkt der Zahlung der Rechnung stellt der Vorsteuerbetrag immer eine Betriebsausgabe dar.
  - Ohne Vorsteuerabzugsberechtigung (z. B. Ärzte): Die gezahlte Umsatzsteuer wird wie der Rechnungsbetrag behandelt, d. h. sie ist Betriebsausgabe bzw. zählt zu den AK/HK (bei abnutzbaren und nicht abnutzbaren Anlagegütern).
- Umsatzsteuerzahlungen ans Finanzamt
  Zahlungen an das Finanzamt sind Betriebsausgaben; Erstattungen des Finanzamts sind Betriebseinnahmen.

WICHTIG

Erfassungszeitpunkt der Zahlungen

Umsatzsteuerzahlungen bzw. Erstattungen wirken sich grundsätzlich zum Zeitpunkt der Zahlung auf den Gewinn aus. Eine Ausnahme gilt für regelmäßig wiederkehrende Einnahmen bzw. Ausgaben, die kurze Zeit vor Beginn oder kurze Zeit nach Beendigung des Kalenderjahres, zu dem sie wirtschaftlich gehören, zu- bzw. abgeflossen sind. Diese gelten im Kalenderjahr der wirtschaftlichen Zugehörigkeit als bezogen, wobei als „kurze Zeit" ein Zeitraum von bis zu zehn Tagen gilt. Innerhalb dieses Zeitraums müssen die Zahlungen fällig und geleistet worden sein. Diese Regelung trifft auch auf Zahlungen zu, die für eine Umsatzsteuer-Voranmeldung geleistet werden. Eine für das vorangegangene Kalenderjahr geschuldete und zu Beginn des Folgejahres entrichtete Umsatzsteuervorauszahlung ist als regelmäßig wiederkehrende Ausgabe im vorangegangenen Vz. abziehbar. Damit ändert sich der Zeitpunkt der Erfassung insbesondere der Dezember-Voranmeldung. Wird diese Regelung nicht beachtet, kann keine Erfassung der Betriebsausgabe im Folgejahr erfolgen (BFH, Urteil v. 1.8.2007, XI R 48/05).

Weitere Einzelheiten regelt das Schreiben des Bayerischen Landesamts für Steuern v. 20.2.2013, S 2226.2.1-5/4 St32. Eine Verlängerung des Zehn-Tage-Zeitraums kommt auch nicht in Betracht, wenn das Ende auf ein Wochenende oder einen Feiertag fällt (BFH, Urteil v. 11.11.2014, VIII R 34/12). Erfolgt in diesen Fällen jedoch die Zahlung innerhalb von zehn Tagen nach Ablauf des Kalenderjahres, ist der Betriebsausgabenabzug im Jahr der wirtschaftlichen Zugehörigkeit vorzunehmen (BFH, Urteil v. 27.6.2018, X R 44/16). Das gilt auch, wenn die Abgabe der Voranmeldung und damit auch die Zahlung wegen einer Dauerfristverlängerung erst am 10.2. fällig gewesen wäre (FG Düsseldorf, Urteil v. 9.12.2019, 3 K 2040/18 E; Rev. beim BFH, Az. VIII R 1/20).

Unproblematisch ist der Fall, wenn eine Einzugsermächtigung vorliegt und das betreffende Konto im Fälligkeitszeitpunkt eine hinreichende Deckung aufweist. Hier gilt die Zahlung auch dann als bewirkt, wenn das Finanzamt die Forderung tatsächlich erst später einzieht (vgl. BFH, Beschluss v. 8.3.2016, VIII B 58/15). Bei der Ermittlung der Fälligkeit ist allein auf die gesetzliche Frist des § 18 Abs. 1 Satz 4 UStG abzustellen, nicht auf eine mögliche Verlängerung der Frist (Sächsisches FG, Urteil v. 7.11.2019, 6 K 1106/19, vgl. FinMin Schleswig-Holstein, Einkommensteuer-Kurzinformation Nr. 2019/22 v. 20.11.2019 sowie BayLfSt, Verfügung v. 30.1.2020, S 2226.2.1 – 5/14 St 32).

Von Bedeutung ist das wieder für die EÜR 2026, da der 10.1.2026 ein Samstag ist.

Unfall

Unfallkosten, die auf einer Geschäftsreise entstehen, stellen eine Betriebsausgabe dar. Kosten für Unfälle auf privaten Umwegen (z. B. zum Einkaufen) oder Fahrten, die nur indirekt mit dem Betrieb zu tun haben (Kindergarten, Schule), gehörten früher nicht zu den Werbungskosten bzw. Betriebsausgaben. Der BFH hat dies eingeschränkt: Beruht die Reise auf einer doppelten, d. h. beruflichen und privaten Veranlassung, so kann die private Veranlassung von untergeordneter Bedeutung sein. Werden aber aufgrund der privaten Mitveranlassung einer Reise erhebliche Unfallkosten ausgelöst, die nicht mehr von untergeordneter Bedeutung sind, so führt dies zu einem Abzugsverbot für diese privat veranlassten Aufwendungen (BFH, Urteil v. 1.12.2005, IV R 26/04).

Ist der Unfall auf einer Fahrt zwischen Wohnung und Betrieb geschehen, ist zu beachten, dass mit der Entfernungspauschale sämtliche Aufwendungen abgegolten sind. Unfallkosten können daher nicht zusätzlich geltend gemacht werden (FG Rheinland-Pfalz, Urteil v. 23.2.2016, 1 K 2078/15). Das gilt auch für die Kosten eines Strafprozesses wegen fahrlässiger Tötung, wenn die Straftat auf einem Verkehrsunfall beruht, der sich bei einer Dienstreise ereignet hat (FG Rheinland-Pfalz, Urteil

v. 22.1.2016, 4 K 1572/14). Krankheitskosten, die auf einen Unfall auf dem Weg zwischen Wohnung und Betrieb zurückzuführen sind, sind jedoch abzugsfähig (BFH Urteil v. 19.12.2019, VI R 8/18).

Aus Billigkeitsgründen wird es von der Verwaltung ausnahmsweise jedoch nicht beanstandet, wenn Aufwendungen für die Beseitigung eines Unfallschadens bei einem Verkehrsunfall neben der Entfernungspauschale als Werbungskosten geltend gemacht werden (Parl. Staatssekretär Dr. M. Meister, BT-Drucks. 18/8523).

Verkauf von Anlagegütern

Der vereinnahmte Verkaufserlös (inklusive Umsatzsteuer) gehört zu den Betriebseinnahmen. Der noch nicht im Wege der Abschreibung abgesetzte Teil der AK/HK (Restbuchwert) ist als Betriebsausgabe abzusetzen. Auch der Gewinn aus der Veräußerung eines gemischt genutzten Pkw, der zum gewillkürten Betriebsvermögen gehört, ist in vollem Umfang Betriebseinnahme (BFH, Urteil v. 16.6.2020, VIII R 9/18).

6 Aufzeichnungspflichten

Gewinnermittlung

Bei der Einnahmenüberschussrechnung genügt eine einfache, aber vollständige Aufzeichnung von Betriebseinnahmen und -ausgaben. Legen Sie dazu einen Ordner mit Trennblättern an. Darin bewahren Sie jährlich die Belege nach Sachgruppen geordnet auf (z. B. Warenerlöse, Honorare, Kfz-Kosten, Löhne, Mieten etc.). Am Jahresende addieren Sie die Kosten der Sachgruppen und übertragen die Summe in die Einnahmenüberschussrechnung.

WICHTIG

Gesonderte Aufzeichnung

Die Bewirtungskosten, Aufwendungen für Geschenke und das häusliche Arbeitszimmer müssen zeitnah und gesondert aufgezeichnet werden (§ 4 Abs. 7 EStG), sonst ist ein Abzug aus formalen Gründen nicht zulässig. Die in Rechnung gestellte Umsatzsteuer kann trotzdem in voller Höhe als Vorsteuer abgezogen werden (FG Berlin-Brandenburg, Urteil v. 9.4.2019, 5 K 5119/18).

Es ist weder eine Inventuraufnahme noch die Führung eines Kassenbuchs erforderlich. Sie müssen den Bankbestand nicht abstimmen. Rechnungsnummern müssen nicht zwingend fortlaufend vergeben werden (FG Köln, Urteil v. 7.12.2017, 15 K 1122/16).

Allerdings müssen Einnahmen einzeln aufgezeichnet werden. Dies kann z. B. durch Kassenberichte erfolgen. Diese sind aber nicht ordnungsgemäß, wenn sie regelmäßig durch den Steuerberater berichtigt und die Kassenbestände ersetzt werden (FG Niedersachsen, Urteil v. 8.12.2011, 12 K 389/09).

TIPP

Einzelaufzeichnungspflicht

Bei nicht ordnungsmäßiger Kassenführung kann das Finanzamt die Einnahmen schätzen. Vermeiden Sie dies durch folgende alternative Maßnahmen:

- Einzelaufzeichnungen jeder Einnahme oder
- Aufzeichnungen von Tagessummen, dazu müssen zusätzlich z. B. Kassenstreifen aufbewahrt werden. Außerdem muss der Kassenbestand lt. Aufzeichnung mit dem tatsächlichen Bestand abgeglichen werden; oder
- Fertigung täglicher Kassenberichte, allerdings ist kein Zählprotokoll erforderlich (BFH, Beschluss v. 16.12.2016, X B 41/16).

§ 146 Abs. 1 AO schreibt ausdrücklich die Einzelaufzeichnungspflicht sowie die Pflicht zur täglichen Erstellung von Kassenaufzeichnungen vor. Ob diese Verpflichtung aber auch für Einnahmen überschussrechner gilt, ist unklar, vorsorglich sollte von einer Einzelaufzeichnungspflicht ausgegangen werden.

Die OFD Karlsruhe sowie das Landesamt für Steuern Niedersachsen haben Merkblätter zur Ordnungsmäßigkeit der Kassenbuchführung herausgegeben, die im Internet zum Download bereitstehen. Die Merkblätter informieren u.a. über die Einzelaufzeichnungspflicht und Ausnahmen, über den Einsatz offener Ladenkassen und elektronischer Registrierkassen, die Verfahrensdokumentationen, das Datenzugriffsrecht, die Kassensicherungsverordnung sowie die Folgen von Mängeln.

Abnutzbare und nicht abnutzbare Anlagegüter sind in einem Verzeichnis zu führen.

Aufbewahrungspflichten

Obwohl die Vorschriften zur Aufbewahrung nicht ausdrücklich für die Einnahmenüberschussrechnung gelten, geht man generell davon aus, dass die Fristen auch hier gültig sind. Vertiefend siehe → Bilanzierung/E-Bilanz.

Wechsel der Gewinnermittlungsart

Will der Unternehmer zur Bilanzierung wechseln, muss er dies dem Finanzamt gegenüber deutlich machen. Das Wahlrecht auf Gewinnermittlung durch Bestandsvergleich ist erst dann wirksam ausgeübt worden, wenn zeitnah eine Eröffnungsbilanz aufgestellt, eine ordnungsgemäße kaufmännische Buchführung eingerichtet und aufgrund von Bestandsaufnahmen ein Abschluss gemacht wird (BFH, Urteil v. 19.10.2005, XI R 4/04).

Ist die Eröffnungsbilanz erst einmal eingereicht, ist (für das Jahr) eine Rückkehr zur Einnahmenüberschussrechnung nicht mehr zulässig (FG Berlin-Brandenburg, Urteil v. 29.8.2007, 12 K 1027/04 B). Auch ein nachträglicher Wechsel zur Bilanzierung ist unzulässig, wenn bereits eine EÜR eingereicht wurde (Schleswig-Holsteinisches FG, Urteil v. 26.7.2011, 2 K 124/10).

Bei jedem Wechsel muss ein Übergangsgewinn bzw. -verlust berechnet werden. Der **Übergangsgewinn** kann auf bis zu drei Jahre verteilt werden. Dann ist der Steuerpflichtige für drei Wirtschaftsjahre an diese Gewinnermittlung gebunden. Der **Übergangsverlust** ist im Jahr des Wechsels zu berücksichtigen (BFH, Urteil v. 23.7.2013, VIII R 17/10).

Ergänzungsrechnung außerhalb der Einnahmenüberschussrechnung

Wird z. B. ein Gesellschafter in eine freiberufliche Gemeinschaft neu aufgenommen und hat dieser hierfür AK gezahlt, sind diese in einer steuerlichen Ergänzungsrechnung zu erfassen, wenn sie in der Überschussrechnung der Gesamthand nicht berücksichtigt werden können. Das gilt auch, wenn der bisherige Einzelinhaber seinen freiberuflichen Betrieb in eine neu gegründete GbR einbringt und der andere Gesellschafter für seinen zukünftigen Anteil an der Gesellschaft eine Zuzahlung in das Privatvermögen des ehemaligen Einzelinhabers erbringt (BFH, Urteil v. 24.6.2009, VIII R 13/07). Ein Wechsel zur Bilanzierung ist nicht erforderlich. Allerdings ist die Anlage ER (Ergänzungsrechnung) auszufüllen.

Entnahmen/Einlagen

Wegen der Begrenzung des betrieblichen Schuldzinsenabzugs ist es erforderlich, Entnahmen und Einlagen gesondert aufzuzeichnen. Vertiefend siehe → Schuldzinsen. Neben Geldentnahmen und -einlagen sind auch Sach- und Nutzungsentnahmen/-einlagen aufzuzeichnen.

7 Betriebsvermögen

Die Zuordnung zum Betriebsvermögen ergibt sich aus folgender Übersicht:

Betriebliche Nutzung	Behandlung
> 50 %	notwendiges Betriebs vermögen
10 %–50 %	gewillkürtes Betriebsvermögen (Einbuchung beim bilanzierenden Unternehmer bzw. eindeutige Einlagehandlung erforderlich!)
< 10 %	Privatvermögen

Wird ein Wirtschaftsgut als Betriebsvermögen eingestuft, hat dies Folgen:

- Die Abschreibungen und sämtliche Kosten für das Wirtschaftsgut stellen Betriebsausgaben dar.
- Bei einer Veräußerung gehört der gesamte Erlös zu den Betriebseinnahmen.
- Im Fall einer privaten Mitbenutzung des Wirtschaftsguts muss ein Privatanteil festgesetzt werden.

Auch ein Unternehmer, der seinen Gewinn durch eine Einnahmenüberschussrechnung ermittelt, kann gewillkürtes Betriebsvermögen haben. Bei der Einnahmenüberschussrechnung ist die Zuordnung zum gewillkürten Betriebsvermögen in unmissverständlicher Weise durch entsprechende, zeitnah erstellte Aufzeichnungen auszuweisen (BFH, Urteil v. 2.10.2003, IV R 13/03).

Das gilt auch für Wertpapiere, wenn der Kauf oder Verkauf als Hilfsgeschäft der Tätigkeit anzusehen ist, z. B. im Rahmen eines betrieblichen Finanzierungskonzepts (BFH, Urteil v. 17.5.2011, VIII R 1/08).

Wer Nachteile vermeiden will, sollte entsprechende eindeutige Aufzeichnungen im laufenden Geschäftsjahr über die Zuordnung vornehmen und dem Finanzamt spätestens mit der Einnahmenüberschussrechnung einreichen (BMF, Schreiben v. 17.11.2004, IV B 2 – S 2134 – 2/04, BStBl 2004 I, 1064).

Nutzung privater Vermögensgegenstände

Wird ein zum Privatvermögen gehörendes Wirtschaftsgut (betriebliche Nutzung maximal 50 %) teilweise betrieblich genutzt, hat der Unternehmer die Wahl: Erklärt er das Wirtschaftsgut zum gewillkürten Betriebsvermögen, sind alle Kosten Betriebsausgaben. Darüber hinaus besteht eventuell ein Vorsteueranspruch. Vertiefend siehe → Umsatzsteuer. Behandelt der Unternehmer den Gegenstand weiter als Privatvermögen, sind die gesamten Kosten zunächst privat zu behandeln. Am Jahresende ist der auf die betriebliche Nutzung entfallende Kostenanteil als Betriebsausgabe absetzbar. Vorteil: Eine Veräußerung hat keine Auswirkungen auf den Gewinn.

8 Vordruck zur Gewinnermittlung

Die Gewinnermittlung muss mit dem amtlich vorgeschriebenen Vordruck Anlage EÜR „Einnahmenüberschussrechnung (Gewinnermittlung nach § 4 Abs. 3 EStG)" elektronisch übermittelt werden (BFH, Urteil v. 16.11.2011, X R 18/09). In Härtefällen kann die Finanzbehörde auf Antrag auf die elektronische Übermittlung verzichten.

Weitere Ausnahmefälle hat die OFD Nordrhein-Westfalen in einer bundesweit abgestimmten Verfügung formuliert (OFD Nordrhein-Westfalen, Verfügung v. 20.4.2018, Kurzinfo ESt 03/2018):

- Wenn der Gewinn unter 410 € liegt (§ 46 Abs. 2 Nr. 1 EStG) und ein Veranlagungsgrund nach § 46 Abs. 2 Nr. 2 bis 7 EStG vorliegt: Anlage EÜR in Papierform.
- Bei einer Antragsveranlagung (§ 46 Abs. 2 Nr. 8 EStG), wenn ein weiterer Veranlagungsgrund nach § 46 Abs. 2 Nr. 2 bis 7 EStG gegeben ist: Anlage EÜR in Papierform.
- Ehrenamtlich Tätige, deren Einnahmen nach den § 3 Nr. 26, 26a oder 26b EStG insgesamt steuerfrei bleiben: keine Anlage EÜR.

Elektromobilität

Zur Förderung der Elektromobilität gibt es für Elektro- und Hybridelektrofahrzeuge sowie E-Bikes und E-Scooter Steuererleichterungen. Auch für die Berechnung der privaten Nutzung und der Nutzung für Wege zur ersten Betriebs- bzw. Tätigkeitsstätte von betrieblichen Fahrzeugen (Firmenwagen/Dienstwagen) gelten günstigere Sonderregelungen.

§ 3 Nr. 37 und 46, § 6 Abs. 1 Nr. 4, § 4 Abs. 5, § 8 Abs. 2, § 37, § 40 Abs. 2 EStG, BMF, Schreiben v. 29.9.2020, IV C 5 – S 2334/19/10009 : 004

1 Steuervergünstigungen Lohnsteuerbefreiung und -pauschalierung für Ladestrom/-vorrichtungen

ACHTUNG

Grundvoraussetzung für die Vergünstigung

Sowohl die Steuerbefreiung als auch die Möglichkeit der Pauschalierung der Lohnsteuer setzen stets voraus, dass die Vorteile vom Arbeitgeber **zusätzlich zum ohnehin geschuldeten Arbeitslohn zweckgebunden** gewährt werden. Eine Umwandlung von bereits zustehendem Gehalt ist damit nicht begünstigt. Vertiefend siehe → Arbeitslohn/geldwerter Vorteil. Die LSt-Pauschalierung führt stets dazu, dass für den zugrunde liegenden Arbeitslohn kein Sozialversicherungsbeitrag zu zahlen ist.

Aufladung an betrieblicher Ladeeinrichtung

Vom Arbeitgeber gewährte Vorteile für das elektrische Aufladen (unentgeltlich oder verbilligt gestellter Ladestrom) eines Elektro- oder Hybridfahrzeugs an einer ortsfesten betrieblichen Einrichtung des Arbeitgebers und die zur privaten Nutzung überlassene betriebliche Ladeinfrastruktur einschließlich Zubehör sowie in diesem Zusammenhang erbrachte Dienstleistungen (z.B. Installation, Inbetriebnahme, Wartung der Anlage) sind bei Arbeitnehmerinnen und Arbeitnehmern bis zum 31.12.2030 **steuerfreier** Arbeitslohn (§ 3 Nr. 46 EStG). Begünstigt ist sowohl das Aufladen eines privaten Fahrzeugs des Arbeitnehmers als auch das Aufladen eines Dienstwagens, den der Arbeitnehmer auch privat nutzen darf. Auch das Aufladen von E-Scootern und Elektrofahrrädern ist steuerfrei. Dies gilt sowohl für große E-Bikes (Motorunterstützung auch bei Geschwindigkeiten über 25 km/h mit Kennzeichen- und Versicherungspflicht) als auch – aus Billigkeit – für kleine E-Bikes (Pedelecs).

Übereignung einer Ladevorrichtung an Arbeitnehmer

Kauft der Arbeitgeber seinem Arbeitnehmer eine Ladevorrichtung (Wallbox einschließlich Zubehör, Installation ...) oder beteiligt er sich an den Kosten, liegt in Höhe der Anschaffungskosten bzw. Kostenbeteiligung steuerpflichtiger Arbeitslohn vor. Die dafür anfallende Lohnsteuer kann der Arbeitgeber bis 31.12.2030 pauschal mit 25 % (Arbeitgeberlohnsteuer) berechnen und übernehmen (§ 40 Abs. 2 Satz 1 Nr. 6 EStG).

Zuschüsse des Arbeitgebers für private Ladevorrichtungen

Erwirbt der Arbeitnehmer eine Ladevorrichtung privat und trägt er die Aufwendungen der Nutzung (Wartung, Betrieb, Miete für Starkstromzähler), kann der Arbeitgeber die Kosten (nicht jedoch die Aufwendungen für den Ladestrom) bezuschussen oder vollständig übernehmen. Die Kostenübernahme bzw. der Zuschuss ist steuerpflichtiger Arbeitslohn. Die anfallende Lohnsteuer kann der Arbeitgeber pauschal mit 25 % (Arbeitgeberlohnsteuer) berechnen und übernehmen. Voraussetzung für die mögliche Pauschalierung ist, dass die Aufwendungen für die berufliche Nutzung regelmäßig wiederkehren und vom Arbeitnehmer für einen repräsentativen Zeitraum von drei Monaten im Einzelnen nachgewiesen werden.

Übereignung eines Fahrrads

Übereignet der Arbeitgeber seinem Arbeitnehmer ein Fahrrad (mit oder ohne Elektroantrieb) kostenlos oder verbilligt, entsteht dabei in Höhe der Anschaffungskosten bzw. des Preisnachlasses ein steuerpflichtiger Vorteil. Das gilt auch, wenn der Arbeitnehmer das Fahrrad nach Ablauf der Leasingdauer (Firmenleasing s.u.) vom Arbeitgeber oder dem Leasinggeber zu einem vergünstigten Kaufpreis erwirbt. In diesem Fall wird der Sachbezug bei einem 36 Monate langen Leasingzeitraum wie folgt ermittelt:

Restwert E-Bike (40 % des UVP oder Einzelgutachten)

– Zuzahlung des Arbeitnehmers

= Sachbezug/geldwerter Vorteil

Handelt es sich um ein kleines E-Bike (Motorunterstützung bis max. 25 km) kann der Arbeitgeber die aus dem Sachbezug anfallende Lohnsteuer pauschal mit 25 % (Arbeitgeberlohnsteuer) berechnen und übernehmen (§ 40 Abs. 2 Satz 1 Nr. 7 EStG).

Bei einem großen E-Bike (mit Versicherungskennzeichen) ist die Pauschalierung mit 30 % möglich (§ 37b EStG).

Sonderabschreibung

Für neue (nicht gebrauchte oder als Vorführfahrzeuge genutzte) betrieblich genutzte **Elektronutzfahrzeuge** (EG-Fahrzeugklasse N) wie z. B. Elektrolieferfahrzeuge kann der „Erstzulasser“ (Tageszulassung ist unschädlich) im Anschaffungsjahr zusätzlich zur „normalen“ AfA nach § 7 Abs. 1 EStG eine Sonderabschreibung in Höhe von 50 % der Anschaffungskosten in Anspruch nehmen (**§ 7c EStG**). Die Sonder-AfA gilt auch für neue Lastenfahrräder (Schwerlastfahrräder mit mindestens einem Kubikmeter Transportvolumen, 150 kg Nutzlast und Zulassungsfreiheit nach § 1 Abs. 3 StVG), die mit einem elektromotorischen Hilfsantrieb angetrieben werden.

2 Privatnutzung

Private Nutzung durch den Betriebsinhaber

Die Privatnutzung wird wie bei Autos mit Verbrennungsmotor entweder pauschal nach dem Bruttolistenpreis (1%-Regelung) oder anhand der tatsächlichen Kosten für die privat gefahrenen Kilometer (Fahrtenbuch) ermittelt.

Dabei gelten je nach Fahrzeugart und Anschaffungszeitpunkt unterschiedliche Regelungen.

Bei Fahrzeugen, die nach dem 31.12.2018 (Altfälle) und bis zum 31.12.2030 angeschafft wurden bzw.

werden, die keine Kohlendioxidemissionen haben (reine Elektrofahrzeuge) und deren Bruttolistenpreis max. 60.000 € beträgt, ist ab 2020 bei der pauschalen Berechnung nur von einem Viertel des auf volle 100 € abgerundeten Bruttolistenpreises auszugehen.

Für Fahrzeuge, die diese Voraussetzung nicht erfüllen (z. B. reine Elektrofahrzeuge mit Bruttolistenpreis über 60.000 € oder Hybridfahrzeuge), die in der Zeit zwischen 1.1.2019 und 31.12.2021 angeschafft wurden bzw. werden und die eine Mindestreichweite mit reinem Elektroantrieb von 40 km oder einen maximalen CO_2-Ausstoß von 50g/km haben, ist vom halben Bruttolistenpreis auszugehen. Der hälftige Ansatz gilt auch für Fahrzeuge, die zwischen dem 1.1.2022 und dem 31.12.2024 angeschafft werden und eine Mindestreichweite mit reinem Elektroantrieb von 60 km erreichen oder einen maximalen CO_2-Ausstoß von 50g/km haben sowie für zwischen dem 1.1.2025 und dem 31.12.2030 angeschaffte Kfz, die eine Mindestreichweite mit reinem Elektroantrieb von 80 km erreichen oder einen maximalen CO_2-Ausstoß von 50g/km haben.

Erfolgt die Ermittlung über die tatsächlichen Kosten (Fahrtenbuchmethode), wird der AfA-Anteil unter den o. a. zeitlichen Voraussetzungen nur aus der Hälfte bzw. einem Viertel der Anschaffungskosten bzw. bei geleasten Fahrzeugen aus der halben Leasingrate berechnet. Die Stromkosten werden nicht in die Berechnung einbezogen (steuerfrei, § 3 Nr. 46 EStG).

Wege zwischen Wohnung und erster Betriebsstätte

Bei der Berechnung der die Entfernungspauschale übersteigenden und nicht als Betriebsausgabe abzugsfähigen Kosten wird bei der pauschalen Berechnung nach dem Bruttolistenpreis (0,03 %) je nach Fahrzeugart und Anschaffungszeitpunkt vom entsprechend halbierten oder geviertelten Bruttolistenpreis ausgegangen, bei der Berechnung über die tatsächlichen Kosten (Fahrtenbuchmethode) nur von der AfA aus den hälftigen bzw. geviertelten Anschaffungskosten und ohne die Stromkosten für die Aufladung.

Dienstwagen des Arbeitnehmers

Die Erstattung der vom Arbeitnehmer selbst getragenen Stromkosten durch den Arbeitgeber ist beim Arbeitnehmer lohnsteuerfreier **Auslagenersatz** (§ 3 Nr. 50 EStG). Die Verwaltung akzeptiert bei reinen Elektro-Kfz eine monatliche Pauschale von 30 €, wenn eine Lademöglichkeit beim Arbeitgeber besteht, ansonsten 70 €, bei Hybridfahrzeugen jeweils die Hälfte. Alternativ können (durch Beleg) nachgewiesene höhere tatsächliche Ladekosten steuerfrei ersetzt werden.

Die **Privatnutzung** des Kfz und die Nutzung für **Wege von der Wohnung zur ersten Tätigkeitsstätte** ist steuerpflichtiger Arbeitslohn (geldwerter Vorteil).

Die Berechnung des geldwerten Vorteils kann pauschal über den Bruttolistenpreis (1 % bzw. 0,03 %) oder auf Einzelnachweis (Fahrtenbuchmethode) erfolgen. Dabei gelten für die Berechnung des geldwerten Vorteils die o. a. Grundsätze wie beim Betriebsinhaber.

E-Bike des Arbeitnehmers

Darf ein Arbeitnehmer ein ihm vom Arbeitgeber überlassenes betriebliches Fahrrad für Privatfahrten und/oder Wege zwischen Wohnung und erster Tätigkeitsstätte nutzen, kommt es bezüglich der Versteuerung darauf an, ob es sich verkehrsrechtlich um ein Fahrrad (Motorunterstützung bis max. 25 km = kleines E-Bike) oder um ein Kfz (Motorunterstützung bis 45 km, Kennzeichenpflicht = großes E-Bike) handelt. Bei Fahrrädern ohne Elektroantrieb und kleinen E-Bikes ist der geldwerte Vorteil aus der Überlassung für private Fahrten und für Wege zwischen Wohnung und erster Tätigkeitsstätte bis 31.12.2030 steuerfrei (§ 3 Nr. 37 EStG), wenn die Überlassung zusätzlich zum geschuldeten Arbeitslohn (keine Entgeltumwandlung) erfolgt. Für große E-Bikes gelten die Regelungen wie für Kfz (s.o.), d.h. für ab 2019 angeschaffte E-Bikes ab 2020 Berechnung des Privatanteils und des Vorteils für die Nutzung zwischen Wohnung und erster Tätigkeitsstätte beim pauschalen Ansatz aus einem Viertel des abgerundeten Bruttolistenpreises bzw. beim Ansatz der tatsächlichen Kosten Berechnung der AfA nur aus dem Viertel der Anschaffungskosten

Darf ein Arbeitnehmer sein **privates E-Bike** beim Arbeitgeber kostenlos aufladen, ist dieser geldwerte Vorteil bei allen Arten von E-Bikes steuerfrei (§ 3 Nr. 46 EStG).

E-Scooter

Bei E-Scootern handelt es sich verkehrsrechtlich um Kfz (Kennzeichenpflicht). Entsprechend müssten eigentlich die gesetzlichen Regelungen für Kfz bzw. große E-Bikes gelten. Denkbar ist aber auch, dass die Finanzverwaltung aus Billigkeit die Regelungen für kleine E-Bikes anwendet. Eine Entscheidung der Finanzverwaltung steht noch aus.

3 Überlassung von Leasing-E-Bikes

Arbeitgeber bieten ihren Arbeitnehmern inzwischen vermehrt an, ein E-Bike auch für die private Nutzung über den Arbeitgeber zu leasen und die Leasinggebühren vom Gehalt einzubehalten. Damit lässt sich der Bruttolohn und damit der Steuerabzug sowie der Abzug von Sozialversicherungsbeiträgen verringern.

BEISPIEL

E-Bike-Leasing

Eine Firma least ein kleines E-Bike im Wert von 2.500 € und überlässt es dem Arbeitnehmer auch für private Fahrten. Die monatlichen Leasingraten des Arbeitgebers (75 €) werden vom Lohn des Arbeitnehmers (monatlicher Bruttolohn 4.000 €, Steuerklasse 1) einbehalten. Die steuerliche Entlastung durch diese Gehaltsumwandlung zeigt folgende Vergleichsberechnung:

	ohne E-Bike	mit E-Bike
Bruttolohn (Monat) Privatnutzung E-Bike steuerfrei	4.000 €	(– 75 €) 3.925 €
= steuerpflichtiger Lohn	4.000 €	3.925 €
– LSt, Solz, KiSt, Sozialabgaben	1.515,60 €	1.477,60 €
= Nettolohn	2.484,40 €	2.447,40 €

Damit ergibt sich eine Abgabenersparnis von 37 € und die monatliche Leasingrate, die der Arbeitnehmer zu tragen hat, reduziert sich durch die Abgabenersparnis auf (75 € – 37 € =) 38 €.

Erwirbt der Arbeitnehmer das E-Bike zu einem Vorzugspreis, kann ein geldwerter Vorteil (Arbeitslohn) zu versteuern sein. Bei einer Leasingdauer von 36 Monaten geht die Verwaltung derzeit davon aus, dass erst bei einem Preis, der niedriger als 40 % der unverbindlichen Preisempfehlung bei Leasingbeginn ist, in Höhe des Preisvorteils steuerpflichtiger Arbeitslohn vorliegt. Dieser kann vom Arbeitgeber mit 25 % pauschal versteuert werden.

Energetische Maßnahmen

Für energetische Maßnahmen an einem im Inland oder der EU belegenen zu eigenen Wohnzwecken genutzten eigenen Gebäude kann für die Durchführung bestimmter energetischer Maßnahmen eine Steuerermäßigung in Anspruch genommen werden. Voraussetzung ist, dass das begünstigte Objekt bei der Durchführung der energetischen Maßnahme älter als zehn Jahre ist. Für die Beantragung gibt es die „Anlage Energetische Maßnahmen".

§ 35c EStG, Energetische Sanierungsmaßnahmen-Verordnung (ESanMV)

1 Voraussetzungen

Für energetische Maßnahmen können Steuerbürgerinnen und Steuerbürger auf Antrag eine Steuerermäßigung erhalten, wenn folgende Voraussetzungen erfüllt sind:

- **Durchführung energetischer Maßnahmen** im Sinne des § 35c Abs. 1 Satz 3 EStG, einschließlich der Kosten für die Bescheinigung und der Kosten für einen zugelassenen Energieberater (abschließende Aufzählung). Energetische Maßnahmen sind Wärmedämmung von Wänden, Dachflächen und Geschossdecken sowie die Erneuerung der Fenster, Außentüren, Lüftungsanlage, Heizungsanlage und der Einbau von digitalen Systemen zur energetischen Betriebs- und Verbrauchsoptimierung und der Optimierung bestehender Heizungsanlagen, sofern diese älter als zwei Jahre sind.

- Durchführung durch einen **Fachbetrieb** im Sinne des § 2 ESanMV, § 35c Abs. 1 Satz 6 EStG.
- **Nachweis durch Bescheinigung** (nach amtlichem Muster) durch das ausführende Fachunternehmen, aus der sich ergibt, dass alle Anforderungen aus der ESanMV dem Grunde und der Höhe nach erfüllt sind. Die Bescheinigung kann dem Steuerpflichtigen mit den notwendigen Anlagen auch in elektronischer Form übermittelt werden. Bei Wohnungseigentümergemeinschaften genügt es, wenn der Verwalter die anteiligen auf das Miteigentum entfallenden Aufwendungen nach dem Verhältnis des Miteigentumsanteils aus einer Gesamtbescheinigung aufteilt. Die Einzelheiten zum Bescheinigungsverfahren regelt ein Schreiben des BMF v. 31.3.2020, IV C 1 – S 2296-c/20/10003: 001; 2020/ 0309220.
- Der Steuerpflichtige hat für die Aufwendungen eine **Rechnung** erhalten, die die förderungsfähigen energetischen Maßnahmen, die Arbeitsleistung des Fachunternehmens und die Adresse des begünstigten Objekts ausweisen und die in deutscher Sprache ausgefertigt ist.
- Die **Zahlung** ist auf das Konto des Erbringers der Leistung **unbar** erfolgt.
- Für die Aufwendungen wurden weder Betriebsausgaben oder Werbungskosten noch Sonderausgaben oder außergewöhnliche Belastungen abgezogen. Es wurden auch keine Steuerermäßigungen nach § 35a EStG (haushaltsnahe Dienstleistungen) und keine öffentlich geförderten zinsverbilligten Darlehen oder steuerfreie Zuschüsse (z. B. KfW-Förderung) in Anspruch genommen. Ein Wechsel zwischen den Fördertatbeständen ist während des Abzugszeitraums nicht möglich.

2 Begünstigtes Objekt

Steuerbegünstigt ist ein ausschließlich zu eigenen Wohnzwecken genutztes eigenes Gebäude, eine Eigentumswohnung oder eine Ferienwohnung. Dies gilt auch für Gebäudeteile, die selbstständige unbewegliche Wirtschaftsgüter sind. Auch Energiemaßnahmen an Zubehörräumen (z. B. Keller, Dachboden) sind begünstigt. Die Eigennutzung muss **im jeweiligen Jahr** der Inanspruchnahme der Steuerermäßigung vorliegen. Bei energetischen Maßnahmen in einem leer stehenden Gebäude vor dem Tag des Einzugs des Erwerbers gilt der Beginn der Baumaßnahmen als Tag der erstmaligen Nutzung zu eigenen Wohnzwecken.

Unschädlich ist die unentgeltliche Teilüberlassung an andere Personen zu Wohnzwecken. Eine vollständige unentgeltliche Überlassung an andere Personen (Ausnahme: Kinder i. S. d. § 32 EStG) ist keine Nutzung zu eigenen Wohnzwecken. Das Gebäude muss bei Durchführung der energetischen Maßnahme älter als zehn Jahre (ab Beginn der Herstellung des Gebäudes) sein.

3 Höhe der Förderung

Die Steuerermäßigung ist über drei Jahre gestaffelt.

1. Jahr (Abschluss der Maßnahme)	7 % der Sanierungskosten	maximal 14.000 € (7 % von max. 200.000 €)
2. Jahr	7 % der Sanierungskosten	maximal 14.000 €
3. Jahr	6 % der Sanierungskosten	maximal 12.000 €

Die energetische Maßnahme ist erst dann abgeschlossen, wenn die Leistung tatsächlich erbracht (vollständig durchgeführt) ist, die steuerpflichtige Person eine Rechnung (Schlussrechnung) erhalten und den Rechnungsbetrag auf das Konto des Leistungserbringers eingezahlt hat.

Kann die Steuerermäßigung in einem Jahr wegen einer geringeren tariflichen ESt nicht voll ausgeschöpft werden, ist eine Übertragung auf ein anderes Jahr nicht möglich. Wird das Objekt während des dreijährigen Abzugszeitraums unentgeltlich auf eine andere Person übertragen, kann diese die Steuerermäßigung des Vorgängers nicht fortführen, aber für eigene Aufwendungen neu beantragen.

Die Kosten für einen Energieberater, der mit der Sanierungsplanung beauftragt wird oder der die Bauausführung begleitet, können in Höhe von 50 % der anfallenden Ausgaben als Steuerermäßigung berücksichtigt werden, wenn es sich um einen BAFA-zertifizierten Energieberater handelt.

4 Höchstbetrag

Je Objekt können mehrere Einzelmaßnahmen gefördert werden. Als Steuerermäßigung darf **je Objekt** ein Förderbetrag in Höhe von 20 % der jeweiligen Aufwendungen (höchstens 200.000 €), jedoch höchstens insgesamt 40.000 € in Anspruch genommen werden. Für verschiedene Objekte kann die Steuerermäßigung zeitgleich oder nacheinander in Anspruch genommen werden.

5 Anwendungszeitraum

Die Steuerermäßigung gibt es für energetische Maßnahmen, mit deren Durchführung nach dem 31.12.2019 begonnen wurde und die vor dem 1.1.2030 abgeschlossen sind. Maßgebend sind der Bauantrag oder der Beginn der Baumaßnahme, wenn ein Bauantrag nicht erforderlich ist.

6 Mehrere Beteiligte

Steht das Eigentum am begünstigten Objekt mehreren Personen zu, können die Steuerermäßigungen für das begünstigte Objekt insgesamt nur einmal in Anspruch genommen werden. Die der Steuerermäßigung zugrunde liegenden Aufwendungen können einheitlich und gesondert festgestellt werden.

BEISPIEL

Energetische Maßnahme

Die Ehegatten Fink sind Eigentümer eines Zweifamilienhauses, Baujahr 1989, AK Gebäude 323.000 €. Die OG-Wohnung (80 m²) ist vermietet. Die EG-Wohnung (140 m²) nutzen die Eheleute zu eigenen Wohnzwecken. Im August 2021 wurde die 30 Jahre alte Heizungsanlage erneuert. Die

Eheleute überweisen im August 2021 eine Abschlagszahlung in Höhe von brutto 12.000 € für das Material an den ausführenden Fachbetrieb. Die Schlussrechnung erhalten sie im Dezember 2021. Rechnungsbetrag 20.200 € zzgl. 3.838 € USt. In der Rechnung waren u. a. 6.450 € Arbeitslohn zzgl. USt und 250 € Fahrtkostenpauschale zzgl. USt ausgewiesen. Nach Abzug der Abschlagszahlung überwiesen die Ehegatten im Januar 2022 den verbleibenden Betrag in Höhe von 12.038 €.

Der Rechnung war eine Bescheinigung der ausführenden Fachfirma nach amtlich vorgeschriebenem Muster beigefügt.

Obergeschoss

Die Aufwendungen sind als Werbungskosten bei den Einkünften aus Vermietung und Verpachtung abzugsfähig.

2021: Abschlagszahlung 4/11 von 12.000 € = 4.364 € WK

2022: Schlusszahlung 4/11 von 12.038 € = 4.378 € WK

Erdgeschoss

Steuerermäßigung für energetische Maßnahmen: Alle Voraussetzungen sind erfüllt. Begünstigte Aufwendungen, soweit sie auf das Erdgeschoss entfallen: 24.038 €, davon 7/11 (140/220) = 15.297 €.

Die Förderung sieht wie folgt aus (Abschluss der Maßnahme, d. h. Abschluss der Arbeiten, Rechnung liegt vor und Zahlung ist erfolgt im Jahr 2022):

Förderjahr	**Förderbetrag**	**Höchstbetrag**	**Steuerermäßigung § 35c EStG**
2021	keine Förderung bei Teilzahlung		
2022	7 % von 15.297 € = 1.071 €	14.000 €	1.071 €
2023	7 % von 15.297 € = 1.071 €	14.000 €	1.071 €
2024	6 % von 15.297 € = 918 €	12.000 €	918 €

Existenzgründer

Haben Sie ein Unternehmen neu gegründet, sind wegweisende Entscheidungen zu treffen und Besonderheiten zu beachten. Im Folgenden erhalten Sie einen Überblick, worauf es ankommt. Außerdem stellen wir die Grundzüge des Gründungszuschusses dar.

1 Meldepflicht

Gewerbeanmeldung

Die Aufnahme einer gewerblichen Betätigung ist beim Gewerbeamt der Gemeinde anzumelden. Damit wird gleichzeitig die Meldepflicht gegenüber sonstigen Behörden (Berufsgenossenschaft, Gewerbeaufsichtsamt, Industrie- und Handelskammer bzw. Handwerkskammer, Statistisches Landesamt) erfüllt.

WICHTIG

Gewerbeanmeldung
Das Finanzamt wird von der Gemeinde informiert und sendet Ihnen einen Fragebogen zur Betriebseröffnung zu.

Freiberufler

Freiberufler (z. B. Ärzte, Ingenieure, Architekten etc.) müssen ihre Tätigkeit formlos beim Finanzamt anmelden. Vertiefend siehe → Gewerbetreibende/ Steuerermäßigung.

Sozialversicherung

Wer einer selbstständigen Tätigkeit nachgehen will, sollte vorab klären, ob eine Sozialversicherungspflicht („Scheinselbstständigkeit") besteht. Die sozialversicherungsrechtliche Beurteilung einer Tätigkeit ist für die steuerliche Einstufung allerdings nicht bindend.

2 Betriebseröffnungsbogen

Fragebogen

Steuerpflichtige müssen dem zuständigen Finanzamt innerhalb eines Monats nach Eröffnung eines land- und forstwirtschaftlichen oder gewerblichen Betriebs oder Aufnahme einer freiberuflichen Tätigkeit Auskünfte über die für die Besteuerung erheblichen rechtlichen und tatsächlichen Verhältnisse erteilen (§ 138 Abs. 1b AO). Diese Auskünfte sind elektronisch zu übermitteln, sofern das Finanzamt nicht zur Vermeidung unbilliger Härten die Auskunftserteilung nach amtlich vorgeschriebenem Vordruck zulässt (§ 138 Absatz 1b Satz 3 AO).

Das Finanzamt möchte mit dem „Fragebogen zur steuerlichen Erfassung" (Betriebseröffnungsbogen) folgende Fragen klären:

- Welche Tätigkeit wird ausgeübt, welche Rechtsform hat das Unternehmen und wer ist Betriebsinhaber?
- Sind Umsatzsteuer- und Lohnsteuervoranmeldungen abzugeben?
- In welcher Höhe sind Einkommensteuer- bzw. Körperschaftsteuervorauszahlungen zu leisten?

Angaben zur Gewinnerwartung und zu anderen Einkunftsarten sind für die Festsetzung der **Einkommensteuervorauszahlung** erforderlich. Bitte beachten Sie, dass Sie bei zu niedrigen Vorauszahlungen ggf. später kurzfristig für zwei bis drei Jahre nachzahlen müssen, was zu ernsthaften finanziellen Engpässen führen kann. Eine freiwillige Anpassung nach oben kann daher sinnvoll sein.

Umsatzsteuer

Die **Umsatzsteuervoranmeldungen sind** auf **elektronischem Weg** abzugeben. Die abzuführende Steuer müssen Sie selbst berechnen. Für das Jahr der Neugründung und das folgende Jahr besteht eine **monatliche** Abgabeverpflichtung. Später richtet sich der Voranmeldungszeitraum nach der Umsatzsteuerschuld des Vorjahres.

Vorjahressteuer	Anmeldungszeitraum
bis 1.000 €	jährlich
1.000–7.500 €	vierteljährlich
über 7.500 €	monatlich

Die Regelung, dass Existenzgründer im Jahr der Gründung des Unternehmens und im darauffolgenden Kalenderjahr Voranmeldungen immer monatlich abzugeben haben, wurde allerdings von 2021 bis 2026 ausgesetzt.

Hat der Unternehmer seine Tätigkeit nur in einem Teil des vorangegangenen Kalenderjahres ausgeübt, ist die tatsächliche Steuer in eine Jahressteuer umzurechnen. Nimmt er die Tätigkeit im laufenden Jahr auf, ist die voraussichtliche Steuer des laufenden Kalenderjahres maßgebend.

Auf der Basis dieses (fiktiven) Jahresumsatzes ist zu entscheiden, ob die Grenze von 7.500 € überschritten wird und demnach eine monatliche Abgabe notwendig ist.

Eine **Dauerfristverlängerung** für die Abgabe der USt-Voranmeldungen sollte nicht sofort beantragt werden, da sonst mögliche hohe Vorsteuerbeträge erst einen Monat später ausbezahlt werden.

Achten Sie auf ordnungsgemäße Rechnungen, sonst verlieren Sie die Vorsteuer. Vertiefend siehe → Umsatzsteuer.

Angehörige eines freien Berufs oder Gewerbetreibende, deren Umsatz unter 600.000 € liegt, können beim Finanzamt die **Besteuerung nach den tatsächlich vereinnahmten Entgelten** („Istversteuerung") beantragen. Die Umsatzsteuer entsteht dann nicht schon bei Lieferung oder Leistung, sondern erst dann, wenn das Entgelt vereinnahmt wurde.

Ist der voraussichtliche Jahresumsatz im ersten Jahr nicht höher als 22.000 €, kann die **Kleinunternehmerregelung** beantragt werden. Dann wird keine Umsatzsteuer erhoben, allerdings ist auch kein Abzug von Vorsteuern möglich. Die Istbesteuerung muss durch das Finanzamt ausdrücklich genehmigt werden. Vertiefend siehe → Umsatzsteuer.

ACHTUNG

Umsatzsteuerausweis

Als Kleinunternehmer dürfen Sie keine Umsatzsteuer in Ihren Rechnungen ausweisen, sonst schulden Sie diese gegenüber dem Finanzamt.

Lohnsteuer

Werden Arbeitnehmer beschäftigt, müssen Sie bei jeder Lohnauszahlung die Lohnsteuer selbst berechnen und einbehalten. Dem Finanzamt reichen Sie auf elektronischem Weg eine **Lohnsteueranmeldung** ein und Sie führen die einbehaltene Steuer ab. Für den

Anmeldungszeitraum sind folgende Grenzen maßgeblich:

Jährlich voraussichtlich zu entrichtende Lohnsteuer	Anmeldungszeitraum
bis 1.080 €	jährlich
1.081–5.000 €	vierteljährlich
über 5.000 €	monatlich

Die Lohnsteuerbescheinigungen für Ihre Arbeitnehmer müssen Sie ebenfalls elektronisch an die Finanzverwaltung übermitteln.

Verträge

Packen Ihre Familie und Freunde bei der Gründung tatkräftig mit an, schließen Sie Arbeitsverträge und zahlen Sie Gehalt. Dies kann Steuern sparen.

Zur Vermeidung von Problemen sollten Sie wichtige Verträge (Gesellschaftsvertrag, Arbeitsverträge mit Angehörigen, GmbH-Geschäftsführervertrag, Miet- und Darlehensverträge mit Angehörigen) in Kopie dem Finanzamt möglichst schon bei der Betriebseröffnung einreichen und um eine rechtliche Beurteilung bitten. Bitte beachten Sie, dass die Einholung einer sog. „verbindlichen Auskunft" bei Ihrem Finanzamt gebührenpflichtig ist.

3 Rechtsform des Unternehmens

Es gibt keine Unternehmensform, die nur Vorteile aufweist. Sie sollten daher stets die steuerlichen Aspekte der einzelnen Rechtsformen, das jeweilige Haftungsrisiko sowie die betriebswirtschaftlichen und übrigen zivilrechtlichen Gesichtspunkte mit in Ihre Überlegungen einbeziehen, um so die für Ihre Zwecke optimale Rechtsform zu finden.

Eine wichtige Rolle spielt dabei, ob Sie das Unternehmen allein oder gemeinsam mit anderen Personen betreiben wollen. Hier sollten Sie sich umfassend zivilrechtlich und steuerlich beraten lassen. Angehörige freier Berufe können sich zur Ausübung ihrer Berufe in einer Partnerschaftsgesellschaft zusammenschließen. Sie beruht im Wesentlichen auf den Grundlagen der Gesellschaft bürgerlichen Rechts (GbR), es besteht jedoch die Möglichkeit einer Haftungsbeschränkung. Von Interesse für Existenzgründer könnte auch die haftungsbeschränkte Unternehmergesellschaft (§ 5a GmbHG) sein. Diese ist eine Kapitalgesellschaft, die ohne bestimmtes Mindeststammkapital in einem vereinfachten Verfahren gegründet werden kann.

4 Gewinnermittlung

Als Gewinnermittlungsarten kommt die → Bilanzierung/E-Bilanz bzw. die → Einnahmenüberschussrechnung in Betracht. Einzelheiten zu den beiden Arten und zur Frage, wer bilanzierungspflichtig ist, entnehmen Sie den beiden Stichworten. Außerdem sollten Sie die Hinweise unter → Kleinunternehmer lesen.

Anlauf- und Gründungskosten

Kosten, die vor Beginn der eigentlichen Geschäftstätigkeit anfallen (z. B. Gewerbeanmeldung, Beratungskosten, Miete etc.), sind schon im Zeitpunkt ihrer Entstehung bzw. Bezahlung (je nach Gewinnermittlungsart) regelmäßig als **vorweggenommene Betriebsausgaben** abziehbar. Davon ausgeschlossen sind Kosten, die im Zusammenhang mit der Anschaffung oder Herstellung beweglicher oder unbeweglicher Wirtschaftsgüter stehen. Vertiefend siehe → Abschreibungen/Anschaffungs- und Herstellungskosten.

5 Weitere steuerliche Überlegungen

Einkommen-/Körperschaftsteuer

Der Gewinn eines **Einzelunternehmens** unterliegt der Einkommensteuer, ebenso Ihr Gewinnanteil an einer **Personengesellschaft**. Die Höhe der Steuerbelastung hängt von Ihrem individuellen Einkommensteuersatz (0–45 %) ab.

Wer „Einkünfte aus Gewerbebetrieb" bezieht, erhält bei der Einkommensteuer eine Steuerermäßigung bis zur Höhe des 4-Fachen des Gewerbesteuermessbetrags. Vertiefend siehe → Gewerbetreibende/Steuerermäßigung. Für bilanzierende Einzelunternehmen und Personengesellschaften gibt es die Möglichkeit, Teile des Gewinns nicht auszuschütten (Thesaurierung) und ermäßigt besteuern zu lassen.

Eine **GmbH** (bzw. eine AG) muss für ihr z. v. E. nur 15 % Körperschaftsteuer bezahlen. Kommt es zu einer Ausschüttung, unterliegt die Dividende zusätzlich einer 25%igen Abgeltungsteuer. Vertiefend siehe → Kapitalanlagen und → Abgeltungsteuer.

Abschluss von Verträgen

Im Gegensatz zu Einzelunternehmen und Personengesellschaften kann eine GmbH mit ihren Gesellschaftern steuerlich wirksame Arbeits-, Darlehens- und Mietverträge abschließen. Die entsprechenden Zahlungen mindern den Gewinn der GmbH, führen im Gegenzug aber zu entsprechenden Einkünften bei den Empfängern. Letztendlich kommt es bei der GmbH zu einer Gewerbesteuerersparnis.

Pensionszusagen

Eine GmbH kann ihrem Gesellschafter-Geschäftsführer eine Pensionszusage erteilen. Dies mindert bei der GmbH sofort den Gewinn und spart so Steuern, während der Geschäftsführer erst dann Einkünfte hat, wenn die Pensionszahlungen an ihn ausbezahlt werden. Hierbei sind zahlreiche Hürden zu überwinden. Daher gilt auch hier: Lassen Sie sich gut beraten!

Gewerbesteuer

Einzelunternehmen und Personengesellschaften unterliegen der Gewerbesteuer, wenn sie „Einkünfte aus Gewerbebetrieb" beziehen. Vertiefend siehe → Gewerbetreibende/Steuerermäßigung. Diese Unternehmen haben einen Freibetrag von 24.500 €. Eine GmbH wird immer – ohne Freibetrag – zur Gewerbesteuer herangezogen. Vertiefend siehe → Gewerbesteuer.

Vorsicht bei Gebäuden

Wenn Sie für Ihre Tätigkeit ein eigenes Gebäude nutzen wollen, beachten Sie das Stichwort → Betriebsgrundstücke.

TIPP

Wahl der Rechtsform

Ob die Gründung einer GmbH oder eines Einzelunternehmens bzw. einer Personengesellschaft unter steuerlichen Gesichtspunkten günstiger ist, lässt sich nur bezogen auf den Einzelfall und mit vielen Vorbehalten (keiner weiß, wie zukünftige Gewinne ausfallen und in welchem Umfang Kapital in der Firma benötigt wird) sagen. Lassen Sie sich ggf. individuell beraten!

Steuerliche Aspekte im Zusammenhang mit der Rechtsform des Betriebs

	Einzelunternehmen	Personengesellschaft	GmbH
Ertragsteuerliche Belastung	Gewinn(-anteil) unterliegt mit dem individuellen Steuersatz (14–45 %) der Einkommensteuer, Begünstigung bei Thesaurierung des Gewinns Der Solidaritätszuschlag ist für die meisten Steuerpflichtigen entfallen.		Steuersatz 15 % (Ausschüttungen unterliegen zusätzlich der Abgeltungsteuer) Der Solidaritätszuschlag wird weiter erhoben.
Arbeits-/Miet-/Darlehensverträge mit Inhaber(n)	nicht möglich	beeinflussen lediglich die Gewinnverteilung, mindern nicht den Unternehmensgewinn	mindern den Unternehmensgewinn
Gewährung einer Pensionszusage	Pensionszusage gegenüber dem/den Inhaber(n) ist steuerlich wirksam nicht möglich.		möglich
Gewerbesteuerbelastung	Freibetrag 24.500 €/Tarif 3,5 % Bei natürlichen Personen gibt es bei der Einkommensteuer eine Ermäßigung für gezahlte Gewerbesteuer.		kein Freibetrag/ Tarif 3,5 %
Unternehmensverluste	Unternehmensverluste sind mit anderen Einkünften verrechenbar.		Verrechnung nur mit Gewinnen anderer Jahre
Betriebliche Nutzung privater Gegenstände der Inhaber/Gesellschafter	Wirtschaftsgüter gehören zwangsweise zum Betriebsvermögen (Sonderbetriebsvermögen). Wertsteigerungen erhöhen im Zeitpunkt der Realisierung (z. B. bei Verkauf) den Gewinn.		Die Wirtschaftsgüter bleiben Privatvermögen. Die Miete mindert den Gewinn der GmbH.

6 Finanzhilfen

„Jungunternehmer" erhalten sehr häufig zu günstigen Konditionen Existenzgründerdarlehen. Fragen Sie diesbezüglich bei Ihrer Bank oder Interessenvertretung (z. B. IHK) nach. Es gibt für Existenzgründer vielfältige Förderprogramme auf Bundes- oder Landesebene. Wichtig ist, dass öffentliche Fördermittel **vor** der Betriebsgründung beantragt werden. Informieren Sie sich unter www.kfw.de.

Gründungszuschuss

Arbeitnehmer, die durch Aufnahme einer selbstständigen, hauptberuflichen Tätigkeit die Arbeitslosigkeit beenden, können in der Zeit nach der Existenzgründung einen Gründungszuschuss erhalten. Der Gründungszuschuss ist eine Ermessensleistung, auf die kein Rechtsanspruch besteht. Der Existenzgründungszuschuss ist nach § 3 Nr. 2 EStG steuerfrei. Nähere Informationen gibt es auf den Internetseiten der Bundesanstalt für Arbeit.

Andere Gründungszuschüsse

Andere Gründungszuschüsse (wie z. B. die Meistergründungsprämie NRW) sind bei Einzelunternehmern und Personengesellschaften mangels einer gesetzlichen Befreiung steuerpflichtige Betriebseinnahmen.

Gründungswettbewerbe

Die im Rahmen von Gründungswettbewerben ausgezahlten Preisgelder sind umsatzsteuerrechtlich als echte – nicht steuerbare – Zuschüsse zu beurteilen. Einkommensteuerrechtlich gehören sie zu den Betriebseinnahmen.

7 Investitionsabzugsbetrag

Vertiefend siehe → Investitionsabzugsbetrag.

8 Persönliche Absicherung

Denken Sie auch an Ihre persönliche Absicherung durch Haftpflicht- und Krankenversicherung, Krankentagegeld und Altersvorsorge.

Vertiefend siehe zu steuerlichen Aspekten → Altersvorsorgeaufwendungen, → Sonderausgaben und → Versicherungen.

Als Bezieher des Gründungszuschusses sind Sie nicht automatisch rentenversicherungspflichtig. Beantragen Sie einen Beratungstermin bei Ihrem Rentenversicherungsträger.

Fahrtkosten

Der Abzug von Fahrtkosten ist bei den Werbungskosten, Betriebsausgaben, Sonderausgaben oder den außergewöhnlichen Belastungen möglich.

R 9.4 bis 9.8 LStR 2015

1 Abzugsfähige Fahrtkosten

Fahrten des Arbeitnehmers

Fahrten zur ersten Tätigkeitsstätte

Für die Fahrten zwischen Wohnung und erster Tätigkeitsstätte erhalten Arbeitnehmerinnen und Arbeitnehmer den Werbungskostenabzug in Form einer **Entfernungspauschale.** Die tatsächlichen Kosten sind nur bei Nutzung öffentlicher Verkehrsmittel oder für

Menschen mit einer Behinderung abzugsfähig.

Sonstige berufliche Fahrten

Unter „sonstige berufliche Fahrten" fallen z. B. Fahrten zu Kunden des Arbeitgebers oder zur Teilnahme an Fachtagungen und Lehrgängen im Rahmen eines bestehenden (Ausbildungs-) Dienstverhältnisses. Diese Fahrten sind regelmäßig mit den tatsächlichen Kosten abzugsfähig (zur Ermittlung der Kosten s. u.). Vertiefend siehe → Werbungskosten, -pauschbeträge und -pauschalen. Eine Ausnahme gilt für Familienheimfahrten im Rahmen der doppelten Haushaltsführung. Vertiefend siehe → Doppelte Haushaltsführung.

Folgen eines Unfalls

Wenn sich auf einer beruflichen Fahrt ein Unfall ereignet hat, sind die dadurch angefallenen Kosten (Abschleppkosten, Reparaturkosten, Schadensersatz, Reinigungskosten, Gerichtskosten, Anwaltskosten) abzugsfähig. Infolge eines Unfalls zwischen Wohnung und erster Tätigkeitsstätte angefallene Kosten für ärztliche Behandlungen sind als allgemeine Werbungskosten abzugsfähig.

Fahrten mit dem Firmenwagen

Vertiefend siehe → Firmenwagen.

Fahrten zur Betriebsstätte

Für die Fahrten eines Selbstständigen zwischen Wohnung und Betriebsstätte gelten die Regelungen wie für Arbeitnehmer. Der Kostenabzug erfolgt nur über die **Entfernungspauschale** (s. o.). Soweit in der Gewinnermittlung bisher die gesamten Kfz-Kosten als Betriebsausgabe erfasst waren, müssen die Kosten, welche die Entfernungspauschale übersteigen, korrigiert werden. Vertiefend siehe → Firmenwagen.

Andere betriebliche Fahrten

Andere betriebliche Fahrten können Fahrten zu Kunden, Mandanten, Lieferanten, Einsatzstellen oder Fahrten in Zusammenhang mit Fortbildungen, Lehrgängen oder Fachtagungen sein. Hier sind die tatsächlichen Kosten als Reisekosten abziehbar (zur Kostenermittlung s. u.). Besonderheiten gelten für Fahrten im Rahmen der doppelten Haushaltsführung. Vertiefend siehe → Doppelte Haushaltsführung.

Fahrten bei Vermietung

Als Vermieter eines Hauses oder einer Wohnung können Sie in einer Vielzahl von Fällen (z. B. Fahrten in Zusammenhang mit der Hausverwaltung, Reparaturen, Anschaffung, Hausbau, Finanzierung) die tatsächlichen Kosten absetzen.

Sonderausgaben und außergewöhnliche Belastungen

Zu Fahrtkosten in Zusammenhang mit einer Berufsausbildung siehe → Ausbildung und Studium.

Bei den **außergewöhnlichen Belastungen** kommt ein Abzug von tatsächlichen Fahrtkosten (bis maximal zur Höhe der Aufwendungen für öffentliche Verkehrsmittel) bzw. bei Kfz-Nutzung mit max. 0,30 € je Kilometer z. B. in

Zusammenhang mit Krankheitskosten oder Heilkuren oder bei Menschen mit einer Behinderung in Betracht. Bei behinderten Kindern ist der Abzug ggf. bei den Eltern möglich. Vertiefend siehe → Krankheitskosten, → Außergewöhnliche Belastung und → Menschen mit Behinderung.

2 Tatsächliche Kosten

Wenn (auch) die tatsächlichen Kosten für ein privates Verkehrsmittel (z. B. Kfz) steuerlich geltend gemacht werden können, besteht zum einen die Möglichkeit, diese pauschal mit 0,30 € je gefahrenen Kilometer (Kfz-Nutzung) bzw. 0,20 € (Nutzung anderer motorgetriebener Verkehrsmittel) anzusetzen oder einen Kilometersatz anhand der tatsächlichen Fahrzeugkosten und der gefahrenen Kilometer im gesamten Jahr selbst zu ermitteln. Die von Verbraucherverbänden oder dem ADAC veröffentlichten Kilometerkosten für bestimmte Fahrzeugtypen erkennt die Verwaltung nicht an.

TIPP

Neues Auto?

Die Ermittlung der tatsächlichen Kosten je Kilometer ist insbesondere dann sinnvoll, wenn Sie ein junges Auto fahren (wegen der jährlichen Abschreibung) und beruflich viel unterwegs sind.

Zur Ermittlung des tatsächlichen Kilometersatzes gehen Sie wie folgt vor:

Nachweis der Kilometerkosten

- Ermitteln Sie (Belege aufbewahren!) über einen Zeitraum von mindestens zwölf Monaten alle Kfz-Kosten (Reparaturkosten, Treibstoff, Pflege, Kosten für die Garage, Kfz-Steuer, Haftpflicht-/Kaskoversicherung, Zinsen für Anschaffungsdarlehen etc.). Unberücksichtigt bleiben Parkgebühren, Unfallkosten, Strafzettel oder Beiträge für eine Insassen- und Unfallversicherung.
- Zu den Kosten gehört auch die Abschreibung (AfA) für den Pkw (Kaufpreis verteilt auf sechs Jahre). Bei gebraucht erworbenen Pkws kann dem Alter des Fahrzeugs entsprechend eine kürzere Nutzungsdauer zu berücksichtigen sein. Bei Leasingfahrzeugen werden anstelle der Abschreibung die Leasingsonderzahlung und die Leasingraten berücksichtigt.

Ermittlung Gesamtkilometer im Jahr

Halten Sie den Kilometerstand zu Beginn und am Ende des Jahres in einem Fahrtenbuch fest. Tragen Sie alle Fahrten, die steuerlich abzugsfähig sind, mit Datum und gefahrenen Kilometern ein. Die privaten Fahrten brauchen Sie nicht einzutragen. Ein ordnungsgemäßes Fahrtenbuch ist für die Ermittlung des tatsächlichen Kilometersatzes nicht erforderlich.

Berechnungsschema

1.	**Berechnung der Abschreibung (AfA):**	**€**
	AK + Nebenkosten	
	Dividiert durch Nutzungsdauer (regelmäßig 6 Jahre) = AfA	: 6 =
2.	**Laufende Kosten**	
	Treibstoff, Reparatur, Versicherung, Steuern etc.	
3.	**Summe aus 1. (AfA) und 2. (lfd. Kosten)**	
4.	**km-Leistung des Jahres (km-Stand 31.12. – km-Stand 1.1.)**	
5.	**Ermittlung des km-Satzes**	
	Summe der Kosten (3.): km-Leistung (4.) = **km-Satz**	

Der so ermittelte Kilometersatz kann auch für die Folgejahre angesetzt werden. Eine Neuberechnung ist erst wieder notwendig, wenn sich die Verhältnisse wesentlich ändern (z. B. Neuanschaffung eines Pkws, Abschreibungszeitraum abgelaufen, deutlich höhere bzw. niedrigere Jahresfahrleistung).

Finanzierungskosten

Welche betrieblichen und privaten Finanzierungskosten sind steuerlich abzugsfähig? Wie können Sie steuerliche Fallstricke vermeiden?

§ 4 Abs. 4 und 4a EStG, § 9 Abs. 1 Nr. 1 EStG

1 Finanzierungskosten im Betrieb

Finanzierungskosten im Zusammenhang mit Ihrem Betrieb sind grundsätzlich abzugsfähig, unabhängig davon, ob Sie betriebliche Anlagegüter oder andere betriebliche Aufwendungen damit bezahlen. Unter gewissen Umständen ist jedoch ein Teil der Schuldzinsen vom Abzug ausgeschlossen. Vertiefend siehe → Schuldzinsen.

Gestaltungsempfehlung bei gemischt genutzten Grundstücken

Wenn Sie ein Gebäude erwerben (bzw. als Bauherr erstellen), das nur zum Teil (z. B. 60 %) zum Betriebsvermögen zählt, ist nur der entsprechende Darlehensanteil (60 %) betrieblich veranlasst und kann als Betriebsausgabe abgesetzt werden. Normalerweise ist auf das Verhältnis der Nutzflächen abzustellen (Anteil der betrieblichen Räume an der Gesamtnutzfläche).

Eine alternative Berechnung bringt ggf. Vorteile. Bei der Erstellung eines Gebäudes lassen sich Kosten teilweise konkret einzelnen Gebäudeteilen (z. B. Bodenbeläge, Fliesen, Bad) zuordnen, während andere (z. B. Aushub, Rohbau, Dach) nur anteilig zuzurechnen sind. Werden die HK (soweit möglich) den einzelnen Gebäudeteilen zugeordnet, kann man nach der BFH-Rspr. erreichen, dass ein Großteil der Zinsaufwendungen steuerlich abzugsfähig ist (BFH, Urteil v. 27.10.1998, IX R 44/95; BFH, Urteil v. 1.4.2009, IX R 35/08 u. a.).

BEISPIEL

Finanzierung

Sie errichten ein Gebäude mit zwei gleich großen Einheiten. Eine soll als Büro genutzt, die andere selbst bewohnt werden. Die Baukosten betragen 600.000 €, wobei sich 150.000 € konkret dem Büro und 200.000 € der eigengenutzten Wohnung zuordnen lassen. Der Restbetrag i. H. v. 250.000 € betrifft nicht konkret zuordenbare Baukosten. Zur Finanzierung wurde ein Darlehen über 400.000 € aufgenommen. Der Restbetrag wurde mit Eigenkapital finanziert.

Auf das Büro entfallen HK i. H. v. 275.000 € (150.000 € + 1/2 von 250.000 €). Achten Sie darauf, dass die konkret zuordenbaren HK für das Büro ausschließlich mit Darlehensmitteln bezahlt werden. Jetzt sind 150.000 € Darlehenssumme dem Betrieb zuzurechnen (Gutschrift auf einem gesonderten Konto!). Wenn darüber hinaus die nicht konkret zuordenbaren HK (250.000 €) mit dem Restdarlehen (250.000 €) finanziert und über ein betriebliches Konto bezahlt werden, sind weitere 125.000 € (1/2) dem Büro zuzurechnen. Im Endergebnis ist das Darlehen zu 275/400 (= 68,75 %) betrieblich veranlasst, sodass 68,75 % der Finanzierungskosten als Betriebsausgaben abzugsfähig sind.

Anwendung der BFH-Rspr.

- Verlangen Sie von den Bauhandwerkern getrennte Abrechnungen der beiden Bauteile.
- Schließen Sie getrennte Darlehensverträge für beide Bauteile.
- Richten Sie getrennte Baukonten ein, um die auf den betrieblichen Gebäudeteil entfallenden HK unmittelbar mit aufgenommenen Darlehensmitteln finanzieren zu können.

TIPP

Darlehensauszahlung

Lassen Sie die Beträge aus den verschiedenen Darlehen keinesfalls auf dasselbe Konto auszahlen, sonst funktioniert das ganze System nicht mehr und alle Finanzierungskosten werden zwingend nach dem Verhältnis der Wohnflächen aufgeteilt (BFH, Urteil v. 1.4.2009, IX R 35/08)!

- Vermeiden Sie auf jeden Fall das Zusammenführen von Eigen- und Fremdmitteln auf einem Konto (s. dazu BFH, Urteil v. 12.3.2019, IX R 2/18).

Auch in **Erwerbsfällen** dürfen die vorstehenden Grundsätze angewandt werden. Eine größtmögliche Abzugsfähigkeit kann erreicht werden, wenn

- im Vertrag eine angemessene Aufteilung des Kaufpreises vorgenommen wird. Andernfalls ist das Verhältnis der Nutz-/Wohnfläche der beiden Teile maßgebend.
- ein Darlehen für die nicht zu eigenen Wohnzwecken genutzte Einheit aufgenommen wird und damit nur die darauf entfallenden AK bezahlt werden.

- die AK für den zu eigenen Wohnzwecken genutzten Teil getrennt davon bezahlt werden.

Auch eine Abwicklung über ein Notaranderkonto ist möglich (BMF, Schreiben v. 24.4.2003, IV C 3 – S 2211 – 55/03, BStBl 2003 I, 287).

Einfacher wird es, wenn Sie Wohnungs-/Teileigentum erwerben bzw. erstellen.

Gebäudeerwerb: Vereinbaren Sie mit dem Verkäufer, dass er das Gebäude in Teileigentum aufteilt. Danach schließen Sie Kaufverträge ab. Jetzt können Sie Ihr Eigenkapital für den nicht betrieblichen Teil einsetzen. Den zum Betriebsvermögen zählenden Gebäudeteil finanzieren Sie durch Aufnahme eines gesonderten Darlehens.

Gebäudeerstellung: Erstellen Sie vor Baubeginn eine Teilungserklärung. Sie können dann ebenfalls den nicht betrieblichen Teil mit Eigenkapital und den betrieblichen Teil mit Fremdkapital finanzieren. Wird das Gebäude von einem Generalbauunternehmen erstellt, muss dieses für das einzelne Teileigentum eine gesonderte Abrechnung erstellen.

Die Grundsätze gelten auch bei Gebäuden, die nach der Fertigstellung teilweise vermietet und teilweise veräußert werden sollen (BFH, Urteil v. 4.2.2019, IX R 1/18).

Entnahme/Veräußerung eines Wirtschaftsguts

Wenn Sie ein Anlagegut entnehmen, sind die Zinsaufwendungen für ein Finanzierungsdarlehen nach der Entnahme nicht mehr abzugsfähig. Zahlen Sie den Betriebskredit vor der Entnahme des Wirtschaftsguts zurück!

2 Finanzierungskosten für privates Grundvermögen

Sie vermieten ein Haus/ eine Eigentumswohnung

Finanzierungskosten für eine private, vermietete Immobilie (z. B. Darlehen zum Hausbau bzw. -kauf, zur Finanzierung von Reparaturmaßnahmen) stellen Werbungskosten bei den Einkünften aus V+V dar.

Damnum, Disagio, Bearbeitungs- und Auszahlungsgebühren

Bei diesen Gebühren sind drei Gruppen zu unterscheiden:

- Das Darlehen, für das die Gebühren gezahlt werden, hat eine Laufzeit von maximal fünf Jahren.
- Die Laufzeit des Darlehens beträgt mehr als fünf Jahre und die Gebühren sind marktüblich.
- Die Laufzeit des Darlehens beträgt mehr als fünf Jahre und die Gebühren sind nicht marktüblich.

In den ersten beiden Fällen sind die Aufwendungen im Jahr der Zahlung als Werbungskosten abziehbar. Von Marktüblichkeit kann ausgegangen werden, wenn für ein Darlehen mit einem Zinsfestschreibungszeitraum von mindestens fünf Jahren ein Damnum i. H. v. bis zu 5 % vereinbart worden ist.

Wird ein nicht marktübliches Disagio vereinbart, ist die Regelung des § 11 Abs. 2 Satz 3 EStG anzuwenden, d. h. die Aufwendungen sind gleichmäßig auf die Laufzeit des Darlehens zu verteilen.

Abzug von Schuldzinsen für ein gescheitertes Bauvorhaben

Hat ein Steuerpflichtiger zur Finanzierung eines Mietobjekts ein Darlehen aufgenommen und kündigt er den Vertrag mit dem Bauträger wegen drohenden Konkurses, so sind die Finanzierungskosten als vergebliche Werbungskosten abzugsfähig (FG Nürnberg, Urteil v. 10.4.2001, I R 178/98).

Kauf eines unbebauten Grundstücks

Wird der Kauf eines unbebauten Grundstücks durch ein Darlehen finanziert, sind die anfallenden Aufwendungen nur dann abzugsfähig, wenn eine konkrete Bauabsicht vorliegt und ein Mietwohngrundstück errichtet werden soll. Auch wenn Bauerwartungsland erworben wird und mit einer Baugenehmigung in absehbarer Zeit zu rechnen ist, ist ein Abzug möglich.

Sie kündigen ein Darlehen vorzeitig und das Objekt wird weiter vermietet

Verlangt die Bank eine Vorfälligkeitsentschädigung, weil ein Darlehen vorzeitig gekündigt wurde (z. B. wegen Umfinanzierung), ist diese als Werbungskosten abzugsfähig, wenn das Darlehen mit einem Mietwohngrundstück zusammenhängt.

Grundstücksveräußerung ohne Neubau/-erwerb

Wird die Darlehensschuld vorzeitig abgelöst, um ein bisher vermietetes Objekt lastenfrei verkaufen zu können, so kann eine Vorfälligkeitsentschädigung nicht als Werbungskosten abgezogen werden (BFH, Urteil v. 23.9.2003, IX R 20/02).

Grundstücksveräußerung und Neubau/-erwerb

Eine im Zusammenhang mit einer Grundstücksveräußerung gezahlte Vorfälligkeitsentschädigung gehört (mit dem entsprechenden Anteil) zu den Finanzierungskosten eines neuen Mietobjekts, wenn der nach der Darlehenstilgung verbleibende Restkaufpreis tatsächlich zur Finanzierung dieses Objekts verwendet wurde (BFH, Urteil v. 14.1.2004, IX R 34/01).

Nach dem Grundstücksverkauf

Für die Berücksichtigung nachträglicher Schuldzinsen bei den Einkünften i. S. des § 21 Abs. 1 Satz 1 Nr. 1 EStG ist maßgeblich, was mit dem Erlös aus der Veräußerung des mit einem Darlehen fremdfinanzierten Vermietungsobjekts geschieht (BFH, Urteil v. 6.12.2017, IX R 4/17).

TIPP

Darlehenstilgung teilweise

Wird eine Immobilie verkauft und reicht der Erlös nicht aus, um die Schulden zu tilgen, können die Schuldzinsen für die Restschuld dauerhaft als nachträgliche Werbungskosten geltend gemacht werden. Das gilt unabhängig davon, ob der Verkauf innerhalb oder nach Ablauf der zehnjährigen Spekulationsfrist erfolgt, und betrifft auch Refinanzierungs- oder Umschuldungsdarlehen, nicht aber

Vorfälligkeitsentschädigungen (BFH, Urteil v. 8.4.2014, IX R 45/13; FG Düsseldorf, Urteil v. 11.9.2013, 7 K 545/13 E; BFH, Urteil v. 11.2.2014, IX R 42/13).

Wurde das Mietverhältnis aufgelöst, um das Haus besser verkaufen zu können, sind die Finanzierungskosten ab Auszug des Mieters nicht mehr absetzbar.

Wurde jedoch eine während der Vermietung durchgeführte Reparatur durch ein Darlehen finanziert, sind die hierfür nach der Veräußerung ggf. noch anfallenden Schuldzinsen als nachträgliche Werbungskosten bei den Einkünften aus V+V abzugsfähig, sofern der Verkauf vor dem 1.1.2014 erfolgte. Seit 2014 soll das nur dann gelten, wenn der Veräußerungserlös nicht ausreicht, um das Darlehen abzulösen (BMF, Schreiben v. 27.7.2015, IV C 1 - S 2211/11/10001).

Teilweise Verwendung des Verkaufserlöses für ein neues Objekt

Wird ein bisher fremdfinanziertes Gebäude verkauft und der Verkaufserlös nur teilweise für den Erwerb eines anderen Gebäudes unter Verwendung der bisherigen Finanzierung benötigt, können die Schuldzinsen für dieses Darlehen **voll** als Werbungskosten geltend gemacht werden (BMF, Schreiben v. 3.5.2006, IV C 3 - S 2211 - 11/06).

Finanzierungskosten im Zusammenhang mit der eigengenutzten Privatwohnung

Stehen die Finanzierungskosten im Zusammenhang mit der eigengenutzten Privatwohnung, ist ein steuerlicher Abzug nicht möglich.

Finanzierungskosten im Zusammenhang mit gemischt genutzten Grundstücken

Durch geschicktes Vorgehen können Zinsaufwendungen dort platziert werden, wo sie steuerlich abzugsfähig sind. Beachten Sie hierzu die Ausführungen unter → Punkt 1 „Gestaltungsempfehlung bei gemischt genutzten Grundstücken".

Mitfinanzierung durch Ehegatten

BEISPIEL

Ehegattenfinanzierung

Der Ehefrau gehört ein geerbtes Mietshaus. Für eine umfangreiche Renovierung nimmt der Ehemann ein Darlehen auf.

Die Zinsen für das Darlehen sind nicht als Werbungskosten abziehbar, da der Ehemann nicht (Mit-)Eigentümer ist und die Eigentümerin nicht (Mit-)Schuldnerin (BFH, Urteil v. 26.6.2008, X R 36/05).

Hat der Ehegatte aber eine gesamtschuldnerische Mithaftung für das Darlehen übernommen, sind die Zinsen abzugsfähig (BFH, Urteil v. 20.6.2012, IX R 29/11).

Gehört das Haus beiden Ehegatten und nutzt einer allein die Wohnung zu beruflichen Zwecken, kann er AfA und Schuldzinsen nur entsprechend seinem

Miteigentumsanteil geltend machen (BFH, Urteil v. 6.12.2017, VI R 41/15).

TIPP

Alleineigentümer

Ist ein Ehegatte Alleineigentümer, sollte dieser als Darlehensschuldner auftreten, oder die Ehegatten sollten ein gesamtschuldnerisches Darlehen aufnehmen. Dann steht einem Werbungskostenabzug garantiert nichts im Wege.

3 Finanzierungskosten für private Wertpapiere

Lesen Sie hierzu im Stichwort → Kapitalanlagen unter „Werbungskosten" nach.

4 Darlehen bei Verwandten

Mittels Darlehensverträgen zwischen nahen Angehörigen können u. U. Steuern gespart werden.

5 Was gehört alles zu den Finanzierungskosten?

Neben den Zinsaufwendungen und dem Damnum/Disagio (= Unterschiedsbetrag zwischen der Darlehenssumme und dem verminderten Auszahlungsbetrag) gehören z. B. folgende Aufwendungen zu den Finanzierungskosten: Bankspesen, Fahrtkosten im Zusammenhang mit der Erledigung von Finanzierungsangelegenheiten (bei Benutzung des Privat-Pkw können pro Kilometer pauschal 0,30 € angesetzt werden), Kreditvermittlungsgebühren, Aufwendungen für Porto, Telefon, Schätzgutachten (falls dieses für die Kreditgewährung verlangt wird), Notar- und Grundbuchkosten für die Eintragung von Grundschulden und Hypotheken und Kosten im Zusammenhang mit Bürgschaften. Wird ein Darlehen aufgenommen, um ein Fremdwährungsdarlehen abzulösen, das zur Anschaffung eines Vermietungsobjekts diente, sind die Schuldzinsen nicht als Werbungskosten abzuziehen, soweit das Darlehen zur Bezahlung eines Währungskursverlusts verwendet wurde (BFH, Urteil v. 12.3.2019, IX R 36/17).

Firmenwagen

Die private Pkw-Nutzung ist immer wieder ein Reizthema zwischen Finanzamt und Unternehmer. Wer durchdacht vorgeht, kann eine Menge Steuern sparen.

§ 8 EStG, R 8.1 Abs. 9 LStR

1 Einzelunternehmen

Betriebs- oder Privat-Pkw?

Nutzen Sie ein Fahrzeug zu mehr als 50 % betrieblich, dann ist es zwingend Betriebsvermögen. Liegt die Nutzung unter 10 %, ist immer Privatvermögen anzunehmen. Bei einer Nutzung zwischen 10 % und 50 % kann der Unternehmer entscheiden, ob er das Fahrzeug als gewillkürtes Betriebsvermögen oder als Privatvermögen behandelt.

WICHTIG

Leasingfahrzeuge

Das BMF behandelt gemietete oder geleaste Kraftfahrzeuge, die zu mehr als 50 % betrieblich genutzt werden, wie solche, die zum notwendigen Betriebsvermögen zu rechnen sind. Die nachfolgenden Ausführungen, insbesondere zur 1%-Regelung, gelten somit auch für diese (BMF, Schreiben v. 4.4.2018, IV C 5 – S 2334/18/10001). Etwas anderes gilt, wenn das Fahrzeug dem Arbeitnehmer zuzurechnen ist (BFH, Urteil v. 18.12.2014, VI R 75/13).

TIPP

Privat-Pkw

Wenn Sie Ihren „Privat-Pkw“ für betriebliche Fahrten einsetzen, können Sie die hierfür anfallenden Kosten trotzdem als Betriebsausgaben absetzen. Beachten Sie hierzu → Punkt 5 dieses Stichworts.

Der Betriebs-Pkw

Für den Betriebs-Pkw gilt Folgendes:

- **Behandlung während des Jahres**
  Sämtliche Kfz-Aufwendungen sind als Betriebsausgaben zu behandeln. Dies gilt z. B. auch für die während der Urlaubsreise anfallenden Benzinkosten oder Mautgebühren.
- **Pkw-Abschreibung**
  Pkw sind i. d. R. auf einen Zeitraum von sechs Jahren abzuschreiben. Ist die Jahresfahrleistung überdurchschnittlich hoch, kann auch eine kürzere Abschreibungsdauer zugrunde gelegt werden. Bei gebraucht erworbenen Pkw erfolgt die Abschreibung auf die voraussichtliche Restnutzungsdauer.
- **Private Mitbenutzung**
  Für die private Mitbenutzung des Betriebs-Pkw ist ein Privatanteil (Ermittlung nach der 1%-Regelung oder durch ein Fahrtenbuch) anzusetzen. Der Ansatz des Privatanteils erhöht den betrieblichen Gewinn. Hierbei gibt es keine Mindestnutzung. Auch bei einer geringen Nutzung ist ein Privatanteil zu versteuern (FG Baden-Württemberg, Urteil v. 25.4.2016, 9 K 1501/15).

WICHTIG

Mehrere Kraftfahrzeuge

Werden mehrere Kraftfahrzeuge auch privat genutzt, ist die Nutzungsentnahme grundsätzlich für jedes auch privat genutzte Kraftfahrzeug anzusetzen (BMF, Schreiben v. 4.4.2018, IV C 5 – S 2334/18/10001).

TIPP

Doppelversteuerung vermeiden

Damit die Angelegenheit nicht zu teuer wird, hilft nur das Führen von Fahrtenbüchern für alle Pkw. Sonst versteuern Sie doppelt, wenn nur eine Person abwechselnd mehrere Fahrzeuge auch privat nutzt.

- **Fahrten zwischen Wohnung und Betrieb**
  Die Aufwendungen für die Wege zwischen Wohnung und Betriebsstätte sind durch die Entfernungspauschale wie Betriebsausgaben abgegolten.

TIPP

Entfernungspauschale ab dem 21. km

Die Entfernungspauschale beträgt seit 2021 ab dem 21. Entfernungskilometer jeweils 0,35 €.

BEISPIEL

Berechnung der Betriebsausgaben

U fährt täglich mit seinem betrieblichen Pkw von seiner Wohnung zum Betrieb. Die Entfernung beträgt 35 km pro Strecke.

U kann (20 × 0,30 € und 15 × 0,35 € =) 11,25 € arbeitstäglich geltend machen. Die tatsächlichen Kosten sind als Privatanteil zu behandeln.

Auch wenn z. B. ein Steuerberater auf dem Weg ins Büro oder auf dem Weg nach Hause noch einen Mandanten besucht, kann er nur die Entfernungspauschale geltend machen. Ist die Fahrtstrecke aufgrund des Mandantenbesuchs länger als die Entfernung zwischen Wohnung und Büro, kann er nur für den Umweg die tatsächlichen Kosten bzw. 0,30 € pro gefahrenen Kilometer geltend machen (BFH, Urteil v. 19.5.2015, VIII R 12/13).

TIPP

Fahrten zwischen Wohnung und Betrieb/Kilometerpauschbeträge

Mit der Entfernungspauschale gem. § 9 Abs. 1 Satz 3 Nr. 4 EStG sind alle Kosten, die dem Arbeitnehmer bei Benutzung des eigenen privaten Pkw für berufliche Zwecke entstehen, abgegolten. Das trifft auch z. B. auf Reparaturaufwendungen zu, die aufgrund einer Falschbetankung des Wagens auf dem Weg zur Arbeit verursacht wurden (BFH, Urteil v. 20.3.14, VI R 29/13).

- **Vorsteuerabzug**
  Siehe hierzu in diesem Stichwort unter → Punkt 3 „Der Betriebs-Pkw und die Umsatzsteuer".

Die private Mitbenutzung des Betriebs-Pkw

Grundsätzlich geht das Finanzamt davon aus, dass ein Betriebs-Pkw auch für private Fahrten zur Verfügung steht, sodass ein Privatanteil anzusetzen ist. Nur in Ausnahmefällen kann dieses unterbleiben:

- Für private Fahrten stehen andere Fahrzeuge zur Verfügung, die dem betrieblichen Fahrzeug in Status und Gebrauchswert vergleichbar sind (BFH, Urteil v. 4.12.2012, VIII R 42/09). Dazu ausführlich FG Niedersachsen, Urteil v. 19.2.2020, 9 K 104/19.
- Eine Nutzung ist tatsächlich (z. B. Werkstattwagen) oder vertraglich ausgeschlossen und erfolgt auch nicht. Das gilt jedoch nicht bei Fahrschulwagen (FG München, Urteil v. 29.9.2014, 7 K 1861/13).

Die bloße Behauptung, das betriebliche Fahrzeug werde nicht für Privatfahrten genutzt oder Privatfahrten würden ausschließlich mit anderen Fahrzeugen durchgeführt, genügt nicht, um den Ansatz eines Privatanteils auszuschließen. Hier gilt der vom BFH aufgestellte Anscheinsbeweis, dass ein zur Verfügung stehendes Fahrzeug auch privat genutzt wird (BFH, Urteil v. 21.4.2010, VI R 46/08).

Der Anscheinsbeweis kann durch den Gegenbeweis entkräftet oder erschüttert werden. Hierzu bedarf es jedoch nicht des Beweises des Gegenteils. Es genügt vielmehr, dass ein Sachverhalt dargelegt wird, der die ernstliche Möglichkeit eines anderen als des der allgemeinen Erfahrung entsprechenden Geschehensablaufs ergibt (BFH, Urteil v. 17.11.2009, VI B 11/09). Ein Zeugenbeweis wird nicht zugelassen (BFH, Beschluss v. 1.12.2015, X B 29/15).

Um den Gegenbeweis zu führen, sollte für das betreffende Fahrzeug zumindest für einen repräsentativen Zeitraum ein Fahrtenbuch geführt werden.

Ein nicht überwachtes Nutzungsverbot führt nicht zwangsläufig zur Versteuerung eines Nutzungsvorteils (BFH, Urteil v. 14.11.2013, VI R 25/13).

Von entscheidender Bedeutung ist, in welchem Umfang das Fahrzeug betrieblich genutzt wird.

Bei einem beherrschenden Gesellschafter-Geschäftsführer ist zur Feststellung einer verdeckten Gewinnausschüttung wegen des fehlenden Interessengegensatzes ein strengerer Maßstab anzulegen (BFH, Beschluss v. 30.9.2015, I B 85/14).

WICHTIG

Geltungsbereich der 1%-Regelung

Die 1%-Regelung kann nur bei Fahrzeugen angewendet werden, die zu mehr als 50 % betrieblich genutzt werden.

Bei der Berechnung des Umfangs der betrieblichen Nutzung gilt Folgendes:

- Die Überlassung an Arbeitnehmer ist immer betrieblich.
- Fahrten zwischen Wohnung und Betrieb sowie Familienheimfahrten gehören zum betrieblichen Teil.
- Der Nachweis kann in jeder geeigneten Form erfolgen, auch durch formlose Aufzeichnungen.
- Kein Nachweis ist erforderlich, wenn offensichtlich ist, dass das Kfz zu mehr als 50 % betrieblich genutzt wird (z. B. Reisetätigkeit, Taxiunternehmer, Handelsvertreter, Handwerker, Landtierärzte).

- Ergeben sich keine wesentlichen Veränderungen, gilt der nachgewiesene Umfang auch für die Zukunft.

Wahl der Methode

Welche Methode kann angewandt werden?

Fahrzeug wird zu mehr als 50 % betrieblich genutzt:	Fahrzeug wird zu weniger als 50 % betrieblich genutzt:
Grundsätzlich 1%-Regelung	Wird ein ordnungsgemäßes Fahrtenbuch geführt: Fahrtenbuchmethode
Wird ein ordnungsgemäßes Fahrtenbuch geführt, kann die Fahrtenbuchmethode gewählt werden.	Sonst: Schätzung des Privatanteils

Vertragswidrige Nutzung

Nutzt ein Gesellschafter-Geschäftsführer einer GmbH vertragswidrig den Betriebs-Pkw, liegt eine verdeckte Gewinnausschüttung (vGA) vor, die auf der Ebene der Gesellschaft nach Fremdvergleichsmaßstäben zzgl. eines angemessenen Gewinnaufschlags zu bewerten ist (BFH, Urteil v. 23.1.2008, I R 8/06). Dies gilt auch für alle anderen Gesellschafter (BMF, Schreiben v. 3.4.2012, IV C 2 – S 2742/08/10001). Ob die vGA auch auf Gesellschafterebene nach Fremdvergleichsgrundsätzen oder aber nach der 1%-Regelung zu bewerten ist, hatte der BFH bislang nicht zu entscheiden. Die Finanzverwaltung will gemäß Tz. 5 des BMF-Schreibens v. 3.4.2012 die 1%-Regelung anwenden.

1%-Regelung

Wird die 1%-Regelung angewandt, beträgt der private Nutzungsanteil pro Monat 1 % des inländischen Bruttolistenpreises (= unverbindliche Preisempfehlung zum Zeitpunkt der Erstzulassung) inklusive Sonderausstattung. Das gilt auch für die Privatnutzung eines Fahrzeugs, das zu einem günstigeren Preis erworben wurde (z.B. Taxi – BFH, Urteil v. 8.11.2018, III R 13/16). Existiert kein inländischer Bruttolistenpreis, kann das Finanzamt die Bemessungsgrundlage für die 1%-Regelung schätzen (BFH, Urteil v. 9.11.2017, III R 20/16).

Die 1%-Regelung gilt auch für bereits voll abgeschriebene Kraftfahrzeuge.

Nicht erfasst werden die Kosten für die Überführung/Zulassung des Pkw. Das trifft auch auf die Kosten für zusätzliche Winterreifen (inkl. Felgen) und auf die Kosten für eine nachträglich eingebaute Flüssiggasanlage zu.

BEISPIEL

Nettolistenpreis

Sie nutzen einen Betriebs-Pkw (Nettolistenpreis 30.000 € – brutto 35.700 € – Bruttokaufpreis nach Rabatt: 31.320 €) gelegentlich privat.

Für die private Nutzung wird der Gewinn jährlich um 4.284 € (12 Monate × [1 % von 35.700 €]) erhöht.

Der Listenpreis ist auch bei gebraucht erworbenen Fahrzeugen anzusetzen. (Volle) Monate, in denen Sie überhaupt nicht mit dem Pkw privat fahren konnten, weil Sie z. B. in den Urlaub geflogen sind, bleiben außer Betracht.

Wird das Fahrzeug nur während eines Teils des Monats genutzt, ist trotzdem der volle Monatsbetrag anzusetzen (FG Baden-Württemberg, Urteil v. 24.2.2015, 6 K 2540/14). Ist eine Nutzung aber z. B. aus gesundheitlichen Gründen ausgeschlossen, darf eine Nutzungsbesteuerung nicht erfolgen (FG Düsseldorf, Urteil v. 24.1.2017, 10 K 1932/16 E).

Elektro- oder Hybridelektrofahrzeuge

Besonderheiten finden Sie im Stichwort → Elektromobilität.

Mehrere Personen/ mehrere Fahrzeuge

Gehören mehrere Kraftfahrzeuge gleichzeitig zum Betriebsvermögen, so ist der pauschale Nutzungswert grundsätzlich für jedes Kraftfahrzeug anzusetzen, das vom Unternehmer oder von zu seiner Privatsphäre gehörenden Personen für Privatfahrten genutzt wird.

Nur wenn glaubhaft gemacht wird, dass bestimmte betriebliche Kraftfahrzeuge nicht privat genutzt werden, weil sie für eine private Nutzung nicht geeignet sind (z. B. bei sog. Werkstattwagen) oder diese ausschließlich eigenen Arbeitnehmern zur Nutzung überlassen werden, ist für diese Kraftfahrzeuge kein pauschaler Nutzungswert zu ermitteln (BFH, Urteil v. 18.12.2008, VIII R 24/08 und BMF, Schreiben v. 18.11.2009, IV C 6 - S 2177/07/10004). Wird ein Kraftfahrzeug gemeinsam vom Betriebsinhaber und einem oder mehreren Arbeitnehmern genutzt, so ist bei Anwendung der 1%-Regelung der Nutzungswert entsprechend der Zahl der Nutzungsberechtigten aufzuteilen (BMF, Schreiben v. 4.4.2018, - IV C 5 - S 2334/18/10001).

Dienstwagen und Minijob

Die Überlassung eines Dienstwagens an einen geringfügig beschäftigten Angehörigen ist nicht fremdüblich (BFH, Urteil v. 10.10.2018, X R 44-45/17). Bei Arbeitnehmern ist zu beachten, dass Sachbezüge i. d. R. nicht in den Mindestlohn einzubeziehen sind (BMF, Schreiben v. 4.4.2018, IV C 5 - S 2334/18/10001).

Unfallkosten

Unfallkosten, die auf einer Privatfahrt entstanden sind, gehören nicht zu den Gesamtkosten eines dem Arbeitnehmer überlassenen Firmenwagens. Vom Arbeitgeber getragene Unfallkosten sind folglich grundsätzlich als zusätzlicher geldwerter Vorteil zu beurteilen. Das dürfte auch für die Berechnung bei einem Unternehmer gelten (Folge: Privatentnahme). Ist der Unfall auf dem Weg zwischen Wohnung und Betrieb/Arbeitsstätte geschehen, sind sämtliche Aufwendungen mit der Entfernungspauschale abgegolten. Unfallkosten können daher nicht zusätzlich geltend gemacht werden (FG Rheinland-Pfalz, Urteil v. 23.2.2016, 1 K 2078/15). Aus Billigkeitsgründen wird es von der Verwaltung jedoch ausnahmsweise nicht beanstandet, wenn Aufwendungen für die Beseitigung eines Unfallschadens bei einem Verkehrsunfall neben der Entfernungspauschale als Werbungskosten geltend gemacht werden (Parl. Staatssekretär Dr. M. Meister, BT-Drucks. 18/8523). Krankheitskosten, die auf einen Unfall auf dem Weg zwischen Wohnung und Betrieb zurückzuführen sind, sind auf jeden Fall zusätzlich abzugsfähig (BFH Urteil v. 19.12.2019, VI R 8/18).

Nutzung für weitere Einkünfte

Wird ein überlassener Pkw für weitere Einkunftsarten (z. B. Nebentätigkeit) eingesetzt, sind diese Fahrten durch die 1%-Regelung abgegolten (R 8.1 Abs. 9 Nr. 1 Satz 8 LStR 2015).

Höchstbetrag

Beachten Sie, dass der Privatanteil begrenzt ist (= Kostendeckelung). Der Privatanteil zzgl. der nicht abzugsfähigen Betriebsausgaben im Zusammenhang mit Fahrten zwischen Wohnung und Betrieb darf nicht höher sein als die tatsächlich angefallenen Kfz-Kosten (Abschreibungen + sonstige Kfz-Kosten).

Wird der Privatanteil nach der 1%-Regelung berechnet, kann es dazu kommen, dass der gesamte Privatanteil (Privatfahrten, Fahrten zwischen Wohnung und Betrieb sowie Heimfahrten im Rahmen einer doppelten Haushaltsführung) die Gesamtkosten für das Kfz übersteigt. In diesen Fällen muss der Privatanteil so begrenzt werden, dass sämtliche Kfz-Aufwendungen neutralisiert werden und nur die Entfernungspauschale als abzugsfähige Betriebsausgaben verbleiben. Dazu ist eine Nebenberechnung erforderlich.

BEISPIEL

Beispiel 1 – keine Kostendeckelung

Die Gesamtkosten (alle Kosten sind mit den Bruttobeträgen anzusetzen; BMF, Schreiben v. 4.4.2018, IV C 5 – S 2334/18/10001) für das Fahrzeug betragen 10.000 €, AfA 7.000 € und Zinsen 0 €. Das Fahrzeug hat einen Bruttolistenpreis von 50.000 €. Damit ergibt sich ein Privatanteil von 6.000 € (50.000 × 1 % × 12 Monate). Die Entfernung zwischen Wohnung und Arbeitsstätte beträgt 30 km und wird an 230 Tagen zurückgelegt. Damit beträgt der Nutzungsanteil für Fahrten zwischen Wohnung und Betrieb 5.400 € (50.000 × 30 km × 0,03 % × 12 Monate).

Folgende Eintragungen in der Anlage EÜR sind vorzunehmen:

Betriebsausgaben	
tatsächliche Kfz-Kosten	10.000 €
AfA für Kfz	7.000 €
Zinsen für Kfz	0 €
Entfernungspauschale ((230 × 20 km × 0,30 €) + (230 × 10 km × 0,35 €))	2.185 €
Zwischensumme Kosten gesamt	19.185 €
Betriebseinnahmen	
Privatanteil	+6.000 €
Kfz-Kosten für Wege zw. Whg. und Arbeitsstätte	+5.400 €
Gewinnauswirkung gesamt	**–7.785 €**

BEISPIEL

Beispiel 2 – Kostendeckelung

Die Gesamtkosten für das Fahrzeug betragen 10.000 €, AfA 0 € und Zinsen 0 €. Das Fahrzeug hat einen Bruttolistenpreis von 50.000 €. Damit ergibt sich ein Privatanteil von 6.000 € (50.000 × 1 % × 12 Monate). Die Entfernung zwischen Wohnung und Arbeitsstätte beträgt 30 km und wird an 230 Tagen zurückgelegt. Damit beträgt der Nutzungsanteil für Fahrten zwischen Wohnung und Betrieb 5.400 € (50.000 × 30 km × 0,03 % × 12 Monate).

Da der Privatanteil 11.400 € beträgt, während die tatsächlichen Gesamtkosten nur 10.000 € betragen, liegt ein Fall der Kostendeckelung vor. Folgende Eintragungen in der Anlage EÜR sind vorzunehmen:

Betriebsausgaben	
tatsächliche Kfz-Kosten	10.000 €
AfA für Kfz	0 €
Zinsen für Kfz	0 €
Entfernungspauschale ((230 × 20 km × 0,30 €) + (230 × 10 km × 0,35 €))	2.185 €
Zwischensumme Kosten gesamt	12.185 €
Betriebseinnahmen	
Privatanteil	+6.000 €
Kfz-Kosten für Wege zw. Whg. und Arbeitsstätte = Kostendeckelung	+4.000 €
Gewinnauswirkung gesamt	**–2.185 €**

Im Ergebnis müssen die Entfernungspauschale sowie Heimfahrten im Rahmen einer doppelten Haushaltsführung noch als Betriebsausgaben abzugsfähig sein.

HINWEIS

Kostendeckelung und Aufwendungen für mehrere Jahre

Für die Berechnung der Gesamtkosten bei der Kostendeckelung sind Aufwendungen, die für mehrere Jahre im Voraus geleistet wurden, periodengerecht auf die jeweiligen Nutzungszeiträume zu verteilen. Hierzu zählt u.a. auch die für mehrere Jahre im Voraus geleistete Leasingsonder(voraus)zahlung. (FinBeh Hamburg, Schreiben v. 8.11.2018, S 2177-2018/001 – 52; FG Schleswig-Holstein, Urteil v. 26.8.2020, 5 K 194/18; Rev. beim BFH, VIII R 26/20).

WICHTIG

Kostendeckelung nicht einklagbar

Das FG Rheinland-Pfalz lehnt die Kostendeckelung ab, weil es hierfür keine Rechtsgrundlage gibt (FG Rheinland-Pfalz, Urteil v. 10.12.2019, 3 K 1681/19). Beim BMF-Schreiben vom 18.11.2009, IV C 6 – S 2177/07/10004 handele es sich um eine Billigkeitsentscheidung nach § 163 AO, auf deren Anwendung kein gerichtlich einklagbarer Anspruch bestehe (Rev. beim BFH, Az. VIII R 11/20).

Fahrtenbuch

Wenn Sie den Betriebs-Pkw nur in geringem Umfang privat nutzen, sollten Sie ein Fahrtenbuch führen, damit der Privatanteil entsprechend der tatsächlichen Nutzung ermittelt werden kann.

Auch für Berufe, die der Verschwiegenheitspflicht unterliegen, gibt es keine Ausnahme (BFH, Beschluss v. 3.1.2007, XI B 128/06).

Das Fahrtenbuch müssen Sie während des gesamten Jahres führen. Ein Fahrtenbuch ist nicht ordnungsgemäß, wenn mit seiner Führung – nach vorheriger Anwendung der 1%-Regel – erst innerhalb eines Jahres begonnen wird (FG Münster, Urteil v. 27.4.2012, 4 K 3589/09 E).

Das Fahrtenbuch muss zu den betrieblichen Fahrten mindestens folgende lesbare Angaben ausweisen:

- das Datum
- das Reiseziel bzw. die Reiseroute
- den/die aufgesuchten Kunden oder Geschäftspartner bzw. die dienstliche Tätigkeit sowie
- den Gesamtkilometerstand am Ende der Fahrt
- nicht ausreichend: nur die Straßenbenennung (ohne Namen und Hausnummer) (FG Baden-Württemberg, Urteil v. 19.4.2010, 6 K 139/06)

Bei Beginn und am Ende einer privaten Nutzung ist der Gesamtkilometerstand anzugeben. Weitere Informationen sind nicht notwendig. Ein Fahrtenbuch muss in Form eines „Buches" vorliegen und zeitnah geführt werden. Loseblattsammlungen sind nicht ordnungsgemäß! Die wesentlichen Informationen müssen im Fahrtenbuch enthalten sein. Der Rückgriff auf weitere Aufzeichnungen reicht nicht aus (BFH, Urteil v. 1.3.2012, VI R 33/10).

Damit ein elektronisches Fahrtenbuch steuerlich anerkannt wird, müssen die Daten entweder unveränderlich sein oder, falls nachträgliche Änderungen erfolgt sind, einschließlich Änderungshistorie aufbewahrt werden und lesbar gemacht werden können. Die Änderungen müssen sofort erkennbar sein. Wird der Anlass der Fahrt erst nachträglich in einem Webportal eingetragen, muss diese Eintragung zeitnah, d. h. innerhalb von sieben Tagen, erfolgen (OFD Rheinland, Verfügung v. 18.2.2013, akt. Kurzinfo LSt-Außendienst 2/2013, s. a. Niedersächsisches FG, Urteil v. 23.1.2019, 3 K 107/18.

Die sich rechnerisch ergebenden km-Stände müssen mit den tatsächlichen km-Ständen (diese sind z. B. aus den Reparaturrechnungen ersichtlich) übereinstimmen. Sie müssen darauf achten, dass sich die Eintragungen im Fahrtenbuch (z. B. 1.2. Besuch Kunde XYZ in München) nicht mit den sonstigen Belegen (z. B. Bewirtungsbeleg 1.2. Stuttgart) widersprechen.

TIPP

Fahrtenbuch

Machen Sie Ihre Eintragungen direkt in Ihr Fahrtenbuch, verzichten Sie auf Notizzettel. Bei Fehlen eines ordnungsgemäßen Fahrtenbuchs ist der geldwerte Vorteil nach der sog. 1%-Methode zu berechnen.

Unrichtige Eintragungen im Fahrtenbuch führen dazu, dass dieses insgesamt nicht anerkannt wird. In diesen Fällen wird die Finanzverwaltung die private Nutzung im Wege der Schätzung ermitteln oder, sofern die betriebliche Nutzung 50 % übersteigt, die 1%-Regelung anwenden. Kleinere Mängel müssen aber nicht zur Verwerfung des Fahrtenbuchs führen, wenn die Angaben insgesamt plausibel sind (BFH, Urteil v. 10.4.2008, VI R 38/06).

Berechnung

Ein Berechnungsschema für die Ermittlung der tatsächlichen Kosten finden Sie im Stichwort → Fahrtkosten. Der Ansatz eines Kostenverrechnungssatzes wird nicht anerkannt (FG München, Urteil v. 29.1.2018, 7 K 3118/16).

TIPP

Abschreibung

Die Abschreibung muss nicht unbedingt mit den AfA-Sätzen angesetzt werden, die bei der Gewinnermittlung Gültigkeit haben. Vielmehr ist im Regelfall von einer AfA für Pkw von 12,5 % (acht Jahre Nutzungsdauer) auszugehen (BFH, Beschluss v. 29.3.2005, IX B 174/03).

Leasingsonderzahlungen sind auf die Laufzeit des Leasingvertrags zu verteilen (BFH, Urteil v. 3.9.2015, VI R 27/14).

Schätzungsmethode

TIPP

Schätzungsmaßstab dokumentieren

Die Schätzungsmethode kommt nur zur Anwendung, wenn Ihr Fahrzeug zu weniger als 50 % betrieblich genutzt wird und damit gewillkürtes Betriebsvermögen vorliegt. Wägen Sie die Vor- und Nachteile der Betriebsvermögenseigenschaft genau ab, wenn Sie Ihr Fahrzeug wechseln. Sie sollten auch bei der Schätzungsmethode den Umfang der betrieblichen Nutzung dokumentieren, um bei Diskussionen mit dem Finanzamt gegenhalten zu können. Sie sollten zumindest Aufzeichnungen für einen (repräsentativen) Zeitraum von drei Monaten führen. Diese sollen für die Ermittlung ausreichen. Ergeben sich keine wesentlichen Veränderungen, gilt der nachgewiesene Umfang auch für die Zukunft. Einzelheiten ergeben sich aus dem BMF, Schreiben v. 18.11.2009, IV C 6 – S 2177/07/10004.

Auch für die Ermittlung der Kosten bei Anwendung der Schätzungsmethode benutzen Sie das Berechnungsschema im Stichwort → Fahrtkosten.

Die eigentliche Schätzung bezieht sich auf den privaten Nutzungsanteil. Soweit ein Fahrtenbuch geführt wird, können die sich daraus ergebenden Nutzungsanteile zugrunde gelegt werden. Da das Führen des Fahrtenbuchs bei dieser Methode aber nicht Voraussetzung ist, kann der private Nutzungsanteil auch frei geschätzt werden. Der

Nachteil ist hierbei, dass das Finanzamt eine eigene Schätzung anstellen kann und nicht an die Schätzung des Steuerpflichtigen gebunden ist.

Welche Methode ist günstiger?

Welche Methode günstiger ist, lässt sich nur im Einzelfall beantworten. Es gilt jedoch folgende **Faustregel**: Je mehr Sie privat fahren, desto günstiger ist die Anwendung der 1%-Regelung. Je weniger Sie privat fahren bzw. bei nur geringen Kfz-Kosten (z. B. weil der Pkw bereits abgeschrieben ist) lohnt sich ein Fahrtenbuch. Ein Wechsel der Methoden (1%-Regelung bzw. Fahrtenbuch) ist während des Jahres nur bei einem Fahrzeugwechsel möglich.

Fahrten zwischen Wohnung und Betrieb

Die (Hin- und Rück-)Fahrten zwischen Wohnung und Betrieb gehören zwar zu den betrieblichen Fahrten, dennoch sind pro Entfernungskilometer (Ekm) nur 0,30 € (bzw. 0,35 € ab dem 21. Kilometer) als Betriebsausgaben abzugsfähig. In aller Regel sind die tatsächlichen km-Kosten höher. Der darüber hinausgehende Kostenanteil ist durch einen Zuschlag als „nicht abzugsfähige Betriebsausgabe" zu korrigieren.

Das BMF hat in einem umfangreichen Schreiben zur Behandlung nach der Reform des Reisekostenrechts Stellung genommen (BMF, Schreiben v. 23.12.2014, IV C 6 – S 2145/10/10005 :001). Darin wird u. a. geregelt:

- Unter „Betriebsstätte" ist eine dauerhafte Tätigkeitsstätte zu verstehen, d. h. eine ortsfeste betriebliche Einrichtung des Steuerpflichtigen bzw. des Auftraggebers, die mehr als 48 Monate genutzt werden soll.
- Ein häusliches Arbeitszimmer ist keine Betriebsstätte.
- Als erste Betriebsstätte gilt die Tätigkeitsstätte, die arbeitstäglich oder je Woche an zwei vollen Arbeitstagen oder mindestens zu einem Drittel der regelmäßigen Arbeitszeit aufgesucht wird. Treffen diese Kriterien auf mehrere Tätigkeitsstätten zu, ist die der Wohnung näher gelegene Tätigkeitsstätte erste Betriebsstätte. Die Fahrten zu weiter entfernt liegenden Tätigkeitsstätten sind als Auswärtstätigkeiten zu beurteilen.
- Liegen keine Betriebsstätten vor (z. B. bei ständig wechselnden Tätigkeitsstätten: Fahrzeug, Flugzeug, Schiff), sind die Fahrtkosten unbeschränkt als Betriebsausgaben abziehbar.
- Fährt der Betriebsinhaber von seinem häuslichen Büro zum Sitz seines einzigen Auftraggebers, ist die Entfernungspauschale anzusetzen (BFH, Urteil v. 22.10.2014, X R 13/13). Das gilt auch, wenn der Betriebsinhaber noch eine weitere Betriebsstätte hat, von der er gelegentlich zu seinem Auftraggeber fährt (FG Düsseldorf, Urteil v. 11.3.2019, 9 K 1960/17 E; Rev. beim BFH, Az. X R 14/19).

Die 1%-Regel

Wird der Wert der privaten Nutzung nach der **1%-Regelung** ermittelt, sind die Aufwendungen für jeden Ekm pro

Monat mit 0,03 % des Listenpreises anzusetzen.

BEISPIEL

Fahrten zwischen Wohnung und Betrieb: 1%-Regel

Der Betriebs-Pkw (Listenpreis 45.000 €/alternativ 15.000 €) wird an 220 Tagen für Fahrten zwischen Wohnung und Betrieb (Entfernung 10 km) eingesetzt.

Alternative	A	B
Listenpreis/€	45.000	15.000
0,03 % davon/€	13,50	4,50
Ekm	10	10
Nutzungswert/€	1.620	540
(Listenpreis × 0,03 % × Ekm × 12 Monate)		
Arbeitstage	220	220
Betriebsausgaben/€	660	660
(Arbeitstage × Ekm × 0,30 €)		
Differenz (Nutzungswert – BA)	960	–120

Soweit ein positiver Betrag (Alternative A) verbleibt, liegen in dieser Höhe nicht abzugsfähige Betriebsausgaben vor. Ist die Differenz negativ (Fall B), steht dem Unternehmer ein zusätzlicher (fiktiver) Betriebsausgabenabzug zu. Dieser ist in der steuerlichen Gewinnermittlung außerhalb der Bilanz zusätzlich zu berücksichtigen (FinMin Bayern, Erlass v. 27.3.2003).

Pkw-Nutzung nur für Teilstrecken und gelegentliche Fahrten zwischen Wohnung und Arbeitsstätte bzw. Betriebsstätte

Nutzt ein Arbeitnehmer sein Fahrzeug nur gelegentlich für Fahrten zwischen Wohnung und Arbeitsstätte oder werden Teilstrecken (z. B. bis zum Bahnhof) damit zurückgelegt, ist nicht zwingend die Monatspauschale (0,03 %) anzusetzen (BFH, Urteil v. 4.4.2008, VI R 68/05; BMF, Schreiben v. 4.4.2018, IV C 5 – S 2334/18/10001).

Hierbei gilt folgende Grundregel: entweder Monatspauschale (0,03 %) oder Einzelbewertung der tatsächlichen Fahrten mit 0,002 % des Listenpreises je Ekm höchstens für 180 Tage (BMF, Schreiben v. 4.4.2018, IV C 5 – S 2334/18/10001, Rn. 10).

WICHTIG

Abweichende Regelung für Unternehmer

Unternehmer müssen für die Wege zwischen Wohnung und Betriebsstätte immer 0,03 % des Listenpreises versteuern, auch wenn im Monat durchschnittlich weniger als 15 Fahrten zur Betriebsstätte unternommen werden (BFH, Urteil v. 12. 6.2018, VIII R 14/15).

Fahrtenbuch

Wird ein **Fahrtenbuch** geführt, stehen die Kosten pro km und der Nutzungsumfang fest. Soweit die tatsächlichen km-Kosten über der Pauschale liegen, handelt es sich um nicht abzugsfähige Betriebsausgaben.

TIPP

Behinderte Menschen

Bei **behinderten Menschen** (= Minderung der Erwerbsfähigkeit beträgt mindestens 70 % bzw. mindestens 50 % bei zusätzlicher erheblicher Gehbehinderung) ist bei den Fahrten zwischen Wohnung und Betrieb keine Korrektur der Betriebsausgaben vorzunehmen.

2 Sie sind Mitinhaber einer Personengesellschaft

Wenn eine Personengesellschaft (z. B. OHG, KG) einen Pkw erwirbt, handelt es sich um einen Betriebs-Pkw. Gleiches gilt, wenn Sie Gesellschafter sind und den Pkw selbst erwerben, dieser aber zu mehr als 50 % für Betriebsfahrten eingesetzt wird.

Wenn Sie den Betriebs-Pkw privat nutzen, muss hierfür ein Privatanteil angesetzt werden. Die Berechnung kann nach der 1%-Regelung oder anhand eines Fahrtenbuchs erfolgen (vgl. hierzu die Ausführungen unter → Punkt 1).

3 Der Betriebs-Pkw und die Umsatzsteuer

Vorsteuerabzug

Wird der Pkw zu mehr als 10 % betrieblich genutzt, kann die Vorsteuer in vollem Umfang geltend gemacht werden.

Nutzung für Privatfahrten

Für die private Mitbenutzung fällt Umsatzsteuer an. Bemessungsgrundlage hierfür sind die anteilig auf die Privatnutzung entfallenden Kosten.

Wurde der Privatnutzungsanteil nach der **Fahrtenbuchregelung** ermittelt, sind in die umsatzsteuerliche Bemessungsgrundlage nur die Kosten einzubeziehen, für die Vorsteuer abgezogen werden konnte. Für die Abschreibung gilt dies, wenn im Zusammenhang mit dem Pkw-Erwerb Vorsteuer abgezogen werden konnte.

Die AK eines Pkw sind dabei abweichend von den ertragsteuerlichen Grundsätzen gleichmäßig auf den nach § 15a UStG maßgeblichen Berichtigungszeitraum zu verteilen (= fünf Jahre).

Der nach der **1%-Regelung** anzusetzende Wert ist nach der BFH-Rspr. umsatzsteuerlich nicht bindend (BFH, Urteil v. 11.3.1999, V R 78/98). Die umsatzsteuerliche Bemessungsgrundlage kann wie folgt ermittelt werden:

- durch ein Fahrtenbuch,
- nach der 1%-Regelung oder
- durch eine sachgerechte Schätzung (unter Vorlage geeigneter Unterlagen) (BMF, Schreiben v. 27.8.2004, IV B 7 – S 7300 – 70/04).

Der so berechnete Wert ist immer als Entnahme zu behandeln (BFH, Urteil v. 7.12.2010, VIII R 54/07).

HINWEIS

Gesellschafter-Geschäftsführer einer GmbH

Die Privatnutzung eines Geschäftsfahrzeugs durch einen Gesellschafter-Geschäftsführer einer GmbH kann Ausfluss des Arbeitsverhältnisses oder gesellschaftsrechtlich veranlasst sein. Dies führt zu unterschiedlichen umsatzsteuerlichen Bewertungen. Aus Vereinfachungsgründen kann die USt-Bemessungsgrundlage aber auch sowohl bei einem tauschähnlichen Umsatz als auch bei einer unentgeltlichen Wertabgabe nach lohnsteuerrechtlichen bzw. ertragsteuerrechtlichen Werten geschätzt werden (s. dazu BMF, Schreiben v. 5.6.2014, IV D 2 - S 7300/07/10002: 001; BFH, Urteil v. 5.6.2014, XI R 2/12).

Fahrten Wohnung–Betrieb

Der Zuschlag für Fahrten zwischen Wohnung und Betrieb unterliegt nicht der Umsatzsteuer (BMF, Schreiben v. 5.6.2014, IV D 2 - S 7300/07/10002: 001). Er ist nicht als unentgeltliche Wertabgabe der Umsatzbesteuerung zu unterwerfen (BFH, Urteil v. 5.6.2014, XI R 36/12).

Mitarbeiter im Ausland

Wird ein im Ausland lebender Mitarbeiter beschäftigt und kann dieser einen betrieblichen Pkw auch privat nutzen, muss sich der Unternehmer auch im Ausland registrieren lassen und dort USt zahlen. Näheres regelt ein BMF-Schreiben (BMF, Schreiben v. 12.9.2013, IV D 3 – S 7117-e/13/ 10001).

4 Berechnungsschema

Hinweis: Ein Schema zur Berechnung des Privatanteils finden Sie auf http://mybook.haufe.de unter „Der Steuerkalkulator".

Zur doppelten Haushaltsführung siehe → Doppelte Haushaltsführung.

5 Verkauf des Betriebs-Pkw

Wird ein zum Betriebsvermögen gehörendes, jedoch teilweise privat genutztes Kfz veräußert, erhöht der gesamte Unterschiedsbetrag zwischen Buchwert und Veräußerungserlös den Gewinn (BFH, Urteil v. 16.6.2020, VIII R 9/18).

6 Sie nutzen Ihren Privat-Pkw für den Betrieb

Absetzbare Kosten

- Der Privat-Pkw wird für **Fahrten zwischen Wohnung und Betrieb** eingesetzt: Pro Ekm sind 0,30 € bzw. ab dem 21. Ekm 0,35 € abzugsfähig. Behinderte Menschen (vgl. → Punkt 1) können 0,60 € absetzen.
- Der Privat-Pkw wird für **sonstige betriebliche Fahrten** eingesetzt: Pro km sind 0,30 € oder die nachgewiesenen tatsächlichen km-Kosten (siehe auch Jahresaufwand: Jahresfahrleistung) abzugsfähig.

Notieren Sie sich die betrieblichen Fahrten (Tag, Ziel und Anlass der Fahrt, gefahrene Kilometer), sodass Sie Ihre Wertansätze belegen können.

7 Ihnen wird ein Pkw überlassen

GmbH-Geschäftsführer

Gesellschafter-Geschäftsführer müssen darauf achten, dass zwischen ihnen und der GmbH klare und eindeutige (schriftliche) Vereinbarungen zur Vermeidung einer verdeckten Gewinnausschüttung vorliegen. Wird der überlassene Pkw für Fahrten zwischen Wohnung und Betrieb und/oder für Privatfahrten genutzt, liegt darin ein geldwerter Vorteil, der als zusätzlicher Arbeitslohn anzusetzen ist.

Geldwerter Vorteil

- **Überlassung für Privatfahrten**
  Zu versteuern sind im Jahr 12 % des Listenpreises bzw. der tatsächliche Kostenanteil laut Fahrtenbuch. Wird ein überlassener Pkw für weitere Einkunftsarten (z. B. Nebentätigkeit, V+V) eingesetzt, sind diese Fahrten wieder durch die 1%-Regelung abgegolten (R 8.1 Abs. 9 Nr. 1 Satz 8 LStR 2015).
- **Überlassung für Fahrten zwischen Wohnung und Betrieb**
  Zu versteuern sind jährlich 12 × 0,03 % des Listenpreises × Entfernung Wohnung–Arbeitsstätte bzw. der tatsächliche Kostenanteil laut Fahrtenbuch. Soweit der Pkw nur für berufliche Fahrten genutzt werden darf und auch tatsächlich genutzt wird, ergeben sich keine steuerlichen Konsequenzen. Die Regelung kommt nur dann nicht zur Anwendung, wenn eine Privatnutzung des Firmenfahrzeugs absolut auszuschließen ist, da der Beweis des ersten Anscheins für eine private Nutzung spricht. Das Verbot des Arbeitgebers, das Fahrzeug privat zu nutzen, kann ausreichen, den Anscheinsbeweis zu erschüttern, sofern es nicht nur zum Schein ausgesprochen wurde (BFH, Urteil v. 7.11.2006, VI R 19/05). Auch eine fehlende Fahrerlaubnis ist allein noch kein Nachweis einer fehlenden Privatnutzung (FG München, Urteil v. 17.4.2007, 6 K 2111/05). Das FG Schleswig-Holstein will die Grundsätze auch auf Lastkraftwagen anwenden (FG Schleswig-Holstein, Urteil v. 1.12.2006, 1 K 81/04).

Selbstständige Außendienstler

Wird der Pkw des Auftraggebers auch für Privatfahrten genutzt, liegt hierin ein geldwerter Vorteil (= Betriebseinnahme), der mithilfe der 1%-Regelung bzw. per Fahrtenbuch zu berechnen ist (vgl. hierzu Punkt 1).

Zuzahlungen

Zuzahlungen zu den Anschaffungskosten

Für den BFH ist der Aufwand beim Arbeitnehmer wie AK eines Nutzungsrechts zu behandeln und im Wege einer Abschreibung (voraussichtliche Gesamtdauer des Nutzungsrechts) zu berücksichtigen (BFH, Urteil v. 18.10.2007, VI R 59/06).

Das BMF sieht die Zuzahlung dagegen nicht als eigenständiges Wirtschaftsgut, sondern als Minderung des geldwerten Vorteils an. Folge: Es können keine Verluste entstehen, nur ein geldwerter Vorteil von 0 €. Allerdings wird der Zuzahlungsbetrag bis zum vollen

Verbrauch nicht nur im Zahlungsjahr, sondern auch in den darauffolgenden Kalenderjahren auf den geldwerten Vorteil angerechnet (BMF, Schreiben v. 4.4.2018, IV C 5 – S 2334/18/10001). Dazu ist ein weiteres Verfahren vor dem BFH anhängig (FG Niedersachsen, Urteil vom 16.4.2018, 9 K 162/17, Rev. beim BFH, Az. VI R 18/18). Werden Zuzahlungen geleistet, bei denen eindeutig vereinbart ist, dass sie zeitraumbezogen sind, können diese gleichmäßig auf den Zeitraum, für den sie geleistet wurden, verteilt und monatlich vorteilsmindernd berücksichtigt werden (BFH, Urteil v. 16.12.2020, VI R 19/18).

Übernahme einzelner laufender Kosten

Einzelne, vom Arbeitnehmer selbst getragene Kraftfahrzeugkosten (z. B. einzelne Treibstoffkosten) können unabhängig davon, ob die Fahrtenbuchmethode oder die 1%-Regelung angewandt wird, die Höhe des geldwerten Vorteils mindern oder als Werbungskosten berücksichtigt werden (BFH, Urteil v. 30.11.2016, VI R 49/14; BFH, Urteil v. 30.11.2016, VI R 2/15; BMF, Schreiben v. 4.4.2018, IV C 5 – S 2334/18/10001). Nicht nutzungsabhängige Kosten werden nur berücksichtigt, wenn der Arbeitnehmer dazu arbeitsvertraglich verpflichtet ist (FG Münster, Urteil v. 14.3.2019, 10 K 2990/17 E). Das gilt auch für die Kosten für die Unterbringung in einer Garage (FG Niedersachsen, Urteil v. 9.10.2020, 14 K 21/19; Rev. beim BFH, Az. VIII R 29/20).

Pauschalentgelt

Zahlt der Arbeitnehmer für die Pkw-Überlassung ein pauschales Entgelt, mindert dies den Wert der Überlassung. Allerdings kann die Besteuerung bei der 1%-Regelung nicht vollkommen vermieden werden, da es sich hier um eine zwingende Bewertungsregelung handelt (BFH, Urteil v. 7.11.2006, VI R 95/04). Durch ein ordnungsgemäß geführtes Fahrtenbuch kann dies vermieden werden.

Übersteigen die Eigenleistungen des Arbeitnehmers den privaten Nutzungsvorteil für die außerdienstliche Nutzung eines ihm überlassenen betrieblichen Kfz des Arbeitgebers, führt der übersteigende Betrag weder zu negativem Arbeitslohn noch zu Werbungskosten. Dies gilt sowohl bei Anwendung der Fahrtenbuchmethode als auch bei der 1%-Regelung (BFH, Beschluss v. 15.1.2018, VI B 77/17).

WICHTIG

Zuschüsse bei der Umsatzsteuer

Die umsatzsteuerliche Bemessungsgrundlage für die Fahrzeugüberlassung wird durch Zuschüsse nicht gemindert. Siehe dazu: BMF, Schreiben v. 30.12.1997, IV C 3 – S 7102 – 41/97.

8 Kommunikationsmittel

Aufwendungen für eine Freisprechanlage bleiben außer Ansatz, Privatgespräche bleiben nach § 3 Nr. 45 EStG steuerfrei. Auf Navigationsgeräte ist dies nicht anzuwenden (BFH, Urteil v.

16.2.2005, VI R 37/04). Sie sind in die Bemessungsgrundlage wie andere Sonderausstattungen einzubeziehen.

9 Vermietung des privaten Pkw an den Arbeitgeber

Der BFH hat steuerlich eine interessante Möglichkeit eröffnet, bei der der Arbeitnehmer einen Pkw anschafft und an den Betrieb vermietet (BFH, Urteil v. 11.10.2007, V R 77/05). Dadurch spart der Arbeitgeber die Finanzierung des Pkw. Nutzt der Arbeitnehmer den Pkw auch privat, ändert sich für die Berechnung des Nutzungsvorteils nichts. Unklar ist aber, ob beim Arbeitnehmer Einkünfte aus Gewerbebetrieb oder aus nichtselbstständiger Arbeit vorliegen, mit der Folge, dass der Arbeitgeber Lohnsteuer einbehalten muss. Die Frage sollte im Vorfeld mit dem Finanzamt geklärt werden.

10 Diebstahl des betrieblichen Pkw

Wird ein betrieblicher Pkw während einer Privatfahrt gestohlen, gehört der Verlust zur Privatsphäre (BFH, Urteil v. 18.4.2007, XI R 60/04).

11 Sonderfall: Überlassung durch einen Dritten

Ein Freiberufler, der aufgrund seiner geschäftlichen Verbindungen von einem Dritten einen ausschließlich privat genutzten Pkw unentgeltlich zur Nutzung überlassen bekommt, muss Betriebseinnahmen in Höhe der Leasingraten ansetzen. Eine Bewertung der gewährten Nutzungsmöglichkeit nach der sog. 1%-Regelung kommt insoweit nicht in Betracht (FG Hessen, Urteil v. 1.12.2011, 10 K 939/08).

Nutzt ein Arbeitnehmer einen Dienstwagen, dessen Privatnutzung nach der 1%-Regelung versteuert wird, für eigenbetriebliche Zwecke, können im Rahmen der betrieblichen Gewinnermittlung keine fiktiven Betriebsausgaben abgezogen werden (FG Münster, Urteil v. 26.9.2014, 11 K 246/13 E).

Fortbildung/Fachtagungen

Kosten für die Fort- und Weiterbildung oder eine zweite Ausbildung gehören zu den Betriebsausgaben oder Werbungskosten.

§§ 4 Abs. 4, 9 Abs. 1 und 6, 10 Abs. 1 Nr. 7 und 12 Nr. 5 EStG; R 9.2 LStR 2015

1 Begriff „Fortbildung"

Steuerlich fallen unter Fortbildung:

- eine Weiterbildung im ausgeübten Beruf (Seminar, Fachtagung, Fachkurs etc.)
- eine Umschulung

- eine zweite oder weitere Ausbildung nach abgeschlossener erster Berufsausbildung
- ein Erststudium nach abgeschlossener erster Berufsausbildung
- ein Zweit- oder weiteres Studium

Vertiefend siehe → Ausbildung und Studium.

Abgrenzung zu privaten Kosten

Der Abzug als Werbungskosten oder Betriebsausgaben setzt voraus, dass die Kosten objektiv in Zusammenhang mit der ausgeübten Tätigkeit stehen und deren Förderung dienen, z. B. um den jeweiligen Anforderungen im Berufsleben gerecht zu werden, aufzusteigen und Karriere zu machen oder sich veränderten Marktbedingungen anzupassen. Die Kosten sind nur dann in voller Höhe abziehbar, wenn eine Mitveranlassung durch die private Lebensführung nicht vorliegt oder von ganz untergeordneter Bedeutung ist. Ist ein konkreter beruflicher Bezug nicht hinreichend erkennbar, sind die Aufwendungen insgesamt nicht abzugsfähig. Sind sowohl berufliche als auch private Motive von nicht untergeordneter Bedeutung für die Fortbildungsmaßnahme erkennbar, können die Kosten, soweit sie dem beruflichen Bereich konkret zuordenbar sind (z. B. Arbeitsunterlagen), in voller Höhe abgezogen werden, für die allgemeinen Kosten (Reisekosten wie z. B. Fahrtkosten, Verpflegung, Übernachtung) kann eine Aufteilung der Kosten in einen beruflichen und einen privaten Teil in Betracht kommen (s. u. private Mitveranlassung).

Einzelfälle

Kurse zur Persönlichkeitsentfaltung

Kurse zur Persönlichkeitsentfaltung sind nur dann beruflich veranlasst, wenn sie primär auf die spezifischen Bedürfnisse des vom Steuerpflichtigen ausgeübten Berufs ausgerichtet sind. Indizien dafür sind z. B. die Lehrinhalte und ihre konkrete Anwendung in der beruflichen Tätigkeit, der Ablauf des Lehrgangs sowie die teilnehmenden Personen. Ein Lehrgang, der sowohl Grundlagen- als auch Spezialwissen vermittelt, kann beruflich veranlasst sein, wenn der Erwerb des Grundlagenwissens die Vorstufe zum Erwerb von Spezialwissen bildet (BFH, Urteil v. 28.8.2008, VI R 35/05).

Seminare, die keinen direkten beruflichen Bezug erkennen lassen, wie z. B. Selbsterfahrungskurse oder Kurse zur allgemeinen Persönlichkeitsbildung, geben sowohl im beruflichen als auch im privaten Leben Impulse und sind mangels Aufteilungsmöglichkeit in voller Höhe nicht abziehbar. Etwas anderes dürfte gelten, wenn der Arbeitgeber zumindest einen Teil der Kosten übernimmt oder sogar z. B. die Teilnahme an einem Seminar pro Jahr verbindlich vorschreibt (BFH, Urteil v. 9.12.2010, VI R 42/09).

Sprachkurs

Die Kursgebühren und notwendigen Kursunterlagen sind abzugsfähige Werbungskosten bzw. Betriebsausgaben, wenn der Sprachkurs auf die speziellen beruflichen Bedürfnisse zugeschnitten ist, also berufsspezifisches Vokabular und Fachsprache vermittelt. Die Kosten eines Grundkurses in einer Fremdsprache sind abziehbar, wenn die Fremdsprache beruflich benötigt wird und Grundkenntnisse der Fremdsprache im Rahmen der beruflichen Tätigkeit ausreichen.

Findet der Sprachkurs in der Nähe des Wohnorts statt, können bei beruflicher Veranlassung auch die mit der Kursteilnahme zusammenhängenden Reisekosten abgezogen werden. Bei Sprachkursen im Ausland ist dagegen immer von einer privaten Mitveranlassung auszugehen (allgemeines touristisches Interesse). Deshalb sind die Reisekosten auch bei einem eigentlich beruflich veranlassten Sprachkurs nur anteilig zu berücksichtigen. Da die private und berufliche Veranlassung stets zeitgleich vorliegt, ist der zeitliche Umfang (Seminarzeit/Freizeit) kein geeigneter Aufteilungsmaßstab. Aus Vereinfachungsgründen können die hälftigen Reisekosten abgezogen werden (s. u. private Mitveranlassung; BFH, Urteil v. 24.2.2011, VI R 12/10).

Fachtagung

Kosten für Tagungen und Kongresse sind steuerlich abziehbar, wenn der Steuerpflichtige ausschließlich oder weitaus überwiegend im beruflichen Interesse daran teilgenommen hat. Die Reise muss im Rahmen einer lehrgangsmäßigen Organisation durchgeführt werden. Der volle Reisekostenabzug setzt voraus, dass die Verfolgung privater Interessen, wie z. B. Erholung, Bildung und Erweiterung des Horizonts, nach dem Anlass der Reise, dem Reiseort (touristisch interessantes Ziel?), dem vorgesehenen Programm (homogener Teilnehmerkreis, fachspezifische Themen, touristische oder gesellige Programmpunkte) und der tatsächlichen Durchführung (frei verfügbare Zeiten, Mitnahme von Angehörigen) nahezu ausgeschlossen ist. Trifft dies nicht zu, sind zwar die direkten Kosten der Tagung (Tagungsgebühr, Material) absetzbar, die Reisekosten insgesamt aber nicht abziehbar (BFH, Urteil v. 19.1.2012, VI R 3/11).

Private Mitveranlassung

Ist eine Reise anlässlich einer Fortbildung auch privat veranlasst (gemischte Aufwendungen), kann oft zumindest ein Teilabzug erreicht werden. Konkret dem Beruf zuordenbare Kosten (z. B. Seminargebühren) sind stets in voller Höhe abzugsfähig. Für die Reisekosten gilt:

Besteht eine Reise aus zwei abgrenzbaren Teilen (z. B. eine Woche Seminar und eine Woche Erholungsurlaub), sind die Reisekosten für die Seminarwoche abzugsfähig. Kosten für Hin- und Rückreise werden (nach beruflichen/privaten Zeiten) anteilig berücksichtigt (BFH, Beschluss v. 21.9.2009, GrS 1/06). Vertiefend siehe → Reisekosten.

Ist die Fortbildungsreise **insgesamt** sowohl beruflich als auch privat veranlasst, z. B. bei einer Studien- oder Sprachreise, sind ausschließlich dem Beruf zuordenbare Entgelte (z. B. Seminargebühr) abzugsfähig, die Reisekosten sind aufzuteilen (ggf. im Wege der Schätzung; s. o. Sprachkurs).

Prüfschema zur Abgrenzung bei gemischten Aufwendungen: Vertiefend siehe → Werbungskosten, -pauschbeträge und -pauschalen.

2 Abzugsfähige Kosten

Abzugsfähig sind alle durch die Fortbildung angefallenen Kosten. Dazu gehören stets die (konkret zuordenbaren) Seminar- bzw. Studiengebühren sowie die notwendige Literatur und die Arbeitsmaterialien. Dasselbe gilt für die durch die Fortbildungsveranstaltungen verursachten Reisekosten (Fahrtkosten, Übernachtungskosten, Verpflegungsmehraufwendungen, Reisenebenkosten), wobei hier auch eine anteilige Berücksichtigung (s. o.) in Betracht kommt.

Nicht abzugsfähig sind Kosten für Reiseausstattung (Reisewecker, Reiseföhn, Koffer, Reisekleidung). Vertiefend siehe → Reisekosten.

Fotovoltaikanlagen und Blockheizkraftwerke

Der Betreiber einer stromgewinnenden Anlage – darunter fallen z. B. Fotovoltaikanlagen, Solaranlagen und Blockheizkraftwerke – betreibt i. d. R. einen Gewerbebetrieb. Er muss die Einkünfte in seiner Einkommensteuererklärung angeben und meist Umsatzsteuer abführen.

§ 15 EStG, §§ 1, 2, 15 UStG

1 Überblick

Durch die Einspeisung von Strom in das Netz des örtlichen Stromlieferanten werden Einkünfte aus einem **Gewerbebetrieb erzielt.** Die Aufnahme der gewerblichen Tätigkeit ist dem Finanzamt anzuzeigen. Vertiefend siehe → Existenzgründer.

TIPP

Anrechnung auf Renten

Überschüsse aus dem Betrieb einer Fotovoltaikanlage können zur Kürzung von Renten oder anderen Sozialleistungen führen. Sollten Sie mit dem Gedanken spielen, Ihre Fotovoltaikanlage entgeltlich oder unentgeltlich auf den Ehegatten oder andere Familienmitglieder zu übertragen, um die Kürzungen zu vermeiden, ist diese Übertragung nicht rückwirkend, sondern nur für die Zukunft mit den vorgenannten steuerlichen Folgen möglich.

Gewinnermittlung

I. d. R. kann der Gewinn durch eine **Einnahmenüberschussrechnung** (Einnahmen abzgl. Aufwendungen) ermittelt werden. Vertiefend siehe → Einnahmenüberschussrechnung.

Sowohl die Vergütung für den eingespeisten Strom als auch die **Selbstverbrauchsvergütung**, die für den privat verbrauchten Strom gezahlt wird, stellen Betriebseinnahmen dar. Zusätzlich ist der privat verbrauchte Strom als Sachentnahme bei den Betriebseinnahmen zu erfassen.

Abschreibung

Die Fotovoltaikanlage wird auf die Nutzungsdauer von 20 Jahren abgeschrieben. Damit ergibt sich eine gleichmäßige AfA von 5 % über den gesamten Zeitraum. Im ersten Jahr ist die AfA nach Monaten aufzuteilen.

Investitionsabzugsbetrag (IAB)

Schon vor Fertigstellung der Anlage kann ein Investitionsabzugsbetrag in Höhe von 40 % der voraussichtlichen Kosten steuermindernd geltend gemacht werden. Vertiefend siehe → Investitionsabzugsbetrag.

Formular in der Einkommensteuererklärung

Es liegen Einkünfte aus Gewerbebetrieb vor, daher muss der Gewinn in der Anlage G der Einkommensteuererklärung erklärt werden.

Umsatzsteuer

Mit dem regelmäßigen Verkauf des selbst erzeugten Stroms werden Sie zum umsatzsteuerlichen Unternehmer. Damit können Sie sich die Umsatzsteuer, die im Zusammenhang mit der Anschaffung gezahlt wurde, vom Finanzamt erstatten lassen.

2 Detailinformationen

Hinweis: Wichtiges zum Thema „Fotovoltaikanlagen und Blockheizkraftwerke" finden Sie auch auf http://mybook.haufe.de unter „Weiterführende steuerliche Informationen".

Geringwertige Wirtschaftsgüter

Bei den Abschreibungsmöglichkeiten für geringwertige Wirtschaftsgüter (GWG) gilt es, genau zu unterscheiden, ob ein sofortiger Betriebsausgabenabzug, eine Sammelabschreibung oder die normale Abschreibung über die Nutzungsdauer in Betracht kommt.

§ 6 Abs. 2 und 2a EStG, § 9 EStG, R 6.13 EStR, R 9.12 LStR

1 Die verschiedenen Abschreibungsmöglichkeiten

Im Betrieb

Für alle Gewinneinkünfte, d.h. für Einkünfte aus Land- und Forstwirtschaft, Gewerbebetrieb oder selbstständiger Arbeit – unabhängig davon, ob die Unternehmer bilanzieren oder ihren Gewinn durch Einnahmenüberschussrechnung nach § 4 Abs. 3 EStG ermitteln –, bestehen verschiedene Wahlmöglichkeiten, je nach Höhe der AK bzw. HK.

Maßgebend sind immer die Nettokosten, d. h. ohne enthaltene Umsatzsteuer.

AK/HK bis 250 €

- Sofortabschreibung oder
- lineare Abschreibung nach Nutzungsdauer

Keine Aufnahme in ein Inventar.

AK/HK von 250,01 € bis 1.000 €

Abschreibung ohne Sammelposten

AK/HK	Methode
bis zu 800 €	Sofortabschreibung oder lineare Abschreibung
ab 801 €	lineare Abschreibung nach Nutzungsdauer

Wirtschaftsgüter mit AK/HK über 250 € sind zu inventarisieren.

Oder:

Abschreibung mit Sammelposten

AK/HK	Methode
mehr als 250 € bis max. 1.000 €	Bildung eines Sammelpostens; Verteilung über fünf Jahre
ab 1.001 €	lineare Abschreibung nach Nutzungsdauer

WICHTIG

Methodenwahl

Die Methode (mit oder ohne Sammelposten) kann für ein Jahr nur einheitlich für alle Wirtschaftsgüter mit AK und HK von 250 bis 1.000 € gewählt werden. Im nächsten Jahr kann erneut entschieden werden.

Auf die Abschreibung mit Sammelposten wird nicht weiter eingegangen, da diese Abschreibung in der Praxis kaum noch Bedeutung hat.

Bei den sonstigen Einkunftsarten

TIPP

Überschusseinkünfte

Bei den Überschusseinkünften, d. h. bei den Einkünften aus nichtselbstständiger Arbeit, V+V, Kapitalvermögen oder den sonstigen Einkünften, gibt es den Sammelposten nicht. Für GWG mit AK/HK bis zu 800 € netto kann der sofortige Werbungskostenabzug oder die Abschreibung auf die Nutzungsdauer gewählt werden.

2 Was ist ein „geringwertiges Wirtschaftsgut"?

Voraussetzungen

Folgende Voraussetzungen müssen erfüllt sein:

- Es handelt sich um ein abnutzbares, bewegliches (körperliches) Anlagegut (z. B. Kopier-/Faxgerät, Rechen-/Kaffeemaschine).
- Das Wirtschaftsgut ist selbstständig nutzbar.

TIPP

Nutzungsdauer von Computern und Software

Unabhängig von den Regelungen für GWG können Computer und Software ab 2021 im Jahr der Anschaffung in voller Höhe abgeschrieben werden. Das gilt auch für die Restwerte entsprechender Wirtschaftsgüter. Die Nutzungsdauer in der AfA-Tabelle wurde auf ein Jahr geändert (BMF, Schreiben v. 26.2.2021, IV C 3 – S 2190/21/10002 :013). Die Regelung gilt für alle Einkunftsarten.

Was versteht man unter „selbstständig nutzbar"?

Nur für sich allein nutzbare Wirtschaftsgüter fallen unter die Regelungen.

Form der Nutzbarkeit entscheidend

- **Selbstständig nutzbar sind z. B.:**

  Möbel, Besteck, Geschirr, Porzellan, Wäsche (z. B. bei Gaststätten und Hotels), Gemälde, Einrichtungsgegenstände, Teppiche (soweit sie auf gebrauchsfertigem Boden verlegt sind), Werkzeuge (nicht aber maschinengebundene Werkzeuge), Laptops, Computerprogramme, Stühle einer Gaststätte, Euro-Flachpaletten, Fernsehgeräte in Hotels, mobiles Autotelefon etc.

- **Nicht selbstständig nutzbar sind z. B.:**

  Gerüst- und Schalungsteile (wenn diese technisch aufeinander abgestimmt oder genormt sind), Ladeneinrichtung (soweit Baukastensystem), einzelne Teile einer Computeranlage (PC, Drucker, Bildschirm, Monitor etc.), maschinengebundene Werkzeuge etc.

Bei einer Schreibtischkombination, die aus einem Schreibtisch, einem Rollcontainer und einem Computertisch besteht, ist jedes Teil selbstständig nutzbar (BFH, Urteil v. 21.7.1998, III R 110/95).

Achten Sie deshalb darauf, dass in der Rechnung für die einzelnen Teile separate Preise ausgewiesen werden.

Einzelne Teile einer Computeranlage (PC, Drucker, Monitor) sind nicht selbstständig nutzbar. Ausgenommen hiervon sind Laptops sowie Kombinationsgeräte (z. B. ein Gerät, das Fax, Drucker und Kopierer in sich vereint) (BFH, Urteil v. 19.2.2004, VI R 135/01).

Die 800-Euro- bzw. 250-Euro- bis 1.000-Euro-Grenze

Preisnachlässe und Skontoabzüge vermindern die AK. Vertiefend siehe → Abschreibungen/Anschaffungs- und Herstellungskosten. Die in Rechnung gestellte Umsatzsteuer ist bei der Frage, ob die betragsmäßige Grenze überschritten wird, immer außer Betracht zu lassen.

Sonderfall Einlage

Wenn Sie ein privates Wirtschaftsgut auf Dauer betrieblich nutzen wollen, muss dieses mit seinem tatsächlichen Wert (Teilwert) in das Betriebsvermögen eingelegt werden. Wurde es innerhalb von drei Jahren vor der Einlage gekauft bzw. hergestellt, darf der Einlagewert höchstens die AK/HK abzüglich der bis zur Einlage rechnerisch entfallenden Abschreibung (= Restwert) betragen.

3 Abschreibung ohne Sammelposten

Wirtschaftsgüter mit AK/HK bis 800 €

Haben die AK/HK nicht mehr als 800 € (zzgl. Umsatzsteuer) betragen, können die Kosten als Betriebsausgaben im Jahr der Zahlung behandelt werden. Die Abschreibung darf auch dann in voller Höhe erfolgen, wenn bei Beendigung der Nutzung ein nicht unerheblicher Restwert verbleibt (BFH, Urteil v. 24.7.2013, IV R 1/10). Es besteht auch die Möglichkeit der Abschreibung über die Nutzungsdauer (Wahlrecht!).

Höhere AK/HK

Alle anderen Wirtschaftsgüter müssen nach der Nutzungsdauer abgeschrieben werden.

BEISPIEL

GWG

U hat im Dezember 2020 ein Netbook für 400 € und einen Schreibtisch für 999 € netto erworben. Die AK für das Netbook können als Betriebsausgabe behandelt werden. Der Schreibtisch muss über die Nutzungsdauer (13 Jahre) abgeschrieben werden. Im Jahr der Anschaffung ist nur eine zeitanteilige AfA zulässig. Die Möglichkeit, einen Sammelposten zu bilden, gibt es nicht.

Wird der Schreibtisch bei dieser Methode nach zwei Jahren verkauft, mindert der noch nicht abgeschriebene Restwert den Gewinn im Verkaufsjahr.

4 Investitionsabzugsbetrag

Auch für die Wirtschaftsgüter, deren AK 1.000 € nicht übersteigen, sind die Vorschriften des → Investitionsabzugsbetrags anwendbar.

Grenzen beim InvAB

Die 800-, 250- bzw. 1.000-Euro-Grenze ist auf die **geminderten** AK/HK anzuwenden.

Vertiefend siehe → Investitionsabzugsbetrag.

Geschenke

Aufwendungen für betrieblich veranlasste Geschenke gehören zu den Betriebsausgaben. Sie sind nur in begrenzter Höhe als Betriebsausgaben abziehbar.

§ 4 Abs. 5 Nr. 1, § 9b EStG, § 37b EStG

1 Begrenzter Betriebsausgabenabzug

Aufwendungen für Geschenke dürfen den Gewinn nicht mindern, wenn die AK oder HK der dem einzelnen Empfänger im Wirtschaftsjahr zugewendeten Gegenstände insgesamt 35 € übersteigen. **Bis 35 €** sind sie als Betriebsausgaben **abziehbar.**

TIPP

35-Euro-Freigrenze

Bei der 35-Euro-Regelung handelt es sich nicht um einen Freibetrag, sondern um eine **Freigrenze.**

Schenken Sie einem Kunden einen Gegenstand, der mehr als 35 € gekostet hat, ist der Gesamtbetrag nicht abziehbar. Auch die Umsatzsteuer ist in diesem Fall nicht als Vorsteuer anrechenbar.

Geschenke (Bar- oder Sachzuwendungen) sind unentgeltliche Zuwendungen aus betrieblichem Anlass, die nicht als Gegenleistung für eine bestimmte Leistung des Empfängers gedacht und nicht in unmittelbarem zeitlichen oder wirtschaftlichen Zusammenhang mit einer solchen Leistung stehen.

Unter den Geschenkbegriff fallen u.a. Eintrittskarten zu einer Sport- oder Konzertveranstaltung, Gelegenheitsgeschenke (Geschenkkörbe, Blumengebinde, CDs, Vasen, Schalen), Geschenkgutscheine, Lotterielose, Warenproben und Werbegeschenke (z.B. Füllhalter, Kugelschreiber, Kalender, Schreibmappen, Brieftaschen, Feuerzeuge).

Kränze und Blumen anlässlich der Beerdigung eines Geschäftsfreundes sind keine Geschenke, weil keine Zuwendung an einen Dritten vorliegt. Preise anlässlich eines Preisausschreibens sind keine Geschenke. Trinkgelder sind keine Geschenke, weil sie mit einer Gegenleistung im Zusammenhang stehen.

Von diesen Aufwendungen sind Aufwendungen für **privat veranlasste Geschenke** abzugrenzen. Sie sind als typische Kosten der Lebensführung nicht abzugsfähig. Das gilt auch für Geschenke, die sowohl betrieblich als auch wesentlich privat veranlasst sind.

Geld- und Sachgeschenke des Arbeitgebers an eigene **Arbeitnehmer** werden von der 35-Euro-Grenze nicht berührt. Sie sind beim Unternehmer in unbegrenzter Höhe abziehbar, werden aber beim Arbeitnehmer als lohnsteuerpflichtige Einnahmen erfasst. Lohnsteuerfrei sind nur Aufmerksamkeiten. Das sind Sachzuwendungen, deren Gesamtwert 60 € nicht übersteigt (R 19.6 LStR).

Aufzeichnungspflichten

Die Aufwendungen für ein Geschenk müssen einzeln und getrennt von den sonstigen Betriebsausgaben aufgezeichnet werden, sonst sind sie als Betriebsausgaben auch dann nicht abziehbar, wenn die Aufwendungen die 35-Euro-Grenze nicht überschreiten. Das gilt auch für Werbegeschenke, die selbst Werbeträger darstellen (z. B. Kalender mit Firmenlogo; FG Baden-Württemberg, Urteil v. 12.4.2016, 6 K 2005/11).

Anschaffungs-/Herstellungskosten

Bei der Prüfung der Frage, ob die 35-Euro-Freigrenze überschritten ist, sind die AK oder HK des Gegenstands zu ermitteln. Zu den AK gehören alle Aufwendungen, die geleistet werden, um das Wirtschaftsgut zu erwerben. Dazu gehört auch die Vorsteuer, soweit sie nicht abzugsfähig ist. Hierzu gehören auch die Kosten einer Kennzeichnung des Geschenks als Werbeträger. Dagegen sind die Kosten der Verpackung und Versandkosten, die der Lieferant berechnet hat, nicht zu den AK hinzuzurechnen. Anschaffungspreisminderungen wie z. B. Skonti, Rabatte und andere Preisnachlässe sind abzuziehen.

WICHTIG

Pauschalsteuer nach § 37b ist einzubeziehen

Auch die Pauschalsteuer nach § 37b ist bei der Frage, ob die 35-Euro-Grenze überschritten ist, einzubeziehen (BFH, Urteil vom 30.3.2017, IV R 13/14). Diese Regelung wird von der Finanzverwaltung allerdings nicht angewandt (Fußnote im BStBl II 2017, 892).

Die gezahlte Umsatzsteuer gehört nicht zu den AK oder HK, wenn sie als Vorsteuer abziehbar ist.

Die Grenze von 35 € bezieht sich auf den einzelnen Empfänger.

2 Pauschalierung von Sachgeschenken

Betrieblich veranlasste Sachzuwendungen an Kunden, Geschäftsfreunde und deren Arbeitnehmer, aber auch an eigene Arbeitnehmer, stellen für den Empfänger regelmäßig einen steuerpflichtigen geldwerten Vorteil dar. Deshalb müsste der Beschenkte den Wert der Zuwendungen bei der Ermittlung seiner Einkünfte versteuern (§ 37b EStG).

Um diese steuerliche Berücksichtigung beim Empfänger zu vermeiden, wird dem zuwendenden Unternehmer die Möglichkeit eingeräumt, die Einkommensteuer einheitlich für alle innerhalb eines Wirtschaftsjahres gewährten Sachgeschenke – unabhängig davon, ob diese als Betriebsausgabe abziehbar sind oder nicht – mit einem **Pauschalsteuersatz von 30 %** (zzgl. Solidaritätszuschlag und ggf. Kirchensteuer) abzugelten.

Dabei können die Pauschalierungswahlrechte für Sachzuwendungen an Nichtarbeitnehmer und an eigene Arbeitnehmer unabhängig voneinander ausgeübt werden. Bis zur Bestandskraft kann diese Erklärung durch Abgabe einer geänderten Pauschsteueranmeldung widerrufen werden (BFH, Urteil v. 15.6.2016, VI R 54/15).

Nicht unter die Pauschalierung fallen:

- sog. „Streuwerbeartikel" (Sachzuwendungen an Dritte mit AK bis 10 €)
- Sachzuwendungen/Geschenke bis zu 40 € (inklusive Umsatzsteuer) anlässlich eines besonderen persönlichen Ereignisses (z. B. Geburtstag oder Firmenjubiläum)
- Gewinne aus Verlosungen, Preisausschreiben und sonstigen Gewinnspielen

Unter § 37b EStG fallen nur Zuwendungen, die beim Empfänger dem Grunde nach einkommensteuerpflichtig sind (BFH, Urteile v. 16.10.2013, VI R 57/11, VI R 52/11, VI R 78/12). Damit sind z. B. Geschenke an Ausländer, die im Inland nicht steuerpflichtig sind, nicht nach § 37b EStG zu versteuern. Außen vor bleiben auch Kosten für die eigenen Arbeitnehmer, die im ganz überwiegend eigenbetrieblichen Interesse des Arbeitgebers, z. B. zur Betreuung der Geschäftsfreunde, an einer Veranstaltung teilnehmen.

Ferner müssen die Zuwendungen betrieblich veranlasst sein. Werden die Aufwendungen z. B. vom Geschäftsführer privat getragen, kommt die Anwendung der Pauschalierung nicht in Betracht.

Auch müssen die Zuwendungen zusätzlich zur ohnehin vereinbarten Leistung oder Gegenleistung erbracht werden. Dies ist z. B. nicht der Fall, wenn den Verkäufern, die bei einem Kunden angestellt sind, eine Sachprämie im Erfolgsfall zugewendet wird (BFH, Urteil v. 21.2.2018, VI R 25/16).

Die Pauschalierung kommt auch nicht in Betracht, wenn noch keine Geschäftsbeziehung besteht (Sächsisches FG, Urteil vom 9.3.2017, 6 K 1201/16).

Die Anwendung des § 37b EStG kommt auch bei (mehrtägigen) Veranstaltungen mit Geschäftspartnern und Arbeitnehmern in Betracht. Zu beachten ist jedoch: Incentive-Veranstaltungen dienen dem privaten Vergnügen und fallen damit unter § 37b EStG – Fortbildungsveranstaltungen jedoch nicht. Gemischt veranlasste Veranstaltungen sind aufzuteilen (OFD Nordrhein-Westfalen, Kurzinfo v. 7.9.2017, LSt 1/2017).

In die Bemessungsgrundlage nach § 37b Abs. 1 Satz 2 EStG sind alle der Zuwendung direkt zuzuordnenden Aufwendungen (Einzelkosten) einzubeziehen, ungeachtet dessen, ob sie beim Zuwendungsempfänger einen Vorteil begründen können. Besteht die Zuwendung in der kostenlosen oder verbilligten Teilnahme an einer (betrieblichen) Veranstaltung, gehören zu diesen Aufwendungen auch die Kosten für deren äußeren Rahmen (BFH, Urteil v. 7.7.2020, VI R 4/19). Ebenfalls gehören die Kosten eines Eventmanagers dazu (BFH, Urteil v. 13.5.2020, VI R 13/18).

Bei Vorliegen der Voraussetzungen sind alle Geschenke in die Pauschalierung einzubeziehen, unabhängig davon, ob ihr Wert 35 € überschreitet (BFH, Urteil v. 16.10.2013, VI R 52/11).

TIPP

Keine Einkommensteuer

Die pauschal besteuerten Sachzuwendungen und die pauschale Einkommensteuer bleiben bei der Ermittlung der Einkünfte des Empfängers außer Ansatz. Der zuwendende Unternehmer hat die pauschale Einkommensteuer zu übernehmen. Als Schuldner muss er sie mit der Lohnsteueranmeldung anmelden und abführen. Sie ist jedoch weder auf seine eigene noch auf die Einkommensteuer der Empfänger der Geschenke anrechenbar. Der Unternehmer muss den Empfänger des Geschenks von der Steuerübernahme unterrichten.

Die Übernahme der Pauschalsteuer ist auch als Geschenk i.S.d. § 4 Abs. 5 Satz 1 Nr. 1 Satz 1 EStG anzusehen. Sie ist deshalb nicht als Betriebsausgabe abziehbar, wenn die 35-Euro-Grenze für das Sachgeschenk überschritten ist (BFH, Urteil v. 30.3.2017, IV R 13/14). Bei der Prüfung der 35-Euro-Freigrenze ist aus Vereinfachungsgründen allein auf den Betrag der Zuwendung abzustellen. Die übernommene Steuer ist nicht miteinzubeziehen

Zu Einzelheiten: BMF, Schreiben v. 19.5.2015, IV C 6 – S 2297-b/14/ 10001, BStBl 2015 I S. 468 und BMF, Schreiben v. 28.6.2018, IV C 6 – S 2297-b/ 14/10001, BStBl 2018 I S. 814).

Gewerbesteuer

Wenn Sie einen Gewerbebetrieb unterhalten, müssen Sie eine Gewerbesteuererklärung abgeben. Anhand der folgenden Ausführungen können Sie sehen, an welcher Stelle Sie Steuern einsparen können.

GewStG, GewStDV, GewStR

1 Haben Sie überhaupt einen Gewerbebetrieb?

Wer einen Gewerbebetrieb hat, unterliegt im Gegensatz zu den Freiberuflern der Gewerbesteuer. Informationen zur Abgrenzung Freiberufler/Gewebetreibender finden Sie in den Hinweisen zu den Einkommensteuerrichtlinien (EStH 15.6).

Übt eine natürliche Person mehrere gewerbliche Tätigkeiten aus, kann es sich gewerbesteuerrechtlich entweder um einen oder um mehrere selbstständige Betriebe handeln. Entscheidend ist die Gleichartigkeit bzw. Ungleichartigkeit der Betätigungen (BFH, Urteil v. 17.6.2020, X R 15/18). Beides kann von Vor- bzw. Nachteil sein: Bei mehreren Betrieben gibt es den Freibetrag mehrfach, es findet aber keine Verlustverrechnung statt.

Die Gewerbesteuer wird bei natürlichen Personen und Gesellschaftern von Personengesellschaften auf die Einkommensteuer mit dem Vierfachen des Gewerbesteuermessbetrags angerechnet. Damit ist es nicht mehr so bedeutsam, ob „Einkünfte aus Gewerbebetrieb" oder „Einkünfte aus selbstständiger Arbeit" erzielt werden. Vertiefend siehe → Gewerbetreibende/Steuerermäßigung.

2 Wie wird die Gewerbesteuer berechnet?

Berechnungsschema

Die Gewerbesteuer wird nach folgendem Schema berechnet:

Berechnungsschema Gewerbesteuer
Gewinn + Hinzurechnungen – Kürzungen
= Zwischensumme – Gewerbeverluste
= vorläufiger Gewerbeertrag Abrundung auf volle 100 € – Freibetrag 24.500 € (nicht KapG)
= Gewerbeertrag × 3,5 %
= Steuermessbetrag × Hebesatz der Gemeinde
= Gewerbesteuer-Jahresschuld

Ausgangswert „Gewinn"

Ausgangswert für die Berechnung der Gewerbesteuer ist der ertragsteuerliche Gewinn (bei einem Einzelunternehmen: Gewinn aus Gewerbebetrieb; bei einer Personengesellschaft: Gewinn laut einheitlicher und gesonderter Gewinnfeststellung; bei einer GmbH: Einkommen). Der Betriebsaufgabe-/Betriebsveräußerungsgewinn eines Einzelunternehmens oder einer Personengesellschaft unterliegt nicht der Gewerbesteuer. Das gilt aber nicht, wenn der Betrieb ursprünglich eine Kapitalgesellschaft war, dann umgewandelt wurde und innerhalb von fünf Jahren veräußert wird (BFH, Urteil v. 17.7.2013, X R 40/10).

Hinzurechnungen

U. a. sind folgende Betriebsausgaben dem Gewinn zu einem Teil wieder hinzuzurechnen:

Entgelte für Zinsen

Hinzugerechnet werden **alle** Zinsaufwendungen. Nicht unter die Hinzurechnung fallen die üblichen Skonti und Rabatte, z. B. im Rahmen von Liefergeschäften. Ist der Vorteil geschäftsunüblich, z. B. Skonto bei einem unüblich langen Zahlungsziel, ist dieser aber hinzuzurechnen. Allerdings sind auch Abschläge aus der Veräußerung von Geldforderungen (Wechselverkauf, Forfaitierung von Forderungen) zu erfassen. Abzinsungen von Verbindlichkeiten und Rückstellungen im Rahmen der steuerlichen Bilanzierung führen nicht zu einer Hinzurechnung. Das gilt auch für nicht abzugsfähige → Schuldzinsen.

Mieten, Pachten und Leasingraten

Unter die aktuelle Regelung fallen alle Miet- und Pachtzahlungen.
In die Berechnung fließen ein:

- 20 % der Miet- und Pachtzinsen (einschließlich Leasingraten) für die Benutzung von beweglichen Wirtschaftsgütern des Anlagevermögens,
- 50 % der Miet- und Pachtzinsen (einschließlich Leasingraten) für die Benutzung von unbeweglichen Wirtschaftsgütern des Anlagevermögens.

Die Hinzurechnung soll auch im Falle einer Weitervermietung erfolgen (z. B.

an ein verbundenes Unternehmen; FG Düsseldorf, Urteil v. 29.1.2019, 10 K 2717/17 G; FG Münster, Urteil v. 22.8.2012, 10 K 4664/10 G). Nicht hinzuzurechnen ist die Miete für einen Messestand (FG Düsseldorf, Urteil v. 29.1.2019, 10 K 2717/17 G; FG Münster, Urteil v. 9.6.2020, 9 K 1816/18 G).

TIPP

Leasing von Elektrofahrzeugen

Für Elektrofahrzeuge, extern aufladbare Hybridelektrofahrzeuge und Elektroräder, die nach dem 31. Dezember 2019 gemietet oder geleast werden, ist die Hinzurechnung auf die Hälfte der Entgelte beschränkt.

TIPP

Hinzurechnung von Nebenkosten

Hat der Mieter neben der Kaltmiete weitere Aufwendungen im Mietvertrag übernommen (z. B. Instandhaltungskosten), sind diese hinzuzurechnen. Dies gilt aber nicht für reine Betriebskosten wie Wasser, Strom und Heizung und auch nicht für die Grundsteuer (FG Köln, Urteil v. 21.2.2019, 10 K 2174/17, Rev. beim BFH, Az. I R 22/19)

Aufwendungen für die zeitlich befristete Überlassung von Rechten

Zum Beispiel Konzessionen und Lizenzen, mit Ausnahme von Lizenzen, die ausschließlich dazu berechtigen, daraus abgeleitete Rechte Dritten zu überlassen. Lizenzzahlungen für Computerprogramme, bei denen die Rechte nicht mitveräußert werden können, sind danach von der Hinzurechnung ausgenommen.

Von der Summe aller einzubeziehenden Beträge ist ein Freibetrag i. H. v. 200.000 € (bis 2019 100.000 €) abzuziehen.

Folgende Berechnung ist vorzunehmen:

Art der BA:	BA	Anteil	In die Berechnung einzubeziehen:
Entgelte für Schulden (Zinsen etc.)		100 %	
Renten und dauernde Lasten		100 %	
Mieten, Pachten und Leasingraten für • bewegliche WG des Anlagevermögens • Elektrofahrzeuge • unbewegliche WG des Anlagevermögens		 20 % 20 % von 50 % der BMG 50 %	
Gewinnanteile des stillen Gesellschafters		100 %	
Aufwendungen für die Überlassung von Rechten		25 %	

Art der BA:	BA	Anteil	In die Berechnung einzubeziehen:
Summe der Beträge			
Freibetrag			200.000 €
Differenzbetrag			
davon 25 % = Hinzurechnungsbetrag			

WICHTIG

Verfassungskonformität von Hinzurechnungen

Beim BVerfG ist ein Verfahren zur Verfassungskonformität gewerbesteuerrechtlicher Hinzurechnungen von Miet-/Pacht- und Lizenzaufwendungen anhängig (BVerfG, Az. 1 BvR 2150/18).

Kürzung für Betriebsgrundstücke

Gehören zu Ihrem Betriebsvermögen betrieblich genutzte Grundstücke, erhalten Sie eine Kürzung in folgender Höhe:

Prozentsatz	Lage und Art des Grundstücks
1,2 %	**Grundstücke in den alten Bundesländern** 140 % des Einheitswerts
1,2 %	**Grundstücke in den neuen Bundesländern** • Mietwohngrundstücke: 100 % des Einheitswerts • Geschäftsgrundstücke: 400 % des Einheitswerts • unbebaute Grundstücke: 600 % des Einheitswerts • gemischt genutzte Grundstücke, Einfamilienhäuser und sonstige bebaute Grundstücke: 250 % des Einheitswerts

Für die Kürzung kommt es auf den Grundstücksbestand am 1.1.2020 an. Gehört ein Grundstück nur teilweise zum Betriebsvermögen (z. B. 50 %), ist die Kürzung nur vom entsprechenden Anteil am Einheitswert zu berechnen. Vertiefend siehe → Betriebsgrundstücke.

Beteiligungen an anderen Unternehmen

Gehört zum Betriebsvermögen eine Beteiligung an einer gewerblich tätigen Personengesellschaft oder eine mindestens 15%ige Beteiligung an einer Kapitalgesellschaft, ist der Betrag, mit dem sich die Beteiligungserlöse auf den Gewinn ausgewirkt haben, zu kürzen. Verluste aus der Beteiligung an einer Personengesellschaft sind hinzuzurechnen.

Gewerbeverluste

Wenn sich bei der Berechnung des Gewerbeertrags (Gewinn + Hinzurechnung – Kürzungen) ein negativer Betrag ergibt, wird dieser als Gewerbeverlust im kommenden Jahr angerechnet.

Eine Verlustanrechnung wäre allerdings nicht mehr möglich, wenn Sie

- Ihr **Einzelunternehmen** verkauft oder unentgeltlich übertragen haben bzw. wenn ein solches Unternehmen im Wege der Erbfolge übergegangen ist;

- Ihre bisherige Tätigkeit (z. B. Spedition) eingestellt haben und nunmehr einer ganz anderen Tätigkeit (z. B. Getränkehandlung) nachgehen.

Scheidet bei einer **Personengesellschaft** ein Mitunternehmer aus, geht der auf ihn entfallende Verlustanteil verloren. Dies gilt auch bei kurzfristigen Unterbrechungen (logische Sekunde) (BFH, Urteil v. 11.10.2012, IV R 3/09).

Die Berechnung des Verlustanteils ist nach § 10a GewStG immer nach dem allgemeinen Gewinnverteilungsschlüssel vorzunehmen. Eine anderweitige tatsächliche Gewinnverteilung (z. B. durch vorrangige Zuordnung von Geschäftsführungsvergütungen) bleibt unberücksichtigt.

Der Verlustvortrag kann bis zu einem Gesamtbetrag der Einkünfte von 1.000.000 € voll abgezogen werden. Darüber hinaus werden Verluste i. H. v. 60 % des verbleibenden Gewerbeertrags abgezogen.

BEISPIEL

Verlustvortrag

D hat 2020 einen Gewerbeverlust von –1.800.000 € erwirtschaftet. Der Gewerbeertrag 2021 beträgt 1.600.000 €.

Berechnung des Verlustvortrags nach 2022	€
Gewerbeertrag 2021	1.600.000
Verlustvortrag – Sockelbetrag	–1.000.000
verbleiben	600.000
davon 60 %	360.000
Verlustvortrag – Verbrauch 2021 gesamt	1.360.000
Verlustvortrag nach 2022	440.000

Wer erhält einen Freibetrag?

Der Freibetrag i. H. v. 24.500 € steht Einzelunternehmen und Personengesellschaften zu. GmbHs gehen somit leer aus.

Die Steuermesszahl

Die Steuermesszahl beträgt 3,5 %, unabhängig von Rechtsform und Höhe des Gewinns.

Bei einem Gewerbeertrag von 100.000 € und einem Hebesatz der Gemeinde i. H. v. 400 % ergibt dies eine Steuerschuld von 14.000 € (3,5 % von 100.000 € × 400 %).

3 So können Sie Gewerbesteuer sparen

Wenn Sie die folgenden Anregungen in die Praxis umsetzen, können Sie in nicht unerheblichem Umfang Steuern sparen:

- Vereinbaren Sie Verträge mit Angehörigen.
- Das Gehalt, das Sie sich als Gesellschafter-Geschäftsführer einer GmbH zahlen, sollte an der obersten vertretbaren Grenze angesiedelt sein.

Denken Sie über eine Tantiemen- und Pensionszusage nach.

Wegen der umfangreichen Rspr. gibt es Fallstricke, die Sie bei der Pensionszusage beachten müssen. Ihr Steuerberater kann Sie unterstützen!

Gewerbetreibende/Steuerermäßigung

Gewerbetreibende sind zwar gewerbesteuerpflichtig, erhalten aber eine Anrechnung der gezahlten Gewerbesteuer auf die Einkommensteuer. Freiberufler beziehen „Einkünfte aus selbstständiger Arbeit" und müssen keine Gewerbesteuer bezahlen.

§ 35 EStG

1 Einkünfte aus Gewerbebetrieb

Inhaber eines Einzelunternehmens und Gesellschafter einer Personengesellschaft erhalten bei der Einkommensteuer eine Ermäßigung. Diese beträgt das Vierfache des Gewerbesteuermessbetrags (Gewerbesteueranrechnung). Vertiefend siehe → Gewerbesteuer. Bei Personengesellschaften erhalten die einzelnen Gesellschafter den Anrechnungsbetrag anteilig. Die Vorschrift bewirkt, dass bei einem Hebesatz von bis zu 400 % die entrichtete Gewerbesteuer durch Anrechnung auf die Einkommensteuer im vollen Umfang in das Unternehmen zurückfließt. Allerdings ist die Gewerbesteuer seit 2008 nicht mehr im Rahmen der Gewinnermittlung als Betriebsausgabe abzugsfähig.

Die pauschale Ermäßigung berechnet sich nach folgender Formel:

Gewerbesteuerermäßigung

Summe der positiven gewerblichen Einkünfte : Summe aller positiven Einkünfte × tarifliche Einkommensteuer

Übersteigt die anzurechnende Gewerbesteuer die nach dieser Formel errechnete anteilige Einkommensteuer, verfällt der Anrechnungsüberhang. Dazu kann es z. B. kommen, wenn Sie noch andere Einkünfte haben.

Horizontaler Verlustausgleich

Bei der Ermittlung des Ermäßigungshöchstbetrags sind positive und negative Ergebnisse aus verschiedenen Quellen innerhalb einer Einkunftsart zu saldieren. Bei Ehegatten sind positive Einkünfte des einen Ehegatten nicht mit negativen Einkünften des anderen aus der gleichen Einkunftsart zu verrechnen (BFH, Urteil v. 23.6.2015, III R 7/14).

BEISPIEL

Berechnung

Sie erzielen mit Ihrem Gewerbebetrieb einen Gewinn i. H. v. 100.000 €. Hierfür müssen 10.570 € Gewerbesteuer (Gewerbesteuermessbetrag 2.642 × Hebesatz 400 %) an die Gemeinde bezahlt werden. Außerdem haben Sie Einkünfte aus Kapitalvermögen i. H. v. 50.000 € und einen Verlust bei den Einkünften aus V+V i. H. v. 100.000 €. Unter Berücksichtigung der übrigen Abzüge ergibt sich eine Einkommensteuerschuld i. H. v. 9.000 €.

Es ist folgende Berechnung vorzunehmen: Gewerbl. Einkommen 100.000 € : Summe aller Einkünfte 50.000 € × ESt 9.000 € = 18.000 €. Damit ist der Gesamtbetrag von 10.570 € anrechnungsfähig.

Der Abzug des Steuerermäßigungsbetrags ist zusätzlich auf die tatsächlich zu zahlende Gewerbesteuer beschränkt. Durch die Auswirkung auf den Solidaritätszuschlag kann die Ersparnis insgesamt allerdings größer sein als die tatsächliche Gewerbesteuerschuld.

Haushaltsnahe Tätigkeiten/ Dienstleistungen/Handwerkerleistungen

Für im eigenen Haushalt erhaltene Haushalts-, Betreuungs- und Pflegeleistungen sowie Handwerkerleistungen und für vergleichbare Haushaltsdienstleistungen bei Unterbringung in einem Pflegeheim sind Steuerermäßigungen möglich.

§ 35a EStG

1 Allgemeines

Abzugsmöglichkeiten

Soweit Aufwendungen für die Beschäftigung einer Person im Haushalt, Betreuungsleistungen oder Handwerkerleistungen als **Betriebsausgaben, Werbungskosten** oder **Sonderausgaben** abzugsfähig sind (z. B. Reinigungsarbeiten in beruflich genutzten Räumen), ist keine weitere Steuerermäßigung als „haushaltsnahe Dienstleistung" möglich.

Werden Aufwendungen als **außergewöhnliche Belastung** abgezogen, kann der Teil der Aufwendungen, der durch den Ansatz einer **zumutbaren Belastung** nicht als außergewöhnliche Belastung berücksichtigungsfähig ist, über die Steuerermäßigung berücksichtigt werden.

Kinderbetreuungskosten sind im Rahmen des § 10 Abs. 1 Nr. 5 EStG zwar nur teilweise (2/3 der Kosten, max. 6.000 € jährlich) als Sonderausgaben abziehbar, gleichwohl ist eine Steuerermäßigung für den nicht abzugsfähigen Teil nicht möglich. Vertiefend siehe → Kinder.

Berechtigter Personenkreis

Arbeitgeber eines haushaltsnahen Beschäftigungsverhältnisses oder Auftraggeber einer haushaltsnahen Dienstleistung, einer Pflege- oder Betreuungsleistung oder eines Handwerkers können eine **Steuerermäßigung** (direkter Abzug von der tariflichen Einkommensteuer) erhalten.

TIPP

Steuerermäßigung auch als Mieter

Sie erhalten die Steuerermäßigung auch als **Mieterin oder Mieter**, wenn Sie z.B. Ihre Wohnung durch einen Malerbetrieb renovieren lassen, oder für entsprechende Aufwendungen, die Ihnen vom Vermieter in Rechnung gestellt werden.

Ort der Tätigkeit

Die Tätigkeit muss in einem in der EU oder im Europäischen Wirtschaftsraum (EWR = EU-Mitgliedstaaten plus Island, Norwegen und Liechtenstein) liegenden **eigenen Haushalt** ausgeübt werden.

Pflege- und Betreuungsdienstleistungen können auch in der **Wohnung der zu pflegenden Person** durchgeführt werden. Bei einer Heimunterbringung ist Voraussetzung, dass das Heim oder der Ort der dauernden Pflege in der EU oder im EWR liegt.

Aufwendungen in **Zweit-, Wochenend- und Ferienwohnungen im Inland oder EU-/EWR-Ausland** sind ebenfalls zu berücksichtigen, wenn diese Wohnungen tatsächlich selbst genutzt werden. Die Steuerermäßigung kann aber für alle Wohnungen **insgesamt nur einmal** bis zum jeweiligen Höchstbetrag abgezogen werden.

Nachweis und Abzugszeitpunkt

Voraussetzung für den Abzug dieser Steuerermäßigung ist, dass der Steuerpflichtige eine **Rechnung** erhalten hat und die **Zahlung auf das Konto des Leistenden** (unbar, d.h. durch Überweisung, Verrechnungsscheck, Dauerauftrag, Einzugsermächtigung oder Onlinebanking) erfolgt ist. Bei Minijobs (s.u.) ist eine unbare Zahlung nicht erforderlich.

Die Steuerermäßigung erfolgt für das **Jahr der Zahlung.**

Nicht begünstigt sind:

- Aufwendungen für die Erteilung von **Unterricht** (z.B. Nachhilfeunterricht), die **Vermittlung besonderer Fähigkeiten**, sportliche und andere **Freizeitbetätigungen**
- **personenbezogene Dienstleistungen** (z.B. Friseur- und Kosmetikleistungen), wenn diese nicht zu den Pflege- und Betreuungsleistungen gehören
- die Beschäftigung von **im Haushalt** lebenden Ehegatten, Lebensgefährten oder Kindern

TIPP

Betreuung durch Oma oder Opa

Wenn Sie z. B. Ihre Eltern zur Kinderbetreuung in der Weise einsetzen, dass diese den Fahrdienst für Kinder, die das 14. Lebensjahr bereits vollendet haben, übernehmen, und Ihre Eltern erhalten zwar keinen Lohn, aber Sie erstatten ihnen die Fahrtkosten, können Sie den Fahrtkostenersatz steuerlich geltend machen. Voraussetzungen sind allerdings eine vertragliche Vereinbarung, eine Rechnung sowie die unbare Zahlung.

2 Minijobs

Begünstigt sind Aufwendungen für haushaltsnahe geringfügige Beschäftigungsverhältnisse (→ Minijobs) i. S. d. § 8a SGB IV, die in einem inländischen Haushalt ausgeübt werden. Die Anmeldung erfolgt über den „Haushaltsscheck" (Formular) bei der Minijob-Zentrale in Essen. Vertiefend siehe → Minijobs.

Begünstigt sind die Aufwendungen für typische Tätigkeiten im Haushalt. Dazu gehören z. B. die Reinigung der Wohnung, die Zubereitung von Mahlzeiten, die Gartenpflege und die Versorgung und Betreuung von Kindern, sofern es sich nicht um Kinderbetreuungskosten handelt.

Die **Steuerermäßigung** (direkter Abzug von der Steuer) beträgt 20 % der tatsächlichen Aufwendungen (Bescheinigung der Minijob-Zentrale), höchstens 510 €. Bei Minijobs mit Haushaltsscheckverfahren gehören die pauschalen Abgaben, die bis zum 15. Januar des Folgejahres bezahlt werden, noch zu den Aufwendungen des Vorjahres.

3 Andere Beschäftigungsverhältnisse, Dienst- und Pflegeleistungen

Begünstigte Aufwendungen sind solche in Zusammenhang mit

- einem **sozialversicherungspflichtigen Beschäftigungsverhältnis**,
- der Inanspruchnahme von **haushaltsnahen Dienstleistungen**,
- der Inanspruchnahme von **Pflege- und Betreuungsleistungen** und
- der **Unterbringung in einem Heim** oder **zur dauernden Pflege**, soweit dadurch Aufwendungen für Dienstleistungen anfallen, die mit denen einer Hilfe im Haushalt vergleichbar sind.

Umfang der Förderung

Für alle diese Aufwendungen kann **insgesamt** eine Steuerermäßigung in Anspruch genommen werden. Diese beträgt 20 % der **gesamten** Aufwendungen, höchstens 4.000 €.

Sozialversicherungspflichtige Beschäftigungsverhältnisse

Bei den sozialversicherungspflichtigen Beschäftigungsverhältnissen gehören neben dem Bruttoarbeitslohn (einschließlich Arbeitnehmeranteile zur Sozialversicherung, Lohn- und Kirchensteuer sowie Solidaritätszuschlag) auch die Arbeitgeberanteile zur Sozialversicherung zu den begünstigten Aufwendungen:

Haushaltsnahe Dienstleistungen

Zu den haushaltsnahen Dienstleistungen gehören nur Tätigkeiten,

- die nicht zu den handwerklichen Leistungen gehören,
- die gewöhnlich durch Haushaltsmitglieder erledigt werden können und
- für die ein externer selbstständiger Dienstleister in Anspruch genommen wird.

Begünstigt sind danach z. B. Gebäudereiniger, Fensterputzer, Schneeräumdienste, Hausmeisterdienste bzw. Gartenpflegearbeiten oder Kosten für von Umzugsspeditionen durchgeführte, privat veranlasste Umzüge. Bei Umzügen sind sowohl Kosten in Zusammenhang mit der „alten" als auch der „neuen" Wohnung berücksichtigungsfähig. Auch Aufwendungen für **Tierbetreuung** sind begünstigt, sofern die Betreuung im Rahmen des Haushalts (auch „Gassi"-Gehen) erfolgt (BFH, Urteile v. 3.9.2015, VI R 13/15 und v. 25.9.2017, VI B 25/17). Nicht berücksichtigungsfähig ist dagegen die externe (urlaubsbedingte) Unterbringung und Betreuung in Tierpensionen.

Selbst die Inanspruchnahme von Dienstleistungen (Handwerkerleistungen), die jenseits der Grundstücksgrenze auf fremdem, beispielsweise öffentlichem Grund erbracht werden, ist begünstigt, wenn sie in unmittelbarem räumlichem Zusammenhang zum Haushalt durchgeführt werden und dem Haushalt dienen (BFH, Urteile v. 20.3.2014, VI R 55/12 und VI R 56/12). Darunter fallen z. B. der Kehrdienst, der Schneeräumdienst auf Gehwegen sowie das Verlegen des Hausanschlusses für Telefon, Kabel bzw. Breitbandinternet oder Fernwärme etc.

Leistungen, bei denen die Entsorgung im Vordergrund steht (z. B. Müllgebühren), sind nicht begünstigt. Ist die Entsorgung nur Nebenleistung (z. B. Grünschnittabfuhr bei Gartenpflege), sind neben dem Lohnaufwand auch die Entsorgungskosten absetzbar. Aufwendungen für Verbrauchsmittel (z. B. Reinigungsmittel und Streugut) sind stets begünstigt, nicht jedoch Materialkosten.

BEISPIEL

Aufteilung des Gesamtbetrags

Sie haben einen Cateringservice mit der Durchführung Ihrer Gartenparty beauftragt. Speisen und Getränke werden angeliefert, Geschirr und Besteck werden zur Verfügung gestellt und Personal, das die Speisenausgabe übernimmt, ist für drei Stunden vor Ort.

Nur die Kosten der Personalgestellung vor Ort sind als haushaltsnahe Dienstleistung anzusehen. Die Steuerermäßigung errechnet sich aus dem Arbeitskostenanteil.

Es reicht aus, wenn der Rechnungsaussteller den Arbeitslohnanteil in der Rechnung nur prozentual ausweist.

Pflege-/Betreuungsleistungen

Abzugsfähig sind sowohl Aufwendungen für die Betreuung (z. B. Hausaufgabenbetreuung) von Kindern (über 14 Jahren) im Haushalt, da insoweit kein Sonderausgabenabzug möglich ist, als auch die Betreuung und Pflege älterer Menschen. Die Feststellung oder der Nachweis einer Pflegebedürftigkeit sind nicht erforderlich. Begünstigt sind Dienstleistungen zur Grundpflege, d. h. zur unmittelbaren Pflege am Menschen (Körperpflege, Ernährung und Mobilität), oder zur Betreuung. Dazu gehören auch die Kosten für ein mit der Betreuungspauschale abgegoltenes Notrufsystem, das innerhalb der Wohnung im Rahmen des betreuten Wohnens Hilfeleistung rund um die Uhr sicherstellt (BFH, Urteil v. 3.9.2015, VI R 18/14). Wird das Notrufsystem (Rotes-Kreuz-/Caritas-Notknopf) als eigenständige (alleinige) Bereitschaftsleistung erbracht, erkennt die Verwaltung die Kosten bisher nicht an.

Pflege durch Angehörige

Die Steuerermäßigung können auch **Angehörige** erhalten, wenn sie für Pflege- bzw. Betreuungsleistungen im eigenen Haushalt oder im Haushalt der zu pflegenden Person aufkommen. Die Leistungen der Pflegeversicherung sind mit Ausnahme des Pflegegeldes anzurechnen. Nimmt die zu pflegende Person oder der Angehörige den Pflegepauschbetrag oder den Behindertenpauschbetrag in Anspruch, schließt dies eine Steuerermäßigung für haushaltsnahe Beschäftigungsverhältnisse und Dienstleistungen im Abgeltungsbereich des Pauschbetrags aus. Auch der von einem Kind auf den Steuerpflichtigen übertragene Behindertenpauschbetrag führt zum Ausschluss. Vertiefend siehe → Menschen mit Behinderung und → Pflegekosten/Eltern. Die Steuerermäßigung ist haushaltsbezogen und wird nur einmal gewährt, wenn zwei pflegebedürftige Personen in einem Haushalt gepflegt werden.

Heimunterbringung

Begünstigt ist auch eine Heimunterbringung wegen Alters oder zur dauernden Pflege (z. B. Altenheim, Pflegeheim, Wohnstift). Nicht begünstigt sind Studentenwohnheime oder andere Ausbildungswohnheime. Wegen der zu berücksichtigenden Aufwendungen ist zu unterscheiden, ob im Heim ein **eigenständiger und abgeschlossener Haushalt** (Bad, Küche, Wohn- und Schlafbereich) vorliegt und eine eigene Wirtschaftsführung des Bewohners gegeben ist oder nicht. Abzugsfähig sind die Kosten nur, soweit sie auf die eigene Heimunterbringung bzw. die eigene Pflege oder die des zusammenveranlagten Ehegatten entfallen, nicht dagegen Kosten für Angehörige (BFH, Urteil v. 3.3.2019, VI R 19/17).

Eine Übersicht über die begünstigten Aufwendungen finden Sie auf der folgenden Seite.

	kein abgeschlossener Haushalt im Heim	abgeschlossener Haushalt im Heim
Grundpflege:		
Pflege- und Betreuungsleistungen	ja	ja
Reinigung des Zimmers	ja	ja
Reinigung der Gemeinschaftsflächen (Flure, Treppenhaus, Gemeinschaftsräume)	ja	ja
Zubereitung von Mahlzeiten in der hauseigenen Küche des Heims	ja	ja
Servieren von Mahlzeiten (auch im Speisesaal)	ja	ja
Wäscheservice, soweit er im Heim erfolgt	ja	ja
Sonstiges:		
Miete im Altenheim/Wohnstift	nein	nein
Hausmeisterarbeiten	nein	ja
Gartenpflege	nein	ja
Handwerkerleistungen	nein	ja
Dienstleistungen des Haus- und Etagenpersonals (Empfang von Besuchern, kleine Botengänge)	nein	ja

Aufwendungen, die im Voraus geleistet werden, um bei Bedarf bestehende Pflege- und Betreuungsleistungen in Anspruch zu nehmen, sind nur begünstigt, wenn die Dienstleistung tatsächlich in Anspruch genommen wurde. Vertiefend siehe → Pflegekosten/Eltern.

4 Handwerkerleistungen

Eine Steuerermäßigung gibt es auch für handwerkliche Tätigkeiten im Privathaushalt.

Umfang der Steuerermäßigung

Die Steuerermäßigung beträgt 20 % der Aufwendungen, höchstens 1.200 € jährlich. Sie kann im **Jahr der Zahlung** in Anspruch genommen werden.

Begünstigte Aufwendungen

Zu den **begünstigten Aufwendungen** gehören insbesondere Arbeiten am Dach, an der Fassade, an Garagen, die Reparatur oder der Austausch von Fenstern oder Türen und Bodenbelägen, Maler- und Tapezierarbeiten, die Wartung oder der Austausch von Heizungsanlagen sowie die Modernisierung des Badezimmers, Aufwendungen für Mess- und Überprüfungsarbeiten (Dichtigkeitsprüfung einer Abwasserleitung, Legionellenprüfung, Kontrolle von Aufzügen oder Blitzschutzanlagen und andere technische Prüfdienste) sowie Maßnahmen zur Feststellung der Ursache von Gebäudeschäden, nicht jedoch Gutachterkosten.

Der Abzug ist nur für Dienstleistungen in Form von **Arbeitslohn, Fahrt- und Maschinenkosten** sowie Kosten für **Verbrauchsmittel** (z. B. Befestigungsmaterial in geringem Umfang oder Streugut) möglich, **nicht** dagegen **Material- oder Warenkosten**. Bei der Erneuerung der Einbauküche bzw. der Reparatur von Haushaltsgeräten (z. B. Waschmaschine, Herd, Fernseher, PC) sind deshalb auch nur die Arbeitskosten, die auf Arbeiten im Haushalt entfallen, abziehbar.

Nicht begünstigt sind z. B. Aufwendungen für den Architekten, da es sich um keine handwerkliche Leistung handelt. Auch (Lohn-)Kosten, die in einer Werkstatt anfallen, sind nicht begünstigt, auch wenn sie einen Gegenstand des Haushalts betreffen (BFH, Urteil v. 13.5.2020, VI R 4/18).

Ebenfalls ausgeschlossen ist eine Steuerermäßigung für Maßnahmen, die z. B. über zinsverbilligte Darlehen (z. B. der KfW-Bank) oder steuerfreie Zuschüsse öffentlich gefördert wurden. Dies gilt auch für den Teil der Aufwendungen, der sich, z. B. wegen Überschreitung des Förderhöchstbetrags, im Rahmen der öffentlichen Förderung nicht auswirkt.

TIPP

Energetische Gebäudesanierung

Handelt es sich bei der Handwerkerleistung um eine energetische Gebäudesanierung (z. B. Wärmedämmung, Heizungstausch), dann beantragen Sie alternativ die Steuerermäßigung nach § 35c EStG. Diese ist regelmäßig höher, weil hier auch Materialkosten berücksichtigt werden und ein höherer Höchstbetrag gilt. Vertiefend siehe → Energetische Maßnahmen.

Neubaumaßnahme/Erweiterung

Aufwendungen im Rahmen einer **Neubaumaßnahme** (erstmalige Erstellung eines Haushalts bis zu dessen erstmaliger Fertigstellung) sind nicht begünstigt. Ein Gebäude gilt dann als fertiggestellt, wenn alle wesentlichen Bauarbeiten abgeschlossen sind und der Bau so weit errichtet ist, dass der Bezug der Wohnung zumutbar ist. Aufwendungen für Maßnahmen, die nach Bezug des Haushalts durchgeführt werden, sind dagegen begünstigt, weil sie im räumlichen Zusammenhang mit einem **vorhandenen** Haushalt erbracht werden. Dazu gehören z. B. Restarbeiten am Haus, am Außenputz oder die Anlage eines Gartens. Auch Aufwendungen für eine **Erweiterung**, z. B. Anbau, Ausbau des Dachgeschosses oder Einbau einer Dachgaube, Bau eines Wintergartens, Erstellung eines Carports oder einer Garage, sind unter dieser Voraussetzung begünstigt. Ob es sich bei den Aufwendungen für eine einzelne Maßnahme steuerlich um Erhaltungs- oder Herstellungsaufwand handelt, ist ohne Bedeutung.

Wohnungswechsel

Bei Umzug in eine andere Wohnung kann eine Steuerermäßigung sowohl für die Renovierung im bisherigen als auch im neuen Haushalt in Anspruch genommen werden. Der Höchstbetrag verdoppelt sich aber nicht.

TIPP

Abschlagszahlungen

Vereinbaren Sie mit Ihrem Handwerker Teil- oder Abschlagszahlungen in verschiedenen Jahren, dann können Sie die Steuerermäßigung für die jeweilige Zahlung in verschiedenen Jahren in Anspruch nehmen. Voraussetzung ist aber jeweils eine Rechnung für die betreffende Teil- oder Abschlagszahlung.

5 Eigentümergemeinschaft

Liegt eine Beteiligung an einem Grundstück in Form von Wohnungs- oder Teileigentum vor, kann die Steuerermäßigung für haushaltsnahe Beschäftigungsverhältnisse oder vergleichbare Dienstleistungen (z.B. Hausmeister) und Handwerkerleistungen an diesem Grundstück in Anspruch genommen werden.

Geringfügige Beschäftigungsverhältnisse, die eine Wohnungseigentümergemeinschaft abschließt, sind – anders als solche, die von einzelnen Wohnungseigentümern abgeschlossen wurden – nicht begünstigt, da eine Teilnahme am Haushaltsscheckverfahren nicht möglich ist. Die Aufwendungen sind aber im Rahmen der haushaltsnahen Dienstleistungen abziehbar.

Erforderlich ist die Vorlage einer Jahresabrechnung der Wohnungseigentümergemeinschaft. In der Abrechnung müssen die verschiedenartigen Begünstigungen aufgelistet und der auf den Steuerpflichtigen entfallende Kostenanteil ausgewiesen sein.

Die Kosten für die Hausverwaltung durch einen externen Hausverwalter sind keine haushaltsnahen Dienstleistungen, da sie nicht auf dem Grundstück ausgeübt werden.

6 Mehrfache Förderung

Sie können die verschiedenen Steuerermäßigungen **nebeneinander** in Anspruch nehmen, der Höchstbetrag pro Förderart wird allerdings nur einmal gewährt.

BEISPIEL

Mehrere Haushaltsleistungen

Fall 1

Für eine Hilfe im Haushalt werden Sozialversicherungspflichtbeiträge bezahlt. Die Gesamtkosten belaufen sich auf 12.000 € im Jahr. Außerdem wird ein Malermeister mit der Renovierung der Hausfassade beauftragt und es werden 4.000 € Lohnkosten bezahlt. Für die Wartung der Heizungsanlage fallen 150 € Arbeitslohn an.

Die Steuerermäßigung beträgt für die Haushaltshilfe 2.400 €, für die Handwerkerleistungen 830 €.

Fall 2

Ein Landschaftsgärtner erledigt Arbeiten im Garten. Die Arbeiten umfassen Schnittarbeiten an Hecken und Sträuchern, den Austausch von Büschen und anderen Pflanzen sowie das Fällen eines größeren Baumes. In der Rechnung i. H. v. 7.000 € sind 4.700 € Lohnaufwand, 2.000 € Materialkosten (Pflanzen und Erde) sowie 300 € Transportkosten enthalten.

Die Materialkosten sind nicht begünstigt. Die Lohnkosten können in haushaltsnahe Dienstleistungen (Gartenpflegearbeiten) – 20 %, höchstens 4.000 € – und Handwerkerleistungen (Fällen größerer Bäume, Rodungen, Um-/Neugestaltung des Gartens) – 20 %, höchstens 1.200 € – aufgeteilt werden. Die Entgelte müssen in der Rechnung gesondert ausgewiesen sein.

Haushaltsbezogene Höchstbeträge

Die Höchstbeträge sind haushaltsbezogen. Ehegatten, Partner einer eingetragenen Lebensgemeinschaft, die einzeln veranlagt werden, oder Alleinstehende, die zusammen in einem Haushalt leben, können die Steuerermäßigung aus ihren jeweiligen Aufwendungen bis zum hälftigen Höchstbetrag in Anspruch nehmen oder gemeinsam eine andere Aufteilung des Höchstbetrags beantragen. Wird ein gemeinsamer Haushalt im Laufe des Jahres begründet oder beendet und lebt der Steuerpflichtige die übrige Zeit des Jahres allein in seinem Haushalt, kann er die vollen Höchstbeträge in Anspruch nehmen.

Homeoffice

Wer als Arbeitnehmer oder Selbstständiger zu Hause arbeitet, kann die Aufwendungen für das Zimmer sowie für Arbeitsmittel und (beruflich veranlasste) Fahrten zum Arbeitgeber oder Kunden als Werbungskosten oder Betriebsausgaben absetzen.

1 Aufwendungen

Für den Abzug der laufenden Betriebskosten (Strom, Wasser, Heizung) und die allgemeine Ausstattung des Zimmers (Tapeten, Vorhänge, Deckenlampe, Bodenbelag, Teppich) gelten die Regelungen für → Arbeitszimmer. Ist ein steuerlich abzugsfähiges häusliches Arbeitszimmer nicht vorhanden, kann für jeden Tag, an dem ausschließlich zu Hause gearbeitet wurde, eine Homeoffice-Pauschale von 5 € arbeitstäglich – bis zu maximal 600 € im Jahr – geltend gemacht werden. Vertiefend siehe → Arbeitszimmer.

TIPP

Vermietung an den Arbeitgeber

Vermietet der Arbeitnehmer das Arbeitszimmer an den Arbeitgeber, der es wiederum dem Arbeitnehmer zur

Berufsausübung überlässt, liegen beim Arbeitnehmer Vermietungseinkünfte vor. Dabei ist die Miete Einnahme und die Kosten sind in voller Höhe abzugsfähige Werbungskosten. Dies funktioniert aber nur, wenn der Mietvertrag im vorrangigen Interesse des Arbeitgebers steht, also ein Arbeitsplatz im Betrieb eingespart wird und auch bei anderen Mitarbeitern Räume angemietet wurden. Sonst wird die Miete als Arbeitslohn angesehen und für die Kosten gelten die Abzugsregelungen für Arbeitszimmer (s. o.).

2 Arbeitsmittel

Zum Abzug der für den Beruf benötigten Gegenstände, z. B. EDV-Anlage, Schreibtisch, Schreibtischstuhl, Lampe, Papierkorb, Regale, Bücherschränke: Vertiefend siehe → Notebook, Smartphone & Co.

Stellt der Arbeitgeber die EDV-Anlage zur Verfügung, ist eine eventuelle private Mitbenutzung nicht zu versteuern.

3 Fahrtkosten

Für Fahrten zum Arbeitgeber sind entweder die tatsächlichen Kosten abzugsfähig oder nur die Entfernungspauschale. Vertiefend siehe → Fahrtkosten. Was angesetzt werden darf, hängt davon ab, ob der Arbeitnehmer oder die Arbeitnehmerin beim Arbeitgeber eine erste Tätigkeitsstätte hat. Zur Abgrenzung: Vertiefend siehe → Reisekosten.

Dieselbe Abgrenzung gilt für Selbstständige, die zu ihrem Auftraggeber fahren.

Investitionsabzugsbetrag

Mithilfe des Investitionsabzugsbetrags können Sie Ihre Steuerbelastung entscheidend beeinflussen. Voraussetzung ist, dass Sie beabsichtigen, innerhalb der nächsten drei Wirtschaftsjahre Investitionen zu tätigen.

§ 7g EStG; R 7g EStR; BMF, Schreiben v. 20.11.2013, IV C 6 – S 2139 b/07/10002

1 Bildung des Investitionsabzugsbetrags

Begünstigtes Wirtschaftsgut

Es muss sich um ein bewegliches Wirtschaftsgut handeln. Nicht begünstigt ist der geplante Erwerb bzw. die Herstellung von unbeweglichen (Gebäude) und immateriellen Gütern (Praxis-/Geschäftswerte, Lizenzen, Patente, Finanzanlagen) sowie der geplante Erwerb eines GbR-Anteils (FG Münster, Urteil v. 26.3.2021, 4 K 1018/19 E, F; Rev. beim BFH, Az. IV R 11/21). Das zu beschaffende Wirtschaftsgut muss später zum Anlagevermögen gehören. Gegenstände, die als Ausstellungsstücke oder Vorführwagen dienen, gehören bis zu einer Umwidmung für den Verkauf zum Anlagevermögen.

TIPP

Gebrauchte WG

Unter die begünstigte Anschaffung fallen auch gebrauchte und geringwertige Wirtschaftsgüter! Vertiefend siehe → Geringwertige Wirtschaftsgüter.

Betriebsbezogene Voraussetzungen

Der Betrieb, für den das Wirtschaftsgut angeschafft wird, muss sich aktiv am wirtschaftlichen Verkehr beteiligen. Eine Anschaffung für einen verpachteten Betrieb ist nicht begünstigt. Außerdem darf das Unternehmen die Gewinngrenze von 200.000 Euro nicht überschreiten. Diese gilt für alle Einkunftsarten (L+F § 13 EStG, Gewerbetrieb § 15 EStG, selbstständige Arbeit § 18 EStG) und Gewinnermittlungsarten.

Auch Unternehmen, die ihren Gewinn durch Einnahmenüberschussrechnung ermitteln, müssen die Gewinngrenze beachten. Dadurch kommen z. B. besserverdienende Freiberufler nicht in den Genuss des Investitionsabzugsbetrags. Berechnungsgröße ist der Gewinn vor Abzug des Investitionsabzugsbetrags. Eine Gewinnerhöhung aufgrund der Auflösung eines Investitionsabzugsbetrags ist aber einzubeziehen (BFH, Urteil v. 15.4.2015, VIII R 29/13).

Investitionsabsicht

Der Unternehmer muss weder konkrete Investitionspläne haben noch die geplanten Anschaffungen konkret benennen. Allerdings muss beabsichtigt sein, das Unternehmen fortzuführen. Bestehen Pläne, das Unternehmen einzustellen oder zu veräußern, liegt keine Investitionsabsicht vor. Eine Übertragung des Betriebs im Wege der vorweggenommenen Erbfolge ist aber nicht schädlich (BFH, Urteil v. 10.3.2016, IV R 14/12).

Auch der Betriebsgründer kann bereits vor Aufnahme der aktiven betrieblichen Tätigkeit einen Investitionsabzugsbetrag bilden, ohne dass er den Nachweis konkreter Bestellabsichten führen muss.

Investitionszeitraum

Für die Investition räumt das Gesetz dem Unternehmen grundsätzlich einen Zeitraum bis zum Ende des dritten auf das Wirtschaftsjahr des Abzugs folgenden Wirtschaftsjahres ein.

TIPP

Verlängerung der Investitionsfrist

Die Frist für Investitionsabzugsbeträge aus dem Jahr 2017, deren dreijährige Investitionsfrist im Jahr 2020 ausgelaufen ist, wurde wegen der Corona-Pandemie inzwischen um zwei Jahre auf fünf Jahre (bis 2022) verlängert. Die Frist für Investitionsabzugsbeträge aus dem Jahr 2018 wurde um ein Jahr (bis 2023) verlängert.

Nutzungsabsicht

Die Inanspruchnahme des Investitionsabzugsbetrags setzt voraus, dass folgende Voraussetzungen für die Nutzung erfüllt sind:

- Das Wirtschaftsgut muss mindestens **zwei Wirtschaftsjahre** (Jahr der Anschaffung bzw. Herstellung und im darauffolgenden Wirtschaftsjahr)
- in einer inländischen Betriebsstätte verbleiben und
- ausschließlich oder nahezu ausschließlich (mindestens zu 90 %) betrieblich genutzt werden.

Ab 2020 ist die Verbleibensvoraussetzung auch erfüllt, wenn die Wirtschaftsgüter vermietet werden. Die Verbleibensvoraussetzungen sind auch erfüllt, wenn ein Werkzeug einem ausländischen Zulieferer zur Herstellung von durch den Investor in Auftrag gegebenen Teilen überlassen wird (BFH, Urteil v. 3.12.2020, IV R 16/18).

TIPP

Pkw mit 1%-Regel

Nach dem BMF-Schreiben v. 20.11.2013, IV C 6 – S 2139 – b/07/10002, ist bei einem betrieblichen Pkw, der auch privat genutzt wird, bei Anwendung der sog. 1%-Regelung grundsätzlich von einem schädlichen Nutzungsumfang auszugehen.

Der Nachweis einer mindestens 90%igen Nutzung kann nicht nur durch ein ordnungsgemäßes Fahrtenbuch, sondern auch durch andere Beweismittel erbracht werden (BFH, Urteil v. 15.7.2020, III R 62/19).

Für einen Luxus-Pkw darf aber kein Investitionsabzugsbetrag gebildet werden. Dies folgt aus dem Abzugsverbot für unangemessene Aufwendungen gem. § 4 Abs. 5 Satz 1 Nr. 7 EStG (BFH, Urteil v. 10.10.2017, X R 33/16).

TIPP

Fotovoltaikanlage

Bei einer Fotovoltaikanlage gilt der eigene Verbrauch nicht als schädlich, auch wenn für den selbst verbrauchten Strom keine Vergütung mehr gezahlt wird. Somit ist der Investitionsabzugsbetrag nicht in Gefahr, wenn mehr als 10 % selbst verbraucht werden (BMF, Schreiben v. 20.11.2013, IV C 6 – S 2139 – b/07/10002, Rn. 41).

Dokumentation

Die Summe der Abzugsbeträge und der hinzuzurechnenden oder rückgängig zu machenden Beträge ist nach amtlich vorgeschriebenen Datensätzen durch Datenfernübertragung zu übermitteln (§ 7g Abs. 1 Satz 1 Nr. 2 EStG).

Höhe des Investitionsabzugsbetrags

Das Unternehmen kann max. 50 % (bis 2019: 40 %) der voraussichtlichen Investitionsaufwendungen abziehen. Der Unternehmer hat somit ein Wahlrecht zwischen 1 € und dem Maximalbetrag.

BEISPIEL

Berechnung des Investitionsabzugsbetrags

U will in zwei bis drei Jahren investieren. Die Kosten hierfür schätzt er auf 100.000 €. U kann 2021 einen Betrag von 0 bis 50.000 € als Investitionsabzugsbetrag in Anspruch nehmen. Er wird sein Wahlrecht je nach Gewinnsituation ausüben: Hat er einen hohen Gewinn erzielt, wird er auch einen möglichst hohen Investitionsabzugsbetrag wählen. Schreibt er rote Zahlen, wird er auf den Abzugsbetrag verzichten und im nächsten Jahr neu überlegen.

Höchstbetrag

Die Summe der Beträge, die im Wirtschaftsjahr des Abzugs und in den drei vorangegangenen Wirtschaftsjahren insgesamt abgezogen wurden, darf je Betrieb 200.000 € nicht übersteigen.

Dieser Betrag ist um die Beträge zu kürzen, die im Jahr der Anschaffung oder wegen nicht durchgeführter Anschaffung bzw. nicht erfüllter Verbleibensvoraussetzung hinzugerechnet werden mussten.

BEISPIEL

Berechnung des Höchstbetrags

Z hat im Jahr 2019 für zwei Wirtschaftsgüter einen Investitionsabzugsbetrag i. H. v. 60.000 € (Fahrzeug) bzw. 40.000 € (Maschine) und im Jahr 2020 einen Betrag von 50.000 € in Anspruch genommen. Im Jahr 2021 möchte er einen Investitionsabzugsbetrag von 80.000 € geltend machen. Das Fahrzeug ist im Jahr 2021 angeschafft worden, die Maschine soll nicht mehr erworben werden.

Den maximalen Betrag von 100.000 € (50 % von 200.000 €) kann Z aber nur in Anspruch nehmen, wenn er dadurch nicht die Höchstgrenze von 200.000 € überschreiten würde.

Das Fahrzeug, für dessen Anschaffung der Investitionsabzugsbetrag 2019 gewinnmindernd berücksichtigt wurde, ist 2021 planmäßig angeschafft worden. Dafür hat Z eine Gewinnerhöhung i. H. v. 60.000 € nach § 7g Abs. 2 Satz 1 EStG vorgenommen. Für die Maschine besteht keine Investitionsabsicht mehr. Daher will Z den Betrag i. H. v. 40.000 € auflösen.

Somit ergibt sich folgende Berechnung:

Investitionsabzugsbetrag 2019	100.000 €
Investitionsabzugsbetrag 2020	+ 50.000 €
Investitionsabzugsbetrag 2021	+ 100.000 €
Hinzurechnung nach § 7g Abs. 2 Satz 1 EStG	– 60.000 €
Auflösung nach § 7g Abs. 2 Satz 2 EStG	– 40.000 €
Gesamtbetrag	150.000 €

Die Höchstgrenze des § 7g Abs. 1 EStG ist nicht überschritten. Z kann 2021 100.000 € gewinnmindernd abziehen.

Zeitpunkt der Geltendmachung

Grundsätzlich sollte der Antrag mit der Steuererklärung eingereicht werden. Der Investitionsabzugsbetrag kann aber auch noch nachträglich gebildet werden, solange der Steuerbescheid änderbar ist (BMF, Schreiben v. 20.3.2017, IV C 6 – S 2139-b/07/10002-02, Rn. 21; so auch Niedersächsisches FG, Urteil v. 4.1.2017, 4 K 220/16). Ist allerdings zum Zeitpunkt des Antrags die erstmalige Steuerfestsetzung bzw. Feststellung bereits unanfechtbar geworden, kann eine Berücksichtigung des Investitionsabzugsbetrags nur erfolgen, wenn das begünstigte Wirtschaftsgut noch nicht angeschafft oder hergestellt worden ist.

Damit wird die Möglichkeit einer Kompensation z. B. von Betriebsprüfungsergebnissen eingeschränkt.

2 Folgewirkungen beim Investitionsabzugsbetrag

Als Folge der Bildung des Investitionsabzugsbetrags ist in den nachfolgenden drei Wirtschaftsjahren einiges zu beachten. Insbesondere sind Investitionsabzugsbeträge, die nicht bis zum Ende des dritten auf das Wirtschaftsjahr des Abzugs folgenden Wirtschaftsjahres hinzugerechnet wurden, im Jahr des Abzugs rückgängig zu machen. Zur Verlängerung der Investitionsfrist für 2017 und 2018 gebildete Investitionsabzugsbeträge siehe oben unter „Investitionszeitraum“.

Folgende Fallgestaltungen sind denkbar:

Fall 1: planmäßige Anschaffung

Das heißt, die AK entsprechen mindestens der Schätzung oder sind höher. Im Jahr der Anschaffung:

- **1. Wahlrecht** zur **Gewinnerhöhung** (Hinzurechnungsbetrag; § 7g Abs. 2 Satz 1 EStG) um bis zu 50 % der Anschaffungs- oder Herstellungskosten. Der Betrag ist außerdem begrenzt auf die insgesamt gebildeten und noch nicht aufgelösten Investitionsabzugsbeträge. Dieses Wahlrecht darf nur im Jahr der Anschaffung oder Herstellung des begünstigten Wirtschaftsguts ausgeübt werden.
- **2. Wahlrecht: Gewinnminderung** um bis zu 40 % der AK bzw. HK, max. Hinzurechnungsbetrag (§ 7g Abs. 2 Satz 2 EStG)
- **Minderung der AfA-Bemessungsgrundlage** um den Betrag der Gewinnminderung

In Verlustjahren bietet es sich z. B. an, vom 2. Wahlrecht (Neutralisierung von 1.) keinen Gebrauch zu machen. Wird auf die Hinzurechnung verzichtet, kann auch die Neutralisierung nicht in Anspruch genommen werden. Folglich werden die Anschaffungs- bzw. Herstellungskosten nicht gemindert, sodass sowohl die planmäßigen Abschreibungen als auch evtl. Sonderabschreibungen (§ 7 Abs. 5 EStG) höher ausfallen. Im Regelfall wird der Unternehmer jedoch vom Wahlrecht der Hinzurechnung Gebrauch machen, um die spätere Auflösung des Investitionsabzugsbetrags mit der Folge der zinswirksamen Änderung des ursprünglichen Steuerbescheids abzuwenden.

Soweit das Hinzurechnungswahlrecht nicht beansprucht wird, bleibt der Investitionsabzugsbetrag stehen. Spätestens zum Ende des Investitionszeitraums ist der noch bestehende Investitionsabzugsbetrag aufzulösen und die ursprüngliche Steuerfestsetzung zu ändern. Diese Änderung löst Nachzahlungszinsen im Rahmen des § 233a AO aus.

Von Vorteil ist die Regelung in den Fällen, in denen der Unternehmer im restlichen Investitionszeitraum mit Sicherheit weitere Investitionen tätigen wird, durch die der Investitionsabzugsbetrag aufgelöst werden kann. Unklar ist, bis zu welchem Zeitpunkt der Unternehmer das Wahlrecht des § 7g Abs. 2 EStG ausüben kann.

BEISPIEL

Planmäßige Anschaffung

U hat 2019 einen Investitionsabzugsbetrag für die Anschaffung eines Fahrzeugs i. H. v. 12.000 € (geschätzte AK: 30.000 €) in Anspruch genommen. Die Anschaffung erfolgte für 32.000 € im Jahr 2021. Er möchte den höchstmöglichen Gewinnminderungsbetrag geltend machen.

Folgewirkungen für 2021:

- Ausübung des 1. Wahlrechts: Gewinnerhöhung um 12.000 €
- Ausübung des 2. Wahlrechts: Gewinnminderung 50 % von 32.000 €, max. 12.000 €
- Minderung der AfA-Bemessungsgrundlage um den Gewinnminderungsbetrag von 12.000 €, damit verbleiben 20.000 € als AfA-Bemessungsgrundlage.

Fall 2: geplante Anschaffungskosten unterschritten

BEISPIEL

Weniger Anschaffungskosten als geplant

U hat 2019 einen Investitionsabzugsbetrag i. H. v. 12.000 € (geschätzte AK: 30.000 €) in Anspruch genommen. Eine Anschaffung erfolgte für lediglich 20.000 € im Jahr 2021. Es ist unklar, ob weitere Investitionen vorgenommen werden. Z möchte den höchstmöglichen Gewinnminderungsbetrag geltend machen.

Folgewirkungen für 2021:

- Ausübung des 1. Wahlrechts: Gewinnerhöhung um 10.000 €
- Ausübung des 2. Wahlrechts: Gewinnminderung von 50 % von 20.000 € = 10.000 €
- Minderung der AfA-Bemessungsgrundlage um den Gewinnminderungsbetrag von 10.000 €, damit verbleiben 10.000 € als AfA-Bemessungsgrundlage.

Weitere Folgewirkungen: Der verbleibende Investitionsabzugsbetrag (2.000 €) bleibt bis 2022 stehen und kann für weitere Investitionen genutzt werden. Wird keine dementsprechende Anschaffung vorgenommen, ist die Steuerfestsetzung **für das Jahr des Abzugs des Investitionsabzugsbetrags** (im Beispiel: 2019) zu ändern und der Gewinn um diesen Betrag zu erhöhen.

Fall 3: keine Anschaffung

Wird **bis zum Jahr 2022** keine Investition vorgenommen, ist der Investitionsabzugsbetrag in vollem Umfang rückgängig zu machen. Der Investitionsabzugsbetrag ist in dem Jahr rückgängig zu machen, in dem er ursprünglich gewinnmindernd geltend gemacht wurde (im Beispielsfall: 2019). Das bedeutet, dass der dadurch entstehende Mehrsteuerbetrag nach § 233a AO verzinst wird.

Fall 4: vorzeitige Aufgabe der Investitionsabsicht

BEISPIEL

Keine Anschaffung

U hat 2019 einen Investitionsabzugsbetrag i. H. v. 12.000 € (geschätzte AK: 30.000 €) in Anspruch genommen. 2021 gibt er diesen Investitionsplan auf. U sollte dem Finanzamt umgehend die Aufgabe seiner Pläne mitteilen, damit der Steuerbescheid für 2019 geändert wird (Folgen wie Fall 3). U spart dadurch ganz oder teilweise die Zinsen auf den Nachzahlungsbetrag.

Fall 5: Aufgabe einer späteren Investitionsabsicht

BEISPIEL

Keine Investitionsabsicht mehr

U hat 2020 einen Investitionsabzugsbetrag i. H. v. 20.000 € gebildet. 2021 hat er investiert. Er entschließt sich jedoch zunächst, keine Hinzurechnung vorzunehmen, da er für 2022 weitere Investitionen plant. Dementsprechend reicht er seine Steuererklärungen für 2021 im Mai des Jahres 2022 ein. Das Finanzamt veranlagt entsprechend den Steuererklärungen. Die Bescheide ergehen unter dem Vorbehalt der Nachprüfung (§ 164 AO). Im weiteren Verlauf des Jahres 2022 ergibt sich jedoch, dass bis zum Ende des Investitionszeitraums keine weiteren Investitionen erfolgen sollen.

U sollte die Änderung des Steuerbescheids für 2021 beantragen und die Hinzurechnung sowie deren Neutralisierung verlangen. Als Folge sind die Abschreibungsbeträge für 2021 und die Folgejahre zu ändern. Andernfalls ist der Investitionsabzugsbetrag im Jahr 2023 aufzulösen und der Steuerbescheid für 2020 zu ändern.

Weitere Folgen

Folgen einer schädlichen Nutzung

Erfolgt die Auflösung bei Anschaffung eines Wirtschaftsguts, das nicht

- innerhalb des Zweijahreszeitraums
- vermietet oder in einer inländischen Betriebsstätte
- ausschließlich oder fast ausschließlich betrieblich

genutzt wird, sind alle Vorteile im Jahr der Berücksichtigung rückgängig zu machen.

Einbringung des Betriebs in eine andere Gesellschaft

Ein Investitionsabzugsbetrag kann auch dann noch gebildet werden, wenn bereits feststeht, dass der Betrieb zu Buchwerten in eine Kapital- oder Personengesellschaft eingebracht wird (BMF, Schreiben v. 20.3.2017, IV C 6 – S 2139-b/07/10002-02, Rn. 22). Ist die Personengesellschaft noch zu gründen, ist der Investitionsabzugsbetrag im Rahmen der Einkommensteuerveranlagung des Gesellschafters und nicht in einer gesonderten und einheitlichen Feststellung für die Personengesellschaft geltend zu machen (FG München, Urteil v. 27.6.2019, 11 K 3048/18; Rev. beim BFH, Az. VIII R 22/19).

Zu Unrecht gebildeter Investitionsabzugsbetrag

Ein Investitionsabzugsbetrag, der zu Unrecht gebildet wurde, aber bestandskräftig ist, ist rückgängig zu machen, wenn die Investition unterbleibt. Die Änderung des Bescheids im Jahr der Bildung erfolgt nach § 7g Abs. 3 EStG (BFH, Beschluss v. 5.2.2018, X B 161/17).

Veräußerung des Betriebs

Die Rückgängigmachung eines Investitionsabzugsbetrags im Jahr der Betriebsaufgabe führt nicht zu einem steuerbegünstigten Veräußerungs- bzw. Aufgabegewinn (BFH, Urteil v. 27.4.2016, X R 16/15).

Gesamthandsvermögen – Sonderbetriebsvermögen

Eine begünstigte Investition i.S.d. § 7g EStG liegt auch dann vor, wenn bei einer Personengesellschaft der Investitionsabzugsbetrag vom Gesamthandsgewinn abgezogen wurde und die geplante Investition von einem ihrer Gesellschafter vorgenommen und in dessen Sonderbetriebsvermögen aktiviert wird (BFH, Beschluss v. 15.11.2017, VI R 44/16). Umgekehrt gilt dies entsprechend und auch in dem Fall, in dem der Investitionsabzugsbetrag im Sonderbetriebsvermögen eines Gesellschafters gebildet und die Investition im Sonderbetriebsvermögen eines anderen Gesellschafters durchgeführt wird (BMF, Schreiben v. 26.8.2019, IV C 6 – S 2139 – b/07/10002-02).

Wird der Investitionsabzugsbetrag im Sonderbetriebsvermögen gebildet, ist er zwingend auch im Sonderbetriebsvermögen hinzuzurechnen, selbst wenn die Investition im Gesamthandsbereich der Personengesellschaft erfolgt (FG Münster, Urteil v. 28.6.2017, 6 K 3183/14 F).

HINWEIS

Bereich der Hinzurechnungen

Bisher war es möglich, den Investitionsabzugsbetrag im Gesamthandsbereich in Anspruch zu nehmen und die Investition im Sonderbetriebsvermögen eines Gesellschafters (oder umgekehrt) vorzunehmen. Ab 2021 ist die Hinzurechnung von Investitionsabzugsbeträgen nur noch in dem Vermögensbereich zulässig, in dem der Abzug erfolgt ist.

Ein z. B. im Bereich des Sonderbetriebsvermögens gebildeter Investitionsabzugsbetrag kann nur dort für Investitionen verwendet werden. Eine Verwendung im Gesamthandsbereich oder im Sonderbetriebsvermögen eines anderen Gesellschafters ist ausgeschlossen.

Verzinsung des Änderungsbescheids

Ist der Investitionsabzugsbetrag rückgängig zu machen, beginnt die Verzinsung der nachzuzahlenden Steuer 15 Monate nach Ablauf des Kalenderjahres, in dem der Abzugsbetrag geltend gemacht wurde (§ 7g Abs. 3 Satz 4 EStG).

3 Sonderabschreibung

Unabhängig von der Inanspruchnahme des Investitionsabzugsbetrags kann der Unternehmer für Investitionen eine Sonderabschreibung in Anspruch nehmen. Daneben wird die planmäßige (lineare) Abschreibung im normalen Umfang gewährt. Die Sonderabschreibung ist nicht abhängig von der vorherigen Bildung eines Investitionsabzugsbetrags.

Die Voraussetzungen für die Sonderabschreibung entsprechen denen des Investitionsabzugsbetrags:

- bewegliches Wirtschaftsgut des Anlagevermögens
- aktiver Betrieb, der am Schluss des der Anschaffung bzw. Herstellung vorangehenden Wirtschaftsjahres gewisse Größenmerkmale nicht überschreiten darf
- Nutzungsabsicht

Liegen diese Voraussetzungen vor, kann der Unternehmer eine Sonderabschreibung i. H. v. insgesamt 20 % der AK bzw. HK vornehmen.

TIPP

Sonderabschreibung beliebig

Der Unternehmer kann diese Sonderabschreibung im Jahr der Anschaffung bzw. Herstellung und in den vier folgenden Wirtschaftsjahren nach Belieben in Anspruch nehmen. Eine zeitanteilige Kürzung im Jahr der Anschaffung ist nicht vorzunehmen.

BEISPIEL

Berechnung der Sonderabschreibung

U hat 2019 einen Investitionsabzugsbetrag für die Anschaffung einer Maschine i. H. v. 12.000 € (geschätzte AK: 30.000 €) in Anspruch genommen und die Maschine am 1.4.2021 für 30.000 € angeschafft (Nutzungsdauer zehn Jahre). Er wählt eine Gewinnerhöhung um 12.000 €, verzichtet aber auf die Gewinnneutralisierung 2021.

Es ergeben sich folgende Berechnungen:

Investitionszulagenbetrag 2019 – Gewinnauswirkung	-12.000 €
Gewinnerhöhungsbetrag 2021 – Gewinnauswirkung	+12.000 €
Neutralisierung des Gewinnerhöhungsbetrags 2021	0 €

AfA-Bemessungsgrundlage	30.000 €
Sonderabschreibung (Wahlrecht) 20 %	6.000 €

Die Jahre 2021 bis 2025 stehen als Zeitraum für die Sonderabschreibung zur Verfügung.

Es ergeben sich vielfältige Möglichkeiten, die Sonderabschreibung zu platzieren. Einige seien davon beispielhaft dargestellt:

	Möglichkeit 1 (€)	Möglichkeit 2 (€)	Möglichkeit 3 (€)
AK	30.000	30.000	30.000
planmäßige AfA 2021 (zeitanteilig 9/12)	– 2.250	– 2.250	– 2.250
Sonderabschreibung 2021 (kein zeitanteiliger Ansatz)	– 6.000	– 1.200	– 1.000
planmäßige AfA 2022	– 3.000	– 3.000	– 3.000
Sonderabschreibung 2022	0	– 1.200	0
planmäßige AfA 2023	– 3.000	– 3.000	– 3.000
Sonderabschreibung 2023	0	– 1.200	– 2.000
planmäßige AfA 2024	– 3.000	– 3.000	– 3.000
Sonderabschreibung 2024	0	– 1.200	0
planmäßige AfA 2025	– 3.000	– 3.000	– 3.000
Sonderabschreibung 2025	0	– 1.200	– 3.000
Restwert 31.12.2025	9.750	9.750	9.750

Abschreibung nach Ablauf des Sonderabschreibungszeitraums

Nach Ablauf des Sonderabschreibungszeitraums ist der Restwert gleichmäßig auf die verbleibende Restlaufzeit zu verteilen (§ 7a Abs. 9 EStG). Im vorgenannten Beispiel beträgt die jährliche Abschreibung somit 1.950 € (9.750 € : fünf Jahre Restnutzungsdauer).

4 Schädliches Verhalten

Alle steuerlichen Auswirkungen, die durch die Inanspruchnahme des Investitionsabzugsbetrags und der Sonderabschreibung bedingt sind, müssen rückgängig gemacht werden, soweit

- keine Auflösung des Investitionsabzugsbetrags bis zum Ende des Investitionszeitraums (Jahr des Abzugs des Investitionsabzugsbetrags plus drei Jahre) erfolgt ist oder

- eine schädliche Nutzung erfolgt.

Damit keine schädliche Nutzung vorliegt, muss das Wirtschaftsgut

- im Jahr der Anschaffung bzw. Herstellung und im darauffolgenden Wirtschaftsjahr
- in einer inländischen Betriebsstätte
- ausschließlich oder fast ausschließlich betrieblich genutzt werden.

Die Nutzungsvoraussetzungen können auch dann erfüllt sein, wenn das Wirtschaftsgut zeitweise in einem anderen Betrieb des Steuerpflichtigen eingesetzt wird. Für die Prüfung, ob die Grenze der Größenmerkmale des § 7g Abs. 1 Satz 2 Nr. 1 EStG noch erfüllt ist, werden dann aber beide Betriebe zusammengerechnet (BFH, Urteil v. 19.3.2014, X R 46/11).

HINWEIS

Auflösungsfrist verlängert

Die Auflösungsfrist für Investitionsabzugsbeträge aus 2017, deren dreijährige Investitionsfrist im Jahr 2020 ausläuft, wurde wegen der Corona-Pandemie um ein Jahr auf vier Jahre verlängert. Dadurch haben Steuerpflichtige, die im Jahr 2020 investieren wollten, aber wegen der Corona-Krise nicht investieren konnten, die Gelegenheit, die Investition im Jahr 2021 ohne negative steuerliche Folgen (Rückgängigmachung, Verzinsung der Steuernachforderung) nachzuholen.

5 Rückgängigmachen aller Vorteile

Die folgende Übersicht soll verdeutlichen, welche Folgerungen in diesem Fall zu ziehen sind:

Rückgängigmachen aller Vorteile (§ 7g Abs. 4 und 6 EStG)		
In Anspruch genommen	**Zeitpunkt der Rückgängigmachung**	**Folge bei Rückgängigmachung**
Investitionsabzugsbetrag	im Jahr des Abzugs	Gewinnerhöhung
Hinzurechnungsbetrag § 7g Abs. 2 Satz 1 EStG	im Jahr der Investition	Gewinnminderung
Neutralisierungsbetrag § 7g Abs. 2 Satz 2 EStG	im Jahr der Investition	Gewinnerhöhung
		Erhöhung der AfA-Bemessungsgrundlage für planmäßige AfA
	im Jahr der Investition und evtl. Folgejahr	Gewinnminderung durch Erhöhung der planmäßigen AfA

Rückgängigmachen aller Vorteile (§ 7g Abs. 4 und 6 EStG)		
In Anspruch genommen	Zeitpunkt der Rückgängigmachung	Folge bei Rückgängigmachung
Sonderabschreibung § 7g Abs. 5 u. 6 EStG	im Jahr der Inanspruchnahme	Gewinnerhöhung
In allen Fällen sind die ursprünglichen Steuerfestsetzungen zu ändern (im Einzelfall: erstmalige Steuerfestsetzung)!		
Folge: Verzinsung des Nachzahlungsbetrags gem. § 233a AO		

Kapitalanlagen

Durch die Abgeltungsteuer unterliegen die meisten Kapitaleinkünfte nicht mehr der Regelbesteuerung. Es gilt aber vieles zu beachten.

§§ 20, 9, 3c, 24c, 32d EStG, R 20.1–20.3 EStR

1 Allgemeines

Kapitalerträge von Privatpersonen unterliegen regelmäßig nicht mehr dem normalen (progressiven) Einkommensteuertarif. Stattdessen muss z. B. die auszahlende Bank eine 25%ige Abgeltungsteuer einbehalten. Mit dieser ist die Steuerschuld des Anlegers regelmäßig abgegolten. Die Anrechnung der einbehaltenen Steuerbeträge im Rahmen der Veranlagung entfällt. Es gibt jedoch Ausnahmen, bei denen die Erträge im Rahmen der Einkommensteuerveranlagung zu erfassen sind.

Erfassung durch die Abgeltungsteuer

Was fällt darunter?

Fast alle Kapitalerträge sind mit der Abgeltungsteuer zu belegen, z. B.:

- Zinsen auf Spareinlagen
- Zinsen auf festverzinsliche Wertpapiere
- Erträge auf Anteile an Investmentfonds
- Dividendenzahlungen
- Gewinne aus der Veräußerung von privaten Kapitalanlagen (→ Spekulationsgeschäfte)

HINWEIS

Negative Einlagezinsen

Eine Verrechnung negativer Einlagezinsen mit Guthabenzinsen kommt nicht in Betracht, da diese keine Zinsen i. S. d. § 20 Abs. 1 Nr. 7 EStG sind. Sie werden nicht vom Kapitalnehmer an den Kapitalgeber als Entgelt für die Überlassung von Kapital gezahlt.

Die wichtigsten Ausnahmen

- Erträge, die im Rahmen eines Betriebs (gewerblich, freiberuflich) anfallen
- Gläubiger und Schuldner sind nahestehende Personen und die Zahlungen sind beim Schuldner Betriebsausgaben oder Werbungskosten (s. a. BFH, Urteil v. 28.1.2015, VIII R 8/14).
- Einnahmen z. B. aus Darlehen, sofern der Gläubiger oder eine ihm nahestehende Person zu mehr als 10 % beteiligt ist und die Zahlungen beim Schuldner Betriebsausgaben oder Werbungskosten sind. Bei einer mittelbaren Beteiligung gilt das nur dann, wenn auch die zwischengeschaltete Kapitalgesellschaft beherrscht wird (BFH, Urteil v. 20.10.2016, VIII R 27/15).

Werden z. B. Zinsen an Familienangehörige gezahlt, ist der Abgeltungsteuersatz nicht unbedingt ausgeschlossen, denn ein lediglich aus der Familienangehörigkeit abgeleitetes persönliches Interesse reicht nicht aus. Erforderlich ist ein Beherrschungsverhältnis zwischen dem Darlehensgeber und dem Anteilseigner (BFH, Urteil v. 14.5.2014, VIII R 31/11).

Werbungskosten können in diesen Fällen in vollem Umfang geltend gemacht werden.

Veranlagungsoption

Der Steuerpflichtige kann beantragen, dass die Einkünfte in die Veranlagung einzubeziehen sind (Günstigerprüfung). Dies liegt dann in seinem Interesse, wenn seine Steuerbelastung geringer ist als 25 %. Das Finanzamt prüft dann, ob der persönliche Grenzsteuersatz günstiger ist als die Abgeltungsteuer. In diesem Fall wird die einbehaltene Kapitalertragsteuer auf die Einkommensteuer angerechnet.

BEISPIEL

Abgeltungsteuer günstiger

E hat 2021 ein z. v. E. von 24.500 € erzielt. Darauf entfällt eine Jahressteuer von 3.485 €. Das entspricht einem Steuersatz von 14,22 %. Trotzdem bleibt die Abgeltungsteuer günstiger. Vergleichsmaßstab ist der Grenzsteuersatz. Das ist der Steuersatz, der auf den letzten Euro des z. v. E. angewandt wird. Im Beispiel beträgt dieser Satz 28,04 % und übersteigt damit den besonderen Steuersatz von 25 %.

TIPP

Nutzen Sie die Günstigerprüfung

In Fällen, in denen Sie die Günstigerprüfung nutzen wollen, müssen Sie dies unbedingt durch ein Kreuz in der Anlage KAP beantragen. Nur dann führt das Finanzamt die Prüfung durch. Außerdem sollten Sie Ihren Steuerbescheid daraufhin kontrollieren.

Veranlagungsantrag bei Anteilseignern

Auf Antrag können Anteilseigner von Kapitalgesellschaften ihre Erträge der individuellen Einkommensteuer unterwerfen, wenn sie mindestens zu

- 25 % beteiligt sind oder
- 1 % beteiligt und beruflich für die Gesellschaft tätig sind sowie durch eine berufliche Tätigkeit für diese maßgeblichen unternehmerischen Einfluss auf deren wirtschaftliche Tätigkeit nehmen können.

In diesen Fällen sind die Erträge im Rahmen der Einkommensteuererklärung anzusetzen und unterliegen dem persönlichen Steuersatz. Die einbehaltenen Steuern werden angerechnet. Auch in diesen Fällen können alle Werbungskosten in vollem Umfang geltend gemacht werden.

TIPP

Antrag zusammen mit Steuererklärung

Der Veranlagungsantrag muss spätestens mit Abgabe der Einkommensteuererklärung gestellt werden (BFH, Urteil v. 28.7.2015, VIII R 50/14). Diese Frist ist sogar dann zu beachten, wenn sich erst im Rahmen einer Außenprüfung herausstellt, dass ein Teil des Gehalts als verdeckte Gewinnausschüttung anzusehen ist. Der BFH rät dazu, den Antrag auf Anwendung des Teileinkünfteverfahrens vorsorglich zu stellen (BFH, Urteil v. 14.5.2019, VIII R 20/16).

Allerdings hat der BFH einem steuerlich nicht beratenen Steuerpflichtigen die Wiedereinsetzung in die Antragsfrist gewährt, weil ihm nicht vorzuwerfen sei, dass er die komplizierten, unvollständigen und zum Teil irreführenden amtlichen Anleitungen zur Anlage KAP nicht verstanden habe (BFH, Urteil v. 29.8.2017, VIII R 33/15). Dieser ist längstens ein Jahr nach Fristversäumnis möglich (§ 110 Abs. 3 AO).

Sonstige Veranlagungsanträge

TIPP

Berechnung der Abgeltungsteuer prüfen lassen

Daneben können Sie nach § 32d Abs. 4 EStG insbesondere in folgenden Fällen noch beantragen, die Berechnung der Abgeltungsteuer im Rahmen der Einkommensteuerveranlagung zu überprüfen:

- bei einem nicht vollständig ausgeschöpften Sparerpauschbetrag
- zur Anwendung der Ersatzbemessungsgrundlage bei nicht nachzuweisenden AK (§ 43a Abs. 2 Satz 7 EStG)
- bei einem noch zu berücksichtigenden Verlust, der z. B. bei einer anderen Bank entstanden ist und dort nicht ausgeglichen werden konnte
- bei einem Verlustvortrag nach § 20 Abs. 6 EStG
- bei noch nicht berücksichtigten ausländischen Steuern
- zur Überprüfung des Steuereinbehalts dem Grunde oder der Höhe nach

Auf diese Einkünfte wird der Abgeltungsteuersatz (25 %) angewandt.

Der persönliche Grenzsteuersatz kommt nur auf Antrag zum Einsatz, wenn dieser günstiger ist.

HINWEIS

Antragsvoraussetzungen

Der Antrag kann nur

- für alle der Abgeltungsteuer unterliegenden Erträge und
- von Ehegatten gemeinsam

gestellt werden.

Der Antrag stellt ein unbefristetes Veranlagungswahlrecht dar. Er kann zeitlich auch nach Abgabe der Einkommensteuererklärung gestellt werden, solange die Steuerfestsetzung verfahrensrechtlich noch änderbar ist. Kommt eine Änderung wegen neuer Tatsachen (§ 173 AO) in Betracht, ist die Differenz zwischen Einkommensteuer und anrechenbarer Kapitalertragsteuer maßgeblich. Kommt es danach zu einer niedrigeren Steuer, kann eine Änderung nur erfolgen, wenn den Steuerpflichtigen kein grobes Verschulden an der Verspätung trifft (BFH, Urteil v. 21.8.2019, X R 16/17).

Außerdem können Sie beantragen, dass im Rahmen der Einkommensteuererklärung der Einbehalt der Abgeltungsteuer überprüft wird. Das ist in den Fällen interessant, in denen Sie den Sparerpauschbetrag durch einen Freistellungsauftrag nicht oder nicht richtig gestellt haben.

BEISPIEL

Günstigerprüfung

S hat Konten bei der A- und bei der B-Bank. Er gibt einen Freistellungsauftrag nur bei der B-Bank ab. Dort erzielt er Zinseinnahmen von 500 €. Die A-Bank behält von den dort erzielten Zinseinnahmen i. H. v. 600 € Abgeltungsteuer ein. S hat seinen Sparerpauschbetrag i. H. v. (801 – 500 =) 301 € nicht ausgenutzt. Wenn er keinen Antrag stellt, verliert er bares Geld.

Beantragt er dagegen die Günstigerprüfung im Rahmen der Einkommensteuererklärung, erhält er 75,25 € (25 % von 301 €) zurück.

Veräußerungsgewinne

Unter die Einnahmen aus Kapitalvermögen und damit auch unter die Abgeltungsteuer fallen seit 2009 Vorgänge, die bisher als „Spekulationsgewinne" bezeichnet wurden und regelmäßig nur bei Verkäufen innerhalb einer Frist von einem Jahr steuerpflichtig wurden.

Es handelt sich um folgende Vorgänge:	Gilt für
Veräußerung von Anteilen an Körperschaften (z. B. Aktien)	Anteile, die nach dem 31.12.2008 erworben wurden
Veräußerung von Dividenden- und Zinsscheinen ohne Stammrecht	Veräußerungen nach dem 31.12.2008

Es handelt sich um folgende Vorgänge:	Gilt für
Gewinne und Verluste aus Termingeschäften	Rechte, die nach dem 31.12.2008 erworben wurden
Veräußerung eines Anteils an einer stillen Gesellschaft bzw. eines partiarischen Darlehens	entsprechende WG, Rechte oder Rechtspositionen, deren Anschaffung oder Erstellung nach dem 31.12.2008 erfolgte
Rechtsübertragung bei Hypotheken, Grundschulden, Renten	
Veräußerung einer Rechtsposition i. S. d. § 20 Abs. 1 Nr. 9 EStG (z. B. Anspruch aus Gewinnausschüttung)	
Veräußerung einer Kapitallebensversicherung	Abschluss des Versicherungsvertrags nach dem 31.12.2004; Veräußerung nach dem 31.12.2008
Veräußerung von sonstigen Kapitalforderungen	Zufluss nach dem 31.12.2008; Ausnahmen

Für die anderen Vorgänge gelten die Altregelungen. Vertiefend siehe → Spekulationsgeschäfte.

Dazu gehört auch der Erlös aus dem Verkauf von Genussrechten, die vor dem 1.1.2009 erworben wurden (BFH, Urteil v. 12.12.2012, I R 27/12). Ein Entgelt für die vorzeitige Beendigung des Genussrechtsverhältnisses gehört dagegen zu den Einkünften aus Kapitalvermögen (BFH, Urteil v. 11.2.2015, VIII R 4/12).

Die Überführung von vor 2009 erworbenen Aktien vom Betriebs- in das Privatvermögen steht einem Erwerb nicht gleich. Werden diese später veräußert, führt der Vorgang nicht zu Einkünften aus Kapitalvermögen (FG Münster, Urteil v. 26.3.2020, 8 K 1192/18 F).

BEISPIEL

Wann gilt die Altregelung?

- Aktien am 5.1.2008 erworben, am 15.10.2021 veräußert – Altregelung, nicht steuerpflichtig
- Grundstücksveräußerung, keine Aufzählung in § 20 EStG – Altregelung

Berechnung der Veräußerungsgewinne

Die Berechnung der Gewinne erfolgt nach folgender Methode:

Veräußerungspreis
– AK
– Veräußerungskosten
= Veräußerungsgewinn/Veräußerungsverlust

Veräußerungskosten dürfen entgegen dem Werbungskostenabzugsverbot abgezogen werden. Auch bei der Gewinnermittlung für Termingeschäfte sind die Aufwendungen im Zusammenhang mit diesen abziehbar.

Bei der Veräußerung von Wertpapieren wird unterstellt, dass die zuerst angeschafften Wertpapiere auch zuerst veräußert wurden.

Eine Veräußerung ist nicht von der Höhe der Gegenleistung und der anfallenden Veräußerungskosten abhängig. Damit ist auch die Überlassung wertloser Anteile zwischen fremden Dritten ohne Gegenleistung steuerlich wirksam (BFH v. 12.6.2018, VIII R 32/16). Es liegt kein Gestaltungsmissbrauch vor (BFH, Urteil v. 29.9.2020, VIII R 9/17). Auch die ersatzlose Ausbuchung endgültig wertlos gewordener Aktien durch die das Depot führende Bank führt als „ausbleibende Rückzahlung" zu einem einkommensteuerlich berücksichtigungsfähigen Verlust aus Kapitalvermögen (FG Rheinland-Pfalz, Urteil v. 12.12.2018, 2 K 1952/16; Rev. beim BFH, Az. VIII R 5/19). Das gilt auch für „Knock-out-Zertifikate" (BFH, Urteil v. 20.11.2018, VIII R 37/15 und BFH, Urteil v. 16.6.2020, VIII R 1/17).

TIPP

Bankabrechnung prüfen

Kontrollieren Sie die Abrechnung Ihrer Bank insbesondere dann, wenn Sie Wertpapiere nach einem Depotwechsel verkaufen. Hat die übergebende Bank den Erwerbszeitpunkt und die AK nicht korrekt mitgeteilt, kann es dazu kommen, dass zu viele Abgaben einbehalten werden. Sie können solche Fehler in der Steuererklärung korrigieren!

Aber: Fehler, die z. B. die Bank bei Einbehalt und Abführung der KapESt macht und die erst nach Ablauf eines Kalenderjahres aufgedeckt werden, dürfen nach § 20 Abs. 3a Satz 1 EStG im Rahmen des Veranlagungsverfahrens nur mit Wirkung für die Zukunft korrigiert werden. Nach dieser Regelung ist die Fehlerkorrektur nur im Jahr der Aufdeckung des Fehlers vorzunehmen. Der Steuerpflichtige muss durch eine Bescheinigung der zum KapESt-Abzug verpflichteten Stelle nachweisen, dass diese die Korrektur nicht vorgenommen hat und auch in Zukunft nicht vornehmen wird. Eine Antragsveranlagung nach § 32d Abs. 4 oder 6 EStG, durch die eine rückwirkende Fehlerkorrektur vorgenommen werden soll, ist nicht zulässig.

Widerrufener Darlehensvertrag

Wird ein Darlehensvertrag widerrufen und erhält der Darlehensnehmer eine „Verzinsung" auf seine Zins- und Tilgungsleistungen, dann unterliegen diese nicht der Besteuerung (FG Baden-Württemberg, Urteil v. 8.12.2020, 8 K 1516/18; Rev. beim BFH, Az. VIII R 5/21).

Termingeschäfte/Optionen

Die Anschaffung einer Option und der Ausgang des Optionsgeschäfts sind grundsätzlich als Einheit zu behandeln. Dementsprechend ist der Ausgang des Optionsgeschäfts – auch bei einem Verlust – in vollem Umfang steuerbar (BFH, Urteile vom 12.1.2016, IX R 48/14, IX R 49/14 und IX R 50/14). Zu beachten ist allerdings die eingeschränkte Möglichkeit der Verlustnutzung.

Fremdwährungsgeschäfte

Bei Fremdwährungsgeschäften sind die Einnahmen im Zeitpunkt der Veräußerung und die AK im Zeitpunkt der Anschaffung in Euro umzurechnen. Das bedeutet, dass alle Fremdwährungsgewinne der Abgeltungsteuer unterliegen.

BEISPIEL

Gewinn oder Verlust?

L kauft am 5.1.2021 100 Stück Aktien für 130 USD. Der Kurs beträgt 1,20 €. L zahlt somit 15.600 €. Er verkauft die Aktien am 20.10.2021 für 120 USD, Kurs 1,40 € und erhält 16.800 €. Obwohl K auf Dollarbasis einen Verlust erzielt hat, muss er 1.200 € versteuern.

Unentgeltlicher Erwerb

Bei unentgeltlichem Erwerb (z. B. Erbschaft, Schenkung) sind die Anschaffungswerte des Rechtsvorgängers maßgebend.

Erfassung im Rahmen der Einkommensteuerveranlagung

Folgende Einnahmen sind im Rahmen der Einkommensteuerveranlagung zu erfassen:

Kapitalanlagen im Ausland

Kapitaleinkünfte, die im Ausland erzielt werden, unterliegen bei einem unbeschränkt Steuerpflichtigen i. d. R. der deutschen Besteuerung. Doppelbesteuerungsabkommen überlassen das Besteuerungsrecht überwiegend dem Staat, in dem der Anleger ansässig ist. Die Kapitalerträge einschließlich einer evtl. einbehaltenen ausländischen Quellensteuer müssen deshalb in der Einkommensteuererklärung erklärt werden. Ob diese dem Regelsteuersatz oder dem besonderen Steuersatz von 25 % unterliegen, ist abhängig von der Art der Einkünfte (siehe oben unter 1.1. sowie die nachfolgenden Ausführungen).

In bestimmten Fällen wird die ausländische Quellensteuer ganz oder teilweise angerechnet. Zur Eindämmung von Steuerhinterziehung durch die Nutzung ausländischer Konten wurden auf internationaler Ebene verschiedene Maßnahmen vereinbart. Damit unterliegen auch diese Einkünfte einer Kontrolle.

Einnahmen, die nicht unter die Abgeltungsteuer fallen/Besteuerung auf Antrag

Inländische Einnahmen, die nicht unter die Abgeltungsteuer fallen (s. unter „Die wichtigsten Ausnahmen") müssen immer in der ESt-Erklärung aufgeführt werden. Auch wenn ein Veranlagungsantrag gestellt wird oder die Günstigerprüfung erfolgen soll, müssen die Einnahmen in der Steuererklärung angegeben werden.

Dasselbe gilt für den Antrag, den Anteilseigner von Kapitalgesellschaften stellen können. Außerdem sind im Veranlagungsverfahren alle ausländischen Einnahmen zu erklären.

Gehören Dividenden zu den Einnahmen, gilt hierfür das Teileinkünfteverfahren. Es werden nur 60 % der Einnahmen versteuert.

Steuererstattungszinsen

Zinsen auf Steuererstattungen gehören zu den steuerpflichtigen Einnahmen. Das Ergebnis ist für die Steuerzahler unbefriedigend: Erstattungszinsen müssen versteuert werden, während Nachzahlungszinsen nicht abziehbar sind. Laut BMF, Schreiben v. 16.3.2021, IV C 1 – S 2252/19/10012 :011, sind auf Antrag Erstattungszinsen i. S. d. § 233a AO nach § 163 AO nicht in die Steuerbemessungsgrundlage einzubeziehen, soweit ihnen nicht abziehbare Nachforderungszinsen gegenüberstehen, die auf ein- und demselben Ereignis beruhen. Bei der Berechnung ist allerdings zu beachten, dass die Gegenrechnung nicht unbedingt in vollem Umfang erfolgen kann.

BEISPIEL

Steuererstattungszinsen

Dem Steuerpflichtigen S geht der Steuerbescheid für den Vz 01 am 15.10.03 zu. Er muss 100.000 € nachzahlen. Außerdem werden ihm 3.000 € Zinsen berechnet (5 Monate × 0,5 %). Auf seinen Einspruch hin wird die Steuer durch Bescheid vom 15.12.04 um 90.000 € herabgesetzt. Außerdem erhält S 9.000 € Zinsen erstattet (20 Monate × 0,5 %). Die zu versteuernden Zinseinnahmen betragen jedoch nicht nur 6.000 € (9.000 € – 3.000 €) sondern 6.300 € (9.000 € – 2.700 € (90.000 × 6 Monate × 0,5 %)).

Kapitallebensversicherungen

Einnahmen aus Kapitallebens- und Rentenversicherungen unterliegen der „normalen" Versteuerung. Dabei gilt:

- Die Ertragsanteile aus Verträgen, die bis 2004 geschlossen wurden, sind steuerfrei, wenn die Mindestlaufzeit von zwölf Jahren erfüllt ist.
- Erträge aus Kapitallebensversicherungen, die nach dem 31.12.2004 abgeschlossen werden, müssen versteuert werden. Steuerpflichtig ist die Differenz zwischen Ablaufleistung und den gezahlten Beiträgen.
- Erfolgt die Auszahlung nach Vollendung des 60. Lebensjahres und nach Ablauf von zwölf Jahren seit dem Vertragsabschluss, sind die Erträge nur zur Hälfte steuerpflichtig.

Diese Regelung gilt entsprechend für Erträge aus fondsgebundenen Lebensversicherungen, für Erträge im Erlebensfall bei Rentenversicherungen ohne Kapitalwahlrecht, soweit keine lebenslange Rentenzahlung vereinbart und erbracht wird, und für Erträge bei Rückkauf des Vertrags bei Rentenversicherungen ohne Kapitalwahlrecht.

Wird eine Kapitallebensversicherung mit Rentenwahlrecht abgeschlossen, erfolgt auch bei Ausübung der Rentenoption eine Besteuerung der Erträge aus der Anspar- bzw. Aufschubphase.

Ausgenommen von diesen Regelungen sind sog. vermögensverwaltende Versicherungsverträge. Diese liegen vor, wenn in einem Versicherungsvertrag eine gesonderte Verwaltung von speziell für diesen Vertrag zusammengestellten Kapitalanlagen vereinbart ist.

Rentenversicherungen

HINWEIS

Riester-Rente

Erträge aus Riester-Renten sind nicht als Einnahmen aus Kapitalvermögen, sondern als „Sonstige Einkünfte" zu versteuern. Vertiefend siehe → Altersvorsorgeaufwendungen.

Rentenversicherungen mit Kapitalwahlrecht, bei denen der Versicherungsnehmer die Rentenzahlung wählt, sind nicht als Kapitaleinkünfte, sondern als sonstige Einkünfte nach § 22 Nr. 1 Satz 3, Buchst. a, Doppelbuchst. aa EStG mit dem Ertragsanteil zu versteuern.

Nimmt der Versicherungsnehmer jedoch die Kapitalauszahlung in Anspruch, muss der Zinsanteil versteuert werden.

WICHTIG

Rentenzahlung – Voraussetzungen

Voraussetzungen für das Vorliegen einer Rentenzahlung sind:

- gleichbleibender oder steigender wiederkehrender Bezug (das gilt auch bei Zahlung eines gleichbleibenden oder steigenden Sockelbetrags zzgl. einer jährlich schwankenden Überschussbeteiligung)
- zeitlich unbeschränkte Gültigkeit für die Lebenszeit der versicherten Person (lebenslange Leibrente)

In vollem Umfang zu versteuern sind Renten, wenn eine Höchstlaufzeit (abgekürzte Leibrente) oder eine festgelegte Dauer (Zeitrente) vereinbart wird. Bei einer Mindestlaufzeit (verlängerte Leibrente) erfolgt eine volle Versteuerung nur dann, wenn die Rentengarantiezeit über die mittlere Lebenserwartung des Versicherten bei Rentenbeginn hinausgeht. In den anderen Fällen gilt die Ertragsanteilsbesteuerung auch für den Erben.

TIPP

Lebenslange Rente

Die Auszahlung in Form einer lebenslangen Rente ist steuerfrei, soweit die darin enthaltenen Zinsen die Ansparzeit (Vertragsschluss bis Rentenbeginn) betreffen. Nicht begünstigt ist die Auszahlung durch Einmalbetrag oder mehrere Teilbeträge.

Steuerpflichtig sind aber die Zinsen aus der Zeit vom Rentenbeginn bis zur tatsächlichen Auszahlung (Ertragsanteil).

BEISPIEL

Rentenversicherung mit Kapitalwahlrecht

A hat eine Rentenversicherung mit Kapitalwahlrecht abgeschlossen. Mit Vollendung des 64. Lebensjahres kann er wählen, ob er eine Einmalzahlung erhält oder lebenslang einen gleichbleibenden Betrag. Wählt A die Auszahlung als **Rente**, bleiben die Beträge steuerfrei, nur der Zinsanteil, der auf die Zeit vom Beginn der Rentenzahlung bis zur Auszahlung eines jeden einzelnen Rentenbetrags anfällt, ist steuerpflichtig. Wählt er dagegen eine Kapitalauszahlung, muss er alle Erträge versteuern.

Hat A vereinbart, dass die Auszahlung in Form einer konstanten Anzahl von Investmentfondsanteilen erfolgen soll, ist der Grundsatz, dass es sich um eine gleichbleibende Rente handeln muss, nicht gewahrt, da die Fondsanteile Wertschwankungen oder einem totalen Wertverlust unterliegen können und es dadurch zu einem zumindest zeitweise sinkenden Bezug kommen kann.

ACHTUNG

Spätere Kapitalauszahlung

Wählt A zunächst die Rentenzahlung und lässt er sich später den Restbetrag als Einmalbetrag auszahlen, ist dieser Betrag noch steuerpflichtig.

BEISPIEL

Abgekürzte Leibrente

B hat eine Rentenversicherung abgeschlossen, die ihm ab Vollendung des 64. Lebensjahres bis zum Tod, längstens aber 20 Jahre, eine Rente zahlt. Begrifflich handelt es sich hier um eine **abgekürzte Leibrente**. Die Auszahlung ist in vollem Umfang steuerpflichtig.

BEISPIEL

Zeitrente

C hat ebenfalls eine Rentenversicherung abgeschlossen, die ihm ab Vollendung des 64. Lebensjahres für 20 Jahre eine Rente zahlt. Die Auszahlung der **Zeitrente** ist in vollem Umfang steuerpflichtig.

BEISPIEL

Verlängerte Leibrente

E hat eine Rentenversicherung abgeschlossen, die ihm ab Vollendung des 64. Lebensjahres bis zum Tod, mindestens aber zwölf Jahre, eine Rente zahlt. Sollte er vorher versterben, erhalten seine Erben die Rente bis zum Ablauf der Laufzeit.

Es handelt sich um eine **verlängerte Leibrente**, die steuerfrei bleibt. Wäre jedoch die Mindestlaufzeit mit 20 Jahren vereinbart worden, müsste E (und bei Versterben vor Ablauf dieses Zeitraums auch seine Erben) die Rentenzahlungen im vollen Umfang versteuern. In diesem Fall wäre nämlich die Mindestlaufzeit länger als die Lebenserwartung von E.

Veräußerungszeitrente

Auch bei der teilentgeltlichen Übertragung eines Grundstücks enthält eine Veräußerungszeitrente steuerpflichtige Zinseinkünfte (BFH, Urteil v. 14.7.2020, VIII R 3/17).

Zinsen aus Rentennachzahlungen

Als Folge der Rechtsprechung des BFH gehören Zinsen aus Rentennachzahlungen nicht mehr zu den Leistungen i.S.d. § 22 EStG, sondern sind nach § 20 Abs. 1 Nr. 7 EStG als Kapitaleinkünfte (Erträge aus sonstigen Kapitalforderungen) zu erfassen (BFH, Urteil v. 9.6.2015, VIII R 18/12; H 20.2 EStR).

Verzugszinsen

Zivilrechtliche Verzugs- oder Prozesszinsen unterliegen nicht der Besteuerung (BFH, Urteil v. 24.5.2011, VIII R 3/09).

Kryptowährungen/Bitcoins

Der Gewinn oder Verlust aus der Veräußerung von Kryptowährungen führt zu sonstigen Einkünften aus privaten Veräußerungsgeschäften, sofern Erwerb und Veräußerung der Bitcoins innerhalb eines Jahres stattfanden (§ 22 Nr. 2 EStG i.V.m. § 23 Abs. 1 Satz 1 Nr. 2 EStG). Vertiefend siehe → Spekulationsgeschäfte.

Gold-Inhaberschuldverschreibungen/-ETC

Der Gewinn aus der Veräußerung von Inhaberschuldverschreibungen, die einen Anspruch gegen die Emittentin auf Lieferung physischen Goldes verbriefen, ist außerhalb der Spekulationsfrist steuerfrei (BFH, Urteil v. 16.6.2020, VIII R 7/17). Das gilt auch für Gewinne aus der Veräußerung von Gold-ETCs. Vertiefend siehe → Spekulationsgeschäfte.

Schadensersatz für entgangene Zinserträge

Zinsen aufgrund eines zivilgerichtlichen Vergleichs stellen keine Kapitaleinkünfte dar, wenn der Steuerpflichtige lediglich so gestellt werden soll, als habe er von vornherein mit seinem Prozessgegner keinen Vertrag geschlossen (FG Münster, Urteil v. 15.12.2020, 2 K 2866/18 E)

2 Sparerpauschbetrag/ Werbungskosten

Unterliegen die Einnahmen dem Abgeltungsteuersatz, wird der Sparerpauschbetrag gewährt. Dieser beträgt

- 801 € für Alleinstehende bzw.
- 1.602 € für zusammen veranlagte Ehegatten.

Damit sind sämtliche Werbungskosten (z.B. Depotgebühren, Fremdfinanzierungszinsen etc.) abgegolten. Auch bei der Günstigerprüfung kommt ein Abzug der tatsächlich entstandenen Werbungskosten nicht in Betracht (BFH, Urteil v. 28.1.2015, VIII R 13/13).

Die tatsächlichen Werbungskosten können nur in Ausnahme- und Antragsfällen in vollem Umfang bzw. bei Dividenden nur zu 60 % geltend gemacht werden. In den Fällen, in denen die tatsächlichen Werbungskosten geltend gemacht werden können, kommt der Sparerpauschbetrag nicht zur Anwendung (FG Münster, Urteil v. 16.7.2014, 10 K 2637/11 E).

Etwas anderes gilt nur, wenn die Einnahmen dem Betriebsvermögen zufließen („Einnahmen im Betriebsvermögen") oder wenn Anteilseigner von

Kapitalgesellschaften einen Antrag auf Einbeziehung der Einkünfte in die Regelbesteuerung stellen.

TIPP

Wertpapiere in den Betrieb einlegen

Sofern für Ihre Kapitaleinkünfte hohe Kosten anfallen, z.B. Zinsen für fremdfinanzierte Wertpapiere, können Sie diese in Abgeltungsteuerfällen nur dann geltend machen, wenn Sie die Wertpapiere in den betrieblichen Bereich einlegen. Sofern Sie keinen Betrieb haben, kommt u.U. die Gründung einer gewerblich geprägten Personengesellschaft in Betracht.

3 Freistellungsauftrag

Der Einbehalt der Abgeltungsteuer kann durch den Sparerpauschbetrag (für Ledige 801 € bzw. für Ehegatten 1.602 €) ganz oder teilweise verhindert werden. Hierzu muss der Anleger seiner Bank o.Ä. einen schriftlichen Freistellungsauftrag erteilen. Dieser muss dem amtlichen Muster entsprechen; das Kreditinstitut hat entsprechende Formblätter. Liegt ein Freistellungsauftrag vor, so braucht das Kreditinstitut den Zinsabschlag nicht vorzunehmen. Der Freistellungsauftrag kann nicht auf einzelne Konten oder Depots einer Bank beschränkt werden. Er gilt somit immer für alle Konten und Depots dieser Bank.

Sie dürfen Freistellungsaufträge mehrfach und an mehrere Kreditinstitute erteilen. Insgesamt dürfen durch die Freistellungsaufträge die Grenzen von 801/1.602 € nicht überschritten werden.

4 Verluste

Verluste aus den Einkünften, die der Abgeltungsteuer unterliegen, können nicht mit anderen positiven Einkünften verrechnet werden. Diese werden jedoch auf zukünftige Erträge vorgetragen.

Eine weitere Einschränkung gilt für Aktienveräußerungen: Aktienveräußerungsverluste dürfen nur mit Aktienveräußerungsgewinnen ausgeglichen bzw. verrechnet werden (§ 20 Abs. 6 Satz 5 EStG).

TIPP

Verlustverrechnung verfassungswidrig?

Das BVerfG soll prüfen, ob die Verlustverrechnungsvorschrift, wonach aus der Veräußerung von Aktien nur mit Gewinnen aus der Veräußerung von Aktien verrechnet werden dürfen, verfassungswidrig ist (BFH, Beschluss v. 17.11.2020, VIII R 11/18). Vorsorglich sollten Betroffene Einspruch einlegen.

Die Verluste sind aufzuteilen in

- Verluste aus der Veräußerung von Aktien,
- Verluste wegen Uneinbringlichkeit einer Kapitalforderung, Ausbuchung oder Übertragung wertloser Wertpapiere oder einem sonstigen Ausfall von Wertpapieren

- Verluste aus Termingeschäften
- Verluste aus den übrigen Kapitaleinkünften.

Für Aktienverluste besteht nur eine eingeschränkte Verrechnungsmöglichkeit mit Gewinnen aus der Veräußerung von Aktien. Verluste aus Termingeschäften dürfen ab 2021 nur i. H. v. 20.000 € mit Gewinnen aus Termingeschäften und Stillhalterprämien ausgeglichen werden.

Die übrigen Verluste können mit allen Kapitalerträgen verrechnet werden, dabei ist der Verlustausgleich wegen Uneinbringlichkeit einer Kapitalforderung etc. (ab 2020) nur bis zu 20.000 € zulässig.

TIPP

In Optionsscheinen verbriefte Kapitalforderungen

Einnahmen aus in Optionsscheinen verbrieften Kapitalforderungen gehören nicht zu den Termingeschäften und fallen damit nicht unter die diese betreffenden eingeschränkten Verrechnungsmöglichkeiten (BMF, Schreiben v. 3.6.2021, IV C 1 - S 2252/19/10003 :002).

BEISPIEL

Gewinne und Verluste

A hat Zinserträge i. H. v. 2.000 € bezogen. Daneben hat er aus der Veräußerung von Aktien Gewinne i. H. v. 500 € und Verluste von 1.200 € erzielt.

Die Zinserträge unterliegen in vollem Umfang der Abgeltungsteuer. Die Aktienveräußerungsgewinne werden mit den Verlusten verrechnet. Der Restbetrag von 700 € wird vorgetragen auf das nächste Jahr.

Verluste und Gewinne bei verschiedenen Banken

Hat der Anleger Verluste und Gewinne bei verschiedenen Banken, muss er bis zum 15.12. des entsprechenden Jahres bei seiner Bank eine Bescheinigung über die angefallenen Verluste anfordern. Der Verlusttopf wird daraufhin bei dieser Bank geleert und die Verluste im Rahmen der Einkommensteuerveranlagung angerechnet.

Verluste im Ausland

Verluste, die bei ausländischen Banken entstanden sind, müssen ebenfalls bei der Veranlagung geltend gemacht werden.

Verlustvortrag aus Altjahren

Seit 2014 dürfen auch Altverluste lediglich mit Gewinnen aus § 23 EStG (Spekulationsgewinne) verrechnet werden. Vertiefend siehe → Spekulationsgeschäfte.

Anteile an Kapitalgesellschaften

Zu beachten ist allerdings, dass die Regelungen des § 17 EStG (s. Punkt 10) Vorrang vor der Besteuerung nach § 20 EStG haben. Damit können z. B. ausgefallene Forderungen nicht als negative Einkünfte aus Kapitalvermögen geltend gemacht werden, wenn sie als Anschaffungskosten einer Beteiligung anzusehen sind.

Werden nach dem 31.12.2008 erworbene Aktien dem Aktionär entschädigungslos entzogen, kann dies als Aktienveräußerungsverlust steuerlich geltend gemacht werden (BFH, Urteil v. 3.12.2019, VIII R 34/16). Die neue Verlustverrechnungsregelung gilt hierfür nicht.

5 Die Fondsbesteuerung seit 2018

2018 wurde die Fondsbesteuerung (ausgenommen Rentenfonds) vollkommen umgestellt. Steuerlich gilt der Fondsbestand zum 31.12.2017 als verkauft und zum 1.1.2018 als wieder angeschafft. Der dabei entstehende Gewinn oder Verlust aus der fiktiven Veräußerung der Anteile ist erst zu dem Zeitpunkt zu versteuern, zu dem die Alt-Anteile tatsächlich veräußert werden. Die wichtigsten weiteren Änderungen:

- Deutsche Fonds zahlen 15 % Körperschaftsteuer, was zu einer Verringerung des Ausschüttungsvolumens führt.
- Der Anleger erhält zum Ausgleich je nach Art des Fonds eine Steuerfreistellung für in- und ausländische Fonds.

Teilfreistellungssätze	natürliche Personen (Privatvermögen)	natürliche Personen (Betriebsvermögen)	Körperschaften
Aktienfonds (mindestens 51 % in Kapitalbeteiligungen angelegt)	30 %	60 %	80 %
Mischfonds (mindestens 25 % in Kapitalbeteiligungen angelegt)	15 %	30 %	40 %
Immobilienfonds			
• mindestens 51 % in Immobiliengesellschaften angelegt	60 %	60 %	60 %
• mindestens 51 % in Auslandsimmobilien angelegt	80 %	80 %	80 %

Ausgenommen von der Freistellung sind Fonds, die in Swaps investieren (Fully-funded Swaps). Die Steuerfreistellung gilt sowohl für laufende Erträge als auch für Gewinne bzw. Verluste, die bei einem Verkauf anfallen.

Laufende Einkünfte ausschüttender Fonds

Bei ausschüttenden Fonds unterliegen die so geminderten Ausschüttungen der Abgeltungsteuer.

Laufende Einkünfte thesaurierender Fonds

Für thesaurierende Fonds wird eine „Vorabpauschale" berechnet. Diese gilt am 1.1. des Folgejahres als zugeflossen. Der Wert des Fondsanteils am Jahresanfang wird mit 70 % des von der Deutschen Bundesbank zum Jahresanfang errechneten Basiszinssatzes multipliziert. Der Basiszinssatz für 2020 wurde mit 0,07 % festgestellt (BMF, Schreiben v. 29.1.2020, IV C 1 – S 1980-1/19/10038 :001). Für 2021 hat die Deutsche Bundesbank einen Wert von –0,45 % errechnet. Aufgrund des negativen Basiszinses wird daher für 2021 keine Vorabpauschale erhoben (BMF, Schreiben v. 6.1.2021, IV C 1 – S 1980-1/19/10038 :004).

BEISPIEL

Laufende Besteuerung eines thesaurierenden Fonds

Der Wert des Fondsbestandes (Aktienfonds > 51 % Aktien) am 1.1.2020 beträgt 50.000 €, am 31.12. 52.000 €.

Die Vorabpauschale beträgt somit 24,50 € (50.000 × 0,07 % × 0,7).

Verglichen wird die Vorabpauschale mit dem Zuwachs, den der Fonds bis zum 31.12. erzielt hat. Ist der Zuwachs geringer als die Vorabpauschale, wird dieser für die Abgeltungsteuer zugrunde gelegt.

Die so ermittelten fiktiven Einkünfte werden um die Steuerfreistellung von 30 % gekürzt. Der verbleibende Betrag von 17,15 € unterliegt der Abgeltungsteuer (25 % = 4,29 €). Als Zuflusszeitpunkt gilt der 1.1.2020.

Den Steuerbetrag muss der Anleger der Bank zur Verfügung stellen. I. d. R. wird dazu ein Verrechnungskonto vereinbart oder es erfolgt ein Teilverkauf der Fondsanteile. Der Anleger kann dieser Belastung widersprechen, muss dann aber die Erträge in seiner Steuererklärung angeben.

Verkauf von Fondsanteilen

Werden Fondsanteile eines ausschüttenden Fonds verkauft, ist der Differenzbetrag zwischen Verkaufserlös und Anschaffungskosten steuerpflichtig. Bei einem thesaurierenden Fonds trifft dies auch zu, allerdings werden die bereits versteuerten Vorabpauschalen angerechnet, sodass eine Doppelbesteuerung vermieden wird. In beiden Fällen erfolgt die Teilfreistellung des Unterschiedsbetrags.

Wird ein Fonds mit Verlust verkauft, erhöht sich der Verlust bei einem thesaurierenden Fonds um die Vorabpauschalen. Auch hier ist der Verlust nur mit dem Betrag steuerwirksam, der nicht der Teilfreistellung unterliegt.

Verkauf von Fondsanteilen – Altbestand vor 2009

Für Altbestände, die bereits vor Einführung der Abgeltungsteuer am 1.1.2009 angeschafft wurden und bei denen der Verkauf vor dem 1.1.2018 steuerfrei gewesen wäre (bestandsgeschützte Alt-Anteile), ist die Neuregelung u. U. von Nachteil. Anleger erhalten für diese Bestände beim Verkauf auf den Gewinn, der zwischen dem 31.12.2017 und dem Zeitpunkt der Veräußerung angefallen ist, einen Freibetrag von 100.000 € (Ehegatten doppelt). Ein darüber hinausgehender Ertrag ist allerdings zu versteuern. Voraussetzung für den Freibetrag ist, dass die Alt-Anteile seit der Anschaffung nicht im Betriebsvermögen gehalten wurden.

BEISPIEL

Verkauf von Fondsanteilen – Altbestand

Der Fondsbestand eines Aktienfonds wurde 2006 für 200.000 € erworben. Zum 31.12.2017 betrug der Wert 250.000 €, verkauft wurde der Fonds für 400.000 €. Vom Veräußerungsgewinn bleibt der Betrag von 50.000 €, der bis zum 31.12.2017 angefallen ist, außer Betracht. Vom Restbetrag (150.000 €) wird der Freibetrag von 100.000 € abgezogen. Der verbleibende Gewinn von 50.000 € ist zu 70 % steuerpflichtig (Teilfreistellung). Es verbleibt eine Steuerschuld von 8.750 € (50.000 € × 70 % × 25 %).

WICHTIG

Freibetrag

Der persönliche Freibetrag von 100.000 € ist nur in der Veranlagung und nicht bei der Erhebung der Kapitalertragsteuer anzuwenden. Das bedeutet, dass die Bank zunächst einmal die volle Abgeltungsteuer einbehalten muss. Eine Erstattung gibt es dann mit dem Steuerbescheid.

Unterliegen die Erträge aus Investmentfonds im Rahmen der endgültigen Besteuerung nicht dem besonderen Steuersatz (§ 32d EStG), z. B. weil sie im Betriebsvermögen gehalten werden, können darauf entfallende Betriebsausgaben nur anteilig abgezogen werden, soweit die Teilfreistellung nicht gilt.

Rentenfonds sind von der Neuregelung nicht betroffen.

Für die steuerliche Behandlung der Einkünfte aus einem Spezial-Investmentfonds gelten abweichende Regeln: Der gesonderte Steuertarif nach § 32d EStG ist nicht anzuwenden und entfaltet somit keine Abgeltungswirkung; damit ist ein Abzug der tatsächlichen Werbungskosten nach § 20 Abs. 9 EStG möglich. Auf die Einkünfte ist der individuelle Steuersatz anzuwenden.

TIPP

Besteuerungsunterlagen für Fonds

Sie sollten alle Unterlagen, die die Besteuerung der von Ihnen gehaltenen Fonds betreffen, aufbewahren, auch solche aus der Zeit vor 2018. Nur so können Sie eine Steuerbescheinigung Ihrer Bank beim Verkauf überprüfen.

Das ist extrem wichtig, wenn Sie Ihr Depot irgendwann einmal auf eine andere Bank übertragen haben, da nicht auszuschließen ist, dass nicht alle Daten mitübertragen wurden.

6 Einnahmen im Betriebsvermögen

Die Erträge werden im Rahmen der Gewinnermittlung erfasst und unterliegen somit der normalen Versteuerung (Einkommen- bzw. Körperschaftsteuer). Nach dem „Teileinkünfteverfahren" sind Dividenden und ähnliche Erträge zu 60 % steuerpflichtig. Es erfolgt eine Anrechnung der einbehaltenen Steuerbeträge. Außerdem sind Betriebsausgaben, die mit den Einnahmen in Zusammenhang stehen, in dem Verhältnis abzugsfähig, in dem sie steuerpflichtig sind.

7 Kirchensteuerpflicht

Die Bank muss einmal jährlich beim Bundeszentralamt für Steuern (BZSt) nachfragen, ob der Steuerpflichtige am 31.8. kirchensteuerpflichtig ist und auf der Basis der erteilten Auskunft die Kirchensteuer einbehalten und abführen. Das Ergebnis der Abfrage ist für die Bank bindend. Ändern sich später die Verhältnisse des Steuerpflichtigen, weil dieser z. B. nach dem 31.8. aus der Kirche austritt, können diese Änderungen nur mit der Steuererklärung geltend gemacht werden.

Durch einen Sperrvermerk kann verhindert werden, dass das BZSt der Bank Auskünfte erteilt. Anträge müssen bis zum 30. Juni beim BZSt eingegangen sein. Der Sperrvermerk verpflichtet dann aber zur Abgabe einer Steuererklärung.

Besteht Kirchensteuerpflicht, ermäßigt sich die Abgeltungsteuer um 25 % der auf die Kapitalerträge entfallenden Kirchensteuer. Die Steuer berechnet sich nach folgender Formel:

$$\frac{\text{Einkommen} - (\text{anr. ausl. Steuern} \times 4)}{4 + \text{Kirchensteuersatz}}$$

BEISPIEL

Kirchensteuer bei Zinserträgen

A erzielt bei der B-Bank Zinserträge von 1.000 €. Ein Freistellungsauftrag besteht nicht. Der Kirchensteuersatz beträgt 9 %.

Die Einkommensteuer für die Kapitalerträge beträgt 244,50 € (1.000/4,09). An Kirchensteuer werden 22 € (9 % von 244,50 €) einbehalten.

TIPP

Kirchensteuer als Sonderausgabe

Kirchensteuer, die im Rahmen des besonderen Einkommensteuersatzes anfällt, ist nicht als Sonderausgabe abzugsfähig. Kommt nachträglich die Günstigerprüfung zur Anwendung, ist die Kirchensteuer als Sonderausgabe abzugsfähig. Achten Sie darauf, dass diese im ESt-Bescheid berücksichtigt ist.

8 Nichtveranlagungsbescheinigung

Bei Vorliegen der Voraussetzungen und auf besonderen Antrag bescheinigt das Finanzamt, dass Steuerbürger nicht zur Einkommensteuer veranlagt werden (Nichtveranlagungsbescheinigung oder

NV-Bescheinigung). Die Bescheinigung wird widerruflich i.d.R. für drei Jahre ausgestellt.

Bei Vorlage einer NV-Bescheinigung können die Kreditinstitute von der Erhebung des Zinsabschlags absehen (§ 44a EStG). Von Bedeutung ist die NV-Bescheinigung für Schüler, Studierende und Rentner. Während ein Freistellungsauftrag nur bis zur Höhe der Freibeträge von 801 € bzw. 1.602 € gilt, entfällt der Zinsabschlag bei Vorlage einer Freistellungsbescheinigung für sämtliche Kapitaleinkünfte.

9 Ausfall einer privaten Darlehensforderung

TIPP

Darlehensausfall berücksichtigen

Mit seiner Entscheidung, dass der endgültige Ausfall einer Kapitalforderung i.S.d. § 20 Abs. 1 Nr. 7 EStG einem Verkauf der Forderung gleichzusetzen ist und in der privaten Vermögenssphäre zu einem steuerlich anzuerkennenden Verlust führen kann, hat der BFH die Trennung von Vermögens- und Ertragsebene für Einkünfte aus Kapitalvermögen aufgegeben. Durch die Vorschriften zur Abgeltungsteuer können danach alle Wertveränderungen im Zusammenhang mit Kapitalanlagen erfasst werden, sowohl positiv als auch negativ.

Ein Verlust liegt vor, wenn die Rückzahlung der Kapitalforderung unter dem Nennwert des hingegebenen Darlehens bleibt. Die Zinszahlungen bleiben dabei außer Betracht. Allerdings verlangt der BFH den endgültigen Forderungsausfall, d.h. dass weitere Rückzahlungen nicht mehr zu erwarten sind. Die Eröffnung eines Insolvenzverfahrens reicht hierfür in der Regel nicht aus, bei einer Ablehnung der Eröffnung des Insolvenzverfahrens mangels Masse sind die Voraussetzungen erfüllt (BFH, Urteil v. 24.10.2017, VIII R 13/15; BMF, Schreiben v. 3.6.2021, IV C 1 – S 2252/19/10003 :002, Rz. 60).

Der Verzicht auf eine nicht werthaltige Forderung steht einem Forderungsausfall gleich und führt zu einem steuerlich anzuerkennenden Veräußerungsverlust (BFH, Urteil v. 6.8.2019, VIII R 18/16; BMF, Schreiben v. 3.6.2021, IV C 1 – S 2252/19/ 10003 :002, Rz. 61).

Allerdings werden die Verluste nur berücksichtigt, wenn die Kapitalforderung nach dem 31.12.2008 begründet worden ist (§ 52 Abs. 28 Satz 15).

Auch derartige Verluste unterliegen der Verlustverrechnungsbeschränkung für Kapitaleinkünfte (§ 20 Abs. 6 EStG – siehe oben Punkt 4).

10 Veräußerung von Anteilen an Kapitalgesellschaften

Ein Gewinn oder Verlust aus der Veräußerung von Anteilen an einer Kapitalgesellschaft (z.B. GmbH) gehört nach § 17 EStG zu den Einkünften aus Gewerbebetrieb, wenn der Veräußerer irgendwann innerhalb der letzten fünf Jahre am Kapital der Gesellschaft unmittelbar oder mittelbar zu mind. 1 %

beteiligt war. § 17 EStG greift also auch dann, wenn der Beteiligungsumfang zum Zeitpunkt der Veräußerung nicht mehr als 1 % beträgt, aber im Fünfjahreszeitraum eine Beteiligung von mind. 1 % vorgelegen hat. Steuerpflichtig ist dann auch der Verkauf eines Anteils von weniger als 1 %.

Der Veräußerungsgewinn/-verlust unterliegt dem Teileinkünfteverfahren (§ 3 Nr. 40 Satz 1 EStG) und wird dem Einkommen nur mit 60 % zugerechnet. Das gilt auch bei Anteilsveräußerungen nach § 17 EStG gegen wiederkehrende Bezüge (BFH, Urteil v. 18.11.2014, IX R 4/14).

Durch das JStG 2019 wurde der Anschaffungskostenbegriff in § 17 Abs. 2a EStG neu geregelt. Dieser ist auf Veräußerungen nach dem 31.7.2019 anzuwenden, auf Antrag auch früher. Anschaffungskosten sind alle Aufwendungen, die der Steuerpflichtige zum Erwerb des Anteils aufwenden muss. Dazu gehören neben dem Kaufpreis die Anschaffungsnebenkosten (z. B. Notargebühren) und die nachträglichen Anschaffungskosten, z. B. offene oder verdeckte Einlagen, Darlehensverluste oder Ausfälle von Bürgschaften. Für die beiden Letzteren gilt dies, soweit die Gewährung oder das Stehenlassen in der Krise der Gesellschaft gesellschaftsrechtlich veranlasst war. Dies ist gegeben, wenn ein fremder Dritter die Mittel bei sonst gleichen Umständen zurückgefordert oder nicht gewährt hätte (unübliche Konditionen).

Die Gewinnermittlung ist nicht nach dem Zuflussprinzip, sondern zum Zeitpunkt der Veräußerung vorzunehmen. Fallen nachträglich noch Änderungen an, weil z. B. ein eigenkapitalersetzendes Darlehen ausfällt, muss der Einkommensteuerbescheid des Veräußerungsjahres geändert werden, auch wenn dieser bereits bestandskräftig ist (BFH, Urteil v. 16.6.2015, IX R 30/14).

Für den steuerpflichtigen Teil des Veräußerungsgewinns sieht § 17 Abs. 3 EStG einen Veräußerungsfreibetrag vor. Dieser beträgt 9.060 € bei einer 100%igen Beteiligung. Bei einem geringeren Anteil wird der Freibetrag nur anteilig gewährt (z. B. bei einer 30%igen Beteiligung 2.718 €). Beträgt der Veräußerungsgewinn mehr als 36.100 €, wird der Freibetrag um den übersteigenden Betrag gekürzt. Auch Verluste sind zu 60 % steuerwirksam.

TIPP

Keine Verlustverrechnungsbeschränkung

Zu beachten ist, dass für derartige Verluste die Beschränkungen des § 20 Abs. 6 EStG (Verlustverrechnungsbeschränkung – siehe oben Punkt 4) nicht gelten, da die Einkünfte unter § 17 EStG fallen.

Nachträgliche Schuldzinsen für die Anschaffung einer im Privatvermögen gehaltenen wesentlichen Beteiligung, die auf Zeiträume nach der Veräußerung der Beteiligung entfallen, können seit 2009 nicht als nachträgliche Werbungskosten bei den Einkünften aus Kapitalvermögen abgezogen werden (BFH, Urteil v. 21.10.2014, VIII R 48/12).

11 Lohnt es sich, Zinseinkünfte auf Kinder zu verlagern?

Durch die Abgeltungsteuer ist die Vermögensübertragung auf Kinder aus ertragsteuerlichen Gründen unattraktiver geworden. Der Abgeltungsteuersatz ist für alle gleich, unabhängig von der Höhe der Einkünfte. Zwar könnte für die Kinder noch eine Berücksichtigung im Rahmen der Veranlagung beantragt werden, aber dann wird sich das Finanzamt sicher intensiv damit beschäftigen, ob eine anzuerkennende Übertragung vorliegt.

Wollen Sie trotzdem Vermögen übertragen, müssen Sie folgende Grundsätze beachten:

- Nach der Vermögensübertragung müssen die Kapitalanlagen auf den Namen des Kindes laufen.
- Außerdem muss der endgültige Übergang feststehen. Der Wille der Eltern sollte für die Bank eindeutig erkennbar sein (z.B. durch ausdrückliche Regelungen zur Begünstigung und Gläubigerstellung des Kindes).
- Für die steuerrechtliche Zurechnung der Kapitalerträge ist es erforderlich, dass die Eltern das Geldvermögen der Kinder wie fremdes Vermögen behandeln.
- Auslegungsschwierigkeiten können vermieden werden, wenn bei Errichten des Sparkontos klargestellt ist, dass eine Verfügungsbefugnis der Eltern nur auf dem elterlichen Sorgerecht (entspr. §§ 1626 ff. BGB) beruht und tatsächlich entsprechend verfahren wird.
- Die Zinseinkünfte sollten bei minderjährigen Kindern vorsorglich bis zur Volljährigkeit stehen gelassen werden. Schädlich ist es, wenn die Erträge für den Unterhalt des Kindes oder für Belange der Eltern verwendet werden. Bei volljährigen Kindern können die Eltern verlangen, dass das Kind die Erträge und das Vermögen zur Bestreitung seines Unterhalts einsetzt.

12 Automatisierter Kontenabruf durch das Finanzamt und andere Behörden

Derzeit sind inländische Kreditinstitute zum Zweck des Kontenabrufs verpflichtet, für jedes inländische Konto/Depot eine Datei mit folgenden Stammdaten anzulegen: Kontonummer, Datum der Einrichtung und Auflösung des Kontos, Name und Geburtsdatum des Kontoinhabers, Name und Geburtsdatum eines Verfügungsberechtigten/wirtschaftlich Berechtigten. Kontenstände und Kontenbewegungen sind nicht Teil der Stammdaten. Sie können jedoch grundsätzlich durch ein Auskunftsersuchen nach § 92 Satz 2 Nr. 1 AO und § 93 Abs. 1 AO bei der betreffenden Bank abgefragt werden.

Kassensysteme/Sonderprüfung

Die Überprüfung von Bareinnahmen rückt immer mehr in den Fokus der Steuerbehörden. Hintergrund ist die Möglichkeit, Kassensysteme derart zu manipulieren, dass Einnahmen leichter verkürzt werden können. Dagegen soll sowohl im Rahmen von Betriebsprüfungen als auch durch gesetzliche Maßnahmen verstärkt vorgegangen werden. Das Stichwort will einen kurzen Überblick über die Rechtslage geben.

1 Die aktuelle Rechtslage

Seit dem 1. Januar 2002 sind Unterlagen i. S. d. § 147 Abs. 1 AO, die mithilfe eines Datenverarbeitungssystems erstellt worden sind, während der Dauer der Aufbewahrungsfrist jederzeit verfügbar, unverzüglich lesbar und maschinell auswertbar aufzubewahren. Das BMF-Schreiben vom 26.10.2010 zur „Aufbewahrung digitaler Unterlagen bei Bargeschäften" konkretisiert diese Anforderung u. a. hinsichtlich der elektronischen Kassensysteme:

- Alle steuerlich relevanten Einzeldaten sind unveränderbar und vollständig aufzubewahren (Einzelaufzeichnungspflicht). Eine Verdichtung dieser Daten oder ausschließliche Speicherung der Rechnungsendsummen ist unzulässig.
- Ein ausschließliches Vorhalten aufbewahrungspflichtiger Unterlagen in ausgedruckter Form ist nicht ausreichend.
- Die digitalen Unterlagen und die Strukturinformationen müssen in einem auswertbaren Datenformat vorliegen.
- Die Einsatzorte und -zeiträume der Geräte sind zu protokollieren und diese Protokolle aufzubewahren.
- Die zum Gerät gehörenden Organisationsunterlagen (u. a. Bedienungsanleitung, Programmieranleitung) müssen aufbewahrt werden.
- Die Aufzeichnungen müssen den Grundsätzen zur ordnungsmäßigen Führung und Aufbewahrung von Büchern, Aufzeichnungen und Unterlagen in elektronischer Form sowie zum Datenzugriff (GoBD) entsprechen (BMF, Schreiben v. 14.11.2014, IV A 4 – S 0316/13/10003, BStBl 2014 I S. 1450).

Das Gesetz zum Schutz vor Manipulationen an digitalen Grundaufzeichnungen hat die Anforderungen an Unternehmen, die Bargeschäfte tätigen, verschärft. Die Kernpunkte sind:

Kassen-Nachschau

Die Kassen-Nachschau kann unangekündigt erfolgen und stellt ein besonderes Verfahren zur zeitnahen Prüfung der Ordnungsmäßigkeit der Kassenaufzeichnungen und der ordnungsgemäßen Übernahme der Kassenaufzeichnungen in die Buchführung dar. Näheres zu Vorgehen und Befugnissen der Finanzverwaltung regelt das BMF-Schreiben vom 29.5.2018 (IV A 4 – S 0316/13/10005:054).

Verpflichtender Einsatz einer technischen Sicherheitseinrichtung bei Nutzung eines elektronischen Aufzeichnungssystems (keine Registrierkassenpflicht)

Elektronische Aufzeichnungssysteme müssen seit 2020 über eine zertifizierte technische Sicherheitseinrichtung verfügen. Eine technische Nachrüstung musste bis zum 30.9.2020 erfolgen. Die Finanzverwaltungen von Nordrhein-Westfalen, Bayern, Hessen, Niedersachsen und Hamburg beanstanden ältere Kassensysteme bis zum 31. März 2021 nicht, wenn bis zum 30.9.2020 ein neues verbindlich bestellt wurde oder der Einbau einer cloudbasierten Zentralkasse vorgesehen, diese aber nicht lieferbar ist. Im Einzelfall können die Finanzämter eine Erleichterung

nach § 148 AO gewähren (z.B. Landesamt für Steuern Niedersachsen, Informationsblatt zur fristgerechten TSE-Implementierung bei Kassensystemen vom 25.3.2021). Werden Geräte eingesetzt, die die Voraussetzungen des BMF-Schreibens vom 26.11.2010 erfüllen, aber nicht aufrüstbar sind, gilt eine verlängerte Übergangsfrist bis zum 31.12.2022, während der die Geräte noch genutzt werden können. Erfüllt die Registrierkasse bereits nicht die Anforderungen des BMF-Schreibens v. 26.11.2010, ist die Verwendung nicht mehr zulässig. Das führt dazu, dass das Finanzamt den Gewinn schätzen kann.

Mitteilungspflicht

Seit dem 1.1.2020 müssen Steuerpflichtige ihr elektronisches Aufzeichnungssystem an die Finanzämter melden. Dem zuständigen Finanzamt sind u.a. die Art und Anzahl der im jeweiligen Unternehmen eingesetzten elektronischen Aufzeichnungssysteme und der zertifizierten technischen Sicherheitseinrichtungen mitzuteilen. Laut BMF-Schreiben v. 6.11.2019 (BStBl 2019 I S. 1010) ist die Mitteilung nach § 146a Abs. 4 AO erst mit dem Einsatz der digitalen Schnittstelle der Finanzverwaltung für Kassensysteme (DSFinV-K) vorzunehmen. Dieser Zeitpunkt wird im Bundessteuerblatt bekannt gegeben.

Sanktionierung von Verstößen

Unabhängig davon, ob ein steuerlicher Schaden entstanden ist, können Verstöße gegen die neuen Verpflichtungen als Steuerordnungswidrigkeit mit einer Geldbuße von bis zu 25.000 € geahndet werden. Das gilt auch für die unrichtige Verbuchung oder Aufzeichnung von Geschäftsvorfällen.

Anwendungserlass

Das BMF-Schreiben v. 17.6.2019 (BStBl 2019 I S. 518) regelt die detaillierten Anwendungsfragen.

2 Merkblätter der Finanzverwaltung

Die OFD Karlsruhe sowie das Landesamt für Steuern Niedersachsen haben Merkblätter zur Ordnungsmäßigkeit der Kassenbuchführung herausgegeben, die im Internet zum Download bereitstehen.

Die Merkblätter informieren u.a. über die Einzelaufzeichnungspflicht und Ausnahmen, über den Einsatz offener Ladenkassen und elektronischer Registrierkassen, die Verfahrensdokumentationen, das Datenzugriffsrecht, die Kassensicherungsverordnung sowie die Folgen von Mängeln.

Kinder

Wenn im Rahmen der Einkommensteuerveranlagung Kinder berücksichtigt werden sollen, muss für jedes Kind eine eigene Anlage Kind ausgefüllt werden. Dort kann auch der Abzug der kindabhängigen Freibeträge und steuerlichen Vergünstigungen für Kinder beantragt werden.

§§ 31, 32, 33a Abs. 2, 10 Abs. 1 Nr. 5, Nr. 9, 24b EStG

1 Kinderberücksichtigung

Für alle kindabhängigen Steuervergünstigungen ist Grundvoraussetzung, dass das Kind steuerlich berücksichtigt wird. Die Berücksichtigung hängt vom **Kindschaftsverhältnis** und dem **Alter** des Kindes ab. Für in Deutschland lebende Kinder muss zur Identifikation des Kindes (durch Datenabgleich) die Identifikationsnummer angegeben werden, Auslandskinder sind in anderer geeigneter Weise, z. B. durch amtliche Dokumente wie Geburtsurkunde, Ausweis oder eine im Heimatland vergebene persönliche Nummer, zu identifizieren.

Kindschaftsverhältnis

Ein Kindschaftsverhältnis besteht bei leiblichen Kindern (= eheliche, uneheliche, für ehelich erklärte Kinder), Adoptivkindern und Pflegekindern, bei denen das Obhuts- und Pflegeverhältnis zu den leiblichen Eltern nicht mehr besteht. Dies trifft z. B. auch auf minderjährige unbegleitete Flüchtlinge zu, die in den Haushalt aufgenommen werden (BZSt v. 25.10.2016, ST II 2-S 2471-PB/16/00002). Adoptivkinder können im Regelfall nur bei den Adoptiveltern, Pflegekinder nur bei den Pflegeeltern berücksichtigt werden.

Alter des Kindes

Kinder unter 18 Jahren

Kinder werden ab dem Geburtsmonat bis zum Monat der Vollendung des 18. Lebensjahres immer berücksichtigt.

BEISPIEL

Altersberechnung

Ein Ehepaar hat zwei Kinder. Sohn Tom wurde am 15.3.2003, Tochter Lena am 8.6.2021 geboren.

Tom wird im März 2021 18 Jahre alt. Bis einschließlich März wird er auf jeden Fall berücksichtigt. Danach kommt es darauf an, ob er die Voraussetzungen, die für volljährige Kinder gelten, erfüllt. Tochter Lena ist sieben

Monate lang (Juni bis Dezember 2021) zu berücksichtigen.

Kinder von 18 bis 25 Jahren

Bei volljährigen Kindern hängt die Berücksichtigung davon ab, ob sie bestimmte **zusätzliche** Voraussetzungen erfüllen, z. B. in Berufsausbildung sind. Ob das Kind **verheiratet** ist oder ob es selbst ein Kind hat, spielt keine Rolle.

Eine **Übersicht** zu den altersmäßigen Bedingungen finden Sie **am Ende des Stichworts.**

Im Folgenden einige Erläuterungen zu den einzelnen Bedingungen:

Arbeitslosigkeit

Die Berücksichtigung des Kindes (bis **21 Jahre**) ist möglich, wenn das Kind nicht in einem Beschäftigungsverhältnis steht (Minijob mit max. 450 € mtl. bzw. Tätigkeit unter 15 Stunden wöchentlich ist unschädlich) und sich bei der Bundesagentur für Arbeit oder einem anderen für Arbeitslosengeld II zuständigen Leistungsträger (z. B. ARGE) tatsächlich **als Arbeit suchend gemeldet,** also die Tatsache seiner künftigen oder gegenwärtigen Arbeitslosigkeit angezeigt hat (BFH, Urteil v. 7.7.2016, III R 19/15). Nicht maßgebend ist die tatsächliche Registrierung (BFH, Urteil v. 18.2.2016, V R 22/15). Hat die Agentur für Arbeit die Vermittlung (zeitweise) eingestellt, z. B. weil das Kind vereinbarte Termine nicht eingehalten hat, ist für diese Zeit eine Berücksichtigung nicht möglich.

Berufsausbildung

Zur Berufsausbildung zählen die Ausbildung für einen künftigen Beruf, z. B. betriebliche Lehre, die allgemeine Schulbildung (Grund-, Mittel-, Real-, Haushalts-, Berufsfachschule, Gymnasium) sowie ein Studium (Fachhochschule, Universität, Berufsakademie). Darüber hinaus gehören dazu sämtliche Maßnahmen, bei denen Kenntnisse und Fähigkeiten vermittelt werden, die als Grundlage für die Ausübung des angestrebten Berufs geeignet sind, wie z. B. Volontariat, Praktika von Studierenden, Vorbereitung auf das Doktorexamen (Promotion), ein zeitlich begrenzter Besuch von Allgemeinwissen vermittelnden Schulen im Ausland oder Sprachaufenthalte im Ausland, z. B. als Au-pair (wenn wöchentlich mindestens zehn Unterrichtsstunden theoretisch-systematischer Sprachunterricht stattfinden). Die Ausbildung muss für den angestrebten Beruf geeignet sein und ernsthaft und nachhaltig betrieben werden. Unter diesen Voraussetzungen kann ein Studium auch neben einer Erwerbstätigkeit eine Ausbildung sein (BFH, Urteil v. 8.9.2016, III R 27/15). Die Verwaltung beurteilt die ersten vier Monate des freiwilligen Wehrdienstes ebenfalls als Ausbildung. Auch eine zweite oder weitere Ausbildung ist begünstigt.

Übergangszeiten

Eine Berücksichtigung in einer Übergangszeit zwischen Ausbildung (Schule) und Beginn des Bundesfreiwilligendienstes, eines freiwilligen Jahres oder des freiwilligen Wehrdienstes bzw. zwischen Ende dieser freiwilligen Dienste und einer weiteren Ausbildung (z. B.

Studium) ist möglich, wenn die Übergangszeit nicht länger als **vier volle** Monate dauert.

BEISPIEL

Übergangszeiten

Ein Kind beendet am 30.6. seinen Freiwilligendienst und beginnt am 15.11. eine Ausbildung.

Es kann auch für Juli bis Oktober (Übergangszeit) und ab November (Berufsausbildung) berücksichtigt werden. **Angefangene Monate** (hier November) **zählen nicht** zu den vier Übergangsmonaten. Etwas anderes gilt nur, wenn das Kind eine abgeschlossene Berufsausbildung hat und in der Übergangszeit (voll) erwerbstätig ist (s. u.).

Beträgt die Übergangszeit dagegen mindestens fünf volle Monate, kann das Kind während der **gesamten** Übergangszeit, also auch für die ersten vier Monate, nicht berücksichtigt werden, es sei denn, ein anderer Berücksichtigungstatbestand (z. B. kein Ausbildungsplatz, s. u.) ist erfüllt.

Die Viermonatsfrist gilt auch für den Zeitraum zwischen zwei Ausbildungsabschnitten, einer abgebrochenen Ausbildung bzw. dem Verlust eines Ausbildungsplatzes und dem Beginn einer neuen bzw. der Fortsetzung der Ausbildung. Ebenso ist der Zeitraum zwischen einer abgeschlossenen ersten Berufsausbildung und einer neuen (zweiten) Ausbildung begünstigt, allerdings nur, wenn das (volljährige) Kind in dieser Zeit nicht (voll) erwerbstätig ist (s. u.).

Kein Ausbildungsplatz

Kann ein Kind seine Ausbildung wegen eines fehlenden Ausbildungsplatzes nicht beginnen oder fortsetzen, ist eine Berücksichtigung möglich, wenn das ernsthafte Bemühen des Kindes nachgewiesen wird (z. B. Bescheinigung von der Bundesagentur für Arbeit, Bewerbung um Studienplatz etc.). Auch ein bereits fest zugesagter Ausbildungsplatz (für das Folgejahr) ist ausreichend, wenn ein früherer Ausbildungsbeginn aus nicht vom Kind zu vertretenden Gründen nicht möglich ist. Ein Kind, das wegen einer Erkrankung keine Ausbildung beginnen kann, ist nur zu berücksichtigen, wenn das Ende der Erkrankung absehbar ist. Ansonsten kommt nur eine Berücksichtigung als behindertes Kind in Betracht (BFH, Urteil v. 12.11.2020, III R 49/18).

Freiwilligendienste

Eine Kinderberücksichtigung ist auch möglich, wenn das Kind

- ein freiwilliges soziales oder ökologisches Jahr (Jugendfreiwilligendienstgesetz),
- einen Freiwilligendienst i. S. d. EU-Verordnung zur Einrichtung von „Erasmus+“,
- einen Dienst im Ausland nach § 5 des Bundesfreiwilligendienstgesetzes oder einen entwicklungspolitischen Freiwilligendienst („weltwärts“),
- einen Freiwilligendienst aller Generationen,

- einen internationalen Jugendfreiwilligendienst oder Bundesfreiwilligendienst

ableistet. Die Aufzählung ist abschließend. Andere (vergleichbare Dienste) sind nicht begünstigt.

Wird der Freiwilligendienst krankheitsbedingt abgebrochen, endet damit die Kinderberücksichtigung aufgrund des Freiwilligendienstes (BFH, Urteil v. 9.9.2020, III R 15/20).

Wehrdienst

Leistet ein Kind den **freiwilligen** Wehrdienst ab, kann es in den ersten vier Monaten in jedem Fall steuerlich berücksichtigt werden. Danach hängt die Berücksichtigung davon ab, ob einer der o.a. Gründe (z.B. Warten auf einen Ausbildungsplatz, Ausbildung im Rahmen des Wehrdienstes zum Offizier, Rettungssanitäter oder Berufskraftfahrer) vorliegt (BFH, Urteil v. 3.7.2014, III R 53/13). Für die Zeiten vor und nach dem Wehrdienst gilt die viermonatige Übergangszeit (s.o.).

Erwerbstätigkeit des Kindes

Minderjährige Kinder können immer berücksichtigt werden, egal ob sie in Ausbildung oder (voll) erwerbstätig sind. Bei volljährigen Kindern spielt es bis zum Abschluss der ersten Ausbildung (erster Berufsabschluss, Erststudium mit Bachelorabschluss) ebenfalls keine Rolle, ob das Kind, das die Voraussetzungen für eine Berücksichtigung dem Grunde nach erfüllt, (voll) erwerbstätig ist oder nicht. Eine Erstausbildung ist beendet, wenn das eigentliche Berufsziel des Kindes (mit Abschlussprüfung) erreicht ist. Mehraktige Ausbildungsmaßnahmen sind noch Teil einer einheitlichen Erstausbildung, wenn sie zeitlich (unmittelbar aufeinanderfolgend) und inhaltlich (derselbe Fachbereich) so aufeinander abgestimmt sind, dass die Ausbildung nach Erreichen des ersten Abschlusses (z.B. Bachelor) fortgesetzt werden soll und das angestrebte Berufsziel erst über einen weiterführenden Abschluss (z.B. Master) erreicht werden kann (BFH, Urteil v. 8.9.2016, III R 27/15). Notwendig ist dabei, dass die weiterführende Ausbildung zum nächstmöglichen Zeitpunkt begonnen wird (BFH, Urteil v. 11.4.2018, III R 18/17). Eine einheitliche Erstausbildung liegt nicht mehr vor, wenn das Kind nach Abschluss einer Ausbildung eine Erwerbstätigkeit aufnimmt, die nach dem Gesamtbild der Verhältnisse (Dauer des Beschäftigungsverhältnisses, Umfang der Arbeitszeit (Vollzeit), weitere Ausbildung neben der Berufstätigkeit (Vollzeit oder abends und am Wochenende) die weiteren Ausbildungsmaßnahmen (z.B. Masterstudium) in den Hintergrund treten lassen (BFH, Urteil v. 11.12.2018, III R 26/18). Dies gilt auch bzw. insbesondere dann, wenn Berufserfahrung die Voraussetzung für die weitergehende Ausbildung ist (BFH, Urteil v. 11.12.2018, III R 22/18). Entscheidend ist stets, ob nach dem Gesamtbild der Verhältnisse die Berufsausübung im Vordergrund steht und die (weitere) Ausbildung als Weiterbildung anzusehen ist oder ob die Ausbildung den Hauptzweck der Arbeit darstellt und die Berufstätigkeit untergeordnet ist (BFH, Urteil v. 23.1.2020, VI R 72/18).

BEISPIEL

Kind ohne ersten Abschluss

Ein Kind hat nach dem Abitur im Juni vier Monate lang 40 Stunden wöchentlich gearbeitet und monatlich 2.500 € Bruttolohn erhalten. Danach studiert es.

Das Kind kann das ganze Jahr berücksichtigt werden, weil es entweder in Ausbildung ist (Schule, Studium) oder sich in einer viermonatigen Übergangszeit zwischen zwei Ausbildungsabschnitten befindet. Die Erwerbstätigkeit des Kindes und die Höhe der dabei erzielten Einkünfte spielen keine Rolle, weil noch kein erster Berufsabschluss erreicht wurde.

Nach Abschluss der **erstmaligen** Ausbildung bzw. des Erststudiums kann ein Kind, das danach eine (weitere) Ausbildung macht, sich in einer Übergangszeit befindet oder einen Ausbildungsplatz sucht, nur berücksichtigt werden, wenn es in der Woche regelmäßig insgesamt nicht mehr als 20 Stunden arbeitet oder nur geringfügig (Arbeitslohn aus Minijob mit mtl. max. 450 €) bzw. geringfügig kurzfristig (weniger als 3 Monate/70 Arbeitstage) beschäftigt ist.

BEISPIEL

Kind mit erstem Abschluss

Ein 20 Jahre altes Kind hat seine Lehre im September mit der Gesellenprüfung abgeschlossen. Es bewirbt sich im September um einen Studienplatz und erhält im Oktober die Zusage, dass es zum Sommersemester des nächsten Jahres mit dem Studium beginnen kann.

Das Kind ist ab September bis zum Studienbeginn

- voll erwerbstätig (> 20 Std./Woche),
- geringfügig beschäftigt (450-Euro-Minijob),
- nicht erwerbstätig.

Das Kind erfüllt dem Grunde nach auch ab Oktober die Voraussetzungen für eine Berücksichtigung (Ausbildungsplatz suchend). Im ersten Fall kann es jedoch wegen der Erwerbstätigkeit ab Oktober bis zum Studienbeginn nicht mehr berücksichtigt werden. Im zweiten und dritten Fall ist die Berücksichtigung dagegen weiterhin möglich. Die geringfügige Beschäftigung ist unschädlich.

Eine Erwerbstätigkeit nach erstmaligem Berufsabschluss ist auch dann unschädlich, wenn sie im Rahmen eines Ausbildungsdienstverhältnisses ausgeübt wird.

BEISPIEL

Ausbildungsdienstverhältnis

Ein volljähriges Kind hat seine Lehre im Juli mit der Gesellenprüfung abgeschlossen. Ab September beginnt es eine zweite betriebliche Ausbildung. Im Rahmen der Ausbildung hat das Kind eine Arbeitszeit von 40 Std./Woche und erhält eine Ausbildungsvergütung von monatlich 1.000 €.

Das Kind kann das ganze Jahr berücksichtigt werden. Da die Erwerbstätigkeit im Rahmen eines Ausbildungsdienstverhältnisses erfolgt, ist sie ohne Bedeutung.

Wird die Erwerbstätigkeit nur vorübergehend (höchstens zwei Monate) über 20 Stunden wöchentlich hinaus ausgeweitet, ist dies unbeachtlich, wenn während des gesamten Berücksichtigungszeitraums im Jahr die durchschnittliche Arbeitszeit nicht mehr als 20 Stunden beträgt. Einzelheiten und Berechnungsbeispiele vgl. BZSt, A 20.3.1 DA-KG 2020.

Kinder mit einer Behinderung

Kinder mit einer Behinderung können **ohne Altersbegrenzung** berücksichtigt werden, wenn die Behinderung vor Vollendung des 25. Lebensjahres eingetreten ist und sich das Kind behinderungsbedingt nicht selbst unterhalten kann, d. h. nicht über ausreichende Mittel (Einkünfte, Bezüge) verfügt, um seinen notwendigen Lebensbedarf (allgemeiner Lebensbedarf i. H. v. 9.744 €/Jahr und individueller behinderungsbedingter Mehrbedarf mindestens in Höhe des Behindertenpauschbetrags) zu decken.

Das Vermögen des Kindes bleibt bei der Prüfung außer Betracht.

Als Behinderung zählen neben körperlichen, seelischen und geistigen Behinderungen auch Suchtkrankheiten (z. B. Drogenmissbrauch und Alkoholismus). I. d. R. ist ein Grad der Erwerbsminderung von mindestens 50 % notwendig.

TIPP

Vollstationär untergebrachtes Kind

Soweit ein vollstationär untergebrachtes Kind außer über die Eingliederungshilfe einschließlich Taschengeld und ggf. ein Arbeitsentgelt aus einer Werkstatt für behinderte Menschen über keine weiteren Einkünfte oder Bezüge verfügt, kann aus Vereinfachungsgründen davon ausgegangen werden, dass die eigenen Mittel des Kindes nicht ausreichen, um sich selbst zu unterhalten.

Eine gewährte Eingliederungshilfe bleibt bei der Prüfung des Selbstunterhalts im Endergebnis außer Betracht, weil sie einerseits als dem Kind zur Verfügung stehende Mittel anzusehen, andererseits aber als behinderungsbedingter Mehraufwand abziehbar ist (BFH, Urteil v. 11.4.2013, III R 35/11).

2 Kindergeld und Freibeträge für Kinder

Das Prinzip

Wenn ein Kind steuerlich berücksichtigt werden kann, erhält man für **jeden Berücksichtigungsmonat** grundsätzlich Kindergeld oder die steuerlichen Freibeträge.

Während des Jahres wird für das Kind (monatlich) nur Kindergeld ausgezahlt. Erst im Rahmen der Jahresveranlagung überprüft das Finanzamt automatisch, ob sich beim Ansatz von **Kinderfreibetrag** und **Freibetrag für Betreuungs- und Erziehungs- oder Ausbildungsbedarf** betragsmäßig ein höherer

Steuervorteil ergibt als durch das Kindergeld, und berücksichtigt dies entsprechend.

ACHTUNG

Die Vergleichsberechnung erfolgt, wenn ein **Kindergeldanspruch** besteht. Soweit Kindergeld trotz bestehendem Anspruch wegen verspäteter Antragstellung (s. u.) nicht ausgezahlt wird, ist nur das ausgezahlte Kindergeld gegenzurechnen.

TIPP

Kindergeld nachträglich beantragen

Wenn ein Kind, für das Sie bisher kein Kindergeld erhalten haben, vom Finanzamt bei der Jahressteuerveranlagung berücksichtigt wird, dann können Sie das Ihnen zustehende Kindergeld noch nachträglich rückwirkend für sechs Monate bei der Familienkasse beantragen (§ 66 Abs. 3 EStG).

Stellt sich bei der Steuerveranlagung heraus, dass Sie für ein Kind zu Unrecht Kindergeld erhalten haben, wird das Kindergeld zurückgefordert.

Kindergeld

Wer erhält Kindergeld?

Kindergeld können in der Bundesrepublik Deutschland wohnende (nicht jedoch geduldete, zur vorübergehenden Dienstleistung in die Bundesrepublik Deutschland entsandte Ausländer oder im Rahmen von Werkverträgen Tätige) und unbeschränkt einkommensteuerpflichtige Eltern bekommen. Ein Kindergeldanspruch besteht auch für zeitweise in Deutschland lebende und hier arbeitende EU-Ausländer (z. B. Saisonarbeiter), wenn sie (auf Antrag) als unbeschränkt steuerpflichtig behandelt werden können.

Im Ausland wohnende, nicht unbeschränkt einkommensteuerpflichtige Eltern können deutsches Kindergeld für ihre Kinder nur in wenigen Ausnahmefällen erhalten. Informationen darüber erteilt die zuständige Familienkasse.

Für welche Kinder?

Sie bekommen Kindergeld für

- Kinder, die im ersten Grad mit Ihnen verwandt sind (leibliche Kinder, Adoptivkinder),
- Pflegekinder,
- in Ihren Haushalt aufgenommene Kinder des Ehegatten (Stiefkinder).

Großeltern können für in ihren Haushalt aufgenommene Enkelkinder Kindergeld beziehen, wenn die leiblichen Eltern verzichten. Vollwaisen und Kinder, die den Aufenthaltsort der Eltern nicht kennen, können ggf. für sich selbst Kindergeld erhalten.

Das Kind muss außerdem in der Bundesrepublik Deutschland, einem EU- oder EWR-Staat (Island, Liechtenstein, Norwegen) seinen Wohnsitz haben.

Besteht für die Kinder im Heimatland ein Anspruch auf eine dem Kindergeld vergleichbare Leistung, wird, wenn diese Leistung niedriger ist, ein Unterschiedsbetrag bis zur Höhe des inländischen Kindergeldes gezahlt.

Kindergeldhöhe

Das Kindergeld beträgt monatlich

- für das erste und zweite Kind jeweils 219 €,
- für das dritte Kind 225 €,
- für das vierte und jedes weitere Kind jeweils 250 €.

Wie 2020 wird zur Bekämpfung der Corona-Folgen für jedes im Jahr 2021 für mindestens einen Monat kindergeldberechtigte Kind zusätzlich ein Kinderbonus gezahlt. Dieser beträgt 150 €.

Kinderzuschlag

Geringverdienende, die zwar über ausreichend Einkommen verfügen, um ihren eigenen Lebensunterhalt zu decken, aber nicht den ihrer Kinder, können einen Kinderzuschlag (max. 205 € monatlich), der zusammen mit dem Kindergeld ausgezahlt wird, erhalten. Informationen darüber bekommen Sie von der Familienkasse.

Wie erhalte ich das Geld?

Stellen Sie einen Kindergeldantrag bei der örtlich für Sie zuständigen Familienkasse der Bundesagentur für Arbeit bzw., wenn Sie Beamter oder Beamtin sind, bei Ihrer Besoldungsstelle.

Nur einer erhält das Kindergeld

Kindergeld und der Corona-Kinderbonus für ein bestimmtes Kind wird immer nur **einer** Person ausbezahlt. Bei mehreren Berechtigten (z. B. bei getrennt lebenden Ehegatten oder nicht verheirateten Eltern) erhält derjenige das Kindergeld, der das Kind in seinen Haushalt aufgenommen hat. Bei einem gemeinsamen Haushalt der Berechtigten bestimmen diese selbst den Kindergeldempfänger. Lebt das Kind nicht im Haushalt der anspruchsberechtigten Person(en), erhält derjenige das Kindergeld, der die höheren Unterhaltskosten trägt.

Rechtlich stehen das Kindergeld und der Corona-Bonus immer beiden Elternteilen zu. Das führt z. B. dazu, dass das Kindergeld zwar an die Mutter in voller Höhe ausbezahlt wird, der von ihr getrennt lebende Vater aber bei der Berechnung des Unterhalts für das Kind die Hälfte des Kindergeldes (= der **zivilrechtliche Ausgleichsanspruch**) als geleistete Zahlung angerechnet bekommt.

Steuerliche Freibeträge

Anstelle des Kindergeldes einschließlich des Corona-Bonus werden bei der Günstigerprüfung der Kinderfreibetrag (für den Grundbedarf des Kindes) und der Freibetrag für den Erziehungs-, Betreuungs- und Ausbildungsbedarf berücksichtigt, wenn dies zu einer höheren Entlastung führt. Zusätzlich kann eventuell ein „Ausbildungsfreibetrag" (s. u.) beantragt werden.

Kinderfreibetrag

Jedem Elternteil steht für jedes bei ihm **zu berücksichtigende Kind** ein Kinderfreibetrag i. H. v. jährlich **2.730 €** zu. Werden die Eltern gemeinsam veranlagt, verdoppelt sich der Freibetrag für ein Kind auf **5.460 €**.

Ein einzelner Elternteil kann den verdoppelten Kinderfreibetrag von 5.460 € auch erhalten, wenn

- der andere Elternteil verstorben oder nicht unbeschränkt steuerpflichtig ist (Wohnsitz im Ausland),
- der Vater des Kindes amtlich nicht feststellbar ist (weil z. B. die Mutter den Behörden den Namen verschweigt), der Wohnsitz des anderen Elternteils nicht bekannt ist oder
- das Kind von dieser Person allein adoptiert wurde oder nur zu ihr in einem Pflegekindschaftsverhältnis steht.

Übertragung des Freibetrags

Lebt das Kind nur bei einem Elternteil und kommt der andere Elternteil seiner Unterhaltsverpflichtung dem Kind gegenüber nicht zu mindestens 75 % nach oder ist er aufgrund zu geringer eigener Einkünfte nicht zum Kindesunterhalt verpflichtet, kann auf Antrag der verdoppelte Kinderfreibetrag bei dem Elternteil, bei dem das Kind lebt, berücksichtigt werden. Die Übertragung ist für Zeiträume, in denen Unterhaltsleistungen nach dem Unterhaltsvorschussgesetz gezahlt wurden, nicht möglich. Da mit der Übertragung des Kinderfreibetrags aufgrund gesetzlicher Neuregelung ab 2021auch automatisch der Freibetrag für den Erziehungs-, Betreuungs- und Ausbildungsbedarf (s. u.) übertragen wird, stehen alle kindabhängigen Steuervergünstigungen nur noch dem Elternteil zu, der den (verdoppelten) Kinderfreibetrag bekommt. Wird der Freibetrag übertragen, erfolgt bei der Vergleichsberechnung auch die Anrechnung des vollen Kindergeldanspruchs. Der Kinderfreibetrag kann mit Zustimmung eines Elternteils auch auf einen Stiefelternteil oder auf die Großeltern (für Enkelkinder) übertragen werden, wenn die Kinder in deren Haushalt leben (notwendig: **Anlage K**).

Freibetrag für den Erziehungs-, Betreuungs- und Ausbildungsbedarf

Der Freibetrag beträgt jährlich **1.464 €** je Elternteil und verdoppelt sich auf **2.928 €** in den gleichen Fällen, in denen auch der verdoppelte Kinderfreibetrag angesetzt wird (s. o.). Wie beim Kinderfreibetrag gilt auch hier das Monatsprinzip.

Übertragung des Freibetrags

Eine Übertragung des Freibetrags ist nur bei **minderjährigen Kindern** mit getrennt lebenden Eltern möglich, wenn das Kind nur in der Wohnung eines Elternteils **gemeldet** ist. Dieser Elternteil erhält auf Antrag den verdoppelten Freibetrag (vgl. S. 2 der Anlage Kind). Der andere Elternteil kann der Übertragung widersprechen, wenn er Kinderbetreuungskosten getragen hat oder das Kind regelmäßig in nicht unwesentlichem Umfang betreut. Erforderlich ist ein – üblicherweise für einen längeren Zeitraum im Voraus festgelegter – weitgehend gleichmäßiger Betreuungsrhythmus mit einem zeitlichen Betreuungsanteil von jährlich durchschnittlich 10 % (BFH, Urteil v. 8.11.2017, III R 2/16).

Der Freibetrag kann unter den beim Kinderfreibetrag genannten Voraussetzungen auch auf die Großeltern übertragen werden.

TIPP

Hälftige Vergünstigungen behalten
Wird lediglich der Betreuungsfreibetrag, aber nicht der Kinderfreibetrag übertragen, ist nur das halbe Kindergeld anzurechnen. Außerdem können beide Elternteile die anderen kindabhängigen Steuervergünstigungen weiterhin (hälftig) bekommen.

Auslandskinder

Bei im Ausland lebenden Kindern, die im Inland keinen Wohnsitz haben, können alle infrage kommenden kindabhängigen Steuervergünstigungen (Kinderfreibetrag, Freibetrag für Erziehung, Kinderbetreuungskosten, Ausbildungsfreibetrag) länderabhängig eventuell nur in niedrigerer Höhe (1/4, 2/4, 3/4 des inländischen Freibetrags) berücksichtigt werden. Zur Ländergruppeneinteilung vgl. BMF, Schreiben v. 20.10.2016, IV C 8 – S 2285/07/0005:063.

Weitere Steuervergünstigungen für Kinder

Zusätzlich kommen für berücksichtigungsfähige Kinder folgende Steuervergünstigungen infrage:

- Abzug von **Kinderbetreuungskosten** für unter 14-jährige Kinder (s. u.)
- Abzug von **Schulgeld** (s. u.)
- Freibetrag wegen auswärtiger Unterbringung volljähriger Kinder (Ausbildungsfreibetrag) (s. u.)
- Pauschbetrag für ein behindertes Kind → Menschen mit Behinderung
- **Entlastungsbetrag** für **Alleinerziehende (s. u.)**
- **Abzug von Kranken-/Pflegeversicherungsbeiträgen für Kinder** → Versicherungen

Kinderbetreuungskosten

Aufwendungen für Kinderbetreuung sind vorrangig als Sonderausgaben abziehbar. Ist dort ein Abzug nicht möglich, kommt eine Steuerermäßigung für haushaltsnahe Tätigkeiten oder Dienstleistungen in Betracht.

Sonderausgabenabzug

Für den Sonderausgabenabzug sind erforderlich:

- zum Haushalt gehörendes berücksichtigungsfähiges Kind (s. o.), das das 14. Lebensjahr noch nicht vollendet hat oder wegen einer vor Vollendung des 25. Lebensjahres eingetretenen körperlichen, geistigen oder seelischen Behinderung außerstande ist, sich selbst zu unterhalten
- tatsächliche Betreuungskosten
- vorliegende Rechnung
- unbare Zahlung

Haushaltszugehörigkeit

Das Kind gehört zum Haushalt, wenn es in der Wohnung des Steuerpflichtigen lebt oder sich mit seiner Einwilligung vorübergehend auswärts (z. B. im Internat) aufhält. Bei nicht zusammenlebenden Eltern ist grundsätzlich (= widerlegbare Vermutung) die Meldung des Kindes maßgebend, d. h. ein sog. Zahlvater kann i. d. R. keine Betreuungskosten absetzen. Ein Kind kann ausnahmsweise zum Haushalt des Elternteils gehören, bei dem es nicht gemeldet ist, wenn der Elternteil dies nachweist oder glaubhaft macht. Lebt das Kind in vergleichbarem zeitlichem Umfang in den Haushalten beider getrennt lebender Elternteile, kann es auch zu beiden Haushalten gehören.

Betreuungskosten

Begünstigt sind nur tatsächlich angefallene Kosten für Betreuungsdienstleistungen wie z. B. die Betreuung des Kindes in Kindergärten, Kinderkrippen und Kindertagesstätten, im Internat, die Betreuung durch Tagesmütter, Babysitter und die Hausaufgabenbetreuung. Abzugsfähig sind auch Sachleistungen (z. B. Fahrtkostenersatz, Unterbringung und Verpflegung in ihrem Haushalt, Eintrittsgelder) für die betreuende Person.

TIPP

Internatsunterkunft begünstigt

Unterbringungskosten (keine Verpflegung) in einem Internat entfallen auch auf die betreuende Personensorge und sind abzugsfähig (Thüringer FG, Urteil v. 25.10.2016, 2 K 95/15). Die Verwaltung wendet das Urteil an.

Kosten für den Unterricht zur Vermittlung besonderer Fähigkeiten oder Fertigkeiten (z. B. Musikschule, Computerkurs, Nachhilfe, Schulgeld), für sportliche und andere Freizeitbetätigungen (z. B. Ferienlager) sowie Sachleistungen für das Kind (z. B. Fahrtkosten zur Betreuungseinrichtung, Verpflegung und Unterbringung, Eintrittsgelder) können **nicht** abgezogen werden. Zur Abzugsfähigkeit der Kosten für ein Kinderferienlager ist derzeit ein beim BFH anhängiges Verfahren (Az. III R 50/17) bis zur Entscheidung des BVerfG (Az. 2 BvL 3/17) ausgesetzt.

Das vom Bund gezahlte Betreuungsgeld wird nicht auf die Betreuungskosten angerechnet, führt also nicht zu einer Kürzung der abzugsfähigen Aufwendungen.

TIPP

Gemischte Aufwendungen

- Elternbeiträge für eine **Kernzeit- oder Nachmittagsbetreuung in der Schule**, die nicht nur auf Hausaufgaben- oder allgemeine Betreuung, sondern auch auf Nachhilfe oder bestimmte Kurse (z. B. Computerkurs) oder auf eine Verpflegung entfallen, sind nur anteilig zu berücksichtigen. Lassen Sie den Rechnungsbetrag durch die Schule schriftlich aufschlüsseln.
- Beschäftigen Sie eine Person im Rahmen eines **Au-pair**-Verhältnisses in Ihrem Haushalt, kann aus Vereinfachungsgründen davon ausgegangen werden, dass die Aufwendungen je hälftig auf Hausarbeiten und Kinderbetreuung entfallen.

Abzugshöhe

Abziehbar sind **zwei Drittel** der Aufwendungen, **max. 4.000 € je Kind.** Der Höchstbetrag von 4.000 € ist ein Jahresbetrag, der auch gilt, wenn die Abzugsvoraussetzungen nur während eines Teils des Jahres vorgelegen haben.

Leben Eltern, die nicht zusammen zur Einkommensteuer veranlagt werden, mit dem gemeinsamen Kind in einem Haushalt, kann jeder Elternteil seine Aufwendungen bis zum hälftigen Höchstbetrag (2.000 €) abziehen. Eine andere Aufteilung des Höchstbetrags ist auf gemeinsamen Antrag der Eltern möglich.

Bei **nicht zusammenlebenden Eltern** kann nur der Elternteil, in dessen Haushalt das Kind lebt, den Kostenabzug geltend machen, vorausgesetzt, er hat gezahlt. Zahlt der andere Elternteil, kann grundsätzlich kein Elternteil Kosten absetzen.

Lebt das Kind in den getrennten Haushalten beider Elternteile, wird der Höchstbetrag wie bei zusammenlebenden, nicht zusammenveranlagten Eltern aufgeteilt.

Nachweise und Pflichten

WICHTIG

Rechnung und unbare Zahlung

Für den Kostenabzug benötigen Sie eine **Rechnung** (Arbeitsvertrag, Gebührenbescheid des Kindergartens oder Fahrkarte) und die Zahlung muss **unbar** (Überweisung, Verrechnungsscheck oder Lastschrifteinzugsverfahren) erfolgen. Die Belege müssen Sie nur auf Anforderung vorlegen.

TIPP

Betreuung durch Angehörige

Stellen Sie **Angehörige** zur Kinderbetreuung an, schließen Sie am besten einen schriftlichen Vertrag, in dem Sie sämtliche Punkte (Betreuungszeit und Ort, Umfang der Leistung, Lohnhöhe) wie unter Fremden vereinbaren. Erfolgt die Betreuung im Rahmen eines Dienstverhältnisses (Minijob oder reguläres sozialversicherungspflichtiges Beschäftigungsverhältnis), müssen Sie die Pflichten als Arbeitgeber erfüllen.

Wird im Zusammenhang mit einer ansonsten unentgeltlichen Betreuung z. B. durch Angehörige (Großeltern) ein Fahrtkostenersatz gewährt, so ist dieser zu berücksichtigen, wenn darüber eine Rechnung erstellt wird und die Zahlung unbar erfolgt.

BEISPIEL

Haushaltshilfe mit Betreuung

Eine alleinerziehende, berufstätige Mutter eines 10-jährigen Kindes beschäftigt eine Haushaltshilfe. Der monatliche Arbeitslohn beträgt 400 €. Die Tätigkeit der Haushaltshilfe besteht zu 70 % aus Hausarbeit und zu 30 % aus der Beaufsichtigung des Kindes während der Abwesenheit der Mutter.

Als Sonderausgabe sind nur die Aufwendungen für die Beaufsichtigung des Kindes abziehbar: 12 Monate à 400 € = 4.800 €, davon 30 % = 1.440 €, davon 2/3 = 960 € (max. 4.000 €).

BEISPIEL

Nicht verheiratete Eltern

Nicht verheiratete, berufstätige Eltern leben mit ihrem gemeinsamen 10-jährigen Kind in einer Wohnung. Von den Betreuungskosten (monatlich 500 €) zahlt der Vater 400 €, die Mutter 100 €. Ein Antrag auf anderweitige Verteilung der Kinderbetreuungskosten liegt nicht vor.

Der Vater kann von seinen gezahlten 4.800 € 2/3 = 3.200 €, maximal aber 2.000 € (hälftiger Höchstbetrag) abziehen. Die Mutter kann von ihren gezahlten 1.200 € ebenfalls 2/3 = 800 € (max. Höchstbetrag 2.000 €) absetzen. Eine andere Verteilung (z. B. Abzug der Kosten zu 4/5 beim Vater) ist auf gemeinsamen Antrag beider Elternteile möglich und hier sinnvoll.

Steuerermäßigung

Ist der Sonderausgabenabzug für die Betreuungskosten nicht möglich (z. B. über 14 Jahre altes Kind), können Sie eine Steuerermäßigung nach § 35a EStG beantragen, vorausgesetzt, die Betreuung des Kindes erfolgte in Ihrem Haushalt. Vertiefend siehe → Haushaltsnahe Tätigkeiten/Dienstleistungen/Handwerkerleistungen.

Für das nicht als Sonderausgabe abziehbare Drittel der Kinderbetreuungskosten sowie die den Höchstbetrag bei den Sonderausgaben (4.000 €) übersteigenden Kosten gibt es keine Steuerermäßigung.

Schulgeld

Besucht ein berücksichtigungsfähiges Kind eine **überwiegend privat finanzierte Schule** im Inland oder eine „Deutsche Schule" im Ausland und führt die Schule zu einem inländisch anerkannten allgemeinbildenden oder berufsbildenden Schul- oder Berufsabschluss, sind **30 % der für den Schulbesuch entstandenen Aufwendungen** (ohne Aufwendungen für Beherbergung, Betreuung und Verpflegung), **höchstens 5.000 €** je Kind, jährlich als Sonderausgaben abzugsfähig. Dasselbe gilt für Einrichtungen, die auf einen entsprechenden Abschluss vorbereiten. Die Zahlungen werden bei dem Elternteil berücksichtigt, der sie getragen hat. Haben beide Elternteile gezahlt, gilt für jeden Elternteil der hälftige Höchstbetrag von 2.500 €, es sei denn, die Eltern beantragen einvernehmlich eine andere Aufteilung.

Der Abzug ist auch für ausländische Schulen innerhalb der EU/des EWR möglich. Der Abzug hängt hier davon ab, ob der Schulabschluss im Inland anerkannt oder als einem inländischen Abschluss gleichwertig anerkannt wird. Dies kann ggf. durch eine Bescheinigung des zuständigen inländischen Ministeriums eines Bundeslandes, durch

Bestätigung der Kultusministerkonferenz der Länder oder eine inländische Zeugnisanerkennungsstelle nachgewiesen werden.

„Ausbildungsfreibetrag"

Zur Abgeltung von Aufwendungen für die Berufsausbildung eines Kindes (z. B. Schulgeld, Lernmaterial, Fahrtkosten, Unterkunftskosten) können Eltern auf Antrag einen „Ausbildungsfreibetrag" **(Sonderbedarf eines sich in Berufsausbildung befindlichen, auswärts untergebrachten volljährigen Kindes)** erhalten.

Abzugsvoraussetzungen

Der Freibetrag steht den Eltern für jedes Kind zu,

- für das **Anspruch auf Kindergeld** oder einen **Kinderfreibetrag** bzw. einen **Freibetrag für Erziehung, Betreuung und Ausbildung** besteht,
- welches das **18. Lebensjahr vollendet** hat und
- das während der **Berufsausbildung auswärts untergebracht** ist.

Auswärtige Unterbringung

Das Kind muss für eine gewisse Dauer (z. B. einen Ausbildungsabschnitt) räumlich und hauswirtschaftlich getrennt vom Haushalt der Eltern untergebracht und verpflegt werden (z. B. Studium). Ob das Kind auch im elterlichen Haushalt noch ein Zimmer hat, ist ohne Bedeutung.

Höhe des Freibetrags

Der Ausbildungsfreibetrag beträgt 924 € im Jahr. War das Kind nur zeitweise in Ausbildung oder auswärts untergebracht, wird der Freibetrag für alle Monate, in denen das Kind mindestens einen Tag die Voraussetzungen erfüllt, zeitanteilig angesetzt. Einbezogen werden auch Übergangszeiten von nicht mehr als vier Monaten zwischen zwei Ausbildungsabschnitten sowie zwischen Wehrdienst und (weiterer) Ausbildung bzw. zwischen einem Ausbildungsabschnitt und Wehrdienst.

BEISPIEL

Kind im Internat

Ein im Internat untergebrachtes Kind wird im Mai 18 Jahre alt und macht im Juni Abitur. Danach ist es zwei Monate zu Hause, wohnt ab September in einer gemieteten Wohnung am künftigen Studienort und beginnt im Oktober das Studium.

Für Januar bis April ist kein Ausbildungsfreibetrag möglich (unter 18 Jahre). Für Mai und Juni beträgt der Ausbildungsfreibetrag **154 €** (2/12 v. 924 €). Für Juli und August ist kein Ausbildungsfreibetrag möglich (keine auswärtige Unterbringung). Ab September erhalten die Eltern wieder einen Ausbildungsfreibetrag von **308 €** (4/12 v. 924 €). Der September zählt mit, weil die Unterbrechung zwischen den Ausbildungsabschnitten Abitur und Studium weniger als vier Monate beträgt.

Aufteilung beim Elternpaar

Eltern, die nicht zusammen veranlagt werden (getrennt lebende, geschiedene, nicht verheiratete Eltern), erhalten den Freibetrag grundsätzlich hälftig, eine andere beliebige Aufteilung ist auf gemeinsamen Antrag hin möglich.

Alleinerziehende

Abzugsvoraussetzungen

Alleinerziehende können einen Entlastungsbetrag geltend machen. Dieser setzt voraus:

- **alleinstehender** Elternteil
- **Kind**, für das ein **Anspruch auf Kindergeld oder Kinderfreibetrag bzw. Freibetrag zur Betreuung** besteht (Voraussetzungen s. o.)
- **Haushaltszugehörigkeit** des Kindes

Alleinstehend

Als **alleinstehend** gelten Steuerbürger, die ledig, geschieden oder verwitwet sind bzw. deren Ehegatte das ganze Jahr über nicht im Inland gewohnt hat. Nicht alleinstehend sind Personen, die mit anderen volljährigen Personen eine **Haushaltsgemeinschaft** bilden. Diese liegt vor, wenn ein gemeinsames Wirtschaften („Wirtschaften aus einem Topf") stattfindet. Eine Haushaltsgemeinschaft wird angenommen, wenn der/die Alleinerziehende in einer

- eheähnlichen Lebensgemeinschaft,
- eingetragenen gleichgeschlechtlichen Lebenspartnerschaft,
- Wohngemeinschaft mit Eltern, Großeltern oder Geschwistern oder
- Wohngemeinschaft mit eigenen Kindern, die steuerlich **nicht** bei ihm/ihr berücksichtigt werden können,

zusammenlebt.

Ist eine andere erwachsene Person in der Wohnung gemeldet, wird unterstellt, dass ein gemeinsames Wirtschaften und damit eine schädliche Haushaltsgemeinschaft vorliegen. Das gemeinsame Wirtschaften kann sowohl darin bestehen, dass die andere volljährige Person zu den Kosten des gemeinsamen Haushalts beiträgt, als auch in einer Entlastung durch tatsächliche Hilfe und Zusammenarbeit. Diese gesetzliche Vermutung kann bei Wohngemeinschaften, nicht aber bei eheähnlichen Gemeinschaften und eingetragenen Lebenspartnerschaften widerlegt werden, indem der/die Alleinerziehende glaubhaft versichert, dass die im Haushalt gemeldete Person selbstständig und getrennt wirtschaftet, also einen vollständig getrennten Haushalt führt (z. B. bei Untermietern).

BEISPIEL

Mutter mit zwei Kindern

Eine alleinstehende Mutter lebt zusammen mit ihren zwei volljährigen Kindern, die beide in Berufsausbildung sind. Die Mutter gilt als alleinerziehend, weil (und solange) beide Kinder steuerlich bei ihr berücksichtigt werden können. Soweit die anderen Voraussetzungen erfüllt sind, steht ihr der Entlastungsbetrag zu.

Sobald eines der im Haushalt lebenden Kinder nicht mehr steuerlich berücksichtigt werden kann, entfällt der Entlastungsbetrag, weil eine gemeinsame Haushaltsführung mit dem Kind praktisch nicht widerlegbar ist. Denn bei langjährig zusammenlebenden Angehörigen werden an den Nachweis, dass jeweils vollständig getrennte eigene Haushalte geführt werden, strenge Anforderungen gestellt.

Haushaltszugehörigkeit

Das Kind gehört zum Haushalt, wenn es in der Wohnung des Alleinerziehenden mit **Haupt- oder Nebenwohnsitz gemeldet** ist, oder – sofern das nicht der Fall ist – dauerhaft in der Wohnung lebt. Durch die Meldung wird die Haushaltszugehörigkeit auch dann angenommen, wenn das Kind möglicherweise tatsächlich in einem eigenen Haushalt lebt (BFH, Urteil v. 5.2.2015, III R 9/13). Ohne Meldung muss nachgewiesen werden, dass das Kind zum Haushalt gehört. Ist das Kind bei beiden (getrennt lebenden) Elternteilen gemeldet und nur einer von beiden Elternteilen ist alleinstehend, bekommt dieser – unabhängig von der Kindergeldauszahlung – den Entlastungsbetrag. Sind beide Elternteile jeweils alleinstehend und haben das Kind annähernd gleichwertig in ihre Haushalte aufgenommen, können sie unabhängig davon, wer das Kindergeld ausgezahlt bekommen hat, untereinander bestimmen, wer den Entlastungsbetrag bekommen soll, es sei denn, einer von beiden hat den Entlastungsbetrag bei seiner Veranlagung oder über die Steuerklasse II bei seinem Lohnsteuerabzug bereits in Anspruch genommen. Treffen die Eltern keine Entscheidung über die Zuordnung des Entlastungsbetrags oder können sie sich nicht einigen, erhält derjenige den Entlastungsbetrag, dem das **Kindergeld ausgezahlt** wird.

Höhe

Der Entlastungsbetrag beträgt jährlich 4.008 € für das erste Kind, für jedes weitere berücksichtigungsfähige Kind kommen 240 € dazu. Er wird, wenn die Abzugsvoraussetzungen nur einen Teil des Jahres vorliegen (z. B. Geburt im Mai), zeitanteilig berücksichtigt.

BEISPIEL

Mehrere Kinder

Eine alleinstehende Person hat zwei Kinder unter 25 Jahren. Das erste Kind ist bis Juli in Ausbildung und bezieht ab September eine eigene Wohnung. Das zweite Kind ist das ganze Jahr in der Wohnung des Elternteils gemeldet.

Die Voraussetzungen für den Entlastungsbetrag liegen für die Monate Januar bis Juli und September bis Dezember vor. Im August verhindert das nicht berücksichtigungsfähige erwachsene erste Kind den Abzugsbetrag. Für Januar bis Juli sind für das erste Kind 7/12 von 4.008 € und das zweite Kind 7/12 von 240 € zu berücksichtigen, von September bis Dezember 4/12 von 4.008 € (zweites Kind wird zum einzigen berücksichtigungsfähigen Kind).

Stirbt bei zusammenlebenden Eltern ein Elternteil, erhält der Überlebende, wenn die übrigen Voraussetzungen erfüllt sind, den Entlastungsbetrag (anteilig) ab dem Monat des Todes.

Heiratet ein Alleinerziehender, ist nach Auffassung der Verwaltung, für das **gesamte** Jahr – auch für den Zeitraum **vor** der Hochzeit – kein Entlastungsbetrag möglich, egal welche Veranlagungsart die Eheleute wählen. Ob diese Rechtsauffassung auch im Fall der gewählten Einzelveranlagung von Ehegatten zutrifft, muss der BFH in einem anhängigen Revisionsverfahren (Az. III R 57/20) klären. In einem weiteren anhängigen Verfahren (Az. III R 17/20) muss er entscheiden, ob bei Ehegatten im Trennungsjahr bei Wahl der Einzelveranlagung für die Zeit nach der Trennung der Entlastungsbetrag möglich ist.

Weitere Einzelfälle und Erläuterungen vgl. BMF, Schreiben v. 23.10.2017, IV C 8 – S 2265-a/14/10005, 2017/0877364. Dass Alleinerziehende keinen Splittingtarif für Ehegatten bekommen können, ist verfassungsgemäß (BVerfG, Entscheidung v. 18.9.2018, BvR 221/12).

Voraussetzungen für die steuerliche Berücksichtigung von Kindern

Es besteht ein Kindschaftsverhältnis.

- Kind hat das 18. Lebensjahr noch nicht vollendet.
- Kind hat das 18. Lebensjahr vollendet.

Kinder von 18 – 21 Jahren

- Das Kind steht nicht in einem Beschäftigungsverhältnis und ist bei einer Agentur für Arbeit im Inland als Arbeitssuchender gemeldet.

Kinder von 18 – 25 Jahren

- Das Kind
  - befindet sich in Berufsausbildung oder in einer Übergangszeit zwischen zwei Ausbildungen bzw. Ausbildungsabschnitten oder zwischen Ausbildung(sabschnitt) und Wehrdienst bzw. Freiwilligendienst von höchstens vier Monaten **oder**
  - kann eine Berufsausbildung mangels Ausbildungsplatzes nicht beginnen oder fortsetzen **oder**
  - leistet ein soziales, ökologisches oder europäisches Freiwilligenjahr (Erasmus), den Bundesfreiwilligendienst oder entsprechende Dienste.

Kinder von 18 bis unbegrenzt

- Das Kind ist körperlich, geistig oder seelisch behindert (50 % Grad der Erwerbsminderung) und nicht fähig, sich allein zu unterhalten. Die Behinderung ist vor dem 25. Lebensjahr eingetreten.

Kleinunternehmer

Kleingewerbetreibende können im Bereich der Buchführung und der Besteuerung einige Vereinfachungen in Anspruch nehmen. Das Umsatzsteuerrecht hat den Begriff des „Kleinunternehmers" geprägt. Hiernach können Unternehmer mit geringen Umsätzen Erleichterungen in Anspruch nehmen.

§ 4 Abs. 3 EStG, §§ 140 ff. AO, § 19 UStG

1 Kleingewerbetreibende

Buchführungspflicht

Unternehmen, die bestimmte Betriebsgrößen nicht übersteigen, sind von der Verpflichtung, Bücher zu führen, befreit:

Umsatz	600.000 €
oder	
Gewinn	60.000 €

WICHTIG

Unternehmer, die nicht buchführungspflichtig sind, können ihren Gewinn durch → Einnahmenüberschussrechnung ermitteln. Alle anderen müssen einen Jahresabschluss, d. h. eine Bilanz und eine Gewinn-und-Verlust-Rechnung, erstellen. Vertiefend siehe → Bilanzierung/E-Bilanz.

2 Kleinunternehmer im Umsatzsteuerrecht

Vertiefend siehe → Umsatzsteuer. Die Regelungen können aber auch Auswirkungen auf die Einkommen- und Gewerbesteuer haben. Vertiefend siehe → Bilanzierung/E-Bilanz.

Der Kleinunternehmer und die Rechnung

Auch Kleinunternehmer müssen die Vorschriften für das Ausstellen von Rechnungen beachten. Vertiefend siehe → Umsatzsteuer.

Kleinunternehmer im Sinne des § 19 UStG dürfen jedoch abweichend von diesen Vorschriften **die Umsatzsteuer und den USt-Satz nicht ausweisen.** Das gilt auch für Kleinbetragsrechnungen (BFH, Urteil v. 25.9.2013, XI R 41/12).

3 Existenzgründer

Vertiefend siehe → Existenzgründer.

Krankheitskosten

Krankheitskosten gehören zu den außergewöhnlichen Belastungen allgemeiner Art. Sie mindern, soweit sie eine zumutbare Eigenbelastung übersteigen, das zu versteuernde Einkommen.

§ 33 EStG

Vertiefend siehe → Außergewöhnliche Belastung, → Menschen mit Behinderung und → Pflegekosten/Eltern.

1 Abzugsvoraussetzungen

Der steuerliche Abzug von Krankheitskosten setzt voraus, dass die Aufwendungen infolge einer tatsächlichen Erkrankung angefallen sind und nicht lediglich gesundheitsfördernde Vorbeuge- oder Folgekosten darstellen. Da diese Abgrenzung schwierig sein kann, muss die Notwendigkeit der Kosten (Zwangsläufigkeit) auf Anforderung des Finanzamts nachgewiesen werden.

Nachweise

Nach § 64 EStDV ist als Beleg für die Zwangsläufigkeit der Ausgaben grundsätzlich ein **einfacher** Nachweis in Form einer Verordnung durch einen Arzt oder einen Heilpraktiker erforderlich. In bestimmten Fällen ist ein **qualifizierter** Nachweis in Form eines amtsärztlichen Gutachtens oder einer ärztlichen Bescheinigung des Medizinischen Dienstes der Krankenversicherung (MDK) vorgeschrieben.

Der qualifizierte Nachweis muss stets vor Beginn der Maßnahme vorliegen. Er ist erforderlich bei

- Bade- und Heilkuren,
- psychotherapeutischer Erst- oder Fortsetzungsbehandlung,
- einer medizinisch erforderlichen auswärtigen Unterbringung eines an Legasthenie oder einer anderen Behinderung leidenden Kindes (dasselbe gilt für den auswärtigen Schulbesuch eines hochbegabten Kindes oder für Aufwendungen zur Behandlung von Lese- und Rechtschreibschwäche oder für logopädische Therapien),
- der Notwendigkeit der Betreuung einer volljährigen Person (bei Begleitung minderjähriger Kinder genügt der einfache Nachweis) durch eine Begleitperson z.B. im Urlaub oder während einer Kur, sofern nicht bereits das Merkzeichen „H" (hilflos) im Behindertenausweis eingetragen ist,
- medizinischen Hilfsmitteln, die als allgemeine Gebrauchsgegenstände des täglichen Lebens angesehen werden (z.B. Garagenrolltor, Fahrstuhl, Auffahrrampe, Bewegungsbad),
- wissenschaftlich nicht anerkannten Behandlungsmethoden, d.h. wenn Qualität und Wirksamkeit nicht dem allgemein anerkannten Stand der medizinischen Erkenntnisse entsprechen (BFH, Urteil v. 26.6.2014, VI R 51/13). Aufwendungen sind bei einem Erkrankten mit nur noch begrenzter Lebenserwartung auch dann

zwangsläufig, wenn die Methoden aus schulmedizinischer oder naturheilkundlicher Sicht nicht anerkannt sind. Dies gilt z.B. für Frisch- und Trockenzellenbehandlung, Sauerstoff-, Chelat- und Eigenbluttherapie, immunbiologische Krebsabwehrtherapie, Kosten eines Wasserionisierers oder eine Delfin- oder Reittherapie, Liposuktion (operative Fettabsaugung, BFH, Urteil v. 18.6.2015, VI R 68/14, BFH/NV 2015 S. 1480; fraglich ist, ob das auch noch für Jahre ab 2017 gilt, neues anhängiges Verfahren beim BFH, Az. VI R 39/20) sowie Reikibehandlung (BFH, Beschluss v. 21.2.2018, VI R 11/16).

In allen anderen Fällen reicht der einfache Nachweis, also z. B. bei medizinischen Hilfsmitteln (Brille, Hörgerät, Zahnersatz, Treppenschräglift, Sitzerhöhung, Badewannenlift, Haltegriffe, Hausnotruf bei Menschen mit einer Behinderung, Spezialrauchmelder bei Gehörlosen), Austausch von Möbeln wegen Gesundheitsgefährdung (z. B. bei Hausstauballergie oder Formaldehydbelastung, Allergikerbettwäsche), Aufwendungen für eine künstliche Befruchtung, Kosten einer Laseroperation am Auge, einer Zahnbehandlung oder bei der Notwendigkeit von Besuchsfahrten zu Ehegatten oder Kindern im Krankenhaus zur Heilung bzw. Linderung einer Krankheit. Einzelheiten und weitere Einzelfälle s. u.

Bei einer dauerhaften Erkrankung mit anhaltendem Verbrauch bestimmter Medikamente oder Hilfsmittel reicht die einmalige Vorlage der (ärztlichen) Verordnung. Die Nachweise müssen nur auf Anforderung des Finanzamts vorgelegt werden.

TIPP

Berufskrankheiten

Handelt es sich um eine typische Berufskrankheit (Staublunge eines Bäckers oder Bergmanns) oder besteht ein eindeutiger Zusammenhang mit dem Beruf (z. B. Strahlenschäden bei einem medizinisch-technischen Assistenten) oder wurde die Krankheit durch den Beruf verursacht (z. B. HIV-Infektion bei der Berufsausübung, Corona-Infektion bei Krankenhaus- und Pflegepersonal oder Helfern in Impfzentren), sind die Krankheitskosten Werbungskosten oder Betriebsausgaben. Burn-out ist keine typische Berufskrankheit (BFH, Beschluss v. 9.11.2015, VI R 36/13).

Einzelfälle

Absetzbar sind die unmittelbar angefallenen Krankheitskosten, insbesondere:

- Kosten für **ärztliche stationäre oder ambulante Behandlung** – auch für einen teuren Spezialarzt – oder einen **Heilpraktiker**
- **Arznei-, Heil- und medizinische Hilfsmittel** (einschließlich Rezeptgebühr) **nach Verordnung durch Arzt oder Heilpraktiker.** Nicht rezeptpflichtige Medikamente sind ebenfalls nur nach entsprechender Verordnung abziehbar. Bei länger andauernden Erkrankungen reicht die einmalige Vorlage einer Verordnung. Aufwendungen für **medizinische Fachliteratur** sind nicht abziehbar, selbst wenn sie dazu dient, die Entscheidung für eine bestimmte Thera-

pie oder die Auswahl eines bestimmten Facharztes zu treffen.

- **Krankenhauskosten** (auch Ein- oder Zweibettzimmer, Chefarztbehandlung, nicht jedoch die Kosten für Telefon oder Fernseher). Es erfolgt keine Kürzung der Krankenhauskosten um eine Haushaltsersparnis.
- Aufwendungen für die **krankheitsbedingte Unterbringung** der eigenen Person in einem Heim. Sämtliche Kosten (einschließlich Unterbringung und Verpflegung) sind als Krankheitskosten zu behandeln. Eine Haushaltsersparnis ist nicht zu berücksichtigen. Ebenso abzugsfähig sind die Kosten aufgrund der **krankheitsbedingten Unterbringung eines nahen Angehörigen** im Pflegeheim. Vertiefend siehe → Pflegekosten/Eltern.

Weitere Einzelfälle:

- **Aids:** Aufwendungen zur Behandlung von Aids sind abziehbar.
- **Allergie:** Kosten für den Austausch allergieauslösender Möbel (Asthma, Formaldehydbelastung) sind abzugsfähig, ebenso Aufwendungen für das Fällen der das Wohnhaus umgebenden Bäume, wenn dies wegen Pollenallergie notwendig ist (einfacher Nachweis ausreichend).
- Aufwendungen für den **behindertengerechten Umbau** einer Wohnung oder eines Gebäudes. Vertiefend siehe → Menschen mit Behinderung.
- **Aufwendungen für den krankheitsbedingten Umbau** einer Wohnung oder eines Gebäudes z. B. wegen Schadstoffbelastung. Vertiefend siehe → Außergewöhnliche Belastung.
- **Burn-out:** abzugsfähige Krankheitskosten mit qualifiziertem Nachweis (BFH, Beschluss v. 9.11.2015, VI R 36/13)
- **Diätverpflegung:** Mehraufwendungen für eine Diätverpflegung sind abzugsfähig, wenn es sich bei den Präparaten um Arzneimittel i. S. d. § 2 AMG (Arzneimittelgesetz) handelt, nicht dagegen Nahrungsergänzungsmittel (BFH, Urteil v. 15.4.2015, VI R 89/13). Hier gilt das gesetzliche Abzugsverbot.
- **Gesundheitssport:** Die Aufwendungen sind – ohne ärztliche Verordnung – auch dann nicht abziehbar, wenn sie wegen einer Erkrankung besonders notwendig oder ratsam sind (z. B. „Rückenschule" oder „Aktivwoche 55+").
- **Fahrtkosten** in Zusammenhang mit ärztlichen Behandlungen sind abzugsfähig. Kosten, die anfallen, um einen kranken Angehörigen, der in seinem eigenen Haushalt lebt, zu betreuen und zu versorgen, können unter besonderen Umständen abziehbar sein bzw. über den Pflegepauschbetrag erfasst werden. Auch behinderte Menschen können Fahrtkosten geltend machen. Vertiefend siehe → Menschen mit Behinderung.
- **heileurythmische Behandlung:** Kosten sind grundsätzlich abzugsfähig, ein einfacher Nachweis ist ausreichend, da es sich um eine anerkannte Behandlungsmethode handelt (BFH, Urteil v. 26.2.2014, VI R 27/13).

- **künstliche Befruchtung:** Der Kostenabzug ist möglich, wenn die jeweilige Insemination zur gezielten medizinisch indizierten Behandlung zum Zwecke der Heilung oder Linderung der Empfängnisunfähigkeit der Frau bzw. Zeugungsunfähigkeit des Mannes (Ersatz der gestörten Körperfunktion) erfolgt. Abzugsvoraussetzung ist aber immer, dass die Maßnahme mit den (inländischen) Richtlinien der Berufsordnungen für Ärzte und dem Embryonenschutzgesetz (ESchG) in Einklang steht (BFH, Beschluss v. 19.4.2017, VI R 20/15). Unter dieser Voraussetzung wird der Kostenabzug bei homologischer Insemination (Samenspende vom Ehegatten) und bei heterologischer Insemination (Samen eines Dritten) anerkannt. Dies gilt für eine In-vitro-Fertilisation (IVF) und eine intrazytoplasmatische Spermieninjektion (ICSI), auch wenn sie im Ausland durchgeführt wird. Ein Verstoß gegen deutsches Recht liegt nicht vor, wenn zwar mehr als drei Eizellen befruchtet werden, aber lediglich ein oder zwei entwicklungsfähige Embryonen entstehen sollen (sog. deutscher Mittelweg) (BFH, Urteil v. 17.5.2017, VI R 34/15). Der Abzug ist auch bei einer in gleichgeschlechtlicher Partnerschaft lebenden unfruchtbaren Frau möglich (BFH, Urteil v. 5.10.2017, VI R 47/15).
- **Kur:** Die Aufwendungen für die Kur sind nur dann abziehbar, wenn die Kur zur Heilung oder Linderung einer festgestellten Krankheit notwendig ist und eine andere Behandlungsweise nicht oder kaum Erfolg versprechend erscheint. Ein qualifizierter Nachweis ist erforderlich.

Höhe der Kuraufwendungen:

- **Arzt- und Kurmittelkosten** (Bäder, Packungen, Massagen etc.) sind auch abzugsfähig, wenn die Notwendigkeit der Kur nicht nachgewiesen wurde, die Heilmittel aber ärztlich verordnet waren.
- **Unterbringungskosten** sind in tatsächlicher und angemessener Höhe abzugsfähig.
- **Verpflegungsmehraufwendungen** sind gekürzt um die Haushaltsersparnis (20 % der Aufwendungen) abzugsfähig.
- Kosten für **öffentliche Verkehrsmittel**, nur ausnahmsweise (entsprechend Behinderung) sind eigene Kfz-Kosten abziehbar.
- Bei **Auslandskuren** werden nur die Kosten einer vergleichbaren Inlandskur anerkannt.
- Bei **behinderten Menschen** können Aufwendungen für eine Heilkur auch dann geltend gemacht werden, wenn der Behindertenpauschbetrag abgezogen wird.
- Bei **Heilkur eines Kindes** muss das Kind während der Kur in einem Kinderheim untergebracht sein. Findet die Unterbringung nicht in einem Heim statt und wird das Kind von einem Elternteil begleitet, muss die vor Kurantritt ausgestellte amtsärztliche Bescheinigung beinhalten, dass und warum der Kurerfolg auch bei einer Unterbringung außerhalb des Kinderheims gewährleistet ist. Bei min-

derjährigen Kindern sind dann auch die Kosten einer Begleitperson abzugsfähig. Es genügt der einfache Nachweis (BFH, Urteil v. 5.10.2011, VI R 88/10).

- **Legasthenie:** Die Aufwendungen zur Behandlung einer Lese- und Rechtschreibschwäche sind abziehbar, wenn diese krankheitsbedingt ist. Ein qualifizierter Nachweis ist erforderlich.
- **naturheilkundliche Behandlung:** Für Angehörige besteht weder eine rechtliche noch eine sittliche Verpflichtung, eine von der Krankenkasse nicht bezahlte naturheilkundliche Krebsnachbehandlung in Höhe eines größeren Betrags für einen krankenversicherten Elternteil zu tragen.
- **Operationen** gehören zu den abzugsfähigen Krankheitskosten, nicht jedoch kosmetische und Schönheitsoperationen (z. B. Haartransplantationen), es sei denn, sie sind aus psychischen Gründen notwendig.
- **Pflegepersonal:** Pflegen Sie Angehörige selbst, erhalten Sie u. U. den Pflegepauschbetrag. Aufwendungen für eine ambulante Pflegekraft sind zusätzlich als Krankheitskosten abziehbar. Vertiefend siehe → Pflegekosten/Eltern.
- **Privatschulbesuch:** Die Kosten sind abzugsfähig, wenn der Schulbesuch mit individueller Förderung wegen der Behinderung eines Kindes begründet (Lese- und Rechtschreibschwäche) wird, weil eine geeignete öffentliche oder private Schule nicht zur Verfügung steht oder nicht in zumutbarer Weise erreicht werden kann. Dasselbe gilt für den auswärtigen Schulbesuch eines (kranken) hochbegabten Kindes, wenn dies medizinisch angezeigt ist. In allen Fällen ist ein qualifizierter Nachweis notwendig (BFH, Urteil v. 12.5.2011, VI R 37/10; BFH, Urteil v. 19.11.2015, VI R 45/14).
- **Trinkgeld an Ärzte, Praxisteam oder Krankenhauspersonal** ist nicht abzugsfähig.

2 Ersatz von dritter Seite

Von den Krankheitskosten sind Ersatzleistungen (Zahlungen der Krankenkasse, Beihilfen, Unterstützungen, Schadensersatz Dritter) abzuziehen, wenn mit der Erstattung (z. B. aufgrund der abgeschlossenen Krankenversicherung) gerechnet werden konnte, unabhängig davon, wann die Erstattung erfolgte. Wegen einer möglichen Beitragsrückerstattung der Krankenversicherung nicht geltend gemachte Kosten sind nicht abzugsfähig.

Leistungen aus der **Krankenhaustagegeldversicherung** sind bis zur Höhe der Krankenhauskosten anzurechnen, nicht dagegen **Krankentagegelder**, denn diese werden als Ersatz für entgangene Einnahmen wegen Arbeitsunfähigkeit gezahlt.

Menschen mit Behinderung

Menschen mit Behinderung können typische Mehraufwendungen, die ihnen durch ihre Behinderung entstehen, entweder über den Abzug eines Pauschbetrags oder in tatsächlicher Höhe nach Berücksichtigung der zumutbaren Eigenbelastung bei den außergewöhnlichen Belastungen geltend machen. Der Pauschbetrag wurde ab 2021 neu festgelegt. Zusätzlich wurde im EStG ein pauschaler Abzug von Fahrtaufwendungen für private Fahrten erstmals gesetzlich geregelt.

§ 33, 33b EStG

1 Pauschbetrag

Allgemeiner Pauschbetrag

Der Pauschbetrag deckt die Kosten für die Hilfe bei den regelmäßig wiederkehrenden Verrichtungen des täglichen Lebens, für die Pflege sowie für den erhöhten Wäschebedarf ab. Die Pauschbeträge wurden ab 2021 nahezu verdoppelt. Gleichzeitig sind sie – ohne weitere Voraussetzungen – bereits ab einem Grad der Behinderung von 20 % zu gewähren. Der jeweilige Pauschbetrag richtet sich wie bisher nach dem amtlich festgestellten Grad der Behinderung.

Er beträgt bei einem Grad der Behinderung von mindestens:

20 %	**384 €**
30 %	**620 €**
40 %	**860 €**
50 %	**1.140 €**
60 %	**1.440 €**
70 %	**1.780 €**
80 %	**2.120 €**
90 %	**2.460 €**
100 %	**2.840 €**

Für Menschen, die **hilflos** sind, und für **Blinde** erhöht sich der Pauschbetrag auf **7.400 €.** Dasselbe gilt für Menschen mit Pflegegrad 4 oder 5.

Der Pauschbetrag ist stets ein Jahresbetrag, der nicht zeitanteilig berechnet wird, wenn die Behinderung erst im Laufe des Jahres eingetreten oder weggefallen ist. Ändert sich der Grad der Behinderung, ist der jeweils höchste Grad im Jahr maßgebend.

WICHTIG

Pauschbetrag oder Pflegekosten?

Wenn Sie den Pauschbetrag für Menschen mit Behinderung in Anspruch nehmen, können Sie für Pflegekosten oder Heimunterbringungskosten keinen Abzug als außergewöhnliche Belastungen und auch keine Steuerermäßigung für Pflegeleistungen bei den haushaltsnahen Dienstleistungen geltend machen. Prüfen Sie deshalb genau, ob der Abzug der tatsächlichen Aufwendungen (s. u.) nicht günstiger ist.

Nachweis der Behinderung

Ein Grad der Behinderung unter 50 % ist bei einem erstmaligen Antrag durch geeignete Unterlagen (Bescheinigung des Versorgungsamts bzw. der zuständigen Behörde oder Rentenbescheid) nachzuweisen. Ab einem Grad der Behinderung von 50 % ist bei erstmaliger Geltendmachung die Vorlage des Schwerbehindertenausweises erforderlich. Im Ausweis stehen ggf. auch die Merkmale „blind (Bl)", taubblind (TBl) oder „hilflos (H)". Die Einstufung in die Pflegegrade 4 oder 5 wird durch den Medizinischen Dienst der Krankenversicherung bescheinigt.

Tatsächliche Aufwendungen

Statt des Pauschbetrags können die tatsächlichen **laufenden** und **typischen pflege- oder behindertenbedingten Aufwendungen** nach § 33 EStG als außergewöhnliche Belastungen berücksichtigt werden. Dazu gehören erhöhte Kosten für Wäsche und Hygieneartikel, Hilfe bei den gewöhnlichen und regelmäßig wiederkehrenden Arbeiten des täglichen Lebens, Diätkosten und Stärkungsmittel, ein Blindenhund, ambulante Pflege (angestellte Pflegerin oder Pflegedienst), Kurzzeit-, Tages- oder Nachtpflege sowie Pflege und Unterbringung im Heim. Allerdings wird der Gesamtaufwand um die zumutbare Eigenbelastung gekürzt. Vertiefend siehe → Pflegekosten/Eltern und → Außergewöhnliche Belastung.

Abzug neben Pauschbetrag

Zusätzlich zum Pauschbetrag können unter Beachtung der zumutbaren Eigenbelastung berücksichtigt werden:

Krankheitskosten, Kurkosten

Darunter fallen Zahlungen für Heilbehandlungen (Operationen, Heilbehandlungen, Arzneimittel, Arztbesuche), auch soweit diese durch die Behinderung bedingt sind, sowie die Kosten einer Heilkur. Vertiefend siehe → Krankheitskosten.

Begleitperson

Sind Sie wegen Ihrer Behinderung auf ständige Begleitung angewiesen (Merkzeichen „H" oder Pflegegrade 4 bzw. 5 bzw. amtsärztliches Gutachten oder Bescheinigung des Medizinischen Dienstes der Krankenversicherung erforderlich), können Sie Mehraufwendungen (Fahrtkosten, Unterbringung, Verpflegung), die Ihnen auf einer Urlaubsreise für eine Begleitperson entstehen, in angemessenem Umfang geltend machen. Das gilt nicht, soweit es sich um einen Familienurlaub mit einem behinderten Kind handelt oder die Begleitperson, insbesondere wenn es sich um den Ehegatten handelt, aus eigenem Interesse teilgenommen hat (BVerfG, Beschluss v. 15.5.2014, 2 BvR 295/14).

Behinderungsgerechter Umbau

Werden spezielle, auf die Behinderung abgestellte Vorrichtungen eingebaut (z. B. Treppenschräglift, Badewannenlift, Haltegriffe, Sitzerhöhung, Spezialrauchmelder für gehörlose Menschen, Hausnotruf), handelt es sich um **medi-**

zinisch notwendige Hilfsmittel, die als Krankheitskosten abzugsfähig sind. Umbaumaßnahmen, die das Gebäude selbst betreffen, wie z. B. elektrisches Garagentor, Rollstuhlrampe, Aufzug, Türverbreiterung, behindertengerechtes Bad (bodengleiche Dusche, Sitzwanne), und die auch für nicht behinderte Personen angenehm sind, können dagegen nur berücksichtigt werden, soweit ein Käufer dafür keinen höheren Kaufpreis zahlen würde, denn nur insoweit liegt ein durch die Behinderung verursachter (verlorener) Aufwand vor. Für den Kostenabzug ist es unerheblich, ob die behinderungsbedingten Mehrkosten im Rahmen eines Neubaus oder einer Modernisierung bzw. eines Umbaus angefallen sind. Ebenso ist es ohne Bedeutung, ob die Aufwendungen situationsbedingt zwangsläufig waren (Umbau nach unvorhersehbarer Krankheit, z. B. Schlaganfall) oder infolge einer schleichenden Erkrankung (BFH, Urteil v. 24.2.2011, VI R 16/10). Eine Verteilung hoher Kosten auf mehrere Jahre ist nicht möglich (BFH, Urteil v. 12.7.2017, VI R 36/15).

Die Zwangsläufigkeit der Umbaukosten kann z. B. durch Bescheid eines gesetzlichen Trägers der Sozialversicherung über die Bewilligung eines Zuschusses oder ein Gutachten des Medizinischen Dienstes der Krankenversicherung (MDK), des Sozialmedizinischen Dienstes (SMD) oder der Medicproof Gesellschaft für Medizinische Gutachten mbH nachgewiesen werden.

2 Kinder mit Behinderung

Kinder, die wegen körperlicher, geistiger oder seelischer Behinderung **außerstande sind, sich selbst zu unterhalten**, können, unabhängig vom Alter, bei den Eltern steuerlich berücksichtigt werden, vorausgesetzt, die Behinderung ist vor Vollendung des 25. Lebensjahres eingetreten. Den Eltern stehen alle kindabhängigen Steuervergünstigungen (z. B. Kindergeld, Freibeträge, Betreuungskosten etc.) zu. Vertiefend siehe → Kinder.

Der dem Kind zustehende Behindertenpauschbetrag ist auf die Elternteile auf Antrag beliebig übertragbar, wenn ihn das Kind mangels eigener (geringer) Einkünfte nicht in Anspruch nimmt. Zur Verhinderung der Mehrfachberücksichtigung des Pauschbetrags z. B. bei getrennt lebenden Eltern muss die Identifikationsnummer des Kindes in die Steuererklärung eingetragen werden.

Zusätzlich – neben dem Pauschbetrag – sind bei den Eltern die nicht laufenden behinderungsbedingten Aufwendungen (s. o.) abzugsfähig. Dazu gehören auch die Kosten für den Führerschein eines Kindes mit schwerer Geh- und Stehbehinderung sowie der behindertengerechte Umbau eines Kfz.

Auch ohne die Übertragung des Pauschbetrags können die Eltern ihre eigenen zwangsläufigen Aufwendungen für das Kind (z. B. Fahrtkosten in Zusammenhang mit der Betreuung des Kindes im Heim, Kosten, die durch die persönliche Pflege und Betreuung des Kindes in der elterlichen Wohnung entstehen) nach § 33 EStG abziehen, denn durch den Pauschbetrag werden nur die Aufwendungen des behinderten Kindes abgegolten.

3 Fahrtkosten

Berufliche Fahrten

Menschen mit Behinderung können für Fahrten mit dem eigenen Kfz zwischen Wohnung und erster Tätigkeitsstätte oder Betrieb statt der Entfernungspauschale die **tatsächlichen Kosten** als Werbungskosten bzw. Betriebsausgaben abziehen, wenn ein Grad der Behinderung vorliegt von

- mind. 70 % oder
- mind. 50 % und zusätzlich eine erhebliche oder außergewöhnliche Gehbehinderung (Merkzeichen „G" oder „aG" im Ausweis).

Ohne Einzelnachweis sind bei Benutzung eines Pkw für eine arbeitstägliche Fahrt pauschal 0,30 € je **gefahrenen** Kilometer (0,60 € je Ekm) als Werbungskosten abzugsfähig. Es kann allerdings nur einheitlich entweder mit der Entfernungspauschale oder den tatsächlichen Kosten abgerechnet werden.

Auch Familienheimfahrten bei doppelter Haushaltsführung sind in entsprechender Höhe absetzbar.

TIPP

Fahrten zur ersten Tätigkeitsstätte

Wird der behinderte Arbeitnehmer von seinem Ehegatten zu seiner ersten Tätigkeitsstätte gebracht und von dort abgeholt, können pro Tag zwei Hin- und Rückfahrten abgerechnet werden, wenn der behinderte Mensch keinen Führerschein hat oder aus Gründen der Behinderung von der Fahrerlaubnis keinen Gebrauch macht.

Andere beruflich veranlasste Fahrten (z. B. infolge einer Auswärtstätigkeit) können wie bei nicht behinderten Menschen auch in tatsächlicher Höhe abgezogen werden. Vertiefend siehe → Reisekosten.

Privatfahrten von Menschen mit Behinderung

Ab 2021 wurde der Abzug für privat veranlasste Fahrten erstmals gesetzlich geregelt (§ 33 Abs. 2a EStG). Danach können Personen mit einem Grad der Behinderung von mind. 80 % oder mind. 70 % und dem Merkzeichen „G" (gehbehindert) pauschal den Abzug von 900 € als außergewöhnliche Belastung beantragen.

Außergewöhnlich gehbehinderte Menschen (Merkzeichen „aG"), **taubblinde Menschen** (Merkzeichen „TBl"), **blinde** Menschen (Merkzeichen „Bl") oder **hilflose** Menschen (Merkzeichen „H" oder Pflegegrade 4 bzw. 5) können auf Antrag 4.500 € pauschal absetzen.

Bei der Fahrtkostenpauschale ist die zumutbare Eigenbelastung zu beachten. Vertiefend siehe → Außergewöhnliche Belastung. Mit der Pauschalen sind alle behinderungsbedingten Fahrten abgegolten.

TIPP

Fahrten zum Arzt

Fahrtkosten zum Arzt sind, auch wenn sie in Zusammenhang mit der Behinderung stehen, als Krankheitskosten zusätzlich abziehbar (BFH, Urteil v. 16.6.2010, VI B 11/10).

4 Heimunterbringung/ Haushaltshilfe

Leben Menschen mit Behinderung im eigenen Haushalt, können sie für Hilfe und Dienstleistungen im Haushalt eine Steuerermäßigung erhalten. Vertiefend siehe → Haushaltsnahe Tätigkeiten/ Dienstleistungen/Handwerkerleistungen.

Bei krankheits-, pflege- oder behinderungsbedingter Heimunterbringung können statt des Pauschbetrags für behinderte Menschen die gesamten tatsächlichen Aufwendungen (ohne Kosten des typischen Unterhalts) als Krankheitskosten berücksichtigt werden. Vertiefend siehe → Krankheitskosten und → Pflegekosten/Eltern.

5 Pflegepauschbetrag

Ab 2021 wurde der Pflegepauschbetrag gesetzlich neu geregelt (§ 33b Abs. 6 EStG). Danach können Personen, die **persönlich** einen pflegebedürftigen Menschen in ihrer oder in seiner Wohnung innerhalb der EU, pflegen, die z. B. Hilfe bei Verrichtungen des täglichen Lebens (Aufstehen, Zubettgehen, An- und Ausziehen, Körperpflege, Essensgabe und Trinken einschließlich Zubereitung, Verrichten der Notdurft), Ansprache und Betreuung oder eine Pflegeperson anleitende Unterstützung leisten, den Abzug eines Pflegepauschbetrags bei den außergewöhnlichen Belastungen bereits ab dem Pflegegrad 2 beantragen. Der Pflegepauschbetrag beträgt jährlich:

bei Pflegegrad 2	600 €
bei Pflegegrad 3	1.100 €
bei Pflegegrad 4 oder 5	1.800 € (alternativ Merkzeichen **H**)

Weitere Abzugsvoraussetzung ist, dass die steuerliche Identifikationsnummer der gepflegten Person angegeben wird und die pflegende Person für die Pflege keine Bezahlung erhält. Schädlich sind sämtliche Einnahmen, egal ob es sich um eine Pflegevergütung wie ein (weitergegebenes) Pflegegeld aus der Pflegeversicherung oder um Auslagenersatz handelt. Unschädliche Einnahmen sind lediglich die von der Pflegeversicherung während der Pflegezeit für die pflegende Person übernommenen Sozialversicherungsbeiträge. Auch das an die **Eltern** eines **behinderten** Kindes für die Pflege des Kindes ausgezahlte Pflegegeld ist unbeachtlich.

Wird eine pflegebedürftige Person von mehreren Personen gepflegt, ist der Pauschbetrag auf alle gleichmäßig aufzuteilen.

Statt den Pauschbetrag in Anspruch zu nehmen, kann die pflegende Person auch ihre durch die Pflege verursachten Aufwendungen als allgemeine außergewöhnliche Belastungen unter Berücksichtigung der zumutbaren Eigenbelastung (§ 33 EStG) geltend machen.

Minijobs

Eine geringfügig entlohnte Beschäftigung (Minijob) liegt vor, wenn das Arbeitsentgelt regelmäßig 450 € im Monat nicht übersteigt. Die wöchentliche Arbeitszeit und die Anzahl der monatlichen Arbeitseinsätze spielen keine Rolle.

§ 8, 8a SGB IV, § 168 SGB VI, §§ 40a, 35a EStG

Vertiefend siehe → Haushaltsnahe Tätigkeiten/Dienstleistungen/Handwerkerleistungen.

1 Behandlung bei der Sozialversicherung

Das Sozialversicherungsrecht unterscheidet zwischen

- geringfügig entlohnten und
- kurzfristigen Beschäftigungen.

Geringfügig entlohnte Beschäftigung

Die Bedeutung der Entgeltgrenze

Bei der geringfügig entlohnten Beschäftigung darf der durchschnittliche Verdienst 450 € je Monat nicht überschreiten. Dabei sind die Vorschriften zum Mindestlohn zu beachten. Neben dem Arbeitsentgelt zu zahlende zusätzliche Beträge (z. B. Urlaubs- und Weihnachtsgeld) sind bei der Durchschnittsberechnung miteinzubeziehen, wenn die Zahlung mit hinreichender Sicherheit (Tarifvertrag, betriebliche Übung) erfolgen wird.

BEISPIEL

Entgeltgrenze

A erhält ein monatliches Entgelt von 440 € sowie ein tarifliches Weihnachtsgeld von 300 €.

Das Gesamtentgelt beträgt 5.580 €, durchschnittlich also 465 € je Monat. Da die Arbeitsentgeltgrenze von 450 € überschritten wird, ist der Arbeitnehmer von Beginn an sozialversicherungspflichtig. Ein nur gelegentliches und nicht vorhersehbares Überschreiten der Arbeitsentgeltgrenze ist unschädlich. Bei schwankendem Arbeitslohn ist die Prognose des Arbeitslohns maßgeblich. Ist danach von einer Beschäftigung unter 450 € auszugehen und tritt aufgrund nicht vorhersehbarer Umstände eine Änderung ein, bleibt es bei der Versicherungsfreiheit. Es reicht aus, eine Jahresprognose zu erstellen (Obergrenze 5.400 €), ohne die zu erwartenden Arbeitsentgelte für die einzelnen Monate im Vorfeld festzulegen.

TIPP

Übungsleiterpauschale

Zu beachten ist, dass die Freibeträge ab 2021 erhöht wurden:

Die nach § 3 Nr. 26 und Nr. 26a und 26b EStG steuerfreien Einnahmen von jetzt max. 3.000 € (Übungsleiterpauschale bzw. Aufwandsentschädigungen für Betreuer) und 840 € (Ehrenamtsfreibetrag) bleiben auch bei der sozialversicherungsrechtlichen Beurteilung außer Betracht.

Mehrere Minijobs

Übt der Arbeitnehmer mehrere Minijobs nebeneinander aus, ist durch Zusammenrechnung des Arbeitslohns aller geringfügigen Beschäftigungsverhältnisse zu prüfen, ob die 450-Euro-Grenze überschritten wird.

BEISPIEL

Mehrere Minijobs

C verdient bei X monatlich 300 €. Ab September arbeitet er zusätzlich bei W für 180 € monatlich.

Ab September besteht Versicherungspflicht für **beide** Arbeitsverhältnisse, da die Grenze überschritten ist.

Minijobs neben einer Haupttätigkeit

Übt ein Arbeitnehmer neben einer versicherungspflichtigen Haupttätigkeit noch Minijobs aus, bleibt der zuerst aufgenommene Minijob versicherungsfrei. Alle weiteren Minijobs werden für die Renten-, Kranken- und Pflegeversicherung, nicht jedoch für die Arbeitslosenversicherung zusammengerechnet.

Beamte und Minijobs

Das Beamtenverhältnis wird aufgrund der Versicherungsfreiheit nicht mit Minijobs zusammengerechnet. Für die Renten- und Arbeitslosenversicherung werden die Minijobs so behandelt, als ob es keine Hauptbeschäftigung gäbe. Bei der Kranken- und Pflegeversicherung herrscht jedoch absolute Versicherungsfreiheit.

BEISPIEL

Beamte

Der Beamte D geht neben seiner Haupttätigkeit (monatlich 1.800 €) noch zwei Minijobs mit 200 € bzw. 280 € nach.

Beide Minijobs bleiben grundsätzlich kranken- und pflegeversicherungsfrei. Da das Entgelt der Minijobs 450 € übersteigt, fallen aber Pflichtbeiträge zur Renten- und Arbeitslosenversicherung an.

Nachträgliche Erhöhung des Arbeitsentgelts

Erhöht sich das Arbeitsentgelt nachträglich, z. B. durch eine rückwirkende Tariferhöhung, und wird dadurch die 450-Euro-Grenze überschritten, hat dies nur Auswirkungen für die Zukunft.

Rentenversicherungspflicht

Minijobs waren bis 2012 grundsätzlich sozialversicherungsfrei. Für bestehende Arbeitsverhältnisse gilt dies auch weiter, solange der Arbeitslohn die bisherige Grenze von 400 € nicht übersteigt.

Erhöht sich allerdings das regelmäßige monatliche Arbeitsentgelt auf einen Betrag zwischen 400 € und 450 €, gilt für die alte Beschäftigung das neue Recht. Dann tritt bei dem bisher versicherungsfreien Minijob Versicherungspflicht in der Rentenversicherung ein. Der Minijobber kann sich jedoch von der Versicherungspflicht in der Rentenversicherung befreien lassen (schriftlicher Antrag an den Arbeitgeber).

Wurden hingegen in der Beschäftigung bereits vor dem 1. Januar 2013 Rentenversicherungsbeiträge aufgestockt, bleibt der Minijobber weiterhin versicherungspflichtig. In diesem Fall ist die Befreiung von der Rentenversicherungspflicht nicht möglich.

WICHTIG

Rentenversicherungspflicht

Minijobs, die nach dem 1. Januar 2013 aufgenommen wurden, sind versicherungspflichtig in der gesetzlichen Rentenversicherung. Dieser Personenkreis kann sich aber von der Versicherungspflicht in der Rentenversicherung befreien lassen.

Hierfür muss der Beschäftigte dem Arbeitgeber schriftlich mitteilen, dass er die Befreiung wünscht. Dann zahlt der Arbeitgeber weiterhin den Pauschalbeitrag zur Rentenversicherung, der Minijobber zahlt keinen eigenen Beitrag. Den Antrag des Arbeitnehmers muss der Arbeitgeber zu den Entgeltunterlagen nehmen, aber nicht an die Minijobzentrale senden. Ein Musterantrag zur Befreiung von der Rentenversicherungspflicht ist auf der Internetseite der Minijobzentrale zu finden.

Die Befreiung wirkt ab dem Kalendermonat des Eingangs beim Arbeitgeber, frühestens ab dem Beschäftigungsbeginn. Voraussetzung ist, dass der Arbeitgeber der Minijobzentrale die Befreiung innerhalb von sechs Wochen nach Eingang des Befreiungsantrags meldet.

Beiträge

Liegt eine geringfügig entlohnte Tätigkeit vor, muss der Arbeitgeber Beiträge zur Renten- und i. d. R. auch zur Krankenversicherung zahlen. Dabei ist zwischen

- Arbeitnehmern, die ausschließlich im Privathaushalt beschäftigt sind, und
- sonstigen Arbeitnehmern im gewerblichen Bereich

zu unterscheiden.

Pauschalbeiträge zur Renten- und Krankenversicherung

Kommt der pauschale Beitragssatz zur Rentenversicherung (RV) zur Anwendung, beträgt dieser für Arbeitnehmer im Privathaushalt 5 %, bei sonstigen Arbeitnehmern (im gewerblichen Bereich) 15 % des Arbeitslohns. Andernfalls beträgt der Beitragssatz 18,6 %. Beitragspflichtig sind auch Personen, die in ihrer Haupttätigkeit beitragsbefreit sind (z. B. Beamte) oder die nur eine geringfügige Beschäftigung ausüben (z. B. Rentner).

Der Beitragssatz zur Krankenversicherung (KV) beträgt für Arbeitnehmer im Privathaushalt 5 %, bei sonstigen Arbeitnehmern 13 % des Arbeitslohns. Zusätzlich muss der Arbeitgeber folgende Umlagen an die Minijobzentrale abführen:

Umlage U1	Lohnfortzahlung bei Krankheit	1,00 %
Umlage U2	wegen Schwangerschaft/ Mutterschaft	0,39 %
INSO	Insolvenzumlage	0,12 %

(Alle Beitragssätze nach dem Stand von 2021; die Sätze für 2022 lagen bei Redaktionsschluss noch nicht vor.)

Bei rentenversicherungspflichtigen Minijobs mit geringen Verdiensten ist der zu zahlende monatliche Rentenversicherungsbeitrag von mind. 175 € zu berechnen (Mindestbemessungsgrundlage). Das gilt auch für Beschäftigungen, die bereits vor dem 1. Januar 2013 begonnen haben.

TIPP

Mindestbemessungsgrundlage

Auch bei der Frage, ob die Mindestbemessungsgrundlage zu beachten ist, sind mehrere Minijobs zusammenzuzählen. Lassen Sie sich daher als Arbeitgeber von Ihrem Arbeitnehmer bestätigen, dass der Gesamtverdienst aus allen Minijobs mehr als 175 € beträgt. Dann sind Sie auf der sicheren Seite.

Ist der Arbeitgeber ein Privathaushalt, wird ein Beitrag zur Unfallversicherung i. H. v. 1,6 % einbehalten. In anderen Fällen besteht neben der Meldepflicht bei der Minijobzentrale auch eine Melde- und Beitragspflicht zur gesetzlichen Unfallversicherung. Die gesetzliche Unfallversicherung kommt für die Folgen von Arbeitsunfällen oder Berufskrankheiten auf und wird hierbei nicht automatisch über die Minijobzentrale abgedeckt. Eine private Unfallversicherung ersetzt nicht die gesetzliche Unfallversicherung.

Zusammentreffen mit einer anderen Erwerbstätigkeit bei Überschreiten der Jahresarbeitsentgeltgrenze

BEISPIEL

Überschreiten der Beitragsbemessungsgrenze

G überschreitet mit seiner Haupttätigkeit die Beitragsbemessungsgrenze und ist freiwillig bei einer **gesetzlichen Krankenkasse** versichert. Daneben übt er eine geringfügige Beschäftigung aus.

Sowohl die Pauschalbeiträge zur RV als auch zur KV sind zu zahlen.

Alternative: G ist Mitglied einer **privaten Krankenversicherung.**

In der Krankenversicherung fallen keine Pauschalbeiträge an. Zur RV sind Pauschalbeiträge abzuführen.

Haushaltsscheck

Liegt eine **ausschließliche Beschäftigung im privaten Haushalt** vor und handelt es sich um Tätigkeiten, die sonst durch Haushaltsmitglieder erledigt werden (z.B. Reinigungs- oder Gartenarbeiten, Pflegetätigkeiten – auch Tagesmütter), gelten die Besonderheiten des **Haushaltsscheckverfahrens.** Der Haushaltsscheck dient der Anmeldung von Sozialabgaben und der Pauschsteuer bei der Deutschen Rentenversicherung Knappschaft-Bahn-See (Minijobzentrale).

Den Haushaltsscheck muss der Arbeitgeber zu Beginn sowie zum Ende jeder Beschäftigung eines Arbeitnehmers abgeben und sobald sich dessen Entgelt ändert. Ist ein fester Lohn vereinbart, gilt die Beginnmeldung als Dauerbeleg.

Auf der Basis dieser Angaben errechnet die Einzugsstelle den Beitrag und zieht diesen am 31. Juli bzw. 31. Januar für die jeweils vorhergehenden sechs Monate im Lastschriftverfahren ein.

Verzichtet der Arbeitnehmer auf die Rentenversicherungsfreiheit, muss er die Differenz zum Regelbeitrag (Aufstockungsbetrag) i.H.v. 3,6 % (gewerblicher Minijob) bzw. 13,6 % (Minijob im Haushalt) selbst tragen. Dies wird beim Arbeitgeber zusammen mit den Pauschalsätzen eingezogen. Auch hier ist die Mindestbemessungsgrundlage zu beachten.

BEISPIEL

Haushaltsscheckverfahren

Die Haushaltshilfe H verdient im Monat 100 €. Sie ist rentenversicherungspflichtig. Der Arbeitgeber (Privathaushalt) muss folgende Abgaben leisten:

Krankenversicherung (5 %)	5,00 €
Rentenversicherung AG-Anteil 5 % von 100 €	5,00 €
Rentenversicherung AN-Anteil 18,6 % von 175 € (32,55) abzgl. AG-Anteil (5,00 €)	27,55 €
Umlage U1 (Lohnfortzahlung bei Krankheit)	1,00 €
Umlage U2 (wegen Schwangerschaft/Mutterschaft)	0,39 €
Unfallversicherung	1,60 €
Steuer	2,00 €

Der Arbeitnehmer bekommt noch (100 € - 27,55 € =) 72,45 € ausbezahlt. Der Arbeitgeber zahlt den Arbeitnehmeranteil von 27,55 € und den eigenen Anteil von 14,99 € an die Minijobzentrale.

Ist der Arbeitnehmer von der Rentenversicherungspflicht befreit, bekommt er 100 € ausbezahlt und der Arbeitgeber zahlt nur 14,99 € an die Minijobzentrale.

Vordrucke

Vordrucke erhalten Sie bei der DR Knappschaft-Bahn-See, Minijobzentrale, 45115 Essen und im Internet.

Übergangsbereich

Voraussetzungen

Der Übergangsbereich (früher Gleitzone) wird angewendet, wenn der Arbeitslohn im Monat zwischen 450,01 € und 1.300 € liegt. Während Arbeitnehmer mit einem Arbeitslohn bis 450 € je Monat versicherungsfrei bleiben, sind Beschäftigte mit einem Lohn von mehr als 450 € (ggf. Summe aus mehreren Dienstverhältnissen) versicherungspflichtig. Der Arbeitgeber hat im Übergangsbereich den vollen Beitragssatz zu leisten, der Beitragssatz des Arbeitnehmers steigt mit der Höhe des Entgelts an.

BEISPIEL

Übergangsbereich

I wird voraussichtlich von Januar bis Juni 550 € und von Juni bis Dezember 390 € verdienen. Außerdem stehen ihm 120 € Weihnachtsgeld zu.

Der Jahresarbeitslohn beträgt 5.760 € (6 × 550 € + 6 × 390 € + 120 €). Daraus ergibt sich der maßgebliche Lohn von 480 € (1/12 von 5.760 €). Damit ist die 450-Euro-Grenze überschritten und fällt in den Übergangsbereich.

Im Internet gibt es einen „Übergangsbereichsrechner". Suchen Sie auf www.deutsche-rentenversicherung-bund.de oder www.minijob-zentrale.de nach dem Stichwort „Übergangsbereich".

Kurzfristige Beschäftigung

Steht schon von Beginn an fest, dass die Beschäftigung zeitlich begrenzt ist (z. B. Student mit Semesterferienjob), besteht keine Sozialversicherungspflicht, unabhängig von der Höhe des Entgelts.

Die für die Versicherungsfreiheit kurzfristiger Beschäftigungen maßgebende Zeitgrenze beträgt drei Monate bzw. 70 Arbeitstage.

Dabei gilt die Dreimonatsfrist, wenn die Beschäftigung an mind. fünf Tagen pro Woche ausgeübt wird, und die 70-Tage-Frist bei geringerer wöchentlicher Beschäftigung. Die Beschäftigung muss vertraglich oder nach der Art des Beschäftigungsverhältnisses begrenzt angelegt sein (z. B. Saisontätigkeit). Das gilt nicht, wenn es sich um eine berufsmäßige Beschäftigung handelt **und** das Arbeitsentgelt 450 € überschreitet. Beschäftigungen bei verschiedenen Arbeitgebern sind zusammenzurechnen.

2 Steuerliche Behandlung der geringfügig entlohnten Beschäftigungsverhältnisse

Die Besteuerung erfolgt durch

- eine **Pauschsteuer** nach § 40a Abs. 2 EStG. Die **2%ige Pauschsteuer** gilt für Fälle, in denen der Arbeitgeber **pauschale** Beiträge zur **Rentenversicherung** zu entrichten hat. Die Pauschsteuer gilt die Lohnsteuer, die Kirchensteuer und den Solidaritätszuschlag insgesamt ab. Anmeldung und Erhebung erfolgen durch die DR Knappschaft-Bahn-See (Minijobzentrale);

- die **Pauschalierung der Lohnsteuer nach** § 40a Abs. 2a EStG. Kommt die Pauschsteuer nicht in Betracht, weil keine Pauschalbeiträge zur Rentenversicherung zu entrichten sind, kann der Arbeitgeber die Steuer für ein Dienstverhältnis mit Arbeitslohn von nicht mehr als 450 € mit **20 %** pauschal besteuern. Solidaritätszuschlag und Kirchensteuer kommen hinzu. Die Anmeldung erfolgt beim Betriebsstättenfinanzamt des Arbeitgebers;
- **individuelle Besteuerung nach den Merkmalen der Lohnsteuerkarte.**

WICHTIG

Kurzfristige Beschäftigung

Eine **kurzfristige Beschäftigung** kann weder mit der Pauschsteuer von 2 % noch mit der 20%igen pauschalen Lohnsteuer nach § 40a Abs. 2a EStG belegt werden.

Einzelnes Arbeitsverhältnis

BEISPIEL

Schreibkraft familienversichert

M ist seit dem 1. Juni als Schreibkraft für 450 € monatlich beschäftigt. Sie ist über ihren Ehemann in der gesetzlichen Krankenversicherung familienversichert.

Der Arbeitgeber hat 13 % Krankenversicherungsbeitrag, 15 % Rentenversicherungsbeitrag und **2 % Pauschsteuer** an die DR Knappschaft-Bahn-See abzuführen.

BEISPIEL

Haushaltshilfe familienversichert

N hilft regelmäßig bei S im Haushalt und erhält monatlich 300 €.

S hat 12 % (je 5 % Kranken- und Rentenversicherungsbeitrag und **2 % Pauschsteuer**) an die Minijobzentrale abzuführen. Wären M oder N privat krankenversichert, entfiele jeweils der Krankenversicherungsbeitrag.

HINWEIS

Aufstockung

Die Pauschbesteuerung wird durch eine Aufstockung des Beitrags zur Rentenversicherung durch den Arbeitnehmer nicht beeinträchtigt.

Mehrere Arbeitsverhältnisse

Übersteigen die Verdienste aus mehreren Arbeitsverhältnissen in der Summe die 450-Euro-Grenze **nicht**, bleibt es bei der 2%igen Pauschsteuer.

Bestehen neben einer Haupttätigkeit mehrere geringfügige Beschäftigungsverhältnisse, kann die Lohnsteuer für den ersten Minijob pauschal in Höhe von 2 % abgeführt werden.

BEISPIEL

Mehrere Arbeitsverhältnisse

Eine junge Frau arbeitet als Kassiererin für 550 € monatlich, als Aushilfe im Fitnessclub für 200 € und putzt ab 1.10. eine Arztpraxis für 150 €.

Die Tätigkeit als Kassiererin ist versicherungs- und lohnsteuerpflichtig (Haupttätigkeit). Die erste geringfügige Beschäftigung unterliegt nicht der Zusammenrechnung, sodass für die Aushilfstätigkeit im Fitnessclub pauschale Beiträge (RV 15 %, KV 13 %, **Pauschsteuer 2 %**) abzuführen sind. Die zweite Aushilfstätigkeit kann entweder mit **20 % pauschal** versteuert oder über **Lohnsteuerklasse VI** abgerechnet werden. Für die Sozialversicherung ist die Gleitzonenregelung anzuwenden.

3 Steuerliche Behandlung der kurzfristigen Beschäftigungsverhältnisse

Eine Versteuerung des Arbeitslohns nach § 40a Abs. 1 EStG mit **25 % pauschaler Lohnsteuer** sowie Solidaritätszuschlag und Kirchensteuer kommt unter folgenden Voraussetzungen in Betracht:

- Es erfolgt eine nur gelegentliche Beschäftigung des Arbeitnehmers, die Beschäftigung darf nicht mehr als 18 zusammenhängende Arbeitstage (inkl. Feiertage, Krankheits- und Urlaubstage) andauern und der Durchschnittslohn darf 62 € pro Arbeitstag nicht übersteigen, oder
- die Beschäftigung wird zu einem unvorhersehbaren Zeitpunkt sofort erforderlich.

In beiden Fällen darf der Arbeitslohn 12 € je Arbeitsstunde nicht übersteigen.

4 Steuerermäßigung bei haushaltsnahen Beschäftigungen/Dienstleistungen

Zur Steuerermäßigung bei einer geringfügigen oder sozialversicherungspflichtigen Beschäftigung im Haushalt (Minijob) bzw. zur Beschäftigung durch eine Wohnungseigentümergemeinschaft siehe → Haushaltsnahe Tätigkeiten/Dienstleistungen/Handwerkerleistungen.

Notebook, Smartphone & Co.

Aufwendungen für beruflich bzw. betrieblich genutzte Rechner, damit in Verbindung stehende Peripheriegeräte sowie dazugehörende Software sind als Werbungskosten bzw. Betriebsausgaben abzugsfähig. Der Kostenabzug wurde ab dem Veranlagungszeitraum 2021 durch die Verwaltung neu geregelt.

1 Allgemeines

Ab dem Veranlagungsjahr 2021 hat die Verwaltung die steuerliche Abzugsmöglichkeit von Computerhardware und -software zur Dateneingabe und -verarbeitung neu beurteilt (BMF, Schreiben v. 26.2.2021, IV C 3 – S 2190/21/10002:013). Danach wird künftig für derartige Wirtschaftsgüter eine betriebsgewöhnliche Nutzungsdauer von einem Jahr zugrunde gelegt. Das hat zur Folge, dass die gesamten Anschaffungskosten in voller Höhe im Jahr der Anschaffung steuerlich berücksichtigt werden können. Alternativ ist es (wie bisher) möglich, die Anschaffungskosten für Computerhardware über die Abschreibung auf drei Jahre zu verteilen.

Der für in den Jahren vor 2021 angeschaffte Hardware und Software zum 1.1.2021 noch nicht abgeschriebene Restwert kann in voller Höhe im Veranlagungszeitraum 2021 steuerlich abgezogen werden.

Diese Neuregelungen gelten sowohl für Wirtschaftsgüter im Betriebsvermögen als auch für Wirtschaftsgüter des Privatvermögens, die beruflich bzw. zur Einkunftserzielung verwendet werden. Smartphones sind im o.a. BMF-Schreiben nicht erwähnt. Damit dürfte für diese Geräte wie bisher die AfA-Regelung mit einer angenommenen Nutzungsdauer von drei Jahren gelten.

2 Hardware

Der Begriff „Computerhardware" umfasst Computer, Desktop-Computer, Notebook-PC, Tablets, Slate-Computer, Convertibles, Desktop-Thin-Clients, Workstations, Dockingstations, externe Speicher- und Datenverarbeitungsgeräte (Small-Scale-Server, externe Netzteile und Peripheriegeräte wie z. B. Eingabegeräte, also Tastatur, Maus, Grafiktablett, Scanner, Kamera, Mikrofon, Headset), externe Speicher (Festplatte, DVD-/CD-Laufwerk, Flash-Speicher, Bandlaufwerke) und Ausgabegeräte (Beamer, Plotter, Headset, Lautsprecher, Bildschirm, Monitor, Display und alle Arten von Druckern).

3 Software

Computerprogramme (Software) sind (immaterielle) eigenständige Wirtschaftsgüter. Die Sofortabschreibung gilt sowohl für die Betriebs- (z. B. Windows) als auch für die Anwendersoftware (z. B. Office-Paket) zur Dateneingabe und -verarbeitung. Dazu gehören auch die technisch physikalischen Anwenderprogramme eines Systems zur Datenverarbeitung sowie neben Standardanwendungen auch auf den individuellen Nutzer abgestimmte Anwendungen wie ERP-Software, Software für Warenwirtschaftssysteme und sonstige Anwendungssoftware zur Unternehmensverwaltung oder Prozesssteuerung. Programmupdates sind im Regelfall als „Erhaltungsaufwand" bei Zahlung in voller Höhe abzugsfähig. Soweit das Vorgängerprogramm noch nicht vollständig abgeschrieben war, ist der Restwert jetzt absetzbar.

BEISPIEL

Laptop mit Drucker und Software

A kauft im Dezember 2021 einen Laptop mit Systemsoftware für 750 € + 142,50 € USt, dazu einen TFT-Bildschirm für 120 € + 22,80 € USt und das Office-Paket für 116 € + 22,04 € USt. Er bezahlt alles im Januar 2022. Im Dezember 2022 zahlt er für ein Programmupdate 50 € + 9,50 € USt. Alle Geräte werden ausschließlich beruflich genutzt.

Die gesamten Aufwendungen i. H. v. brutto 1.173,34 € sind in voller

Höhe im Anschaffungsjahr 2021 abzugsfähig. Das Programmupdate ist im Zahlungsjahr 2022 mit 59,50 € abzugsfähig.

4 Laufende Betriebskosten

Kosten für Verbrauchsmaterial (Toner, Druckerpatronen, Papier), Reparaturkosten oder Service-Verträge sind in voller Höhe abzugsfähig. Auch beruflich veranlasste Telekommunikationskosten (Telefon, Internet) sind abzugsfähig. Fallen erfahrungsgemäß derartige Kosten an, akzeptiert die Verwaltung einen beruflich veranlassten Kostenansatz von 20 % des Rechnungsbetrags, maximal 20 € monatlich.

5 Private Mitbenutzung

Sofern der private Nutzungsanteil nicht von völlig untergeordneter Bedeutung (< 10 %) ist, sind alle Kosten – gegebenenfalls schätzungsweise – aufzuteilen. Vertiefend siehe → Werbungskosten, -pauschbeträge und -pauschalen.

Sofern eine berufliche Nutzung vorhanden ist, akzeptiert die Verwaltung ohne weitere Nachweise einen hälftigen beruflichen Anteil. Dieser gilt auch für die an den PC angeschlossenen Peripheriegeräte (z. B. Drucker).

6 Privatnutzung der EDV des Arbeitgebers

Die private Nutzung eines dem Arbeitgeber gehörenden PCs – egal ob im Betrieb oder im Homeoffice – ist ein geldwerter Vorteil und damit Arbeitslohn. Er ist aber nicht steuerpflichtig (§ 3 Nr. 45 EStG).

7 Auslagenersatz durch den Arbeitgeber

Ersetzt der Arbeitgeber den beruflich veranlassten Teil der Internet- oder Telefonkosten, ist der Kostenersatz steuerfrei (§ 3 Nr. 50 EStG). Voraussetzung für die Steuerfreiheit ist, dass der berufliche Kostenanteil nachgewiesen wird. Die Verwaltung lässt ohne Einzelnachweis einen steuerfreien Kostenersatz in Höhe von 20 % des Rechnungsbetrags, max. 20 € monatlich zu. Ein höherer Betrag ist möglich, wenn der Ersatz regelmäßig gezahlt wird und der Arbeitnehmer einen (höheren) beruflichen Kostenanteil für einen repräsentativen Zeitraum von drei Monaten nachweist (Einzelverbindungsnachweis).

Pflegekosten/Eltern

Aufwendungen für die Pflege oder die Heimunterbringung eines Angehörigen können steuerlich auf verschiedene Arten berücksichtigungsfähig sein. Maßgebend ist, aus welchem Grund (Pflegegrad, Behinderung, Krankheit) die Pflege bzw. Heimunterbringung erfolgt und wo die Pflege stattfindet.

1 Allgemeines

Pflegeaufwendungen

Zu den Pflegekosten gehören die Aufwendungen für die Beschäftigung einer ambulanten Pflegekraft und/oder für die Inanspruchnahme von (anerkannten) Pflegediensten, von Einrichtungen der Tages- und Nachtpflege, der Kurzzeitpflege oder von nach Landesrecht anerkannten niedrigschwelligen Betreuungsangeboten. Für die Steuerermäßigung wegen Pflegeleistungen (s. u.) reichen Dienstleistungen zur Grundpflege (Körperpflege, Ernährung, Mobilität) – unabhängig von der Qualifikation der pflegenden Person – aus.

Mögliche Steuervergünstigungen

Die Kosten sind als allgemeine außergewöhnliche Belastungen (§ 33 EStG), als Unterhaltszahlung (§ 33a Abs. 1 EStG), über einen Pflegepauschbetrag (§ 33b Abs. 6 EStG) oder eine Steuerermäßigung (§ 35a Abs. 2 EStG) berücksichtigungsfähig. Teilweise sind die Vorschriften nebeneinander anwendbar, teilweise schließen sie sich aus.

Mögliche Fallgestaltungen

Zu unterscheiden sind bei der Pflege von Angehörigen zum einen, ob die Aufwendungen für den Angehörigen wegen dessen Alter, Pflegebedürftigkeit (Pflegegrad 1 bis 5), Krankheit oder Behinderung anfallen und ob der Angehörige in seiner Wohnung oder im Heim lebt.

Steuerlicher Abzug

Für die Aufwendungen kommt ein Abzug als außergewöhnliche Belastung (§§ 33, 33a Abs. 1 EStG) oder eine Steuerermäßigung (§ 35a Abs. 2 EStG) in Betracht.

! WICHTIG

Übertragene Vermögenswerte

Hat der (pflegebedürftige) Angehörige im Hinblick auf sein Alter (ab 65 Jahren) oder eine etwaige Bedürftigkeit Vermögenswerte (z. B. Grundstück, Geldvermögen) übertragen, kommt ein Abzug von Pflegekosten nur in Betracht, soweit die Aufwendungen den Wert des hingegebenen Vermögens übersteigen.

2 Pflege im Haushalt des Angehörigen

Sofern die Aufwendungen nicht wegen Pflegebedürftigkeit, Behinderung oder krankheitshalber, sondern „nur" altersbedingt angefallen sind, ist der Abzug als allgemeine außergewöhnliche Belastung nach § 33 EStG nur möglich, soweit die Kosten durch einen **anerkannten Pflegedienst** (§ 89 SGB XI) erbracht werden. Vertiefend siehe → Außergewöhnliche Belastung.

Andere (Pflege-)Aufwendungen können über den Abzug als Unterhaltszahlung bis zu einem Höchstbetrag (§ 33a Abs. 1 EStG) berücksichtigt werden. Die Einkünfte und Bezüge des Angehörigen werden dabei auf den Höchstbetrag angerechnet. Vertiefend siehe → Unterhaltszahlungen.

Alternativ können Aufwendungen für die Pflege und Betreuungsleistungen (z.B. Hilfe beim Aufstehen, Anziehen, Essenszubereitung, Betreuung), durch eine Steuerermäßigung nach § 35a Abs. 2 EStG berücksichtigt werden. Vertiefend siehe → Haushaltsnahe Tätigkeiten/Dienstleistungen/Handwerkerleistungen.

Fallen die Kosten wegen Pflegebedürftigkeit, Behinderung oder Krankheit des Angehörigen an, sind alle Kosten als allgemeine außergewöhnliche Belastungen nach § 33 EStG berücksichtigungsfähig.

3 Heimunterbringung

Bei allein altersbedingter Heimunterbringung sind die Kosten für den Angehörigen als Unterhaltszahlung zu beurteilen, die bis zu einem Höchstbetrag (§ 33a Abs. 1 EStG) abzugsfähig sind. Die Einkünfte und Bezüge des Angehörigen werden dabei auf den Höchstbetrag angerechnet (s.o. Punkt 2).

Bei pflege-, behinderungs- oder krankheitsbedingter Unterbringung des Angehörigen im Pflegeheim sind sämtliche Kosten als außergewöhnliche Belastung abzugsfähig. Während die Rechtsprechung alle Kosten als außergewöhnliche Belastung allgemeiner Art (§ 33 EStG) behandelt und davon die zumutbare Eigenbelastung abzieht, teilt die Finanzverwaltung die Kosten auf in einen Teil, der auf Wohnen und Nahrung entfällt und nur als Unterhaltszahlung über § 33a Abs. 1 EStG abzugsfähig ist, und den restlichen Teil, für den der Abzug über § 33 EStG möglich ist. Je nach Fallgestaltung führt die eine oder andere Variante zu einer höheren Steuerersparnis.

Für Pflege- und Betreuungsleistungen im Heim sowie für Leistungen im Heim, die mit einer Haushaltshilfe vergleichbar sind, ist alternativ eine Steuerermäßigung nach § 35a EStG möglich. Dabei ist zu unterscheiden, ob der Angehörige im Heim einen eigenständigen Haushalt führt (betreutes Wohnen) oder nicht. Vertiefend siehe → Haushaltsnahe Tätigkeiten/Dienstleistungen/Handwerkerleistungen.

4 Pflegepauschbetrag

Wird die Pflege des Angehörigen (Hilfestellung bei den Verrichtungen der Tätigkeiten des täglichen Lebens) in der eigenen Wohnung oder der Wohnung des Angehörigen oder in einem selbstständigen Haushalt in einem Heim persönlich durchgeführt, kann die pflegende Person einen Pauschbetrag, abhängig vom Pflegegrad, als außergewöhnliche Belastung geltend machen. Alternativ sind tatsächliche Kosten abziehbar. Vertiefend siehe → Menschen mit Behinderung.

Reisekosten

Aufwendungen in Zusammenhang mit betrieblichen Auswärtstätigkeiten sind als Betriebsausgabe abzugsfähige Reisekosten.

§ 4 Abs. 5 Nr. 5, 6a i. V. m. 9 Abs. 1 Nr. 5a, Abs. 4a EStG

1 Überblick

Reisekosten sind alle Aufwendungen, die durch eine so gut wie ausschließlich betrieblich veranlasste vorübergehende Tätigkeit außerhalb der Wohnung und der **ersten Betriebsstätte** des Selbstständigen (Gewerbetreibender oder Freiberufler) entstehen (Auswärtstätigkeit).

Ort der Tätigkeit	Auswirkung
am Betriebssitz	keine Reisekosten
zu Hause (Arbeitszimmer bzw. Betriebsstätte)	keine Reisekosten
vorübergehend außerhalb der Wohnung und des Betriebs	Reisekosten
an ständig wechselnden Einsatzorten	Reisekosten
auf einem Fahrzeug	Reisekosten

Betriebliche Veranlassung

Eine betriebliche Veranlassung liegt vor, wenn der Selbstständige in Zusammenhang mit seiner betrieblichen Tätigkeit auswärtig tätig wird (z. B. Kunden- und Lieferantenbesuche, Montage, Baustelle). Dazu gehören auch auf eigene Initiative durchgeführte Tätigkeiten, wenn ein betrieblicher Zusammenhang besteht (z. B. Teilnahme an Fortbildungslehrgängen, Fachkongressen, Fachtagungen, Messen). Soweit eine private (Mit-)Veranlassung gegeben ist, kommt u. U. eine anteilige Berücksichtigung der Reisekosten als Betriebsausgaben in Betracht. Vertiefend siehe → Fortbildung/Fachtagungen und → Werbungskosten, -pauschbeträge und -pauschalen.

Erste Betriebsstätte

Eine erste Betriebsstätte kann nur eine von der Wohnung getrennte, ortsfeste Tätigkeitsstätte des Selbstständigen sein, i. d. R. der Betriebssitz. Betrieblich genutzte Räume, die sich in der selbst genutzten Wohnung befinden (Homeoffice/häusliches Arbeitszimmer), sind keine (erste) Betriebsstätte (BFH, Urteil v. 22.10.2014, X R 13/13).

Es ist nicht notwendig, dass der Selbstständige als Eigentümer oder Mieter über die Tätigkeitsstätte verfügen kann. Eine erste Betriebsstätte ist auch beim Auftraggeber (Kunden), z. B. wenn dieser der einzige Auftraggeber ist und bei ihm alle wesentlichen Tätigkeiten ausgeübt werden (o. a. BFH-Urteil), oder bei einem vom Auftraggeber bestimmten Dritten möglich. Dabei ist ohne Bedeutung, ob die Räume zur ausschließlichen (alleinigen) Nutzung durch den Selbstständigen zur Verfügung stehen.

Weitere Voraussetzung für die Annahme einer ersten Betriebsstätte ist, dass der Selbstständige dort **dauerhaft** (unbefristet oder voraussichtlich länger als

48 Monate oder für die gesamte Dauer der betrieblichen Tätigkeit) tätig wird.

Je Betrieb kann ein Selbstständiger nur eine erste Betriebsstätte haben. Übt er seine Tätigkeit an mehreren Orten aus, ist die erste Betriebsstätte dort, wo er arbeitstäglich oder je Woche an zwei vollen Arbeitstagen oder zu mindestens einem Drittel seiner regelmäßigen Arbeitszeit tätig werden soll. Treffen diese Bedingungen auf mehrere Tätigkeitsstätten zu, ist die der Wohnung nächstgelegene die erste Tätigkeitsstätte. Treffen die Bedingungen auf keinen Tätigkeitsort zu, gibt es keine erste Betriebsstätte.

BEISPIEL

Mehrere Filialen

Ein Einzelunternehmer, wohnhaft in A, betreibt zwei Filialen, eine in B-Stadt (Entfernung zur Wohnung 12 km), die andere in C-Stadt (Entfernung zur Wohnung 20 km). Er sucht

a) die Filiale in B-Stadt an einem Tag wöchentlich, die Filiale in C-Stadt an vier Tagen die Woche auf.
b) beide Filialen arbeitstäglich auf.

In Fall a) befindet sich die erste Betriebsstätte in C-Stadt, denn nur hier sind die zeitlichen Kriterien (Tätigkeit wöchentlich zwei volle Arbeitstage) erfüllt. Bei der Tätigkeit in B-Stadt handelt es sich um eine Auswärtstätigkeit mit Reisekostenabzug.
In Fall b) erfüllen beide Filialen die zeitlichen Vorgaben (arbeitstäglich aufgesucht). Damit gilt die der Wohnung nächstgelegene Filiale in B-Stadt als erste Betriebsstätte, die Tätigkeit in C-Stadt führt zum Reisekostenabzug.

Tätigkeit bei Kunden

Ein selbstständiger Versicherungsmakler erledigt im häuslichen Arbeitszimmer die anfallenden Bürotätigkeiten und erbringt seine Beratungsleistungen bei den einzelnen Kunden.

Das Arbeitszimmer ist keine erste Betriebsstätte, die Wohnungen/Betriebe der Kunden erfüllen nicht die zeitlichen Kriterien (arbeitstäglich, wöchentlich zwei Tage ...). Damit ist keine erste Betriebsstätte vorhanden. Die Kundenbesuche sind Auswärtstätigkeiten mit Reisekostenabzug.

Für Tätigkeiten an der ersten Betriebsstätte sind Fahrtkosten in Höhe der Entfernungspauschale und Übernachtungskosten nur dann abzugsfähig, wenn eine Übernachtung aus nicht privaten Gründen (z. B. Überstunden, Nachtarbeit, witterungsbedingte Umstände) notwendig war. Vertiefend siehe → Fahrtkosten und → Firmenwagen.

Aus-/Fortbildung

Sucht ein Selbstständiger im Rahmen seiner Tätigkeit zu Aus- oder Fortbildungszwecken vorübergehend eine Ausbildungs- oder Fortbildungsstätte außerhalb seines Betriebs auf, führt dies zu Reisekosten. Macht er eine erste Ausbildung in Vollzeit oder unterbricht er seine betriebliche Tätigkeit, um an einer Bildungseinrichtung ein Vollzeitstudium aufzunehmen oder an einer vollzeitigen Bildungsmaßnahme (z. B. Meisterschule, Heilpraktikerschule) teilzunehmen, gilt die Bildungseinrichtung wie eine erste Betriebsstätte, sodass keine Reisekosten abzugsfähig sind. Eine zeitliche Mindestdauer für die Bildungsmaßnahme ist nicht erforderlich. Es reicht aus, dass die Einrichtung fortdauernd und immer wieder aufgesucht wird (BFH, Urteil v. 14.5.2020, VI R 24/18). Damit sind Fahrten nur über die Entfernungspauschale von 0,30 € je Entfernungskilometer (Ekm) bzw. 0,35 € ab dem 21. Entfernungskilometer (einfache Strecke) abziehbar und Verpflegungspauschalen sind nicht abzugsfähig. Wird an der Bildungseinrichtung oder in deren Nähe übernachtet, kann eine betrieblich verursachte → Doppelte Haushaltsführung vorliegen.

2 Kostenabzug

Grundsätzlich sind als Reisekosten abzugsfähig:

- Aufwendungen für Fahrten
- Verpflegungsmehraufwendungen
- Unterkunftskosten
- Reisenebenkosten

Fahrtkosten

Berücksichtigungsfähig sind alle Fahrten in Zusammenhang mit der auswärtigen Tätigkeit (z. B. Fahrten von zu Hause oder vom Betriebssitz aus zur auswärtigen Einsatzstelle oder zum Zweigbetrieb oder zu einer auswärtigen Unterkunft oder zwischen auswärtiger Unterkunft und auswärtiger Tätigkeitsstätte) einschließlich Zwischenfahrten (z. B. Besuch einer Gaststätte zur Einnahme des Mittagessens). Nicht abzugsfähig sind Besuchsfahrten des Ehegatten zur auswärtigen Tätigkeitsstätte, und zwar selbst dann, wenn eine Heimfahrt des Unternehmers aus betrieblichen Gründen nicht möglich ist.

Unabhängig vom benutzten Verkehrsmittel sind stets die tatsächlichen Ausgaben abzugsfähig (z. B. Fahrkarte, Taxiquittung etc.). Der Abzug gilt für alle Fahrten im Rahmen der Auswärtstätigkeit (auch mehrmalige tägliche Fahrten). Nutzt der Selbstständige ein betriebliches Fahrzeug, sind die Kfz-Kosten bereits in den Betriebsausgaben erfasst. Bei Nutzung motorbetriebener **privater** Verkehrsmittel können die Kosten entweder pauschal mit 0,30 €/km bei Kfz-Nutzung bzw. 0,20 €/km bei Nutzung anderer motorbetriebener Fahrzeuge (Motorrad, Motorroller, Moped, „großes" E-Bike) oder mit den tatsächlichen Kosten je Kilometer, wenn diese höher sind als die Pauschale, geltend gemacht werden. Zur Ermittlung der tatsächlichen Aufwendungen siehe vertiefend → Fahrtkosten.

Ereignet sich während einer Auswärtstätigkeit ein Unfall, sind die entstandenen Unfallkosten **zusätzlich** zu den Kilometerpauschalen abzugsfähig. Auch Park- und Straßenbenutzungsgebühren sind neben den Pauschalen als Reisenebenkosten absetzbar.

Sonderfälle Sammelpunkt und weiträumiges Tätigkeitsgebiet

Sucht ein Selbstständiger **ohne** erste Betriebsstätte arbeitstäglich dauerhaft denselben Ort (z. B. zur Übernahme eines Fahrzeugs) oder ein weiträumiges Tätigkeitsgebiet (z. B. Zustellbezirke von Paketzustellern, nicht jedoch Kehrbezirke von Schornsteinfegern oder Einsatzbereiche von Pflegediensten) auf, sind die Fahrten zu dem Ort bzw. bis zur Grenze des weiträumigen Tätigkeitsgebiets nicht mit den tatsächlichen Kosten, sondern (verkehrsmittelunabhängig) nur in Höhe der Entfernungspauschale von 0,30 € je Kilometer der Entfernung abziehbar.

Verpflegungspauschale

Dreimonatsfrist

Verpflegungsmehraufwendungen während einer auswärtigen Tätigkeit sind, unabhängig von den tatsächlichen Verpflegungskosten, (nur) mit Verpflegungspauschalen berücksichtigungsfähig. Die Pauschalen können jeweils nur für die ersten drei Monate derselben Auswärtstätigkeit steuerlich geltend gemacht werden.

Ob dieselbe Auswärtstätigkeit vorliegt oder nicht, hängt davon ab, ob die Arbeit am selben Ort aufgrund eines oder verschiedener Aufträge verrichtet wird.

BEISPIEL

Dieselbe Auswärtstätigkeit

- C arbeitet vier Monate lang im Betrieb eines Kunden an der Umstellung der EDV-Anlage.
  Nach Ablauf von drei Monaten an derselben auswärtigen Tätigkeitsstätte können die Verpflegungsmehraufwendungen nicht mehr abgezogen werden.
- Handwerker D ist in einem Neubaugebiet tätig. Zuerst arbeitet er zwei Monate an Haus 1, danach für vier Monate an Haus 2 in unmittelbarer Nachbarschaft.
  Handelt es sich um einen einheitlichen Auftrag, beginnt die Dreimonatsfrist einheitlich bereits ab der Tätigkeit auf Baustelle 1. Handelt es sich um verschiedene Auftraggeber oder Kunden, läuft, unbeachtlich der räumlichen Nähe, mit Arbeitsbeginn auf Baustelle 2 eine neue Dreimonatsfrist.

Die Dreimonatsfrist beginnt, sobald der Selbstständige dieselbe auswärtige Tätigkeitsstätte in einer Woche an mindestens drei Tagen aufsucht. Sie läuft auch dann weiter, wenn diese Tätigkeitsstätte in der Folgezeit nur noch an ein oder zwei Tagen wöchentlich aufgesucht wird.

BEISPIEL

Handwerker A arbeitet ab 15.2. an drei Tagen in der Woche auf Baustelle 1 und an zwei Tagen in der Woche auf Baustelle 2. Nach Abwicklung von Bauvorhaben 1 arbeitet er ab 1.7. an allen Tagen der Woche auf Baustelle 2. Ab 1.9. arbeitet er auf Baustelle 2 nur noch zwei Tage und drei Tage auf Baustelle 3.

Für die Arbeitstage auf Baustelle 1 kann A für die Zeit zwischen 15.2. und 14.5. (drei Monate) Verpflegungspauschbeträge geltend machen. Bis 30.6. ist der Abzug der Verpflegungspauschale für alle Tage der Tätigkeit auf Baustelle 2 möglich. Ab 1.7. (Tätigkeit mindestens drei Tage/Woche) beginnt für Baustelle 2 die

Dreimonatsfrist und endet Ende September. Dass ab September die Tätigkeit auf Baustelle 2 nur noch zwei Tage umfasst, beeinflusst den Ablauf der Dreimonatsfrist nicht. Gleichzeitig beginnt ab September eine neue Dreimonatsfrist für Baustelle 3.

Sonderfall Fahrtätigkeit

Bei einem Selbstständigen, der eine **Fahrtätigkeit** ausübt, also seinen Arbeitsplatz auf einem Fahrzeug hat (z. B. Fuhrunternehmer, Taxiunternehmer, Busunternehmer), gilt die Dreimonatsregelung nicht, weil jede neue Fahrt eine neue Auswärtstätigkeit darstellt. Dies gilt auch, wenn regelmäßig dieselbe Strecke gefahren wird (BFH, Urteil v. 24.2.2011, VI R 66/10).

Eine Unterbrechung der Dreimonatsfrist von mindestens vier Wochen, aus welchem Grund auch immer (Urlaub, Krankheit, Tätigkeit am Betriebssitz), führt zu einem Neubeginn des Dreimonatszeitraums.

BEISPIEL

Unterbrechung der Dreimonatsfrist

Der selbstständig tätige PC-Betreuer K ist von 1.1. bis 30.6. bei einem Kunden mit dem Aufbau einer EDV-Anlage beschäftigt. Vom 10.2. bis 18.2. war er krank, anschließend hatte er bis 15.3. Urlaub.

Die Dreimonatsfrist beginnt am 1.1. und endet regulär Ende März. Durch die mehr als vierwöchige Unterbrechung beginnt jedoch am 16.3. eine neue Dreimonatsfrist, die am 15.6. endet.

Verpflegungspauschale Inland

Bei einer inländischen Auswärtstätigkeit können folgende Pauschalen beansprucht werden:

Abwesenheitsdauer anlässlich der Auswärtstätigkeit	Pauschbetrag
mehr als acht Stunden und weniger als 24 Stunden	14 €
24 Stunden	28 €
An-/Abreisetag bei Auswärtstätigkeit mit Übernachtung	14 €

Wird eine Auswärtstätigkeit direkt von der Wohnung aus angetreten, beginnt die Abwesenheitsdauer mit dem Verlassen der Wohnung. Fahren Sie zunächst zum Betriebssitz, beginnt die Abwesenheitsdauer mit Verlassen des Betriebs. Entsprechendes gilt für die Beendigung der Auswärtstätigkeit.

Werden an **einem Tag mehrere Reisen** unternommen, sind die Abwesenheitszeiten zusammenzurechnen.

BEISPIEL

Eintägige Auswärtstätigkeit

Der selbstständige Handelsvertreter H fährt um 7:00 Uhr direkt von der Wohnung zu einem Kunden. Um 12:00 Uhr trifft er in seinem Büro (Betriebssitz) ein. Nachmittags besucht H noch einen Kunden (Abfahrt Büro 14:00 Uhr) und fährt anschließend von dort aus direkt nach Hause (Ankunft 19:00 Uhr).

Die beiden Auswärtstätigkeiten haben jeweils eine Dauer von fünf Stunden. Durch die Zusammenrechnung ergibt sich eine Gesamtdauer von zehn Stunden (= Pauschbetrag 14 €).

Mehrtägige Reisen

BEISPIEL

Mehrtägige Auswärtstätigkeit

Eine mehrtägige Auswärtstätigkeit (Einbau einer Großküche in einer Gaststätte) beginnt am 2.3. um 19:00 Uhr und wird am 5.3. um 7:00 Uhr beendet.

Die Verpflegungspauschalen betragen insgesamt 84 € (Anreisetag 2.3. = Pauschbetrag 14 €, 3.3. und 4.3. je 24 Stunden = 2 × 28 €, Abreisetag 5.3. = 14 €). Die Abwesenheitsdauer am An- und Abreisetag ist ohne Bedeutung.

Sonderfall Mitternachtsregelung

Wird eine Auswärtstätigkeit an einem Tag begonnen und am anderen Tag beendet, ohne dass eine Übernachtung stattgefunden hat, und beträgt die Abwesenheitsdauer an beiden Tagen zusammen insgesamt mehr als acht Stunden, sind 14 € Verpflegungspauschale möglich.

BEISPIEL

Notfalldienst

Ein selbstständig tätiger Handwerker wird wegen einer defekten Maschine zu einem Notfalleinsatz gerufen. Er verlässt seine Wohnung um 22:00 Uhr und kehrt am nächsten Morgen um 7:00 Uhr in seine Wohnung zurück.

Da keine Übernachtung stattgefunden hat, sind die Abwesenheitszeiten beider Tage zu addieren. Damit ergeben sich über acht Stunden Abwesenheit und ein Pauschbetrag von 14 €.

Verpflegungspauschale Ausland

Für Auswärtstätigkeiten im Ausland können meist höhere Pauschalen zum Abzug gebracht werden. Deren Höhe ist vom besuchten Land und der Dauer der Reise abhängig. Die Pauschbeträge werden jährlich neu durch das Bundesfinanzministerium festgelegt und sind im Internet abrufbar. Wie im Inland sind die Pauschalen nach der Dauer der Abwesenheit bzw. nach An- und Abreisetag gestaffelt (BMF, Schreiben v. 3.12.2020, IV C 5 – S 2353/19/10010:002 – 2020/1163533).

Eintägige Auslandsreisen

Wird eine Reise am selben Tag begonnen und beendet, sind die Pauschalen des letzten Tätigkeitsorts im Ausland maßgebend.

BEISPIEL

Eintägige Auslandsreise

Weinhändler W verlässt um 7:00 Uhr seine Wohnung und besucht zunächst einen Lieferanten in Frankreich. Anschließend fährt er weiter zu einem Kunden nach Luxemburg. Gegen 23:00 Uhr trifft er wieder zu Hause ein. Maßgebend ist die für Luxemburg geltende Pauschale.

Mehrtägige Auslandsreisen

Die Höhe der Verpflegungspauschale richtet sich nach dem Land, das der Reisende vor Mitternacht (Ortszeit) zuletzt erreicht hat. Für den Tag der Rückreise ist der letzte Tätigkeitsort im Ausland maßgebend.

BEISPIEL

Reise in verschiedene Länder

W verlässt am 6.4. um 7:00 Uhr seine Wohnung und fährt zu einem in der Schweiz ansässigen Kunden. Anschließend geht es weiter nach Italien, wo W gegen 22:00 Uhr eintrifft. Nach einer Übernachtung besucht W in Italien am 7.4. und 8.4. verschiedene andere Kunden. Am 9.4. fährt er über die Schweiz zurück nach Deutschland und trifft um 15:00 Uhr zu Hause ein. Für den 6.4. sind die für Italien geltenden Verpflegungspauschalen maßgebend (Ankunft in Italien vor 24:00 Uhr). Der 7.4. und 8.4. rechnen jeweils als voller Abwesenheitstag (= Pauschale für 24 Stunden). Für den 9.4. richtet sich die Pauschale nach den für Italien geltenden Regelungen, da W in der Schweiz nicht „tätig geworden" ist.

Flugreisen

Auch bei Flugreisen kommt es darauf an, welches Land vor 24:00 Uhr Ortszeit zuletzt erreicht wird (z. B. Abflug Bundesrepublik Deutschland 6.4. um 10:00 Uhr, Ankunft USA 6.4. um 18:00 Uhr – Ortszeit 12:00 Uhr – maßgebend sind die für die USA geltenden Pauschalen). Zwischenlandungen bleiben unberücksichtigt. Für den Rückreisetag ist der letzte Tätigkeitsort im Ausland maßgebend.

Zeitgleicher doppelter Haushalt

Wird eine Auswärtstätigkeit bei gleichzeitiger doppelter Haushaltsführung ausgeübt, d. h. liegt eine doppelte Haushaltsführung mit Verpflegungsmehraufwand vor und wird von dort aus eine Auswärtstätigkeit mit Verpflegungsmehraufwand ausgeführt, ist nur ein Pauschbetrag täglich, der höhere, abziehbar. Vertiefend siehe → Doppelte Haushaltsführung.

Übernachtungskosten

Abzugsfähig sind – auch für Auslandsreisen – die beruflich veranlassten Mehraufwendungen für die Übernachtungsunterkunft in tatsächlicher Höhe (Belege aufbewahren!). Die Angemessenheit der Unterkunft (Kostenhöhe) wird nicht geprüft. Voraussetzung für einen beruflich veranlassten Mehraufwand ist, dass der Steuerpflichtige noch über eine andere Unterkunft (kein eigener Hausstand/Wohnung nötig, Zimmer z. B. bei den Eltern ausreichend) verfügt. Ist die Unterkunft am Tätigkeitsort die einzige Wohnung/Unterkunft des Steuerpflichtigen, ist kein Abzug möglich, weil dann kein beruflich veranlasster Mehraufwand vorliegt.

Bei einer längerfristigen Auswärtstätigkeit an derselben Tätigkeitsstätte im Inland können die Kosten nach Ablauf von 48 Monaten nur noch wie bei doppelter Haushaltsführung – bis zu 1.000 € monatlich – abgezogen werden. Vertiefend siehe → Doppelte Haushaltsführung.

Die 48-Monatsgrenze gilt nur, wenn die Tätigkeit an der auswärtigen Tätigkeitsstätte an mindestens drei Tagen wöchentlich ausgeübt wird.

BEISPIEL

48-Monatszeitraum

Der selbstständige IT-Systemmanager, Betriebssitz in X-Stadt, betreut seit 1.10.2017 an zwei Tagen in der Woche die EDV-Anlage des Kunden vor Ort in Y-Stadt. Ab 15.3.2017 ist er an drei Tagen wöchentlich beim Kunden in Y-Stadt tätig. Er übernachtet in Y-Stadt im Hotel.

Die 48-Monatsfrist beginnt am 15.3.2017 (drei Tage wöchentlich) und endet am 14.3.2021. Ab 15.3.2021 greift die Begrenzung des Abzugs auf monatlich 1.000 €.

Eine Unterbrechung von mindestens sechs Monaten (egal aus welchem Grund) führt zu einem Neubeginn der 48-Monatsfrist.

ACHTUNG

Berufskraftfahrer

Alle Personen, die ihrer beruflichen Tätigkeit überwiegend in Fahrzeugen nachgehen (Busfahrer, Lkw-Fahrer), können ab 2020 neben der Verpflegungspauschale einen neuen Pauschbetrag von 8 € täglich für Aufwendungen, die in Zusammenhang mit einer Übernachtung stehen (z. B. Gebühren für die Benutzung von Toiletten oder Duschen und Waschgelegenheiten sowie Park- und Abstellgebühren und Aufwendungen für die Reinigung der eigenen Schlafkabine), bekommen. Alternativ ist der Nachweis höherer tatsächlicher Kosten möglich (§ 9 Abs. 1 Satz 3 Nr. 5b EStG).

Pauschalpreis für Hotel

Sind in Hotelrechnungen die Leistungen (Mahlzeiten, Telefon, Internet, Parkplatz, Übernachtung) nicht gesondert ausgewiesen, müssen die Verpflegungskosten aus der Gesamtsumme herausgerechnet werden.

Die anteilig enthaltenen Verpflegungskosten sind anzusetzen mit

- 20 % der Verpflegungspauschale für das Frühstück und
- jeweils 40 % der Verpflegungspauschale für Mittag- oder Abendessen.

Maßgebend ist der für den Unterkunftsort gültige Pauschbetrag für Verpflegungsmehraufwendungen bei einer Auswärtstätigkeit mit einer Abwesenheitsdauer von mindestens 24 Stunden.

BEISPIEL

Gesamtpreis aufteilen

D reist geschäftlich nach Frankfurt. Die Hotelrechnung über 100 € beinhaltet Übernachtungskosten und eine Servicepauschale für den Internetzugang und den Parkplatz etc. Auch das Frühstück ist enthalten.

Zur Ermittlung der abzugsfähigen Hotelkosten ist die Hotelrechnung um 5,60 € (20 % von 28 €) für das Frühstück zu kürzen. Damit sind 94,40 € abzugsfähig. Die Aufwendungen für das Frühstück sind gesondert über die Verpflegungspauschalen abziehbar.

Reisenebenkosten

Zu den in tatsächlicher Höhe abzugsfähigen Reisenebenkosten gehören z. B. Kosten für die Beförderung und Aufbewahrung des Gepäcks, Park- und Straßennutzungsgebühren, Telefonkosten für berufliche bzw. geschäftliche Gespräche, Wertverluste infolge von Diebstahl des für die Reise notwendigen persönlichen Gepäcks (außer Geld und Schmuck), Versicherungen (z. B. Unfallversicherung, Reisegepäckversicherung), soweit berufliche Reisen abgedeckt sind, und Trinkgelder, z. B. für das Hotelpersonal. Trinkgelder, die anlässlich von Restaurantbesuchen anfallen, sind nur abzugsfähig, wenn es sich um eine Bewirtung handelt. Dauert die Auswärtstätigkeit länger als eine Woche, sind auch private Telefonate zur Kontaktaufnahme mit der Familie abzugsfähig (BFH, Urteil v. 5.7.2012, VI R 50/10).

Nicht abzugsfähig – wegen privater Mitbenutzung – ist die Anschaffung von Koffern und anderer Reiseausrüstung (z. B. Reisefföhn, Schirm, Stadtführer, Kleidung).

Renten

Renten, die nicht vom früheren Arbeitgeber gezahlt werden, fallen unter die Einkunftsart „sonstige Einkünfte“. Die Höhe der Besteuerung hängt davon ab, wie die Beiträge ursprünglich in der Ansparphase steuerlich behandelt wurden. Für die Steuererklärung stehen drei Anlagen zur Verfügung: Anlage R für Renten aus dem Inland, Anlage R-AUS für Renten aus ausländischen Versicherungen bzw. einem ausländischen Rentenvertrag und Anlage R-AV/bAV für Leistungen aus Altersvorsorgeverträgen und aus der betrieblichen Altersversorgung.

§ 22 EStG

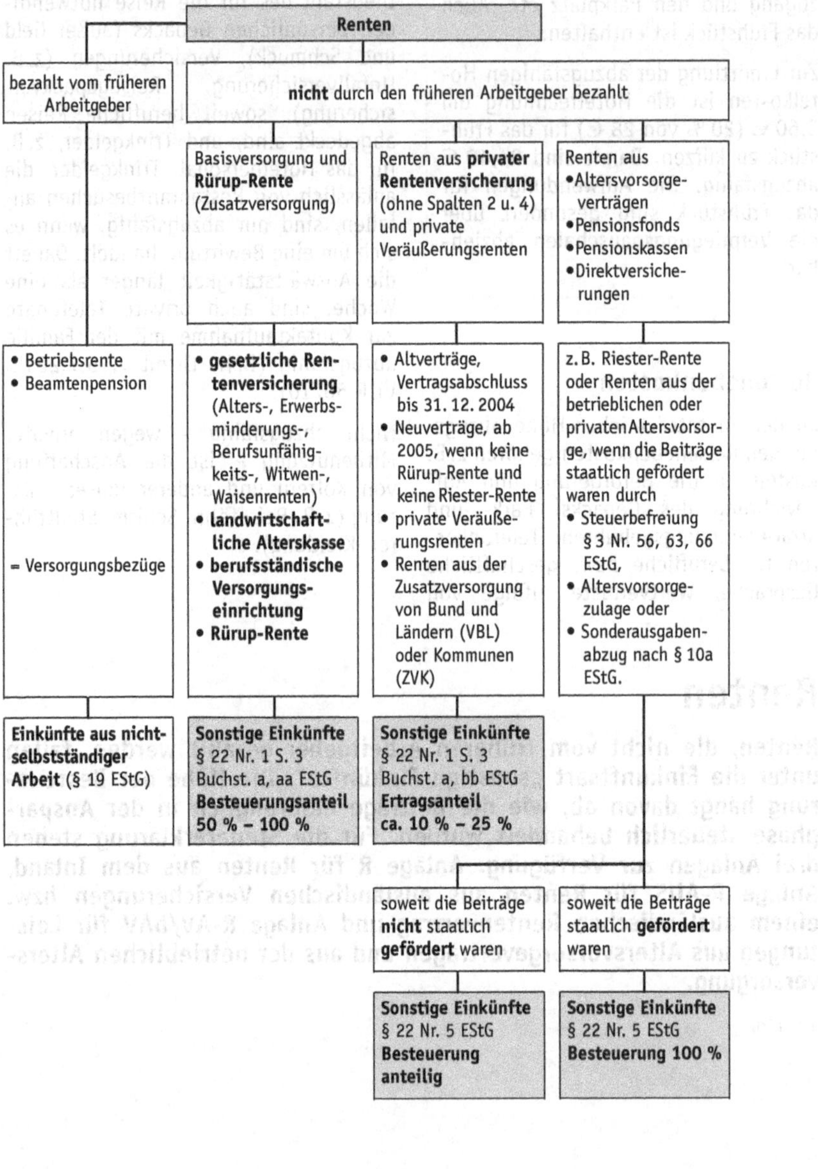
Renten
bezahlt vom früheren Arbeitgeber
nicht durch den früheren Arbeitgeber bezahlt
Basisversorgung und Rürup-Rente (Zusatzversorgung)
Renten aus privater Rentenversicherung (ohne Spalten 2 u. 4) und private Veräußerungsrenten
Renten aus •Altersvorsorgeverträgen •Pensionsfonds •Pensionskassen •Direktversicherungen
• Betriebsrente • Beamtenpension = Versorgungsbezüge
• gesetzliche Rentenversicherung (Alters-, Erwerbsminderungs-, Berufsunfähigkeits-, Witwen-, Waisenrenten) • landwirtschaftliche Alterskasse • berufsständische Versorgungseinrichtung • Rürup-Rente
• Altverträge, Vertragsabschluss bis 31. 12. 2004 • Neuverträge, ab 2005, wenn keine Rürup-Rente und keine Riester-Rente • private Veräußerungsrenten • Renten aus der Zusatzversorgung von Bund und Ländern (VBL) oder Kommunen (ZVK)
z. B. Riester-Rente oder Renten aus der betrieblichen oder privaten Altersvorsorge, wenn die Beiträge staatlich gefördert waren durch • Steuerbefreiung § 3 Nr. 56, 63, 66 EStG, • Altersvorsorgezulage oder • Sonderausgabenabzug nach § 10a EStG.
Einkünfte aus nichtselbstständiger Arbeit (§ 19 EStG)
Sonstige Einkünfte § 22 Nr. 1 S. 3 Buchst. a, aa EStG Besteuerungsanteil 50 % – 100 %
Sonstige Einkünfte § 22 Nr. 1 S. 3 Buchst. a, bb EStG Ertragsanteil ca. 10 % – 25 %
soweit die Beiträge nicht staatlich gefördert waren
soweit die Beiträge staatlich gefördert waren
Sonstige Einkünfte § 22 Nr. 5 EStG Besteuerung anteilig
Sonstige Einkünfte § 22 Nr. 5 EStG Besteuerung 100 %

1 Unterschiedliche Besteuerung der Altersbezüge

Versorgungsbezüge

Renten und andere Vorteile, die aus einem früheren Dienstverhältnis zufließen, stellen Versorgungsbezüge dar und werden im Rahmen der Einkünfte aus nichtselbstständiger Arbeit nach § 19 EStG besteuert. Dazu gehören insbesondere die **Betriebsrente**, die der frühere Arbeitgeber bezahlt, und die **Beamtenpension.**

Steuerfreie Renten

Nicht alle Renten unterliegen der Besteuerung. So sind z. B. steuerfrei: Renten aus der gesetzlichen Unfallversicherung (Berufsgenossenschaft), einer privaten Pflegeversicherung, der Abfindungsbetrag einer Witwen- oder Witwerrente wegen Wiederheirat des Berechtigten, Renten, die wegen der Anrechnung von Kindererziehungszeiten an Mütter der Geburtsjahrgänge vor 1921 ausgezahlt werden, Renten, die an Wehrdienst- oder Zivildienstbeschädigte oder deren Hinterbliebene oder die aufgrund der gesetzlichen Vorschrift zur Wiedergutmachung nationalsozialistischen Unrechts gezahlt werden, und SED-Opferrenten.

Sonstige Einkünfte

Renten, die nicht der frühere Arbeitgeber zahlt, werden als sonstige Einkünfte nach § 22 EStG besteuert. Es handelt sich dabei um Leibrenten, d. h. Renten, die auf Lebenszeit gezahlt werden, und um abgekürzte Leibrenten mit einer Höchstlaufzeit. Reine Zeitrenten werden nicht als sonstige Einkünfte besteuert.

Die Besteuerung der Renten ist nicht einheitlich, weil auch die Beiträge in der Ansparphase steuerrechtlich unterschiedlich behandelt wurden.

2 Gesetzliche Renten und Rürup-Renten

Die Renten aus der **gesetzlichen Rentenversicherung** (Alters-, Erwerbsminderungs-, Berufsunfähigkeits-, Witwen- oder Witwerrenten, Waisenrenten, Erziehungsrenten), aus der **landwirtschaftlichen Alterskasse**, aus **berufsständischen Versorgungseinrichtungen** (z. B. Versorgungswerk der Ärzte, Architekten, Rechtsanwälte usw.) und die **Rürup-Rente** werden nach § 22 Nr. 1 Satz 3 Buchst. a, Doppelbuchst. aa EStG mit dem Besteuerungsanteil besteuert.

Besteuerungsanteil

Die Besteuerung erfolgt nach dem sog. Kohorten-Prinzip, d. h. die Höhe des Besteuerungsanteils richtet sich nach dem Jahr des Rentenbeginns. Unter **„Beginn der Rente"** ist der Zeitpunkt zu verstehen, ab dem die Rente (ggf. nach rückwirkender Zubilligung) tatsächlich bewilligt wird. Für alle Neurentner eines Jahres gilt derselbe Prozentsatz. Der **Besteuerungsanteil** beträgt für Renten, die spätestens im Jahr 2005 erstmals gezahlt wurden, 50 %. Für jeden neu hinzukommenden Rentenjahrgang (Kohorte) erhöht sich der Prozentsatz seit 2006 um jährlich 2 % und ab 2021 um jährlich 1 %. Renten, die erstmals im Jahr 2040 gezahlt werden, erreichen dann einen Besteuerungsanteil von 100 %. Damit wird die Rentenbesteuerung in die **nachgelagerte Besteuerung** überführt.

Der Besteuerungsanteil für Rentner, die erstmals **2021** eine gesetzliche Rente erhalten, beträgt **81 %.**

Das Bundesverfassungsgericht hat im September 2015 drei gegen die Rentenbesteuerung gerichtete Verfassungsbeschwerden nicht zur Entscheidung angenommen und damit die Verfassungsmäßigkeit der Rentenbesteuerung bestätigt (BVerfG, 2 BvR 2683/11, 2 BvR 1066/10, 2 BvR 1961/10).

Bemessungsgrundlage

Bemessungsgrundlage für die Berechnung des Besteuerungsanteils ist der Jahresbetrag der Rente, d.h. die Bruttorente und nicht die ausgezahlte Rente. Die einbehaltenen und abgeführten Beiträge zur Kranken- und Pflegeversicherung gehören auch zur Bemessungsgrundlage, soweit sie vom Rentner gezahlt werden. Die Zuschüsse, die die Rentenversicherung zur Krankenversicherung bezahlt, sind steuerfrei nach § 3 Nr. 14 EStG.

BEISPIEL

Besteuerungsanteil

Eine verheiratete Rentnerin bezieht seit Februar 2021 eine monatliche Rente von 2.100 €. Andere Einkünfte liegen nicht vor.

In diesem Fall beträgt der Besteuerungsanteil 81 % aus 24.200 € = 19.602 €. Dieser Betrag liegt nach Abzug von Kranken- und Pflegepflichtversicherungsbeiträgen, die als Sonderausgaben abziehbar sind, unter dem Grundfreibetrag (19.488 €), sodass die Rente nicht besteuert wird, wenn keine anderen Einkünfte vorliegen.

Steuerfreier Teil der Rente

Bei Renten, die vor 2005 erstmals gezahlt wurden, beträgt der steuerfreie Teil 50 % der im Jahr 2005 gezahlten Rente. In allen anderen Fällen wird der steuerfreie Teil der Rente in dem Jahr, das dem Jahr des Rentenbeginns folgt **(zweites Jahr des Rentenbezugs)**, ermittelt. Dies gilt auch dann, wenn die Rente schon im Jahr ihres Beginns für volle zwölf Monate bezogen wurde. Der steuerfreie Teil ergibt sich aus dem Unterschiedsbetrag zwischen dem Jahresbetrag der Rente und dem Besteuerungsanteil in diesem Jahr.

Der steuerfreie Teil der Rente wird **betragsmäßig** für den einzelnen Rentner **festgeschrieben** und ist **für die gesamte Laufzeit** der Rente grundsätzlich unverändert zu beachten.

WICHTIG

Volle Besteuerung der Rentenerhöhungen

Regelmäßige Anpassungen der Rente, z.B. wegen allgemeiner Steigerung der Nettolöhne, führen nicht zu einer Neuberechnung des Freibetrags. Im Ergebnis wird somit ab dem dritten Rentenzahlungsjahr jede **Rentenerhöhung zu 100 % besteuert.** Auch die reguläre Anpassung der Renten anhand des aktuellen Rentenwerts (Ost) gemäß § 255a SGB VI stellt eine regelmäßige Anpassung in diesem Sinne dar und führt nicht zur Neuberechnung des steuerfreien Teils der Altersrente (BFH, Urteil v. 3.12.2019, X R 12/18).

BEISPIEL

Rentenberechnung mehrerer Jahre

Anna Bauer erhält ab August 2010 eine Altersrente aus der gesetzlichen Rentenversicherung in Höhe von mtl. 1.000 €. Ab 1.7.2011 beträgt die Rente 1.020 €. Durch weitere Anpassungen des Rentenniveaus an die gestiegenen Nettolöhne erhöht sich die Rente in den Jahren 2012 bis 2020 zusätzlich. Ab Juli 2020 wird eine monatliche Rente in Höhe von 1.285 € gezahlt. Ab 1.7.2021 beträgt die Rente 1.310 € je Monat. Im Jahr 2021 werden insgesamt 985 € Krankenversicherungs- und 230 € Pflegepflichtversicherungsbeiträge von der Rente abgezogen.

2010

zugeflossene Rente (5 × 1.000 € =)	5.000 €
Besteuerungsanteil 60 % von 5.000 € =	3.000 €
abzgl. WK-Pauschbetrag (s. u.)	– 102 €
sonstige Einkünfte § 22 EStG	2.898 €

2011

zugeflossene Rente (6 × 1.000 € und 6 × 1.020 € =)	12.120 €
Besteuerungsanteil 60 % von 12.120 € =	7.272 €
abzgl. WK-Pauschbetrag (s. u.)	– 102 €
sonstige Einkünfte § 22 EStG	7.170 €
steuerfreier Teil (2. Jahr) (12.120 – 7.272 =)	**4.848 €**

2021

zugeflossene Rente (6 × 1.285 € + 6 × 1.310 € =)	15.570 €
abzgl. steuerfreier Teil (aus dem 2. Jahr)	– 4.848 €
= Besteuerungsanteil	10.722 €
abzgl. WK-Pauschbetrag	– 102 €
sonstige Einkünfte § 22 EStG	**10.620 €**

Die Rentenerhöhungen ab 2012 werden in voller Höhe besteuert.

Der steuerfreie Teil beträgt für Anna Bauer auch in den folgenden Jahren 4.848 €.

Der **steuerfreie Teil** der Rente ist nur dann **neu zu berechnen**, wenn sich der Rentenbetrag grundsätzlich verändert. Dies ist zum Beispiel der Fall, wenn eine Rente wegen Anrechnung anderer Einkünfte ermäßigt oder eine Rente wegen Tod des Berechtigten nur noch für einen Teil des Jahres gezahlt wird. Hier wird der steuerfreie Teil der Rente entsprechend anteilig gekürzt.

Folgerenten

Folgerenten (Renten nach einer vorhergehenden Rente aus derselben Versicherung) liegen z. B. vor, wenn

- eine Rente wegen voller Erwerbsminderung in eine Rente wegen teilweiser Erwerbsminderung umgewandelt wird (oder umgekehrt),
- eine Erwerbsminderungsrente in eine Altersrente umgewandelt wird,
- eine kleine Witwenrente in eine große Witwenrente (oder umgekehrt) geändert wird,
- eine Altersrente bei Tod in eine nachfolgende Witwen- oder Witwerrente übergeht.

Diese Folgerenten sind zwar versicherungsrechtlich eigenständige Renten, aber bei der Ermittlung des Besteuerungsanteils wird nicht ihr tatsächlicher Rentenbeginn für die Ermittlung des Prozentsatzes herangezogen. Für diese Folgerente wird ein **fiktives** (gedachtes) **Jahr des Rentenbeginns** ermittelt. Der tatsächliche Beginn der Folgerente wird dabei um die Laufzeit der Vorgängerrente in die Vergangenheit verschoben. Dadurch mindert sich der prozentuale Besteuerungsanteil. Dieser darf 50 % nicht unterschreiten.

BEISPIEL

Beispiel für eine Folgerente

Willi Weber bezieht von 1. Oktober 2012 bis 31. März 2015 eine Erwerbsminderungsrente aus der gesetzlichen Rentenversicherung in Höhe von mtl. 1.000 €. Anschließend ist er wieder erwerbstätig. Ab 1. November 2021 erhält er eine Altersrente in Höhe von 1.800 €.

2012

Besteuerungsanteil 64 % von 3.000 € =	1.920 €

2013

Besteuerungsanteil 64 % von 12.000 € =	7.680 €
der steuerfreie Teil dieser Rente beträgt	4.320 €

2021

Die Altersrente ist eine **Folgerente**.

tatsächlicher Rentenbeginn	1.11.2021

Der Rentenbeginn der Altersrente wird um die Laufzeit der Vorgängerrente in die Vergangenheit verschoben:

– Laufzeit Vorgängerrente 1.10.2012–31.3.2015	– 30 Monate
= fiktiver Rentenbeginn der Altersrente	1.5.2019
Daraus ergibt sich ein Besteuerungsanteil für die Altersrente i. H. v. 78 % von 3.600 € =	2.808 €
abzgl. WK-Pauschbetrag (s. u.)	– 102 €
sonstige Einkünfte (§ 22 EStG)	2.706 €

Der steuerfreie Teil der Altersrente wird im Jahr 2022 berechnet.

Endet die Vorgängerrente vor 2005, wird diese für die Berechnung eines fiktiven Rentenbeginns bei einer Folgerente nicht mehr berücksichtigt.

Rentennachzahlungen

Werden Renten **für mehrere Jahre** in einem Jahr nachgezahlt, z. B. wegen verspäteter Antragstellung, sind diese insgesamt im Zuflussjahr zu erfassen und in Zeile 9 der Anlage R einzutragen. Das Finanzamt wird prüfen, ob für diese Nachzahlungen eine **Tarifvergünstigung** nach der sog. Fünftel-Regelung in Betracht kommt.

ACHTUNG

Rentennachzahlung nur für ein Jahr

Werden Rentenbeträge **nur** für das unmittelbar **vorangegangene Jahr** im laufenden Jahr nachbezahlt, z. B. wegen verspäteter Rentenantragstellung, ist die gesamte zugeflossene Rente (einschl. der Nachzahlung) in Zeile 4 und nicht in Zeile 9 der Anlage R einzutragen. Der ermäßigte Steuersatz findet keine Anwendung, da es sich nicht um eine Vergütung für mehrjährige Tätigkeiten handelt.

Öffnungsklausel

Auf Antrag des Steuerpflichtigen werden **Teile** der Leibrenten, die eigentlich der nachgelagerten Besteuerung mit dem Besteuerungsanteil unterliegen würden, mit einem niedrigeren Ertragsanteil besteuert (s. u.). Die Anwendung der Öffnungsklausel setzt voraus, dass bis zum 31.12.2004 in **mindestens zehn Jahren** Beiträge gezahlt wurden, die oberhalb des **Höchstbetrags zur gesetzlichen Rentenversicherung** lagen. Die Jahre müssen nicht unmittelbar aufeinanderfolgen. Der Antrag ist beim zuständigen Finanzamt zu stellen (Anlage R, Zeilen 10–12).

TIPP

Nachweis der Versicherung

Lassen Sie sich von Ihrem Versicherungsträger den prozentualen Anteil der Rente, der mit dem Ertragsanteil besteuert werden kann, mitteilen.

Doppelbesteuerung von Altersvorsorgeaufwendungen und Altersbezügen

Der BFH sieht bisher keine verfassungswidrige Doppelbesteuerung, solange die Summe der voraussichtlichen steuerfrei bleibenden Rentenzuflüsse mindestens ebenso hoch ist wie die Summe der aus versteuertem Einkommen aufgebrachten Altersvorsorgeaufwendungen (BFH, Urteile v. 19.5.2021, X R 33/19 und X R 20/19).

Auf der Einzahlungsseite sind die Beiträge zur gesetzlichen Altersvorsorge zu ermitteln, die die in den jeweiligen Jahren anzusetzenden Höchstbeträge für Vorsorgeaufwendungen übersteigen. Auf der Auszahlungsseite sind die steuerfrei bleibenden Rentenbeiträge zu erfassen.

Aus versteuertem Einkommen geleistete Altersvorsorgeaufwendungen

Aus versteuertem Einkommen geleistet gelten Rentenversicherungsbeiträge, soweit diese durch den anteilig berücksichtigten (und damals für alle Vorsorgeaufwendungen gemeinsam geltenden) Höchstbetrag in den jeweiligen Jahren nicht steuerfrei gestellt wurden.

Steuerfrei bleibende Rentenbeträge

Der zu ermittelnde Betrag ergibt sich, wenn der jährliche steuerfreie Teilbetrag der Rente mit der im Zeitpunkt des Renteneintritts zu erwartenden durchschnittlichen statistischen Lebenserwartung (ermittelt durch die letztverfügbare Sterbetafel im Zeitpunkt des jeweiligen Renteneintritts) multipliziert wird. Künftige Rentenerhöhungen bleiben dabei außer Betracht. Aber eine mögliche künftige Hinterbliebenenrente ist zu berücksichtigen. Bei Rentnern, die keine Hinterbliebenen hinterlassen, wird kein Rentenfreibetrag aus einer etwaigen Hinterbliebenenrente angesetzt.

Beträge, die nicht in der Berechnung zu berücksichtigen sind

Der Grundfreibetrag, die Werbungskosten (bzw. der Pauschbetrag), die abziehbaren Kranken- und Pflegeversicherungsbeiträge der Rentner sowie die Zuschüsse der Rentenversicherung zur Krankenversicherung sowie der Sonderausgaben-Pauschbetrag sind in der Berechnung nicht zu berücksichtigen.

Klarheit in der Berechnungsmethode und Auswirkungen

Die Berechnung zeigt, dass die Wahrscheinlichkeit einer rechnerischen Doppelbesteuerung in der Zukunft zunimmt. Bei Selbstständigen (keine Einzahlung von steuerfreien Arbeitgeberanteilen zur Rentenversicherung), bei alleinstehenden kinderlosen Personen (keine Hinterbliebenenbezüge), bei Männern (geringere Lebenserwartung als Frauen) und Personen, die in künftigen Jahren erstmals Rente beziehen (immer geringer werdender steuerfreier Anteil), steigt das Risiko einer Doppelbesteuerung. Der Gesetzgeber muss tätig werden.

Die Feststellungslast für das Vorliegen einer etwaigen verfassungswidrigen doppelten Besteuerung liegt beim Steuerpflichtigen. Er trägt auch die Feststellungslast für die frühere steuerliche Behandlung seiner Altersvorsorgeaufwendungen.

Rürup-Rente

Vertiefend siehe → Altersvorsorgeaufwendungen und → Versicherungen.

3 Renten aus der privaten Rentenversicherung

Bestimmte Renten aus der privaten Rentenversicherung werden mit einem geringeren **Ertragsanteil** besteuert, weil die entsprechenden Rentenbeiträge aus versteuertem Einkommen gezahlt wurden. Für diese Beiträge gab es in der Ansparphase keinen oder nur einen geringen Sonderausgabenabzug.

Hierunter fallen insbesondere:

- Renten aus vor dem 1.1.2005 abgeschlossenen privaten Rentenversicherungsverträgen
- Renten aus ab 2005 abgeschlossenen Lebensversicherungen, die nicht die Voraussetzungen der Riester- oder Rürup-Rente erfüllen
- Veräußerungsleibrenten

Ertragsanteil

Der Ertragsanteil bestimmt sich nach dem bei Beginn der Rente vollendeten Lebensjahr des Rentenberechtigten.

Auszug:

Bei Beginn der Rente vollendetes Lebensjahr	Ertragsanteil in %
30	44
40	38
50	30
60	22
63	20
64	19
65	18
70	15
80	8

4 Rentenbezugsmitteilungen und Veranlagung

Rentenbezugsmitteilung

Die Besteuerung der Leibrenten wird durch jährliche elektronische Rentenbezugsmitteilungen der Rentenversicherungsträger und der Lebensversicherungsunternehmen an die zentrale Stelle (Deutsche Rentenversicherung Bund) gesichert. Von hier werden die Daten elektronisch an die Landesfinanzbehörden weitergeleitet und im Rahmen der Veranlagung zur Einkommensteuer ausgewertet. Die Rentendaten sind an die steuerliche **Identifikationsnummer** gekoppelt und können so der jeweiligen Steuerveranlagung zugeordnet werden. Renten, die steuerfrei sind, werden nicht in das Rentenbezugsmitteilungsverfahren einbezogen. Um das Ausfüllen der Steuererklärung zu erleichtern, stellt die Deutsche Rentenversicherung auf Wunsch eine Mitteilung über die Rentenhöhe und den Rentenanpassungsbetrag aus.

TIPP

Vereinfachte Steuererklärung für Rentner und Pensionäre

Die Länder Brandenburg, Bremen, Mecklenburg-Vorpommern und Sachsen testen in einem Pilotprojekt mit Unterstützung des Bundesministeriums der Finanzen eine vereinfachte zweiseitige Steuererklärung für Rentner und Pensionäre. In der „Erklärung zur Veranlagung von Alterseinkünften" (Papiervordruck) können Aufwendungen für Unfall-, Haftpflicht- und Risikolebensversicherungen sowie Spenden und Mitgliedsbeiträge, Kirchensteuer, außergewöhnliche Belastungen und Steuerermäßigungen für haushaltsnahe Dienstleistungen und Handwerkerleistungen geltend gemacht werden. Renteneinkünfte, Pensionen und die Krankenversicherungs- und Pflegepflichtversicherungsbeiträge wurden der Finanzverwaltung bereits in elektronischer Form durch die jeweiligen Institutionen gemeldet. Liegen noch andere Einkünfte wie z. B. aus Vermietung oder Gewerbe vor, muss eine normale Steuererklärung eingereicht werden. Weitere Bundesländer werden sich bald dem vereinfachten Steuererklärungsverfahren anschließen. Erkundigen Sie sich bei Ihrem Finanzamt.

5 Renten aus privaten Altersvorsorgeverträgen und aus der betrieblichen Altersversorgung

Die Eintragungen erfolgen in der Anlage R-AV/bAV. Betroffen sind Renten aus

- Riester-Rentenversicherungsverträgen,
- Pensionsfonds, Pensionskassen,
- Direktversicherungen und
- umlagefinanzierten Versorgungseinrichtungen (z. B. VBL-Versorgungsanstalt des Bundes und der Länder).

Ansparphase

Während der Ansparphase wurde eine **Altersvorsorgezulage** in Anspruch genommen oder die Beiträge waren steuerlich besonders begünstigt, weil sie nach § 3 Nr. 56, 63, 66 EStG (teilweise) **steuerfrei** waren oder nach § 10a EStG ein **besonderer Sonderausgabenabzug** in Betracht kam. Vertiefend siehe → Altersvorsorgeaufwendungen.

Hinweis: Wichtiges zum Thema „Betriebliche Altersvorsorge" finden Sie auch auf http://mybook.haufe.de unter „Weiterführende steuerliche Informationen".

Besteuerung

Die Renten aus privaten oder betrieblichen Altersvorsorgeverträgen werden grundsätzlich **in voller Höhe besteuert (nachgelagerte Besteuerung, Anlage R-AV/bAV)**. Wurden die Beiträge in der Ansparphase nur teilweise steuerlich gefördert, d. h. es wurden auch nicht geförderte Beiträge gezahlt, muss die Rente für die Besteuerung aufgeteilt werden. Der Rentenanteil, der auf steuerlich nicht geförderten Beiträgen beruht, wird nur anteilig mit dem **Ertragsanteil** besteuert.

TIPP

Leistungsmitteilung

Von Ihrem Versicherungsunternehmen erhalten Sie eine **Leistungsmitteilung** (Bescheinigung), aus der hervorgeht, welcher Teil der Rente voll zu versteuern ist und welcher Teil nur anteilig besteuert wird. Die Besteuerungsvorschrift ist ebenfalls angegeben. Übernehmen Sie bitte die Angaben aus der Bescheinigung in Ihre Anlage R-AV/bAV, S. 1.

Auch Leistungen (Rentenzahlungen) aus Riester-Altersvorsorgeverträgen unterliegen der nachgelagerten Besteuerung **in voller Höhe**. Dies gilt auch für den Teil der Leistungen, der aus Altersvorsorgezulagen stammt. Der Teil der Rente, der aus eigenen Beitragszahlungen stammt, wird damit sogar zweimal besteuert, da die Beiträge i. d. R. aus versteuerten Einnahmen bezahlt wurden. Vertiefend siehe → Altersvorsorgeaufwendungen.

6 Zusammenfassende Übersicht über die Rentenbesteuerung

Rentenart	Fundstelle	Besteuerung
Rentenzahlung vom Arbeitgeber aufgrund einer Pensionszusage **(Direktzusage)** oder aus Unterstützungskassen **(Betriebsrente)**	Einkünfte aus nichtselbständiger Arbeit § 19 Abs. 2 EStG	**Arbeitslohn** nach § 19 EStG; i. d. R. Versorgungsbezüge (Versorgungsfreibetrag und Zuschlag zum Versorgungsfreibetrag)
Alle Renten aus der **gesetzlichen** Rentenversicherung, den landwirtschaftlichen Alterskassen, von berufsständischen Versorgungseinrichtungen, **Rürup-Renten**	sonstige Einkünfte § 22 Nr. 1 Satz 3 Buchst. a) Doppelbuchst. aa) EStG	**Besteuerungsanteil** (nach dem Jahr des Rentenbeginns; bei Rentenbeginn 2020: 80 %)
Renten aus **privaten** Rentenversicherungen (ohne Riester- und ohne Rürup-Renten)	sonstige Einkünfte § 22 Nr. 1 Satz 3 Buchst. a) Doppelbuchst. bb) EStG	**Ertragsanteil** (nach dem Alter bei Rentenbeginn), z. B. bei Rentenbeginn 65 Jahre: 18 %
Riester-Rente (einschl. Wohnriester)	sonstige Einkünfte § 22 Nr. 5 EStG i. V. m. § 22 Nr. 1 Satz 3 Buchst. a) Doppelbuchstabe bb) EStG	• soweit Beiträge staatlich gefördert wurden (Zulage und/oder Sonderausgabenabzug) oder steuerfrei waren: **volle Besteuerung** • soweit keine Förderung (Beiträge aus versteuertem Einkommen): Besteuerung mit dem **Ertragsanteil**
Rentenzahlung aus einer **Pensionskasse**, einem **Pensionsfonds** oder aus einer **Direktversicherung**		
Renten aus Zusatzversorgungseinrichtungen, z. B. Versorgungsanstalt des Bundes und der Länder (VBL) bzw. Renten aus Zusatzversorgungskassen der Kommunen oder Kirchen (ZVK)		
Kapitalauszahlung aus einer Lebensversicherung, die **vor dem 1.1.2005** abgeschlossen wurde (Altvertrag)		i. d. R. **steuerfrei**; in Einzelfällen Besteuerung nach § 20 Abs. 1 Nr. 6 EStG a. F.
Kapitalauszahlung aus einer Lebensversicherung, im Erlebensfall aus einem Neuvertrag (Vertragsabschluss **nach dem 31.12.2004**)	Einkünfte aus Kapitalvermögen § 20 Abs. 1 Nr. 6 EStG	**Einnahmen aus Kapitalvermögen** in Höhe des **vollen** Unterschiedsbetrags zwischen Auszahlung und Beiträgen; bei Mindestlaufzeit von 12 Jahren und 60. Lebensjahr (Vertragsabschluss nach 2011: 62. Lebensjahr) vollendet, nur **halber** Unterschiedsbetrag
Private Veräußerungsrenten	sonstige Einkünfte § 22 Nr. 1 Satz 3 Buchst. a) Doppelbuchst. bb) EStG	**Besteuerung mit dem Ertragsanteil**

597

7 Werbungskosten

Werbungskosten in tatsächlicher Höhe

Zu den als Werbungskosten im Zusammenhang mit Renteneinkünften abzugsfähigen Kosten gehören z. B. Gewerkschaftsbeiträge, Rechtsberatungskosten, Prozesskosten im Zusammenhang mit Ansprüchen aus der Rentenversicherung, Aufwendungen für (Steuer-)Literatur (z. B. Rentenratgeber oder das vorliegende Buch), Fahrtkosten zur Rentenberatung und Schuldzinsen für einen Kredit zur Nachentrichtung freiwilliger Beiträge zur gesetzlichen Rentenversicherung.

Finanzierungskosten, die durch den Abschluss eines Vertrags über eine sofort beginnende Leibrentenversicherungsleistung gegen Zahlung eines Einmalbetrags veranlasst sind, können als Werbungskosten abziehbar sein, wenn damit zu rechnen ist, dass die Summe der Besteuerungsanteile den Finanzierungsaufwand übersteigt.

Die Beiträge eines Arbeitnehmers zur gesetzlichen Rentenversicherung sind **nicht** als vorab entstandene Werbungskosten, sondern nur als Sonderausgaben abziehbar.

Pauschbetrag für Werbungskosten

Bei Renten wird mindestens ein Werbungskostenpauschbetrag von 102 € berücksichtigt, wenn keine höheren tatsächlichen Werbungskosten geltend gemacht werden. Beim Erhalt mehrerer Renten kann der Pauschbetrag insgesamt nur einmal berücksichtigt werden. Werden Ehegatten zusammen zur Einkommensteuer veranlagt, erhält jeder Ehegatte mit Renteneinkünften den Pauschbetrag.

8 Sie zahlen eine Rente

Rentenzahlungen können entweder gar nicht, als Werbungskosten bzw. Betriebsausgaben oder als Sonderausgaben abgezogen werden.

Betriebsausgaben oder Werbungskosten

Haben Sie Vermögensgegenstände, die bei Ihnen der Erzielung von Einkünften dienen (z. B. ein vermietetes Grundstück) gegen Rentenzahlungen erworben, ist zu prüfen, ob es sich um eine entgeltliche Übertragung handelt. Diese liegt vor, wenn Leistung und Gegenleistung gleichwertig sind. In diesen Fällen haben Sie als Erwerber des Vermögens AK, die sich aus den Rentenleistungen durch Kapitalisierung berechnen lassen.

Der in den jeweiligen Rentenzahlungen enthaltene Zinsanteil (Ertragsanteil) kann als Betriebsausgabe oder Werbungskosten abgezogen werden. Der Veräußerer versteuert den Ertragsanteil als sonstige Einkünfte.

Sonderausgaben

Kirchensteuerzahlungen für den Erblasser

Zahlt ein Erbe die noch offene KiSt des Erblassers, kann der Erbe diese im Jahr der Zahlung als Sonderausgabe abziehen (BFH, Urteil v. 21.7.2016, X R 43/13).

Vermögensübertragung gegen Versorgungsleistungen

Versorgungsleistungen sind ganz oder teilweise existenzsichernde Zahlungen im Zusammenhang mit unentgeltlichen Vermögensübertragungen (§ 10 Abs. 1a Nr. 2 EStG).

Seit dem **1.1.2008** kann ein Sonderausgabenabzug nur vorgenommen werden, wenn eine unentgeltliche Zuwendung mit lebenslangen, wiederkehrenden Versorgungsleistungen an den Übergeber des Vermögens (oder dessen Ehegatten oder Abkömmling) **im Zusammenhang mit der Übertragung eines Mitunternehmeranteils, eines Betriebs oder Teilbetriebs oder einer Beteiligung an einer GmbH in bestimmten Fällen** erfolgt.

Der Übernehmer hat den vollen **Sonderausgabenabzug**, der Übergeber versteuert in voller Höhe **sonstige Einkünfte nach § 22 Nr. 1a EStG.**

Versorgungsausgleich nach Scheidung

§ 10 Abs. 1a Nr. 3 EStG

Vertiefend siehe → Altersvorsorgeaufwendungen.

Reparaturen

Dient ein Haus bzw. eine Wohnung der Erzielung von Einkünften, sind Reparaturaufwendungen als Betriebsausgaben oder Werbungskosten abzugsfähig. Betrifft der Aufwand die eigengenutzte Wohnung, lesen Sie bitte unter → Haushaltsnahe Tätigkeiten/Dienstleistungen/Handwerkerleistungen und → Energetische Maßnahmen weiter.

§§ 7, 9, 21 EStG, § 82b EStDV, R 21.1 EStR, H 21.1 EStR

1 Abgrenzung von Reparaturen und Herstellungskosten

Der Abgrenzung von Reparaturkosten (steuerlicher Begriff: Erhaltungsaufwendungen) und nachträglichen Herstellungskosten (HK) kommt wegen der sehr unterschiedlichen steuerlichen Auswirkung große Bedeutung zu.

	Erhaltungsaufwendungen (Reparaturen)	Nachträgliche Herstellungskosten
Abzug	• sofort in voller Höhe	• nur im Wege der AfA
Abzugszeitpunkt	• im Jahr der Zahlung	• ab dem Zeitpunkt der Entstehung (Zahlungszeitpunkt ohne Bedeutung)

Vertiefend siehe → Abschreibungen/Gebäude.

Erhaltungsaufwendungen (Reparaturen)

Aufwendungen für die Erneuerung von bereits vorhandenen Teilen, Einrichtungen oder Anlagen, die dazu dienen, ein Gebäude in einem ordnungsgemäßen Zustand zu erhalten, werden als „Erhaltungsaufwendungen" bezeichnet und sind im Jahr der Zahlung in voller Höhe als Werbungskosten abzugsfähig. Dabei kommt es darauf an, dass die erneuerten Teile die **Funktion** des bisherigen Teils übernehmen. Ob dabei andere Materialien oder eine technisch andere Wirkungsweise zum Einsatz kommen, ist ohne Bedeutung.

Erhaltungsaufwendungen sind z. B. Aufwendungen für die Dacherneuerung, nachträgliche Wärmeschutzmaßnahmen, das Anbringen einer Außenverkleidung/Fassade, der Austausch von Fenstern und Türen, die Erneuerung eines Bades, eine Heizungserneuerung (auch Umstellung des Heizsystems) oder der Einbau einer Solaranlage zur Brauchwassererwärmung.

Erhaltungsaufwendungen liegen auch vor, wenn eine werterhöhende Modernisierung dem Gebäude den zeitgemäßen Standard zurückgibt, den es ursprünglich besessen hat, der aber durch technischen Fortschritt oder Änderung der Lebensgewohnheiten verloren gegangen ist.

TIPP

Vereinfachungsregelung

Betragen die Aufwendungen für eine **einzelne Baumaßnahme** in einem Gebäude nicht mehr als 4.000 € netto (mit Umsatzsteuer = 4.760 €), können diese aus Vereinfachungsgründen auf Antrag als Erhaltungsaufwendungen behandelt und sofort im Jahr der Zahlung in voller Höhe abgezogen werden, außer es handelt sich um Aufwendungen, die der erstmaligen endgültigen Fertigstellung des Gebäudes dienen. Eine Abgrenzung zwischen Erhaltungsaufwendungen und nachträglichen HK ist nicht erforderlich. Verschiedene (auch gleichzeitige) Baumaßnahmen im selben Gebäude sind bzgl. der Anwendung der 4.000-Euro-Grenze getrennt zu beurteilen.

Beim Austausch einer Einbauküche in einer vermieteten Wohnung liegen keine Erhaltungsaufwendungen vor, sondern Anschaffungskosten für ein neues eigenständiges Wirtschaftsgut, das auf zehn Jahre abzuschreiben ist (BFH, Urteil v. 3.8.2016, IX R 14/15).

HK, nachträgliche HK und Herstellungsaufwand

Aufwendungen bis zur endgültigen Fertigstellung eines Gebäudes stellen immer (erstmalige) HK dar. Aufwendungen für neue Baumaßnahmen, die an einem bereits bestehenden Gebäude durchgeführt werden, sind i. d. R. nachträgliche HK, z. B.:

- **Vollverschleiß und Neubau:** Ist das Gebäude so sehr abgenutzt, dass es praktisch nicht mehr nutzbar ist (Bauruine), entsteht durch die Renovierung/Modernisierung ein neues Gebäude.

- **Erweiterungen**
- **wesentliche Verbesserungen**

In welchen Fällen liegt eine „Erweiterung" vor?

Die Erstellung eines **Anbaus** und die **Aufstockung** eines Gebäudes sind klassische Erweiterungen. Sämtliche Baumaßnahmen, die eine **Vergrößerung der Wohn- oder Nutzfläche** (z. B. Dachgeschossausbau) zur Folge haben, führen zu nachträglichen HK. Dies gilt selbst dann, wenn der Flächenzuwachs geringfügig ist (Einbau einer Dachgaube, Anbau einer Terrasse oder eines Balkons).

Auch bei der Umwidmung von Nutzflächen in Wohnflächen (z. B. aus einem nicht beheizbaren Kellerraum wird ein Kinderzimmer) handelt es sich um eine Erweiterung.

Bei einer **Substanzmehrung** liegen ebenfalls nachträgliche HK vor, wenn bisher nicht Vorhandenes eingebaut wird (z. B. Einbau einer zusätzlichen Treppe oder von Trennwänden, erstmaliger Einbau einer Alarmanlage oder einer Markise).

Nicht um HK, sondern um Erhaltungsaufwendungen handelt es sich, wenn der neue Gebäudebestandteil die **Funktion** des alten in vergleichbarer Weise erfüllt (z. B. Versetzen von Wänden, Vergrößern vorhandener Fenster).

Werden durch Baumaßnahmen bereits eingetretene Schäden beseitigt bzw. drohende Schäden vermieden (z. B. Errichtung einer Betonvorsatzschale zur Trockenlegung der durchfeuchteten Fundamente, Anbringung einer Überdachung an den Wohnungszugängen oder an einer Dachterrasse zum Schutz vor weiteren Wasserschäden), liegen Erhaltungsaufwendungen vor.

Die „wesentliche Verbesserung"

Aufwendungen, die dazu führen, dass das Gebäude eine **über den ursprünglichen Zustand** (Zeitpunkt der Anschaffung oder Herstellung) **hinausgehende wesentliche Verbesserung** erfährt, sind Gebäudeherstellungskosten.

Eine wesentliche Verbesserung liegt vor, wenn die Baumaßnahmen zur Renovierung eines Gebäudes in ihrer Gesamtheit über eine zeitgemäße Erneuerung hinausgehen, den Gebrauchswert des Gebäudes deutlich erhöhen und eine erweiterte Nutzungsmöglichkeit für die Zukunft geschaffen wird. Dies ist insbesondere in folgenden Fällen gegeben:

- Durch eine Baumaßnahme wird der Wohnstandard des Gebäudes erheblich gesteigert (**Standardhebung**). Dabei wird zwischen sehr einfachem Standard, mittlerem Standard (der selbst höheren Ansprüchen genügt) und sehr anspruchsvollem Standard (Luxussanierung unter Verwendung außergewöhnlich hochwertiger Materialien und Umsetzung des technisch Machbaren) unterschieden. Untersucht werden dabei die **vier zentralen Ausstattungsmerkmale** des Gebäudes (Heizung, Fenster, Elektro- und Sanitärinstallation). Liegt eine Hebung des Standards in mindestens drei der **vier zentralen Ausstattungsmerkmale** vor oder gibt es in zwei Bereichen eine Standardhebung und in einem dritten Bereich nachträgliche HK, sind die gesamten Aufwendungen als nachträgliche HK zu behandeln.

- Durch eine Baumaßnahme tritt eine erhebliche Erhöhung des Gebrauchswerts des Gebäudes ein. Es ergibt sich ein deutlicher Anstieg der erzielbaren Miete (im Vergleich zur realisierbaren Miete bei einer Neuvermietung unmittelbar vor der Baumaßnahme). Mietsteigerungen, die lediglich auf zeitgemäßen, bestanderhaltenden Erneuerungen beruhen, sind in die Beurteilung nicht einzubeziehen.
- Die Gesamtnutzungsdauer wird deutlich verlängert.

Vertiefend siehe BMF, Schreiben v. 18.7.2003, IV C 3 – S 2211 – 94/03, BStBl 2003 I S. 386.

Allein aus der Höhe der Instandsetzungsaufwendungen im Verhältnis zum Kaufpreis kann aber nicht ohne nähere Prüfung auf das Vorliegen von HK geschlossen werden (BFH, Urteil v. 22.9.2009, IX R 21/08).

Mehrere Baumaßnahmen

Jede Baumaßnahme ist für sich daraufhin zu untersuchen, ob Erhaltungsaufwendungen oder HK vorliegen. Sind mehrere Baumaßnahmen aber bautechnisch verknüpft, ist insgesamt zu entscheiden, ob Erhaltungsaufwendungen oder HK vorliegen.

BEISPIEL

Erhaltungsaufwendungen oder HK?

- Um einen Anbau errichten zu können, müssen zunächst Ausbesserungsarbeiten an den bestehenden Fundamenten des Gebäudes durchgeführt werden.
  Da die Ausbesserungsarbeiten an den Fundamenten erforderlich sind, um den Erweiterungsbau erstellen zu können, liegt eine Gesamtbaumaßnahme mit HK vor.
- Ein schadhaftes Flachdach wird durch ein Satteldach ersetzt. Der neu entstandene Dachraum wird ausgebaut.
  Die Erstellung eines Satteldachs ist Voraussetzung für den Dachgeschossausbau. Es liegt eine einheitliche Gesamtbaumaßnahme mit HK vor.

2 Zeitnahe Modernisierungsmaßnahmen nach dem Kauf

Anschaffungsnahe Herstellungskosten

Nicht zu den Erhaltungsaufwendungen, sondern zu den „anschaffungsnahen HK“ eines Gebäudes gehören Aufwendungen für Instandsetzungs- und Modernisierungsmaßnahmen,

- die **innerhalb von drei Jahren** nach Anschaffung des Gebäudes durchgeführt werden und
- deren Gesamtkosten (ohne Umsatzsteuer) in den ersten drei Jahren

15 % der AK des Gebäudes übersteigen (§ 6 Abs. 1 Nr. 1a EStG).

Die Aufwendungen werden zur Bemessungsgrundlage der Gebäudeabschreibung hinzugerechnet.

Schönheitsreparaturen (wie z. B. das Tapezieren, Anstreichen der Wände und Decken, das Streichen der Fußböden, Heizkörper, der Türen sowie der Fenster) sind bauliche Maßnahmen, durch die Mängel oder Schäden an vorhandenen Einrichtungen eines bestehenden Gebäudes beseitigt werden. Diese Aufwendungen sind in die Prüfung der 15%-Grenze einzubeziehen (BFH, Urteil v. 14.6.2016, IX R 25/14).

Bei der Prüfung, ob die Aufwendungen für Instandsetzungs- und Modernisierungsaufwendungen zu anschaffungsnahen Herstellungskosten führen, ist nicht auf das gesamte Gebäude, sondern auf den jeweiligen selbstständigen Gebäudeteil abzustellen, wenn das Gesamtgebäude in unterschiedlicher Weise genutzt wird und daher in verschiedene Wirtschaftsgüter aufzuteilen ist. Vertiefend siehe → Abschreibungen/Gebäude.

Nicht in die Prüfung der 15%-Grenze einbezogen werden:

- Aufwendungen für Erweiterungen (diese sind immer HK)
- Aufwendungen für Erhaltungsarbeiten, die jährlich üblicherweise anfallen (z. B. Heizungswartung)

Herstellung der Betriebsbereitschaft des Gebäudes

Ist ein Gebäude zum Zeitpunkt der Anschaffung betriebsbereit, können Erhaltungsaufwendungen i. d. R. sofort als Werbungskosten abgezogen werden.

Ist das Gebäude objektiv oder subjektiv nicht betriebsbereit, gehören die Aufwendungen, die erforderlich sind, um es in einen betriebsbereiten Zustand zu versetzen, zu den **AK**. Die Betriebsbereitschaft setzt die Funktionstüchtigkeit voraus.

Objektiv ist ein Gebäude **funktionsuntüchtig**, wenn wesentliche Teile nicht nutzbar sind, unabhängig von einer tatsächlichen Nutzung.

BEISPIEL

Objektive Funktionsuntüchtigkeit

Beim Kauf eines Hauses ist bekannt, dass die eingebaute Heizung nicht voll funktionsfähig ist und außerdem die gesetzlich geforderten Emissionsgrenzen überschreitet. Sofort nach dem Erwerb wird eine Heizungsanlage eingebaut, die technisch auf dem neuesten Stand ist.

Das Haus ist objektiv nicht funktionstüchtig, die Kosten für den Austausch der Heizungsanlage gehören zu den **AK**.

Subjektiv ist ein Gebäude **funktionsuntüchtig**, wenn es für die konkrete Zweckbestimmung des Erwerbers nicht nutzbar ist und bauliche Änderungen erforderlich werden.

BEISPIEL

Subjektive Funktionsuntüchtigkeit

Unternehmerin A erwirbt ein vermietetes Wohngebäude. Sie will es als Bürogebäude nutzen. Nach sechs Monaten kündigt sie den Mietern und beginnt mit Umbaumaßnahmen, damit die Büronutzung ermöglicht wird.

Das Objekt ist subjektiv nicht funktionstüchtig, weil die geplante Nutzung nicht möglich ist. Die Aufwendungen zur Umgestaltung der Räume führen zu **AK**.

Beurteilung der Betriebsbereitschaft aus Sicht der Finanzverwaltung

	Betriebsbereitschaft besteht
Der Erwerber nutzt das Gebäude ab dem Zeitpunkt der Anschaffung wie geplant durch Vermietung oder Eigennutzung.	ja
Eine bestehende Vermietung wird uneingeschränkt fortgesetzt.	ja
Das Gebäude ist vermietet, die Mietverträge werden sofort gekündigt, weil der Vermieter eine anderweitige Nutzung plant.	nein
Nach der Anschaffung wird das Gebäude zunächst nicht genutzt.	offen
Nach der Anschaffung wird das Gebäude zunächst nicht genutzt, aber Baumaßnahmen für die Nutzung gem. geplanter Zweckbestimmung werden durchgeführt.	nein

3 Reparaturen in der eigenen Privatwohnung

Im Normalfall sind Reparaturkosten, die die eigene Wohnung betreffen, bei der Ermittlung des z.v.E. nicht abzugsfähig. Sie gehören zu den Kosten der privaten Lebensführung.

In besonderen Fällen können die Aufwendungen aber steuerlich geltend gemacht werden. So können z.B. Aufwendungen für Baumaßnahmen, durch die konkrete Gesundheitsgefährdungen beseitigt (z.B. Sanierung bei Hausschwamm, Asbestsanierung des Daches) oder vom Gebäude ausgehende unzumutbare Beeinträchtigungen (Gebäudesanierung bei Geruchsbelästigung) behoben werden, steuerlich als → außergewöhnliche Belastungen geltend gemacht werden. Auch die behindertengerechte Umgestaltung von Teilen der eigenen Wohnung führt zu außergewöhnlichen Belastungen. Vertiefend siehe → Außergewöhnliche Belastung und → Menschen mit Behinderung.

Für Handwerkerleistungen oder energetische Maßnahmen im Zusammenhang mit der eigengenutzten Wohnung kann evtl. eine **Steuerermäßigung** in Anspruch genommen werden. Vertiefend siehe → Haushaltsnahe Tätigkeiten/Dienstleistungen/Handwerkerleistungen und → Energetische Maßnahmen.

Eigennutzung nach Auszug des Mieters

Kündigt der Eigentümer dem Mieter, um selbst in die Wohnung einzuziehen, können die anfallenden Kosten der Renovierung nicht als WK abgezogen werden, wenn sie die bei einem Wohnungswechsel typischen Arbeiten wie Schönheitsreparaturen (Tapezieren, Malerarbeiten) und sonstige kleinere Reparaturen betreffen.

Aufwendungen zur Beseitigung eines Schadens, der die mit dem gewöhnlichen Gebrauch der Mietsache verbundene Abnutzung deutlich übersteigt (z. B. mutwillig verursachter Schaden), können Werbungskosten sein (BFH, Urteil v. 11.7.2000, IX R 48/96).

Wird ein Teil der Mietkaution einbehalten, handelt es sich um zusätzliche Mieteinnahmen.

Vermietung nach Eigennutzung

Wer Aufwendungen für seine zunächst selbst bewohnte, anschließend leer stehende und noch nicht vermietete Wohnung als vorab entstandene Werbungskosten geltend macht, muss seinen Entschluss, die Wohnung zu vermieten, durch ernsthafte und nachhaltige Vermietungsbemühungen belegen (BFH, Urteil v. 28.10.2008, IX R 1/07).

Keinesfalls sollte sich eine Renovierung länger als nötig hinziehen. Nach Ansicht des BFH deutet eine lange Renovierungszeit darauf hin, dass keine Vermietungsabsicht besteht. Die Kosten sind in diesen Fällen nicht abzugsfähig (BFH, Urteil v. 11.8.2010, IX R 3/10). Im Zweifel sollten geplante Reparaturarbeiten erst nach Mietbeginn oder nach Abschluss des Mietvertrags durchgeführt werden, sonst besteht die Gefahr, dass die gesamten Aufwendungen steuerlich nicht abzugsfähig sind.

Hat sich der Erwerber eines Gebäudes zunächst entschlossen, das leer stehende Objekt zu vermieten, und hat deshalb renoviert, ist aber anschließend selbst eingezogen, kann er die Renovierungskosten steuerlich geltend machen (FG Hamburg, Urteil v. 15.6.2011, 1 K 14/10).

4 Reparaturen teilweise eigengenutzter Objekte

Entstehen Reparaturaufwendungen bei einem gemischt genutzten Gebäude (teilweise durch den Eigentümer selbst bewohnt, teilweise vermietet), ist wie folgt vorzugehen:

- **direkte Zuordnung der Kosten:** Soweit die Reparatur einen konkreten Gebäudeteil betrifft (z. B. Erneuerung des Bades in einer vermieteten OG-Wohnung), ist der Aufwand diesem Gebäudeteil allein zuzurechnen und die Aufwendungen sind als Werbungskosten abzugsfähig.
- **flächenmäßige Zuordnung der Kosten:** Betrifft die Reparatur das Gebäude als Ganzes (z. B. Dach wird neu gedeckt, Außenfassade wird erneuert), sind die Gesamtaufwendungen im Verhältnis der Nutzflächen zu verteilen. Der auf den vermieteten Teil des Gebäudes entfallende Teil der Kosten ist steuerlich abzugsfähig.

5 Verteilung größeren Erhaltungsaufwands

Nach § 82b EStDV können größere Erhaltungsaufwendungen bei Wohngebäuden auf Antrag **gleichmäßig auf zwei bis fünf Jahre** verteilt werden. Die Gebäude dürfen nicht zu einem Betriebsvermögen gehören und müssen überwiegend Wohnzwecken dienen. Durch die Verteilung ist unter Ausnutzung der höheren Grenzsteuersätze insgesamt eine höhere Steuererstattung möglich.

BEISPIEL

Zusätzliche Steuerersparnis

F, Einzelveranlagung, z. v. E. seit Jahren 40.000 €, hat 2021 für 20.000 € umfangreiche Reparaturen an seinem vermieteten Haus durchgeführt.

F kann diese Kosten entweder 2021 in vollem Umfang als Werbungskosten geltend machen (Steuerminderung 6.067 €, ohne Solidaritätszuschlag und Kirchensteuer) oder z. B. auf die Jahre 2021 bis 2025 gleichmäßig verteilen, d. h. jährlich 4.000 € als Erhaltungsaufwand geltend machen (Steuerminderung 5 × 1.347 € = 6.735 €). Die Verteilung führt zu einer zusätzlichen Steuerentlastung von 668 €.

Stirbt der Steuerpflichtige innerhalb des zwei- bis fünfjährigen Verteilungszeitraums, kann der noch nicht berücksichtigte Teil der Erhaltungsaufwendungen im Veranlagungsjahr des Todes als Werbungskosten im Rahmen der Einkünfte aus V+V des verstorbenen Eigentümers abgesetzt werden (BFH, Urteil v. 10.11.2020, IX R 31/19).

6 Zahlung durch Dritte

Grundsätzlich kann nur derjenige, der entsprechende Aufwendungen getragen hat, einen Abzug von Betriebsausgaben oder Werbungskosten geltend machen. Erhaltungsaufwendungen bei den Einkünften aus V+V sind aber auch dann Werbungskosten des Steuerpflichtigen, wenn sie auf einem von einem Dritten im eigenen Namen, aber im Interesse des Steuerpflichtigen abgeschlossenen Werkvertrag beruhen und der Dritte dem Steuerpflichtigen den Betrag zuwendet.

BEISPIEL

Abgekürzter Zahlungsweg

Der Steuerpflichtige hat eine Eigentumswohnung erworben, die er vermieten will. Die Wohnung muss vor ihrer erneuten Vermietung renoviert werden. Zu diesem Zweck beauftragt der Vater des Steuerpflichtigen nach Rücksprache mit ihm Handwerker und bezahlt nach Durchführung der Erhaltungsarbeiten auch die nicht an den Wohnungseigentümer gerichteten Rechnungen. Auf eine Rückforderung des Betrags verzichtet der Vater gegenüber dem Sohn.

Insoweit liegt eine Zuwendung an den Steuerpflichtigen vor. Die entstandenen Kosten sind über den abgekürzten Zahlungsweg beim Steuerpflichtigen als Werbungskosten aus V+V abzugsfähig (BFH, Urteil v. 15.1.2008, IX R 45/07).

Bei Kreditverbindlichkeiten und anderen Dauerschuldverhältnissen (z. B. Miet- und Pachtverträge) kommt eine Berücksichtigung der Zahlung unter dem Gesichtspunkt der Abkürzung des Vertragswegs nicht in Betracht (BMF, Schreiben v. 7.7.2008, IV C 1 – S 2211/07/10007, BStBl 2008 I S. 717).

7 Instandhaltungsrücklagen bei Eigentumswohnungen

Bei einer Eigentumswohnung müssen Zahlungen in eine Instandhaltungsrücklage geleistet werden.

Nicht die jährlichen Einzahlungen in die Instandhaltungsrücklage, sondern der auf den Steuerpflichtigen entfallende „Verbrauch der Instandhaltungsrücklage" (Entnahme zur Bezahlung von Reparaturrechnungen durch den Hausverwalter nach Beschluss der Wohnungseigentümerversammlung) ist als Werbungskosten abzugsfähig. Der entsprechende Betrag ist aus der Jahresabrechnung des Hausverwalters ersichtlich.

Wird eine Eigentumswohnung veräußert, übernimmt der Erwerber den auf die Wohnung entfallenden Anteil der Instandhaltungsrücklage (Übertragung von Kapital). Insoweit liegen beim Erwerber keine AK des Gebäudes vor.

Schuldzinsen

Die Schuldzinsen eines Unternehmens sind u.U. nicht in vollem Umfang steuerlich abzugsfähig. Wir zeigen auf, wie Sie den Betriebsausgabenabzug sicherstellen. Die Abzugsbeschränkung gilt nicht für Kapitalgesellschaften.

§ 4 Abs. 4 und 4a EStG

Vertiefend siehe → Finanzierungskosten.

1 Betriebliche oder private Schuld?

Zunächst ist die betriebliche Veranlassung der Zinsen zu prüfen. Betriebliche Schuldzinsen liegen vor, wenn die Geldmittel für betriebliche Zwecke (z. B. zur Begleichung einer Lieferantenrechnung, zur Bezahlung der Geschäftsmiete) eingesetzt werden.

- Wenn eines Ihrer Bankkonten ein Guthaben aufweist, können Sie dieses entnehmen. Werden im Anschluss daran betriebliche Aufwendungen durch Belastung des Girokontos bzw. durch Aufnahme eines Darlehens finanziert, sind die anfallenden Zinsaufwendungen betrieblich veranlasst.
- Wird ein Darlehen nicht zur Finanzierung betrieblicher Aufwendungen, sondern zur Finanzierung einer Entnahme verwendet (z.B. das Girokonto weist einen Schuldenstand aus, am 1.3. werden 40.000 € von diesem Konto für private Zwecke abgebucht, zwei Tage später wird ein Darlehen über 40.000 € aufgenommen), liegen private Schulden und demzufolge keine betrieblichen Zinsen vor. Schuldzinsen für eine private Schuld sind nicht als Betriebsausgaben abzugsfähig.

2 Abzugsbeschränkung für betrieblich veranlasste Zinsaufwendungen

Grundsätze

In einem zweiten Schritt ist bei Einzelunternehmen und Personengesellschaften (nicht bei einer GmbH) zu untersuchen, inwieweit die betrieblich veranlassten Schuldzinsen tatsächlich als Betriebsausgaben abziehbar sind. Die Abzugsfähigkeit wird durch die Vorschrift des § 4 Abs. 4a EStG eingeschränkt.

Schuldzinsen im Zusammenhang mit dem Kauf/der Herstellung von Anlagegütern (z. B. Maschinen, Betriebsgebäude) sind stets als Betriebsausgaben abzugsfähig (sog. Investitionsdarlehen). Wird für den Kauf bzw. die Herstellung von Anlagegütern also ein gesondertes Darlehen aufgenommen, sind die Schuldzinsen hierfür stets als Betriebsausgaben abzugsfähig und nicht in die Berechnung miteinzubeziehen. Dabei ist die tatsächliche Verwendung, nicht der Darlehenszweck lt. Darlehensvertrag ausschlaggebend. Damit sind auch Zinseszinsen und Verzugszinsen voll abzugsfähig, soweit diese mit Anlagegütern in Zusammenhang stehen (BFH, Urteil v. 7.7.2016, III R 26/15).

TIPP

Zusammenhang mit Anlagegütern

Der Zusammenhang besteht auch, wenn die Aufwendungen über ein Kontokorrentkonto finanziert werden und dadurch auf diesem ein negativer Saldo entsteht oder sich erhöht (BFH, Urteil v. 23.2.2012, IV R 19/08). Werden Darlehensmittel zunächst auf ein betriebliches Kontokorrentkonto überwiesen, von dem dann Anlagegüter bezahlt werden, oder wird zunächst das Kontokorrentkonto belastet und anschließend ein Darlehen aufgenommen, liegt ein Finanzierungszusammenhang mit Investitionen nur vor, wenn ein enger zeitlicher (bis zu 30 Tagen) und betragsmäßiger Zusammenhang hergestellt werden kann. Beträgt der Zeitraum mehr als 30 Tage, muss der Finanzierungszusammenhang nachgewiesen werden (BMF, Schreiben v. 2.11.2018, IV C 6 – S 2144/07/10001 :00;7 BStBl 2018 I S. 1207).

Darlehen zur Finanzierung von Umlaufvermögen sind keine Investitionsdarlehen, auch wenn dies anlässlich der Betriebseröffnung angeschafft wird oder das Darlehen für den Kauf von Grundstücken durch einen Immobilienhändler aufgenommen wurde (BFH, Urteil v. 30.8.2012, IV R 48/09).

Sonstige Schuldzinsen sind nicht in vollem Umfang abzugsfähig, soweit „Überentnahmen" vorliegen.

Betragen die sonstigen Schuldzinsen (Gesamtbetrag an Schuldzinsen abzüglich Schuldzinsen für Investitionsdarlehen) nicht mehr als 2.050 €, können sie in vollem Umfang als Betriebsausgaben abgesetzt werden.

2.050 € überschritten

Betragen die Schuldzinsen (ohne Schuldzinsen für Investitionsdarlehen) mehr als 2.050 €, muss überprüft werden, ob „Überentnahmen" vorliegen. Ist dies der Fall, ist ein Teil der angefallenen Schuldzinsen nicht als Betriebsausgaben abzugsfähig.

Die Abzugsbeschränkung gilt unabhängig davon, ob der Gewinn durch eine Bilanz oder mittels einer → Einnahmenüberschussrechnung ermittelt wird.

3 Grundlagen zur Ermittlung der nicht abzugsfähigen Schuldzinsen

Gewinn/Verlust

Für den Gewinnbegriff des § 4 Abs. 4a EStG ist der Gewinn nach § 4 Abs. 1 EStG maßgeblich; außerbilanzielle Kürzungen und Hinzurechnungen wirken sich auf den Gewinn i. S. d. § 4 Abs. 4a EStG nicht aus (vgl. BFH vom 3.12.2019, X R 6/18; BMF, Schreiben v. 18.1.2021, IV C 6 – S 2144/19/10003 :004). Damit bleiben z. B. folgende außerbilanzielle Korrekturen bei der Ermittlung des Gewinns für die Anwendung des § 4 Abs. 4a EStG außer Ansatz:

- die nicht abzugsfähige Gewerbesteuer (§ 4 Absatz 5b EStG)
- abgezogene oder hinzugerechnete Investitionsabzugsbeträge nach § 7g EStG
- die Verteilung des Übergangsgewinns aus dem Wechsel der Gewinnermittlungsart

Der anlässlich einer Betriebsveräußerung/-aufgabe erzielte Gewinn bzw. Verlust ist einzuberechnen.

Entnahmen

Als Entnahmen sind sämtliche Geld-, Sach- und Nutzungsentnahmen (z. B. Wert der privaten Kfz-Nutzung) des (Wirtschafts-)Jahres 2020 anzusetzen. Zu den Entnahmen gehören bei einer Betriebsaufgabe grundsätzlich auch Überführungen von Wirtschaftsgütern in das Privatvermögen oder die Entnahme des Veräußerungserlöses.

TIPP

Geldentnahmen beschränken

Je geringer die Entnahmen sind, desto größer ist der abzugsfähige Teil der betrieblichen Schuldzinsen. Kontrollieren Sie sämtliche Geldentnahmen vom betrieblichen Girokonto.

Einlagen

Als Einlagen sind sämtliche im (Wirtschafts-)Jahr 2021 getätigten Geld-, Sach- und Nutzungseinlagen anzusetzen. Wird jedoch nur kurzfristig Geld eingelegt, kann dies einen Missbrauch von Gestaltungsmöglichkeiten darstellen, wenn die Einlage allein dazu dient, die Hinzurechnung nicht abziehbarer Schuldzinsen zu umgehen (BFH, Urteil v. 21.8.2012, VIII R 32/09).

Entnahmen und Einlagen bei der EÜR

Entnahmen und Einlagen müssen auch bei der Gewinnermittlung durch → Einnahmenüberschussrechnung aufgezeichnet werden. Einzelheiten siehe BMF, Schreiben v. 2.11.2018, IV C 6 – S 2144/07/10001 :007.

4 Berechnung des nicht abzugsfähigen Betrags

Die Berechnung der nicht abzugsfähigen Schuldzinsen kann mithilfe unserer Berechnungshinweise in Form einer Exceldatei mit wenigen Eingaben vorgenommen werden. **Hinweis:** Das Berechnungsschema finden Sie auf http://mybook.haufe.de unter „Der Steuerkalkulator".

HINWEIS

Bei der Ermittlung ist der bilanzielle Gewinn nicht um eine steuerfreie Investitionszulage zu kürzen. Nicht abziehbare Betriebsausgaben i. S. d. § 4 Abs. 5 Satz 1 EStG sind jedoch nicht hinzuzurechnen (BFH, Urteil v. 3.12.2019, X R 6/18). Bei der Gewinnermittlung durch EÜR erhöhen steuerfreie Einnahmen den Gewinn, nicht abzugsfähige Betriebsausgaben sind davon abzuziehen.

5 Personengesellschaften

Gesellschafterbezogene Ermittlung

Die Ermittlung der nicht abziehbaren Zinsen ist bei Personengesellschaften gesellschafterbezogen zu ermitteln. Als Basis der Berechnung muss eine Ermittlung der erzielten Gewinnanteile, der Entnahmen und der Einlagen jedes Gesellschafters auch für die vergangenen Jahre, beginnend mit dem 1.1.1999, vorgenommen werden.

Besonderheiten

- Tätigkeitsvergütungen von Gesellschaftern sind nur dann als Entnahme zu behandeln, wenn sie ausbezahlt worden sind. Keine Entnahme liegt vor, wenn eine Gutschrift auf dem Kapitalkonto erfolgt ist.
- Die Hingabe eines Gesellschafterdarlehens ist eine Einlage, die Rückzahlung eine Entnahme.
- Die Überlassung von Wirtschaftsgütern durch einen Gesellschafter stellt eine Einlage (in das Sonderbetriebsvermögen) dar. Nutzungsentgelte sind Entnahmen, soweit die Gelder den betrieblichen Bereich (z. B. durch Überweisung auf ein privates Konto des überlassenden Gesellschafters) verlassen.

Sockelbetrag

WICHTIG

Sockelbetrag ist firmenbezogen

Der Sockelbetrag von 2.050 € wird allerdings für das Unternehmen **nur einmal** gewährt und ist entsprechend den Schuldzinsenanteilen auf die Gesellschafter aufzuteilen.

6 So reagieren Sie richtig

Finanzierung von Anlagenzugängen

Anlagenzugänge (z. B. Kauf eines Betriebsgrundstücks, Erwerb einer Produktionsmaschine) sollten durch Aufnahme eines gesonderten Darlehens finanziert werden. Vermeiden Sie Darlehensaufnahmen zur allgemeinen Liquiditätsverbesserung!

Wenden Sie das Zwei-Konten-Modell an

Wenn sich bei Ihnen keine Überentnahmen ergeben, sollten Sie das Zwei-Konten-Modell (auch „Mehr-Konten-Modell" genannt) anwenden. Sie benötigen zwei Girokonten:

- Vom ersten Konto werden sämtliche betrieblichen Ausgaben bezahlt, ggf. auch durch Aufnahme eines Darlehens.
- Das andere Girokonto dient als „Einnahmenkonto", Kundenzahlungen laufen nur auf diesem Konto auf.
- Wird für private Zwecke Geld benötigt, heben Sie dieses vom Einnahmenkonto ab, sodass sich kein Schuldsaldo ergibt.

So sind sämtliche Zinsen betrieblich veranlasst.

Wenn Sie Entnahmen in einer Größenordnung haben, die zu Überentnahmen führen würden, sollte ein Teil der Entnahmen vom Ausgabenkonto getätigt werden. Grund dafür ist, dass Entnahmen vom Einlagenkonto zu höheren Überentnahmen führen, während Entnahmen vom Ausgabenkonto unberücksichtigt bleiben.

Das „umgekehrte" Zwei-Konten-Modell ist jedoch steuerschädlich. Beim umgekehrten Zwei-Konten-Modell wird ein bestehender betrieblicher Schuldsaldo auf dem Betriebsausgabekonto durch Entnahmen vergrößert und kurzfristig durch Überweisungen vom Betriebseinnahmenkonto zurückgeführt. Diese Mittelverwendung zur privaten Schuldentilgung ist nicht betrieblich veranlasst, sondern stellt eine Entnahme dar (BFH, Urteil v. 3.3.2011, IV R 53/07).

Als Ausweg könnten nach der Entnahme vom Ausgabenkonto die Ausgangsrechnungen so gestellt werden, dass die Kunden Zahlungen auf das Ausgabenkonto leisten. Sobald der Gesamtbetrag dieser Zahlungen so hoch ist wie die Entnahmen, werden die Kundenrechnungen wieder so gestellt, dass die Erlöse auf das Einnahmenkonto fließen.

WICHTIG

Offene Rechtsfragen

Von besonderer Bedeutung könnte noch folgendes anhängiges Verfahren sein:

- Bei einem Einnahmenüberschussrechner liegt eine Überentnahme bereits dann vor, wenn die Entnahme eines Wirtschaftsjahres betragsmäßig höher ist als die Summe des Gewinns und der Einlagen (FG Rheinland-Pfalz, Urteil v. 8.10.2018, 5 K 1034/16; Revision beim BFH, Az. VIII R 38/18).

Sonderausgaben

Bei Sonderausgaben handelt es sich um Kosten der privaten Lebensführung, die steuerlich abziehbar sind. Alle Sonderausgaben sind im Gesetz abschließend genannt. Es wird unterschieden zwischen Vorsorgeaufwendungen (Versicherungsbeiträge) und anderen Sonderausgaben.

1 Allgemeines zum Sonderausgabenabzug

Aufwendungen, die zu den Betriebsausgaben (BA) bzw. Werbungskosten (WK) gehören, sind bei den entsprechenden Einkünften der Höhe nach unbegrenzt abziehbar und können nicht als Sonderausgaben berücksichtigt werden.

BEISPIEL

Abgrenzung zum BA- oder WK-Abzug

Die Haftpflichtversicherungsbeiträge für ein **vermietetes** Mehrfamilienhaus sind Werbungskosten bei den Einkünften aus V+V und keine Sonderausgaben.

Dagegen können Beiträge zur privaten Familienhaftpflichtversicherung oder zur Grundstückshaftpflichtversicherung für das **eigengenutzte** Einfamilienhaus bei den Sonderausgaben abgezogen werden.

Sonderausgaben kann nur derjenige geltend machen, der sie **selbst schuldet** und **selbst leistet**. Bei zusammen veranlagten Ehegatten kommt es für den Abzug von Sonderausgaben nicht darauf an, ob sie der Ehemann oder die Ehefrau gezahlt hat.

Bei der Einzelveranlagung von Ehegatten nach § 26a EStG kann grundsätzlich nur derjenige Sonderausgaben abziehen, der die Aufwendungen getragen hat. Auf übereinstimmenden Antrag sind die von beiden Ehegatten getragenen Sonderausgaben zusammenzurechnen und hälftig zu verteilen. Erst danach ist getrennt für jeden Ehegatten die Höhe der abziehbaren Sonderausgaben zu bestimmen. Vertiefend siehe → Ehegattenveranlagung. Sonderausgaben können nur im Jahr der Zahlung (Abfluss) berücksichtigt werden.

Sonderausgaben

Vorsorgeaufwendungen (Versicherungsbeiträge)

1. Altersvorsorgeaufwendungen

- **Basisversorgung**
  Beiträge zu
  - gesetzlicher Rentenversicherung (einschließlich Arbeitgeberanteil)
  - landwirtschaftliche Alterskasse
  - berufsständischer Versorgungseinrichtung
- **Zusatzversorgung**
  - Beitrag zu einer kapitalgedeckten privaten Altersversorgung (Rürup-Rentenversicherung)

2. Sonstige Vorsorgeaufwendungen

- **Basiskranken- und Pflegepflichtversicherung**
  Beiträge zu
  - gesetzlicher Krankenversicherung
  - privater Krankenversicherung (nur Basisversicherung)
- **andere sonstige Vorsorgeaufwendungen**
  Beiträge zu
  - gesetzlicher und privater Krankenversicherung, soweit sie über die Basisversorgung hinausgehen
  - Arbeitslosenversicherung
  - Erwerbs- und Berufsunfähigkeitsversicherung
  - Unfallversicherung
  - Haftpflichtversicherung
  - bestimmten Lebensversicherungen

3. Riester-Rentenversicherung
(Zusätzliche Altersvorsorge)
Anlage AV

Abzug der **Altersvorsorge-** und sonstigen **Vorsorgeaufwendungen** bis zu unterschiedlichen Höchstbeträgen. Förderung der **Riester-Beiträge** über die Altersvorsorgezulage oder einen besonderen Sonderausgabenabzug.

andere Sonderausgaben

- Unterhaltsleistungen an den geschiedenen oder dauernd getrennt lebenden Ehegatten/Lebenspartner
- Kirchensteuer
- Kinderbetreuungskosten
- Kosten für die eigene Berufsausbildung oder die des Ehegatten
- Schulgeld
- Spenden

Abzug der **tatsächlichen Aufwendungen** (teilweise begrenzt) mindestens in Höhe des **Sonderausgaben-Pauschbetrags**

2 Vorsorgeaufwendungen (Versicherungen)

Vertiefend siehe → Versicherungen und → Altersvorsorgeaufwendungen.

3 Andere Sonderausgaben

Sonderausgaben-Pauschbetrag

Für Sonderausgaben, die nicht zu den Vorsorgeaufwendungen gehören, wird ein Sonderausgaben-Pauschbetrag von 36 € abgezogen, wenn nicht höhere tatsächliche Sonderausgaben geltend gemacht werden.

Werden Ehegatten zusammen zur Einkommensteuer veranlagt, verdoppelt sich der Betrag auf 72 € (§ 10c EStG).

Gezahlte Kirchensteuer

Als Sonderausgabe abziehbar ist die gesetzlich geschuldete und gezahlte Kirchensteuer im Inland oder EU-/EWR-Ausland. Dazu gehören auch die vom Arbeitgeber abgeführte Kirchenlohnsteuer, die vierteljährlich vorausgezahlte oder für Vorjahre nachgezahlte Kirchensteuer und das besondere Kirchgeld.

HINWEIS

Als Abgeltungsteuer erhobene Kirchensteuer

Die als Zuschlag zur Kapitalertragsteuer (Abgeltungsteuer) oder als Zuschlag auf die nach dem gesonderten Tarif des § 32d Abs. 1 EStG ermittelte Einkommensteuer erhobene Kirchensteuer ist **nicht** als Sonderausgabe abziehbar.

Kirchgeld

Das **allgemeine Kirchgeld** ist die Steuer der örtlichen Kirchengemeinde, die i. d. R. durch persönliches Anschreiben von Personen erhoben wird, die der Kirche angehören, aber keine gesetzliche Kirchensteuer entrichten.

Das **besondere Kirchgeld** wird von der Finanzverwaltung festgesetzt und erhoben, wenn ein Ehegatte konfessionslos ist oder einer Kirche angehört, die keine Kirchensteuer erhebt, und der andere Ehegatte, der keine oder nur geringe Einkünfte hat, sowie ggf. die Kinder einer Kirche angehören. Das Kirchgeld beträgt etwa ein Drittel der gesetzlichen Kirchensteuer. Ab einem gemeinsamen z. v. E. von 30.000 € bei Zusammenveranlagung wird ein Kirchgeld erhoben. Nicht alle Landeskirchen erheben das Kirchgeld. Einzelne Landeskirchen ermäßigen das Kirchgeld.

BEISPIEL

Besonderes Kirchgeld

Max Maier ist Alleinverdiener und gehört keiner Kirche an. Seine Ehefrau ist, wie ihre beiden Kinder, Mitglied der evangelischen Kirche. Frau Maier hat keine Einkünfte. Das gemeinsame z. v. E. beträgt im Jahr 2021 120.000 €.

z. v. E.	120.000 €
abzgl. Kinderfreibeträge	15.624 €
Bemessungsgrundlage	104.376 €
besonderes Kirchgeld	840 €

Die gesetzliche Kirchensteuer würde bei einem Steuersatz von 8 % 2.056 € betragen.

Erstattungsüberhang

Wird gezahlte Kirchensteuer in einem späteren Jahr **erstattet**, mindern sich zunächst die Kirchensteuerzahlungen im Erstattungsjahr. Ein danach evtl. verbleibender **Erstattungsüberhang** ist dem Gesamtbetrag der Einkünfte des Erstattungsjahres hinzuzurechnen.

BEISPIEL

Kirchensteuer

Ende Dezember 2020 wird Ihnen der Einkommensteuerbescheid für 2019 zugestellt. Daraus ergibt sich eine Erstattung von 870 €, die im Januar 2021 Ihrem Konto gutgeschrieben wird. Für das Jahr 2021 haben Sie 830 € Kirchensteuer in Form von Vorauszahlungen geleistet.

Der Erstattungsbetrag ist 2021 zugeflossen und mindert die Zahlung und damit den Sonderausgabenabzug des Jahres 2021 auf 0 €. Der zusätzliche Erstattungsüberhang von 40 € wird dem Gesamtbetrag der Einkünfte des Jahres 2021 hinzugerechnet.

ACHTUNG

Kirchensteuer des Erblassers

Zahlt ein Erbe die noch offene KiSt des Erblassers, kann der Erbe diese im Jahr der Zahlung als Sonderausgabe abziehen (BFH, Urteil v. 21.7.2016, X R 43/13). Erstattungen überzahlter Kirchensteuer des Erblassers sind auf eigene Kirchensteuerzahlungen des Erben anzurechnen.

Freiwillige Zuwendungen und Zuwendungen an Religionsgemeinschaften ohne gesetzliche Kirchensteuer

Keine Kirchensteuern sind freiwillige Beiträge an Kirchen oder andere religiöse Gemeinschaften. Diese sind ggf. als Spenden abziehbar. Beiträge der Mitglieder an Religionsgemeinschaften, die in mindestens einem Bundesland als Kirche anerkannt sind, aber während des ganzen Jahres keine Kirchensteuer erheben (z. B. Heilsarmee, Neuapostolische Kirche, Gemeinschaft der Siebenten-Tags-Adventisten oder Zeugen Jehovas Deutschland), sind aus Billigkeitsgründen wie Kirchensteuer als Sonderausgabe abziehbar.

Der Abzug wie Kirchensteuer ist bis zur Höhe der Kirchensteuer zulässig, die zu zahlen wäre, wenn die Kirche Kirchensteuer erheben würde. Übersteigende **freiwillige Zuwendungen** an die Religionsgemeinschaft sind im Rahmen des Spendenabzugs als Sonderausgabe abziehbar. Vertiefend siehe → Spenden.

TIPP

Kappung der Kirchensteuer

Gut verdienende Steuerpflichtige können außerhalb der Steuerveranlagung Kirchensteuer sparen, indem sie bei ihrer Kirche einen Antrag auf **Kappung der Kirchensteuer** stellen. Diese kommt in Betracht, wenn die

Kirchensteuer (je nach Bundesland, außer Bayern) mehr als 2,75 % bis 4 % des z. v. E. beträgt.

Weitere Sonderausgaben

Zu den anderen Sonderausgaben gehören auch:

- Unterhaltsleistungen an den geschiedenen oder dauernd getrennt lebenden Ehegatten: Vertiefend siehe → Unterhaltszahlungen.
- Renten und dauernde Lasten: Vertiefend siehe → Renten.
- Kinderbetreuungskosten: Vertiefend siehe → Kinder.
- Berufsausbildungskosten: Vertiefend siehe → Ausbildung und Studium.
- Schulgeld: Vertiefend siehe → Kinder.
- Spenden: Vertiefend siehe → Spenden.

Spekulationsgeschäfte

Unter Spekulationsgeschäften versteht man den Verkauf von bestimmten Wirtschaftsgütern innerhalb einer gesetzlich festgelegten Frist. Nicht darunter fällt der Verkauf von Kapitalanlagen. Diese sind als Kapitaleinkünfte zu versteuern. Lesen Sie daher auch auf jeden Fall das Stichwort → Kapitalanlagen.

§§ 20, 23 EStG

1 Kauf und Verkauf von Grundstücken

Veräußern Sie ein privates Grundstück innerhalb von zehn Jahren nach dessen Erwerb, liegt ein Spekulationsgeschäft vor, das der Besteuerung unterliegt. Ohne Belang sind die Gründe für den Verkauf, sodass eine Steuerpflicht auch z. B. dann eintritt, wenn die Versteigerung droht (BFH, Urteil v. 27.9.2012, III R 19/11). Bei einer Ratenzahlung über mehrere Jahre wird der Veräußerungsgewinn in mehreren Veranlagungszeiträumen erfasst (BFH, Urteil v. 11.11.2009, IX R 57/08). Das gilt auch in Verlustfällen (BFH, Urteil v. 6.12.2016, IX R 18/16). Eine Enteignung stellt kein privates Veräußerungsgeschäft i. S. von § 23 EStG dar und ist somit nicht steuerpflichtig (BFH, Urteil v. 23.7.2019, IX R 28/18). Anders wird das bei einer Zwangsversteigerung gesehen (FG Düsseldorf, Urteil v. 28.4.2021, 2 K 2220/20 E).

Zehnjahresfrist

Für die Fristberechnung kommt es darauf an, wann der Kaufvertrag und der Verkaufsvertrag abgeschlossen wurden. Die Nutzung einer Rückerwerbsoption setzt eine neue Spekulationsfrist in Gang. Sie wird nicht als Rückabwicklung gewertet (FG Münster, Urteil v. 30.10.2012, 1 K 2240/09 E). Steht die Grundstücksveräußerung unter einem Genehmigungsvorbehalt (aufschiebende Bedingung), ist dieser für die Fristberechnung unerheblich (BFH, Urteil v. 10.2.2015, IX R 23/13).

Beispielsfälle

Sie haben ein Grundstück bebaut

BEISPIEL

Erwerb, Bebauung und Vermietung

Sie haben am 15.3.2013 ein unbebautes Grundstück erworben. Im März 2017 haben Sie ein Haus darauf erstellt und dieses anschließend vermietet.

Wenn Sie das bebaute Grundstück vor dem 16.3.2023 veräußern, unterliegt der Veräußerungsgewinn der Besteuerung. Dabei kommt es auf den Zeitpunkt des Erwerbs an. Die Fertigstellung des Gebäudes ist unmaßgeblich. Gebäude und Außenanlagen sind in die Besteuerung des Veräußerungsgewinns auch dann einzubeziehen, wenn sie in einem teilfertigen Zustand verkauft werden.

Geschenkte und geerbte Grundstücke

Bei einem geschenkten oder geerbten Grundstück kommt es für die Frist auf den Zeitpunkt des Erwerbs durch den Vorbesitzer an. Erwirbt ein Miterbe entgeltlich den Erbteil eines anderen Miterben, so entstehen ihm insoweit AK. Bei einem Verkauf innerhalb der Spekulationsfrist führt dies dazu, dass der Gewinn aus der Veräußerung dieses Grundstücks versteuert werden muss.

Ein Verkauf kann in solchen Fällen zur teuren Steuerfalle werden. Ein Beratungshonorar vor einem Verkauf kann gut angelegt sein und viel Geld sparen!

Erbbaurecht

Die Veräußerung eines unentgeltlich bestellten Erbbaurechts stellt kein privates Veräußerungsgeschäft i. S. d. § 23 EStG dar (BFH, Urteil v. 8.11.2017, IX R 25/15).

Entnahme aus dem Betrieb

Die Entnahme eines betrieblichen Grundstücks (auch im Rahmen einer Betriebsaufgabe) wird als Erwerb angesehen. Zu diesem Zeitpunkt beginnt die Zehnjahresfrist (z. B. Entnahme des Grundstücks, anschließend Verkauf innerhalb der Zehnjahresfrist, Folge: Besteuerung). Der Entnahmewert gilt als Anschaffungswert.

Einlage in den Betrieb

Wenn Sie ein privat erworbenes Grundstück während der Spekulationsfrist in ein Betriebsvermögen einlegen, liegt zunächst keine Veräußerung vor. Ein Veräußerungsvorgang aus dem Betriebsvermögen wird aber auch auf der privaten Ebene steuerpflichtig, wenn das Grundstück während der Spekulationsfrist veräußert wird.

Immer als Veräußerung gilt eine verdeckte Einlage in eine Kapitalgesellschaft (A verkauft ein Grundstück im Wert von 200.000 € für 80.000 € an die ihm gehörende A-GmbH, Folge: verdeckte Einlage von 120.000 €, die zu versteuern ist.).

Verkauf der eigengenutzten Wohnung ist steuerfrei

Wenn Sie das bebaute Grundstück zwischen der Anschaffung (bzw. Fertigstellung) und der Veräußerung für sich als Privatwohnung genutzt haben, bleibt der Verkaufserlös steuerfrei. Gleiches gilt, wenn im Jahr der Veräußerung und in den vorangegangenen zwei Jahren eine entsprechende Eigennutzung vorlag.

Dazu gehört auch der Teil des Veräußerungserlöses, der auf das häusliche Arbeitszimmer entfällt. Somit wird auch dieser innerhalb der Spekulationsfrist nicht besteuert (BFH, Urteil v. 1.3.2021, IX R 27/19, entgegen BMF, Schreiben v. 5.10.2000, IV C 3 – S 2256 – 263/00, Rz. 21). Ein Leerstand zwischen Beendigung der Selbstnutzung und Veräußerung ist unschädlich, wenn die Wohnung im Jahr der Beendigung der Eigennutzung und in den beiden vorangegangenen Jahren zu eigenen Wohnzwecken genutzt wurde. Wird eine Wohnimmobilie im Jahr der Veräußerung kurzzeitig vermietet, ist dies unschädlich, da die Nutzung zu eigenen Wohnzwecken im Jahr der Veräußerung und im zweiten Jahr vor der Veräußerung nicht während des gesamten Kalenderjahrs vorgelegen haben muss (BFH, Urteil v. 3.9.2019, IX R 10/19). Damit reicht eine zusammenhängende Nutzung von einem Jahr und zwei Tagen aus.

Wird eine Wohnimmobilie im Jahr der Veräußerung kurzzeitig vermietet, ist dies unschädlich, da die Nutzung zu eigenen Wohnzwecken im Jahr der Veräußerung und im zweiten Jahr vor der Veräußerung nicht während des gesamten Kalenderjahrs vorgelegen haben muss (BFH, Urteil v. 3.9.2019, IX R 10/19). Damit reicht eine zusammenhängende Nutzung von einem Jahr und zwei Tagen aus. Wird das Wirtschaftsgut hingegen im Vorjahr der Veräußerung kurzfristig zu anderen Zwecken genutzt (z. B. vorübergehende Vermietung) oder kommt es im Vorjahr der Veräußerung zu einem vorübergehenden Leerstand, ist der Veräußerungsgewinn zu versteuern (BMF, Schreiben v. 17.6.2020, IV C 1 – S 2256/08/10006:006).

Wurde Ihnen die Wohnung geschenkt, wird die Zeit, in der der frühere Eigentümer die Wohnung selbst bewohnt hat, Ihnen zugerechnet. Entsprechendes gilt für den Fall der Erbschaft.

Die Steuerfreiheit gilt allerdings nicht für Ferienwohnungen. Wird das Inventar mitverkauft, ist der Gewinn daraus nicht steuerpflichtig (FG Münster, Urteil v. 3.8.2020, 5 K 2493/18 E).

Wie wird der Veräußerungsgewinn berechnet?

Als **Veräußerungskosten** kommen beispielsweise Aufwendungen für einen Makler, für Annoncen sowie sonstige Kosten (Kopien von Plänen, Fahrtkosten für Besichtigungen etc.) in Betracht.

Wenn Sie ein Grundstück zu einem unter den AK/HK liegenden Wert veräußern, sieht es nach einem Verlustgeschäft aus. Letztendlich kann es dennoch zu einer Besteuerung kommen. Der Veräußerungsgewinn erhöht sich um alle in der Vergangenheit in Anspruch genommenen Abschreibungsbeträge. Die Eigenheimzulage für die Zeit der Eigennutzung ist nicht hinzuzurechnen, da es sich hierbei um keine Abschreibung handelt.

BEISPIEL

Veräußerungsverlust?

A hat 2017 ein Grundstück für 100.000 € gekauft und ein Gebäude für 500.000 € erstellt. Im Jahr 2021 veräußert A das Anwesen für 570.000 €. Bis zur Veräußerung hat er für das Gebäude 40.000 € Abschreibungen geltend gemacht.

Was zunächst nach einem Veräußerungsverlust (570.000 € – 600.000 € = –30.000 €) aussieht, wird nach der Hinzurechnung der Abschreibungsbeträge (40.000 €) zu einem Veräußerungsgewinn (10.000 €).

TIPP

Nachträgliche Veräußerungskosten

Müssen Sie auf Verlangen des Käufers noch Arbeiten am Grundstück vornehmen (z. B. Ausbau eines Erdtanks), dann können diese Kosten nachträgliche Veräußerungskosten darstellen (BFH, Urteil v. 24.1.2012, IX R 16/11).

Aufwendungen (z. B. Notar- und Gerichtskosten), die für einen geplanten, aber letztlich gescheiterten Grundstücksverkauf anfallen, sind nicht als Werbungskosten bei den Einkünften aus V+V abziehbar und können auch nicht bei den privaten Veräußerungsgeschäften berücksichtigt werden (BFH, Urteil v. 1.8.2012, IX R 8/12).

Bei „Schrottimmobilien" ist der Kaufpreis in ein steuerpflichtiges Veräußerungsentgelt und eine nicht steuerbare Entschädigungsleistung aufzuteilen, wenn dieser auch für den Verzicht auf Schadensersatz und die Rücknahme der Klage gezahlt wurde (BFH, Urteile vom 6.9.2014, IX R 44/14, IX R 45/14, IX R 27/15).

Hinweis: Ein Berechnungsschema zum Veräußerungsgewinn bei Immobilien finden Sie auf http://mybook.haufe.de unter „Der Steuerkalkulator".

2 Aktien & Co.

Haben Sie Wertpapiere verkauft, die Sie nach dem 31.12.2008 erworben haben, lesen Sie bitte unter → Kapitalanlagen weiter.

Die vor diesem Stichtag erworbenen Wertpapiere können Sie steuerfrei veräußern, es sei denn, Sie halten mindestens 1 % aller Anteile einer Kapitalgesellschaft. In diesem Fall sieht das EStG die Beteiligung als „wesentlich" an. Der Veräußerungsgewinn ist dann steuerpflichtig (§ 17 EStG).

Für Fonds gibt es ab 2019 Neuregelungen, die sich auch auf Altbestände auswirken. Auch diese sind unter → Kapitalanlagen dargestellt.

3 Andere Wirtschaftsgüter

Veräußerungsgewinne oder -verluste aus dem Verkauf anderer Wirtschaftsgüter sind innerhalb eines Jahres steuerpflichtig. Für Gegenstände, die als Einkunftsquelle genutzt werden und aus denen mindestens in einem Kalenderjahr Einkünfte erzielt wurden, erhöht sich der Spekulationszeitraum auf zehn Jahre.

Die Veräußerungsgewinne (und -verluste) aus dem Verkauf von Wirtschaftsgütern des alltäglichen Gebrauchs, die nach dem 13.12.2010 erworben wurden, sind nicht mehr steuerpflichtig. Hierzu zählen insbesondere Pkw, Fernseher und andere Gebrauchsgüter.

Der Gewinn oder Verlust aus der Veräußerung von Bitcoins oder anderen Kryptowährungen führt zu sonstigen Einkünften aus privaten Veräußerungsgeschäften, sofern Erwerb und Veräußerung der Bitcoins innerhalb eines Jahres stattfanden (§ 22 Nr. 2 EStG i. V. m. § 23 Abs. 1 Satz 1 Nr. 2 EStG). Die Finanzgerichte sind dazu jedoch unterschiedlicher Auffassung. Keine Zweifel an der Auffassung der Finanzverwaltung hat das FG Berlin-Brandenburg, Beschluss v. 20.6.2019, 13 V 13100/19, erhebliche Zweifel das FG Nürnberg, Beschluss v. 8.4.2020, 3 V 1239/19.

Auch der Gewinn aus dem Verkauf eines Tickets für ein Fußballspiel ist als Spekulationsgewinn zu versteuern (BFH, Urteil v. 29.10.2019, IX R 10/18).

4 Leerverkäufe

Veräußerungsgeschäfte, bei denen die Veräußerung der Wirtschaftsgüter früher erfolgt als der Erwerb (sog. Leerverkäufe), sind nach § 23 EStG steuerpflichtig.

5 Was Sie sonst noch wissen sollten

Freigrenze

Die Gewinne (= Gesamtgewinn aller im Jahr 2021 getätigten relevanten Veräußerungen) bleiben steuerfrei, wenn sie im Jahr 2021 weniger als 600 € betragen haben. Ein Gewinn von 600 € und mehr wird voll versteuert. Ehegatten erhalten den Freibetrag doppelt, wenn jeder Veräußerungsgewinne erzielt hat.

Wie wirken sich Veräußerungsverluste aus?

Vertiefend siehe → Kapitalanlagen.

Zunächst einmal ist zu untersuchen, ob sämtliche relevanten Veräußerungen einen Gesamtgewinn ergeben haben. Dabei mindern Verluste eines Geschäfts Gewinne anderer Veräußerungen.

Ergibt sich für das Jahr 2021 ein Gesamtverlust (Gesamtbetrag aller Gewinne abzgl. Verluste aus privaten Veräußerungsgeschäften des Jahres 2021), darf dieser nicht mit anderen im Jahr 2021 erzielten Einkünften verrechnet werden. Der Verlust mindert aber ggf. im Jahr 2020 erzielte Veräußerungsgewinne (= einjähriger Verlustrücktrag). Verbleibende Verluste sind in den Folgejahren mit erzielten Veräußerungsgewinnen gegenzurechnen (= unbegrenzter Verlustvortrag). Dazu ist der Verlust besonders festzustellen. Diese Feststellung gilt als Grundlagenbescheid und damit nach Bestandskraft als bindend. Sofern die Verluste fehlerhaft festgestellt wurden, kann nur dieser Bescheid im Wege des Einspruchs angegriffen werden.

WICHTIG

Verluste geltend machen

Versäumen Sie nicht, Verluste aus privaten Veräußerungsgeschäften in der Steuererklärung geltend zu machen.

Spenden

Spenden sind freiwillige und unentgeltliche Aufwendungen, die weder Betriebsausgaben noch Werbungskosten sind. Sie fallen neben Mitgliedsbeiträgen unter den Sammelbegriff „Zuwendungen" und sind unter bestimmten Voraussetzungen steuerlich abziehbar.

§§ 10b, 34g, EStG; § 50 EStDV

Zu unterscheiden sind:

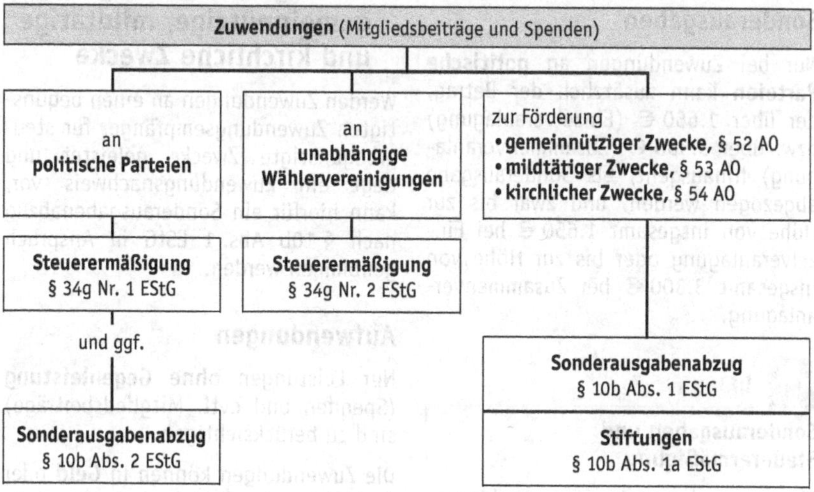

1 Politische Parteien und unabhängige Wählervereinigungen

Steuerermäßigungen

Die tarifliche Einkommensteuer ermäßigt sich **(direkter Steuerabzug)** jeweils um 50 % der Zuwendungen (Mitgliedsbeiträge und Spenden) an **politische Parteien** und an **unabhängige Wählervereinigungen**, höchstens um jeweils 825 €. Die Steuerermäßigungen für Parteien und Wählervereinigungen können **nebeneinander** geltend gemacht werden.

Für zusammen veranlagte Ehegatten verdoppeln sich die Höchstbeträge auf jeweils 1.650 €.

Sonderausgaben

Nur bei Zuwendungen an **politische Parteien** kann zusätzlich der Betrag, der über 1.650 € (Einzelveranlagung) bzw. über 3.300 € (Zusammenveranlagung) hinausgeht, als Sonderausgabe abgezogen werden, und zwar bis zur Höhe von insgesamt 1.650 € bei Einzelveranlagung oder bis zur Höhe von insgesamt 3.300 € bei Zusammenveranlagung.

BEISPIEL

Sonderausgaben und Steuerermäßigung

Eine unverheiratete Steuerzahlerin entrichtet im Jahr 2021 Beiträge und Spenden an eine politische Partei in Höhe von 4.000 € sowie eine Spende von 2.000 € an eine unabhängige Wählervereinigung.

Die Steuer ermäßigt sich bzgl. der Parteizuwendungen um 50 % aus 4.000 € = 2.000 €, höchstens um **825 €** (Steuerabzug). Soweit die Zuwendungen die Grenze von 1.650 € übersteigen (hier: 2.350 €), sind diese bis zu einem Höchstbetrag von **1.650 €** als Sonderausgaben abziehbar.

Die Zuwendung an die Wählervereinigung führt zu einer weiteren Steuerermäßigung von 50 % aus 2.000 € = 1.000 €, höchstens **825 €**. Ein zusätzlicher Sonderausgabenabzug ist nicht möglich (BFH, Urteil v. 20.3.2017, X R 55/14).

2 Sonstige Zuwendungen für gemeinnützige, mildtätige und kirchliche Zwecke

Werden Zuwendungen an einen begünstigten Zuwendungsempfänger für steuerbegünstigte Zwecke geleistet und liegt ein Zuwendungsnachweis vor, kann hierfür ein Sonderausgabenabzug nach § 10b Abs. 1 EStG in Anspruch genommen werden.

Aufwendungen

Nur Leistungen **ohne Gegenleistung** (Spenden und evtl. Mitgliedsbeiträge) sind zu berücksichtigen.

Die Zuwendungen können in **Geld** oder Sachleistungen bestehen. **Sachzuwendungen** (z. B. für eine Tombola des Vereins) sind mit dem gemeinen Wert (Verkehrswert einschl. USt) zu bewerten. Bei Gegenständen, die aus einem Betrieb entnommenen wurden, ist der Entnahmewert anzusetzen.

Der Wert ist ggf. ausgehend vom Anschaffungspreis, der Qualität, dem Alter und dem Erhaltungszustand zu schätzen.

Keine begünstigten Aufwendungen sind unentgeltliche Nutzungen (z. B. Verzicht des Gebäudeeigentümers auf Miete) und unentgeltliche Leistungen (ehrenamtliche Tätigkeit).

Anders zu beurteilen ist es, wenn der Steuerpflichtige gegenüber der steuerbegünstigten Einrichtung nach Vertrag oder Satzung einen Anspruch auf Zahlung einer Vergütung (z. B. Fahrtkostenpauschale, Aufwandspauschale für die Mithilfe beim Sommerfest) hat, der eingeräumt wurde, bevor die zum Aufwand führende Tätigkeit begonnen wurde, und er auf die Auszahlung verzichtet **(Aufwandsspende)**. Der Anspruch darf nicht unter der Bedingung des Verzichts eingeräumt worden sein.

Zuwendungsempfänger

Begünstigt sind Zahlungen an

- Gebietskörperschaften (Bund, Länder, Landkreise, Gemeinden) oder deren Dienststellen (z. B. Schulen) oder eine andere juristische Person des öffentlichen Rechts (z. B. Universität, Kirche) und
- steuerbegünstigte Organisationen (häufig: gemeinnützige oder mildtätige Vereine)

im Inland oder EU-/EWR-Ausland.

Zuwendungsnachweis

Voraussetzung für den Spendenabzug ist, dass der Steuerpflichtige eine **Zuwendungsbestätigung** nach amtlichem Muster erhalten hat.

ACHTUNG

Vorlage beim Finanzamt nur auf Anforderung

Die Zuwendungsbestätigungen sind vom Zuwendenden nur auf Verlangen der Finanzbehörde vorzulegen. Die Unterlagen sind vom Zuwendenden bis zum Ablauf eines Jahres nach Bekanntgabe der Steuerfestsetzung aufzubewahren **(Belegvorhaltepflicht)**.

Liegt eine Zuwendungsbestätigung nicht vor – z. B. bei Haus- und Straßensammlungen –, sind die Aufwendungen nicht abziehbar.

Bei **Zuwendungen von höchstens 300 €** genügt als vereinfachter Zuwendungsnachweis der Bareinzahlungsbeleg oder eine Buchungsbestätigung (Kontoauszug), wenn die Zahlung an eine juristische Person des öffentlichen Rechts oder deren Dienststelle geleistet wird.

Gleiches gilt, wenn der Empfänger der Zuwendungen eine Organisation ist, die als steuerbegünstigten Zwecken dienend anerkannt ist. Hier muss aber ein vom Zuwendungsempfänger hergestellter Überweisungsbeleg verwendet werden, der mit einem Hinweis auf die Steuerbegünstigung versehen ist.

In **Katastrophenfällen** (z. B. Erdbeben) genügt unabhängig von der Höhe der

Zuwendungen der Bareinzahlungsbeleg oder der Kontoauszug, wenn die Zahlungen innerhalb eines von den Länderfinanzbehörden bestimmten Zeitraums auf ein speziell eingerichtetes **Sonderkonto** oder vor dessen Einrichtung auf ein sonstiges Konto einer inländischen juristischen Person des öffentlichen Rechts oder eines anerkannten Verbandes der freien Wohlfahrtspflege erfolgen. Auch Zahlungen über ein als Treuhandkonto geführtes Konto eines Dritten mit späterer Übertragung auf das Sonderkonto sind begünstigt.

Bei Zuwendungen an **politische Parteien** muss immer ein Zuwendungsnachweis vorliegen.

Der Zuwendungsempfänger kann die **Zuwendungsbestätigung** auch **elektronisch** (dem amtlichen Muster entsprechende Zuwendungsbestätigung in Form einer **schreibgeschützten Datei**, z. B. PDF-Datei) an den Zuwendenden übersenden und dieser druckt sie aus. Geplant ist, dass der Zuwendende den Zuwendungsempfänger bevollmächtigt, die Zuwendungsbestätigung der zuständigen Finanzbehörde durch elektronische Datenfernübertragung zu übermitteln. Der Zuwendende muss dazu dem Zuwendungsempfänger seine Steuer-Identifikationsnummer mitteilen.

Steuerbegünstigte Zwecke

Begünstigt sind Ausgaben zur Förderung

- **gemeinnütziger** (z. B. Förderung der Wissenschaft, des Sports, der Kultur, der Bildung, der Jugend- und Altenhilfe, des Tierschutzes, des Naturschutzes),
- **mildtätiger** oder
- **kirchlicher**

Zwecke (§§ 51–54 AO).

Begünstigt sind **Spenden** und meistens auch **Mitgliedsbeiträge**.

WICHTIG

Abziehbarkeit von Mitgliedsbeiträgen

Mitgliedsbeiträge **sind nicht abzugsfähig bei Förderung des Sports und bei kulturellen Betätigungen, die in erster Linie der Freizeitgestaltung dienen.** Ob eine Tätigkeit eines Musikvereins auf dem Gebiet der musikalischen Ausbildung in nicht untergeordnetem Umfang dazu berechtigt, Spendenbescheinigungen auch über geleistete Mitgliedsbeiträge auszustellen, muss der BFH entscheiden (BFH, anhängiges Verfahren, X R 7/21, Vorinstanz: FG Köln, Urteil v. 25.2.2021, Az. 10 K 1622/18).

Auch nicht abziehbar sind die Beiträge an Vereine, die die Förderung der Heimatpflege und Heimatkunde, der Tierzucht, der Pflanzenzucht, der Kleingärtnerei, des Brauchtums, des Karnevals, des Amateurfunkens, des Modellflugs und des Hundesports als Satzungszweck haben. Dies gilt auch für entsprechende Fördervereine.

Dagegen sind Mitgliedsbeiträge an Kulturvereine ohne Freizeitcharakter und deren Fördervereine (z. B. Museen oder Theater) auch dann abziehbar, wenn diese Einrichtungen ihren Mitgliedern Vergünstigungen, z. B. in Form verbilligter Eintrittskarten, gewähren.

Zuwendungen für **kirchliche Zwecke** können ganz oder teilweise als Kirchensteuer nach § 10 Abs. 1 Nr. 4 EStG abziehbar sein. Erhebt eine als Kirche anerkannte Religionsgemeinschaft keine gesetzliche Kirchensteuer (z. B. Neuapostolische Kirche, Heilsarmee, Zeugen Jehovas), können Zuwendungen an diese Kirche bis zur Höhe einer vergleichbaren gesetzlichen Kirchensteuer als Sonderausgabe nach § 10 Abs. 1 Nr. 4 EStG abgezogen werden. Übersteigende Zuwendungen stellen Spenden i. S. d. § 10b Abs. 1 EStG dar. Vertiefend siehe → Sonderausgaben.

TIPP

Unterstützung einer Organisation im Ausland

Auch Spenden an mildtätige oder gemeinnützige Einrichtungen bzw. für kirchliche, religiöse oder wissenschaftliche Zwecke im EU-/EWR-Ausland sind begünstigt. Durch die Unterstützung der Organisation im Ausland müssen aber natürliche Personen im Inland oder das Ansehen der Bundesrepublik im Ausland gefördert werden. Die Zuwendungsbestätigung muss den Erhalt, den gemeinnützigen Zweck und die satzungsgemäße Verwendung beinhalten.

Sonderausgabenabzug für steuerbegünstigte Zwecke

Spenden für steuerbegünstigte Zwecke sind in tatsächlicher Höhe bis zu bestimmten **Höchstbeträgen** als Sonderausgabe abziehbar.

Möglichkeit 1

Zuwendungen zur Förderung mildtätiger, kirchlicher oder gemeinnütziger Zwecke können i. H. v. insgesamt **bis zu 20 % des Gesamtbetrags der Einkünfte** als Sonderausgaben abgezogen werden.

Dabei sind Kapitalerträge, die durch Kapitalertragsteuerabzug mit 25 % (Abgeltungsteuer) besteuert werden, nicht einzubeziehen. Etwas anderes gilt, wenn Kapitalerträge mit dem persönlichen Steuersatz (z. B. bei Günstigerprüfung nach § 32d Abs. 6 EStG – Steuersatz unter 25 %) besteuert werden.

Möglichkeit 2

Liegen **Gewinneinkünfte** vor, können alle Zuwendungen alternativ bis zu einer Grenze von 4 ‰ aus der Summe von Umsatz, Löhnen und Gehältern als Sonderausgabe abgezogen werden.

BEISPIEL

Höchstbetrag

Ein lediger Steuerbürger spendet im Jahr 2021 2.000 € an eine Universität, 1.000 € an den örtlichen Musikverein (kultureller Zweck), an den er auch 50 € Mitgliedsbeitrag entrichtet hat, und 1.400 € an die Lebensrettungsgesellschaft (gemeinnützig). Seine Einkünfte betragen insgesamt 45.000 €.

Der Mitgliedsbeitrag an den Musikverein ist nicht abziehbar, da der Verein in erster Linie der Freizeitgestaltung dient. Der Höchstbetrag von 20 % aus 45.000 € wird nicht erreicht. Damit sind **4.400 €** als Sonderausgaben abziehbar.

Größere Spenden

Zuwendungen, die wegen Überschreitens der Höchstbeträge im Jahr der Zahlung nicht abgezogen werden können, werden im Rahmen des Einkommensteuerbescheids gesondert festgestellt und in die folgenden Jahre (zeitlich unbefristet) vorgetragen und dort im Rahmen der Höchstbeträge als Sonderausgaben berücksichtigt.

3 Spenden an Stiftungen

Spenden in das zu erhaltende Vermögen einer Stiftung des öffentlichen oder privaten Rechts zur Förderung steuerbegünstigter Zwecke können nach § 10b Abs. 1a EStG **zusätzlich** zu den o.g. Höchstbeträgen im **Jahr der Zahlung und in den neun folgenden Jahren** in Höhe von bis zu insgesamt **1.000.000 €** als Sonderausgaben abgezogen werden.

Der Abzugsbetrag kann nur einmal innerhalb des Zehnjahreszeitraums in Anspruch genommen werden. Der Höchstbetrag steht bei zusammen veranlagten Ehegatten jedem Ehegatten einzeln zu, wenn formal beide spenden.

Spenden in das zu verbrauchende Vermögen einer Stiftung werden wie andere steuerbegünstigte Zwecke i.S.d. § 10b Abs. 1 EStG berücksichtigt.

Steuerberatungskosten

Steuerberatungskosten können mit einzelnen Einkunftsarten in Zusammenhang stehen und als Betriebsausgaben oder als Werbungskosten abziehbar sein. Steuerberatungskosten, die weder Betriebsausgaben noch Werbungskosten sind, also zum Bereich der privaten Lebensführung gehören, sind nicht abziehbar.

§ 4 Abs. 4, § 9 Abs. 1 Satz 1 EStG

1 Steuerberatungskosten

Betriebsausgaben und Werbungskosten

Steuerberatungskosten sind Aufwendungen, die im sachlichen Zusammenhang mit einem Besteuerungsverfahren stehen.

Stehen Steuerberatungskosten mit der Ermittlung der Gewinneinkünfte, mit Betriebssteuern (USt, GewSt) oder Investitionszulagen in Zusammenhang, sind die Aufwendungen als **Betriebsausgaben** abziehbar.

Sie können als **Werbungskosten** abgezogen werden, soweit sie zur Erwerbung, Sicherung und Erhaltung der Einnahmen aus nichtselbstständiger Arbeit, aus V+V oder aus sonstigen Einkünften dienen.

Kosten der Lebensführung

Andere Aufwendungen für die Steuerberatung (z.B. bzgl. Hauptvordruck zur ESt-Erklärung, Anlagen Kind, U, Unterhalt, Vorsorgeaufwand, ErbSt-Erklärung) stellen nicht abziehbare Kosten der privaten Lebensführung dar und sind steuerlich nicht abziehbar. Der BFH hat diese gesetzliche Regelung bestätigt und als nicht verfassungswidrig eingestuft (BFH, Urteil v. 4.2.2010, X R 10/08).

Gemischte Aufwendungen

Sind die Aufwendungen sowohl durch die Einkünfte (Anlagen G, S, N, R, SO, V) als auch privat veranlasst **(gemischte Aufwendungen)**, ist im Rahmen einer sachgerechten Schätzung eine Zuordnung zu den Betriebsausgaben, Werbungskosten oder Kosten der Lebensführung vorzunehmen.

TIPP

Aufteilung privat und beruflich veranlasster Steuerberatungskosten

Es wird i.d.R. nicht beanstandet, wenn die Aufwendungen in Höhe von 50 % den Betriebsausgaben oder Werbungskosten zugeordnet werden. Aus Vereinfachungsgründen wird i.d.R. bei gemischten Steuerberatungskosten bis 100 € der Zuordnung durch den Steuerbürger gefolgt.

Art der begünstigten Aufwendungen

Zu den Steuerberatungskosten gehören:

- Aufwendungen für die mündliche oder schriftliche Beratung durch einen Steuerberater in betrieblichen/beruflichen Steuerangelegenheiten sowie für die Erstellung der betreffenden Steuerformulare
- Aufwendungen für steuerliche Gutachten, für die Hilfeleistung bei der Buchführung und bei der Aufstellung von Bilanzen und Einnahmenüberschussrechnungen sowie für die Beantwortung der sich dabei ergebenden Rechtsfragen, für die Mitarbeit bei durchgeführten Betriebs- und Außenprüfungen durch das Finanzamt sowie die Begleitung eines evtl. Rechtsbehelfsverfahrens
- Beiträge an Lohnsteuerhilfevereine

Nebenkosten

Zu den Steuerberatungskosten zählen auch:

- Kosten für steuerliche Fachliteratur (z.B. **das hier vorliegende Handbuch**), für Steuertabellen und für Software zur Erstellung von Steuererklärungen (z.B. Steuererklärungsprogramm Haufe-Lexware)
- Kosten für eine Steuer-Rechtsschutzversicherung, soweit sie von den Kosten einer üblichen Rechtsschutzversicherung abgegrenzt werden können

- Fahrtkosten einschließlich etwaiger Unfallkosten auf der Fahrt zum oder vom Steuerberater oder Finanzamt

2 Sonstige Beratungskosten

Privat veranlasste sonstige Beratungskosten (z. B. in Finanzierungsangelegenheiten) sind keine Sonderausgaben, auch wenn diese durch den Steuerberater in Rechnung gestellt werden. Soweit die Kosten betrieblich oder beruflich veranlasst sind, können sie aber als Betriebsausgaben oder Werbungskosten abgezogen werden.

3 Prozesskosten

Prozesskosten (z. B. in einem Steuerstrafverfahren) sind als Betriebsausgaben abziehbar, soweit der Rechtsstreit durch betriebliche Vorgänge (z. B. Betriebssteuern USt und GewSt) veranlasst ist. Soweit ein Zusammenhang mit Personensteuern (ESt, SolZ, KiSt) vorliegt, ist ein Abzug ausgeschlossen, auch wenn sich die Steuererklärungspflicht nur aus Gewinneinkünften ergibt (BFH, Urteil v. 18.5.2011, X B 124/10).

Umsatzsteuer

Grundsätzlich muss jedes Unternehmen Umsatzsteuer an das Finanzamt abführen. In diesem Stichwort erhalten Sie einen Überblick über die wichtigsten Regelungen.

Steuersätze § 12 UStG, Entstehen der Steuer § 13 UStG, Rechnungen § 14 UStG, Kleinbetragsrechnungen § 33 UStDV, Vorsteuerabzug § 15 UStG, Besteuerungsverfahren/Voranmeldungen § 18 UStG, Kleinunternehmer § 19 UStG

1 Kleinunternehmer

Grundsätze der Nullbesteuerung

Die Nullbesteuerung

- Vorjahresumsatz höchstens 22.000 €
- voraussichtlicher Umsatz des laufenden Jahres nicht mehr als 50.000 €

Sie müssen keine Umsatzsteuer an das Finanzamt abführen (die Abgabe einer Umsatzsteuererklärung ist deshalb nicht notwendig). Aber:

- Die Ihnen in Rechnung gestellten Umsatzsteuerbeträge sind nicht als Vorsteuer abzugsfähig.
- Sie dürfen in Ihren Ausgangsrechnungen keine Umsatzsteuer ausweisen.

Bei der Berechnung der Umsatzgrenze bleiben bestimmte Umsätze unberücksichtigt (beispielsweise die Umsätze aus der Tätigkeit als Versicherungsvertreter, als Arzt, Zahnarzt, Heilpraktiker, Krankengymnast). Auch die Privatnutzung des Pkw bleibt hierfür außen vor (BFH, Urteil v. 15.9.2011, V R 12/1). Dies führt dazu, dass z. B. Ärzte i. d. R. stets die Nullbesteuerung anwenden können.

TIPP

Corona-Hilfen

Die Corona-Hilfen sind in die maßgeblichen Gesamtumsätze nicht einzubeziehen (BMF, FAQ „Corona" (Steuern)).

Unternehmensgründung im Laufe des Jahres

Wenn Sie im Laufe des Jahres eine Tätigkeit aufnehmen, ist der Umsatz des Restjahres zu schätzen und in einen fiktiven Jahresumsatz hochzurechnen. Maßgebend ist die Grenze von 22.000 €.

BEISPIEL

Nullbesteuerung 1

Sie eröffnen am 1.7. ein Geschäft. Die Umsatzerwartungen bis Ende des Jahres liegen bei ca. 5.000 €.

Hochgerechnet ergibt sich ein Jahresumsatz von 10.000 €, sodass die Nullbesteuerung angewendet werden kann.

Schwankende Umsätze

BEISPIEL

Nullbesteuerung 2

U hat im Jahr 2020 5.000 € und im Jahr 2021 45.000 € Umsätze erzielt. Für 2022 rechnet er mit einem Umsatz von nur 10.000 €.

Im Jahr 2021 kann U von der Kleinunternehmerregelung Gebrauch machen. Für 2022 ist er allerdings umsatzsteuerpflichtig, da er die Grenzen des § 19 (Vorjahresumsatz über 22.000 €) überschritten hat. Diese gelten auch dann, wenn bereits zu Beginn des Jahres absehbar ist, dass der Jahresumsatz wieder unter die Grenze von 22.000 € sinken wird (BFH, Beschluss v. 18.10.2007, V B 164/06).

Regelbesteuerung günstiger?

Der Kleinunternehmer kann auch (Wahlrecht) die Anwendung der Regelbesteuerung (vgl. → Punkt 2) beantragen. Er ist daran dann jedoch mindestens fünf Jahre gebunden. Das Wahlrecht ist durch die Abgabe einer Umsatzsteuer-Jahreserklärung ausgeübt, wenn die Steuer nach den allgemeinen Vorschriften berechnet wird (BFH, Urteil v. 24.7.2013, XI R 14/11).

2 Regelbesteuerung

Umfang des Unternehmens

Unterliegt die Haupttätigkeit bereits der Umsatzsteuer, fällt auch für jede weitere, (nur) gelegentlich ausgeübte wirtschaftliche Tätigkeit Umsatzsteuer an.

Grundsätze der Regelbesteuerung

Die Regelbesteuerung

- Die Umsatzsteuer aus den Ausgangsumsätzen ist in der Voranmeldung anzumelden.
- Die dem Unternehmer in Rechnung gestellten Umsatzsteuerbeträge (Vorsteuer) werden hiervon abgezogen.
- In Höhe des Differenzbetrags muss eine Zahlung an das Finanzamt geleistet werden bzw. man erhält von dort eine Erstattung.

Steuersätze	
Voller Steuersatz	19 %
Ermäßigter Steuersatz	7 %

Für Umsätze, die in der Zeit vom 1.7. bis zum 31.12.2020 erbracht wurden, sind die Steuersätze auf 16 % bzw. 5 % herabgesetzt worden.

Muss ich eine Umsatzsteuervoranmeldung abgeben?

In der jährlich abzugebenden Umsatzsteuererklärung müssen Sie die Höhe der Steuerschuld (abzuführende Umsatzsteuer – Vorsteuer) selbst berechnen. Außerdem müssen Sie zu bestimmten Stichtagen eine Voranmeldung beim Finanzamt einreichen.

Steuerschuld des Vorjahres	Abgabe der Voranmeldung und Abführung der Steuer
bis 1.000 €	jährlich (Möglichkeit der Befreiung durch das Finanzamt)
1.000 bis 7.500 €	vierteljährlich
über 7.500 €	monatlich

Die Voranmeldungen sind spätestens am 10. des Folgemonats (pünktlich!) auf elektronischem Weg abzugeben. Auf Antrag können die Abgabefrist der Voranmeldungen und die Entrichtung der Steuerbeträge um einen Monat verlängert werden.

Voraussetzung ist:

- Sie müssen auf einem amtlichen Vordruck einen Antrag auf Fristverlängerung stellen.
- Die Antragstellung muss bis zum 10. des Folgemonats erfolgen.
- Sie müssen eine Sonderzahlung i. H. v. 1/11 der Summe der Vorauszahlungen für das vorangegangene Jahr leisten (nicht erforderlich bei vierteljährlicher Abgabeverpflichtung). Diese wird im letzten Voranmeldungszeitraum des Besteuerungszeitraums angerechnet, für den sie in Anspruch genommen werden kann. I. d. R. wird dies die Voranmeldung für den Monat Dezember bzw. das IV. Quartal sein.

WICHTIG

Pflicht zur elektronischen Übermittlung

Umsatzsteuer- und Lohnsteuervoranmeldungen sind grundsätzlich auf elektronischem Weg zu übermitteln. Nur im Einzelfall und auf Antrag kann das Finanzamt zur Vermeidung unbilliger Härten genehmigen, dass die Voranmeldungen weiterhin auf Papier oder per Fax übertragen werden. Auch die Umsatzsteuerjahreserklärung ist auf elektronischem Weg abzugeben (ELSTER). Ausnahmen:

- Es ist unzumutbar, die technischen Voraussetzungen zu schaffen.
- Das Unternehmen wird im Kalenderjahr eingestellt.

Wann entsteht die Umsatzsteuer?

Die Steuer entsteht

- bei der Sollbesteuerung mit Ablauf des Voranmeldezeitraums, in dem die Leistungen ausgeführt wurden. Das gilt auch für Teilleistungen;
- bei der Istbesteuerung mit Ablauf des Voranmeldezeitraums, in dem die Entgelte vereinnahmt wurden.

Wann ist die Umsatzsteuer an das Finanzamt abzuführen?

Sollbesteuerung

Die Abführung ist von der Leistungsausführung und nicht von der Zahlung abhängig (= Sollbesteuerung). Unabhängig von der Ausführung des Umsatzes muss der in den erhaltenen Abschlagszahlungen enthaltene Umsatzsteueranteil gleichfalls bis zum 10. des Folgemonats abgeführt werden.

Bei Differenzen zwischen dem auf der Ausgangsrechnung ausgewiesenen und dem tatsächlich gezahlten Entgelt (z. B. infolge eines Skontoabzugs) wird die Umsatzsteuer zum Zeitpunkt der Zahlung korrigiert.

BEISPIEL

Soll- vs. Istbesteuerung

Bezahlen Ihre Kunden nicht umgehend, führt die Sollbesteuerung dazu, dass der Unternehmer die Umsatzsteuer an das Finanzamt abführen muss, bevor der Kunde eine entsprechende Zahlung erbringt. Sie müssen die Beträge folglich vorfinanzieren. Auf Antrag kann die für Sie günstigere Istbesteuerung (§ 20 UStG) angewendet werden.

Istbesteuerung

Bei der Istbesteuerung muss die Steuer erst nach der Zahlung des Kunden an das Finanzamt abgeführt werden. Allerdings muss beim Finanzamt ein Antrag gestellt werden, dem regelmäßig entsprochen wird, wenn die Voraussetzungen erfüllt sind.

TIPP

Antrag erforderlich

Die Istbesteuerung kann beantragt werden, wenn

- der Gesamtumsatz des vorangegangenen Kalenderjahrs nicht mehr als 500.000 € betragen hat oder
- keine Bücher geführt werden oder
- der Unternehmer Freiberufler (§ 18 Abs. 1 Nr. 1 EStG – Arzt, Rechtsanwalt etc.) ist.

Im Gründungsjahr ist die Prognose des Gesamtumsatzes zugrunde zu legen (BFH, Urteil v. 11.11.2020, XI R 41/18). Bis zum Vorliegen der Genehmigung muss die Sollbesteuerung angewandt werden.

Die Form der Rechnungen

Die Rechnungen, die ein Unternehmer verschickt, müssen nach dem UStG Mindestanforderungen erfüllen.

Mindestbestandteile einer Rechnung

- Name und Anschrift des leistenden Unternehmers (z. B. Lieferant X)
- Name und Anschrift des Leistungsempfängers (= Ihr Unternehmen)
- fortlaufende Rechnungsnummer
- Ausstellungsdatum
- Leistungszeitpunkt **oder** Zahlungszeitpunkt
- Menge und Bezeichnung des Liefergegenstands bzw. Art und Umfang der Leistung
- Höhe des **Nettoentgelts**
- Umsatzsteuerbetrag
- Steuernummer
- im Fall der Steuerbefreiung ein Hinweis auf die zutreffende Steuerbefreiung
- Steuersatz
- wahlweise Steuernummer **oder** Umsatzsteuer-Identifikationsnummer

TIPP

Alle Angaben enthalten?

Enthält die Rechnung nicht alle aufgeführten Angaben, führt dies beim Rechnungsempfänger zum Versagen des Vorsteuerabzugs. Kontrollieren Sie Ihre Eingangsrechnungen auf die Vollständigkeit der Angaben. Fordern Sie von Ihrem Lieferanten ggf. korrigierte Rechnungen an.

Aber auch für den Aussteller der Rechnung können fehlende Angaben Folgen haben: Insbesondere Name und Anschrift des Leistungsempfängers müssen sich eindeutig feststellen lassen (R 14.5 UStAE).

Kleinbetragsrechnungen

Für Kleinbetragsrechnungen, deren Gesamtrechnungsbetrag 250 € nicht übersteigt, sind die Anforderungen geringer:

- Name und Anschrift des leistenden Unternehmers
- genaue Liefer- bzw. Leistungsbezeichnung
- Bruttoentgelt
- Steuersatz

Gutschrift

Der Leistungsempfänger kann auch durch eine Gutschrift abrechnen, wenn der Leistende einverstanden ist. Dazu sollte er unbedingt den Begriff „Gutschrift" verwenden, wenn er den Vorsteuerabzug geltend machen möchte.

Vorsteuer

Der Vorsteuerabzug

Auf den meisten Eingangsrechnungen und Kostenbelegen wird Ihnen von anderen Unternehmern Umsatzsteuer in Rechnung gestellt. Diese **„Vorsteuer"** wird Ihnen vom Finanzamt erstattet.

BEISPIEL

Vorsteuer

Eine Spedition hatte im Januar einen Bruttoumsatz i. H. v. 119.000 €. Im selben Monat wurde ein Computer gekauft (ausgewiesene Umsatzsteuer 1.500 €). Im Zusammenhang mit den sonstigen Kostenbelegen wurden der Spedition im Januar weitere 2.000 € Umsatzsteuer in Rechnung gestellt.

Der Unternehmer muss bis zum 10. Februar 15.500 € (19.000 € – 3.500 €) Umsatzsteuer beim Finanzamt anmelden und abführen.

Ist die Vorsteuerforderung höher als die Umsatzsteuerschuld, zahlt Ihnen das Finanzamt den Differenzbetrag aus.

Die Eingangsrechnungen

Ein Vorsteuerabzug ist nur möglich, wenn Sie ordnungsgemäße Rechnungen haben.

TIPP

Vorsteuer und Beweislast

Die Beweislast für die Vorlage der Belege tragen ausschließlich Sie! Allerdings hat der BFH festgestellt: Hat die Rechnung bei Ablauf des Besteuerungszeitraums vorgelegen, bringt der spätere Verlust den bereits entstandenen Vorsteueranspruch nicht rückwirkend zum Erlöschen. Dabei ist unerheblich, warum die Rechnung verloren gegangen ist. Dem Unternehmer obliegt allerdings die objektive Beweislast dafür, dass er die Rechnung ursprünglich besessen hat. Er hat darzulegen und nachzuweisen, dass der andere Unternehmer eine Rechnung mit gesondertem Steuerausweis erstellt und ihm ausgehändigt hat (BFH, Beschluss v. 31.7.2007, V B 156/06). Den Nachweis kann der Unternehmer nicht allein durch Vorlage der Originalrechnung führen. Besitzt er diese nicht mehr, können andere Beweise zugelassen werden, aus denen sich ergibt, dass der Umsatz, auf den sich der Antrag auf Vorsteuerabzug bezieht, tatsächlich stattgefunden hat. Lagen im Zeitpunkt der Geltendmachung des Vorsteuerabzugs Originalrechnungen vor, die danach verloren gegangen sind und nicht mehr rekonstruiert werden können, sind die abziehbaren Vorsteuerbeträge zu schätzen. Denn die erfolgte Rechnungstellung wird durch den Verlust der Rechnungen nicht aufgehoben (BFH, Urteil v. 23.10.2014, V R 23/13).

Soweit es sich nicht um eine Kleinbetragsrechnung handelt, sollten Sie unbedingt darauf achten, dass die formalen Voraussetzungen des UStG (s. o.) erfüllt sind. Insbesondere müssen

- die Umsatzsteuer **gesondert** ausgewiesen,
- die Leistung **genau** bezeichnet und
- der Empfänger **richtig** benannt sein.

Vor allem Name und Anschrift des Leistungsempfängers müssen sich eindeutig feststellen lassen.

BEISPIEL

Rechnungsempfänger spezifizieren

Sie haben zwei Firmen, die X-GmbH und die Y-KG. Kaufen Sie etwas für die X-GmbH, muss diese auch als Rechnungsempfänger genannt sein. Andernfalls ist die Vorsteuer nicht abzugsfähig.

Elektronische Rechnungen

Auch elektronische Abrechnungen werden als Rechnungen anerkannt. Eine digitale Signatur ist nicht notwendig.

Rechnungen können, vorbehaltlich der formlosen Zustimmung des Empfängers, auf elektronischem Weg übermittelt werden. Nach § 14 Abs. 3 UStG sind bei elektronischer Übermittlung der Rechnung die Echtheit der Herkunft und die Unversehrtheit des Inhalts zu gewährleisten. Dies kann durch eine qualifizierte elektronische Signatur oder durch eine Übersendung der Rechnung per elektronischen Datenaustausch (EDI) geschehen. Andernfalls kann diese Voraussetzung auch durch ein innerbetriebliches Kontrollverfahren, das einen verlässlichen Prüfpfad zwischen Rechnung und Leistung schaffen kann, gewährleistet werden (§ 14 Abs. 1 Satz 5 und 6 UStG). Damit sind auch PDF-, Text- oder Bilddateien anzuerkennen, soweit sie die o.g. Voraussetzungen erfüllen.

Rechnungsberichtigung

Berichtigt der leistende Unternehmer eine Rechnung nach § 31 Abs. 5 UStDV, wirkt dies beim Rechnungsempfänger auf den Zeitpunkt zurück, in dem die Rechnung erstmals ausgestellt wurde (BFH, Urteil v. 20.10.2016, V R 26/15).

BEISPIEL

Rechnungsberichtigung

U hat V im Jahr 2019 eine Rechnung über 10.000 € zzgl. 7 % USt gestellt. Bei einer Prüfung wird festgestellt, dass die Rechnung keine Steuernummer oder Steueridentnummer enthält. U korrigiert die Rechnung 2021. V muss keine Änderung bei seiner Umsatzsteuer 2019 befürchten. Die Rechnungsberichtigung wirkt zurück.

Hat der Unternehmer in einer Rechnung für eine Lieferung oder sonstige Leistung einen höheren Steuerbetrag, als er nach dem UStG für den Umsatz schuldet, gesondert ausgewiesen (unrichtiger Steuerausweis), schuldet er auch den Mehrbetrag. Nur wenn er den zu viel berechneten Betrag an den Leistungsempfänger zurückzahlt, kann er die zu viel gezahlte Umsatzsteuer vom Finanzamt zurückholen (BFH, Urteil v. 16.5.2018, XI R 28/16).

Sind sämtliche Vorsteuerbeträge absetzbar?

Wenn Sie bestimmte steuerfreie Umsätze erbringen, fallen die damit zusammenhängenden Vorsteuerbeträge unter das Vorsteuerabzugsverbot (§ 15 Abs. 2 UStG).

Nicht abzugsfähig sind außerdem z.B. Vorsteuern aus

- Reisekostenpauschbeträgen (Verpflegung, km-Satz etc.),
- → Geschenken, soweit diese bei der Einkommensteuer nicht abzugsfähig sind,

- unangemessenen Bewirtungskosten und
- den gesamten Kosten für einen Betriebsausflug, wenn diese pro Arbeitnehmer die lohnsteuerliche Grenze für Aufmerksamkeiten (110 €) übersteigen (BFH, Urteil v. 9.12.2010, V R 17/10).

Aber: Entsprechen Rechnungen formell den einkommensteuerlichen Anforderungen nicht (z.B. Bewirtungs- oder Geschenkrechnungen), kann die in Rechnung gestellte Umsatzsteuer trotzdem **in voller Höhe** als Vorsteuer abgezogen werden (FG Berlin-Brandenburg, Urteil v. 9.4.2019, 5 K 5119/18).

BEISPIEL

Rechnungsanschrift bei Kostenübernahme

Ihr Mitarbeiter zieht von Hamburg nach Freiburg, um dort die Leitung Ihres Filialbetriebs zu übernehmen. Sie haben die Übernahme der Umzugskosten zugesagt.

Grundsätzlich können Sie die Vorsteuer aus den Umzugsrechnungen geltend machen. Achten Sie aber darauf, dass die Rechnungen als Adressaten Ihr Unternehmen ausweisen. Lauten sie z.B. auf den Namen Ihres Arbeitnehmers, ist ein Vorsteuerabzug nicht zulässig.

Abzugsfähig sind ferner Vorsteuern aus

- Übernachtungskosten des Unternehmers und des Arbeitnehmers sowie
- Verpflegungskosten des Unternehmers.

Im Ausnahmefall:

- Verpflegungskosten des Arbeitnehmers und
- Fahrtkosten für Fahrzeuge des Personals,

wenn es sich nicht um Pauschalen handelt und eine Rechnung eines anderen Unternehmers für das Unternehmen vorliegt. Auch diese Belege müssen auf den Namen des Unternehmens ausgestellt sein und nicht z.B. auf den Arbeitnehmer.

Pkw-Anschaffung

Der Unternehmer kann für unternehmerisch genutzte Fahrzeuge, die auch privat verwendet werden, wählen, ob er die abzugsfähige Vorsteuer auf den unternehmerischen Anteil beschränkt.

BEISPIEL

Pkw-Anschaffung

U erwirbt einen Pkw, den er voraussichtlich zu 70 % betrieblich, zu 30 % privat (Nachweis durch Fahrtenbuch) nutzt.

U kann wählen, ob er die Vorsteuer aus Anschaffung und laufenden Kosten zu 100 % oder zu 70 % abzieht. Auswirkungen hat dies auf die Umsatzbesteuerung des privaten Anteils. Im ersten Fall sind alle vorsteuerbehafteten Kosten (einschließlich AfA) in die Umsatzsteuerbemessungsgrundlage einzubeziehen. Im zweiten Fall fällt für die private Nutzung keine

Umsatzsteuer an, soweit diese gleichbleibend 30 % beträgt.

Ändert sich allerdings der private Nutzungsanteil, ist für den Vorsteueranspruch auf die AK eine Umsatzsteuerkorrektur vorzunehmen (§ 15a UStG).

Pkw-Verkauf

Auch wer nur einen eingeschränkten Vorsteuerabzug hatte, muss beim Verkauf des Pkw den vollen Umsatz versteuern. Haben Sie den Pkw allerdings von einer Privatperson erworben und können deshalb keine Vorsteuer abziehen, lässt sich durch einen einfachen Trick die Umsatzsteuer beim Verkauf sparen:

- Entnehmen Sie den Pkw vor dem Verkauf (wichtig: Noch vor dem Verkauf sollten Sie eine entsprechende Entnahmebuchung vornehmen! Siehe dazu auch unter „Welche Umsätze unterliegen der Umsatzsteuer?“.). Das BFH lässt die Besteuerung einer Entnahme in diesem Fall nicht zu (BFH, Urteil v. 31.1.2002, V R 61/96).
- Danach verkaufen Sie „als Privatmann“. Vermerken Sie dies ausdrücklich im Vertrag.

Eine Personengesellschaft muss den Pkw allerdings dem Gesellschafter schenken, damit dieser den Unternehmensbereich verlässt (BFH, Urteil v. 2.3.2006, V R 35/04, BStBl 2006 II, 675).

Vorsteuer aus Gebäudekosten

Der Vorsteuerabzug kann nur für den unternehmerisch genutzten Teil des Gebäudes in Anspruch genommen werden (§ 15 Abs. 1b UStG). Aufteilungsmaßstab bei Grundstücken ist regelmäßig die Nutzfläche. Der Umsatzschlüssel wäre nur zulässig, wenn keine andere wirtschaftliche Zurechnung möglich ist (§ 15 Abs. 4 Satz 3 UStG). Der Flächenschlüssel ist z. B. nicht sachgerecht, wenn die Nutzflächen nicht miteinander vergleichbar sind, etwa wenn die Ausstattung erheblich abweicht (nähere Ausführungen siehe BFH, Urteil v. 10.8.2016, XI R 31/09; BFH, Urteil v. 11.11.2020, XI R 7/20). Eine individuelle Zuordnung zu bestimmten Gebäudeteilen ist nur bei Vorsteuern zulässig, die die laufenden Kosten betreffen.

BEISPIEL

Vorsteuer aus Gebäudekosten

U errichtet ein Gebäude, das er ab dem 1.1. zu 70 % betrieblich, zu 30 % privat nutzt. Die in Rechnung gestellte Umsatzsteuer in den Baukosten beträgt 80.000 €.

Der Unternehmer kann nur 70 % (56.000 €) der Umsatzsteuerbeträge als Vorsteuer abziehen.

Weitere Folgen:

- Die private Nutzung ist nicht der Umsatzsteuer zu unterwerfen.
- Der private Gebäude- und Grundstücksteil gehört nicht zum Unternehmensvermögen. Bei einem Verkauf oder einer Betriebsaufgabe

kann der anteilige Erlös umsatzsteuerlich nicht versteuert werden.

TIPP

Nutzungserweiterung

Soll der unternehmerische Teil später ausgeweitet werden, ist eine Vorsteuerberichtigung (s.u.) nur möglich, wenn dieser Teil von Anfang an dem Unternehmensvermögen zugeordnet wurde. Dies muss dem Finanzamt spätestens bis zum **gesetzlichen** Abgabetermin (31.7.!) der USt-Jahreserklärung angezeigt werden. **Achtung,** hier gibt es keine Fristverlängerung (s. auch FG Niedersachsen, Urteil v. 11.2.2016, 5 K 112/15)! Ob dies rechtmäßig ist, soll der EUGH klären (Az. C-45/20).

BEISPIEL

Nutzungserweiterung

U errichtet 2021 ein Gebäude, das zunächst zu 60 % unternehmerisch genutzt wird. Im Übrigen ist das Gebäude als Wohnung vermietet. Die gesamte Vorsteuer beträgt 50.000 €. Zunächst kann U nur 30.000 € Vorsteuer geltend machen. Nutzt er später aber das gesamte Gebäude für das Unternehmen, bekommt er die restliche Vorsteuer (zeitanteilig) nur dann, wenn er dem Finanzamt spätestens zum 31.7.2022 (Abgabetermin der Jahreserklärung) erklärt, dass er das gesamte Gebäude dem Unternehmensvermögen widmet. Das gilt auch für andere nur teilunternehmerisch genutzte Gegenstände (BFH, Urteil v. 7.7.2011, V R 42/09).

Gebäude und Entnahme oder Betriebsaufgabe

Die Entnahme von Grundstücken und Gebäuden (s. dazu unter „Welche Umsätze unterliegen der Umsatzsteuer?"), die den Unternehmer zum vollen oder teilweisen Vorsteuerabzug berechtigt hat, fällt unter die Steuerbefreiung des § 4 Nr. 9 Buchst. a) UStG (BMF, Schreiben v. 22.9.2008, IV B 8 – S 7107/07/10002). In diesen Fällen (z.B. bei einer Betriebsaufgabe) kommt u.U. eine Vorsteuerberichtigung nach § 15a UStG in Betracht. Näheres siehe weiter unten.

TIPP

Entnahme/Verkauf steuerfrei trotz Vorsteuerabzug

Wurde die unternehmerische Zuordnung eines Gebäudes verspätet erklärt und hat das Finanzamt den Vorsteuerabzug fehlerhaft zugelassen, muss der Verkauf oder die Entnahme trotzdem nicht versteuert werden (BFH, Urteil v. 23.10.2014, V R 11/12).

Aufteilung bei Erhaltungsaufwand und Umbaumaßnahmen

Bei Umbaumaßnahmen ist bei einem Gebäude, das umsatzsteuerpflichtig und umsatzsteuerfrei genutzt wird, zunächst festzustellen, ob es sich um Erhaltungsaufwand oder AK/HK des Gebäudes (hierzu gehört auch anschaffungsnaher Aufwand) handelt.

Bei Erhaltungsaufwand ist eine direkte Zuordnung der Kosten vorzunehmen: Der Vorsteuerabzug ist nur für die Kosten möglich, die den umsatzsteuerpflichtig vermieteten Teil betreffen. Ist eine direkte Zuordnung nicht möglich, ist eine Aufteilung der Umsatzsteuerbeträge vorzunehmen (bei Gebäuden nach der Fläche). Liegen dagegen AK/HK vor, sind die gesamten Vorsteuerbeträge nach dem Verhältnis der Nutz- oder Wohnflächen aufzuteilen. Eine Aufteilung nach dem Verhältnis der Umsätze ist nur zulässig, wenn keine andere wirtschaftliche Zurechnung möglich ist (BFH, Urteil v. 22.11.2007, V R 43/06).

Vorsteuerabzug bei gemeinschaftlicher Auftragserteilung durch mehrere Personen

Ein Unternehmer, der zusammen mit seiner Ehefrau ein Wohnhaus errichtet, in dem sich auch betriebliche Räume befinden, kann den vollen Vorsteuerabzug aus den HK für diese vornehmen, auch wenn die Rechnungen für die Bauleistungen nicht auf ihn, sondern auf die Ehefrau lauten (EuGH, Urteil v. 21.4.2005, Rs. C – 25/03). Das BMF hat zu der Problematik zwei Anwendungsschreiben herausgegeben. Danach sind in solchen Fällen etliche Fallstricke zu umgehen (BMF, Schreiben v. 1.12.2006, IV A 5 – S 7300 – 90/06; BMF, Schreiben v. 9.5.2008, IV A 5 – S 7300/07/0017). Gehen Sie diesen aus dem Weg, indem Sie sich rechtzeitig, d. h. vor Baubeginn, steuerlich beraten lassen.

Kann die Vorsteuer auch pauschal geltend gemacht werden?

Bestimmte Gewerbezweige und Berufsgruppen (§ 69 UStDV) haben die Möglichkeit, die Vorsteuer pauschal geltend zu machen. Dies setzt jedoch voraus, dass der Vorjahresumsatz 61.356 € nicht übersteigt und der Unternehmer nicht buchführungspflichtig ist. Dabei wird zwischen einer **Vollpauschalierung** (neben der pauschalen Vorsteuer ist kein weiterer Abzug mehr möglich) und einer **Teilpauschalierung** (die pauschale Vorsteuer deckt nur die Gemeinkosten ab, bei anderen Kostenarten anfallende Steuerbeträge sind zusätzlich – nach Belegen – abziehbar) unterschieden.

TIPP

Vorsteuerpauschalierung

Erkundigen Sie sich beim Finanzamt oder beim Steuerberater, ob für Sie eine Pauschalierung in Betracht kommt. Sie sollten dann die pauschale Vorsteuer mit der tatsächlichen (lt. Belegen) vergleichen, um festzustellen, ob sich ein Antrag auf Pauschalierung lohnt. Wichtig: Die Vorsteuerpauschalierung kann frühestens nach Ablauf eines Kalenderjahrs widerrufen werden. Eine erneute Anwendung der Vorsteuerpauschalierung ist dann frühestens nach Ablauf von fünf Kalenderjahren möglich.

Vorsteuerberichtigung nach § 15a UStG

Für den Vorsteuerabzug ist die Verwendungsabsicht im Zeitpunkt des Leistungsbezugs entscheidend, im Fall der Anzahlung oder Vorauszahlung die Verwendungsabsicht zum Zeitpunkt der Anzahlung oder Vorauszahlung.

BEISPIEL

Vorsteuerberichtigung

Sie haben 2020 mit dem Bau eines Gebäudes begonnen, das Sie ursprünglich in vollem Umfang als Lagergebäude für Ihren Betrieb nutzen wollten. Im Mai 2021 entscheiden Sie sich, das Gebäude insgesamt steuerfrei zu vermieten. Die Nutzung beginnt am 1.7.2021. Im Zusammenhang mit den Baukosten wurden bis Mai 30.000 € Vorsteuer in Rechnung gestellt, danach noch einmal 10.000 €.

Das Umsatzsteuergesetz schreibt Folgendes vor:

- Der Vorsteuerabzug richtet sich nach der Verwendungsabsicht.
- Entspricht die Nutzung über einen Zeitraum von zehn Jahren (der Zehnjahreszeitraum beginnt mit der erstmaligen Nutzung des Gebäudes) der Verwendungsabsicht, bleibt es beim ursprünglichen Vorsteuerabzug.
- Ändert sich die Nutzung im Zehnjahreszeitraum so, dass entsprechend der jeweiligen Nutzung ein größerer oder geringerer Teil der Vorsteuer abzugsfähig wäre, kommt es im jeweiligen Jahr zu einer Korrektur der Vorsteuer.
- Für die Korrekturrechnung wird die Vorsteuer rechnerisch auf zehn Jahre verteilt, sodass auf jedes Jahr 1/10 entfällt.

Im Beispielsfall dürfen Sie die Vorsteuerbeträge, die bis zum Zeitpunkt einer Änderung Ihrer Nutzungsabsicht angefallen sind, geltend machen. Ab dem Zeitpunkt, ab dem Sie eine steuerfreie Vermietung beabsichtigen, ist ein Abzug nicht mehr zulässig.

Allerdings ist mit Beginn der Verwendung eine Korrektur der Vorsteuer vorzunehmen. Der Korrekturzeitraum beträgt bei Grundstücken zehn Jahre und beginnt im Beispielsfall am 1.7.2021. Solange die steuerfreie Nutzung anhält, ist jährlich eine Korrektur von 3.000 € nach § 15a UStG vorzunehmen. Für 2021 ist zeitanteilig ein Vorsteuerbetrag von 1.500 € zurückzuzahlen (1/10 von 30.000 € = 3.000 € × 6/12).

Auch wenn sich innerhalb des Zehnjahreszeitraums eine Änderung der Nutzung ergibt, kann dies zu einer Korrektur der Vorsteuer führen.

Keine Vorsteuerberichtigung erfolgt bei einer Fehlinvestition nach Aufgabe jeglicher Nutzung (BFH, Urteil v. 27.10.2020, V R 20/20).

BEISPIEL

Betriebslager wird vermietet

Sie haben im Juli 2017 ein Gebäude fertiggestellt und nutzen es seither als Lagergebäude für Ihren Betrieb. Im Zusammenhang mit den Baukosten wurden 50.000 € Vorsteuer in Rechnung gestellt, die im vollen Umfang geltend gemacht wurden. Seit dem 1.1.2021 wird das Gebäude steuerfrei vermietet.

Ab 2021 sind Vorsteuerbeträge nicht mehr abzugsfähig. Darüber hinaus führt die Regelung des § 15a UStG in diesem Fall zu einer nachträglichen Korrektur des ursprünglichen Vorsteuerabzugs.

Bezogen auf das Beispiel bedeutet dies, dass im Jahr 2021 eine Vorsteuerkorrektur i. H. v. 1/10 von 50.000 € erfolgen muss. Der Unternehmer muss 2021 einen Betrag von 5.000 € Vorsteuer an das Finanzamt zurückbezahlen. Bleibt es auch in Zukunft bei einer steuerfreien Vermietung, muss für die verbleibenden Jahre des Zehnjahreszeitraums eine entsprechende Korrektur erfolgen (2021–2026 je 5.000 €, 2027 6/12 von 5.000 € = 2.500 €).

Der Vorsteuerberichtigung unterliegen

- Beträge aus den AK/HK (auch nachträgliche),
- Vorsteuern aus nachträglich eingebauten Gegenständen, die dabei ihre körperliche und wirtschaftliche Eigenart endgültig verlieren (Bestandteil),
- Vorsteuern aus sonstigen Leistungen, die unmittelbar an diesem Wirtschaftsgut ausgeführt werden, auch wenn sie nicht zu einer Werterhöhung führen, außer wenn sie bereits im Zeitpunkt des Leistungsbezugs wirtschaftlich verbraucht sind.

Einzelheiten siehe BMF, Schreiben v. 6.12.2005, IV A 5 – S 7316 - 25/05.

TIPP

Zunahme der betrieblichen Nutzung

Hat die betriebliche Nutzung gegenüber dem Jahr des Vorsteuerabzugs zugenommen, führt dies zu einem Vorsteueranspruch, maximal aber in dem Umfang, in dem der Gegenstand dem Unternehmensvermögen zugeordnet wurde (siehe „Vorsteuer aus Gebäudekosten" unter → Punkt 2 in diesem Stichwort).

Wird ein Gebäude steuerfrei veräußert, ist die gesamte Vorsteuerberichtigung für den Berichtigungszeitraum im Jahr der Veräußerung vorzunehmen. Bei einer steuerpflichtigen Veräußerung ist keine Korrektur erforderlich.

WICHTIG

Andere Wirtschaftsgüter

Die Grundsätze der Vorsteuerberichtigung gelten auch für alle anderen Wirtschaftsgüter, allerdings ist hier ein Zeitraum von fünf Jahren maßgeblich.

Vereinfachungsregelungen (§ 44 UStDV)

- Eine Berichtigung unterbleibt, wenn die insgesamt angefallene Vorsteuer 1.000 € nicht übersteigt.
- Eine Berichtigung unterbleibt bei einer geringfügigen Änderung der Verhältnisse. Dies ist der Fall, wenn sich die Verhältnisse um weniger als 10 % ändern. Eine Korrektur ist allerdings durchzuführen, wenn es sich um einen Korrekturbetrag von mehr als 1.000 € handelt.
- Ein Korrekturbetrag von 6.000 € pro Jahr kann auch erst mit der Jahres-

erklärung entrichtet werden. In den übrigen Fällen ist der anteilige Betrag in die Voranmeldung aufzunehmen.

Welche Umsätze unterliegen der Umsatzsteuer?

Lieferungen/Leistungen in der Bundesrepublik Deutschland

Wenn Sie in der Bundesrepublik Deutschland Lieferungen oder Leistungen erbringen, entfallen auf diese Umsatzsteuer, sofern keine Steuerbefreiung vorliegt. Ihre im Ausland erzielten Umsätze unterliegen nicht der deutschen Umsatzbesteuerung. Das UStG enthält zahlreiche Vorschriften, die festlegen, wo (Inland/Ausland) ein Umsatz bewirkt wird. Sehr häufig wird dies der Ort Ihres Unternehmens sein. Denkbar sind aber z. B. auch der Lagerort (Grundstücksleistungen), der Tätigkeitsort, der Vermittlungsort oder der Sitz des Leistungsempfängers. Am einfachsten ist es, wenn Sie beim Finanzamt nachfragen, welche Regelung für Ihre Tätigkeit greift.

! WICHTIG

Aufsichtsrat

Der BFH hat seine Rechtsprechung zur Aufsichtsratstätigkeit geändert. Diese unterliegt nicht der Umsatzsteuer, wenn aufgrund einer nicht variablen Festvergütung kein Vergütungsrisiko getragen wird (BFH, Urteil v. 27.11.2019, V R 23/19).

Privatverkäufe

Ist jemand durch seine Haupttätigkeit bereits Unternehmer, wird jede weitere – auch nur gelegentlich – selbstständig ausgeübte wirtschaftliche Tätigkeit umsatzsteuerlich relevant (EuGH, Urteil v. 16.6.2013, Rs. C – 62/12; Kostov). Bei allen anderen können auch Privatverkäufe (z. B. über eine Internetplattform) unter Umständen der Umsatzsteuer unterliegen, wenn eine intensive und auf Langfristigkeit angelegte Verkaufstätigkeit vorliegt (BFH, Urteil v. 26.4.2012, V R 2/11; FG Baden-Württemberg, Urteil v. 18.7.2012, 14 K 702/10).

Innergemeinschaftlicher Erwerb

Wenn Sie von einem in einem anderen EU-Staat ansässigen Unternehmen Waren erwerben, müssen Sie i. d. R. hierfür Umsatzsteuer an das Finanzamt abführen (Erwerbsumsatzsteuer). Wenn Sie Ihrerseits zum Abzug von Vorsteuer berechtigt sind, kann die Erwerbsumsatzsteuer als Vorsteuer geltend gemacht werden, sodass Sie finanziell nicht belastet sind.

Kein innergemeinschaftlicher Erwerb liegt vor, wenn der Erwerber

- ein Unternehmer ist, der nur steuerfreie Umsätze ausführt, die nicht zum Vorsteuerabzug berechtigen, oder
- der Nullbesteuerung unterliegt (→ Punkt 1).

Zusätzliche Voraussetzung ist, dass die innergemeinschaftlichen Erwerbe im Vorjahr einen Betrag von 12.500 € nicht überschritten haben und dass dieser Betrag im laufenden Jahr ebenfalls nicht überschritten wird.

Gutscheine

Werden Gutscheine ausgegeben, die zum Bezug von nicht hinreichend konkret bezeichneten Leistungen berechtigen, handelt es sich lediglich um den Umtausch eines Zahlungsmittels (z. B. Bargeld) in ein anderes Zahlungsmittel (Gutschein). Die Hingabe des Gutscheins selbst stellt keine Lieferung dar und ist nicht umsatzsteuerpflichtig. Erst die Einlösung des Gutscheins ist umsatzsteuerpflichtig. Wird der Gutschein aber über eine bestimmte, konkret bezeichnete Leistung ausgestellt, unterliegt der gezahlte Betrag als Anzahlung der Umsatzsteuer, z. B. wenn ein Restaurant einen Gutschein über ein Frühstücksbüfett ausstellt. Falls der Gutschein endgültig nicht eingelöst wird, ist die USt zu berichtigen (siehe hierzu BMF, Schreiben v. 2.11.2020, III C 2 – S 7100/19/10001 : 002 BStBl 2020 I S. 1121).

Steuerbefreiungen

Das Umsatzsteuergesetz enthält in § 4 UStG zahlreiche Steuerbefreiungsvorschriften (z. B. für Ausfuhrlieferungen, innergemeinschaftliche Lieferungen vom Inland in EU-Mitgliedstaaten, Verkauf von Immobilien, für die Tätigkeit als Arzt, Zahnarzt, Heilpraktiker, Physiotherapeut, Hebamme, Versicherungsvertreter, Bausparkassenvertreter, Versicherungsmakler, Dozent für allgemeinbildende oder berufsbildende Einrichtungen etc.). Für derartige Umsätze entsteht keine Umsatzsteuer. Oft kann aber im Gegenzug keine Vorsteuer abgezogen werden (Vorsteuerabzugsverbot). Erlöse, die ein Arzt aufgrund eines Kooperationsvertrags mit einem Pflegeheim erzielt, sollen aber nicht umsatzsteuerfrei sein (FinMin Schleswig-Holstein, Kurzinfo v. 16.4.2014, USt 03/2014).

Leistungen durch die Gesundheitsfachberufe sind nur steuerfrei, wenn sie aufgrund ärztlicher Verordnung bzw. einer Verordnung eines Heilpraktikers oder im Rahmen einer Vorsorge- oder Rehabilitationsmaßnahme durchgeführt werden. Eine Maßnahme zur Steigerung des allgemeinen Wohlbefindens bzw. ein Wellnessprogramm ist nicht befreit, selbst wenn sie von Angehörigen eines Heilberufs erbracht wird (BMF, Schreiben v. 19.6.2012, IV D 3 – S 7170/10/10012).

Selbstständige Referenten sind nach § 4 Nr. 21 UStG nur von der Steuer befreit, wenn die Tätigkeit Gegenstand von Schul- bzw. Hochschulunterricht ist, nicht aber bei der Durchführung von Fortbildungsseminaren (FG Köln, Urteil v. 3.7.2013, 5 K 2618/09).

Maßgebend ist das „Entgelt"

Unterliegen Ihre Umsätze der Umsatzsteuer, ist diese von der Höhe des Entgelts abhängig. Die Definition des „Entgelt" wurde neu formuliert. Entgelt ist alles, was den Wert der Gegenleistung bildet, die der leistende Unternehmer vom Leistungsempfänger oder von einem anderen als dem Leistungsempfänger für die Leistung erhält oder erhalten soll. Die Umsatzsteuer selbst rechnet nicht zum Entgelt und beträgt 19 % bzw. 7 %.

WICHTIG

Umsatzsteuersatz 2020

Der Umsatzsteuersatz wurde befristet vom 1. Juli 2020 bis zum 31. Dezember 2020 von 19 % auf 16 % und von 7 % auf 5 % gesenkt. Bei Kombiangeboten aus Speisen und Getränken (z. B. Büfett, All-inclusive-Angebote) kann der auf die Getränke entfallende Entgeltanteil auf 30 % des Pauschalpreises geschätzt werden.

Die Umsatzsteuer kann mit folgenden Faktoren aus den Bruttorechnungsbeträgen herausgerechnet werden:

- bei 19 % mit 15,97 % (bei 16 %: 13,79 %)
- bei 7 % mit 6,54 % bei 5 %: 4,76 %)

Steuersatz für Beherbergungsleistungen

Der Tarif für kurzfristige Beherbergungsleistungen (bis zu sechs Monaten) beträgt 7 %. Dies betrifft sowohl die Umsätze bei Hotelübernachtungen als auch solche in Pensionen, Ferienwohnungen etc., aber auch die kurzfristige Überlassung von Campingflächen. Weiter mit 19 % zu versteuern sind die Verpflegung (Frühstück, Verpflegungsanteil bei Halbpension) sowie Saunaleistungen oder der Zugang zu Kommunikationsnetzen (Telefon und Internet). Zur Bemessungsgrundlage für das Frühstück s. FG Schleswig-Holstein, Urteil v. 21.9.2016, 4 K 59/14.

Aus Vereinfachungsgründen kann der Hotelier solche Leistungen, die nicht dem ermäßigten Steuersatz unterliegen (z. B. Frühstück, Telefon- und Internetkosten, Parkplatz), in einem Sammelposten auf der Rechnung zusammenfassen und mit 20 % des Pauschalpreises ansetzen (vom 1.7.2020 bis zum 30.6.2021: 15 %, BMF, Schreiben vom 2.7.2020, III C 2 - S 7030/20/10006:006).

Steuersatz beim Verkauf von Speisen

WICHTIG

Zeitlich begrenzter Steuersatz für Restaurantleistungen

Zeitlich begrenzt vom 1.7.2020 bis zum 31.12.2022 werden Speisen in der Gastronomie auch beim Verzehr an Ort und Stelle nur mit dem ermäßigten Umsatzsteuersatz von 7 % besteuert. Dies gilt jedoch nicht für Getränke. Hierfür gilt der normale Steuersatz von 19 %. Bei Kombiangeboten aus Speisen und Getränken (z. B. Büfett, All-inclusive-Angebote) kann der auf die Getränke entfallende Entgeltanteil auf 30 % des Pauschalpreises geschätzt werden.

Während Speisen bei einem Verzehr an Ort und Stelle (z. B. in Restaurants) ab dem 1.1.2023 wieder dem vollen Steuersatz unterliegen, ist der Verkauf von Speisen außer Haus immer nur mit 7 % zu versteuern. Das betrifft insbesondere Imbissstände oder -wagen, Partyservices und Verkaufsstände z. B. in Kino-Foyers. Einzelheiten regelt das BMF in seinem Schreiben v. 20.3.2013, IV D 2 - S 7100/07/10050 - 06.

Ein Überblick über die Regelungen: Verzehrfertig zubereitete Speisen können sowohl im Rahmen einer ggf. ermäßigt besteuerten Lieferung (7 %) als auch im Rahmen einer normal besteuerten sonstigen Leistung (19 %) abgegeben werden.

Entscheidend ist, ob lediglich Speisen geliefert werden oder ob zusätzlich eine Dienstleistung erbracht wird, bei der der Dienstleistungsanteil qualitativ überwiegt.

Unschädlich (Steuersatz 7 %) sind in diesem Zusammenhang u. a.

- Nebenleistungen (z. B. Verpacken, Beigabe von Einweggeschirr oder -besteck, Papierservietten),
- Bereitstellung von Verkaufstheken und -tresen sowie Ablagebrettern,
- Transport der Speisen inklusive Kühlen oder Wärmen und Nutzung von besonderen Behältnissen.

Schädlich (Steuersatz 19 %) sind:

- Servieren der Speisen und Getränke
- Personalgestellung, Spülleistungen
- Verleihen von Geschirr oder Besteck, Mobiliar
- individuelle Beratung bei der Auswahl der Speisen und Getränke
- Bereitstellung von Räumlichkeiten, Garderoben und Toiletten. Es genügt eine Abstellmöglichkeit für Speisen und Getränke mit Sitzgelegenheiten, auch wenn diese z. B. mehreren Läden gemeinschaftlich zur Verfügung stehen (Einkaufszentrum: FG Düsseldorf, Urteil v. 4.9.2019, 5 K 404/14 U, Rev. beim BFH, Az. V R 42/20), nicht jedoch allgemeine Wartebereiche. Das gilt auch für Bäckereifilialen in Supermärkten, wenn hierfür Mobiliar und Geschirr zur Verfügung gestellt wird (FG Münster, Urteil v. 3.9.2019, 15 K 2553/16 U). Einzelheiten siehe BMF, Schreiben v. 22.4.2021, III C 2 -S 7210/19/10002 :005).

Von Dritten erbrachte Dienstleistungselemente sind grundsätzlich nicht in die Betrachtung einzubeziehen.

BEISPIEL

Partyservice liefert nur Speisen

U betreibt einen Partyservice. Er liefert die Speisen an seine Kunden und holt die Speisenbehälter nach der Veranstaltung wieder ab. Alle anderen Leistungen (Vermietung von Geschirr und Besteck, Personalgestellung etc.) werden von einer anderen Person (X) übernommen.

Soweit U Speisen liefert, die dem ermäßigten Steuersatz unterliegen, bleibt es dabei. X erzielt Umsätze, die er mit 19 % versteuern muss.

TIPP

Vorsicht, Kooperationspartner

Aber aufgepasst: Voraussetzung für eine Nichtberücksichtigung der Leistungen eines anderen Unternehmers ist, dass dieser unmittelbar gegenüber dem Kunden tätig wird. Beide Unternehmen müssen also möglichst weit getrennt arbeiten. Das geht auch zwischen Eheleuten, wenn eine vollkommene Trennung beider Firmen, insbesondere im Bereich der Finanzierung, vorliegt (BFH, Urteil v. 11.4.2013, V R 28/12).

Umsätze aus dem Außer-Haus-Verkauf sog. Sparmenüs (Speisen und Getränke) zum Pauschalpreis unterliegen hinsichtlich der Speisen dem ermäßigten Steuersatz und hinsichtlich des Getränks dem Regelsteuersatz (FG Schleswig-Holstein, Beschluss v. 4.10.2012, 4 V 30/11). Der Gesamtpreis soll nach Maßgabe der Einzelverkaufspreise in eine Lieferung zu 19 % (Getränk) und in eine Lieferung zu 7 % (Essen) aufgeteilt werden, da dies die „einfachste mögliche" Berechnungs- oder Bewertungsmethode ist (BFH, Beschluss v. 3.4.2013, V B 125/12).

Entnahme bzw. Verwendung betrieblicher Wirtschaftsgüter

Bei Einzelunternehmen kommt es häufig vor, dass betriebliche Wirtschaftsgüter in das Privatvermögen überführt – also entnommen (unentgeltliche Wertabgabe) – werden (z. B. Betriebs-Pkw wird dem Sohn geschenkt) oder dass betriebliche Wirtschaftsgüter privat verwendet werden. Diese Vorgänge unterliegen der Umsatzsteuer (§ 3 Abs. 1b und Abs. 9a UStG).

Eine Besteuerung braucht nur dann vorgenommen zu werden, wenn Sie beim Erwerb oder bei der Herstellung des Gegenstands (oder seiner Bestandteile) einen vollen bzw. teilweisen Vorsteuerabzug beansprucht haben. Werden Wirtschaftsgüter mit dem Willen angeschafft, sie privat zu verwenden, ist der Vorgang nicht steuerbar, jedoch ist die Vorsteuer auf den Anschaffungsvorgang nicht abzugsfähig.

HINWEIS

Medizinischer Bedarf in der Corona-Krise

Wird medizinischer Bedarf oder Personal zur Bewältigung der Corona-Krise z. B. an Krankenhäuser, Arztpraxen, Pflege- und Sozialdienste, Alters- und Pflegeheime unentgeltlich überlassen, ist dies bis zum 31.12.2021 nicht zu versteuern. Der Vorsteuerabzug bleibt trotzdem bestehen (BMF, Schreiben v. 9.4.2020, IV C 4 – S 2223/19/10003 :003, BStBl 2020 I S. 498; BMF, Schreiben v. 26.5.2020, IV C 4 – S 0174/19/10002 :008, BStBl 2020 I S. 543).

TIPP

Entnahmen und Umsatzsteuer

Unklar ist, ob Entnahmen nach fünf Jahren Zugehörigkeit zum Betriebsvermögen (Berichtigungszeitraum § 15a UStG, Grundstücke zehn Jahre) der Umsatzsteuer unterworfen werden müssen. Das Thüringer FG hat erhebliche Zweifel (Thüringer FG, Urteil v. 9.6.2009, 2 V 109/09). Ein eindeutiges Urteil gibt es dazu aber noch nicht.

Erklären Sie die Umsätze, überlegen Sie aber, ob Sie Einspruch einlegen und später klagen wollen.

Leistungsempfänger als Steuerschuldner (§ 13b UStG)

In Einzelfällen schuldet der Empfänger der Leistung die Umsatzsteuer. Dies ist z. B. der Fall bei

- Werklieferungen und sonstigen Leistungen eines im Ausland ansässigen Unternehmers oder
- Bauleistungen an Bauunternehmer.

In diesen Fällen muss der Leistungsempfänger die Umsatzsteuer einbehalten. Will er die Vorsteuer abziehen, muss er auf ordnungsgemäße Rechnungen achten.

3 Die Umsatzsteuer-Nachschau

Das Finanzamt kann im Rahmen einer Umsatzsteuer-Nachschau (§ 27b UStG) **ohne vorherige Ankündigung** und außerhalb einer Außenprüfung Grundstücke und Räume von Unternehmern während der Geschäftszeiten betreten, um Sachverhalte festzustellen, die für die Besteuerung erheblich sein können. Wohnräume dürfen allerdings gegen den Willen des Inhabers nur bei dringenden Gefahren für die öffentliche Sicherheit und Ordnung betreten werden. Aufzeichnungen, Bücher etc. über die der USt-Nachschau unterliegenden Sachverhalte sind vorzulegen und Auskünfte zu erteilen. Gegebenenfalls kann ohne vorherige Prüfungsanordnung (§ 196 AO) zu einer Außenprüfung nach § 193 AO übergegangen werden. Darauf hat das Finanzamt schriftlich hinzuweisen. Auch eine Auswertung der Feststellungen für andere Steuern, z. B. Einkommensteuer, ist zulässig.

Unterhaltszahlungen

Unterhaltsleistungen sind, je nachdem, an wen sie geleistet werden (Ehegatte, Angehörige), steuerlich unterschiedlich zu behandeln. Sie können dem Grunde nach bei den Sonderausgaben, den außergewöhnlichen Belastungen oder gar nicht berücksichtigungsfähig sein.

§§ 10 Abs. 1a Nr. 1, 33a Abs. 1 EStG

1 Unterhaltszahlungen an Ehegatten

Intakte Ehe im Inland

Gegenseitige Unterhaltsleistungen (Geld-/Sachleistungen wie Wohnungsüberlassung, übernommene Krankenversicherung) sind nicht abzugsfähig, weil für die Partner hier die Möglichkeit einer gemeinsamen Veranlagung (Zusammenveranlagung) besteht und die Unterhaltsverpflichtung mit dem hier anzuwendenden günstigeren Splittingtarif bereits berücksichtigt wird. Dasselbe gilt für eingetragene Lebenspartnerschaften.

Getrennt lebender/geschiedener Ehegatte

Unterhaltszahlungen sind entweder als

- Sonderausgaben (bereits ab dem Jahr des Getrenntlebens) oder
- außergewöhnliche Belastungen (erst ab dem Folgejahr)

abziehbar.

Sonderausgabenabzug

Der Zahlende kann für seine Zahlungen (freiwillige oder aufgrund gesetzlicher Unterhaltspflicht, Geld- und Sachleistungen) als Sonderausgaben bis zu **13.805 €** im Jahr absetzen. Der Höchstbetrag erhöht sich um die Beiträge zur Basiskranken- und Pflegepflichtversicherung des unterstützten (Ex-)Ehegatten. Die Erhöhung erfolgt unabhängig davon, wer die Beiträge gezahlt hat bzw. wer Versicherungsnehmer ist. Der Sonderausgabenabzug ist neben Unterhaltszahlungen und der Übernahme von Kranken- und Pflegepflichtversicherungsbeiträgen auch für Ausgleichszahlungen zur Vermeidung des Versorgungsausgleichs möglich.

WICHTIG

Zustimmung des Ex-Partners

Voraussetzung für den Sonderausgabenabzug ist stets, dass der Unterhaltsempfänger mit Unterschrift auf der Anlage U zustimmt. Dies kann er dem Grunde nach (Zustimmung bis zum Höchstbetrag + Basisversicherungen) oder auf einen unter dem Höchstbetrag liegenden Betrag begrenzt tun.

Soweit die Zustimmung reicht (d.h. im Regelfall bis zur Höhe des tatsächlich beantragten Sonderausgabenabzugs), muss der Unterhalt vom Empfänger bei den sonstigen Einkünften versteuert werden (Realsplitting).

TIPP

Einigung mit dem Expartner

Da derjenige, der zum Unterhalt verpflichtet ist, im Regelfall die höheren Einkünfte hat, ist bei ihm die Steuerentlastung durch den Sonderausgabenabzug, insbesondere wenn die Unterhaltszahlungen höher als 9.744 € sind, höher als die Steuernachzahlung beim Empfänger. Versuchen Sie deshalb, die Zustimmung Ihres (Ex-)Ehegatten/eingetragenen Lebenspartners zu bekommen, indem Sie sich bereit erklären, die bei ihm durch die Versteuerung anfallende Einkommensteuer zu übernehmen.

Der Antrag auf Sonderausgabenabzug gilt für ein Jahr, er kann auch auf einen unter dem Höchstbetrag liegenden Betrag beschränkt, aber nicht zurückgenommen werden.

Die Zustimmung des Empfängers gilt für mehrere Jahre, kann auf einen Betrag begrenzt und nur vor Beginn eines Kalenderjahres durch Erklärung gegenüber dem Finanzamt für die Zukunft widerrufen werden.

Lebt der Unterhaltsempfänger im Ausland, ist der Sonderausgabenabzug nur möglich, wenn der Empfänger (anhand seines ausländischen Steuerbescheids) nachweist, dass er die Leistungen versteuert hat. Je nach Land sind u.U. noch weitere Abzugsvoraussetzungen notwendig (§ 1a Nr. 1 EStG oder Doppelbesteuerungsabkommen).

Außergewöhnliche Belastung

Wird der Sonderausgabenabzug gewählt, kommt für den nicht bei den Sonderausgaben abzugsfähigen Teil der Zahlungen kein Abzug außergewöhnlicher Belastungen in Betracht.

Wird der Sonderausgabenabzug dagegen nicht beantragt, fehlt die Zustimmung des Empfängers oder ist der Sonderausgabenabzug aus anderen Gründen nicht möglich (z.B. Ehegatte im Ausland), sind Unterhaltsaufwendungen als außergewöhnliche Belastung abziehbar (siehe folgendes Kapitel).

2 Andere unterstützte Personen

Soweit der Sonderausgabenabzug bei **Ehegatten** nicht möglich ist, können die Unterhaltszahlungen (für Wohnung, Kleidung, Verpflegung, Krankenversicherung und Berufsausbildung) ebenso wie Unterhalt an bestimmte **andere Personen** bis zu einem Höchstbetrag als außergewöhnliche Belastungen berücksichtigt werden. Eine zumutbare Eigenbelastung wird hier nicht angerechnet.

Begünstigter Personenkreis

Begünstigt sind Zahlungen an gegenüber dem Steuerpflichtigen oder seinem nicht geschiedenen Ehegatten **gesetzlich unterhaltsberechtigte** Personen oder diesen **gleichgestellte** Personen.

Unterhaltsberechtigt sind:

- der Ehegatte bzw. Partner in eingetragener Lebenspartnerschaft (Abzug aber nur, soweit getrennt lebend/geschieden bzw. Ehegatte im Ausland und kein Sonderausgabenabzug möglich, s.o.)
- Kinder (Abzug aber nur, soweit die Kinder steuerlich nicht über einen Freibetrag oder Kindergeldanspruch berücksichtigt werden, z.B. über 25 Jahre alte Kinder in Ausbildung)
- Eltern und Großeltern
- der andere Elternteil eines nichtehelichen Kindes während der Mutterschutzzeit bzw. solange wegen fehlender Kinderbetreuungsmöglichkeit eine Erwerbstätigkeit des Elternteils nicht erwartet werden kann

Als unterhaltsberechtigten Personen **gleichgestellte Personen** kommen der Partner in einer eheähnlichen Gemeinschaft oder Verwandte und Verschwägerte, z.B. Geschwister, Onkel oder Tanten, infrage. Zwingende Abzugsvoraussetzung ist bei diesen Personen aber, dass sie **im Haushalt** der Person leben, von der sie unterstützt werden, **und** ihnen **wegen der Unterhaltsleistungen** bestimmte Zahlungen aus öffentlichen Mitteln gekürzt oder nicht gezahlt wurden (z.B. Wohngeld, Arbeitslosen- oder Sozialhilfe (Hartz IV) gekürzt, abgelehnt oder nicht beantragt). In diesen Fällen ist eine Opfergrenze (s.u.) nicht zu beachten.

TIPP

Unterhaltene Person im Haushalt

Lebt die unterhaltene Person in Ihrem Haushalt, brauchen Sie keine Kosten nachzuweisen. Das Finanzamt geht von Aufwendungen in Höhe des maßgeblichen Abzugshöchstbetrags (9.744 €) aus.

HINWEIS

Angehöriger im Heim

Aufwendungen für die krankheits-, behinderungs- oder pflegebedingte Unterbringung eines Angehörigen im Heim sind als allgemeine außergewöhnliche Belastungen nach § 33 EStG unter Anrechnung der zumutbaren Eigenbelastung abzugsfähig. Erfolgte die Unterbringung dagegen (nur) altersbedingt, sind die übernommenen Aufwendungen als Unterhaltsleistungen abziehbar.

ID-Nummer bei Inlandsunterhalt

Die ID-Nummer der unterstützten Person (im Inland) muss auf der Anlage Unterhalt eingetragen werden. Verweigert die unterhaltene Person die Auskunft darüber, darf die ID-Nummer beim Finanzamt abgefragt werden.

Arbeitskraft und geringes Vermögen

Bei **im Inland** lebenden Angehörigen ist unerheblich, ob eine konkrete Unterhaltspflicht tatsächlich besteht, also ob andere Personen vorrangig unterhaltsverpflichtet sind. Ohne Bedeutung ist auch, ob die unterstützte Person in der Lage wäre, eine Erwerbstätigkeit aufzunehmen (Erwerbsobliegenheit). Verfügt die unterhaltene Person jedoch über eigenes Vermögen von mehr als 15.500 € – außer Betracht bleiben dabei Gegenstände mit Erinnerungswert, Hausrat und ein angemessenes Hausgrundstück, das selbst bewohnt wird –, sind Unterhaltszahlungen nicht abzugsfähig, weil die unterstützte Person nicht bedürftig ist.

Höchstbetrag und eigene Einkünfte und Bezüge

Der Höchstbetrag für Unterhaltsaufwendungen beträgt für jede unterhaltene Person **9.744 € im Jahr.** Er **erhöht** sich um den Betrag, der für die Absicherung der unterhaltsberechtigten Person als **Beitrag zur Basisversorgung bei der Kranken- und Pflegepflichtversicherung** gezahlt wird, vorausgesetzt, die unterstützte Person ist der Versicherungsnehmer. Ohne Bedeutung ist, wer die Versicherungen bezahlt hat.

TIPP

Versicherungsbeiträge

Haben Sie als **Versicherungsnehmer** Versicherungsbeiträge für die unterstützte Person gezahlt, können Sie diese als eigene Sonderausgaben geltend machen (siehe Anlage Vorsorgeaufwand).

Hat die unterhaltene Person eigene Einkünfte und Bezüge (z. B. Rente, steuerfreier oder pauschal versteuerter Lohn z. B. aus Minijob), die zur Bestreitung des Lebensunterhalts bestimmt und geeignet sind, so werden diese auf den Höchstbetrag angerechnet, soweit sie **624 €** (anrechnungsfreier Betrag) im Kalenderjahr übersteigen. Die anzurechnenden Bezüge werden dabei um eine Kostenpauschale von 180 € jährlich gekürzt. Zusätzlich vermindert sich der Höchstbetrag um die von der unterstützten Person als Ausbildungshilfe aus öffentlichen Mitteln bezogenen Zuschüsse. Hierunter fallen z. B. BAföG-Zuschüsse, nicht aber BAföG-Darlehen.

Kapitalerträge, die der Abgeltungsteuer unterliegen, werden nicht als Einkünfte, aber ohne Abzug des Sparerpauschbetrags als Bezüge der unterstützten Person angerechnet.

ACHTUNG

Unterstützte Person verheiratet?

Ist die unterhaltene Person verheiratet, wird ihr die Hälfte des verfügbaren Einkommens des Ehegatten als eigene Bezüge zugerechnet.

Zeitanteilige Berechnung

Unterhaltszahlungen dürfen grundsätzlich nicht auf Monate vor ihrer Zahlung zurückbezogen werden und können – auch wenn sie für das Folgejahr bestimmt sind – immer nur im Jahr der Zahlung und für das Jahr der Zahlung berücksichtigt werden (BFH, Urteil v. 25.4.2018, VI R 35/16).

Für jeden vollen Monat, in dem die Abzugsvoraussetzungen nicht vorgelegen haben, ermäßigen sich der Höchstbetrag (9.744 €) und der anrechnungsfreie Betrag (624 €) um jeweils 1/12 (sog. Zwölftelung). Der (zeitanteilige) Höchstbetrag gilt also ab dem Monat der ersten Zahlung im Jahr.

Die eigenen Einkünfte und Bezüge der unterhaltenen Person werden nur angerechnet, soweit sie auf die Unterstützungsmonate entfallen.

BEISPIEL

Unterstützung des Vaters

A unterstützt seinen Vater ab April monatlich mit 750 €. Der Vater erhält ganzjährig eine monatliche Rente aus der gesetzlichen Rentenversicherung i. H. v. 650 €. Außerdem bekommt er einen steuerfreien Zuschuss zur Krankenversicherung (ab April 427 €). Er zahlt als Versicherungsnehmer ab April 530 € Eigenbeiträge zur Basiskranken- und Pflegepflichtversicherung (Basisversorgung).

Unterhalt: 9 × 750 € =		6.750 €
Höchstbetrag: davon 9/12 = + Erhöhungsbetrag für Kranken- und Pflegeversicherung (Eigenanteil)	9.744 € 7.308 € + 530 € 7.838 €	7.838 €
Anzurechnen auf den Höchstbetrag Rente des Vaters: 9 × 650 € = Zuschuss Krankenvers. (= Bezüge)	 5.850 € + 427 € 6.277 €	

WK-Pb und Kostenpauschale für neun Monate: (102 € + 180 €) × 9/12 =	– 212 €	
Summe Auslagen:	6.065 €	
Anrechnungsfrei: 624 € × 9/12 = anzurechnen	– 468 € 5.597 €	5.597 €
gekürzter Höchstbetrag		2.241 €

Von den tatsächlichen Aufwendungen (6.750 €) können höchstens 2.241 € als außergewöhnliche Belastung abgezogen werden.

Hinweis: Berechnungshinweise finden Sie auf http://mybook.haufe.de unter „Der Steuerkalkulator".

Unterhalt an mehrere Personen

Unterstützen Sie mehrere Personen, die einen gemeinsamen Haushalt führen, ist der an alle Personen zusammen aufgewendete Betrag nach Köpfen aufzuteilen **(Pro-Kopf-Aufteilung)**. Für jede unterhaltene Person ist getrennt zu prüfen, ob die Voraussetzungen für den Kostenabzug vorliegen und wie hoch die abziehbaren Unterhaltsleistungen sind.

Lediglich bei zusammenlebenden Ehegatten (z. B. Eltern) wird der Höchstbetrag verdoppelt und um die Summe der Einkünfte und Bezüge beider Ehegatten, soweit diese 2 × 624 € übersteigen, gekürzt.

Unterhalt von mehreren Personen

Werden Unterhaltsaufwendungen für eine Person von mehreren in Deutschland lebenden Personen getragen, wird der insgesamt abziehbare Betrag für die unterstützte Person unter Einbeziehung aller Unterhaltsleistungen berechnet und anschließend auf alle Unterstützer, bei denen der Abzug als außergewöhnliche Belastungen möglich ist, nach dem Verhältnis ihrer Zahlungen aufgeteilt.

Opfergrenze

Die Aufwendungen sind nur abziehbar, soweit für Sie und Ihre Familie nach Abzug der Unterhaltsleistungen noch genug zum Lebensunterhalt verbleibt (sog. Opfergrenze). Die Opfergrenze wird mit einem zu bestimmenden Prozentsatz (abhängig von der Familiengröße) aus Ihrem verfügbaren Nettoeinkommen ermittelt. Dabei werden steuerpflichtige und steuerfreie Einnahmen (z. B. auch Kindergeld) angesetzt und Steuern sowie nicht vermeidbare Versicherungsbeiträge abgezogen. Die Opfergrenze ist nicht anzuwenden bei Aufwendungen an den (auch: geschiedenen) Ehegatten bzw. bei einer bestehenden Haushaltsgemeinschaft mit der unterhaltenen (gleichgestellten) Person.

Genaue Berechnung vgl. BMF, Schreiben v. 7.6.2010, IV C 4 – S 2285/07/0006: 001 – 2010/0415733 und 2010/0415753 (abrufbar unter www.bundesfinanzministerium.de).

3 Auslandsunterhalt

Personenkreis

Unterhaltszahlungen an im Ausland lebende Personen sind nur begünstigt, soweit eine gesetzliche Unterhaltsberechtigung nach deutschem Recht (BGB) gegeben ist. Gleichgestellte Personen zählen nicht. Außerdem ist die konkrete Unterhaltspflicht erforderlich, d.h., dass z.B. vorrangige Unterhaltsverpflichtungen anderer Personen zu prüfen sind.

Soweit die unterstützte Person im erwerbsfähigen Alter ist, wird unterstellt, dass sie ihren Lebensunterhalt durch eigene Erwerbstätigkeit sichern kann (Erwerbsobliegenheit). Entsprechend sind Unterhaltszahlungen nicht notwendig und folglich nicht abziehbar. Bei Personen, von denen wegen Alters (über 65 Jahre), Schwerbehinderung, Krankheit oder der Erziehung von Kindern unter sechs Jahren eine Erwerbstätigkeit nicht erwartet werden kann, ist die Erwerbsobliegenheit ohne Bedeutung. Auch Arbeitslosigkeit trotz ordnungsgemäßem Bemühen um eine Beschäftigung kann ein Ausnahmetatbestand sein (BFH, Urteil v. 15.4.2015, VI R 5/14). Betreibt die unterstützte Person eine eigene Landwirtschaft im landesüblichen Umfang, wird regelmäßig unterstellt, dass die erwirtschafteten Erträge für **alle** im Haushalt lebenden Personen zum Leben ausreichen und keine Unterstützung notwendig ist. Dies kann im Einzelfall durch Nachweis widerlegt werden.

Bedürftigkeit

Die Unterhaltsbedürftigkeit der unterstützten Person muss durch eine für jede unterstützte Person getrennt ausgefüllte **Unterhaltserklärung** nachgewiesen werden. Zweisprachige **Unterhaltserklärungen** bekommen Sie als Download über die Internetseite des Bundesfinanzministeriums (www.formulare-bfinv.de) oder bei den Finanzämtern. Die Angaben zur unterhaltenen Person muss die **zuständige Heimatbehörde bestätigen.** In Ausnahmefällen kann der Nachweis der Bedürftigkeit ggf. durch andere behördliche Dokumente in deutscher Übersetzung erbracht werden. Die Angaben zum Einkommen muss die unterstützte Person durch Unterschrift bestätigen. Die anzurechnenden Einkünfte und Bezüge werden nach inländischen Maßstäben berechnet. Ist die Unterhaltserklärung nicht vollständig ausgefüllt oder sind die Angaben nicht schlüssig, werden die Unterhaltsleistungen nicht anerkannt.

HINWEIS

Ehegattenunterhalt

Bei Zahlungen an den nicht dauernd getrennt lebenden Ehegatten im Ausland wird die Bedürftigkeit unterstellt. Auch die Erwerbsobliegenheit ist nicht zu prüfen.

Zahlungsnachweise

Nachweise müssen nur auf Verlangen des Finanzamts vorgelegt werden. Wurde das Geld überwiesen, ist dies grundsätzlich durch Post- oder Bankbelege zu belegen. Die Belege müssen die unterhaltene Person (bzw. eine Person aus dem unterstützten Haushalt) als Empfänger und im Regelfall als Kontoinhaber ausweisen.

Haben Sie das Geld persönlich übergeben, benötigen Sie einen zeitnahen, lückenlosen Nachweis der „Zahlungskette" – von der Geldabhebung bis zur Geldübergabe – und eine unterschriebene belastbare detaillierte (wann, wo, wie viel, von wem, an wen) Empfängerbestätigung getrennt für jeden übergebenen Betrag (BFH, Urteil v. 9.3.2017, VI R 33/16). Zwischen Abhebung und Geldübergabe dürfen maximal 14 Tage liegen. Außerdem muss die Reise anhand geeigneter Unterlagen (z. B. Grenzübertrittsvermerk im Pass, Tankbeleg, Flugschein, Fahrkarte) nachgewiesen sein.

Bargeldmitnahmen durch eine namentlich benannte Mittelsperson werden regelmäßig nur anerkannt, wenn wegen der besonderen Situation im Heimatland (Krisengebiet) ein anderer Zahlungsweg nicht möglich ist oder der tatsächliche Geldfluss im Einzelnen beweissicher dokumentiert ist (BFH, Beschluss v. 5.7.2016, VI B 136/15). Es gelten die o.a. Nachweise zur Zahlungskette. Erforderlich ist zusätzlich eine detaillierte Bestätigung über die Geldübergabe an den Mittelsmann und die zeitnahe Übergabe an die unterstützte Person.

Haben Sie selbst **Familienheimfahrten** (Fahrten zum im Heimathaushalt lebenden Ehegatten) durchgeführt, gelten Nachweiserleichterungen. Für bis zu vier tatsächlich durchgeführte Familienheimfahrten zum Ehegatten wird je ein mitgenommener Nettomonatslohn akzeptiert. Zahlungen, die bereits durch Post oder Bank erfolgt sind, sind auf das Vierfache des Nettolohns anzurechnen. Ein höherer Betrag wird nur anerkannt, wenn alle Zahlungen insgesamt nachgewiesen sind.

Höchstbeträge

Auslandsunterhalt ist nur so weit abziehbar, wie es nach den dortigen Verhältnissen notwendig und angemessen ist. Das hat zur Folge, dass der Höchstbetrag von 9.744 € und der anrechnungsfreie Betrag von 624 € u. U. mit einem ermäßigten Wert anzusetzen sind. Die zutreffende Ländergruppe wird anhand der Angaben auf der Anlage Unterhalt vom Finanzamt ermittelt. Zur Ländergruppeneinteilung vgl. BMF, Scheiben v. 11.11.2020, IV C 8 – S 2285/19/10001:002.

Unwetterschäden/Naturkatastrophen

Bei Schäden infolge von Naturkatastrophen wie z. B. Orkan, Starkregen, Hagel oder Überflutung, versucht die Finanzverwaltung, den Betroffenen durch entsprechende Verwaltungserlasse über steuerliche Erleichterungen zu helfen.

1 Mögliche steuerliche Erleichterungen

Zu den möglichen Maßnahmen gehören:

- zinslose Stundung fälliger Steuerschulden
- Verzicht auf Säumniszuschläge bei verspäteter Zahlung
  - Herabsetzung von Vorauszahlungen
  - Verzicht auf Vollstreckungsmaßnahmen
- Billigkeitsmaßnahmen bei Verlust von Buchführungsunterlagen und sonstigen Aufzeichnungen
- Sonderabschreibung für betrieblich neu angeschaffte Wirtschaftsgüter
  - Rücklagen für Ersatzbeschaffung
  - sofort abziehbarer Erhaltungsaufwand
- Sonderabschreibungen für vermietete Gebäude
- Abzug der Reparaturkosten eines selbst genutzten Hauses und der Wiederbeschaffungskosten für durch das Ereignis verloren gegangenen oder unbrauchbar gewordenen Hausrat als → Außergewöhnliche Belastung.
- Grundsteuererlass durch die Gemeinden

Hinweis: Wichtiges zum Thema „Unwetterschäden/Naturkatastrophen" finden Sie auch auf http://mybook.haufe.de unter „Weiterführende steuerliche Informationen".

Vermietung/Immobilien

Einkünfte aus Vermietung und Verpachtung (V+V) liegen vor, wenn zum Privatvermögen gehörende unbebaute oder bebaute Grundstücke (Wohn- oder Geschäftsgebäude, Gebäudeteile, Eigentumswohnungen) gegen Entgelt zur Nutzung an andere Personen überlassen werden. Die Eigennutzung solcher Objekte führt nicht zu Einkünften aus V+V.

§ 21 Abs. 1 EStG

1 Allgemeines

Gehört ein Grundstück oder Grundstücksteil zum **Betriebsvermögen** einer landwirtschaftlichen, gewerblichen oder freiberuflichen Tätigkeit und wird vermietet, können die Aufwendungen als Betriebsausgabe bei den Gewinneinkünften abgezogen werden. Eine erhaltene Miete zählt als Betriebseinnahme.

Befindet sich das Grundstück im **Privatvermögen**, liegen bei entgeltlicher Überlassung Einkünfte aus V+V vor.

Man muss nicht Eigentümer eines Grundstücks sein, um Einkünfte aus V+V zu erzielen. Auch der Mieter erzielt bei **Untervermietung** entsprechende Einkünfte.

Werden Teile einer im Übrigen selbst genutzten Wohnung **vorübergehend** vermietet (z. B. kurze Zeit an eine Studentin) und übersteigen die Einnahmen **520 € im Kalenderjahr** nicht, kann im Einverständnis mit dem Steuerpflichtigen aus Vereinfachungsgründen eine Besteuerung unterbleiben.

2 Einkünfteerzielung

Die Einkünfte ermitteln sich als Überschuss der Einnahmen über die Werbungskosten. Übersteigen die Werbungskosten die Mieteinnahmen, entsteht ein Verlust. Dieser Verlust kann nur dann berücksichtigt und mit anderen Einkünften verrechnet werden, wenn eine **Einkünfteerzielungsabsicht** angenommen werden kann. Bei unbefristeter Vermietung zu marktüblichen Bedingungen wird dies unterstellt. Liegt nur eine befristete Überlassung vor, muss geprüft werden, ob es möglich ist, in der vereinbarten Vermietungszeit einen Totalüberschuss der Einnahmen über die Werbungskosten zu erzielen.

3 Mieteinnahmen

Zu den Mieteinnahmen gehören alle Einnahmen, die aus der Nutzungsüberlassung des Grundstücks zufließen. Neben der eigentlichen Miete oder Pacht sind dies Entgelte für Nebenräume (Keller, Garagen), Umlagen (z. B. Energiekosten, Müllabfuhr) oder Entgelte für Grund und Boden oder für Werbeflächen auf dem Grundstück.

Keine Einnahmen sind **Kautionen**, die der Mieter vorauszuzahlen hat. Kann der Vermieter zu einem späteren Zeitpunkt auf die Kaution zugreifen, weil der Mieter trotz Mahnung seine Miete nicht zahlt oder entstandene Schäden nicht ersetzt, zählt die Kaution in diesem Zeitpunkt zu den Einnahmen.

Zinseinnahmen aus der Anlage der Kaution sind Kapitaleinnahmen des Mieters. Sie stellen keine Einnahmen aus V+V beim Vermieter dar.

Einnahmen sind in dem Jahr anzusetzen, in dem sie dem Vermieter zugeflossen sind **(Zuflussprinzip)**. Deshalb werden auch nachgezahlte Mieten für frühere Jahre im Jahr der Zahlung erfasst.

Auch Einnahmen für an **Angehörige** vermietete Grundstücke/Grundstücksteile sind zu berücksichtigen. Allerdings wird hier ggf. genauer geprüft, ob diese Vermietung wie unter Fremden üblich vereinbart und auch durchgeführt wird.

Wurde zur Zwischenfinanzierung der AK oder HK eines vermieteten Objekts ein Bankdarlehen aufgenommen, das nach Zuteilung eines Bausparvertrags durch das Bausparguthaben und das Bauspardarlehen abgelöst werden soll, sind die Zinsgutschriften für das Bausparguthaben keine Kapitalerträge, sondern Einnahmen aus V+V.

4 Werbungskosten

Außer bei AK oder HK, die im Wege der Abschreibung ab dem Jahr der Entstehung zu berücksichtigen sind, erfolgt der Abzug von Werbungskosten grundsätzlich im **Jahr der Zahlung (Abflussprinzip)**.

Als typische Werbungskosten kommen in Betracht:

- **Abschreibungen auf das Gebäude:** AK oder HK (auch nachträgliche) eines Gebäudes können nicht im Jahr der Zahlung in voller Höhe, sondern nur im Wege der Abschreibung verteilt auf einen langen Zeitraum als Werbungskosten abgezogen werden. Vertiefend siehe → Abschreibungen/Gebäude. Getrennt vom Gebäude abgeschrieben werden Solar-/Fotovoltaikanlagen. Vertiefend siehe → Fotovoltaikanlagen und Blockheizkraftwerke. Dasselbe gilt für Gartenanlagen. Vertiefend siehe → Abschreibungen/Anschaffungs- und Herstellungskosten.
- **Erhaltungsaufwendungen (Reparaturkosten):** Erhaltungsaufwendungen sind Aufwendungen für die Erneuerung von bereits vorhandenen Teilen. Sie sind im Jahr der Zahlung sofort in voller Höhe als Werbungskosten abziehbar. Die Abgrenzung gegenüber nachträglichen AK und HK ist deshalb besonders zu prüfen.
  Abweichend vom Abflussprinzip kann **größerer Erhaltungsaufwand** bei Gebäuden, die nicht zu einem Betriebsvermögen gehören und überwiegend Wohnzwecken dienen, auf Antrag gleichmäßig auf zwei bis fünf Jahre verteilt werden (§ 82b EStDV). Der Antrag kann, über alle Jahre betrachtet, zu einer insgesamt höheren Steuerentlastung führen. Vertiefend siehe → Reparaturen.
  Wird nach Fertigstellung des Gebäudes eine (auch erstmalige) Baumaßnahme durchgeführt, für die der **Rechnungsbetrag ohne Umsatzsteuer nicht mehr als 4.000 €** beträgt, kann der Bruttobetrag aus Vereinfachungsgründen als Erhaltungsaufwand behandelt und sofort im Jahr der Zahlung als Werbungskosten abgezogen werden. Werden zeitgleich verschiedene Baumaßnahmen, die nicht miteinander zusammenhängen, im selben Haus durchgeführt, kann die Vereinfachungsregelung für jede dieser einzelnen Baumaßnahmen in Anspruch genommen werden. Vertiefend siehe → Reparaturen.
  Für energetische Maßnahmen an einem zu eigenen Wohnzwecken genutzten eigenen Gebäude gibt es auf Antrag eine Steuerermäßigung nach § 35c EStG.Vertiefend siehe → Energetische Maßnahmen.

BEISPIEL

Verschiedene Baumaßnahmen

Im Erdgeschoss des vermieteten Gebäudes wird eine bisher nicht vorhandene Gästetoilette eingebaut: Aufwand 1.500 € netto zzgl. 285 € USt. Derselbe Handwerker baut zeitgleich im Obergeschoss ein neues Bad für 3.950 € zzgl. 750 € USt ein.

Es liegen zwei selbstständige Baumaßnahmen vor, die bautechnisch nicht miteinander verzahnt sind. Die Aufwendungen betragen jeweils nicht mehr als 4.000 € netto. Damit können die Bruttoaufwendungen i. H. v. insgesamt 6.485 € als Erhaltungsaufwendungen im Jahr der Zahlung abgezogen werden.

- Wurde ein Gebäude erworben, das zukünftig vermietet wird, und fallen in den ersten drei Jahren nach Anschaffung größere Erhaltungsaufwendungen an, die in der Summe (netto) 15 % der AK des Gebäudes übersteigen, sind diese Erhaltungsaufwendungen nicht sofort abziehbar, sondern erhöhen als **anschaffungsnahe HK** die Bemessungsgrundlage der Gebäude-AfA. Vertiefend siehe → Reparaturen.
- AK für ein anderes mitvermietetes Wirtschaftsgut als das Gebäude sind im Wege der linearen Abschreibung nach § 7 Abs. 1 EStG gleichmäßig auf die individuelle Nutzungsdauer zu verteilen.

BEISPIEL

Selbstständiges Wirtschaftsgut

In eine Mietwohnung wird eine Küche eingebaut. Die AK der Küche sind gesondert auf die Nutzungsdauer (zehn Jahre) abzuschreiben.

- Betragen die AK (Rechnungsbetrag ohne Umsatzsteuer) für ein einzelnes mitvermietetes Wirtschaftsgut (z. B. Waschmaschine oder Rasenmäher) **höchstens 800 €**, können diese sofort in voller Höhe mit dem Bruttobetrag als Werbungskosten im Jahr der Anschaffung abgezogen werden. Vertiefend siehe → Abschreibungen/Anschaffungs- und Herstellungskosten und → Reparaturen.
- **Sonstige Werbungskosten:** z. B. Grundsteuer, Müllgebühren, Energiekosten, Schornsteinfegergebühren, Hausversicherungsbeiträge, Verwaltungskosten, Ausgaben für Hausbesitzerverein und Hausmeisterservice, Inseratskosten bei Mietersuche, Fahrtkosten (Pkw: tatsächliche Aufwendungen oder 0,30 € je gefahrener km) und Verpflegungspauschalen im Zusammenhang mit der Verwaltung des Grundstücks

Nicht zu den Werbungskosten gehört der Wert der eigenen Arbeitsleistung (ersparte Aufwendungen).

5 Unentgeltliche, verbilligte oder teilentgeltliche Überlassung

Entspricht die tatsächliche Miete nicht der ortsüblichen Marktmiete, muss ggf. nach § 21 Abs. 2 EStG geprüft werden, ob eine verbilligte Überlassung vorliegt. Dabei wird die tatsächliche Miete zzgl. Nebenkosten (Warmmiete) mit der ortsüblichen Miete zzgl. Nebenkosten verglichen. Die ortsübliche Marktmiete für Wohnungen vergleichbarer Art, Lage und Ausstattung ergibt sich grundsätzlich aus dem örtlichen Mietspiegel (BFH, Urteil v. 6.2.2018, IX R 14/17, BStBl II 2018 522, Rz. 18). Dazu gehören sowohl der einfache als auch der qualifizierte Mietspiegel (§ 558c und d BGB). Der örtliche Mietspiegel kann allerdings nicht zugrunde gelegt werden, wenn er mangelhaft ist, z.B. nicht regelmäßig angepasst wird oder die Datenerhebung fehlerhaft ist. In solchen Fällen besteht die Möglichkeit, das Gutachten eines öffentlich bestellten und vereidigten Sachverständigen, eine Mietdatenbank i.S.d. § 558a bis e BGB oder die Entgelte für einzelne vergleichbare Wohnungen (mindestens drei Wohnungen, die nach Adresse, Lage und Stockwerk benannt werden) heranzuziehen (BGH, Urteil v. 20.9.1982, VIII ARZ 1/82, BGHZ 84, 392).

Der BFH hat sich der Auffassung des BGH angeschlossen. Ohne Mietspiegel wird für die Ermittlung der ortsüblichen Marktmiete die Heranziehung von mindestens **drei** Vergleichswohnungen verlangt (BFH, Urteil v. 22.2.2021, IX R 7/20).

Eine verbilligte oder teilentgeltliche Überlassung liegt vor, wenn die tatsächliche Warmmiete auf Dauer **weniger als 50 %** der ortsüblichen Warmmiete beträgt.

In diesen Fällen sind die Aufwendungen nur eingeschränkt als Werbungskosten abziehbar. Der Anteil der abziehbaren Aufwendungen ergibt sich aus dem Verhältnis der tatsächlichen Miete zur ortsüblichen Miete.

Beträgt das tatsächliche Entgelt **mindestens 66 %** der ortsüblichen Warmmiete, liegt eine voll entgeltliche Überlassung vor und die Werbungskosten sind in voller Höhe abziehbar.

Beträgt das Entgelt **50 % und mehr,** jedoch **weniger als 66 %** der ortsüblichen Miete, ist eine Totalüberschussprognose vorzunehmen. Wenn diese positiv ausfällt, werden die Werbungskosten nicht gekürzt. Bei einem negativen Ergebnis ist von einer Einkünfteerzielungsabsicht nur für den entgeltlich vermieteten Teil auszugehen und die Aufwendungen sind nur teilweise als WK abziehbar.

Wird eine Wohnung möbliert oder teilmöbliert vermietet, ist ein Zuschlag für die Möblierung bei der Prüfung der teilentgeltlichen Überlassung nur zu berücksichtigen, wenn sich ein solcher Möblierungszuschlag aus einem örtlichen Mietspiegel oder aus am Markt realisierbaren Zuschlägen ermitteln lässt (BFH, Urteil v. 6.2.2018, IX R 14/17).

BEISPIEL

Verbilligte Überlassung

A vermietet drei gleich große und gleich ausgestattete Wohnungen in einem Haus.

Für eine Wohnung erhält er eine monatliche Miete von 750 € zzgl. 200 € Umlagen. Diese Miete entspricht der ortsüblichen Mietspiegelmiete.

Die zweite Wohnung hat A an eine Rentnerin vermietet. Weil sie nur eine geringe Rente bezieht, wurde die Miete seit vielen Jahren nicht mehr erhöht. Die Mieterin zahlt monatlich 400 € zzgl. 200 € Nebenkosten.

A erzielt mit der zweiten Wohnung nur 63,1 % der ortsüblichen Marktmiete (einschl. Umlagen). Es ist eine Überschussprognose für den Zeitraum der Vermietung – bei zeitlich unbegrenzter Vermietung für 30 Jahre – durchzuführen. Sind die zu erwartenden Einnahmen in der Summe höher als die auf diese Wohnung entfallenden zu erwartenden Aufwendungen, können alle Aufwendungen unbegrenzt als WK abgezogen werden. Übersteigen die Aufwendungen die zu erwartenden Einnahmen, sind die Aufwendungen, die auf diese Wohnung entfallen, nur zu 63,1 % als WK abziehbar.

Die dritte Wohnung vermietet A an seine Tochter. Sie zahlt nur die Betriebskosten in Höhe von 200 €.

Es liegt eine verbilligte Überlassung vor. Die Aufwendungen sind in Höhe von 21 % als WK abziehbar.

Erfolgt die Wohnungsüberlassung unentgeltlich, sind Aufwendungen, die auf diese Wohnung entfallen, nicht als Werbungskosten abziehbar.

Die Regelung des § 21 Abs. 2 EStG ist nicht auf beruflich genutzte vermietete Räume anwendbar.

Hier ist die Einkünfteerzielungsabsicht individuell zu prüfen.

TIPP

Verzicht auf Mieteinnahmen in der Corona-Zeit

Erlässt der Vermieter der Wohnung aufgrund einer finanziellen Notsituation des Mieters (z. B. Einnahmenverlust aufgrund der Corona-Situation) die Mietzahlung zeitlich befristet ganz oder teilweise, führt dies nicht zu einer Veränderung der vereinbarten Miete und hat folglich auch keine Auswirkungen auf die Beurteilung des Mietverhältnisses im Rahmen des § 21 Abs. 2 EStG. Hat aber das Mietverhältnis bereits vor dem Mieterlass die Voraussetzungen für die Kürzung des Werbungskostenabzugs gemäß § 21 Abs. 2 EStG erfüllt, bleibt es dabei; eine weitere Kürzung aufgrund des Mieterlasses ist nicht vorzunehmen.

Entsprechend ist bei der Vermietung von beruflich genutzten Räumen zu verfahren. Die Einkünfteerzielungsabsicht des Vermieters für die Einkünfte aus V+V kann weiterhin unterstellt werden (OFD Nordrhein-Westfalen, Verfügung v. 2.12.2020, S 2253 – 2020/0025 – St 231).

6 Gemischt genutztes Grundstück

Wird ein Gebäude teilweise vermietet und teilweise eigengenutzt, sind die Aufwendungen steuerlich unterschiedlich zu berücksichtigen:

- Aufwendungen, die ausschließlich auf eine Nutzung entfallen, sind nur dieser Nutzung **direkt** (allein) **zuzuordnen** (z. B. Reparatur in der vermieteten Wohnung).
- Aufwendungen, die das Gesamtgebäude betreffen (z. B. Schuldzinsen, Grundsteuer, Dach- oder Fassadenreparatur), sind **im Verhältnis der Nutzflächen aufzuteilen.**
- Kosten, die auf den zu eigenen Wohnzwecken genutzten bzw. auf einen unentgeltlich überlassenen Teil des Gebäudes entfallen, sind nicht als Werbungskosten abziehbar.

7 Schuldzinsen

Schuldzinsen und andere Finanzierungskosten (marktübliches Darlehensabgeld, Grundbuch- und Notariatsgebühren, Fahrtkosten zur Bank, Vermittlungsgebühren) sind Werbungskosten, soweit sie mit der Vermietung in wirtschaftlichem Zusammenhang stehen.

Bei einem Darlehensabgeld (Disagio, Damnum) geht die Finanzverwaltung bei höchstens 5 % und einer Laufzeit von fünf Jahren von Marktüblichkeit aus.

Im Allgemeinen liegt bei einem Gebäude, das teilweise zu eigenen und teilweise zu fremden Wohnzwecken genutzt wird, eine **Gesamtfinanzierung** mit Eigen- und Fremdmitteln bzgl. des gesamten Objekts vor, sodass die Schuldzinsen nur anteilig (aufgeteilt nach der Nutzfläche) abgezogen werden können.

Eine **direkte Zuordnung der Finanzierungskosten** zu den Werbungskosten aus V+V einerseits und der Privatnutzung andererseits kann jedoch vorgenommen werden, wenn

- die **AK** (Kaufpreis und Nebenkosten) und **HK aufteilbar** sind. So können beispielsweise die Rohbaukosten im Verhältnis der Nutzflächen, die Innenausbaukosten aber durch direkte Zuordnung auf die unterschiedlichen Nutzungen aufgeteilt werden.
- **unterschiedliche Geldquellen** (Eigenkapital und ggf. verschiedene Darlehen) vorliegen, die jeweils einer Nutzung allein zugerechnet werden.
- ein wirtschaftlicher Zusammenhang zwischen den Schuldzinsen und den der Vermietung zugeordneten AK und HK vorhanden ist. Dazu müssen die unterschiedlich zugeordneten Aufwendungen jeweils mit den dafür vorgesehenen Mitteln bezahlt werden. Das bedeutet, dass aus unterschiedlichen Geldquellen jeweils **getrennte Zahlungen** an den Bauunternehmer, die Handwerker oder den Verkäufer des Grundstücks (mit entsprechendem Verwendungszweck bzgl. vermieteter oder selbst genutzter Wohnung) geleistet werden müssen. Die getrennte Zahlung muss ggf. durch Unterlagen (Kontoauszug) nachgewiesen werden.

Wird ein vermietetes Haus verkauft und reicht der Veräußerungserlös nicht aus, um die bestehenden Darlehensverbindlichkeiten zu tilgen, können die noch zu zahlenden Schuldzinsen insoweit als nachträgliche Werbungskosten aus V+V abgezogen werden (BFH, Urteil v. 8.4.2014, IX R 45/13).

8 Umsatzsteueroption, Vorsteuerabzug

Wird bei einer Vermietung an einen anderen umsatzsteuerlichen Unternehmer auf die grundsätzlich bestehende Umsatzsteuerbefreiung verzichtet (Option § 9 UStG), also umsatzsteuerpflichtig vermietet, gehört die vom Mieter bezahlte Umsatzsteuer und die durch das Finanzamt erstattete Vorsteuer zu den Mieteinnahmen. Die an das Finanzamt abgeführte und die an die Handwerker bezahlte Umsatzsteuer ist als Werbungskosten abziehbar. Insoweit liegen keine HK vor. Maßgebend ist jeweils das Jahr der Zahlung.

Entfallen die Voraussetzungen für die Umsatzsteueroption innerhalb von zehn Jahren, ist ein in Anspruch genommener Vorsteuerabzug teilweise zurückzuzahlen.

9 Leer stehende Wohnung oder Gebäude

Steht ein Gebäude (z. B. wegen Mieterwechsel) vorübergehend leer und soll es erneut vermietet werden, können die Aufwendungen, die auf die Zeit des Leerstands entfallen, als Werbungskosten abgezogen werden. Liegt ein längerer Zeitraum der Nichtvermietung vor, sollten dem Finanzamt Gründe (z. B. aufwendige Mietersuche, Renovierung in Eigenarbeit) benannt werden, damit von einem weiteren Vorliegen einer Einkünfteerzielungsabsicht ausgegangen werden kann, sonst entfällt der Werbungskostenabzug für diese Zeit.

TIPP

Grundsteuererstattung

Haben Sie im Laufe des Jahres tatsächlich weniger als 50 % der ortsüblichen Miete erzielt, können Sie bis zum 31.3. des Folgejahres einen Antrag an die Gemeinde (bei Stadtstaaten: an das Finanzamt) wegen teilweiser Rückerstattung der Grundsteuer stellen (§ 33 Abs. 1 GStG).

Möglich ist dies nur, wenn Sie den Einnahmeausfall nicht selbst verschuldet haben, d. h. wenn der Mieter trotz Mahnung nicht zahlt oder wenn Sie sich bei Leerstand intensiv um eine Anschlussvermietung bemüht haben.

10 Veräußerung von Grundstücken

Wegen möglicher steuerlicher Auswirkungen bei der Veräußerung von zum Privatvermögen gehörendem Grundbesitz siehe → Spekulationsgeschäfte.

Versicherungen

Versicherungsbeiträge sind als Betriebsausgabe oder Werbungskosten abziehbar, wenn sie mit den Einkünften in wirtschaftlichem Zusammenhang stehen. Beiträge zu Personenversicherungen ohne Bezug zu einer Einkunftsart stellen Vorsorgeaufwendungen dar und sind als Sonderausgaben (Altersvorsorgeaufwendungen und sonstige Vorsorgeaufwendungen) bis zu unterschiedlichen Höchstbeträgen abziehbar. Basiskranken- und Pflegepflichtversicherungsbeiträge sind in voller Höhe abziehbar.

1 Betriebsausgaben oder Werbungskosten

Abzugsfähig sind insbesondere Beiträge zu einer

- Berufshaftpflichtversicherung,
- Haftpflicht- oder Kaskoversicherung für ein betrieblich genutztes Fahrzeug (→ Fahrtkosten),
- Berufsrechtsschutzversicherung,
- Berufsunfallversicherung,
- Grundstücksversicherung (einschl. Gebäudebrandversicherung), wenn das Grundstück vermietet oder betrieblich genutzt wird.

2 Sonderausgaben (Vorsorgeaufwendungen)

Kommt ein Abzug als Werbungskosten oder Betriebsausgaben nicht in Betracht, liegen bzgl. der Versicherungsbeiträge u. U. Sonderausgaben (Vorsorgeaufwendungen) vor. Abziehbar sind hierbei aber nur Beiträge zu **Personenversicherungen**. Nicht abziehbar sind Beiträge zu **Sachversicherungen** (z. B. Kasko- oder Hausratversicherungen, Gebäudebrandversicherung für das zu eigenen Wohnzwecken genutzte Haus) und Rechtsschutzversicherungen. Zu den Versicherungsbeiträgen gehören auch die Ausfertigungsgebühr, die Abschlussgebühr und die Versicherungsteuer.

Wegen unterschiedlicher steuerlicher Berücksichtigung wird zwischen Altersvorsorgeaufwendungen und sonstigen Vorsorgeaufwendungen unterschieden.

Vorsorgeaufwendungen

Altersvorsorgeaufwendungen

- **Basisversorgung**
  Beiträge zu den
  - gesetzlichen Rentenversicherungen
  - landwirtschaftlichen Alterskassen
  - berufsständischen Versorgungseinrichtungen
- **Zusatzversorgung**
  Beiträge zum Aufbau einer eigenen kapitalgedeckten Altersversorgung (Rürup-Rente)
- Der nach § 3 Nr. 62 steuerfreie **Arbeitgeberanteil zur gesetzlichen Rentenversicherung** und ein diesem gleichgestellter steuerfreier Zuschuss

§ 10 Abs. 1 Nr. 2 EStG

sonstige Vorsorgeaufwendungen

Basiskranken- und Pflegepflichtversicherung

Beiträge zu

- **Basiskrankenversicherung**
  - **gesetzliche Krankenversicherung abzgl. 4 %,** wenn Anspruch **auf Krankengeld** oder vergleichbare Leistungen (nicht bei Rentnern)
  - einschließlich **Zusatzbeitrag**, den die Krankenkasse direkt erhebt (auch hier 4 %-Abschlag, soweit ein Anspruch auf Krankengeld besteht)
  - **private** Krankenversicherung (nur Basisleistungen), ohne Beitragsanteil für Wahlleistungen
- **Pflegepflichtversicherung**

§ 10 Abs. 1 Nr. 3 EStG

andere sonstige Vorsorgeaufwendungen

Beiträge zu

- Krankenversicherung, soweit diese über die Basisversicherung hinausgeht
  - **4 %-Anteil der gesetzlichen KV**, der auf den Krankengeldanspruch entfällt
  - Beitragsanteil der privaten KV, der auf **Wahlleistungen** entfällt (z. B. Chefarztbehandlung, Einbettzimmer, Krankentagegeld, Krankenhaustagegeld)
  - Krankenzusatzversicherung
  - Auslandsreisekrankenversicherung
- **freiwillige** Pflegeversicherung
- Arbeitslosenversicherung
- Erwerbs- und Berufsunfähigkeitsversicherungen, die keine Altersvorsorgeaufwendungen sind
- Unfallversicherungen
- Haftpflichtversicherungen

Beiträge zu bestimmten Lebensversicherungen:

- Risikolebensversicherungen, die nur für den Todesfall eine Leistung vorsehen
- Beiträge zu anderen Lebensversicherungen, die vor 2005 abgeschlossen wurden

§ 10 Abs. 1 Nr. 3a EStG

3 Altersvorsorge-aufwendungen

Zu den Altersvorsorgeaufwendungen gehören:

- Beiträge zur **gesetzlichen Rentenversicherung**
- Beiträge an die **landwirtschaftlichen Alterskassen**
- **Beiträge an berufsständische Versorgungseinrichtungen** (z. B. Versorgungswerk der Ärzte, Architekten, Rechtsanwälte, Zahnärzte usw.)
- **Beiträge zu Rürup-Verträgen.** Dies sind Versicherungen, die nicht kapitalisierbar, nicht übertragbar (Ausnahmen: Scheidungsfolge; Übertragung auf andere Versicherung), nicht beleihbar, nicht veräußerbar und nicht vererblich sind. Die Absicherung der Berufsunfähigkeit, der Erwerbsminderung oder von Hinterbliebenen ist möglich. Die angesparte Summe darf nicht im Rahmen einer Einmalzahlung ausgezahlt werden, sondern ausschließlich als lebenslange monatliche Rente. Die Auszahlung darf frühestens mit Vollendung des 62. Lebensjahres (bei Verträgen vor 2011 des 60. Lebensjahres) beginnen.

Nicht zu den begünstigten Altersvorsorgeaufwendungen gehören Beiträge zum staatlich geförderten Riester-Vertrag. Vertiefend siehe → Altersvorsorgeaufwendungen.

Höchstbetrag

Arbeitnehmer- und Arbeitgeberbeiträge für Altersvorsorgeaufwendungen sind bis zum Höchstbeitrag der knappschaftlichen Rentenversicherung von 25.787 € im Jahr 2021 als Sonderausgaben abziehbar. Im Fall der Zusammenveranlagung von Ehegatten/Lebenspartnern verdoppelt sich der Höchstbetrag auf 51.574 €, unabhängig davon, welcher Ehegatte/Lebenspartner die begünstigten Beiträge entrichtet hat.

Kürzung des Höchstbetrags

In den nachfolgenden Fällen wird der Höchstbetrag um den Betrag gekürzt, der dem Gesamtbeitrag (Arbeitgeber- und Arbeitnehmeranteil im Jahr 2021: 18,6 % des Arbeitslohns, max. aus 80.400 €) zur allgemeinen Rentenversicherung entspricht:

- **Beamte, Richter, Berufssoldaten** und **Geistliche**, die einen Anspruch auf Altersversorgung ganz oder teilweise ohne eigene Beitragsleistung haben. Liegen mehrere Dienstverhältnisse vor, wird die Kürzung nur aus dem Arbeitslohn der oben genannten Tätigkeit berechnet.
- **beherrschende Gesellschafter-Geschäftsführer einer GmbH** (Beteiligung > 50 %) oder **Vorstandsmitglieder von Aktiengesellschaften**, wenn ihnen durch die Gesellschaft eine **Altersversorgung** (z. B. eine Direktversicherung; BFH, Urteil v. 15.7.2014, X R 35/12) **zugesagt** wurde
- **Abgeordnete**, die ganz oder teilweise ohne eigene Beitragsleistung einen Anspruch auf eine Altersversorgung erwerben

Bei Ehegatten/Lebenspartnern ist für jede Person gesondert zu prüfen, ob und ggf. in welcher Höhe der gemeinsame Höchstbetrag von 51.574 € zu kürzen ist.

Staffelung des Abzugs von Altersvorsorgeaufwendungen

Der Abzug der Aufwendungen erfolgt in einer Übergangszeit nicht in voller Höhe. Bis 2024 werden die zu berücksichtigenden Altersvorsorgeaufwendungen nur anteilig mit folgenden Prozentsätzen angesetzt:

Jahr	
2005	60 %
...	...
2020 **2021**	**90 %** **92 %**
2022–2024	jährliche Erhöhung 2 %
ab 2025	100 %

Zusätzliche Kürzung bei sozialversicherungspflichtigen Arbeitnehmern

Bei Arbeitnehmern, die steuerfreie Arbeitgeberleistungen zur Rentenversicherung oder diesen gleichgestellte steuerfreie Zuschüsse des Arbeitgebers erhalten haben, sind die abziehbaren Altersvorsorgeaufwendungen noch um diese Arbeitgeberleistungen zu kürzen.

4 Sonstige Vorsorgeaufwendungen

Die sonstigen Vorsorgeaufwendungen sind wegen unterschiedlicher steuerlicher Abzugsmöglichkeit nochmals zu unterteilen: einerseits in Beiträge zur Basiskranken- und Pflegepflichtversicherung und andererseits in die anderen sonstigen Vorsorgeaufwendungen. Siehe Schaubild unter → Punkt 2.

Höhe des Sonderausgabenabzugs für sonstige Vorsorgeaufwendungen

Beiträge zu einer Basiskranken- und Pflegepflichtversicherung

Beiträge zu einer Basiskranken- und Pflegepflichtversicherung werden immer in tatsächlicher Höhe ohne Berücksichtigung eines Höchstbetrags abgezogen (Mindestbetrag) (§ 10 Abs. 1 Nr. 3 EStG).

Andere sonstige Vorsorgeaufwendungen

Andere sonstige Vorsorgeaufwendungen sind grundsätzlich vom Sonderausgabenabzug ausgenommen und nur dann abziehbar, wenn die Beiträge zur Basiskranken- und Pflegepflichtversicherung nicht höher als 1.900 € bzw. 2.800 € sind. In diesem Fall können andere sonstige Vorsorgeaufwendungen bis zum Unterschiedsbetrag zwischen den Beiträgen zur Basiskranken- und Pflegepflichtversicherung und den Höchstbeträgen von 1.900 € bzw. 2.800 € zusätzlich abgezogen werden.

Die beschränkte Abziehbarkeit der anderen sonstigen Vorsorgeaufwendungen ist verfassungsrechtlich nicht zu beanstanden (BFH, Urteil v. 9.9.2015, X R 5/13).

- Der **Höchstbetrag** von **2.800 €** gilt für Steuerpflichtige, die ihre Krankenversicherung zu 100 % selbst finanzieren und keine Erstattung von Krankheitskosten ohne eigene Beiträge erhalten. Das sind i. d. R. Selbstständige und Gewerbetreibende oder Personen, die nicht unter die Sozialversicherungspflicht fallen.

- Für Personen, die steuerfreie Zuschüsse zu ihren Krankenversicherungsbeiträgen erhalten oder denen teilweise Krankheitskosten erstattet werden, ist der **Höchstbetrag** auf **1.900 €** beschränkt. Von der Kürzung betroffen sind hauptsächlich sozialversicherungspflichtige Arbeitnehmer und Rentner, freiwillig privat versicherte Arbeitnehmer, die Zuschüsse zur Krankenversicherung erhalten, sowie Beamte, Richter, Soldaten und Geistliche und im Rahmen der Familienversicherung mitversicherte Ehegatten und Kinder.

Bei Ehegatten, die zusammen zur Einkommensteuer veranlagt werden, ist für jeden Ehegatten der Höchstbetrag gesondert zu bestimmen und dann eine gemeinsame Summe zu bilden.

Hinweis: Ein Berechnungsschema zu den sonstigen Vorsorgeaufwendungen finden Sie auf http://mybook.haufe.de unter „Der Steuerkalkulator".

TIPP

Steuervorteil durch Vorauszahlung

Versicherungsbeiträge werden in dem Kalenderjahr als Sonderausgaben abgezogen, in dem sie geleistet wurden. Deshalb können Beiträge zur Basiskranken- und Pflegepflichtversicherung, die für künftige Jahre vorausbezahlt werden, ab dem Jahr 2020 bis zum **Dreifachen** (bis 2019: Zweieinhalbfachen) der auf den aktuellen Vz. entfallenden Beiträge im Jahr der Zahlung abgezogen werden. Der Vorteil besteht darin, dass in dem Jahr, für das die Beiträge vorausgezahlt werden, der Höchstbetrag für die anderen sonstigen Versicherungsbeiträge genutzt werden kann.

BEISPIEL

Vorauszahlung von Versicherungsbeiträgen

Der Steuerpflichtige zahlt im Jahr 2021 Beiträge zur Basiskranken- und Pflegepflichtversicherung für das laufende Jahr i. H. v. 4.800 €. Zusätzlich entrichtet er die voraussichtlichen Beiträge für das Jahr 2022 i. H. v. 4.900 € bereits im Jahr 2021.

Die gesamten Aufwendungen i. H. v. 9.700 € sind in voller Höhe bereits im Jahr der Zahlung (2021) abziehbar. In diesem Jahr kann er keine anderen sonstigen Vorsorgeaufwendungen (z. B. für Haftpflicht- oder Risikolebensversicherung) als Sonderausgabe abziehen.

Im Jahr 2022 hat er keine oder nur geringe Aufwendungen für Basiskranken- und Pflegepflichtversicherung. Der Höchstbetrag von 1.900 €/ 2.800 € ist nicht ausgeschöpft. Jetzt wirken sich die anderen sonstigen Vorsorgeaufwendungen steuermindernd aus. Bitte beachten Sie, dass die Vorauszahlung von privaten Kranken- und Pflegeversicherungsbeiträgen evtl. keinen Vorteil bringt, wenn beim anderen Ehegatten regelmäßige Sozialversicherungsbeiträge vom Lohn einbehalten werden.

Basiskranken- und Pflegepflichtversicherung

Die Beiträge des **Steuerpflichtigen für sich**, seinen **Ehegatten** und seine **Kinder** zu einer Basiskranken- und Pflegepflichtversicherung werden als Sonderausgaben abgezogen, wenn der Steuerpflichtige Versicherungsnehmer ist. Wurden Beiträge für einen geschiedenen oder dauernd getrennt lebenden Ehegatten bezahlt, siehe → Unterhaltszahlungen.

Beiträge zur **gesetzlichen Krankenversicherung** sind in tatsächlich gezahlter Höhe abziehbar. Soweit jedoch ein Anspruch auf Krankengeld oder vergleichbare Leistungen besteht, ist der gezahlte Betrag um 4 % zu kürzen. Erhebt die gesetzliche Krankenversicherung einen **Zusatzbeitrag** direkt vom Versicherten, gehört auch dieser zu den begünstigten Aufwendungen. Die Kürzung um 4 % ist auch hier vorzunehmen.

Beiträge zu einer **privaten Krankenversicherung** sind nur insoweit unbegrenzt abziehbar, als sie auf Vertragsleistungen entfallen, die in Art, Umfang und Höhe den Leistungen aus der gesetzlichen Basiskrankenversicherung entsprechen. Beitragsanteile, die z. B. auf Chefarztbehandlung, Einbettzimmer im Krankenhaus oder bestimmte Leistungen durch Heilpraktiker entfallen (Wahl- oder Komfortleistungen), sind nur im Rahmen der nachfolgend dargestellten anderen sonstigen Vorsorgeaufwendungen abziehbar. Die Aufteilung der begünstigten und nicht begünstigten Beiträge wird durch die private Krankenversicherung berechnet und bescheinigt. Die Versicherung übermittelt die Höhe der begünstigten Beiträge elektronisch an die Finanzverwaltung. Für den Sonderausgabenabzug muss der Steuerpflichtige in die elektronische Datenübermittlung eingewilligt haben.

Ist ein Steuerpflichtiger sowohl Pflichtmitglied in einer gesetzlichen Krankenkasse als auch freiwillig privat krankenversichert, kann er lediglich die Beiträge abziehen, die er an die gesetzliche Krankenversicherung entrichtet (BFH, Urteil v. 29.11.2017, X R 5/17, BFH, Beschluss v. 29.8.2019, X B 56/19). Der Abzug der nicht als Sonderausgaben abziehbaren Krankenversicherungsbeiträge als außergewöhnliche Belastung scheidet ebenfalls aus.

Der von einem Steuerpflichtigen vereinbarte und getragene **Selbstbehalt** bei Krankheitskosten ist kein Beitrag zu einer Krankenversicherung und kann daher nicht als Sonderausgabe gemäß § 10 Abs. 1 Nr. 3 Satz 1 Buchst. a) EStG abgezogen werden (BFH, Urteil v. 1.6.2016, X R 43/14). Der Selbstbehalt kann als außergewöhnliche Belastung nach § 33 EStG berücksichtigt werden, soweit er die zumutbare Belastung übersteigt (BFH, Urteil v. 1.6.2016, X R 43/14). Vertiefend siehe → Außergewöhnliche Belastung.

Beiträge zu einer **Pflegepflichtversicherung** sind immer in tatsächlich gezahlter Höhe abziehbar.

Ist ein Kind, für das ein Anspruch auf Kinderfreibetrag nach § 32 Abs. 6 oder auf Kindergeld besteht, Versicherungsnehmer einer Basiskranken- und Pflegepflichtversicherung und trägt der Steuerpflichtige die Beiträge des Kindes durch Leistungen in Form von Bar-

oder Sachunterhalt wirtschaftlich, kann der Steuerpflichtige unabhängig von Einkünften oder Bezügen des Kindes die Beiträge als eigene Beiträge bei den Sonderausgaben abziehen. Dies gilt entsprechend, wenn der Steuerpflichtige die Beiträge für ein unterhaltsberechtigtes Kind trägt, das nicht selbst Versicherungsnehmer ist, sondern der andere Elternteil.

Andere sonstige Vorsorgeaufwendungen

Sonstige Kranken- und Pflegeversicherungsbeiträge

Soweit sonstige Kranken- und Pflegeversicherungsbeiträge auf Leistungen außerhalb der Basisversorgung entfallen (z. B. Beiträge zu Wahl-, Komfort- und Zusatztarifen, zu Krankenhaustagegeld-, Krankentagegeld- und Auslandsreisekrankenversicherung sowie Beiträge zur freiwilligen Pflegeversicherung), gilt ein eingeschränkter Sonderausgabenabzug.

Lebensversicherungen

Abschluss der Lebensversicherung vor dem 1.1.2005

Ansparphase: Die Beiträge sind zu 88 % als andere sonstige Vorsorgeaufwendungen zu behandeln.

Leistungsphase: Bei der Auszahlung der Lebensversicherungssumme sind bei vor dem 1.1.2005 abgeschlossenen Verträgen die Zinsen i. d. R. steuerfrei. Die Kapitalauszahlung ist ohnehin nicht steuerpflichtig.

Abschluss der Lebensversicherung 3nach dem 31.12.2004

Ansparphase: Begünstigt als Sonderausgaben sind nur Beiträge zu Rürup-Versicherungen und Beiträge zu Riester-Verträgen, siehe → Altersvorsorgeaufwendungen.

Leistungsphase: Wegen der Besteuerung einer Rürup- oder Riester-Rente siehe → Renten.

WICHTIG

Lebensversicherungen seit 2004

Keine Sonderausgaben sind Beiträge zu nach 2004 abgeschlossenen Lebensversicherungsverträgen, die keine Rürup- oder Riester-Rentenverträge sind.

Bei Kapitallebensversicherungen (ggf. mit Sparanteil) im Erlebensfall und kapitalisierten Rentenversicherungen, die keine Rürup- oder Riester-Rentenverträge sind und die nach 2004 abgeschlossen wurden, wird der Unterschiedsbetrag zwischen der Versicherungsleistung und den geleisteten Beiträgen als Einnahme aus Kapitalvermögen durch Steuerabzug versteuert. Wird die Versicherungsleistung nach Vollendung des 62. Lebensjahres (bei vor dem 1.1.2012 abgeschlossenen Verträgen ist regelmäßig die Vollendung des 60. Lebensjahres maßgebend) und nach Ablauf von zwölf Jahren seit Vertragsabschluss ausgezahlt, ist nur die Hälfte des Unterschiedsbetrags als Kapitaleinnahme anzusetzen.

BEISPIEL

Beispielrechnung

Max Müller, Ehefrau nicht berufstätig, zwei Kinder, Gewerbetreibender, hat 2021 Aufwendungen für eine private Krankenversicherung i. H. v. 8.400 € für sich, seine Ehefrau und seine Kinder gezahlt, davon entfallen 15 % auf „Wahlleistungen". Die Beiträge zur Pflegepflichtversicherung haben 910 € betragen. 2021 wurden Haftpflichtversicherungsbeiträge i. H. v. 720 € und Beiträge zu einer Lebensversicherung, abgeschlossen vor 2005, i. H. v. 4.400 € bezahlt. Folgende Vorsorgeaufwendungen können abgezogen werden:

	€	€
Tatsächliche Aufwendungen		
Basiskrankenversicherung (85 %)	7.140	
Pflegepflichtversicherung	910	
Summe	8.050	
in tatsächlicher Höhe abziehbar		8.050
Höchstbetrag		
Ehemann	2.800	
Ehefrau	2.800	
	5.600	
Wahlleistung Krankenversicherung	1.260	
Haftpflichtversicherung	720	
Lebensversicherung (88 %)	3.872	
Summe	5.852	

Kein Abzug, da der Höchstbetrag durch Kranken- und Pflegeversicherung bereits überschritten ist.

Haftpflichtversicherung und andere

Zu den als Sonderausgabe begünstigten Haftpflichtversicherungen gehören u. a. die Familienhaftpflicht, die Haftpflichtversicherung für das zu eigenen Wohnzwecken genutzte Grundstück, die Haftpflicht für das private Fahrzeug oder den Tierhalter.

Dient eine Haftpflichtversicherung sowohl beruflichen als auch privaten Zwecken (z. B. wenn ein Kfz beruflich und privat genutzt wird), können die Beiträge aufgeteilt werden. Der berufliche Anteil ist Betriebsausgabe oder Werbungskosten, der private Anteil ist Sonderausgabe.

Weitere sonstige Vorsorgeaufwendungen, die sich nur selten steuerlich auswirken, sind Beiträge zu Arbeitslosen-, Berufs- oder Erwerbsunfähigkeits-, Unfall- und Risikolebensversicherungen.

5 Beitragsrückerstattungen

Bonuszahlungen der Krankenkasse

Folgende Fälle sind zu unterscheiden:

- Werden von der gesetzlichen Krankenversicherung im Rahmen eines Bonusprogramms zur Förderung gesundheitsbewussten Verhaltens (nach § 65a SGB V) Kosten für Gesundheitsmaßnahmen erstattet, die nicht im regulären Versicherungsumfang enthalten und damit von den Versicherten vorab privat finanziert worden sind, handelt es sich bei dieser Kostenerstattung um eine Leistung der Krankenkasse und nicht um eine Beitragsrückerstattung. Die als Sonderausgaben abziehbaren Krankenversicherungsbeiträge sind daher nicht um den Betrag der Kostenerstattung zu mindern (BFH, Urteil v. 1.6.2016, X R 17/15; BMF, Schreiben v. 6.12.2016, IV C 3 - S 2221/12/10008:008, BStBl 2016 I S. 1426). Auch pauschal gewährte Boni sind nicht sonderausgabenmindernd zu berücksichtigen, wenn sie sich bei überschlägiger Betrachtung als zumindest realitätsgerechte Pauschale erweisen. Dies gilt auch dann, wenn sie im Einzelfall die Aufwendungen überkompensieren. Der Zeitpunkt des Abflusses der eigenen Kosten ist unerheblich (BFH, Urteil v. 6.5.2020, X R 16/18).

- Boni, die für gesundheitsbewusstes Verhalten i.S.v. § 65a SGB V (z.B. Mitgliedschaft in einem Sportverein oder Fitnessstudio) gewährt werden, sind auch nicht als Beitragsrückerstattung zu werten, wenn der Versicherte Aufwendungen getragen hat, die direkt auf die Inanspruchnahme der jeweils geförderten Gesundheitsmaßnahme zurückzuführen sind.
- Leistungen aufgrund anderer Bonusprogramme (z.B. muss der Versicherte für den Bonuserhalt bestimmte Gesundheitsmaßnahmen durchführen oder sich auf gewisse Weise verhalten) sind keine Kostenerstattung, sondern eine zu verrechnende Beitragsrückerstattung, wenn dem Versicherten keine eigenen einer solchen Maßnahme konkret zuzuordnenden Aufwendungen entstanden sind. Die Bonuszahlung mindert den Sonderausgabenabzug.
- Eine von der gesetzlichen Krankenversicherung nach § 53 Abs. 1 SGB V ausgezahlte Prämie für die Nichtinanspruchnahme bestimmter ärztlicher Leistungen, die an etwaige Eigenbeteiligungen (Selbstbehalte) gekoppelt ist, ist bei der Ermittlung der Vorsorgeaufwendungen wie eine Beitragsrückerstattung in Abzug zu bringen (BFH, Urteil v. 6.6.2018, X R 41/17).

BEISPIEL

Bonuszahlungen der Krankenkasse

Der Steuerpflichtige finanziert selbst die Kosten für bestimmte Vorsorge- oder Gesundheitsmaßnahmen (z.B. Brillen und Kontaktlinsen, Massagen, Behandlungen beim Heilpraktiker, homöopathische Arzneimittel, Nahrungsergänzungsmittel). Die Krankenkasse beteiligt sich an den Kosten mit einem Zuschuss, der der Höhe nach begrenzt ist.

Es liegt keine Beitragsrückerstattung vor. Der Sonderausgabenabzug wird nicht vermindert.

Erhält der Steuerpflichtige von der Krankenkasse einen Bonus als Nichtraucher oder für die Teilnahme an einem Gewichtsreduzierungsprogramm, liegt eine Beitragsrückerstattung vor.

- Keine Beitragsrückerstattung ist das sog. „Ersatz"-Krankenhaustagegeld. Diese Leistung erhält der Versicherte aufgrund vertraglicher Vereinbarungen, wenn während eines Krankenhausaufenthalts auf die Inanspruchnahme bestimmter Wahlleistungen verzichtet wird.

Selbstzahlung von Krankheitskosten zugunsten einer Beitragsrückerstattung

Trägt ein privat krankenversicherter Steuerpflichtiger seine Krankheitskosten selbst, um dadurch die Voraussetzungen für eine Beitragserstattung zu schaffen, können diese Kosten nicht von den erstatteten Beiträgen abgezogen werden (BFH, Urteil v. 29.11.2017, X R 3/16). Sie stellen außergewöhnliche Belastungen dar, soweit sie die zumutbare Belastung übersteigen.

TIPP

Beitragsrückerstattung oder Erstattung von Krankheitskosten

Private Krankenversicherungsträger stellen ihren Versicherten Beitragsrückerstattungen in Aussicht, wenn diese die Versicherung in einzelnen Jahren nicht in Anspruch nehmen. Dabei sollten Sie beachten, dass sich der wirtschaftliche Vorteil der Beitragsrückerstattung wegen der Anrechnung der Erstattung bei den Sonderausgaben (Erhöhung des zu versteuernden Einkommens) stark reduziert. Wenn Sie z. B. von Ihrer Versicherung eine Beitragsrückerstattung von 500 € erhalten und einen persönlichen Grenzsteuersatz von 35 % haben, beträgt der wirtschaftliche Vorteil nur (500 € – 175 € =) 325 €. Übersteigen Ihre Krankheitskosten diesen Betrag, ist eine Erstattung der Krankheitskosten günstiger.

Beitragsrückerstattungen sind im Jahr der Erstattung von den im selben Jahr gezahlten Beiträgen zur Basiskranken- und Pflegepflichtversicherung abzuziehen. Waren die Beiträge zur Krankenversicherung wegen Wahl- oder Komfortleistungen nur teilweise abziehbar, sind auch die Erstattungen nur insoweit anzurechnen. Ein sich bei der Erstattung von derartigen Beiträgen ergebender **Erstattungsüberhang** wird dem Gesamtbetrag der Einkünfte des Jahres der Erstattung hinzugerechnet.

6 Versorgungsausgleich nach Scheidung

Vertiefend siehe → Altersvorsorgeaufwendungen.

Werbungskosten, -pauschbeträge und -pauschalen

Wenn Sie Aufwendungen im Zusammenhang mit Ihren Überschusseinkünften steuerlich absetzen wollen, ist dies nur möglich, wenn es sich dabei um Werbungskosten handelt.

§ 9 EStG, R 9a EStR

1 Was sind Werbungskosten?

Aufwendungen im Zusammenhang mit Überschusseinkünften werden als „Werbungskosten" bezeichnet.

Überschusseinkünfte sind:

- Einkünfte aus nichtselbstständiger Arbeit
- Einkünfte aus V+V
- Einkünfte aus Kapitalvermögen
- sonstige Einkünfte (z. B. Altersrente)

Werbungskosten sind im Jahr der Bezahlung (= Abflussprinzip) zu berücksichtigen. Werden Gegenstände mit einer mehrjährigen Nutzung angeschafft (wie Computer, Möbel), kommt es ggf. ausnahmsweise zu einer Verteilung der Aufwendungen auf die Nutzungsdauer des Gegenstands. Vertiefend siehe → Abschreibungen/Anschaffungs- und Herstellungskosten und → Notebook, Smartphone & Co.

Übersteigen die Werbungskosten die Summe der Einnahmen (z. B. Großreparatur bei einem Mietwohngrundstück), kommt es zu einem Verlust.

TIPP

Vorab entstandene Werbungskosten

Auch vorab entstandene Werbungskosten können unter bestimmten Umständen geltend gemacht werden, z. B. Bewerbungskosten. Nähere Informationen, wann Kosten eines Studiums abzugsfähig sind, finden Sie unter → Ausbildung und Studium.

WICHTIG

Aufbewahrungspflicht

Nach § 147a AO müssen Steuerpflichtige, bei denen die Summe der positiven Überschusseinkünfte mehr als 500.000 € im Kalenderjahr beträgt, Aufzeichnungen und Unterlagen über die Einnahmen und Werbungskosten sechs Jahre aufbewahren.

2 Grundvoraussetzung für den Abzug

Sehr viele Aufwendungen haben einen Bezug zu einer Einkunftsart und zusätzlich noch einen privaten Anlass. Steuerlich spricht man von einer gemischten Veranlassung. Der BFH ist von seiner engen Auffassung, dass eine Aufteilung von gemischten Aufwendungen nur in Ausnahmefällen möglich ist, abgerückt. So hat er bei einer gemischt veranlassten Reise die Kosten für die Hin- und Rückreise anteilig zum Abzug zugelassen (BFH, Urteil v. 21.9.2009, GrS 1/06).

Die Ausführungen des BFH sind auch auf andere gemischte Aufwendungen anwendbar. Voraussetzung ist, dass die beruflich veranlassten Anteile feststellbar und nicht von untergeordneter Bedeutung sind.

3 Typische Werbungskosten

Nachfolgend sind getrennt nach den Einkunftsarten die am häufigsten vorkommenden Arten von Werbungskosten aufgelistet.

Einkünfte aus nichtselbstständiger Arbeit
Arbeits-/Berufskleidung
Arbeitsmittel (Aktentasche, Werkzeuge ...)
→ Arbeitszimmer
Auslandsreisen, siehe → Reisekosten
Beiträge zum Berufsverband (z. B. Gewerkschaftsbeiträge)
Berufskraftfahrer, siehe → Reisekosten
Bewerbungskosten
→ Bewirtungskosten
Dienstreisen, siehe → Reisekosten
→ Doppelte Haushaltsführung
Einsatzwechseltätigkeit, siehe → Reisekosten
Entfernungspauschale
Fachbücher/Fachzeitschriften
Fachtagungen, siehe → Fortbildung/Fachtagungen
→ Fahrtkosten
→ Fortbildung/Fachtagungen → Homeoffice
Kontoführungsgebühr (pauschal 16 €)
→ Notebook, Smartphone und Co.
Parkgebühren, siehe → Fahrtkosten
Studien- und Sprachreisen
Telefonkosten
Umzugskosten
Unfallkosten (nicht bei Fahrten zwischen Wohnung und Arbeitsstätte)

Einkünfte aus Kapitalvermögen
Werbungskosten für Kapitaleinnahmen sind nur in wenigen Ausnahmefällen abzugsfähig. Vertiefend siehe → Kapitalanlagen.

Einkünfte aus V+V
Beachten Sie die Ausführungen im Stichwort → Vermietung/Immobilien

Bewerbungskosten

Bewerbungskosten sind als Werbungskosten abziehbar (§ 9 EStG). Hiervon sind die Beträge abzuziehen, die ggf. bei einem Vorstellungsgespräch durch den Arbeitgeber oder die Bundesagentur für Arbeit erstattet worden sind.

Für die steuerliche Beurteilung kommt es nicht darauf an, ob die Bewerbung Erfolg hatte. Es kommt nur darauf an, dass durch die Bewerbung Kosten entstanden sind.

Abziehbar sind die Kosten für

- Beglaubigungen, Stellenanzeigen, Fotokopien,
- Porto, E-Mail und Telefon,
- Vorstellungsreisen,

- Verpflegungsmehraufwand wie bei Dienstreisen (siehe → Reisekosten),
- Übernachtungen bei Vorstellungsreisen,
- Übersetzungen, Urkunden,
- Bewerbungsbilder,
- Bewerbungsmappen.

Stehen den Aufwendungen wegen ganzjähriger Arbeitslosigkeit keine Einnahmen gegenüber, so ist der dadurch entstandene Verlust nach § 10d EStG auf das vorangegangene Jahr rücktragsfähig.

Berufskrankheiten

Aufwendungen zur Wiederherstellung der Gesundheit können dann betrieblich oder beruflich veranlasst sein, wenn es sich um eine typische Berufskrankheit handelt oder der Zusammenhang zwischen der Erkrankung und dem Beruf eindeutig feststeht (BFH, Urteil v. 11.7.2013, VI R 37/12).

Telefonkosten

Bei privater und beruflicher Verwendung eines Telefons in der Wohnung oder eines eigenen Mobiltelefons einschließlich des Internets und sonstiger Onlineverbindungen sind die Telefongrund- und -gesprächsgebühren in einen privaten und einen beruflichen Anteil aufzuteilen. Die auf den beruflichen Anteil entfallenden Kosten sind als Werbungskosten abziehbar.

Die Aufteilung hat durch Schätzung zu erfolgen, wenn geeignete Unterlagen und Aufzeichnungen fehlen. Aufzeichnungen über einen Zeitraum von drei Monaten werden als ausreichend angesehen.

Bei den Überschusseinkünften gilt grundsätzlich: ohne Beleg kein Abzug. Hingegen ist es im Zusammenhang mit Vermietungseinkünften nicht üblich, der Steuererklärung Belege beizulegen (Ausnahme: Reparaturaufwendungen in großem Umfang).

Abzugsbeschränkungen

Vertiefend siehe → Arbeitszimmer, → Bewirtungskosten, → Doppelte Haushaltsführung, → Geschenke und → Reisekosten.

Bewirtungskosten im Rahmen von Arbeitsverhältnissen

Bewirtungsaufwendungen können im Einzelfall Werbungskosten sein, im Wesentlichen ist auf den Anlass der Bewirtung abzustellen. Dabei ist anhand der gesamten Umstände des Einzelfalls (u. a. Ort der Veranstaltung, Veranstalter, Teilnehmer, Modalitäten bei der Durchführung) zu ermitteln, ob die Veranstaltung eher einen beruflichen oder privaten Charakter hat.

Für eine berufliche Veranlassung spricht:

- Geschäftsräume als Ort der Bewirtung
- Gäste: Geschäftspartner, Kollegen, Mitarbeiter, Angehörige des öffentlichen Lebens, nicht Bekannte und Freunde
- Arbeitgeber als Einladender

Die Art der Bezüge (erfolgsabhängig oder nicht) spielt keine entscheidende Rolle mehr.

Liegt sowohl eine berufliche als auch private Veranlassung vor, ist eine Aufteilung der Kosten vorzunehmen.

Abzugsfähig sind i. d. R. nur 70 % der Kosten, die restlichen 30 % unterliegen der Abzugsbeschränkung gem. § 4 Abs. 5 Satz 1 Nr. 2 EStG. Die Kürzung kommt nicht zum Zuge, wenn nur Mitarbeiter eingeladen werden. Eine derartige Bewirtung ist mit der betrieblich veranlassten Bewirtung von Arbeitnehmern durch einen Unternehmer vergleichbar, für die ebenfalls keine Abzugsbeschränkung gilt (BFH, Urteil v. 18.9.2007, I R 75/06). Werden allerdings auch andere Personen bewirtet, sind insoweit nur 70 % der gesamten Kosten abzugsfähig (R 4.10 Abs. 7 EStR).

Ebenfalls ohne Abzug abzugsfähig sind Bewirtungskosten, die der Arbeitnehmer übernimmt, obwohl es sich um ein Fest des Arbeitgebers handelt.

Strafverteidigungskosten

Kosten einer Strafverteidigung sind nur dann Werbungskosten, wenn diese objektiv, d. h. ausschließlich und unmittelbar, mit der Berufstätigkeit in Zusammenhang stehen. Das ist z. B. nicht der Fall beim Tatvorwurf der Steuerhinterziehung durch falsche Angaben in der eigenen Einkommensteuererklärung eines Steuerberaters, auch wenn dadurch die weitere berufliche Tätigkeit gefährdet ist (FG Hessen, Urteil v. 12.2.2014, 4 K 1757/11). Kosten der Strafverteidigung wegen einer vorsätzlichen Tat sind weder Werbungskosten noch außergewöhnliche Belastungen (BFH, Urteil v. 16.4.2013, IX R 5/12).

4 Vergebliche Aufwendungen/Schadensersatz

Aufwendungen, die Werbungskosten darstellen, sich aber nachträglich als vergeblich herausgestellt haben, z. B. für eine Bewerbung, die zu keiner Anstellung geführt hat, sind trotzdem abzugsfähig.

Eine Vertragsstrafe ist durch die Erwerbstätigkeit veranlasst und als Werbungskosten bzw. Betriebsausgabe abzugsfähig, wenn diese wegen vorzeitigen Ausscheidens z. B. nach erfolgter Ausbildung gezahlt werden muss (BFH, Urteil v. 22.6.2006, VI R 5/03). Das kann auch für eine Schadensersatzzahlung gelten, die anlässlich einer Vertragsaufhebung bei einem Grundstückskaufvertrag geleistet wird (BFH, Urteil v. 7.6.2006, IX R 45/05).

5 Werbungskostenpauschbeträge/-pauschalen

Ein pauschaler Abzug lohnt sich immer dann, wenn die Pauschbeträge/Pauschalen höher sind als die tatsächlich angefallenen Aufwendungen.

Werbungskostenpauschbeträge

Soweit nicht höhere Aufwendungen geltend gemacht werden, erhalten Sie automatisch folgende Werbungskostenpauschbeträge:

- wenn Sie eine Rente, Pension oder Unterhaltszahlungen erhalten haben: 102 €
- Arbeitnehmer mit Lohnsteuerkarte (z. B. der angestellte Ehegatte des Unternehmers), unabhängig von der Be-

schäftigungsdauer und der Anzahl der Beschäftigungsverhältnisse: 1.000 € (Arbeitnehmer-Pauschbetrag)

Pauschbeträge dürfen nicht zu negativen Einkünften führen.

Pauschalen

Grundsätzlich sind nur tatsächliche Aufwendungen, die nachweisbar bzw. glaubhaft sind, als Werbungskosten abzugsfähig. Im Einzelfall lässt das Finanzamt auch pauschale Abzüge zu, sofern nicht ohnehin die Werbungskostenpauschbeträge zum Abzug kommen oder höhere Kosten nachgewiesen werden. Für Kontoführungsgebühren können Sie als Arbeitnehmer, Rentner, Pensionär oder als Vermieter (pro Objekt) jährlich pauschal 16 € als Werbungskosten geltend machen, für Arbeitsmittel 110 €. Zum Thema Trinkgelder siehe → Reisekosten.

6 Pauschale Betriebsausgaben

Grundsätzlich können nur die tatsächlich angefallenen und nachgewiesenen Aufwendungen als Betriebsausgaben geltend gemacht werden. In Einzelfällen lässt die Finanzverwaltung für bestimmte Berufsgruppen einen pauschalen Betriebsausgabenabzug zu, wobei der Nachweis höherer Betriebsausgaben unbenommen bleibt. Vertiefend siehe → Einnahmenüberschussrechnung und → Ehrenamt.

7 Einkünfte aus Ehrenämtern

Alles, was ehrenamtlich Tätige (z. B. Übungsleiter, Vereinsvorstände) interessiert, haben wir im Stichwort → Ehrenamt zusammengestellt. Lesen Sie dort bitte weiter.

Gesamtstichwortverzeichnis